निम्मी पैटर्न

NSQF Level 4

मैकेनिक मोटर व्हीकल प्रैक्टिकल

I&II YEAR

मोहित कुमार

arihant
SUCCESS AND NOTHING LESS

arihant
SUCCESS AND NOTHING LESS

अरिहन्त प्रकाशन (इण्डिया) लिमिटेड

卐 **रजि. कार्यालय**

'रामछाया' 4577/15, अग्रवाल रोड, दरियागंज, नई दिल्ली- 110002
फोन: 011-47630600, 43518550

卐 **मुख्य कार्यालय**

कालिन्दी, टी.पी. नगर, मेरठ (यूपी)– 250002
फोन: 0121-7156203, 7156204

मुख्य वितरक

शर्मा बुक एजेन्सी, ओम नगर, आगरा देहली बाईपास (निकट अलवर ब्रिज), मथुरा
फोन: 09219662591, 8433486830 ई.मेल: sharmabookagency25@gmail.com

卐 **शाखा कार्यालय**

आगरा, अहमदाबाद, बरेली, बेंगलुरु, चेन्नई, दिल्ली, गुवाहाटी, हैदराबाद, जयपुर, झाँसी, कोलकाता, लखनऊ, नागपुर तथा पुणे

卐 **मूल्य** ₹ 350.00

PO No : TXT-XX-XXXXXXX-X-XX

PUBLISHED BY ARIHANT PUBLICATIONS (INDIA) LTD.

'अरिहन्त' की पुस्तकों के बारे में अधिक जानकारी के लिए हमारी वेबसाइट **www.arihantbooks.com** पर लॉग इन करें या **info@arihantbooks.com** पर सम्पर्क करें।

Follow us on...

प्रस्तावना

तकनीकी शिक्षा के क्षेत्र में नेशनल कॉउन्सिल ऑफ वोकेशनल ट्रेनिंग, NCVT एक महत्त्वपूर्ण भूमिका निभाता है, क्योंकि यह प्रशिक्षुओं के लिए पाठ्यक्रम पर निर्धारित ऑल इण्डिया ट्रेड टैस्ट आयोजित करने के साथ ही उन्हें राष्ट्रीय व्यापार प्रमाण–पत्र द्वारा भी प्रमाणित करता है। NCVT द्वारा ही विविध ट्रेडों के पाठ्यक्रम में निरन्तर बदलाव किए जाते हैं जिससे की प्रशिक्षुओं को अपने–अपने क्षेत्र में लगभग पूर्ण विशेषज्ञ बनाया जा सके। ट्रेड थ्योरी के अतिरिक्त, प्रशिक्षुओं के पाठ्यक्रम में ट्रेड प्रैक्टिकल भी सम्मिलित किए गए हैं क्योंकि प्रैक्टिकल ही एक ऐसा माध्यम है जिसके द्वारा प्रशिक्षुओं में अवधारणाओं की सटीक समझ एवं कौशल का विकास किया जा सकता है।

अरिहन्त प्रकाशन द्वारा प्रकाशित पुस्तक **'मैकेनिक मोटर व्हीकल प्रैक्टिकल'** इन्हीं बातों को ध्यान में रखकर तैयार की गई है। यह पुस्तक निम्मी पैटर्न एवं DGT और NCVT के नवीनतम पाठ्यक्रम के अनुसार तैयार की गई है। प्रस्तुत पुस्तक में पाठ्यक्रमानुसार (Syllabus) प्रैक्टिकल निहित है। इस पुस्तक का उद्देश्य प्रैक्टिकल सम्बन्धी पाठ्यक्रम के दृष्टिकोण को व्यक्त करने के साथ–साथ प्रशिक्षुओं को कार्यशाला में प्रैक्टिकल करने के लिए उपयुक्त मार्गदर्शन प्रदान करना भी है। इस पुस्तक के प्रत्येक प्रैक्टिकल में आवश्यक उपकरण एवं सामग्री तथा सम्पूर्ण कार्यविधि को विभिन्न चरणों में सटीक एवं स्पष्ट चित्रों सहित दर्शाया गया है जिससे कि विषयक् जटिलता को न्यूनतम स्तर पर लाया जा सके। यही कुछ विशेषताएँ इस पुस्तक को अन्य पुस्तकों से अलग एवं सर्वश्रेष्ठ बनाती हैं।

अत: इन सभी विशेषताओं के आधार पर यह कहा जा सकता है कि यह पुस्तक वास्तव में प्रशिक्षुओं के लिए सफलता प्राप्त करने के लिए अति उपयोगी सिद्ध होगी।

प्रकाशक

विषय-सूची

प्रथम वर्ष

SYLLABUS

FIRST YEAR

1. Familiarisation with institute, Job opportunities in the automobile sector, Machinery used in Trade. Types of work done by the students in the shop floor. (10Hrs)
2. Importance of maintenance and cleanliness of Workshop. (10Hrs)
3. Practice operation of different workshop equipment. (10 Hrs)
4. Demonstrate Energy saving Tips of ITI electricity Usage.(10Hrs)
5. Practice using all marking aids, like steel rule with spring callipers, dividers, scriber, punches, Chisel etc.(15 Hrs)
6. Layout a work piece- for line, circle, arcs and circles. (5 Hrs)
7. Practice to remove wheel lug nuts with use of an air impact wrench.(15 Hrs)
8. Practice on General workshop tools & power tools. (20 Hrs)
9. Carryout Measuring practice on Cam height, Camshaft Journal dia, crankshaft journal dia, Valve stem dia, piston diameter, and piston pin dia with outside Micrometers. (5 Hrs)
10. Carryout Measuring practice on the height of the rotor of an oil pump from the surface of the housing or any other auto component measurement with depth micrometer. (5 Hrs)
11. Carryout Measuring practice on valve spring free length. (5 Hrs)
12. Carryout Measuring practice on cylinder bore for taper and out-of-round with Dial bore gauges.(5 Hrs)
13. Perform Measuring practice to measure wear on crankshaft end play, crankshaft run out, and valve guide with dial indicator. (5 Hrs)
14. Perform Measuring practice to check the flatness of the cylinder head is warped or twisted with straightedge is used with a feeler gauge. (5 Hrs)
15. Perform Measuring practice to check the end gap of a piston ring, piston-to-cylinder wall clearance with feeler gauge. (5 Hrs)
16. Practice to check engine manifold vacuum with vacuum gauge. (5 Hrs)
17. Practice on Marking and Drilling clear and Blind Holes, Sharpening of Twist Drills Safety precautions to be observed while using a drilling machine. (20 Hrs)
18. Practice on Tapping a Clear and Blind Hole, Selection of tape drill Size, use of Lubrication, Use of stud extractor. (20 Hrs)
19. Practice Cutting Threads on a Bolt/ Stud. Adjustment of two piece Die, Reaming a hole/ Bush to suit the given pin/ shaft, scraping a given machined surface. (10 Hrs)
20. Practice in joining wires using soldering Iron, Construction of simple electrical circuits, measuring of current, voltage and resistance using digital multimeter, practice continuity test for fuses, jumper wires, fusible links, and circuit breakers. (50 Hrs)
21. Diagnose series, parallel, series-parallel circuits using Ohm's law, Check electrical circuit with a test lamp, perform voltage drop test in circuits using multimeter, measure current flow using multimeter /ammeter, use of service manual wiring diagram for troubleshooting. (25 Hrs)
22. Carryout Cleaning and topping up of a lead acid battery, Testing battery with hydrometer. (15 Hrs)
23. Connect battery to a charger for battery charging, Inspecting & testing a battery after charging, Measure and Diagnose the cause(s) of excessive Key-off battery drain (parasitic draw) and do corrective action. Testing of relay and solenoids and its circuit. (20 Hrs).
24. Test diode for functionality. (10 Hrs)
25. Identify Hydraulic and pneumatic components used in vehicle. (20 Hrs)
26. Trace hydraulic circuit on hydraulic jack, hydraulic power steering, and Brake circuit. (20 Hrs)
27. Identify components in Air brake systems. (10 Hrs)

28. Carryout Identification of different type of Vehicle. (20 Hrs)
29. Perform Demonstration of vehicle specification data. (20 Hrs)
30. Perform Identification of vehicle information Number (VIN). Demonstration of Garage, Service station equipments.- Vehicle hoists – Two post and four post hoist, Engine hoists, Jacks, Stands. (10 Hrs)
31. Identify parts in a Diesel engine of LMV/ HMV. (07 Hrs)
32. Identify parts in a Petrol engine of LMV/ HMV. (07Hrs)
33. Practice on starting and stopping of engines. (07 Hrs)
34. Observe and report the reading of Tachometer, Odometer, temp and Fuel gauge under ideal and on load condition. (07 Hrs)
35. Practice identification of difference in components of Petrol and Diesel Engines. (07 Hrs)
36. Practice on dismantling engine of LMV/HMV as per procedure. (15 Hrs)
37. Overhauling of cylinder head assembly, Use of service manual for clearance and other parameters, Practice on removing rocker arm assembly manifolds. (10 Hrs)
38. Perform Checking valve seats & valve guide – Replacing the valve if necessary check valve overlap. Testing leaks of valve seats for leakage – Dismantle rocker shaft assembly -clean & check rocker shaft-and levers, for wear and cracks and reassemble. (10 Hrs)
39. Check valve springs, tappets, push rods, tappet screws and valve stem cap. (10 Hrs)
40. Reassemble valve parts in sequence, refit cylinder head and manifold & rocker arm assembly, adjustable valve clearances, starting engine after adjustments. (10 Hrs)
41. Practice Overhauling piston and connecting rod Assembly. Use of service manual for clearance and other parameters. (5 Hrs)
42. Practice on removing oil sump and oil pump – clean the sump. Practice on removing the big end bearing, connecting rod with the piston. (5 Hrs)
43. Practice on removing the piston rings; Dismantle the piston and connecting rod. Check the side clearance of piston rings in the piston groove & lands for wear. Check piston skirt and crown for damage and scuffing, clean oil holes. (5 Hrs)
44. Measure -the piston ring close gap in the cylinder, clearance between the piston and the liner, clearance between crank pin and the connecting rod big end bearing. (5 Hrs)
45. Check connecting rod for bend and twist. Assemble the piston and connecting rod assembly. (5 Hrs)
46. Carryout Overhauling of crankshaft by referring service manual for clearance and other parameters. (20 Hrs)
47. Practice on removing damper pulley, timing gear/timing chain, flywheel, main bearing caps, bearing shells and crankshaft from engine checking oil retainer and thrust surfaces for wear. (20 Hrs)
48. Measure crank shaft journal for wear, taper and ovality, Checking crankshaft for fillet radii, bend & twist. (10 Hrs)
49. Perform Checking of flywheel and mounting flanges, spigot, bearing. (10 Hrs)
50. Check vibration damper for defects, Practice on removing cam shaft from engine block, Check for bend & twist of camshaft. (10 Hrs)
51. Perform Inspection of cam lobe, camshaft journals and bearings and measure cam lobe lift. (10 Hrs)
52. Practice Fixing bearing inserts in cylinder block & cap check nip and spread clearance & oil holes & locating lugs fix crank shaft on block-torque bolts - check end play remove shaft - check seating, repeat similarly for connecting rod and Check seating and refit. (20 Hrs)
53. Practice Cleaning and Checking of cylinder blocks. (10 Hrs)
54. Check cylinder blocks Surface flatness visually. (10 Hrs)
55. Measure cylinder bore for taper & ovality, clean oil gallery passage and oil pipe line, Bore - descale water passages. (10 Hrs)
56. Practice on Checking &Top up coolant, (5 Hrs)
57. Drain & refill coolant, Checking / replacing a coolant hose, Testing cooling system pressure, Practice on Removing & replacing radiator/ thermostat. (5 Hrs)
58. Inspect the radiator pressure cap, testing of thermostat. (5 Hrs)
59. Perform Cleaning & reverse flushing. (5 Hrs)

60. Carryout overhauling water pump and refitting. (10 Hrs)
61. Practice on Checking engine oil, Draining engine oil, Replacing oil filter, Refilling engine oil. (10 Hrs)
62. Carryout Overhauling of oil pump, oil coolers, air cleaners and air filters and adjust oil pressure relief valves, repairs to oil flow pipe lines and unions if necessary. (10 Hrs)
63. Carryout Dismantling & assembling of turbocharger check for axial clearance as per service manual. (15 Hrs)
64. Check Exhaust system for rubber mounting for damage, deterioration and out of position; for leakage, loose connection, dent and damage. (10 Hrs)
65. Practice on Exhaust manifold removal and installation. (13 Hrs)
66. Practice on Catalytic converter removal and installation. (12 Hrs)
67. Practice Testing of MPFI components and replacement if necessary. (10 Hrs)
68. Check delivery from fuel Pump. Replacing a fuel filter. (10 Hrs)
69. Bleed air from the fuel lines, Servicing primary & secondary filters. (15 Hrs)
70. Remove a fuel injection pump from an engine-refit the pump to the engine re- set timing - fill lubricating-oil start and adjust slow speed of the engine. (15 Hrs)
71. Reassemble all parts of engine in correct Sequence and torque all bolts and nuts as per workshop manual of the engine. (10 Hrs)
72. Perform Engine component assembly procedures- Testing cylinder compression, checking idle speed, Removing & replacing a cam belt, Inspecting & adjusting an engine drive belt, Replacing an engine drive belt. (15 Hrs)
73. Practice on Start engine adjust idling speed and damping device in pneumatic governor and venture control unit checking. (5 Hrs)
74. Test Performance of engine with off load adjusting timings. (5 Hrs)
75. Start engine- adjusting idle speed of the engine fitted with mechanical governor checking- high speed operation of the engine. (5 Hrs)
76. Check performance for missing cylinder by isolating defective injectors and test- dismantle and replace defective parts and reassemble and refit back to the engine. (10 Hrs)
77. Practice Monitoring emissions procedures by use of Engine gas analyser or Diesel smoke meter. (5 Hrs)
78. Checking & cleaning a Positive crank case ventilation (PCV) valve. Obtaining & interpreting scan tool data. (5 Hrs)
79. Perform Inspection of EVAP canister purge system by use of scan Tool. (5 Hrs)
80. Perform EGR /SCR Valve Removal and installation for inspection. (10Hrs)
81. Practice on removing alternator from vehicle dismantling, cleaning checking for defects, assembling and testing for motoring action of alternator & fitting to vehicles. (13 Hrs)
82. Practice on removing starter motor Vehicle and overhauling the starter motor, testing of starter motor. (12 Hrs)
83. Practice on troubleshooting in LMV/HMV for Engine Not starting – Mechanical & Electrical causes, High fuel consumption, Engine overheating, Low Power Generation, Excessive oil consumption, Low/High Engine Oil Pressure, Engine Noise. (25 Hrs)

SECOND YEAR

84. Identify different major components of Heavy vehicle and their function & placement study of different make lorry/busin Institute with different dealers or organizations. (18 Hrs)
85. Practice on adjusting clutch pedal play-removing gearbox and clutch assembly from Light & Heavy Vehicle. (09 Hrs)
86. Perform Dismantling clutch assembly, cleaning inspecting parts. (10 Hrs)
87. Carryout Removing & fitting of new pilot bearing, removing & fitting of ring gear in fly wheel relining a clutch plate, checking condition of flywheel and pressure plate surface for reconditioning. (10 Hrs)
88. Perform Assembling of pressure plate adjusting the fingers checking run out of fly wheel and aligning clutch assembly with flywheel. (08 Hrs)
89. Perform Dismantling cleaning and assembling of gearshift mechanism changing oil in gear box. (10 Hrs)
90. Practice Dismantling a synchromesh gear box, cleaning, inspecting parts replacing worn out defective parts assembling & testing for correct performance identifying noises from gear boxes and rectifying. (10 Hrs)

91. Practice on Removing open type propeller shaft from vehicle, Practice on removing universal joints, cleaning replacing worn out parts, re-assembling & refitting to vehicle- and their alignment, including front wheel drive and all wheel drive of LMV. (15 Hrs)
92. Practice on FWD Driveshaft Removal and Replacement. (15 Hrs)
93. Practice on overhauling & inspection of rear axle. (15 Hrs)
94. Practice on overhauling & inspection of differential assembly. (15 Hrs)
95. Perform Trouble shooting – causes and remedy for clutch slip, clutch noise, clutch binding, hard clutch, gearbox noise, gear slip, rear axle noise, propeller shaft noise, universal joint noise, differential noise. (15 Hrs)
96. Identify Automatic transmission components (5 Hrs)
97. Check automatic transmission fluid and replace transmission fluid & filter. (20 Hrs)
98. Practice on oil pressure control cable play adjustments, Inspection of shift lever switch, throttle position sensor, speed sensor and automatic transmission wiring harness coupler. (25 Hrs)

Following practical to be Practiced On Light & Heavy Vehicle:

99. Practice on removing the drop arm, Check and adjust the turning angle, align the drop arm and steering wheel with the front wheel. Check and correct toe-in. (10 Hrs)
100. Practice on removing steering wheel, steering gearbox. (10 Hrs)
101. Inspect and overhaul steering boxes, adjusting steering gear backlash, pre-load and adjust toe-in, toe-out, camber angle, castor angle, kingpin inclination and wheel run out. (10 Hrs)
102. Check & top up power steering fluid. (5 Hrs)
103. Carryout Pressure testing a power steering system, Flushing a power steering system, (10 Hrs)
104. Carryout Inspecting & adjusting an engine drive belt. (5 Hrs)
105. Carryout Servicing a steering system. (10 Hrs)
106. Practice servicing wheel bearings. (10 Hrs)
107. Perform Troubleshooting- Causes and remedy for abnormal wear of tyre, wheel wobbling, poor self centring, hard steering, and vehicle pulling to one side. (5 Hrs)

Following practical to be Practiced On Light & Heavy Vehicle :

108. Practice on visual Inspection of chassis frame for crack, bent and twists. (15Hrs)
109. Carryout Overhauling and Inspection of shackle, leaf spring, front & rear suspension. (15 Hrs)
110. Practice on removing, inspection and assembling of shock absorber (15 Hrs)
111. Practice Lubricating a suspension system. (10 Hrs)
112. Perform Trouble shooting for Suspension system defects: Wheel hop, ride height (unequal and low), noises under operation, fluid leakage, excessive travel, bounce, worn dampers, worn joints/damaged linkages, vehicle "crabbing". (20 Hrs)
113. Practice on removing wheels from light & Heavy vehicle, dismantling tyres and tubes checking puncture. (10 Hrs)
114. Practice Assembling& inflating tyres to correct pressure. (10 Hrs)
115. Check & adjust tire pressure by use of air or by Nitrogen(10 Hrs)
116. Rotate the wheels in vehicle minor repairs to wheels and tyres, wheel balancing & alignment. (10 Hrs)
117. Check for tyre wear patterns. (10 Hrs)
118. Practice on Adjusting brake pedal play, Overhauling and inspection of tandem master cylinder assembly. (5 Hrs)
119. Perform Overhauling and inspection of front and rear brake assembly, overhauling and inspection of wheel cylinder assembly. (5 Hrs)
120. Bleed hydraulic brakes & Disk brakes. (10Hrs)
121. Carryout Overhauling and inspection of vacuum assisted brake assembly. (10 Hrs)
122. Perform Overhauling and inspection of disc brake. (10 Hrs)

123. Practice Adjusting Air brakes- repair to tank unit, air compressor, wheel brake adjuster- locating air leaks in the brake lines and rectifying – general maintenance and care. (15 Hrs)

124. Perform Brakes service procedures-Checking & adjusting brake fluid, Replacing brake fluid, Checking brake pads, Replacing brake pads, Removing & replacing a rotor, Replacing brake linings, Adjusting a parking brake cable. (15 Hrs)

125. Carryout Trouble tracing in braking system of a heavy vehicle adjusting brakes and balancing all four wheel brakes, precautions to be observed while testing brakes points to be remember while preparing the vehicle for brake certificate. (15 Hrs)

126. Practice of maintaining of ABS system. (15 Hrs)

127. Perform Trouble shooting Practice with Heavy vehicle for Engine Not starting – Mechanical & Electrical causes, High fuel consumption, Engine overheating, Low Power Generation, Excessive oil consumption, Low/High Engine Oil Pressure, Engine Noise. (50 Hrs)

128. Carryout Identification of Electronic control Unit. (20 Hrs)

129. Perform Set up for testing, Testing of Electronic Control Circuit. (20 Hrs)

130. Perform Identification of various sensors installed in engine & it's mounting. (20 Hrs)

131. Check instruments & Gauges on dash board& replace defective gauges. (20 Hrs)

132. Test Temperature sensor, Pressure senor, potentiometer, magnetic induction sensor, cam shaft sensor, crankshaft position sensor. (20 Hrs)

133. Carryout Diagnosis- Possible causes and remedy for Engine cranks, but will not or hard to start, Poor fuel economy or engine performance. (25 Hrs)

134. Practice Checking ignition timing, Checking & changing a spark plug, Identification and testing of Hall Effect sensor, Optical sensor. Tracing and testing of sensor circuits. (25Hrs)

135. Check charging system for the cause of undercharge, No charge, and over charge conditions. (10 Hrs)

136. Perform Removing & replacing an alternator, Inspection of rotor for ground, open circuit – field coil resistance, slip ring surface, Fan, bearing. Inspection of stator for ground, open circuit, Inspection of Drive end bearing rotation, Rectifier, brush length compare with service manual. Slip ring surface. (10 Hrs)

137. Practice Inspecting & adjusting an engine drive belt, Replacing an engine drive belt/ pulleys / Tensioner and their alignments. (10 Hrs)

138. Carryout Trouble shooting, possible causes and remedy for warning lamp does not glow when ignition switch is on, Warning lamp glows dim when ignition switch is on, warning lamp 'on' while the alternator is running, Warning lamp glows 'dim' while the alternator is running, warning lamp flickers considerably. (20 Hrs)

139. Remove starter motor from vehicle, and carryout Performance test for pull-in test, Hold-in test, pinion (plunger) return test, No-load performance test. (15 Hrs)

140. Perform Trouble shooting, possible causes and remedy for starter motor not running, Starting motor running but too slow (small torque), staring motor running, but not cranking engine. Noise, starting motor does not stop running. Growler testing for rotors. (15 Hrs)

141. Check a starting system, Jump-start a vehicle. (5 Hrs)

142. Trace the light circuit - test bulbs, align head lamps, aiming headlights. Changing a headlight bulb, checking of a head light switch and to replace if faulty. (4 Hrs)

143. Perform Trouble shooting and remedy for turn signal and hazard warning lights -Flash rate high or one side only flashes, No Flashing, flash rate low. (4 Hrs)

144. Perform Trouble shooting and remedy for clearance, tail and license plate lights - All lights do not light up, some lights do not light up. (4 Hrs)

145. Perform Trouble shooting and remedy for fuel meter and fuel gauge unit - Fuel meter shows no operation or incorrect operation. (4 Hrs)

146. Perform Trouble shooting and remedy for Engine coolant Temp (ECT) meter and ECT Sensor – Engine coolant temp meter shows no operation or incorrect operation. (4 Hrs)

147. Perform Trouble shooting and remedy for oil pressure light – Oil pressure warning light does not light up when ignition switch is on at engine off. (4 Hrs)

148. Perform Trouble shooting and remedy for brake and parking brake warning light- Brake warning light does not light up when fluid flow level, Brake warning light does not light up when parking brake pull up, Brake warning lights stay on. (4 Hrs)
149. Perform Trouble shooting and remedy for interior light- Interior light do not light up. (5 Hrs)
150. Perform Trace the wiring circuit of traffic signal flashers light circuit-tracing defects in the flasher circuits, replacing fuse bulb. (5 Hrs)
151. Perform Trouble shooting and remedy for Horn- No horn operation, poor sound quality, horn sounds continuously and to replace the horn if faulty. (5 Hrs)
152. Remove and install wiper motors and wiper switches. Checking & replacing wiper blades. (5 Hrs)
153. Perform Trouble shooting and remedy for windshield wiper and washer - no operation, intermittent operation, continuous operation, and wipers will not park. (5 Hrs)
154. Diagnose causes for improper operation of the windshield washer system and to replace the pump if faulty. (6 Hrs)
155. Diagnose the power window system for – all power window motors do not operate, some switches do not operate. (6 Hrs)
156. Diagnose the power door lock control for – All power door locks do not operate, only one power door lock not operate. (6 Hrs)
157. Diagnose for remote keyless entry and immobilizer system. (6Hrs)
158. Diagnose automatic seat belt systems, Diagnose air bag system and service warnings. (6 Hrs)
159. Identify Air conditioning components, Performance test on A/c unit, (5 Hrs)
160. Check Charged state of refrigerant, Inspecting & adjusting an engine drive belt, Replacing an engine drive belt. (10 Hrs)
161. Perform Refrigerant recovery –evacuating –charging of A/c system. Replenishing compressor oil level. Troubles diagnose and remedy for No cooling or warm air, Cool air comes out only intermittently, Insufficient cooling, (20 Hrs)
162. Check abnormal noise from compressor, Magnetic clutch, condenser, evaporator, Blower motor. (5 Hrs)
163. Carryout Diagnosis test for High pressure gauge –pressure high and low, Low pressure gauge for pressure high and low. (5 Hrs)

Driving Practice :

164. Practice in straight driving on wide roads. (10 Hrs)
165. Driving through lanes and curves. (10 Hrs)
166. Practice in reversing. (10 Hrs)
167. Practice overtaking another vehicle. (10 Hrs)
168. Practice in driving through sand and wet surfaces. Practice in parking and Diagonal parking. (10 Hrs)
169. Study report on current adoption status of BEV, HEV, PHEV, FCEV type vehicles. (15 Hrs)
170. Identify and study performance of Electric vehicles in comparison to IC engine vehicles. (10 Hrs)
171. Identification and study of basic components of EV. (05 Hrs)
172. Identify various gauges/instrument on dashboard of an electric vehicle and identify differences in instrumentation panel with IC engine vehicle. (10 Hrs)
173. Basic motor power calculation. (5 Hrs)
174. Identify and test different types of Batteries, diodes and transistors (10 Hrs)

प्रथम वर्ष

प्रैक्टिकल संख्या 1

✎ संस्थान के साथ आत्मसात्मीकरण, ऑटोमोबाइल क्षेत्र में रोजगार के अवसर, ट्रेड में प्रयुक्त मशीनरी कार्य स्थल में छात्रों द्वारा किए जाने वाले कार्य के प्रकार
Institute, Job Opportunities in the Automobile Sector, Machinery Used in Trade. Types of Work Done by the students in the shop Floor

1.1

प्रशिक्षण संस्थान के विविध अनुभागों से आत्मसात्मीकरण
Familiarisation with Various Departments of Training Institute

उद्देश्य Object

प्रशिक्षण संस्थान के विविध अनुभागों से प्रशिक्षुओं को अवगत कराना।

आवश्यक उपकरण/सामग्री Essential Apparatus/Materials

सहायक ट्रेड के अभिन्यास सम्बन्धी चार्ट निम्नवत् हैं

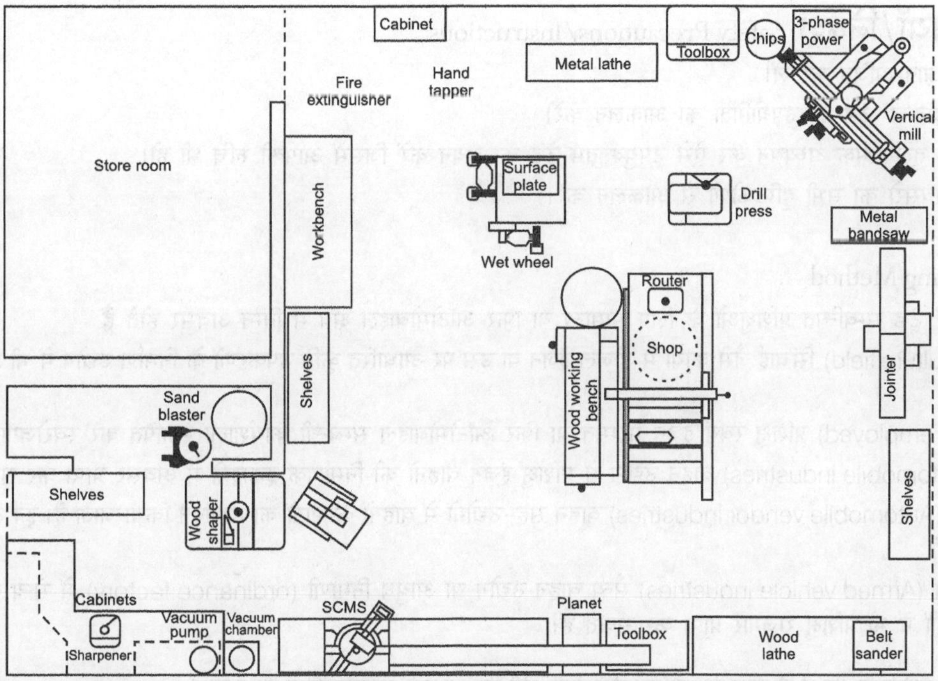

सुरक्षा सावधानियाँ/निर्देश Safety Precautions/Instructions

1. सुरक्षा सम्बन्धी बिन्दुओं की जानकारी प्राप्त कर लें।
2. मैकेनिक मोटर व्हीकल शाला में विविध अनुभागों की उपयोगिता को समझ लें।
3. ट्रेड में सहायक ट्रेड का पूर्ण ज्ञान अर्जित कर लें।

कार्यविधि Working Method

औद्योगिक प्रशिक्षण संस्थान के विविध अनुभागों का उपयोग एकाधिक ट्रेडों के प्रशिक्षार्थियों द्वारा किया जाता है एवं उनके कार्यों का संक्षेप में विवरण निम्न प्रकार है

1. **टर्नर** (Turner) इस अनुभाग में प्रशिक्षार्थियों को धातु की जॉब को एक प्रकार से दूसरे प्रकार में परिवर्तित करने की विधि में निपुण किया जाता है।
2. **वैल्डर** (Welder) इस अनुभाग में प्रशिक्षार्थियों को धातु की जॉब पर विभिन्न प्रकार की वैल्डिंग सम्बन्धी प्रक्रियाएँ करने में निपुण किया जाता है।
3. **इलेक्ट्रॉनिक्स** (Electronics) इस अनुभाग में प्रशिक्षार्थियों को अर्द्धचालक से बने विविध परिपथों पर कार्य करने में निपुण बनाया जाता है।
4. **इलेक्ट्रीशियन** (Electrician) इस अनुभाग में विद्युत सम्बन्धी जानकारियाँ और विविध ट्रेडों में उनकी भूमिका विस्तारपूर्वक समझायी जाती है।

परिणाम (Result) प्रशिक्षण संस्थान के विविध अनुभागों का परिचय सफलतापूर्वक प्राप्त किया गया।

1.2

ऑटोमोबाइल क्षेत्र में रोजगार के अवसर
Opportunities in the Automobile Sector

उद्देश्य Object

ऑटोमोबाइल क्षेत्र में रोजगार के अवसरों से अवगत होना।

आवश्यक उपकरण/सामग्री Essential Apparatus/Materials

ट्रेड में रोजगार सम्बन्धी चार्ट एवं विवरणिका।

सुरक्षा सावधानियाँ/निर्देश Safety Precautions/Instructions

1. ट्रेड सम्बन्धी पूर्ण ज्ञान अर्जित कर लें।
2. 'मैकेनिक मोटर व्हीकल' ट्रेड की उपयोगिता का आकलन करें।
3. सुलभ अवसरों का तुलनात्मक अध्ययन कर ऐसे उपयुक्ततम ट्रेड का चयन करें जिसमें आपकी रुचि भी हो।
4. समस्त उपलब्ध अवसरों का सभी दृष्टिकोणों से आकलन करें।

कार्यविधि Working Method

'मैकेनिक मोटर व्हीकल' ट्रेड सम्बन्धित प्रशिक्षुओं के लिए सामान्य या फिर ऑटोमोबाइल क्षेत्र में निम्न अवसर होते हैं

1. **कृषि क्षेत्र** (Agriculture field) सिंचाई जैसे कार्यों में डीजल इंजन या उस पर आधारित कृषि उपकरणों के निर्माण उद्योग में भी प्रशिक्षु रोजगार प्राप्त कर सकते हैं।
2. **स्वरोजगार** (Self employed) प्रशिक्षु स्वयं इंजन मरम्मत या फिर ऑटोमोबाइल सम्बन्धी कार्यशाला स्थापित कर स्वरोजगार को अपना सकते हैं।
3. **वाहन उद्योग** (Automobile industries) वाहन उद्योग में प्रशिक्षु इंजन वाहनों की निर्माणक इकाइयों में अवसर प्राप्त कर सकते हैं।
4. **वाहन सह उद्योग** (Automobile vendor industries) वाहन सह-उद्योगों में वाहनों के भागों का उत्पादन किया जाता है। इन उद्योगों में प्रशिक्षु रोजगार प्राप्त कर सकते हैं।
5. **सैन्य वाहन उद्योग** (Armed vehicle industries) सैन्य वाहन उद्योग या आयुध निर्माणी (ordinance factory) में सैन्य वाहनों का निर्माण किया जाता है। इन उद्योगों में भी प्रशिक्षु रोजगार प्राप्त कर सकते हैं।

परिणाम (Result) ऑटोमोबाइल क्षेत्र में रोजगार के अवसरों से अवगत होने का अभ्यास सफलतापूर्वक किया गया।

1.3

ट्रेड में प्रयुक्त मशीनरी का प्रदर्शन

Demonstration of Machinery used in the Trade

उद्देश्य Object

ट्रेड में प्रयोग होने वाली मशीनरी का प्रदर्शन करना।

आवश्यक उपकरण/सामग्री Essential Apparatus/Materials

- ट्रेनर टूल किट
- कॉटन वेस्ट
- ड्रिलिंग मशीन
- जिब क्रेन
- एयर कम्प्रैशर
- सॉप (soap) ऑयल

सुरक्षा सावधानियाँ/निर्देश Safety Precautions/Instructions

1. किसी भी उपकरण अथवा मशीन का प्रयोग करने से पूर्व निर्देश-पुस्तिका का अध्ययन अवश्य कर लें।
2. कार्यशाला में प्रवेश करने से पहले एवं बाद में सुरक्षा साधनों का ध्यान अवश्य रखें।
3. सभी मशीनों की पहचान करते समय अनावश्यक छेड़-छाड़ न करें।
4. ड्रिलिंग मशीन पर साधारण ड्रिलिंग करते समय जॉब की सतहों को क्षैतिज अवस्था में तथा किसी कोण पर छिद्रों की ड्रिलिंग करते समय टेबल को थोड़ा तिरछा किया जाना चाहिए।

कार्यविधि Working Method

1. कार्यशाला में प्रवेश करने के उपरान्त सर्वप्रथम कार्यशाला की बड़ी मशीनों; जैसे—कम्प्रैशर, ड्रिलिंग मशीन आदि की पहचान करते हैं।
2. कम्प्रैशर, एयर रिसीवर आदि के संरचनात्मक गुणों एवं उपयोगों से अवगत होते हैं।
3. सम्पीडित हवा के प्रयोग तथा उनके अनुप्रयोगों से अवगत होते हैं।
4. तत्पश्चात् बेंच ड्रिलिंग गशीन, पिलर ड्रिलिंग मशीन आदि से अवगत होते हैं।
5. अब ऑटोमोबाइल कार्यशाला में डिस्प्ले चार्ट के द्वारा सभी उपकरणों के भागों से अवगत होते हैं। कुछ मुख्य उपकरणों को अग्रपृष्ठ पर वर्णित किया गया हैं

(i) एयर कम्प्रैशर Air Compressor

कम्प्रैशर वह उपकरण है, जो एयर होज द्वारा आवश्यक दाब की सम्पीडित हवा प्रदान करता है।

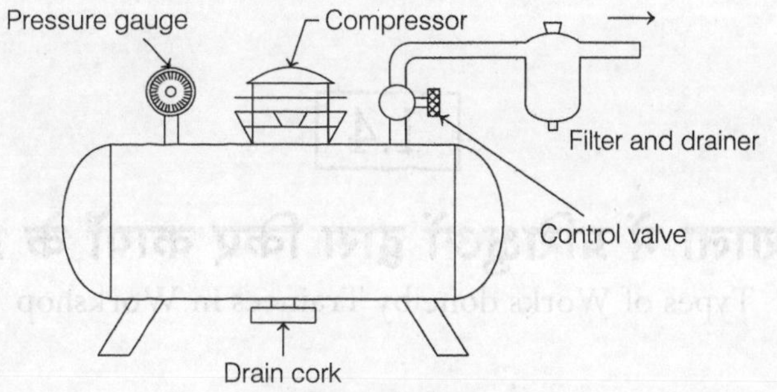

(i) एयर कम्प्रैशर

(ii) **जिब क्रेन** Jib Crane

जिब क्रेन का प्रयोग वस्तुओं को कार्यशाला में एक-स्थान से दूसरे स्थान पर ले जाने के लिए किया जाता है।

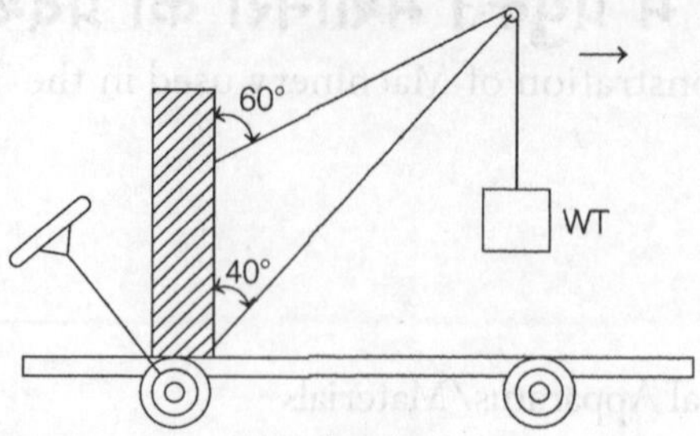

(ii) जिब क्रेन

(iii) **बेंच ड्रिलिंग मशीन** Bench Drilling Machine

यह मशीन 12.5 मिमी तक के व्यास वाले छिद्रों की ड्रिलिंग करने में सक्षम है। ड्रिलिंग करने हेतु इस मशीन के चक में ड्रिल फिट करते हैं अथवा सीधे ही टेपर्ड छिद्र को मशीन के स्पिण्डल में लगाकर ड्रिल कर देते हैं।

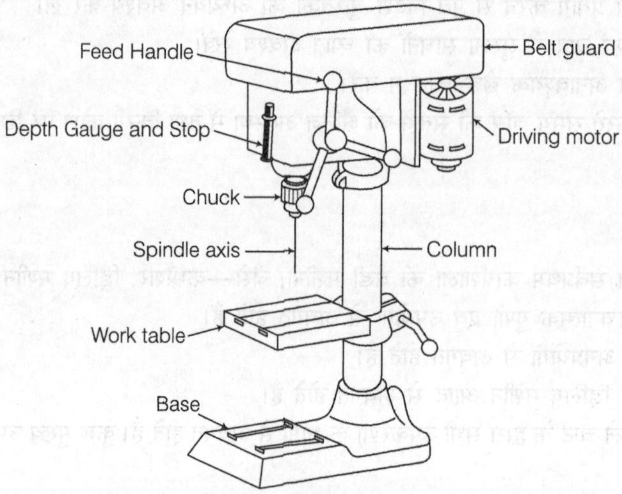

(iii) बेंच ड्रिलिंग मशीन

परिणाम (Result) ट्रेड में प्रयोग होने वाली मशीनरी का प्रदर्शन सफलतापूर्वक किया गया।

1.4

कार्यशाला में प्रशिक्षुओं द्वारा किए कार्यों के प्रकार

Types of Works done by Trainees in Workshop

उद्देश्य Object

'मैकेनिक मोटर व्हीकल' कार्यशाला में प्रशिक्षुओं के द्वारा किए गए विभिन्न प्रकार के कार्यों का अभ्यास करना।

आवश्यक उपकरण/सामग्री Essential Apparatus/Materials

- एक इंजन
- रेती
- मिट्टी का तेल (आवश्यकतानुसार)
- स्पैनर
- सॉकेट स्पैनर
- हैमर
- स्वच्छ कपड़ा (आवश्यकतानुसार)
- इंजन ऑयल (तेल)
- वाशर

सुरक्षा सावधानियाँ/निर्देश Safety Precautions/Instructions

1. सर्वप्रथम कार्यस्थल की अच्छी तरह साफ-सफाई कर लें।
2. सभी स्टडो एवं बोल्टों को खोलने से पूर्व इन पर पहले मिट्टी का तेल डाल दें।
3. स्टडो एवं बोल्टों से इंजन को धीरे-धीरे संयोजित करने या खोलने का प्रयास करें।
4. इंजन के सभी भागों का सावधानी से निरीक्षण कर वस्तुस्थिति से अवगत हो जाएँ कि उसमें कार्य क्या करना है।
5. सभी कार्यों को बहुत ही सावधानीपूर्वक व सफाई से करें।

कार्यविधि Working Method

1. इंजन संयोजन या उसको खोलने से पहले उसे भली-भाँति साफ करते हैं।
2. आकार के अनुसार उपयुक्त स्पैनर की सहायता से इंजन के स्टड्स एवं बोल्टों को खोलने का प्रयास करते हैं।
3. सभी खोले गए बोल्टों की सफाई (जंग अथवा कार्बन) कर मिट्टी के तेल आदि से साफ करते हैं।
4. आवश्यकता पड़ने पर स्टड्स एवं बोल्टों की फाइलिंग, हैक्सॉइंग आदि करते हैं।
5. अन्त में इंजन के सभी भागों को संयोजित कर सभी बोल्टों एवं स्टडो को पुनः फिट करते हैं।

परिणाम (Result) 'मैकेनिक मोटर व्हीकल' कार्यशाला में विभिन्न प्रकार के कार्यों का अभ्यास सफलतापूर्वक किया गया।

प्रैक्टिकल संख्या 2

✎ कार्यशाला में अनुरक्षण एवं स्वच्छता की महत्ता
Importance of Maintenance and Cleanliness in Workshop

उद्देश्य Object

कार्यशाला में स्वच्छता एवं अनुरक्षण की महत्ता का प्रदर्शन करना।

आवश्यक उपकरण/सामग्री Essential Apparatus/Materials

- ट्रेनर टूल किट
- बाल्टी
- क्लीनिंग सॉलवेन्ट
- वाइपर
- वॉशिंग पाउडर
- पानी
- कॉटन वेस्ट
- ब्रुश

सुरक्षा सावधानियाँ/निर्देश Safety Precautions/Instructions

1. कार्यशाला में कार्य करने वाले तकनीकी व्यक्ति कार्यशाला में कार्य करते समय यथायोग्य चुस्त कपड़े पहनें।
2. किसी चलती हुई मशीन पर कार्य के दौरान निकले कचरे को बहुत सावधानी से उपयुक्त माध्यम के द्वारा एकत्र करें।
3. किसी मशीन के पट्टे, गियर आदि पर यदि कवर लगा है, तो उसे चलाते समय यथासम्भव हटाएँ नहीं।
4. चलती हुई मशीन में तेल या ग्रीस आदि देने का प्रयास न करें।
5. औजारों को प्रयोग के उपरान्त उपयुक्त स्थान पर रख दें।
6. प्रचालित अवस्था में अटैचमेन्ट्स तथा यन्त्रावलियों में अतिरिक्त तेल या ग्रीस नहीं होना चाहिए।

कार्यविधि Working Method

A. औजारों तथा उपकरणों का अनुरक्षण

1. सर्वप्रथम औजारों तथा उपकरणों को साफ करते हैं तथा कार्य करने के उपरान्त औजारों तथा उपकरणों की जाँच करते हैं। यदि उनमें कोई दोष पाया जाता है, तो उपकरण पर दोषपूर्ण (faulty) होने का टैग लगा देते हैं।
2. तेल अथवा ग्रीसयुक्त सतह पर विद्युत धारा सरलता से प्रवाहित होती है, इसलिए विद्युत शक्ति से चलने वाले उपकरण तेल, ग्रीस, धूल व गन्दगी से मुक्त हैं अथवा नहीं, यह सुनिश्चित करते हैं।
3. सभी उपकरणों की एक अनुरक्षण अनुसूची होती है, इसलिए प्रत्येक उपकरण पर अनुसूची में निर्धारित समय के अनुसार कार्य समाप्त कर लेते हैं, जिससे कि उपकरण को सुरक्षित रखा जा सके।
4. सामान्यत: प्रयोग में आने वाले उपकरणों को ऐसे स्थान पर रखते हैं, जहाँ सरलता से पहुँचा जा सके।

5. यदि कोई उपकरण अथवा उपकरण का कोई भाग अधिक भारी हो, तो उसे कार्य बेंच (work bench) पर या उस फर्श पर छोड़ देना चाहिए, जहाँ उसे प्रयोग किया जाता हो जिससे कि खतरे की सम्भावना न रहे। चित्र (i)

(i)

6. अपने कार्यस्थल को साफ कर लेते हैं, जिससे कि अधिक दक्षतापूर्वक, सुरक्षित रूप से कार्य किया जा सके। चित्र (ii)

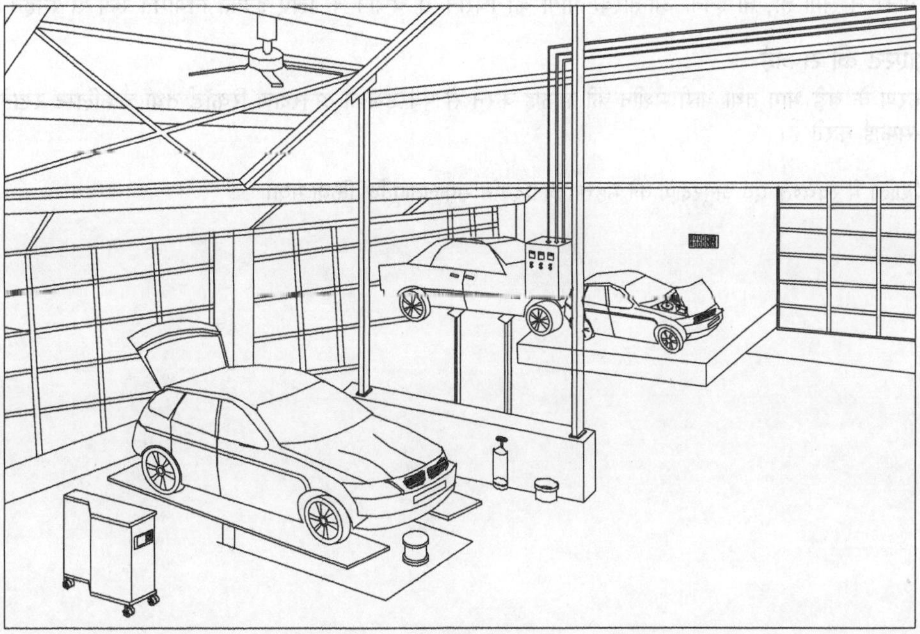

(ii)

7. कार्यस्थल के समीप एक कूड़ेदान रख देते हैं जिससे कि सभी व्यर्थ पदार्थों को उसमें डाला जा सके।
8. द्रव तथा ठोस व्यर्थ पदार्थों; जैसे—तेल, शीतलक तथा घिसे हुए अवयवों को सही तरीके से निष्कासित कर देते हैं।
9. खराब सोलवेन्ट तथा रसायनों को सीवेज प्रणाली द्वारा निष्कासित नहीं करना चाहिए, इससे पर्यावरण को क्षति पहुँच सकती है तथा यह एक कानूनन अपराध भी है।

10. कुछ सॉलवेन्ट आग पकड़ने वाले होते हैं, इसलिए इनके पास सिगरेट या चिंगारी आदि नहीं लाते हैं।
11. क्लीनिंग रसायनों से आने वाली गन्ध जहरीली हो सकती है, इसलिए ऐसे रसायनों का प्रयोग करते समय उपयुक्त रेस्पिरेटर (respirator) तथा आई-प्रोटेक्शन का प्रयोग करते हैं।

B. हस्त औजारों, जैक, शक्ति उपकरणों एवं मशीनों की साफ-सफाई

हस्त औजारों, जैक, शक्ति उपकरणों एवं मशीनों की साफ-सफाई का विवरण निम्नवत् है

1. हस्त औजारों की सफाई

हस्त औजारों की साफ-सफाई कैबिनेट के दो सैटों में करते हैं। पहले कैबिनेट में उपकरणों को रोएँ-मुक्त करके रखा जाता है तथा दूसरे कैबिनेट में उपकरणों को जंग तथा संक्षारण से मुक्त किया जाता है।

2. फ्लोर जैक्स की सफाई

(i) फर्श पर से तेल या ग्रीस आदि को साफ करके फ्लूड के लीक होने की जाँच करते हैं। यदि कोई लीक पाया जाता है, तो लीक को सही करके हाइड्रॉलिक फ्लूड को ऊपर तक भर देते हैं।

(ii) कभी-कभी पहियों तथा पोस्ट पर तेल की कुछ बूँदे डाल देते हैं, जिससे कि वे सुरक्षित रूप से खड़े रह सकें।

3. विद्युत शक्ति से चलने वाले उपकरणों की सफाई

(i) विद्युत शक्ति से चलने वाले उपकरणों पर से ब्रुश की सहायता से धूल आदि साफ करके, एक साफ कपड़े से तेल व ग्रीस को हटा देते हैं तथा किसी विद्युत केबिल के धूल, तेल या ग्रीस लगे होने का निरीक्षण करते हैं। यदि हो, तो उसे साफ करते हैं।

(ii) ड्रिल तथा ड्रिल चक का निरीक्षण करते हैं तथा कभी-कभी ड्रिल, चक व ड्रिल मशीन में स्नेहन कर देते हैं।

4. वायु शक्ति से चलने वाले उपकरणों की सफाई

(i) प्रतिदिन एयर टूल्स के इनलेट में तेल की कुछ बूँदे डालते रहते हैं।

(ii) यदि एयर टूल्स में मोटर न लगी हो, तो इनके आन्तरिक भागों को घिसने से बचाने के लिए इनका नियमित रूप से स्नेहन करते हैं।

5. भारी मशीनों तथा हॉएस्ट की सफाई

प्रत्येक हॉएस्ट, उपकरण के बड़े भाग तथा भारी मशीन की सफाई करने से पूर्व उसका अनुरक्षण रिकॉर्ड तथा चैकलिस्ट रखते हैं तथा उसी के अनुसार उपकरण की साफ-सफाई करते हैं।

परिणाम (Result) कार्यशाला में स्वच्छता एवं अनुरक्षण की महत्ता का प्रदर्शन सफलतापूर्वक किया गया।

प्रैक्टिकल संख्या 3

✎ विभिन्न कार्यशाला औजारों का प्रचालन अभ्यास
Practice Operation of Different Workshop Equipments

उद्देश्य Object

'मैकेनिक मोटर व्हीकल' ट्रेड में प्रयुक्त विभिन्न प्रकार के औजारों का अध्ययन करना एवं इनकी कार्य प्रणाली का परिचय प्राप्त करना।

आवश्यक उपकरण/सामग्री Essential Apparatus/Materials

- स्टील फुट रूल
- इनसाइड कैलीपर
- स्क्रू पिच मेजरिंग गेज
- वर्नियर कैलीपर
- ट्राई स्क्वॉयर
- फाइल
- टैप
- स्क्रैपर
- एडजस्टेबल स्पैनर
- हथौड़ा
- ऑयल गन
- ऑयल
- स्टील मेजरिंग टेप
- आउटसाइड माइक्रोमीटर
- फीलर गेज
- मार्किंग पंच सैट
- मार्किंग ब्लॉक
- छेनी
- थ्रेडिंग डाई
- स्पैनर
- स्पार्क प्लग स्पैनर
- पेंचकस
- जैक
- आउटसाइड कैलीपर
- इनसाइड माइक्रोमीटर
- सिलेण्डर गेज
- डिवाइडर
- सर्फेस प्लेट
- हैक्सॉ
- रीमर
- रिंग स्पैनर सैट
- प्लायर
- ग्रीस गन
- विशेष औजार
- ग्रीस इत्यादि

सुरक्षा सावधानियाँ/निर्देश Safety Precautions/Instructions

1. सभी उपकरणों एवं औजारों का सम्पूर्ण अध्ययन करें, जिससे कार्य में भ्रम की स्थिति उत्पन्न न होने पाए।
2. सभी उपकरणों एवं औजारों की कार्य प्रणाली को ध्यानपूर्वक रागझें।
3. अनुदेशक के निर्देशानुसार ही कार्य प्रारम्भ करें।
4. प्रत्येक उपकरण को प्रयोग करने से पूर्व उस उपकरण का सम्पूर्ण परिचय प्राप्त हो।
5. प्रत्येक पद अनुदेशक की देख-रेख में ही करें।

कार्यविधि Working Method

1. सर्वप्रथम कार्यशाला में लगे सभी चार्टों का अवलोकन करते हैं।
2. सभी मापक औजारों से व उनकी कार्यिकी से अवगत होते हैं।
3. यह भी सीखते हैं कि किस प्रकार से इन मापक औजारों एवं गेजों से प्रत्यक्ष एवं अप्रत्यक्ष माप ली जाती है।

4. यह सीखते हैं कि किस प्रकार स्टील फुट रूल और मेजरिंग टेप से माप ली जाती है। चित्र (i)

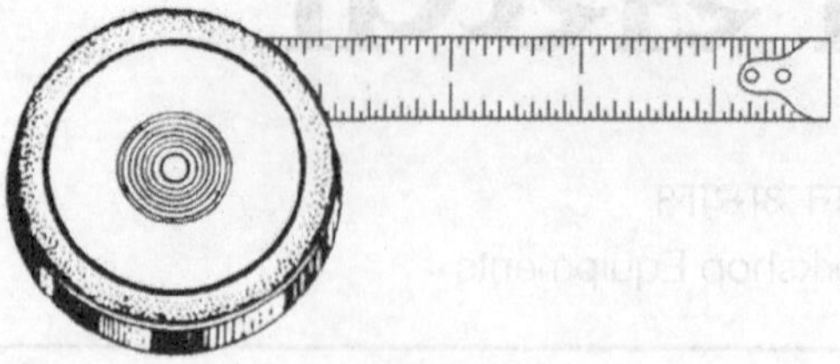

(i) मेजरिंग टेप

5. आउटसाइड एवं इनसाइड कैलीपरों का प्रयोग करना सीखते हैं और देखते हैं कि किस प्रकार कैलीपर की दोनों टाँगों का प्रयोग करते हुए गोल जॉब एवं छिद्रों की माप ली जाती है। चित्र (ii व iii)

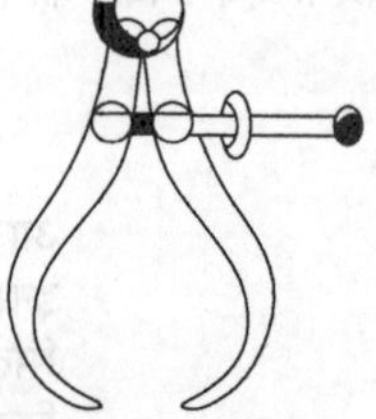

(ii) आउटसाइड कैलीपर

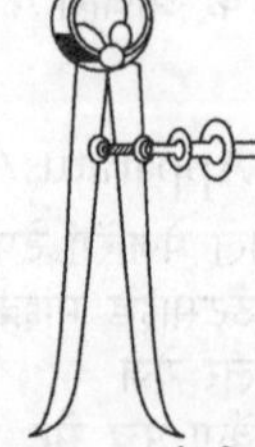

(iii) इनसाइड कैलीपर

6. आउटसाइड एवं इनसाइड माइक्रोमीटर का प्रयोग करना सीखते हैं कि कैसे इनसे गोल वस्तुओं एवं छिद्रों की परिशुद्ध माप ली जाती है। चित्र (iv व v)

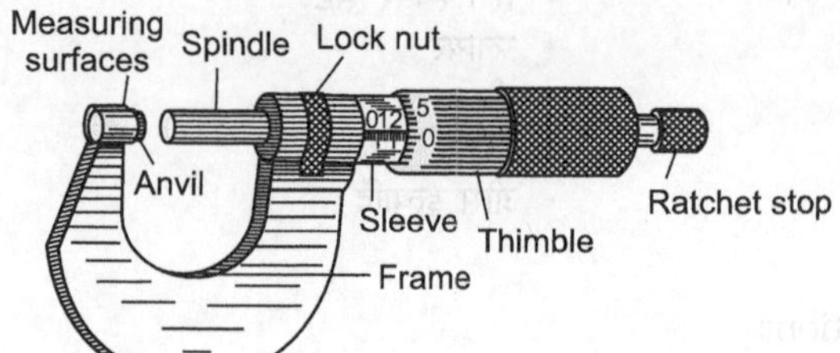

(iv) आउटसाइड माइक्रोमीटर

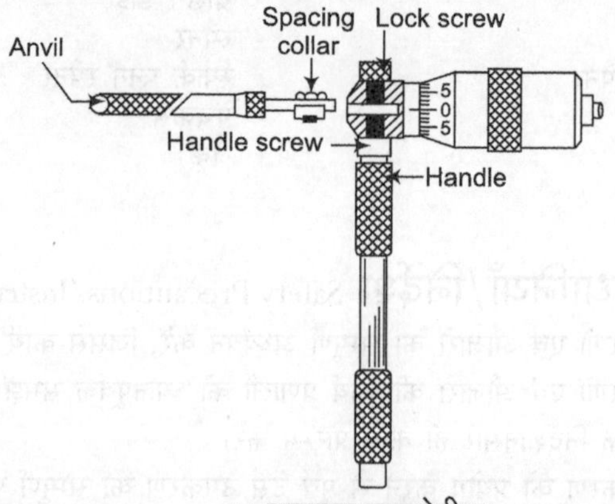

(v) इनसाइड माइक्रोमीटर

7. स्क्रू पिच गेज, वायर गेज एवं फीलर गेज का प्रयोग करते हुए क्रमशः स्क्रू की पिच वायर का व्यास एवं क्लीयरैन्स (गैप) ज्ञात करना सीखते हैं। चित्र (vi)

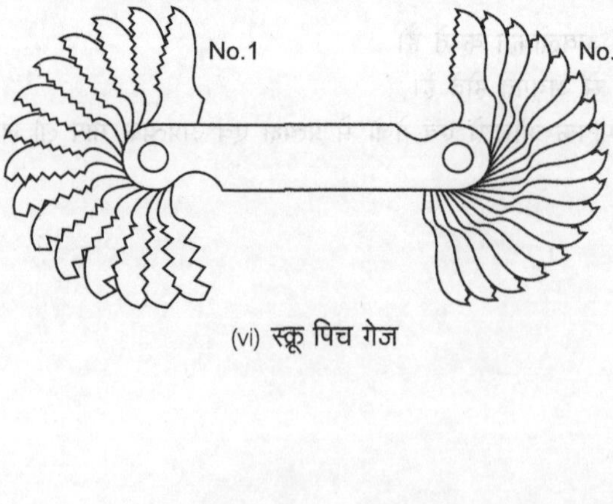

(vi) स्क्रू पिच गेज

8. सिलेण्डर गेज के द्वारा सिलेण्डर बोर का साइज मापना सीखते हैं। चित्र (vii)

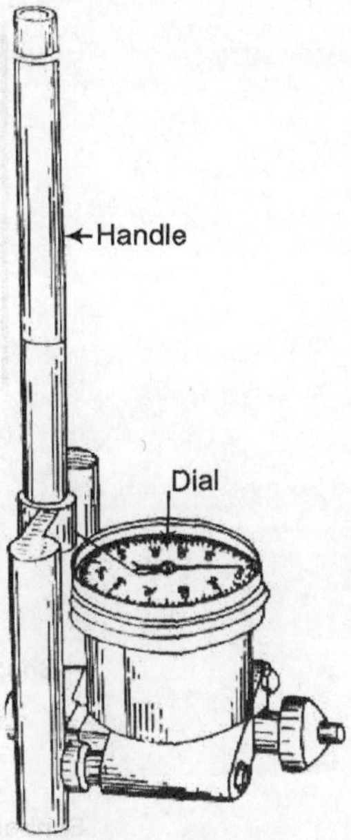

(vii) डायल बोर गेज

9. वर्नियर कैलीपर द्वारा गोल वस्तु का व्यास ज्ञात करना सीखते हैं। चित्र (viii)

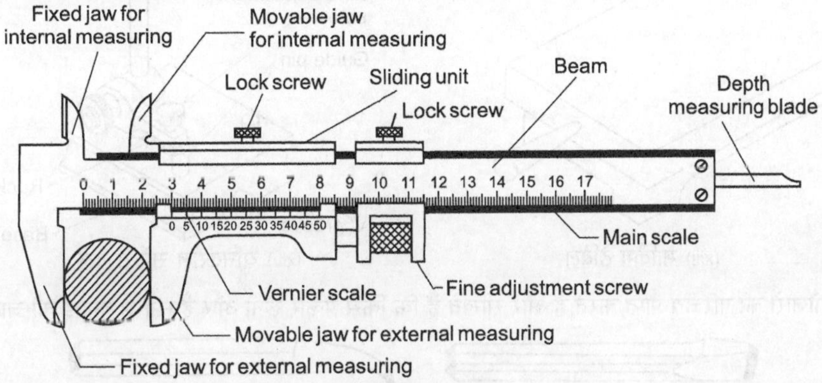

(viii) वर्नियर कैलीपर

10. मार्किंग पंच सैट का प्रयोग करना सीखते हैं और विभिन्न प्रकार के पंचों के गुणों को जानते हैं और इनकी पहचान करते हैं। चित्र (ix व x)

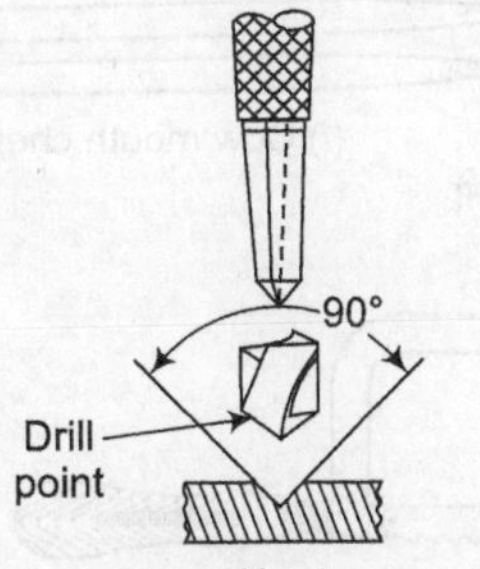

(ix) डॉट पंच

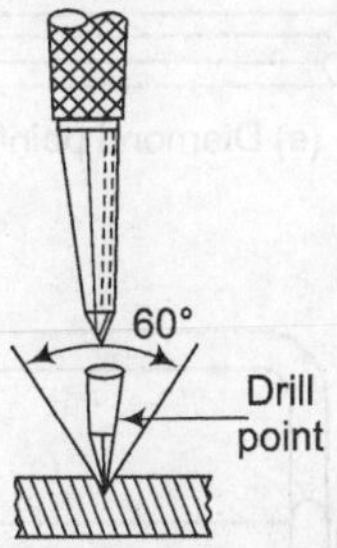

(x) प्रिक पंच

11. सर्फेस प्लेट मार्किंग ब्लॉक, ट्राई स्क्वायर एवं डिवाइडर का परिचय प्राप्त करते हैं और इन्स्ट्रक्टर (instructor) से सर्फेस प्लेट, मार्किंग ब्लॉक, ट्राई स्क्वायर एवं डिवाइडर से कार्य करना सीखते हैं। चित्र (xi, xii, xiii व xiv)

(xi) डिवाइडर

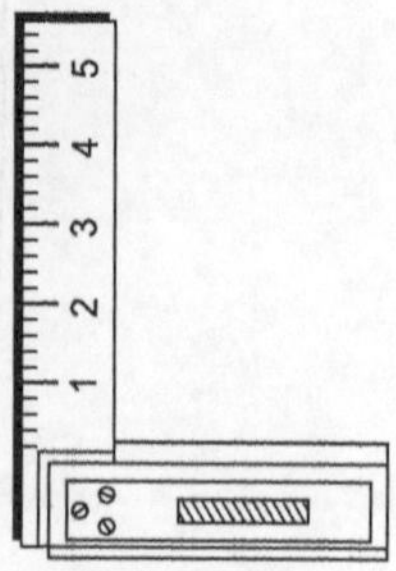

(xii) ट्राई स्क्वायर

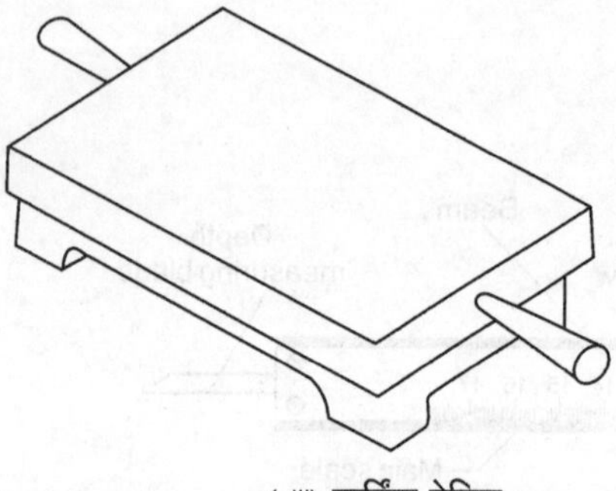

(xiii) मार्किंग टेबिल

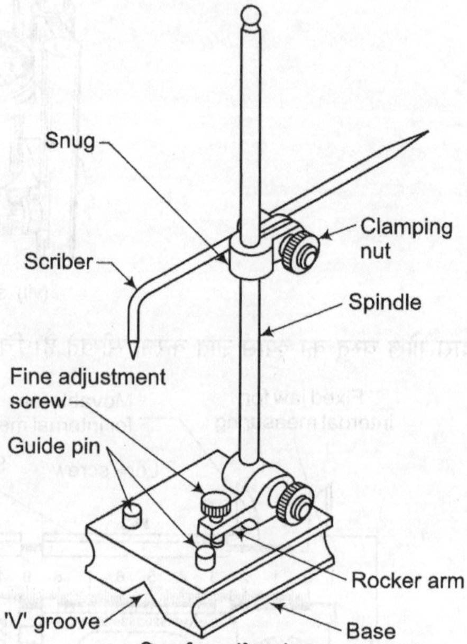

(xiv) यूनिवर्सल सर्फेस गेज

12. विभिन्न प्रकार के कटाई औजारों का परिचय प्राप्त करते हैं और सीखते हैं कि किस प्रकार छेनी और हैक्सॉ से कटाई की जाती है। चित्र (xv व xvi)

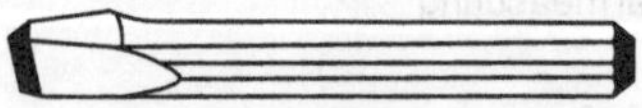

(a) Flat cheisel

(b) Round nose cheisel

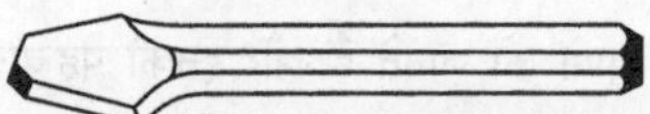

(c) Cross cut cheisel

(d) Side cut cheisel

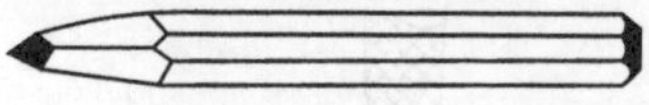

(e) Diamond point cheisel

(f) Cow mouth cheisel

(xv) छेनी

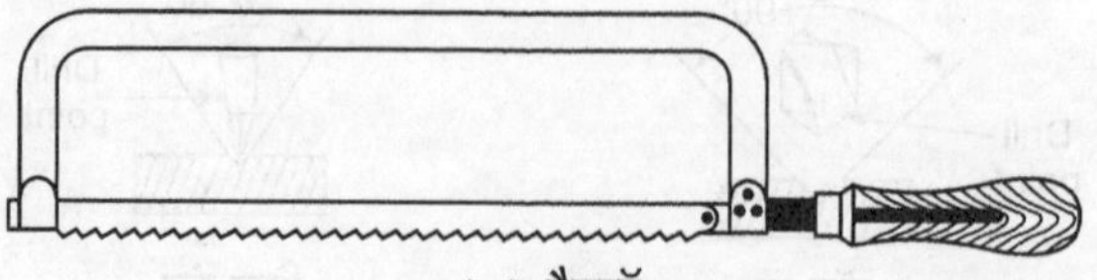

(xvi) हैक्सॉ

13. सतह परिष्कृति औजारों का परिचय प्राप्त करते हैं और देखते हैं कि कैसे फाइलों एवं स्क्रैपरों की सहायता से जॉब की सतह का परिष्करण किया जाता है। चित्र (xvii व xviii)

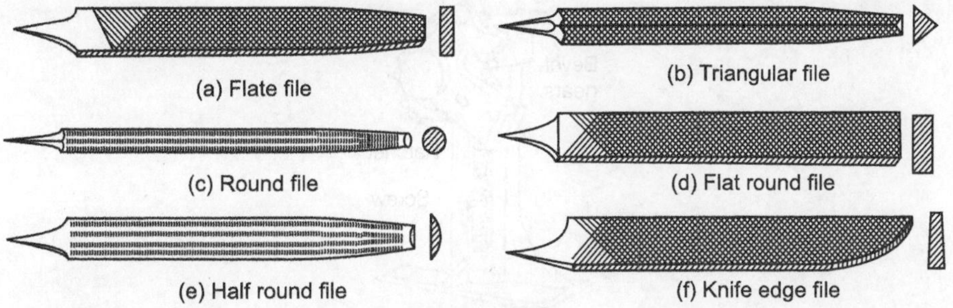

(xvii) फाइल (रेती)

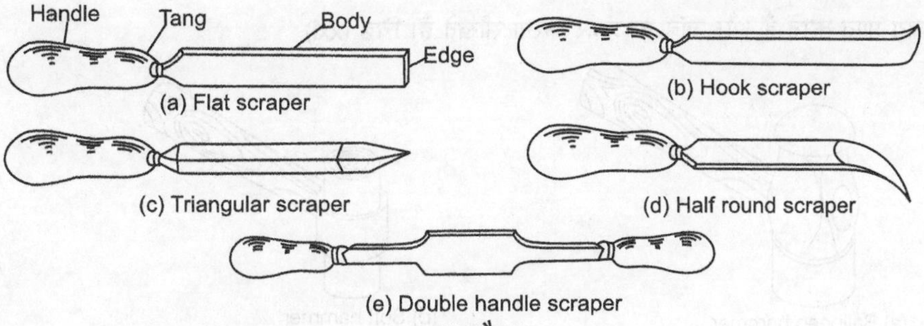

(xviii) स्क्रैपर

14. चूड़ी काटने का परिचय प्राप्त करते हैं और देखते हैं कि किस प्रकार थ्रेडिंग डाई की सहायता से बाहरी चूड़ी काटी जाती है तथा टैप की सहायता से आन्तरिक चूड़ी काटी जाती है। चित्र (xix)
15. फिनिशिंग टूल रीमर को प्रयोग करने का तरीका सीखते हैं।

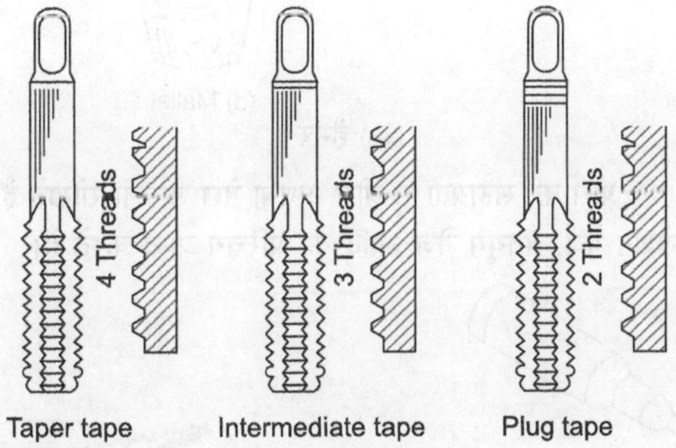

(xix) टैप

16. विभिन्न प्रकार के खोलने एवं बाँधने वाले औजारों का परिचय प्राप्त करते हैं और देखते हैं कि किस प्रकार विभिन्न प्रकार के स्टड, नट-बोल्ट एवं स्पार्क प्लग को खोलते हैं।

17. वाहनों के ऊपर उठाने वाले विभिन्न प्रकार के जैक का परिचय प्राप्त करते हैं और इनकी कार्य प्रणाली को सीखते हैं। चित्र (xx)

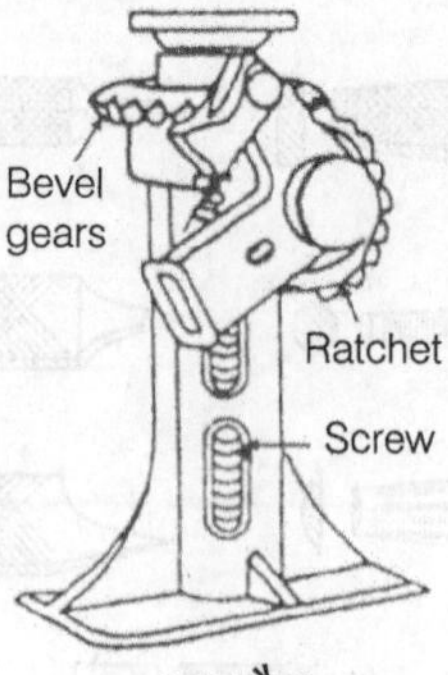

(xx) जैक

18. प्रहारी औजारों का परिचय प्राप्त करते हैं और जॉब पर प्रहार करना सीखते हैं। चित्र (xxi)

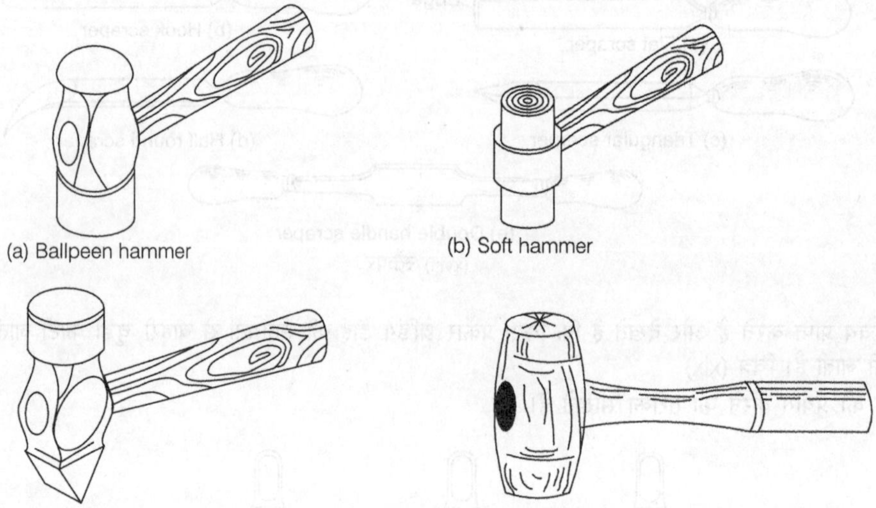

(a) Ballpeen hammer (b) Soft hammer

(c) Cross peen hammer (d) Mallet

(xxi) हैमर

19. मशीन के रगड़ने (घर्षण) वाले भागों में तेल एवं ग्रीस की सहायता से ग्रीस अथवा तेल डालना सीखते हैं। चित्र (xxii, xxiii व xxiv)

20. अन्य विशेष उपकरणों; जैसे– पेंचकस कम्प्रेशन गेज, वैक्यूम गेज आदि का परिचय प्राप्त करते हैं।

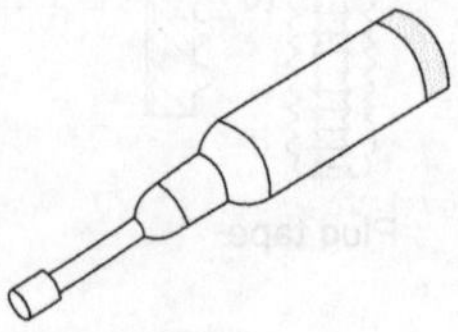

(xxii) ग्रीस गन

(xxiii) आयल गन

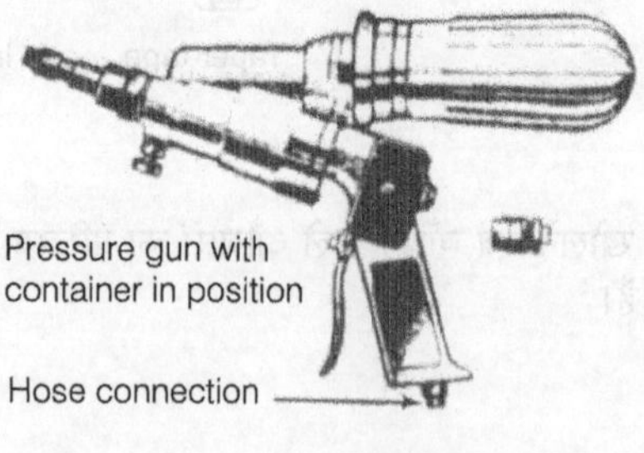

(xxiv) ऑयल स्प्रे गन

परिणाम (Result) मैकेनिक मोटर व्हीकल ट्रेड में प्रयुक्त विभिन्न प्रकार के औजारों का अध्ययन किया गया एवं इनकी कार्य प्रणाली का परिचय सफलतापूर्वक प्राप्त किया गया।

प्रैक्टिकल संख्या 4

✎ ITI विद्युत उपयोग के ऊर्जा बचत सुझावों का प्रदर्शन
Demonstrate Energy Saving Tips of ITI Electricity Usage

उद्देश्य Object

औद्योगिक प्रशिक्षण संस्थान के विद्युत उपयोगों में ऊर्जा की बचत करने वाले सुझावों से अवगत होना।

आवश्यक उपकरण/सामग्री Essential Apparatus/Materials

विद्युत उपयोग सम्बन्धी चार्ट एवं विवरणिका

सुरक्षा सावधानियाँ/निर्देश Safety Precautions/Instructions

1. विद्युत के मितव्ययी उपयोग सम्बन्धी पूर्ण जानकारी प्राप्त कर लें।
2. विद्युत तारों को अनावश्यक न छुएँ जिससे होने वाली स्पार्किंग से विद्युत ह्रास निश्चित है और जोखिम की स्थिति भी उत्पन्न हो सकती है।
3. केवल सेफ्टी स्विच का ही प्रयोग करें जिससे विद्युत की कम खपत हो।
4. विद्युतीय चमक (electric spark) की स्थिति में मुख्य लाइन को तुरन्त कट कर दें, जिससे कि किसी प्रकार का जोखिम उत्पन्न न होने पाए।
5. प्रशिक्षण संस्थान में दोहरे विद्युतीय जोड़ प्रयुक्त न करें, ताकि प्रतिरोध उत्पत्ति से होने वाले अतिरिक्त विद्युत ह्रास को नियन्त्रित किया जा सके।

कार्यविधि Working Method

A. ऊर्जा की खपत ज्ञात करना

1. लैम्पों, पंखों तथा अन्य उपकरणों के लिए औद्योगिक प्रशिक्षण संस्थान का सर्वेक्षण करते हैं।
2. विभिन्न युक्तियों के लिए आवश्यक ऊर्जा (वाटेज) तथा प्रयोग होने वाले समय (दिन/घण्टे) के विवरण को नीचे दी गई सारणी 1 में नोट करते हैं।

सारणी 1

अनुप्रयोग	उपयुक्त लोड (वाट)	उपकरणों की संख्या	कुल लोड (वाट)	औसत घण्टे/दिन	महीने में दिनों की संख्या	यूनिट प्रति माह (लगभग)
	A	B	C = A × B	D	E	यूनिट = C × D × E/1000
CFL लैम्प	5					
	8					
	11					
	15					
	20					
नियमित लैम्प	25					
	40					
टेबल फेन	60					
	100					

अनुप्रयोग	उपयुक्त लोड (वाट)	उपकरणों की संख्या	कुल लोड (वाट)	औसत घण्टे/दिन	महीने में दिनों की संख्या	यूनिट प्रति माह (लगभग)
ट्यूब लाइट	36					
	40					
टेबल फेन	60					
सीलिंग फेन	100					
एग्जॉस्ट फेन	150					
एयर कण्डीशनर	1000					
	1500					
रेफ्रीजरेटर (165 लीटर)	150					
रेफ्रीजरेटर (210 लीटर)	270					
कम्प्यूटर						
अन्य	200					

3. वर्तमान वर्ष में ऊर्जा की खपत तथा विगत वर्ष में ऊर्जा की खपत को नोट करके, तुलना करते हैं तथा सारणी 2 में ऊर्जा की बचत को ज्ञात करके नोट करते हैं।

सारणी 2

महीने	विगत वर्ष (A)		वर्तमान वर्ष (B)		बचाई गई/अतिरिक्त खर्च यूनिट (B–A)
	यूनिट्स की संख्या	बिल का मूल्य	यूनिट्स की संख्या	बिल का मूल्य	बचाया गया/अतिरिक्त खर्च मूल्य
जनवरी					
फरवरी					
मार्च					
अप्रैल					
मई					
जून					
जुलाई					
अगस्त					
सितम्बर					
अक्टूबर					
नवम्बर					
दिसम्बर					

B. **उर्जा संरक्षण के विभिन्न तरीकों का प्रदर्शन**

1. सुनिश्चित करते हैं कि आप टंगस्टन फिलामेन्ट लैम्प तो प्रयोग नहीं कर रहे हैं। यदि टंगस्टन फिलामेन्ट लैम्प प्रयोग हो रहा हो, तो उसे CFL लैम्प से परिवर्तित कर देते हैं, क्योंकि CFL लैम्प, टंगस्टन लैम्प की तुलना में लगभग 75% कम ऊर्जा का उपभोग करता है तथा इसकी आयु भी अधिक होती है। चित्र (i)

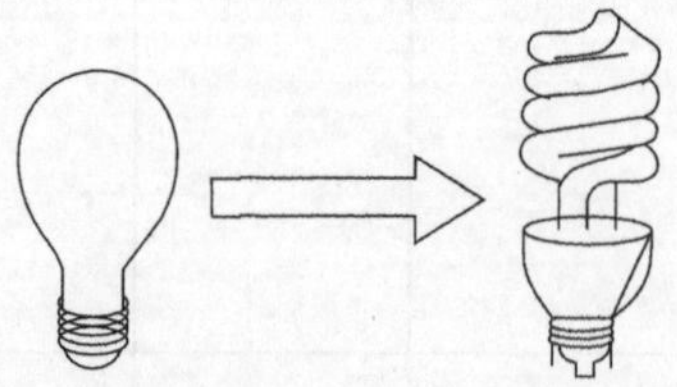

(i) टंगस्टन फिलामेन्ट लैम्प (ii) CFL लैम्प

2. फ्लोरेसैन्ट लाइट फिटिंग को आधुनिक उच्च आवृत्ति लाइट फिटिंग से परिवर्तित कर देते हैं।

3. सभी कमरों में विद्यार्थियों तथा अध्यापकों को प्रेरित करने हेतु एक रिमाइण्डर (reminder) लगाते हैं अथवा चिपकाते हैं कि जो लैम्प प्रयोग न हो, उन्हें बन्द कर दें। चित्र (ii)

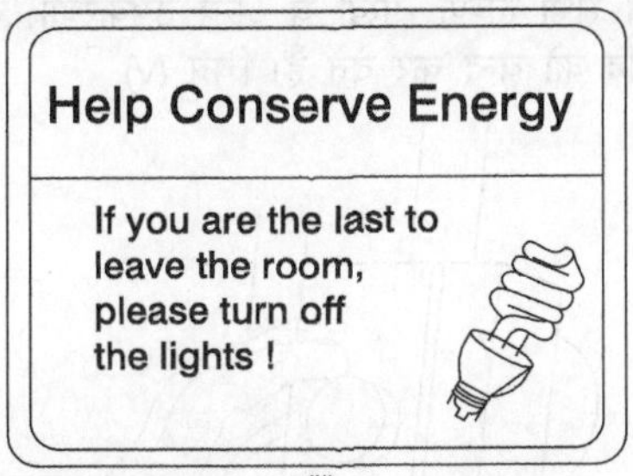

(ii)

4. कक्षा में प्रयुक्त प्रकाशीय व्यवस्था से बहुत अधिक विद्युत की खपत होती है, इसलिए दिन के समय कक्षा के लैम्पों को ऑफ करके प्राकृतिक प्रकाश का प्रयोग कर लेना चाहिए। चित्र (iii)

(iii) स्विच ऑफ करना

5. प्रतिदिन, दिन के अन्त में सभी कम्प्यूटरों तथा स्क्रीन को बन्द कर देना चाहिए।
6. कक्षा में ब्रेक टाइम व लंच टाइम में भी स्क्रीनों को बन्द कर देना चाहिए।
7. अपने कम्प्यूटर ऑपरेटिंग सिस्टमों में पावर सेविंग विकल्प का प्रयोग करना चाहिए। चित्र (iv)

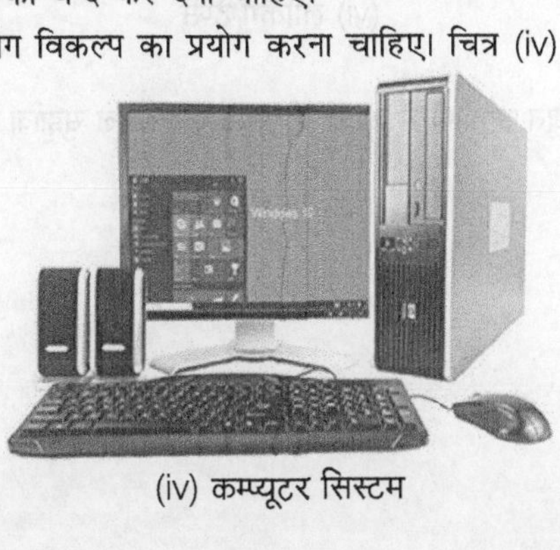

(iv) कम्प्यूटर सिस्टम

8. यदि आपकी कक्षा का तापमान बहुत अधिक हो रहा हो, तो ऐसी स्थिति में खिड़कियाँ नहीं खोलनी चाहिए जिससे कि और अधिक ऊष्मा अन्दर न आए। यदि खिड़कियाँ खुली हों, तो उन्हें बन्द कर देते हैं।
9. छुट्टियों, मिड-टर्म ब्रेक, विक एण्ड आदि से पूर्व सभी लैम्पों, पंखों व अन्य उपकरणों; जैसे—प्रिण्टर्स, फॉटोकॉपी मशीनों, ओवरहैड प्रोजेक्टर्स, कम्प्यूटर, वैद्युतिक वाटर हीटर, वाटर बॉयलर्स आदि को बन्द कर देते हैं। चित्र (v)

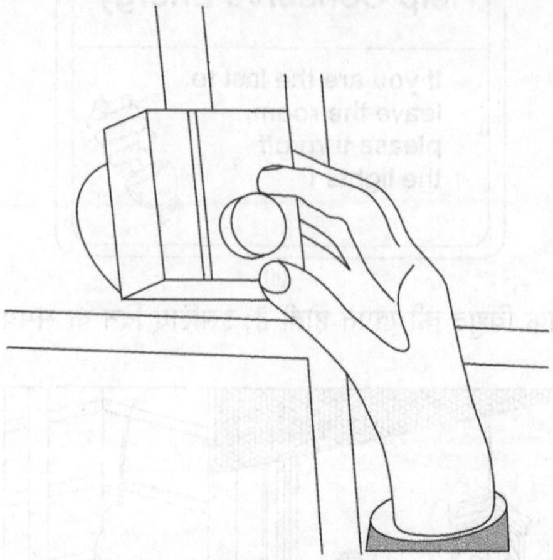

(v) स्विच ऑफ करना

10. संस्थान में लगे विद्युत, गैस, ऑयल तथा वाटर मीटर से रीडिंग पढ़ते हैं। मीटर को प्रथम सप्ताह के प्रत्येक दिन के प्रारम्भ में पढ़ना प्रारम्भ करके प्रत्येक सप्ताह पढ़ते हैं।
11. मीटर रीडिंग का रिकॉर्ड रखने हेतु एक प्रोजेक्ट बनाते हैं तथा प्रति माह खपत का एक ग्राफ बनाकर उसकी अन्य महीनों के ग्राफ से तुलना करते हैं।
12. अपने विद्युत तथा पानी के उपभोग का मापन तथा मॉनिटरिंग करके, मूल्यों को बचाने हेतु उपभोग को कम करने का प्रयास करते हैं।
13. पर्यावरण के प्रति उपयुक्त पदार्थों का प्रयोग करते हैं तथा प्रत्येक कमरे में रिसाइकिल-बिन रखते हैं।
14. पानी की खपत को कम करने हेतु WC सिस्टर्न्स में वाटर डिस्प्लेसमेन्ट युक्तियों की स्थापना (installation) करते हैं।
15. छुट्टियों के दौरान यूरिनलों को टर्न-ऑफ कर देते हैं अथवा यूरिनलों को टर्न-ऑफ करने हेतु ऑटोमैटिक प्रणाली की स्थापना करते हैं।
16. लीकिंग टेप्स की मरम्मत कराते हैं। चित्र (vi)

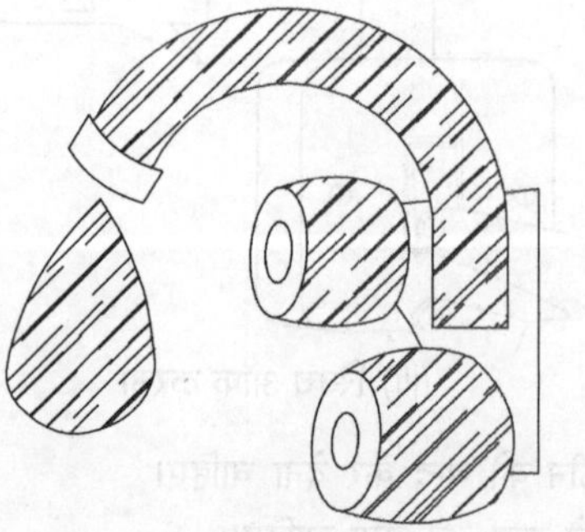

(vi) लीकिंग टेप्स

परिणाम (Result) औद्योगिक प्रशिक्षण संस्थान के विद्युत उपयोगों में ऊर्जा की बचत करने वाले सुझावों से सफलतापूर्वक अवगत हुए।

प्रैक्टिकल संख्या 5

✎ सभी मार्किंग उपकरणों जैसे-स्प्रिंग कैलीपर्स, डिवाइडर, स्क्राइबर, पंच, छेनी आदि के साथ स्टील रूल के प्रयोग का अभ्यास

Practice Using All Marking Aids, like Steel Rule with Spring Calipers, Dividers, Scriber , Punches, Chisel etc.

उद्देश्य Object

विभिन्न मार्किंग उपकरणों; जैसे—स्टील रूल, स्प्रिंग कैलीपर्स, डिवाइडर, स्क्राइबर, पंच, छेनी आदि का प्रयोग करके मार्किंग का अभ्यास करना।

आवश्यक उपकरण/सामग्री Essential Apparatus/Materials

- बेंच वाइस
- ऑड लेग/जैनी कैलीपर
- स्टील रूल
- डॉट पंच
- मार्किंग मीडिया
- डिवाइडर
- ट्राई स्क्वायर
- स्क्राइबर
- मृदु इस्पात (MS) फ्लैट
- चीजल
- सर्फेस प्लेट
- एंगल प्लेट
- फाइल
- बॉल पीन हैमर
- सर्फेस गेज

सुरक्षा सावधानियाँ/निर्देश Safety Precautions/Instructions

1. स्क्राइबर नुकीला होता है, अत: इससे अपने हाथों को सुरक्षित रखें।
2. ऑट लेग कैलीपर के लेग व्यवस्थित हों, अन्यथा ये मार्किंग कार्य में कठिनाई उत्पन्न कर सकते हैं।
3. मार्किंग करने से पूर्व प्लेट को समतल बना लें।
4. फाइलिंग करते समय बीच-बीच मे ट्राई स्क्वायर द्वारा जॉब की समतलता की जाँच करते रहें।
5. कार्यखण्ड पर एकसमान रूप से फाइलिंग करें।
6. फाइलिंग के लिए अच्छे हैण्डिल युक्त फाइल का ही प्रयोग करें।

कार्यविधि Working Method

1. जॉब को बेंच वाइस में बाँधकर ट्राई स्क्वायर द्वारा इसकी समतलता की जाँच करते हैं।
2. फाइल द्वारा प्लेटों पर फाइलिंग करके इसे समतल बनाते हैं।
3. जॉब को सर्फेस प्लेट पर रखकर इसकी समतलता की पुन: जाँच करते हैं।

A. समान्तर रेखाओं की मार्किंग करना

1. कच्चे माल (raw material) के साइज और इसकी समकोणीयता की जाँच करते हैं।
2. जॉब की एक सतह पर कॉपर सल्फेट (मार्किंग मीडिया) लगाते हैं और उसे सूखने देते हैं।

3. चित्र (i) के अनुसार जैनी कैलीपर (ऑड लेग कैलीपर) की सहायता से समान्तर व व्यासीय सिरों के समान्तर लाइन खींचते हैं। चित्र (i)

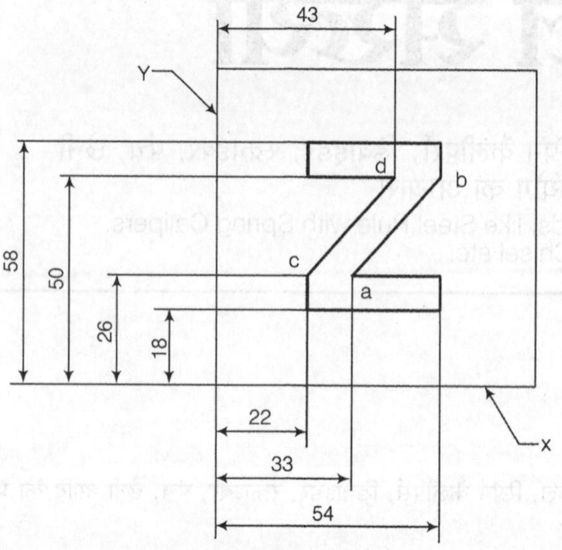

(i) समान्तर लाइनों की मार्किंग

4. स्टील रूल व स्क्राइबर का प्रयोग करके बिन्दु ab और cd को मिलाने वाली दो समान्तर रेखाएँ खींचते हैं। चित्र (ii)

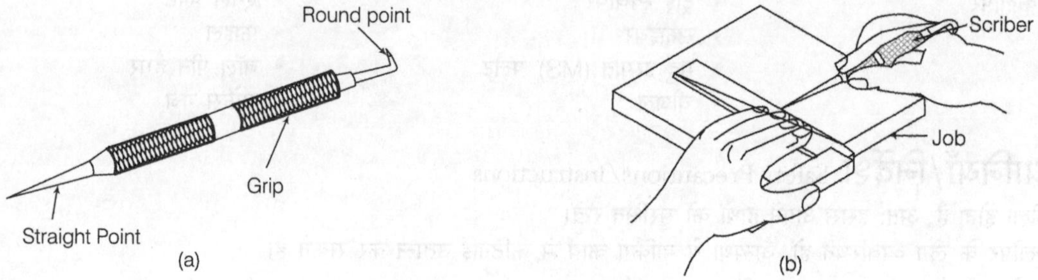

(ii) स्क्राइबर द्वारा समान्तर लाइन खीचना

5. विटनेस मार्क को पंच करते हैं और z आकृति को पूर्ण करते हैं।

B. वृत्त तथा चाप की मार्किंग करना

1. जॉब की दूसरी सतह पर मार्किंग मीडिया लगाते हैं और सूखने देते हैं। 2. जैनी कैलीपर से तीन वृत्त और एक अर्द्धवृत्त के केन्द्र की मार्किंग करते हैं।
3. प्रिक पंच (30°) का प्रयोग करके सभी चारों केन्द्र को पंच करते हैं। चित्र (iii)

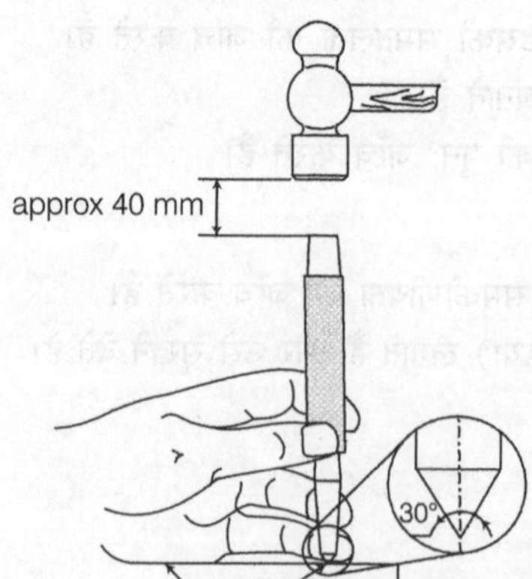

(iii) पंच द्वारा पंचिंग

4. निम्न चित्र के अनुसार डिवाइडर खोलकर 5 मिमी दूरी सैट करते हैं। चित्र (iv)

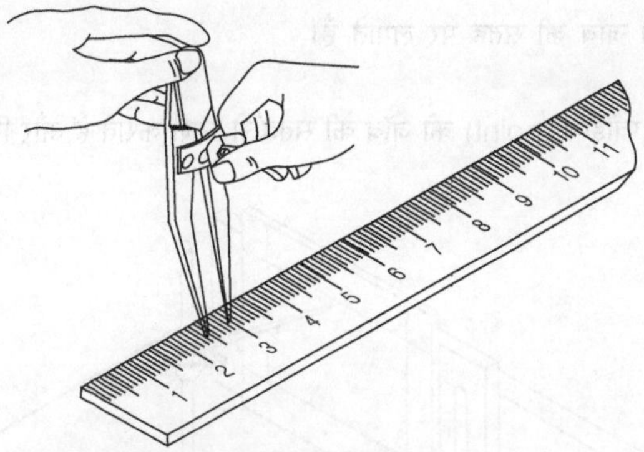

(iv) डिवाइडर में दूरी सैट करना

5. डिवाइडर से ϕ10 मिमी के दो वृत्त खींचते हैं। चित्र (v)

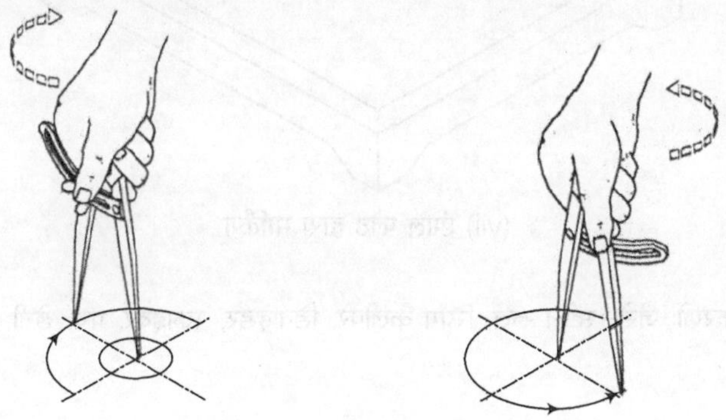

(v) डिवाइडर द्वारा वृत्त खींचना

6. 12 मिमी व्यास का वृत्त और R 35 अर्द्धवृत्त सैट करके खींचते हैं।
7. वृत्त व अर्द्धवृत्त की पंच से मार्किंग करते हैं। जॉब की दोनों सतहों पर की गई मार्किंग अनुदेशक को मूल्यांकन (evaluation) के लिए दिखाते हैं।

C. स्क्राइबिंग ब्लॉक की सहायता से सीधी रेखाओं की मार्किंग

1. सर्वप्रथम प्लेट के आकार की जाँच करते हैं।
2. उसके पश्चात् प्लेट की समतलता की जाँच करते है। यदि प्लेट पूर्णत: समतल नहीं है, तो इसे समतल बनाते हैं।
3. स्क्राइबिंग ब्लॉक अथवा सर्फेस गेज के स्क्राइबर की ओर रगड़कर चलने वाले भागों की स्वतन्त्र गति (free movement) की जाँच करते हैं।
4. स्क्राइबिंग ब्लॉक के आधार (base) को साफ करके इसे सर्फेस प्लेट पर अच्छी तरह रखते हैं।
5. अब स्टील रूल को एंगल प्लेट के सहारे स्क्राइबिंग ब्लॉक पर लम्बवत् रखकर मार्किंग करते हैं तथा साइज के अनुसार स्क्राइबर को सैट करते हैं। चित्र (vi)

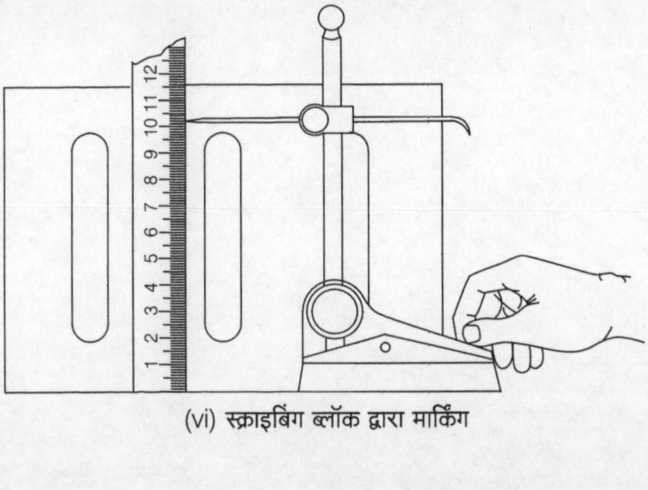

(vi) स्क्राइबिंग ब्लॉक द्वारा मार्किंग

6. जॉब से बर्र (burrs) को हटाकर अच्छी तरह साफ करते हैं।
7. मार्किंग मीडिया की पतली एवं समान परत जॉब की सतह पर लगाते हैं।
8. जॉब को एंगल प्लेट से सटाकर रखते हैं।
9. जॉब को एक हाथ से पकड़कर स्क्राइबर के प्वॉइण्ट (point) को जॉब की सतह से स्पर्श कराते हैं और निम्न चित्र के अनुसार लाइन मार्क करते हैं। चित्र (vii)

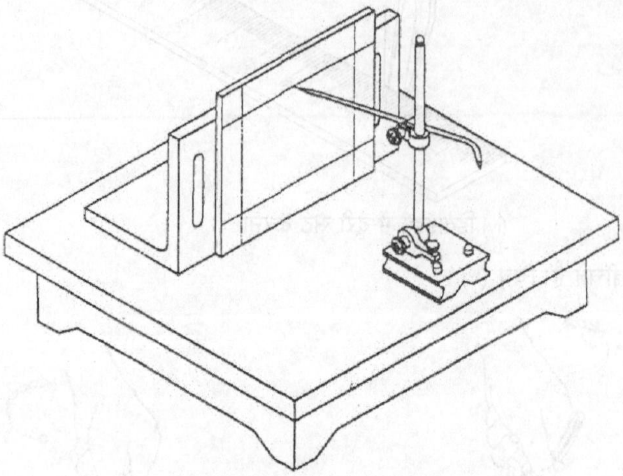

(vii) एंगल प्लेट द्वारा मार्किंग

परिणाम' (Result) विभिन्न मार्किंग उपकरणों: जैसे–स्टील रूल, स्प्रिग कैलीपर, डिवाइडर, स्क्राइबर, पंच, छेनी आदि का प्रयोग करके मार्किंग का अभ्यास सफलतापूर्वक किया गया।

प्रैक्टिकल संख्या 6

✎ रेखा, चाप एवं वृत्तों के लिए जॉब का अभिन्यास बनाना
Layout a Workpiece for Line, Arcs and Circles

उद्देश्य Object

रेखा, वृत्त, चाप आदि के लिए जॉब के अभिन्यास का अभ्यास करना।

आवश्यक उपकरण/सामग्री Essential Apparatus/Materials

- स्क्राइबर
- हैमर
- चॉक
- डॉट पंच
- सर्फेस प्लेट
- स्टील फुट रूल
- ट्राई स्क्वायर
- एक जॉब (प्लेट, शीट इत्यादि)

सुरक्षा सावधानियाँ/निर्देश Safety Precautions/Instructions

1. प्रयोग की जाने वाली सामग्री की कार्यक्षमता सुनिश्चित कर लें।
2. स्क्राइबर का प्रयोग सावधानीपूर्वक करें।
3. रेखाएँ सीधी खींचें अन्यथा कृति पर विपरीत प्रभाव पड़ेगा।
4. रेखाएँ खींचने के उपरान्त इन्हें डॉट पंच से स्थायी कर दें।
5. जॉब को सर्फेस प्लेट पर ठीक प्रकार से रखें।

कार्यविधि Working Method

1. जॉब को साफ करके, उस पर गीली चॉक का लेप करते हैं। चित्र (i)

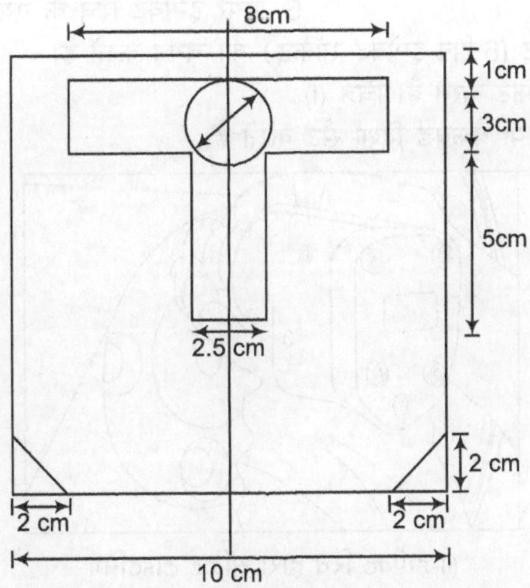

(i) जॉब की मार्किंग

2. स्टील फुट रूल द्वारा जॉब को मापकर ड्रॉइंग के अनुसार निशान लगाते हैं।
3. जॉब पर ट्राई स्क्वायर द्वारा स्क्राइबर से निशानों के अनुसार सीधी रेखाएँ खींचते हैं।
4. डॉट पंच एवं हैमर द्वारा जॉब पर रेखाओं को स्थायी करते हैं।

परिणाम (Result) रेखा, वृत्त, चाप आदि के लिए जॉब के अभिन्यास का अभ्यास सफलतापूर्वक किया गया।

प्रैक्टिकल संख्या 7

एयर इम्पैक्ट रिंच का प्रयोग करके व्हील लग नटों को हटाने का अभ्यास करना
Practice to Remove Wheel Lug Nuts with use of an Air Impact Wrench

उद्‌देश्य Object

एयर इम्पैक्ट रिंच का प्रयोग करके व्हील लग नटों को हटाने का अभ्यास करना।

आवश्यक उपकरण/सामग्री Essential Apparatus/Materials

- ट्रेनी टूल किट
- एयर कम्प्रैशर यूनिट
- वाहन
- व्हील नट
- एयर इम्पैक्ट रिंच
- कॉटन वेस्ट

सुरक्षा सावधानियाँ/निर्देश Safety Precautions/Instructions

1. व्हील लग नटों को कसने के लिए इम्पैक्ट रिंच का प्रयोग नहीं करना चाहिए।
2. व्हील लग नटों को हटाते समय सुरक्षा युक्तियों; जैसे—इयर मफ्स या ईयर प्लग, सेफ्टी ग्लास आदि को धारण कर लेना चाहिए।
3. एयर इम्पैक्ट रिंच को प्रयोग करने से पूर्व, इनलेट पर तेल की कुछ बूँदे डाल देनी चाहिए।
4. सुनिश्चित कर लेना चाहिए कि लाइन पर कोई एयर लीकेज तो नहीं है तथा उपयुक्त एयर प्रैशर उपलब्ध है अथवा नहीं।

कार्यविधि Working Method

1. वाहन को भूमि पर खड़ा करते हैं।
2. हैण्ड ब्रेक लगाते हैं।
3. वाहन के सभी दरवाजे खोलते हैं।
4. सभी पहियों पर व्हील चोक्स लगाते हैं।
5. व्हील कैप को हटाते हैं।
6. एयर इम्पैक्ट रिंच के एयर लाइन से संयोजित होने की जाँच करते हैं।
7. व्हील लग नट के लिए सही आकार के सॉकेट (6 पिन इम्पैक्ट सॉकेट) का चयन करते हैं।
8. सॉकेट को चित्रानुसार एयर इम्पैक्ट रिंच पर फिट करते हैं। चित्र (i)
9. रिंच लीवर की सहायता से स्पिन की फॉरवर्ड या बैकवर्ड दिशा सैट करते हैं।

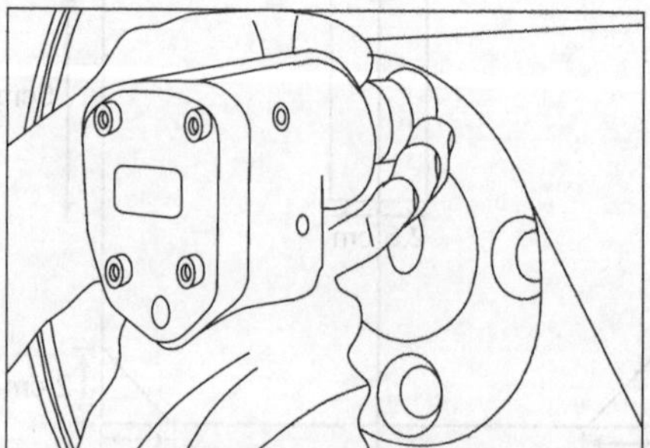

(i) इम्पैक्ट रिंच द्वारा सॉकेट टाइटनिंग

10. वाल्व को घुमाकर टॉर्क को सैट करते हैं।
11. व्हील लग नट में इम्पैक्ट सॉकेट को प्रवेश कराते हैं।
12. इम्पैक्ट रिंच के स्विच को ट्रिगर करके व्हील लग नट को ढीला करते हैं तथा हटाते हैं।
13. व्हील लग नट हटाने के पश्चात् एक या दो नटों को व्हील बोल्ट पर रखते हैं जिससे कि व्हील को स्लिप होने से बचाया जा सके।

परिणाम (Result) एयर इम्पैक्ट रिंच का प्रयोग करके व्हील लग नटों को हटाने का अभ्यास सफलतापूर्वक किया गया।

प्रैक्टिकल संख्या 8

✎ सामान्य कार्यशाला औजारों एवं शक्ति औजारों पर अभ्यास करना
Practice on General Workshop Tools and Power Tools

उद्देश्य Object

सामान्य कार्यशाला औजारों एवं शक्ति औजारों (power tools) का अभ्यास करना।

आवश्यक उपकरण/सामग्री Essential Apparatus/Materials

- ट्रेनी टूल किट
- जैक मैकेनिकल एवं हाइड्रॉलिक
- प्लायर्स
- केरोसीन (आवश्यकतानुसार)
- पाइप (आवश्यकतानुसार)
- स्क्रू ड्राइवर
- हाइड्रॉलिक प्रैस
- पुलर
- कॉटन वेस्ट (आवश्यकतानुसार)
- स्टील वायर (आवश्यकतानुसार)
- कार वाशर
- रिंग एवं D/E स्पैनर्स
- फ्लेयरिंग उपकरण
- एयर कम्प्रैशर

सुरक्षा सावधानियाँ/निर्देश Safety Precautions/Instructions

1. सभी उपकरणों एवं औजारों का सम्पूर्ण अध्ययन करें।
2. सभी उपकरणों एवं औजारों की कार्य प्रणाली को ध्यानपूर्वक समझें।
3. अनुदेशक के निर्देशानुसार ही कार्य प्रारम्भ करें।
4. प्रत्येक उपकरण को प्रयोग करने से पूर्व उस उपकरण का सम्पूर्ण परिचय प्राप्त हो।
5. प्रत्येक पद अनुदेशक की देख-रेख में ही करें।

कार्यविधि Working Method

A. विशिष्ट उद्देश्यों के लिए स्क्रू ड्राइवर की पहचान एवं प्रचालन

1. बन्धकों की सर्फेस को केरोसीन का उपयोग करके साफ करते हैं।
2. घिसाव या दोष आदि के लिए बन्धक के कोनों के फेसों की जाँच करते हैं।
3. यदि कोई दोष प्राप्त नहीं होता है, तो आगे की प्रक्रिया जारी रखते हैं।
4 स्क्रू स्लॉट के लिए सही आकार के स्क्रू ड्राइवर का चुनाव करते हैं। चित्र (i)

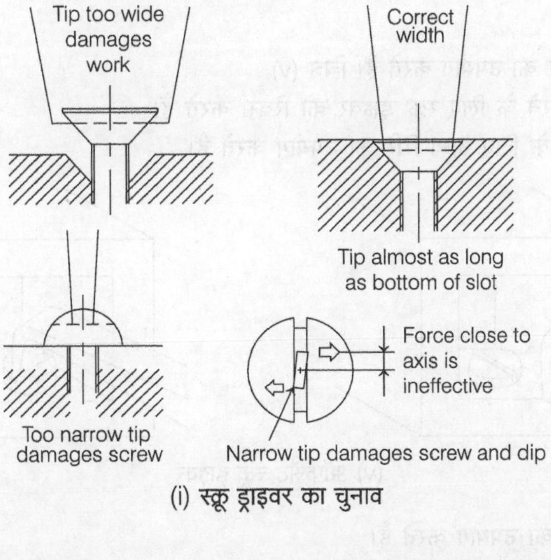

(i) स्क्रू ड्राइवर का चुनाव

5. टिप के इस आकार के साथ उपयुक्त लम्बे स्क्रू ड्राइवर का चुनाव करते हैं। चित्र (ii)

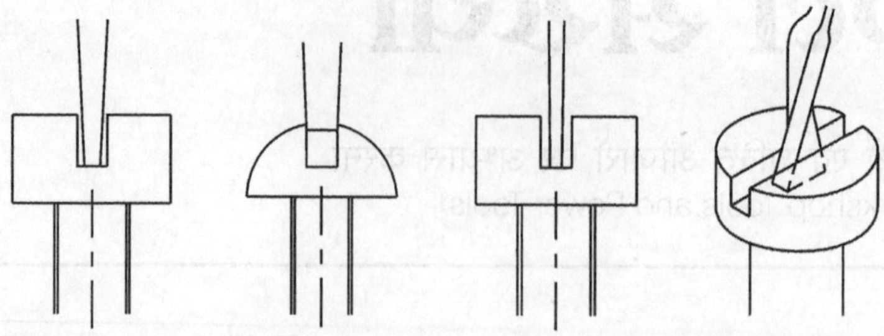

(ii) स्क्रू टिप का चुनाव

6. स्क्रू के अक्ष के साथ रेखा में इसके अक्ष के साथ स्क्रू ड्राइवर को पकड़ते हैं।
7. स्क्रू ड्राइवर की टिप को स्लॉट में कुछ दबाव के साथ सीधे हाथ के द्वारा रखते हैं। चित्र (iii)
8. दृढ़ता से एवं तेजी से ट्विस्ट करते हैं।
9. वर्गाकार ब्लेड के साथ स्क्रू ड्राइवर के द्वारा बड़े स्क्रू को घुमाते हैं अधिक ट्विस्टिंग बल के लिए फिटिंग स्पैनर का उपयोग करते हैं। चित्र (iv)

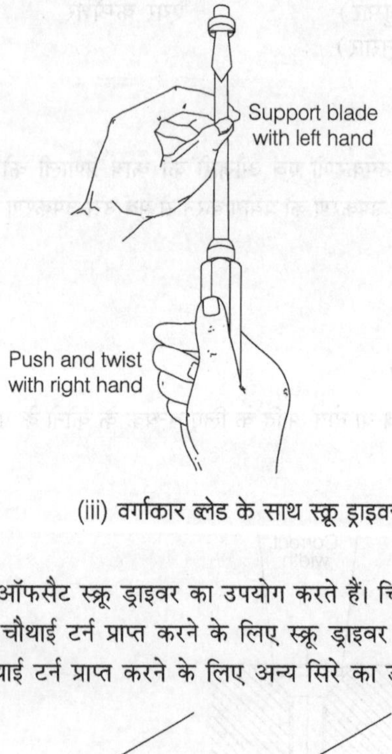

(iii) वर्गाकार ब्लेड के साथ स्क्रू ड्राइवर

(iv) फिटिंग स्पैनर

10. प्रतिबन्धित स्थानों में ऑफसैट स्क्रू ड्राइवर का उपयोग करते हैं। चित्र (v)
11. एक सिरे के पश्चात् चौथाई टर्न प्राप्त करने के लिए स्क्रू ड्राइवर को रिवर्स करते हैं।
12. इसी प्रकार अन्य चौथाई टर्न प्राप्त करने के लिए अन्य सिरे का उपयोग करते हैं।

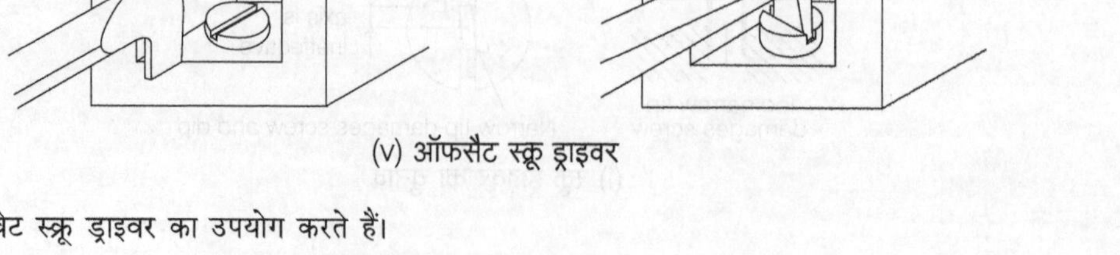

(v) ऑफसैट स्क्रू ड्राइवर

13. त्वरित टर्निंग के लिए रैचेट स्क्रू ड्राइवर का उपयोग करते हैं।

14. बायाँ हाथ नर्लिंग पर एवं सीधा हाथ रैचेट हैड पर रखते हैं। चित्र (vi)

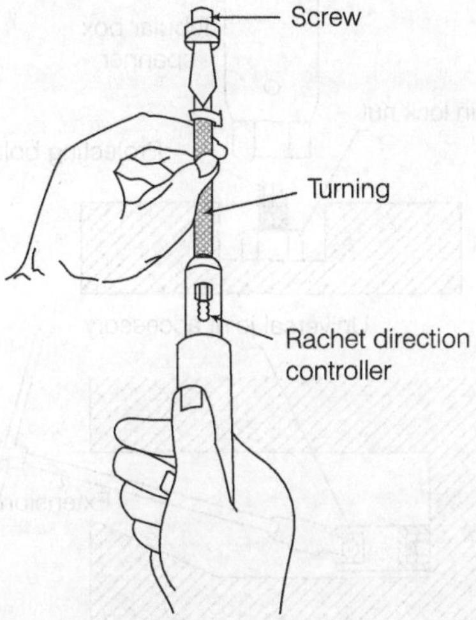

(vi)

B. विशिष्ट उद्‌देश्यों के लिए स्पैनर एवं रिंच की पहचान एवं प्रचालन

1. हटाए जाने वाले बोल्ट या नट के समतल के एक्रॉस दूरी ज्ञात करते हैं। चित्र (vii)

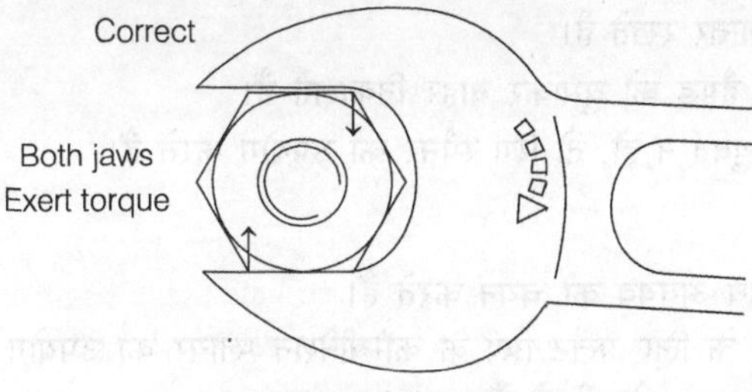

(vii)

2. स्पैनर के सही आकार का चुनाव करते हैं।
3. ऐसे स्पैनर का चुनाव करते हैं, जो उपयोग के लिए अधिक क्लीयरैन्स के बिना पर्याप्त स्थान (sufficient room) प्रदान करता हो। चित्र (viii)

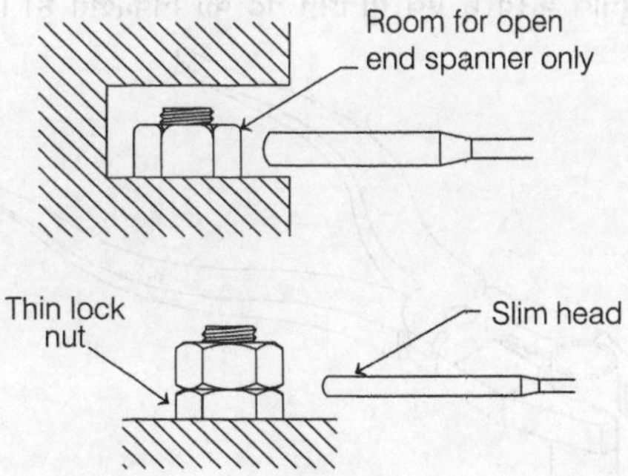

(viii)

4. सॉकेट के सही आकार का चुनाव करते हैं। चित्र (ix)

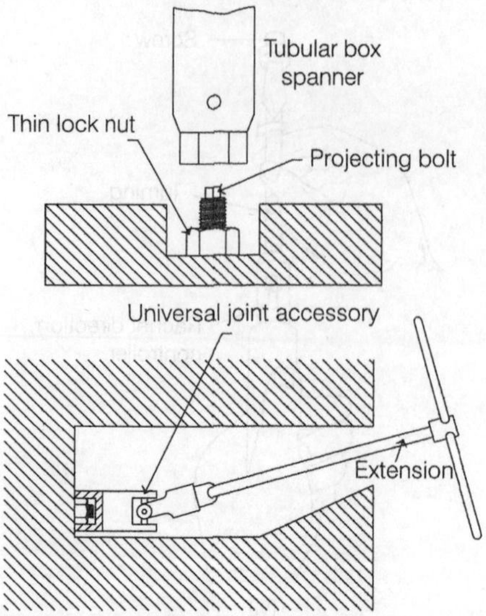

Soldering 'T' handle socket spanner
(ix)

5. स्लाइडिंग ऑफसैट हैण्डिल को लेते हैं, सॉकेट के वर्गाकार ड्राइविंग सिरों के साथ ड्राइव अटैचमेन्ट को इन्सर्ट करते हैं।
6. बोल्ट या नट पर सॉकेट रिंच को इन्सर्ट करते हैं।
7. हैण्डिल की स्थिति बाजू (forearm) के समान्तर रखते हैं।
8. सॉकेट हैण्डिल को खींचते हैं एवं नट/बोल्ट हैण्ड को घुमाकर बाहर निकालते हैं।
9. यदि इस नट/बोल्ट के लिए सॉकेट रिंच उपयुक्त न हो, तो रिंग स्पैनर का उपयोग करते हैं।

C. प्लायर की हैण्डलिंग

1. निकाले जाने वाले नट से लॉक वायर के साथ अवयव का चयन करते हैं।
2. लॉक वायर को अनट्विस्ट (untwist) करने के लिए फ्लैट ग्रिप के कॉम्बीनेशन प्लायर का उपयोग करते हैं।
3. अनट्विस्टिंग करने के पश्चात् नट से लॉक वायर को खींचते हैं।
4. उपयुक्त स्पैनर के द्वारा नट को निकालते हैं।
5. जंक्शन से टूटी पाइप लाइन को निकालने के लिए प्लायर का चयन करते हैं।
6. कॉम्बीनेशन प्लायर के पाइप ग्रिप भाग के द्वारा टूटी पाइप लाइन को पकड़ते हैं।
7. डबल ओपन एण्ड स्पैनर के सही आकार का चुनाव करते हैं एवं यूनियन नट को निकालते हैं। चित्र (x)

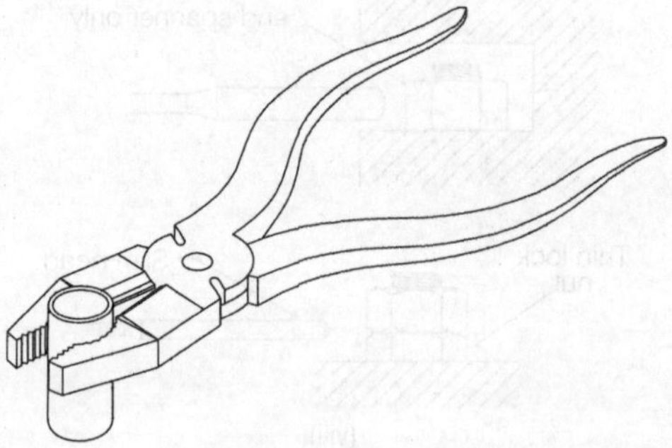

(x)

8. 3 मिमी वैद्युतिक तार को काटने के लिए कटर प्लायर का उपयोग करते हैं।
9. तार को ज्वॉइण्ट कटर के बीच में रखकर हैण्डिल को दबाते हैं। चित्र (xi)

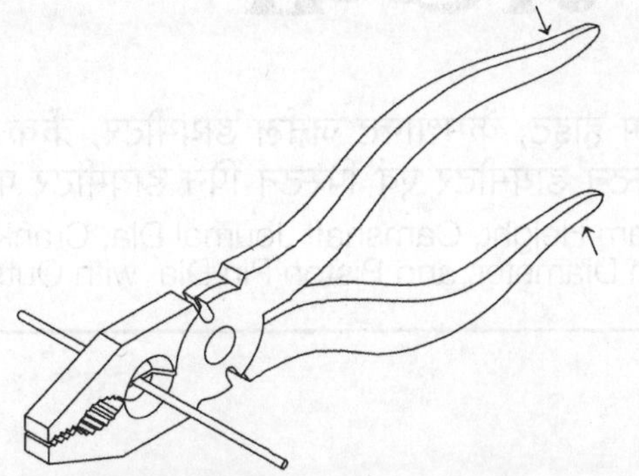

(xi) प्लायर द्वारा 3 मिमी तार कटिंग

10. किसी नट के साथ संयोजित टैब वाशर को निकालने के लिए फ्लैट नोज प्लायर का उपयोग करते हैं।
11. राउण्ड नोज प्लायर के द्वारा कठोर तार का लूप चित्रानुसार बनाते हैं। चित्र (xii)

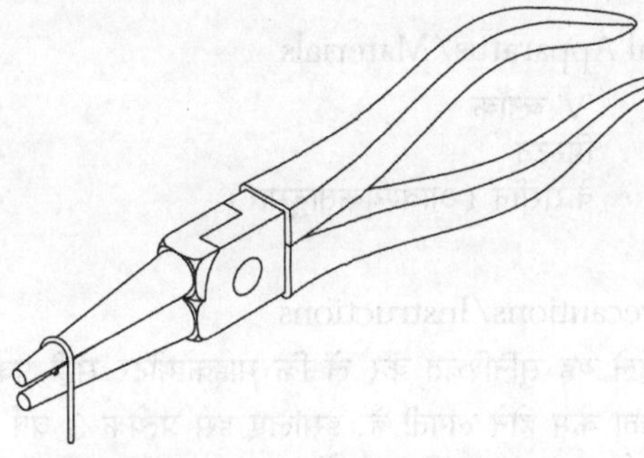

(xii) राउण्ड नोज प्लायर द्वारा लूप बनाना

परिणाम (Result) सामान्य कार्यशाला औजारों एवं पावर औजारों का अभ्यास सफलतापूर्वक किया गया।

प्रैक्टिकल संख्या 9

आउटसाइड माइक्रोमीटर के साथ कैम हाइट, कैमशाफ्ट जर्नल डायमीटर, क्रैंक शाफ्ट जर्नल डायमीटर, वाल्व स्टेम डायमीटर, पिस्टन डायमीटर एवं पिस्टन पिन डायमीटर पर मापन अभ्यास करना
Carryout Measuring Practice on Cam Height, Camshaft Journal Dia, Crankshaft Journal Dia, Valve Stem Dia, Piston Diameter, and Piston Pin Dia with Outside Micrometres

---

उद्देश्य Object

आउटसाइड माइक्रोमीटर के साथ कैम हाइट, कैमशाफ्ट जर्नल डायमीटर, क्रैंकशाफ्ट जर्नल डायमीटर, वाल्व स्टेम डायमीटर, पिस्टन डायमीटर एवं पिस्टन पिन डायमीटर पर मापन करना।

आवश्यक उपकरण/सामग्री Essential Apparatus/Materials

- आउटसाइड माइक्रोमीटर (0.25 मिमी)
- कैमशाफ्ट
- पिस्टन पिन
- 'V' ब्लॉक
- पिस्टन
- केरोसीन (आवश्यकतानुसार)
- वर्क बेंच
- वाल्व
- कॉटन वेस्ट (आवश्यकतानुसार)

सुरक्षा सावधानियाँ/निर्देश Safety Precautions/Instructions

1. आउटसाइड माइक्रोमीटर का प्रयोग करने से पहले यह सुनिश्चित कर लें कि माइक्रोमीटर सही प्रकार से कार्य कर भी रहा है अथवा नहीं।
2. निरन्तर प्रयोग करने से माइक्रोमीटर की परिशुद्धता कम होने लगती है, इसलिए इसे प्रत्येक 3 वर्ष के उपरान्त NIST (National Institute of Standards & Technology) के अनुसार निरीक्षण एवं व्यवस्थित करें।
3. मापन की रीडिंग सटीकतापूर्वक लें।

कार्यविधि Working Method

A. कैम ऊँचाई को जाँचना

1. सर्वप्रथम दृश्यिक रूप से गन्दगी, टूट-फूट एवं संरेखन आदि के लिए कैमशाफ्ट की जाँच करते हैं।
2. साफ करने वाले सॉल्वेन्ट (solvent) के साथ छोटे ब्रुश के द्वारा कैमशाफ्ट को साफ करते हैं।
3. मापन करने से पूर्व, सुनिश्चित करते हैं कि माइक्रोमीटर शून्य सैटिंग पर एडजस्ट हो।
4. मुख्य स्केल एवं थिम्बल की रीडिंग को नोट करते हैं।
5. 2 या 3 स्थानों पर से कैमशाफ्ट को जाँचते हैं एवं प्रेक्षण मान को सारणी 1 में नोट करते हैं।
6. माइक्रोमीटर के द्वारा, कैम लोब की ऊँचाई को मापते हैं एवं सारणी 1 में रिकॉर्ड करते हैं। चित्र (i)

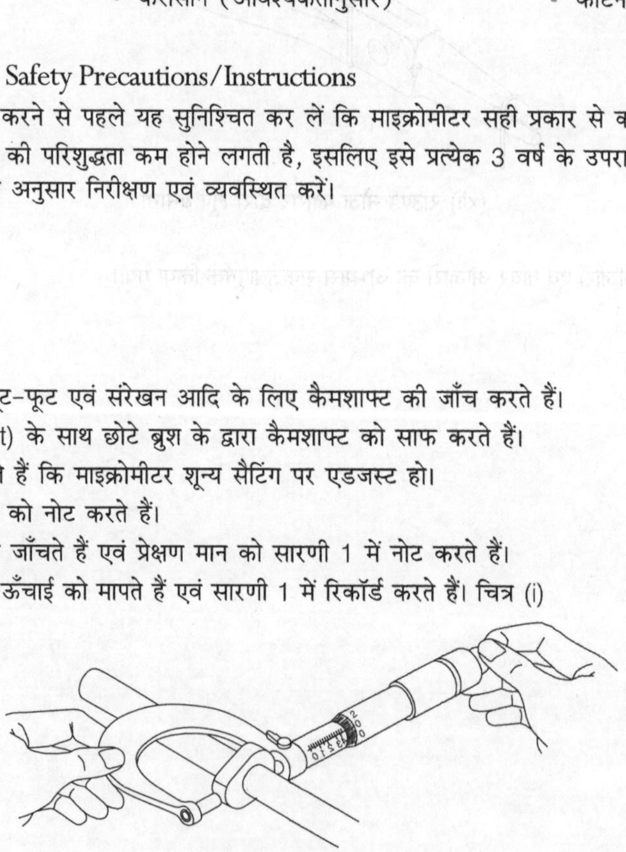

(i) कैम लोब ऊँचाई का मापन

सारणी 1

अवयव नाम	मुख्य स्केल रीडिंग	थिम्बल स्केल (डिवीजन)	अल्पतमांक	परिणाम
	(a)	*(b)*	*(c)*	$R = a + (b \times c)$
कैम लोब ऊँचाई				

B. कैमशाफ्ट जर्नल डायमीटर को जाँचना

1. कैमशाफ्ट के जर्नल डायमीटर का माइक्रोमीटर द्वारा निरीक्षण करते हैं चित्र (ii) एवं दी गई सारणी 2 में नोट करते हैं।

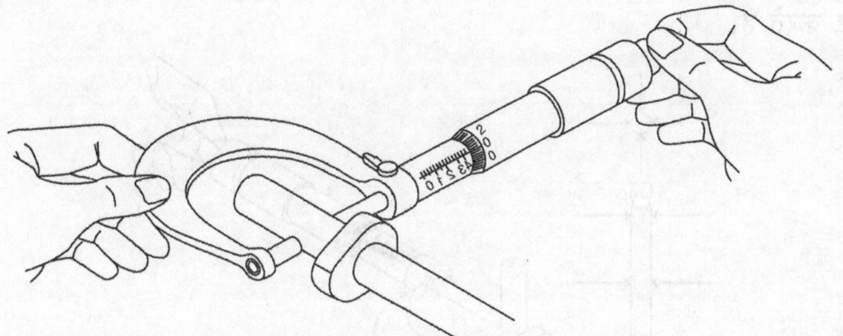

(ii) कैमशाफ्ट के जर्नल डायमीटर का मापन

सारणी 2

अवयव नाम	मुख्य स्केल रीडिंग	मेल खाता थिम्बल स्केल (डिवीजन)	अल्पतमांक	परिणाम
	(a)	*(b)*	*(c)*	$R = a + (b \times c)$

C. क्रैंकशाफ्ट जर्नल डायमीटर को जाँचना

1. 180° की दूरी वाले दो स्थानों एवं लम्बाई के साथ दो बिन्दु पर क्रैंकशाफ्ट जर्नल डायमीटर को मापने के लिए माइक्रोमीटर का उपयोग करते हैं। चित्र (iii)
2. प्राप्त परिणाम को सारणी 3 में नोट करते हैं।

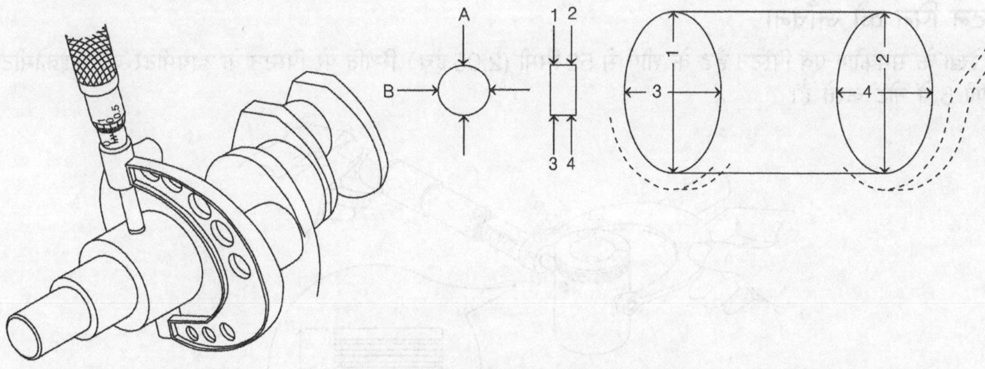

(iii) क्रैंकशाफ्ट जर्नल डायमीटर का मापन

3. समान बोल्टों के साथ उसके सम्बन्धित स्थानों पर बियरिंग कैप लगाते हैं।
4. क्लीनिंग सॉल्वेन्ट के साथ छोटे ब्रुश के द्वारा क्रैंकशाफ्ट को साफ करते हैं।
5. माइक्रोमीटर के द्वारा 1, 2, 3 एवं 4 पर जर्नल डायमीटर को मापते हैं।
6. क्रैंकशाफ्ट मुख्य जर्नल एवं बियरिंग शैल के मध्य ऑयल क्लीयरैन्स को मापते हैं।
7. वायर ब्रुश के द्वारा क्रैंकशाफ्ट में ड्रिल किए गए ऑयल मार्ग से गन्दगी को साफ करते हैं।

सारणी 3

अवयव नाम	मुख्य स्केल रीडिंग	मेल खाता थिम्बल स्केल (डिवीजन)	अल्पतमांक	परिणाम
	(*a*)	(*b*)	(*c*)	$R = a + (b \times c)$
क्रैंकशाफ्ट जर्नल डायमीटर				

D. वाल्व स्टेम के डायमीटर को जाँचना

1. चित्र (iv) में दिए अनुसार माइक्रोमीटर के द्वारा वाल्व स्टेम के डायमीटर को मापते हैं।
2. प्राप्त रीडिंग को सारणी 4 में नोट करते हैं।

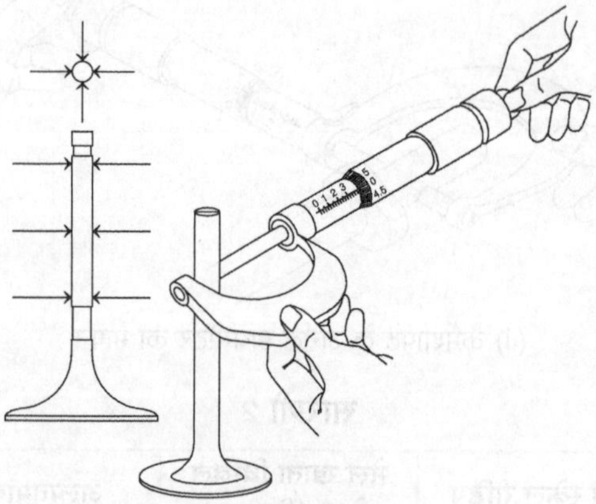

(i) वाल्व स्टेम का मापन

सारणी 4

अवयव नाम	मुख्य स्केल रीडिंग	मेल खाता थिम्बल स्केल (डिवीजन)	अल्पतमांक	परिणाम
	(*a*)	(*b*)	(*c*)	$R = a + (b \times c)$
पिस्टन डायमीटर				

E. पिस्टन एवं पिस्टन पिन को जाँचना

1. पिस्टन पिन सेन्टर रेखा के समकोण एवं पिस्टन हैड के शीर्ष से 52 मिमी (2.05 इंच) स्थिति पर पिस्टन के डायमीटर को माइक्रोमीटर के द्वारा चित्र (v) मापते हैं एवं सारणी 5 में नोट करते हैं।

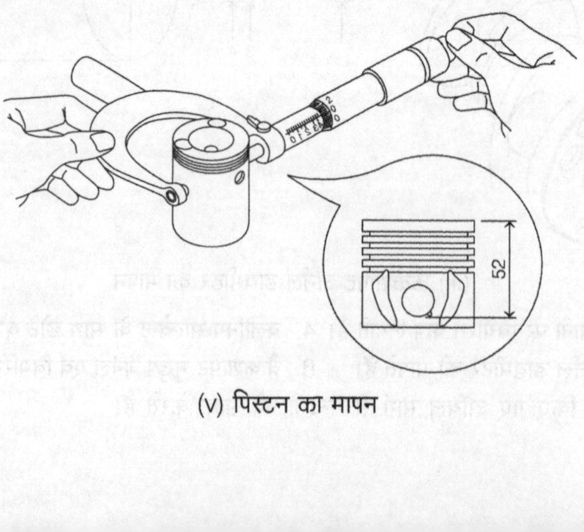

(v) पिस्टन का मापन

सारणी 5

अवयव नाम	मुख्य स्केल रीडिंग	मेल खाता थिम्बल स्केल (डिवीजन)	अल्पतमांक	परिणाम
	(*a*)	(*b*)	(*c*)	$R = a + (b \times c)$
पिस्टन डायमीटर				

2. पिस्टन पिन के बाह्य डायमीटर को माइक्रोमीटर द्वारा मापते हैं चित्र (vi) एवं परिणाम को सारणी 6 में नोट करते हैं।

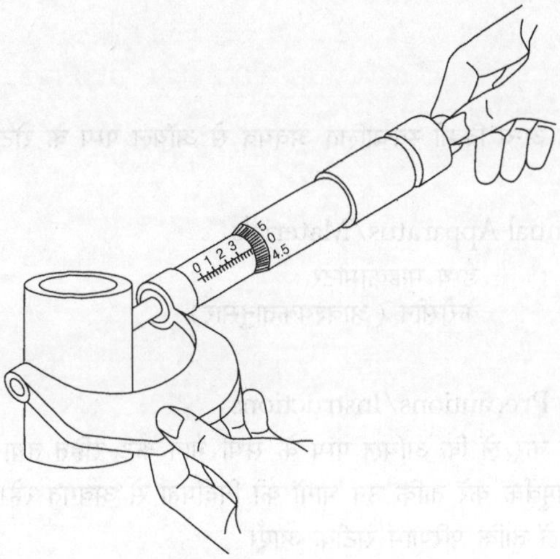

(vi) पिस्टन पिन का मापन

सारणी 6

अवयव नाम	मुख्य स्केल रीडिंग	मेल खाता थिम्बल स्केल (डिवीजन)	अल्पतमांक	परिणाम
	(*a*)	(*b*)	(*c*)	$R - a + (b \times c)$
पिस्टन पिन डायमीटर				

परिणाम (Result) आउटसाइड माइक्रोमीटर के साथ कैम हाइट, कैमशाफ्ट जर्नल डायमीटर, क्रैंकशाफ्ट जर्नल डायमीटर, वाल्व स्टेम डायमीटर, पिस्टन डायमीटर एवं पिस्टन पिन डायमीटर पर मापन सफलतापूर्वक किया गया।

प्रैक्टिकल संख्या 10

✎ डैप्थ माइक्रोमीटर के साथ हाउसिंग की सर्फेस या अन्य किसी स्वचालित उपकरण से ऑयल पम्प के रोटर की ऊँचाई पर मापन का अभ्यास करना

Carryout Measuring Practice on the Height of the Rotor of an Oil Pump from the Surface of the Housing or any other Auto Component Measurement with Depth Micrometer

उद्देश्य Object

डैप्थ माइक्रोमीटर के साथ हाउसिंग की सर्फेस या अन्य किसी स्वचालित अवयव से ऑयल पम्प के रोटर की ऊँचाई पर मापन का अभ्यास करना।

आवश्यक उपकरण/सामग्री Essential Apparatus/Materials

- ट्रेनी टूल किट
- डैप्थ माइक्रोमीटर
- ऑयल पम्प रोटर बॉडी
- कॉटन वेस्ट (आवश्यकतानुसार)
- केरोसीन (आवश्यकतानुसार)

सुरक्षा सावधानियाँ/निर्देश Safety Precautions/Instructions

1. प्रयोग आरम्भ करने से पहले यह सुनिश्चित कर लें कि ऑयल पम्प के सभी भाग कट-रहित तथा धूल रहित हैं भी अथवा नहीं।
2. ऑयल पम्प के भागों का निरीक्षण सावधानीपूर्वक करें ताकि उन भागों की निर्दोषता से अवगत रहें।
3. डैप्थ माइक्रोमीटर से रीडिंग सावधानीपूर्वक लें ताकि परिणाम सटीक आएँ।

कार्यविधि Working Method

A. ऑयल पम्प बॉडी की गहराई का मापन

1. डैप्थ माइक्रोमीटर की शून्य सैटिंग की जाँच करते हैं। चित्र (i)

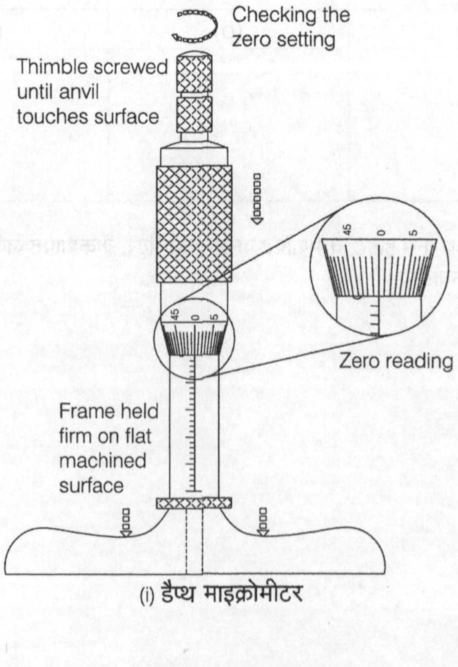

(i) डैप्थ माइक्रोमीटर

2. ऑयल पम्प रोटर बॉडी की सर्फेस के साथ फ्रेम सर्फेस को फिक्स करते हैं।
3. मापे जाने वाले कार्य की सर्फेस पर बाएँ हाथ को रखते हैं एवं सर्फेस से एनविल को स्पर्श करते हैं।
4. अपने अँगूठे एवं अँगुली की सहायता से तब तक माइक्रोमीटर थिम्बल को टर्न करते हैं जब तक कि ऑयल पम्प रोटर बॉडी की सर्फेस से एनविल के स्पर्श करने का अनुभव न हो जाए।
5. थिम्बल द्वारा वास्तविक रीडिंग को पढ़ते हैं।

B. रोटर टाइप ऑयल पम्प

1. रोटर की सर्फेस से हाउसिंग सर्फेस के मध्य गैप में वास्तविक रीडिंग का मापन करते हैं। (चित्र ii)

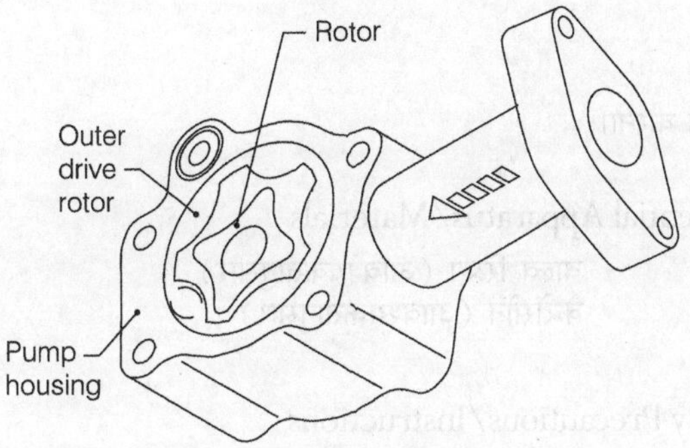

(ii) रोटर टाइप आयल पम्प

2. ऑयल पम्प हाउसिंग की सर्फेस से रोटर की ऊँचाई की रीडिंग का मापन करते हैं।

परिणाम (Result) डैप्थ माइक्रोमीटर के साथ हाउसिंग की सर्फेस या अन्य किसी स्वचालित अवयव से ऑयल पम्प के रोटर की ऊँचाई पर मापन का अभ्यास सफलतापूर्वक किया गया।

प्रैक्टिकल संख्या 11

✎ वाल्व स्प्रिंग मुक्त लम्बाई पर मापन अभ्यास करना
Carryout Measuring Practice on Valve Spring Free Length

उद्देश्य Object

वाल्व स्प्रिंग मुक्त लम्बाई पर मापन का अभ्यास करना।

आवश्यक उपकरण/सामग्री Essential Apparatus/Materials

- ट्रेनी टूल किट
- कॉटन वेस्ट (आवश्यकतानुसार)
- वाल्व स्प्रिंग (आवश्यकतानुसार)
- केरोसीन (आवश्यकतानुसार)
- वाल्व स्प्रिंग टैस्टर

सुरक्षा सावधानियाँ/निर्देश Safety Precautions/Instructions

1. वाल्व स्प्रिंग टैस्टर को चालू करने से पूर्व इसका स्विच ऑन कर लें।
2. वाल्व स्प्रिंग टैस्टर से माप लेने से पूर्व इसे उचित माप पर सैट कर लें।
3. टैस्टर की कार्यक्षमता को सुनिश्चित कर लें।
4. स्प्रिंग को टैस्टर में आवश्यकतानुसार ही कम्प्रैस करें।

कार्यविधि Working Method

1. मापे जाने वाले वाल्व स्प्रिंग को साफ करते हैं।
2. स्प्रिंग टैस्टर को साफ करते हैं।

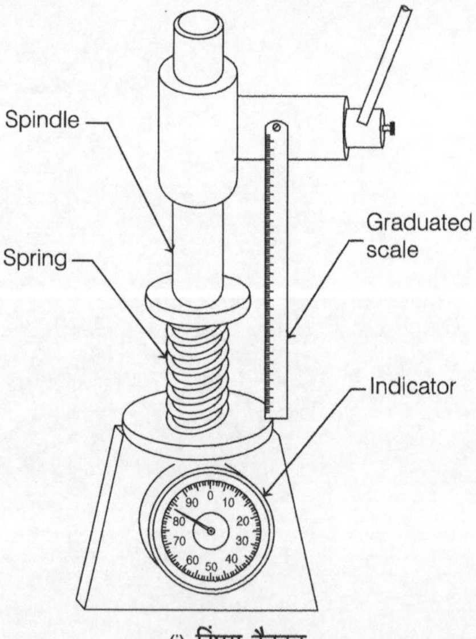

(i) स्प्रिंग टैस्टर

3. चित्र (i) के अनुसार स्प्रिंग टैस्टर पर स्प्रिंग को ऊर्ध्वाधर रूप से रखते हैं एवं सुनिश्चित करते हैं कि मूवेबल स्पिण्डल, स्प्रिंग से स्पर्श न करें।
4. ग्रेजुएटिड स्केल पर से स्प्रिंग की मुक्त लम्बाई (ऊँचाई) की रीडिंग लेते हैं।
5. सर्विस मैनुअल निर्दिष्ट सीमा के साथ वाल्व स्प्रिंग की मुक्त लम्बाई की तुलना करते हैं।

परिणाम (Result) वाल्व स्प्रिंग मुक्त लम्बाई पर मापन का अभ्यास सफलतापूर्वक किया गया।

प्रैक्टिकल संख्या 12

✎ डायल बोर गेज के द्वारा टेपर एवं अगोलीयता के लिए सिलेण्डर बोर पर मापन अभ्यास करना
Carryout Measuring Practice on Cylinder Bore for Taper and Out-of- Round with Dial Bore Gauges

उद्‌देश्य Object

डायल बोर गेज के द्वारा टेपर एवं अगोलीयता के लिए सिलेण्डर बोर पर मापन अभ्यास करना।

आवश्यक उपकरण/सामग्री Essential Apparatus/Materials

- बोर गेज
- सूती कपड़ा (आवश्यकतानुसार)
- पेन्सिल
- इंजन ब्लॉक
- पेपर
- ट्रेनी टूल किट
- कॉटन वेस्ट

सुरक्षा सावधानियाँ/निर्देश Safety Precautions/Instructions

1. माप लेने से पूर्व सिलेण्डर को पूर्ण रूप से साफ कर लें।
2. सिलेण्डर बोर में बोर गेज को प्रयुक्त करने से पूर्व इसे शून्य पर सैट कर लें।
3. रीडिंग कम-से-कम तीन बार अवश्य लें।

कार्यविधि Working Method

1. स्वच्छ कपड़े के द्वारा सिलेण्डर बोर को साफ करते हैं।
2. इनसाइड माइक्रोमीटर के द्वारा बोर के आन्तरिक व्यास को मापते हैं।
3. एक्सटेन्शन रॉड के सही आकार का चयन करते हैं।
4. स्प्रिंग लोडिड प्लंजर एण्डर को दबाते हैं।
5. 75-100 मिमी आउटसाइड माइक्रोमीटर सैट '0' की सहायता से एवं डायल टेस्ट इण्डीकेटर के स्टेम (stem) पर एक्सटेन्शन रॉड को असेम्बल करते हैं।
6. बोर गेज को झुकाते हैं एवं सिलेण्डर बोर में इन्सर्ट करते हैं। मेजरिंग स्पिण्डल के समान्तर गेज को जाँचते हैं। चित्र (i)
7. बोर गेज के द्वारा मार्किंग '5' पर मापन लेते हैं एवं रीडिंग नोट करते हैं। चित्र (ii)
8. मार्किंग 6 एवं 4 पर अन्य रीडिंग लेते हैं एवं नोट करते हैं। चित्र (ii)
9. तीन स्थानों (9, 8 एवं 7) पर उपरोक्त प्रक्रिया को दोहराते हैं। चित्र (ii)

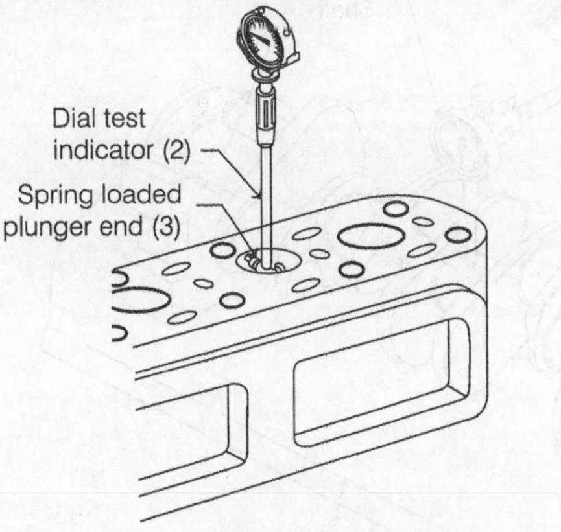

(i) सिलेण्डर बोर का मापन

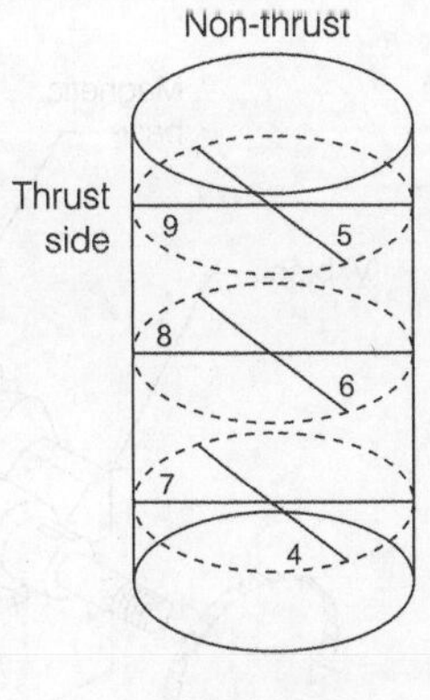

(ii) सिलेण्डर बोर

10. मार्किंग 9 व 5, 8 व 6, 7 व 4 के मध्य मापन में अन्तर अगोलीयता या आवेवेलिटी है। मार्किंग 9 व 8, 8 व 7 एवं 9 व 7 के मध्य मापन में अन्तर टेपर होता है।
11. उच्चतम ओवेलिटी एवं टेपर को नोट करते हैं। यदि इनमें से कोई एक निर्दिष्ट सीमा से अधिक हो तो लाइनर को बदलने/रिबोरिंग के लिए संस्तुति करते हैं।

परिणाम (Result) डायल बोर गेज के द्वारा टेपर एवं अगोलीयता के लिए सिलेण्डर बोर पर मापन अभ्यास सफलतापूर्वक किया गया।

प्रैक्टिकल संख्या 13

✎ डायल इण्डीकेटर के साथ क्रैंकशाफ्ट एण्ड प्ले, क्रैंकशाफ्ट रन आउट एवं वाल्व गाइड पर घिसाव मापन अभ्यास का प्रदर्शन

Perform Measuring Practice to Measure Wear on Crankshaft End Play, Crankshaft Run Out, and Valve Guide with Dial Indicator

उद्देश्य Object

डायल इण्डीकेटर के साथ क्रैंकशाफ्ट एण्ड प्ले, क्रैंकशाफ्ट रन आउट एवं वाल्व गाइड पर घिसाव मापन के लिए मापन अभ्यास का प्रदर्शन करना।

आवश्यक उपकरण/सामग्री Essential Apparatus/Materials

- ट्रेली टूल किट
- कॉटन वेस्ट (आवश्यकतानुसार)
- डायल इण्डीकेटर
- फ्लाईव्हील
- आउटसाइड माइक्रोमीटर
- क्रैंकशाफ्ट
- मैग्नेटिक बेस
- वर्क बेंच
- बेनियन क्लॉथ (आवश्यकतानुसार)
- फीलर गेज
- वाल्व गाइड
- डीजल इंजन

सुरक्षा सावधानियाँ/निर्देश Safety Precautions/Instructions

1. क्रैंकशाफ्ट स्टैण्ड व्यवस्थित रहना चाहिए।
2. मापन कार्य करते समय क्रैंकशाफ्ट एवं वाल्व गाइड को क्षति न पहुचाएँ।
3. 0.1 मिमी से अधिक ओवेलिटी होने पर क्रैंकशाफ्ट को टर्न करें।

कार्यविधि Working Method

A. क्रैंकशाफ्ट के घिसाव को जाँचना

1. दो 'V' ब्लॉक को सर्फेस टेबिल पर स्थापित करते हैं। चित्र (i)

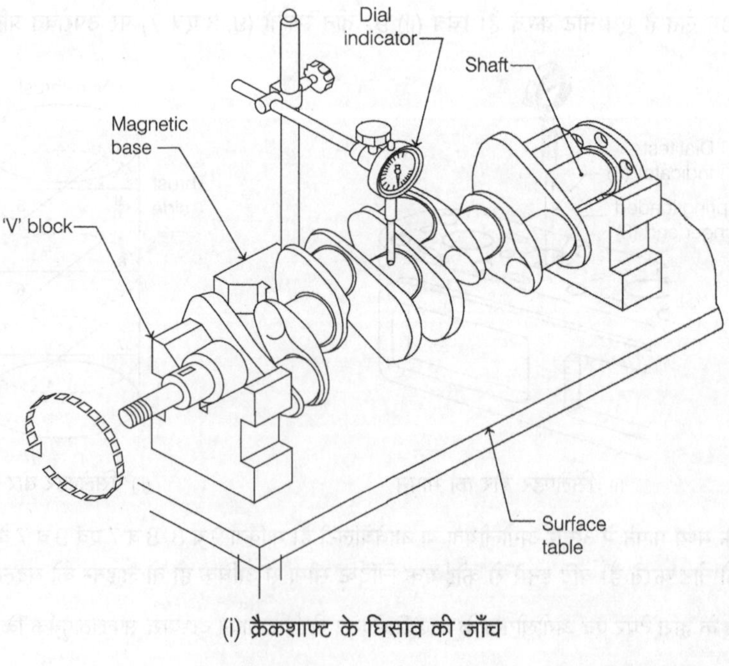

(i) क्रैंकशाफ्ट के घिसाव की जाँच

2. 'V' ब्लॉक पर शाफ्ट को स्थापित करते हैं एवं 'V' ब्लॉकों के मध्य दूरी को इस प्रकार व्यवस्थित करते हैं कि 'V' ब्लॉक की किसी भी साइड पर शाफ्ट, इसकी कुल लम्बाई के 1/10 से अधिक ओवरहैंग (overhang) न करें।
3. सर्फेस टेबिल पर मैग्नेटिक बेस के साथ डायल इण्डीकेटर को स्थापित करते हैं।
4. शाफ्ट के केन्द्र पर डायल इण्डीकेटर को लाते हैं।
5. शाफ्ट पर डायल इण्डीकेटर की नीडिल को पुश करते हैं, जिससे नीडिल कुछ डिफ्लेक्शन प्रदर्शित करती हैं।
6. डायल को घुमाकर इण्डीकेटर की नीडिल को '0' स्थिति पर एडजस्ट करते हैं।
7. हाथ से शाफ्ट को घुमाते हैं एवं नीडिल के डिफ्लेक्शन को नोट करते हैं। यह सेन्टर पर शाफ्ट को बैण्ड (bend) कर देगा।
8. तीन स्थानों के लिए उपरोक्त पदों को दोहराते हैं जिससे शाफ्ट की पूर्ण लम्बाई कवर हो जाए।
9. सभी स्थानों पर उच्चतम घिसाव को नोट करते हैं।

B. क्रैंकशाफ्ट एण्ड प्ले को जाँचना

1. सिलेण्डर ब्लॉक या इन्सपैक्शन टेबिल पर मैग्नेटिक बेस को फिक्स करते हैं।
2. क्रैंकशाफ्ट फ्लैन्ज पर चित्र (ii) के अनुसार डायल गेज को सैट करते हैं।

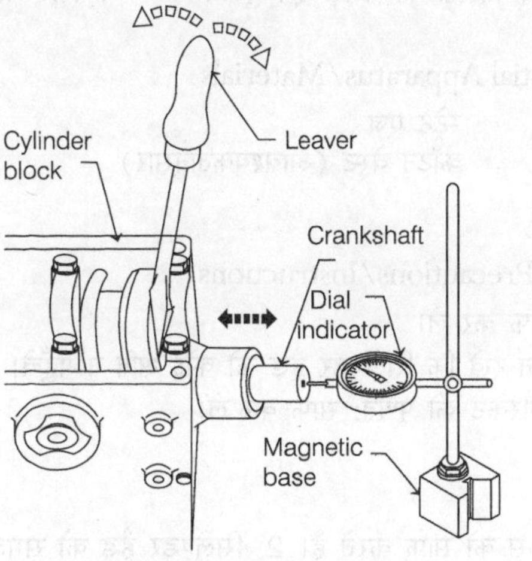

(ii) क्रैंकशाफ्ट एण्ड प्ले को जाँचना

3. लीवर के द्वारा क्रैंकशाफ्ट को फॉरवर्ड एवं बैकवर्ड मूव करते हैं।
4. क्रैंकशाफ्ट एण्ड प्ले को नोट करते हैं एवं निर्माता विशिष्टियों से तुलना करते हैं।

C. वाल्व गाइड के घिसाव की जाँच

1. सिलेण्डर हैड के फेस पर मैग्नेटिक बेस के साथ डायल इण्डीकेटर को स्थापित करते हैं।
2. डायल इण्डीकेटर की नीडिल को शून्य स्थिति पर सैट करते हैं।
3. जितना सम्भव हो डायल इण्डीकेटर से दूर रेडियल दिशा में वाल्व को घुमाते हैं।
4. वाल्व हैड के एज पर डायल इण्डीकेटर के कॉन्टैक्ट प्वॉइण्ट को रखते हैं। चित्र (iii)
5. अब जितना सम्भव हो, डायल इण्डीकेटर की ओर रेडियल दिशा में वाल्व को घुमाते हैं।
6. डायल इण्डीकेटर पर मूवमेन्ट की दूरी को नोट करते हैं।
7. यदि वाल्व गाइड में वाल्व के उच्चतम क्लीयरैन्स से अधिक दूरी हो, तो वाल्व गाइड को बदलते हैं।

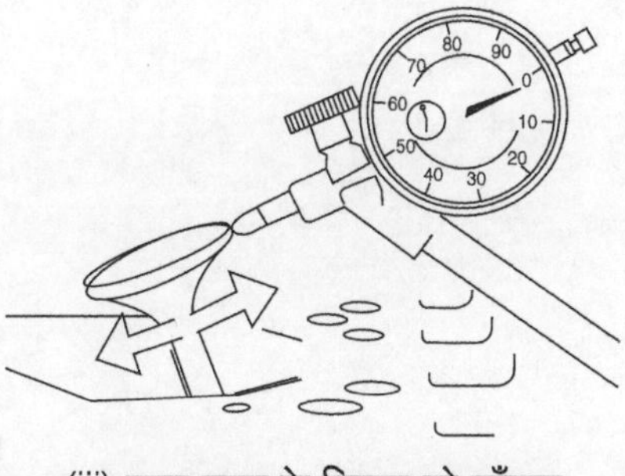

(iii) वाल्व गाइड के घिसाव को जाँचना

परिणाम (Result) डायल इण्डीकेटर के साथ क्रैंकशाफ्ट एण्ड प्ले, क्रैंकशाफ्ट रन आउट एवं वाल्व गाइड पर घिसाव मापन के लिए मापन अभ्यास का प्रदर्शन सफलतापूर्वक किया गया।

प्रैक्टिकल संख्या 14

✎ एक फीलर गेज के साथ स्ट्रेट ऐज के प्रयोग द्वारा मरोड़ एवं घुमाव हेतु सिलेण्डर हैड की समतलता के जाँच हेतु मापन अभ्यास का प्रदर्शन

Perform Measuring Practice to Check the Flatness of the Cylinder Head for Warped or Twisted by Straightedge Used with a Feeler Gauge

उद्देश्य Object

स्ट्रेट एज एवं फीलर गेज द्वारा सिलेण्डर हैड की समतलता का मरोड़ एवं घुमाव जाँचने के लिए मापन के अभ्यास का प्रदर्शन करना।

आवश्यक उपकरण/सामग्री Essential Apparatus/Materials

- ट्रेनी टूल किट
- बेनियन क्लॉथ (आवश्यकतानुसार)
- वर्क टेबिल
- स्ट्रेट एज
- कॉटन वेस्ट (आवश्यकतानुसार)
- सिलेण्डर हैड
- बड़ी पत्तियों वाला फीलर गेज

सुरक्षा सावधानियाँ/निर्देश Safety Precautions/Instructions

1. सिलेण्डर हैड की जाँच करने से पूर्व इसे साफ कर लें।
2. सिलेण्डर हैड की जाँच करते समय यह ध्यान रखें कि सिलेण्डर हैड को कोई क्षति न पहुँचे।
3. सिलेण्डर हैड की जाँच करने से पूर्व इससे गैस्केट को पूर्णत: साफ कर लें।

कार्यविधि Working Method

1. चैकिंग करने के लिए सिलेण्डर की हैड सर्फेस को साफ करते हैं। 2. सिलेण्डर हैड को समतल सर्फेस पर रखते हैं।
3. सर्फेस पर स्ट्रेट एज को रखते हैं। बाएँ हाथ के द्वारा केन्द्र पर स्ट्रेट एज को दबाते हैं।
4. सर्फेस एवं स्ट्रेट एज के मध्य फीलर गेज की पत्तियाँ इन्सर्ट करते हैं। चित्र (i)

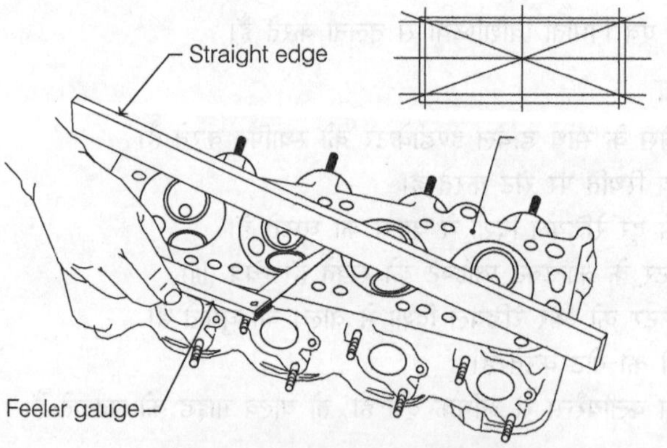

(i) सिलेण्डर हैड की समतलता की जाँच

5. उस मोटी लीफ/पत्तियों की मोटाई को नोट करते हैं, जो स्ट्रेट एज एवं सर्फेस के मध्य इन्सर्ट हो सकती है। यह मोटाई इस दिशा में उच्चतम फेस आउट (face out) प्रदान करती है।
6. चारों दिशाओं के लिए उपरोक्त पदों को दोहराते हैं एवं सभी चारों दिशाओं में उच्चतम फेसआउट को नोट करते हैं।
7. यदि किसी एक या अधिक दिशाओं में फेस-आउट निर्माता द्वारा निर्दिष्ट सीमा से उच्च हो तो भागों को बदलने की संस्तुति दी जाती है।

परिणाम (Result) स्ट्रेट एज व फीलर गेज द्वारा सिलेण्डर हैड की समतलता को मरोड़ एवं घुमाव जाँचने के लिए मापन के अभ्यास का प्रदर्शन सफलतापूर्वक किया गया।

प्रैक्टिकल संख्या 15

फीलर गेज के साथ पिस्टन रिंग के एण्ड गैप तथा पिस्टन से सिलेण्डर वॉल क्लीयरैन्स को जाँचने के लिए मापन अभ्यास का प्रदर्शन
Perform Measuring Practice to Check the End Gap of a Piston Ring Piston-to Cylinder Wall Clearance With Feeler Gauge

---

उद्देश्य Object

फीलर गेज के द्वारा पिस्टन रिंग के एण्ड गैप तथा पिस्टन से सिलेण्डर वॉल क्लीयरैन्स को जाँचने के लिए मापन अभ्यास का प्रदर्शन करना।

आवश्यक उपकरण/सामग्री Essential Apparatus/Materials

- ट्रेनी टूल किट
- पिस्टन रिंग
- वर्क टेबिल
- फीलर गेज
- लाइनर के साथ इंजन ब्लॉक
- कॉटन वेस्ट
- पिस्टन
- डीजल इंजन
- बेनियन क्लॉथ

सुरक्षा सावधानियाँ/निर्देश Safety Precautions/Instructions

1. फिलर गेज का प्रयोग करने से पूर्व इसे पूर्णतः साफ कर लें।
2. पिस्टन की जाँच करते समय इसे क्षति न पहुँचने पाए।
3. पिस्टन एवं सिलेण्डर वॉल पर स्क्रैच न पड़ने पाएँ।
4. कम-से-कम तीन बार रीडिंग अवश्य लें।

कार्यविधि Working Method

1. सर्वप्रथम सिलेण्डर बोर को साफ करते हैं।
2. वर्गाकार रूप में सिलेण्डर बोर के अन्दर पिस्टन रिंग को इन्सर्ट करते हैं।
3. फीलर गेज को इन्सर्ट करते हैं एवं पिस्टन रिंग एण्ड गैप का मापन करते हैं।
4. पिस्टन रिंग को हटाते हैं एवं सिलेण्डर बोर को साफ करते हैं।
5. लाइनर/बोर में पिस्टन रिंग स्क्वायर को लगाने के लिए बोर पिस्टन का उपयोग करते हैं।
6. सिलेण्डर बोर के अन्दर पिस्टन रिंग के बिना पिस्टन को इन्सर्ट करते हैं। चित्र (i)

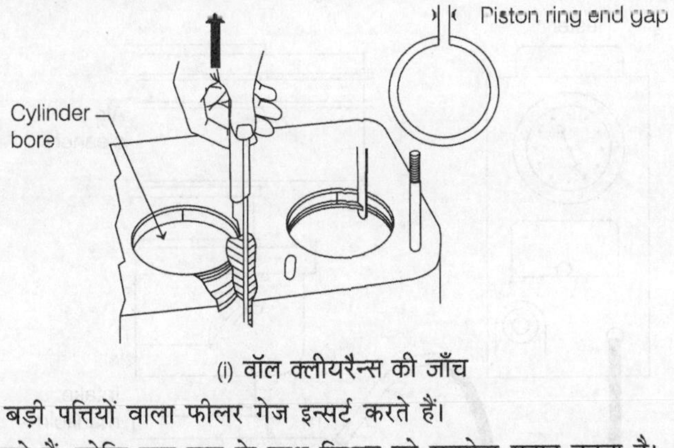

(i) वॉल क्लीयरैन्स की जाँच

7. पिस्टन एवं सिलेण्डर बोर के मध्य बड़ी पत्तियों वाला फीलर गेज इन्सर्ट करते हैं।
8. फीलर गेज की मोटाई की गणना करते हैं, जोकि कम दाब के साथ पिस्टन को मूवमेन्ट प्रदान करता है।
9. उपरोक्त पद 8 में ज्ञात किया गया मापन, पिस्टन से सिलेण्डर वॉल क्लीयरैन्स की मोटाई को प्रदर्शित करता है जोकि निर्माता विशिष्टियों के समान होती है।
10. सिलेण्डर बोर से पिस्टन निकालते हैं।

परिणाम (Result) फीलर गेज के द्वारा पिस्टन रिंग के एण्ड गैप, तथा पिस्टन से सिलेण्डर वॉल क्लीयरैन्स को जाँचने के लिए मापन का अभ्यास सफलतापूर्वक किया गया।

प्रैक्टिकल संख्या 16

✎ वैक्यूम गेज के साथ इंजन मैनीफोल्ड वैक्यूम की जाँच का अभ्यास करना
Practice to check Engine Manifold Vacuum with Vacuum Gauge

उद्देश्य Object

वैक्यूम गेज के साथ इंजन मैनीफोल्ड वैक्यूम की जाँच करना।

आवश्यक उपकरण/सामग्री Essential Apparatus/Materials

- ट्रेनी टूल किट
- वैक्यूम गेज
- रनिंग इंजन पेट्रोल/डीजल
- रबर हौज (आवश्यकतानुसार)
- कॉटन वेस्ट (आवश्यकतानुसार)
- पेपर A4 शीट
- पेन्सिल पिन

सुरक्षा सावधानियाँ निर्देश Safety Precautions/Instructions

1. बिना अधिक फ्लूटर के साथ गेज डैम्पर को तब तक एडजस्ट करें जब तक कि नीडिल आसानी से मूव (move) न करें।
2. एलीवेशन के प्रत्येक 1000 फीट के लिए 1 इंच कम करें।

कार्यविधि Working Method

1. दिए गए इंजन को गर्म करते हैं।
2. इनटेक मैनीफोल्ड (प्रयुक्त वैक्यूम बूस्टर को विसंयोजित करना) से वैक्यूम गेज को संयोजित करते हैं। चित्र (i)

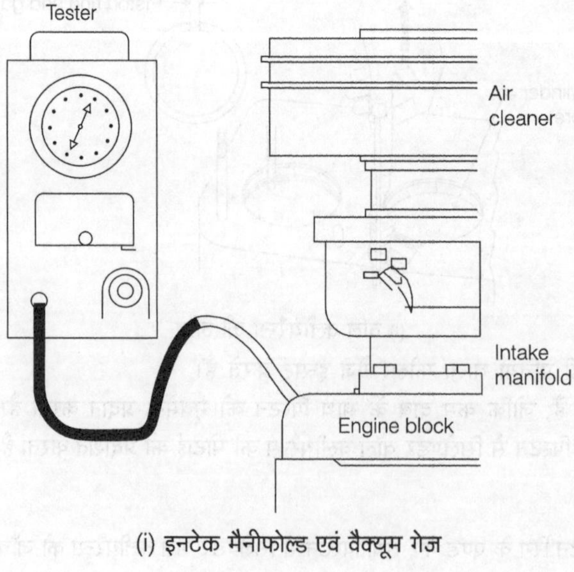

(i) इनटेक मैनीफोल्ड एवं वैक्यूम गेज

3. अदिश गति, सामान्य गति एवं उच्च गति पर वैक्यूम गेज की रीडिंग को पढ़ते हैं।
4. एक-एक करके रीडिंग (मापन) लेते हैं।

सामान्य गति होल्डिंग स्थिति में नीडिल 15 से 22 के मध्य होती है। चित्र (ii)

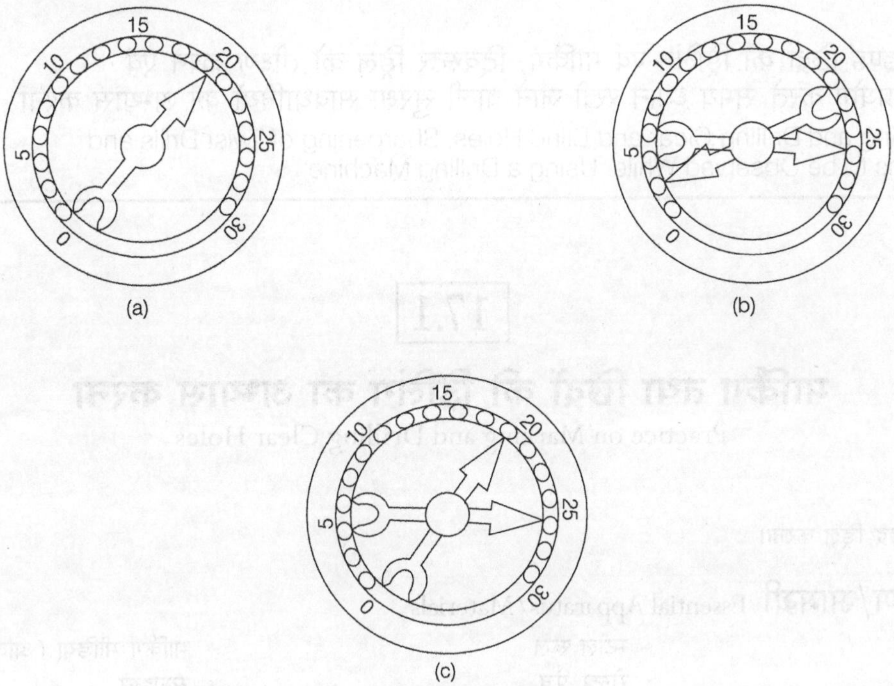

(ii) होल्डिंग स्थिति में नीडिल

जला हुआ हैड गैस्केट उत्तम मैगनीट्यूड में रेगुलर ड्रॉप जले हुए हैड गैस्केट या ब्लॉक सर्फेस के लपेटे हुए हैड के कारण होता है।

परिणाम (Result) वैक्यूम गेज के साथ इंजन मैनीफोल्ड वैक्यूम की जाँच सफलतापूर्वक की गई।

प्रैक्टिकल संख्या 17

आर–पार एवं ब्लाइण्ड छिद्रों की ड्रिलिंग एवं मार्किंग, ट्विस्टर ड्रिल को तीक्ष्ण करने एवं ड्रिलिंग मशीन का प्रयोग करते समय ध्यान रखी जाने वाली सुरक्षा सावधानियों का अभ्यास करना
Practice on Marking and Drilling Clear and Blind Holes, Sharpening of Twist Drills and Safety Precautions to be Observed While Using a Drilling Machine

17.1

मार्किंग तथा छिद्रों की ड्रिलिंग का अभ्यास करना
Practice on Marking and Drilling Clear Holes

उद्देश्य Object

मार्किंग करके आर-पार छिद्र ड्रिल करना।

आवश्यक उपकरण/सामग्री Essential Apparatus/Materials

- माइल्ड स्टील फ्लैट
- कैलीपर
- प्रिक पंच
- ड्रिल मशीन
- राउण्ड फाइल
- समान्तर छड़ें (आवश्यकतानुसार)
- स्टील रूल
- सेन्टर पंच
- ड्रिल सैट
- ड्रिफ्ट
- स्मूथ फाइल
- मार्किंग मीडिया (आवश्यकतानुसार)
- स्क्राइबर
- मशीन वाइस
- कूलेन्ट (आवश्यकतानुसार)
- हाफ राउण्ड फाइल

सुरक्षा सावधानियाँ/निर्देश Safety Precautions/Instructions

1. जॉब पर ड्राइंग के अनुसार सही मार्किंग करें।
2. आवश्यक छिद्र के अनुसार ही ड्रिल के साइज का चयन करें।
3. ड्रिलिंग करते समय कूलेन्ट का प्रयोग अवश्य करें।
4. ड्रिल को ड्रिल चक में से हाथ द्वारा निकालने का प्रयास न करें।
5. कार्य समाप्त होने के पश्चात् सभी औजारों व मशीन को साफ करके उचित स्थान पर रखें।

कार्यविधि Working Method

1. ड्रिल किए जाने वाले छिद्र के केन्द्र पर सेन्टर पंच द्वारा पंच करते हैं।
2. दो समान्तर छड़ों द्वारा ड्रिल को अलग करके जॉब को मशीन वाइस में ध्यानपूर्वक सैट करते हैं। चित्र (i)

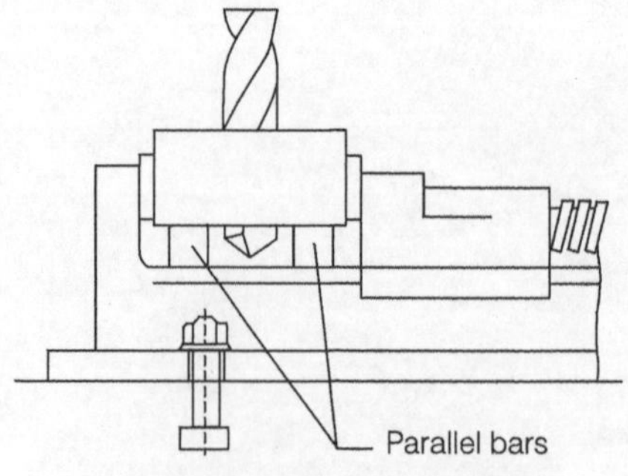

(i) जॉब को मशीन वाइस में पकड़ना

3. ड्रिलिंग मशीन के स्पिण्डल में ड्रिल चक को फिट करते हैं।
4. सेन्टर ड्रिल को फिट करके सभी छिद्रों के केन्द्र में ड्रिल करते हैं। चित्र (ii)

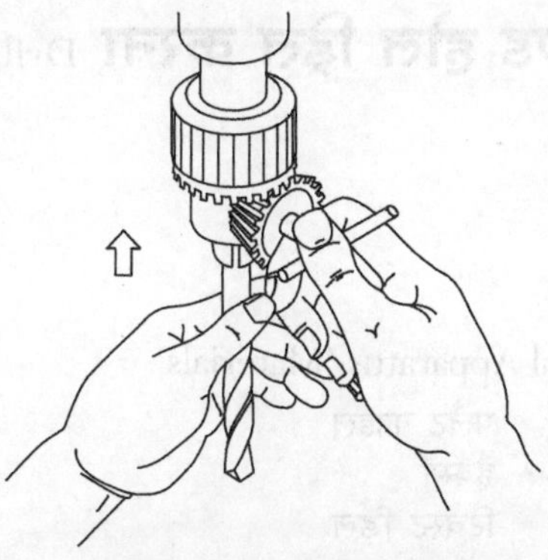

(ii) सेन्टर ड्रिल को फिट करना

5. पायलट छिद्र हेतु ड्रिल चक में 6 मिमी व्यास की ड्रिल को फिट करते हैं।
6. बैल्ट के उपयुक्त कोन पुली में स्थानान्तरण के द्वारा स्पिण्डल की गति का चुनाव करते हैं।
7. सभी छिद्रों को 6 मिमी ड्रिल द्वारा ड्रिल करते हैं तथा इसी प्रकार 8 मिमी, 10 मिमी, 12 मिमी ड्रिल द्वारा छिद्रों की ड्रिलिंग करते हैं।
8. ड्रिल चक से ड्रिल को निकालकर 16 मिमी टेपर शैंक ड्रिल को फिट करते हैं।
9. 16 मिमी ड्रिल के अनुसार स्पिण्डल की गति को परिवर्तित करके छिद्र की ड्रिलिंग करते हैं तथा ध्यान रखते हैं कि ड्रिल वाइस में न चली जाए।
10. ड्रिलिंग मशीन से ड्रिल चक तथा टेपर शैंक ड्रिल को निकालने हेतु ड्रिफ्ट (drift) का प्रयोग करते हैं। चित्र (iii)

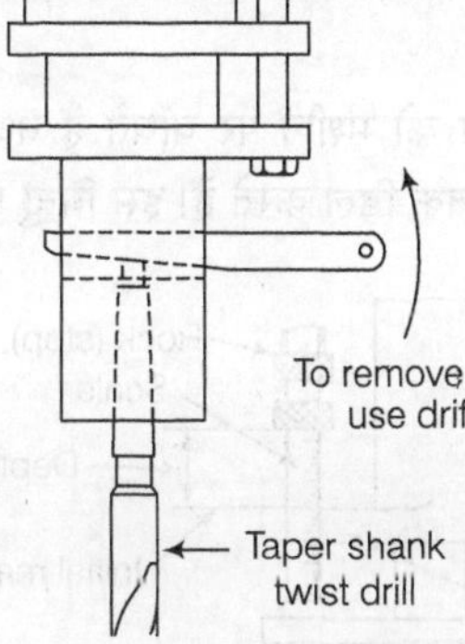

(iii) ड्रिफ्ट का प्रयोग

परिणाम (Result) मार्किंग करके आर-पार छिद्रों को सफलतापूर्वक ड्रिल किया गया।

17.2

ब्लाइण्ड होल ड्रिल करना Drill Blind Hole

उद्‌देश्य Object

ड्रिल द्वारा ब्लाइण्ड होल बनाना।

आवश्यक उपकरण/सामग्री Essential Apparatus/Materials

- स्टील रूल
- बास्टर्ड फाइल
- बेंच वाइस
- ड्रिल बोरिंग टूल
- सेन्टर पंच
- बॉल पीन हैमर
- फ्लैट फाइल
- हैक्सॉ
- ट्विस्ट ड्रिल
- डॉट पंच
- वर्नियर हाइट गेज
- ट्राई स्क्वायर
- अर्द्धवृत्ताकार फाइल
- ड्रिल मशीन
- सर्फेस प्लेट
- वर्नियर कैलीपर

सुरक्षा सावधानियाँ/निर्देश Safety Precautions/Instructions

1. जॉब को बेंच वाइस से कसकर बाँधें।
2. मापक औजार से माप ठीक प्रकार से लें।
3. हथौड़े का हैण्डिल अगर ढीला हो तो उसका प्रयोग न करें।
4. जॉब के व्यास के अनुसार ही ट्विस्ट ड्रिल का चयन करें।
5. ड्रिलिंग संक्रिया धीरे-धीरे करें।

कार्यविधि Working Method

1. ब्लाइण्ड होल की गहराई की सैटिंग के लिए सर्वप्रथम जॉब को मशीन पर बाँधते हैं तथा छिद्र की सही स्थिति निर्दिष्ट करते हैं।
2. ड्रिल को चालू करते हैं तथा वांछित व्यास का होल प्राप्त होने तक ड्रिल करते हैं। इस बिन्दु पर प्रारम्भिक पाठ्यांक (reading) को नोट करते हैं। चित्र (i)

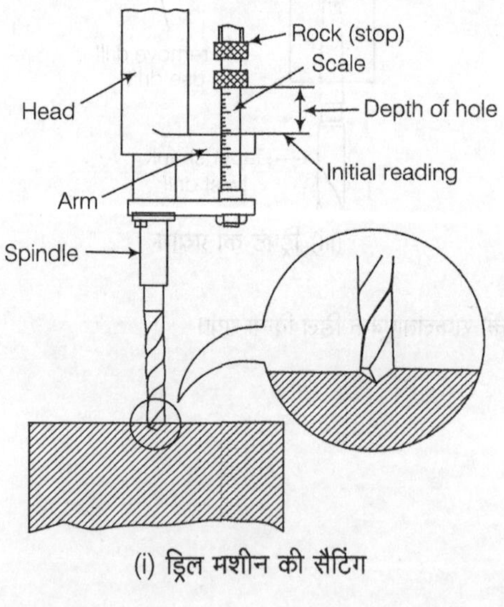

(i) ड्रिल मशीन की सैटिंग

3. इस प्रारम्भिक पाठ्यांक में ब्लाइण्ड होल की गहराई जोड़ देते हैं।

सैटिंग = प्रारम्भिक पाठ्यांक + होल की गहराई

4. ड्रिल मशीन पर लगे स्केल की सहायता से वांछित सैटिंग के लिए रोक को समायोजित करते हैं।
5. सैटिंग खराब न हो, इसलिए लॉक नट को कस देते हैं।

6. मशीन को चालू करते हैं तथा ड्रिल को फीड देते हैं, जब स्टॉप नट, भुजा (arm) तक पहुँचता है, तो छिद्र वांछित आकार का बन जाता है। चित्र (ii)

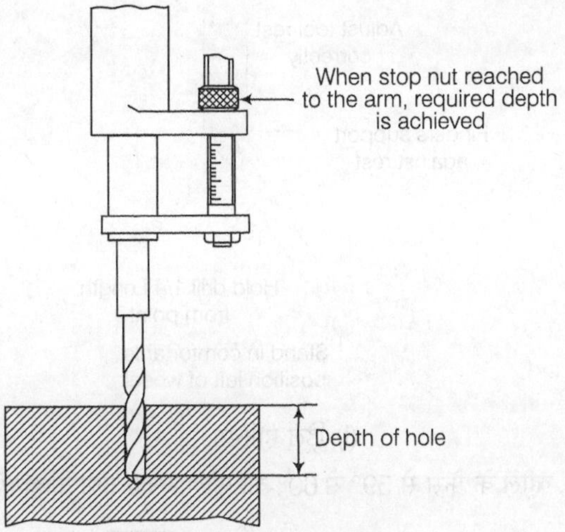

(ii) ब्लाइण्ड होल ड्रिलिंग

परिणाम (Result) जॉब पर सफलतापूर्वक ब्लाइण्ड होल किया गया।

17.3

ट्विस्ट ड्रिल को तीक्ष्ण करना
Sharpening of Twist Drill

उद्देश्य Object
ट्विस्ट ड्रिल को तीक्ष्ण करना।

आवश्यक उपकरण/सामग्री Essential Apparatus/Materials
- ग्राइण्डर
- स्मूथ कट फाइल
- टूल रेस्ट
- ट्विस्ट ड्रिल
- ग्राइण्डिंग व्हील
- ड्रिल एंगल गेज

सुरक्षा सावधानियाँ/निर्देश Safety Precautions/Instructions
1. ड्रिलिंग संक्रिया (operation) को धीरे-धीरे करें।
2. चलते हुए ग्राइण्डिंग व्हील को स्पर्श न करें।
3. ड्रिल को शैंक से पकड़कर धीरे-धीरे घुमाते हुए ग्राइण्ड करें।
4. ग्राइण्डिंग व्हील को प्रयोग करने से पूर्व इसकी जाँच अवश्य करें।
5. ग्राइण्डिंग करते समय ध्यान रखें कि ड्रिल की कटिंग एज न घिसे।
6. ड्रिल को ग्राइण्ड करते समय आँखों पर आई शील्ड (eye shield) या सुरक्षा चश्मे का प्रयोग अवश्य करना चाहिए।

कार्यविधि Working Method
1. ड्रिल को ग्राइण्ड करने से पूर्व ग्राइण्डिंग व्हील में लोडिंग (loading), ग्लेजिंग (glazing), व्हील की सत्यता, दरार (cracks) तथा टूट-फूट (damage) इत्यादि की जाँच करते हैं। यदि आवश्यक हो, तो व्हील की ड्रेसिंग एवं ट्रूइंग करते हैं।

2. शैंक को ग्राइण्ड करते समय ड्रिल के दूसरे सिरे को अँगूठे और पहली अँगुली के मध्य प्वाइँण्ट से ड्रिल की लम्बाई एक चौथाई हल्के से पकड़ते हैं। चित्र (i)

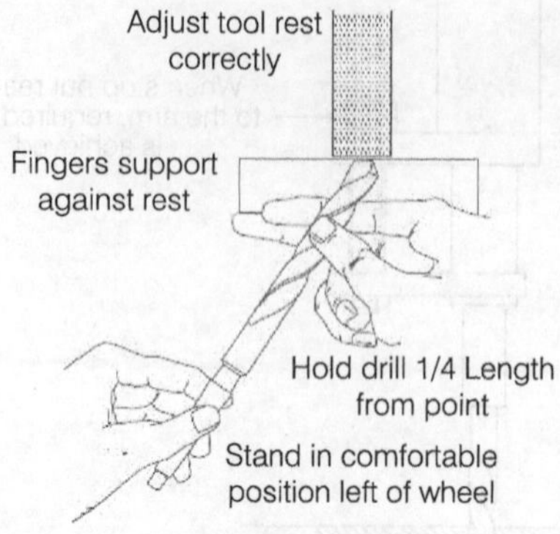

(i) ड्रिल होल्डिंग

3. स्वयं को इस प्रकार व्यवस्थित करें कि ड्रिल, व्हील के फेस से 59° से 60° का कोण बनाए तथा कोहनियों को व्हील की दोनों साइडों में रखते हैं। चित्र (ii)

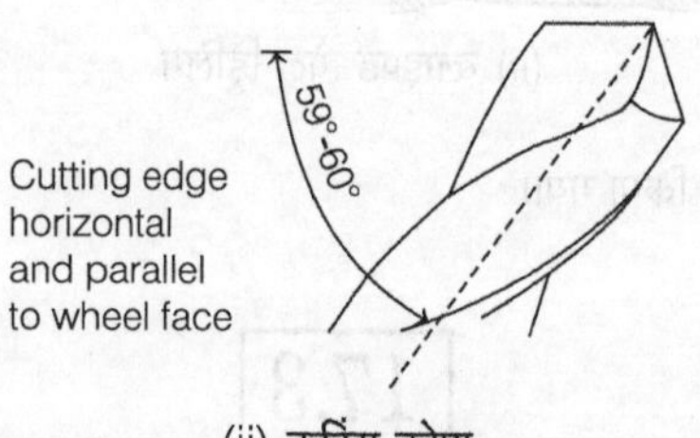

(ii) कटिंग कोण

4. कटिंग प्वॉइण्ट के पास से ड्रिल को हाथ से टूल रेस्ट पर हल्के से पकड़ते हैं और ड्रिल को उपयुक्त लेवल में पकड़कर, इसे व्हील के फेस से 59° के कोण पर घुमाकर ग्राइण्ड करते हैं, जिससे ड्रिल की कटिंग क्षैतिज तथा ग्राइण्डिंग व्हील के फेस के समान्तर हो जाती है। चित्र (iii)

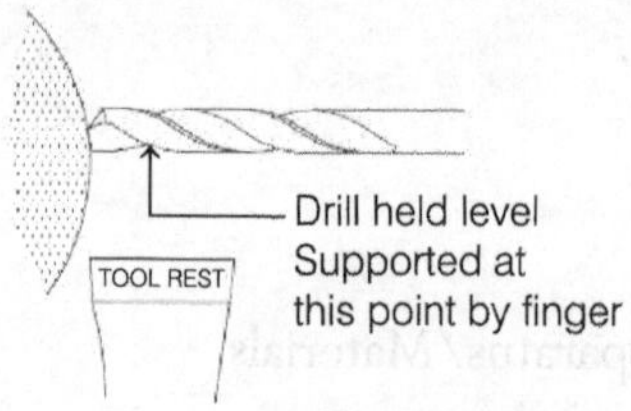

(iii) टूल रेस्ट द्वारा सपोर्ट

5. अब ड्रिल के शैंक को बाएँ हाथ से हल्के से नीचे की ओर तथा बायीं ओर चलाकर घुमाते हुए ग्राइण्ड करते हैं। दायाँ हाथ टूल-रेस्ट पर रखते हैं। चित्र (iv)

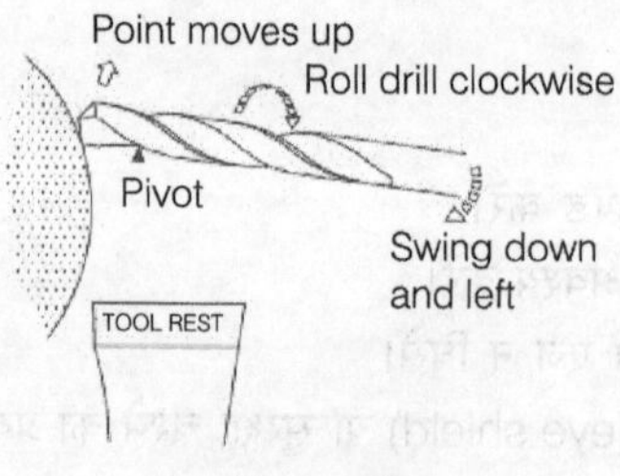

(iv) ड्रिल ग्राइण्डिंग

6. अब अँगूठे एवं अँगुली के बीच ड्रिल को घुमाते हुए दायीं ओर ले जाते हैं।

7. ड्रिल को नीचे की ओर घुमाते हुए इसे हल्का-सा आगे की ओर चलाते हैं। इससे लिप क्लीयरैन्स कोण बनने में सहायता मिलती है। चित्र (v)

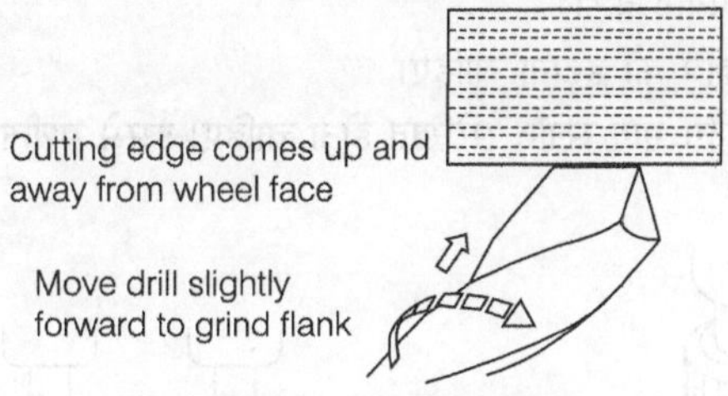

(v) क्लीयरैन्स कोण ग्राइण्डिग

8. ड्रिल की समस्त गतियों अर्थात् कोणीय तथा घुमावदार को अच्छी तरह समन्वित (coordinate) करते हुए कार्य करते हैं।
9. पद 8 की प्रक्रिया को दोहराते हैं तथा ड्रिल से दूसरे कटिंग एज को भी तेज या तीक्ष्ण करते हैं।
10. अब ड्रिल एंगिल गेज की सहायता से ड्रिल के कटिंग एंगिल की सत्यता (माइल्ड स्टील हेतु 118°) जाँच करते हैं। कटिंग एज, लम्बाई के बराबर होती है तथा लिप क्लीयरैन्स लगभग 12° होता है। चित्र (vi)

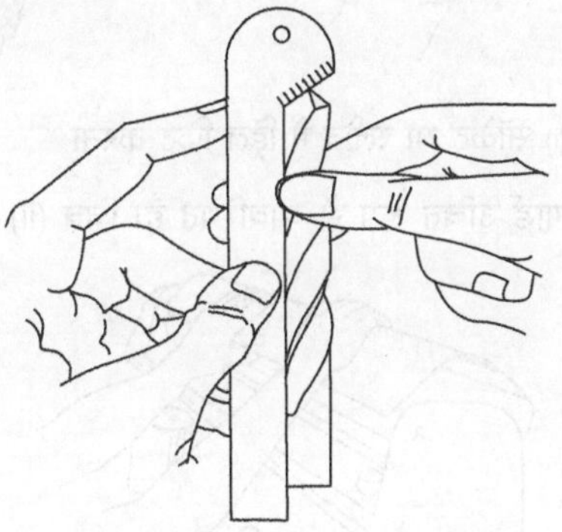

(vi) कटिंग एंगिल की सत्यता की जाँच

परिणाम (Result) ट्विस्ट ड्रिल को सफलतापूर्वक तीक्ष्ण (sharp) किया गया।

17.4

ड्रिलिंग मशीन प्रयोग करते समय सुरक्षा सावधानियाँ

Safety Precautions while Using Drilling Machine

उद्देश्य Object

ड्रिलिंग मशीन को प्रयोग करते समय अपनायी जाने वाली सुरक्षा सावधानियों का अवलोकन करना।

आवश्यक उपकरण/सामग्री Essential Apparatus/Materials

- ड्रिलिंग मशीन
- ऑयल (आवश्यकतानुसार)
- सुरक्षित ड्रेस
- ड्रिफ्ट
- ब्रश

सुरक्षा सावधानियाँ/निर्देश Safety Precautions/Instructions

1. कार्य के अनुरूप सुरक्षित ड्रेस पहननी चाहिए।
2. सुनिश्चित करते हैं कि स्पिण्डल हैड एवं टेबल उचित प्रकार से लॉक हैं।
3. जॉब में ड्रिल दृढ़ता से करनी चाहिए।
4. उपयोग न होने पर पावर ऑफ रखते हैं।
5. उपयोग के पश्चात् मशीन को साफ करके तेल डालते हैं।
6. चिप्स एवं छीलन को साफ करने के लिए ब्रश का उपयोग करें।

7. पदार्थ के अनुसार उचित कटिंग स्पीड का चयन करें।
8. पदार्थ के अनुसार उपयुक्त कटिंग फ्लूड का उपयोग करें।
9. ठण्डा होने के पश्चात् अथवा चिमटे द्वारा ही जॉब को हटाना चाहिए।
10. सॉकेट या स्लीव में ड्रिल को फिट करते समय टैंग भाग स्लॉट संरेखित होना चाहिए। इससे मशीन स्पिण्डल से ड्रिल या स्लीव को निकालने में सुविधा होती है। चित्र (i)

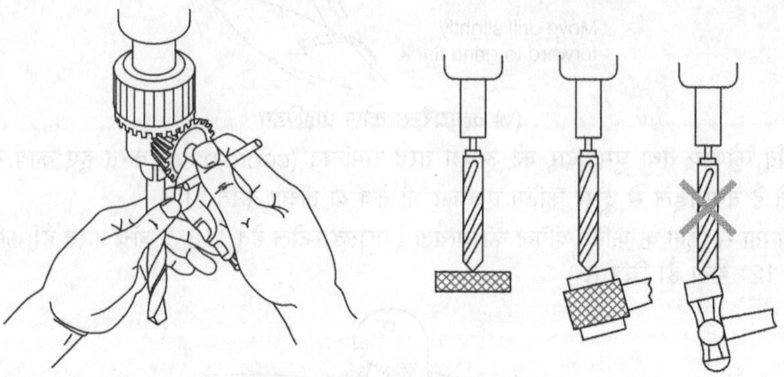

(i) सॉकेट या स्लीव में ड्रिल फिट करना

11. ड्रिलिंग से पूर्व सुनिश्चित करते हैं कि बैल्ट सेफ्टी गार्ड उचित रूप से व्यवस्थित है। चित्र (ii)

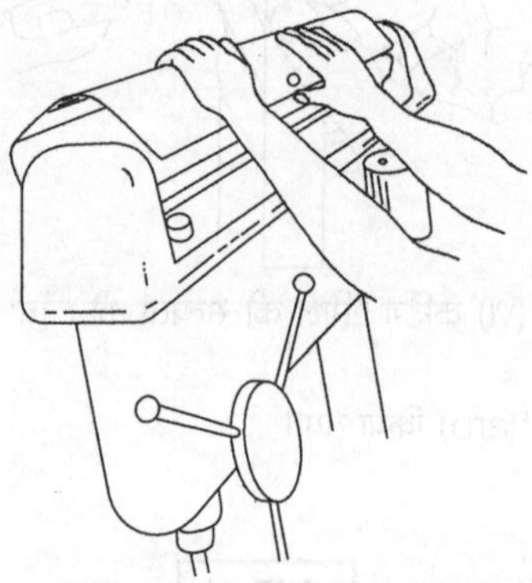

(ii) बैल्ट सेफ्टी गार्ड को व्यवस्थित करना

12. ड्रिलिंग प्रारम्भ करने से पूर्व सुनिश्चित करते हैं कि ड्रिल का प्वॉइण्ट टिप जॉब पर पंच किए गए चिह्न पर उचित रूप से व्यवस्थित है। चित्र (iii)

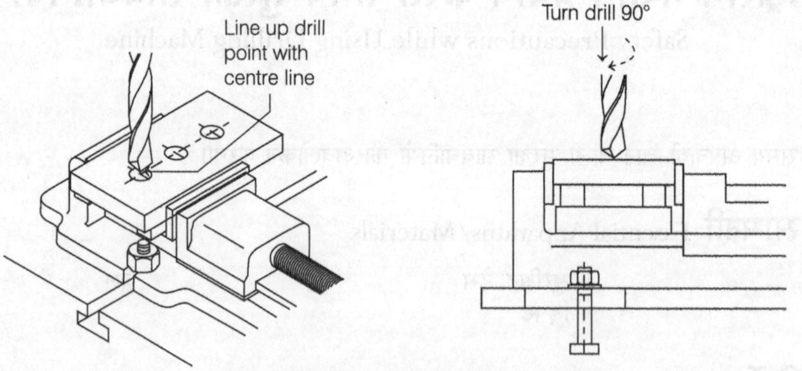

(iii) ड्रिल प्वॉइण्ट टिप सैट करना

13. सॉकेट/स्लीव से ड्रिल को निकालते समय इसे टेबल या जॉब पर न गिरने दें।

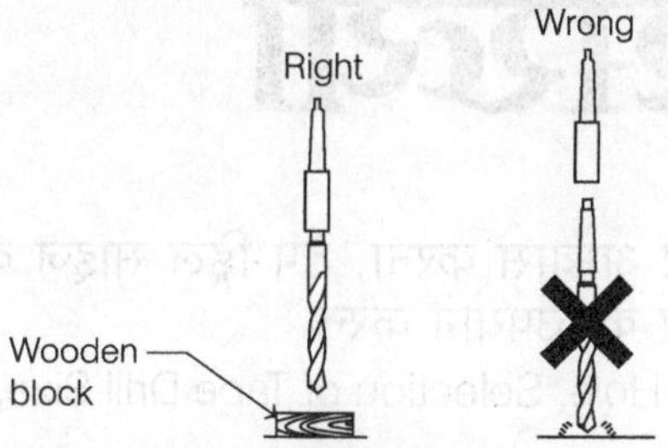

(iv) ड्रिल निकालना

14. सॉकेट को मशीन स्पिण्डल से निकालने तथा ड्रिल को निकालने के लिए ड्रिफ्ट का प्रयोग करें। चित्र (v)

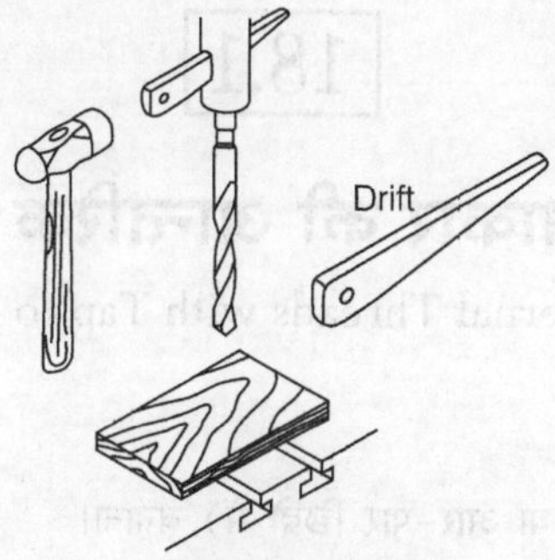

(v) ड्रिफ्ट का प्रयोग

कार्यविधि Working Method

नोट *इस प्रयोग की कार्यविधि हेतु दी गई सुरक्षा सावधानियों/निर्देशों (पाठ्य) का ही अध्ययन करें।*

परिणाम (Result) ड्रिलिंग मशीन को प्रयोग करते समय अपनायी जाने वाली सुरक्षा सावधानियों का सफलतापूर्वक अवलोकन किया गया।

प्रैक्टिकल संख्या 18

आर–पार एवं ब्लाइण्ड छिद्र की टैपिंग पर अभ्यास करना, टैप ड्रिल साइज का चयन करना, स्नेहन का प्रयोग करना, स्टड एक्सट्रैक्टर का उपयोग करना
Practice on Tapping a Clear and Blind Hole, Selection of Tape Drill Size, Use of Lubrication, Use of stud Extractor

18.1

टैप से मानक आकार की आन्तरिक चूड़ियाँ बनाना
Making of Internal Threads with Tap to Standard Size

उद्देश्य Object

टैप से मानक आकार की आन्तरिक चूड़ियाँ (बन्द छिद्रों तथा आर–पार छिद्रों में) बनाना।

आवश्यक उपकरण/सामग्री Essential Apparatus/Materials

- स्टील रूल
- बास्टर्ड फाइल
- रीमर
- ट्राई स्क्वायर
- वर्नियर कैलीपर
- हैण्ड हैक्सॉ
- बेंच वाइस
- ड्रिल मशीन
- डॉट पंच
- टैपिंग टूल
- वर्नियर हाइट गेज
- बॉल पीन हैमर
- फ्लैट फाइल
- ट्विस्ट ड्रिल
- सेन्टर पंच
- थ्रेडिंग गेज
- सर्फेस प्लेट

सुरक्षा सावधानियाँ/निर्देश Safety Precautions/Instructions

1. जॉब को बेंच वाइस में कसकर बाँधें।
2. मापक औजारों से माप ठीक प्रकार से लें।
3. ड्रिलिंग मशीन से छिद्र धीरे–धीरे करें।
4. छिद्रों के अनुसार ही टैप का चुनाव करें।
5. टैपिंग टूल को सदैव क्लॉकवाइज ही घुमाएँ।
6. चूड़ी काटते समय कटिंग फ्लूड का प्रयोग अवश्य करें।

कार्यविधि Working Method

A. हैण्ड टैप के प्रयोग से आर-पार छिद्रों में आन्तरिक चूड़ियाँ बनाना

1. आवश्यक टैप-ड्रिल साइज में छिद्र की ड्रिलिंग करते हैं तथा टैपिंग प्रारम्भ करने से पूर्व छिद्र पर चैम्फर करते हैं। चित्र (i)

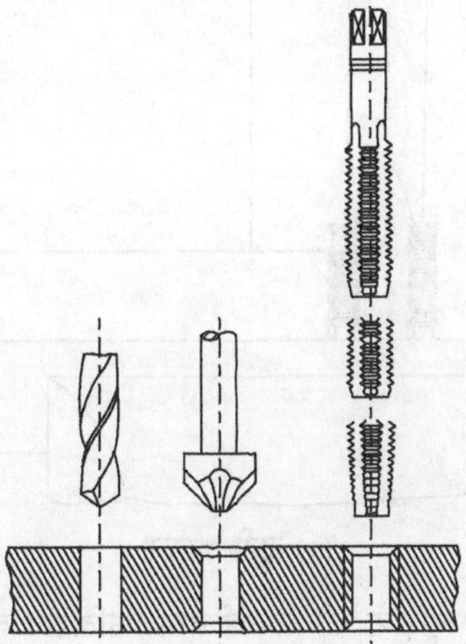

(i) होल चैम्फरिंग

2. जॉब को वाइस में क्षैतिज स्थिति में दृढ़तापूर्वक पकड़ते हैं तथा जॉब की ऊपरी सतह को वाइस के जॉ से कुछ ऊपर रखते हैं। चित्र (ii)

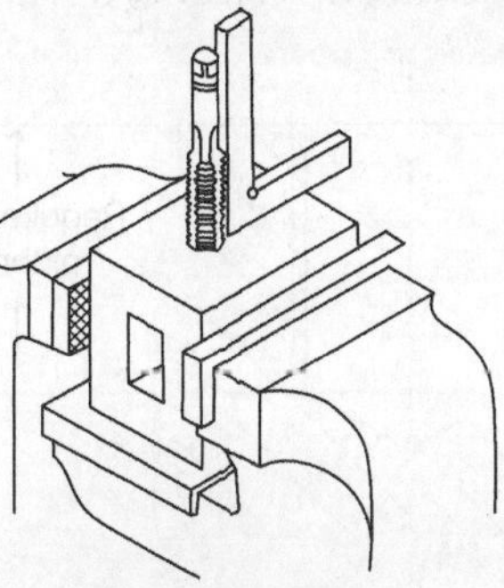

(ii) टैप फिक्रिंग

3. अब टैप को अलाइन करते हैं तथा ट्राई स्क्वायर से अलाइनमेन्ट की जाँच करते हैं।
4. रिंच को क्षैतिज स्थिति में रखते हुए चैम्फर किए गए छिद्र में ऊर्ध्वाधर रूप से स्थापित करते हैं तथा नीचे की ओर समान बल लगाते हुए टैप रिंच को दक्षिणावर्त दिशा (clockwise direction) में घुमाते हैं। चित्र (iii)

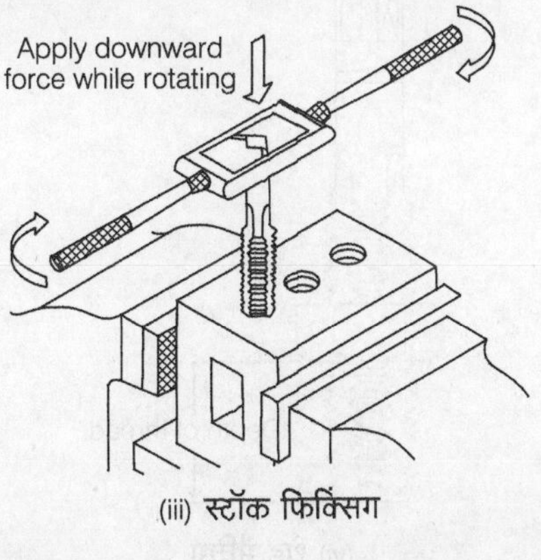

(iii) स्टॉक फिक्सिंग

5. जब चूड़ियाँ कटनी प्रारम्भ हो जाती हैं, तो समय-समय पर रिंच को हटाकर टैप तथा कार्यखण्ड की समकोणता की जाँच करते हैं। चित्र (iv)

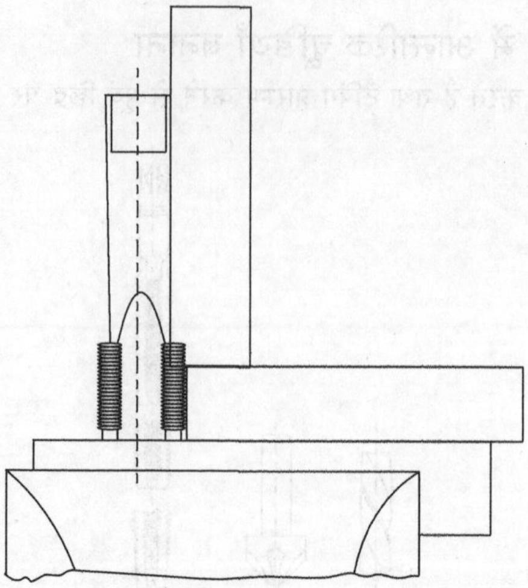

(iv) चूड़ी काटना

6. इण्टरमीडिएट एवं प्लग टैप की सहायता से कटी हुई चूड़ियों की सफाई तथा फिनिशिंग करते हैं।
7. ब्रश की सहायता से कार्यखण्ड से छीलन हटाते हैं तथा मैचिंग स्टड या बोल्ट की सहायता से चूड़ीदार छिद्रों की जाँच करते हैं।

B. हैण्ड टैप का प्रयोग करके ब्लाइण्ड होल में आन्तरिक चूड़ियाँ बनाना

1. सर्वप्रथम टैपिंग ड्रिल का आकार ज्ञात करके ब्लाइण्ड होल ड्रिल करते हैं। ड्रिल की गहराई आवश्यक चूड़ियों से कुछ अधिक रखते हैं। चित्र (v)

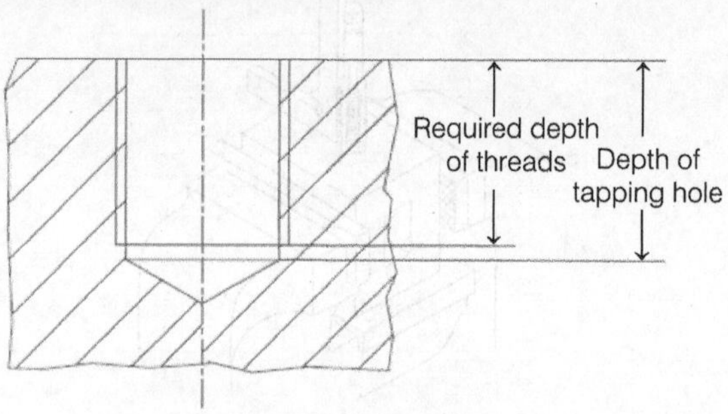

(v) ब्लाइण्ड होल टैपिंग

2. लकड़ी की सतह पर हल्की चोट मारकर ब्लाइण्ड होल से बर को साफ करते हैं।
3. गहराई रोकने के उद्देश्य से एक मैचिंग नट को आवश्यक गहराई तक टैप पर चढ़ा लेते हैं। चित्र (vi)

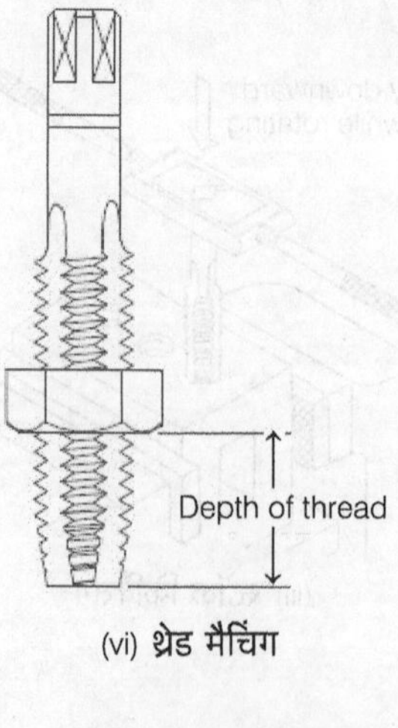

(vi) थ्रेड मैचिंग

4. ब्लाइण्ड होल में चूड़ियों को तब तक बनाते हैं, जब तक की नट, कार्यखण्ड की सतह से स्पर्श न करने लगे।
5. समय-समय पर होल से चिप्स को समतल व मुड़ी हुई वायर से निकालते रहते हैं। चित्र (iv)

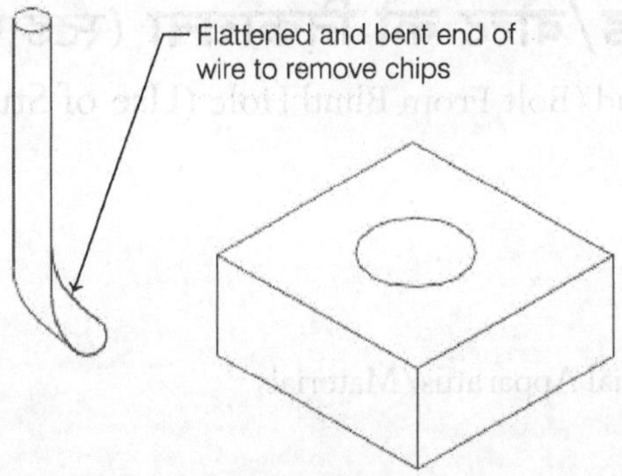

(iv) चिप्स हटाना

6. चूड़ियों की गहराई के नियन्त्रण हेतु नट को सैट करके इसी प्रकार इण्टरमीडिएट व बॉटमिंग टैप द्वारा छिद्र की टैपिंग को समाप्त करते हैं। चित्र (v)

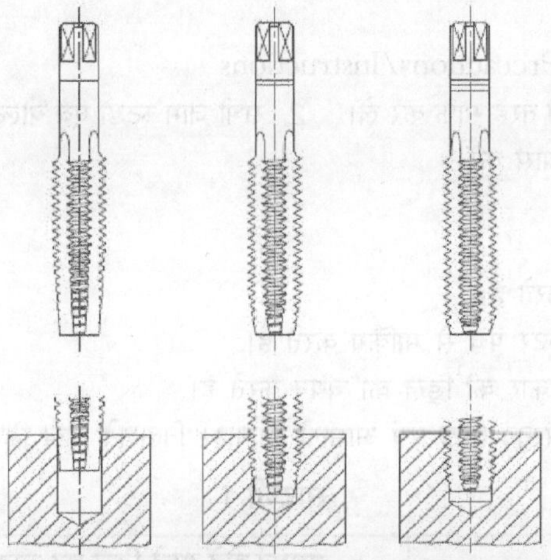

(v) विभिन्न टैप का प्रयोग

परिणाम (Result) टैप से निर्धारित आकार की आन्तरिक चूड़ियाँ (बन्द छिद्रों तथा आर-पार छिद्रों में) सफलतापूर्वक काटी गई।

18.2

ब्लाइण्ड होल से स्टड/बोल्ट को निकालना (स्टड एक्सट्रैक्टर का प्रयोग)

Removal of Stud/Bolt From Blind Hole (Use of Stud Extractor)

उद्देश्य Object

स्टड एक्सट्रैक्टर का उपयोग करना।

आवश्यक उपकरण/सामग्री Essential Apparatus/Materials

- ट्रेनी टूल किट
- टैप रिंच
- स्टड एक्सट्रैक्टर
- टूटे स्टड के साथ सिलेण्डर ब्लॉक
- कॉटन वेस्ट (आवश्यकतानुसार)

सुरक्षा सावधानियाँ/निर्देश Safety Precautions/Instructions

1. सभी स्टडों एवं बोल्टों को खोलने से पूर्व अच्छी तरह साफ कर लें।
2. सभी जाम स्टडों एवं बोल्टों पर खोलने से पूर्व मिट्टी का तेल डाल दें।
3. स्टड एवं बोल्टों को धीरे-धीरे खोलने का प्रयास करें।

कार्यविधि Working Method

1. स्टड की ऊपरी सतह को फाइल द्वारा फ्लैट करते हैं।
2. स्टड के केन्द्र को निर्धारित करके इस पर सेन्टर पंच से मार्किंग करते हैं।
3. सारणी 1 से स्टड एक्सट्रैक्टर एवं संस्तुत आकार की ड्रिल का चयन करते हैं।
4. टूटे स्टड तथा बोल्ट को निकालने के लिए संस्तुत ड्रिल एवं आसानी से बाहर निकलने वाले ड्रिल का आकार निम्न प्रकार का होता है।

सारणी 1

स्क्रू आकार हेतु उपयुक्त	प्रयुक्त होने वाले ड्रिल का आकार	प्रयुक्त स्टड एक्स्ट्रैक्टर का नं.
1/8" से 1/4" (3 से 6 mm)	5/64" (2 mm)	1
1/4" से 5/16" (6 से 8 mm)	7/64" (2.8 mm)	2
5/16" से 7/16" (8 से 11 mm)	5/32" (4 mm)	3
7/16" से 9/16" (11 से 14 mm)	1/4" (6.3 mm)	4
9/16" से 3/4" (14 से 19 mm)	17/64" (6.7 mm)	5

5. सेन्टर पंच द्वारा बनाए गए चिन्ह पर एक छिद्र को ड्रिल करते हैं। चित्र (i)

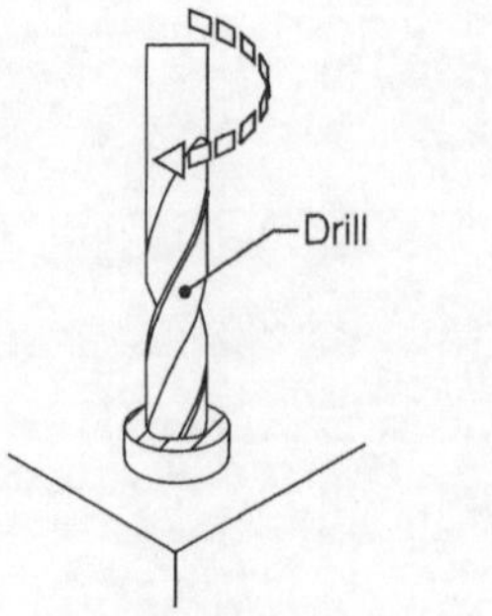

(i) ड्रिलिंग

6. जाँच करते हैं कि छिद्र सतह के लम्बवत् रहे।
7. ड्रिल किए गए छिद्र में एक उपयुक्त स्टड एक्सट्रैक्टर को सैट करते हैं।
8. स्टड एक्सट्रैक्टर को टैप रिंच की सहायता से एण्टीक्लॉकवाइज दिशा में घुमाते हैं। चित्र (ii)

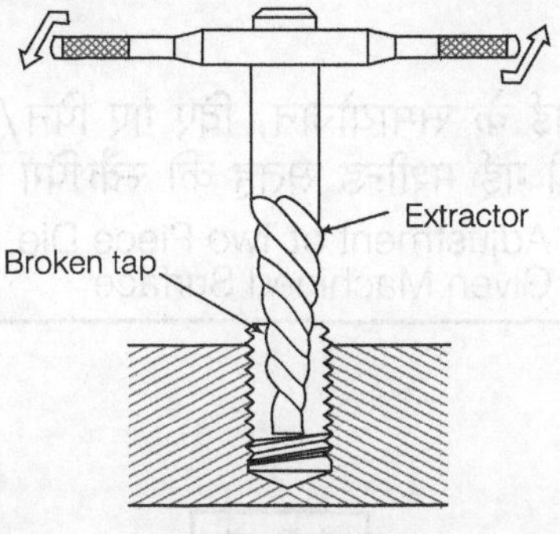

(ii) स्टड एक्सट्रैक्टिंग

नोट *जैसे ही स्टड एक्सट्रैक्टर, स्टड को पार करता है, इसकी पकड़ बढ़ जाती है और स्टड टूटकर धीरे-धीरे ढीला होने लगता है।*

9. अब चूड़ियों पर स्नेहक लगाकर एक नया स्टड लगाते हैं।

परिणाम (Result) स्टड एक्सट्रैक्टर का उपयोग सफलतापूर्वक किया गया।

प्रैक्टिकल संख्या 19

✎ बोल्ट/स्टड पर चूड़ियाँ काटने, टू पीस डाई के समायोजन, दिए गए पिन/शाफ्ट के अनुसार एक छिद्र/बुश की रीमिंग करने, दी गई मशीन्ड सतह की स्क्रैपिंग करने का अभ्यास करना
Practice Cutting Threads on Bolt/Studs, Adjustment of Two Piece Die, Reaming a Hole/ Bush to Suit the Given Pin/ Shaft , Scraping a Given Machined Surface

19.1

स्टड एवं बोल्ट पर चूड़ियाँ काटने का अभ्यास करना

Practice Cutting Threads on Studs and Bolt

उद्देश्य Object

स्टड/बोल्ट पर चूड़ियाँ काटने का अभ्यास करना।

आवश्यक उपकरण/सामग्री Essential Apparatus/Materials

- रेतियाँ (सैट)
- हैमर
- वाइस क्लैम्प
- M10 वृत्ताकार स्प्लिट डाई
- हैक्सॉ
- पंच
- बेंच वाइस
- डाई स्टॉक
- मैचिंग नट
- कटिंग फ्लूड
- मार्किंग मीडिया
- स्क्राइबर
- ट्राई स्क्वायर
- स्क्रू पिच गेज

सुरक्षा सावधानियाँ/निर्देश Safety Precautions/Instructions

1. जॉब को बेंच वाइस में कसकर पकड़ें।
2. मापक औजारों से ध्यानपूर्वक माप लें।
3. चूड़ी काटते समय कटिंग फ्लूड का प्रयोग अवश्य करें।
4. वाइस में उपयुक्त पकड़ सुनिश्चित करने हेतु वाइस क्लैम्प का प्रयोग करें।
5. ब्लैंक को वाइस से केवल आवश्यक चूड़ियों की लम्बाई तक ऊपर रखें।
6. एक ही बार में अधिक गहराई तक कट नहीं लगाना चाहिए। इससे डाई खराब हो सकती है।
7. चिप्स द्वारा चूड़ियों को खराब होने से बचाने हेतु डाई को समय-समय पर साफ करते रहें।

कार्यविधि Working Method

A. **स्टड तैयार करना**

1. सर्वप्रथम कच्चे माल के आकार की जाँच करके छड़ के गोलीय सिरे को समतल व वर्गाकार आकार में $\phi 10$ मिमी $\times 70$ मिमी लम्बाई में व्यवस्थित करते हैं।
2. आवश्यकतानुसार बाह्य चूड़ियाँ काटने हेतु गोल बेलनाकार छड़ को फाइलिंग द्वारा $\phi 9.9$ मिमी ब्लैंक आकार में लाते हैं।
3. गोल छड़ के दोनों सिरों को 2 मिमी $\times 45°$ में फाइलिंग द्वारा चैम्फर करते हैं।
4. जॉब की बेलनाकार सतह पर मार्किंग मीडिया लगाकर तथा आवश्यक लम्बाई चिन्हित करके आवश्यकतानुसार बाह्य चूड़ियाँ काटने हेतु पंच द्वारा एक विटनैस मार्क बनाते हैं।
5. बेलनाकार जॉब का बेंच वाइस में एल्युमीनियम क्लैम्प द्वारा $90°$ के कोण पर पकड़ते हैं तथा $90°$ को ट्राई स्क्वायर द्वारा जाँचते हैं।

6. डाई-स्टॉक में M10 वृत्ताकार स्प्लिट डाई सैट करके बेलनाकार जॉब के एक सिरे पर लगाकर बाह्य चूड़ियाँ काटने हेतु क्लॉक वाइज एवं एण्टीक्लॉक वाइज दिशा में घुमाते हैं।
7. डाई स्टॉक पर समान रूप से दाब आरोपित करते हैं तथा स्टड ब्लैंक में डाई को आगे चलाने हेतु क्लॉक वाइज दिशा में घुमाते हैं और चिप्स को तोड़ने हेतु कुछ दूरी तक एण्टीक्लॉक वाइज दिशा में घुमाते हैं।
8. उपरोक्त प्रक्रिया को तब तक दोहराते हैं, जब तक कि आवश्यक लम्बाई में चूड़ियाँ कट नहीं जातीं।
9. चूड़ियों को साफ करके उपयुक्त स्क्रू पिच गेज तथा मैचिंग नट की सहायता से चूड़ियों की जाँच करते हैं। यदि नट मैच न हो, तो कट की गहराई बढ़ाते हुए पुनः चूड़ियाँ काटते हैं।
10. इसी प्रकार जॉब के दूसरे सिरे पर भी चूड़ियाँ काटते हैं तथा जाँच करते हैं। चित्र (i)

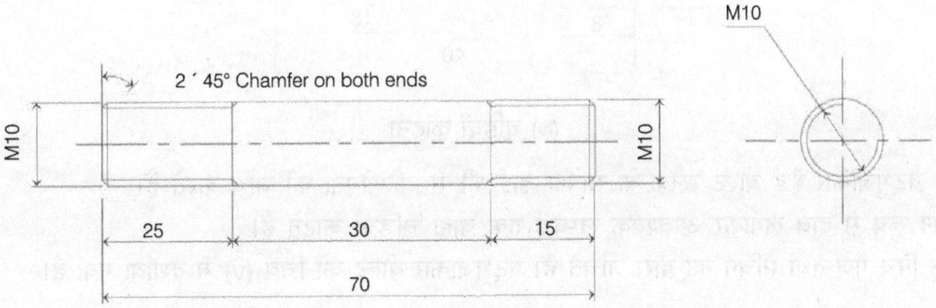

(i) स्टड की जाँच

B. बोल्ट तैयार करना

1. सर्वप्रथम कच्चे माल के आकार की जाँच करते हैं।
2. षट्भुज छड़ को फाइलिंग करके समतल तथा $\phi 10$ मिमी $\times 40$ मिमी लम्बाई में वर्गाकार बनाते हैं।
3. षट्भुजाकार हैड बोल्ट ब्लैंक तैयार करने हेतु मार्किंग मीडिया लगाकर विमाओं की मार्किंग करते हैं।
4. 60° डॉट पंच की सहायता से विटनैस मार्क पंच करते हैं। चित्र (ii)

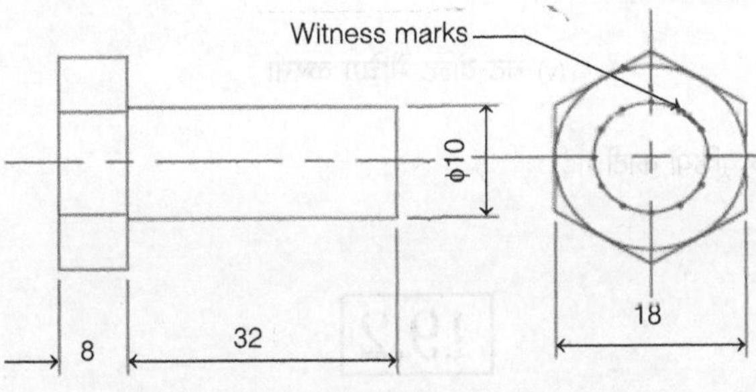

(ii) विटनैस मार्क बनाना

5. सॉइंग द्वारा अतिरिक्त धातु को काटते हैं तथा बाह्य चूड़ियाँ काटने हेतु फाइलिंग द्वारा $\phi 9.9$ मिमी $\times 18$ मिमी के आकार में षट्भुजाकार छड़ बेलनाकार ब्लैंक तैयार करते हैं। चित्र (iii)

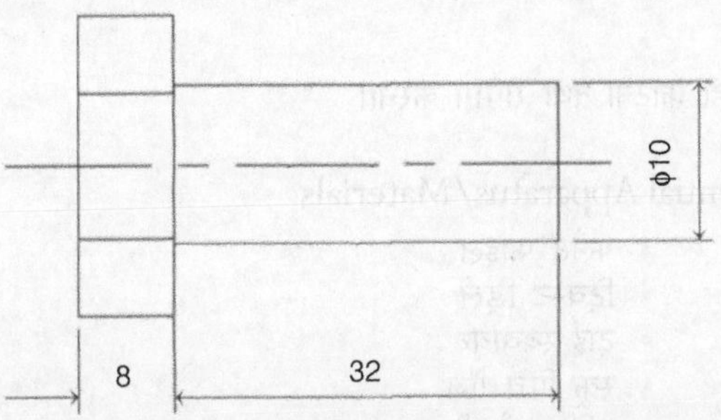

(iii) सॉइंग करना

6. षट्भुज के सिरों को फाइलिंग द्वारा 2 मिमी × 45° पर चैम्फर करते हैं।
7. डाई-स्टॉक में M10 स्प्लिट डाई सैट करके षट्भुजाकार हैड बोल्ट के गोल ब्लैंक पर लगाकर क्लॉकवाइज तथा एण्टीक्लॉकवाइज दिशा में घुमाकर बाह्य चूड़ियाँ काटते हैं। चित्र (iv)

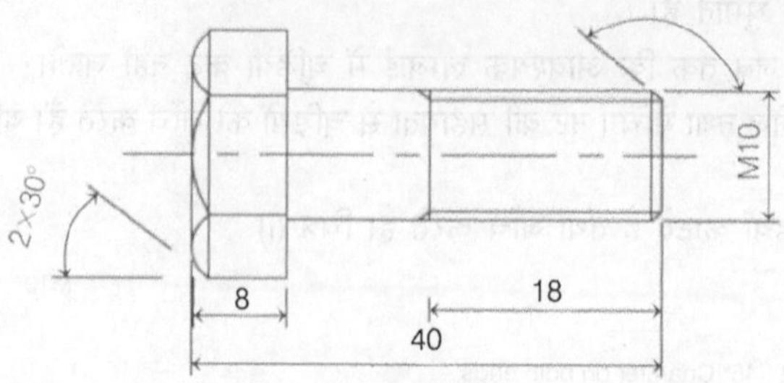

(iv) चूड़ियाँ काटना

8. बाह्य चूड़ी काटते समय षट्भुजाकार हैड बोल्ट ब्लैंक के सापेक्ष डाई की समकोणीयता की जाँच करते हैं।
9. डाई स्टॉक पर एकसमान रूप से दाब लगाकर आवश्यक लम्बाई तक बाह्य चूड़ियाँ काटते हैं।
10. चूड़ियों को उपयुक्त स्क्रू पिच गेज तथा मैचिंग नट द्वारा जाँचते हैं। षट्भुजाकार बोल्ट को चित्र (v) में दर्शाया गया है।

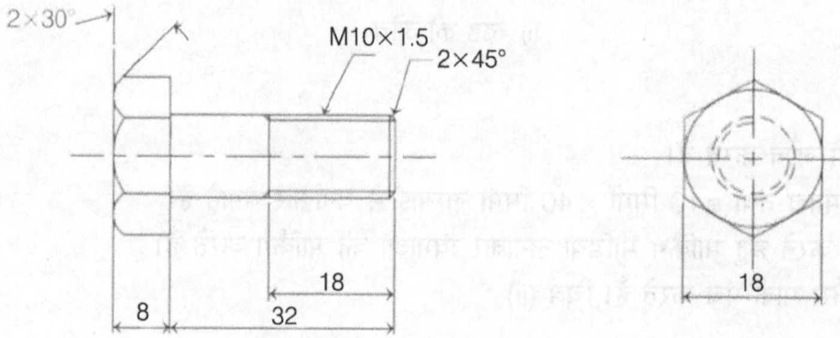

(v) नट-बोल्ट मैचिंग करना

परिणाम (Result) स्टड/बोल्ट पर सफलतापूर्वक चूड़ियाँ काटी गईं।

19.2

डाई की सहायता से मानक के अनुसार बाह्य चूड़ी काटना तथा रीमिंग करना

Form External Thread with Dies to Standard Size and Perform Reaming

उद्देश्य Object

डाई की सहायता से मानक के अनुसार बाह्य चूड़ी काटना तथा रीमिंग करना।

आवश्यक उपकरण/सामग्री Essential Apparatus/Materials

- स्टील रूल
- बास्टर्ड फाइल
- डॉट पंच
- थ्रेडिंग डाई
- वर्नियर हाइट गेज
- हैण्ड हैक्सॉ
- फ्लैट फाइल
- ट्विस्ट ड्रिल
- ट्राई स्क्वायर
- स्क्रू पिच गेज
- वर्नियर कैलीपर
- रीमर
- बेंच वाइस
- ड्रिल मशीन
- सेन्टर पंच
- टैपिंग टूल
- सर्फेस प्लेट
- बॉल पीन हैमर

सुरक्षा सावधानियाँ/निर्देश Safety Precautions/Instructions

1. जॉब को बेंच वाइस में कसकर बाँधें।
2. मापक औजारों से माप ठीक प्रकार से लें।
3. थ्रेडिंग डाई को धीरे-धीरे घुमाएँ।
4. थ्रेडिंग के लिए उचित स्नेहक का प्रयोग करें।
5. थ्रेडिंग को स्क्रू पिच गेज से चैक करें।

कार्यविधि Working Method

1. सर्वप्रथम जॉब से अतिरिक्त पदार्थ को फाइल द्वारा हटाते हैं।
2. जॉब (बोल्ट) को बेंच वाइस में समकोण (90°) पर पकड़ते हैं।
3. उसके पश्चात् डाई-स्टॉक में डाई लगाते हैं तथा डाई का अगला सिरा डाई-स्टॉक के स्टैप के विपरीत रखते हैं। चित्र (i)

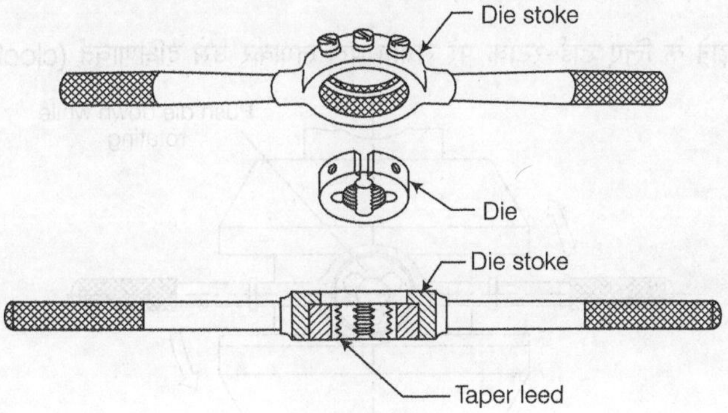

(i) डाई फिक्सिग

4. वाइस से ब्लैंक को चूड़ी की लम्बाई के बराबर ही बाहर निकालते हैं।
5. जॉब के चैम्फर सिरे पर डाई का अगला सिरा फिट करते हैं। चित्र (ii)

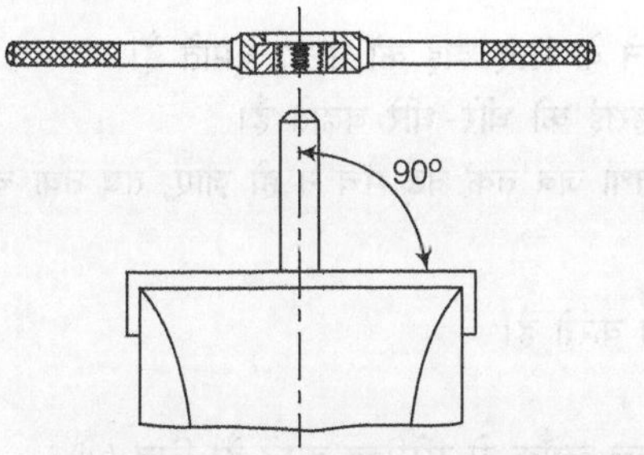

(ii) जॉब पर डाई फिटिंग

6. सुनिश्चित करते हैं कि डाई-स्टॉक के सेन्टर स्क्रू को कसने से डाई पूर्ण रूप से खुल जाए। चित्र (iii)

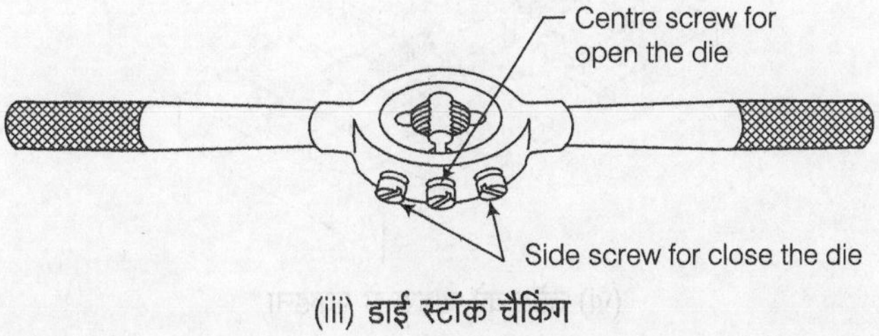

(iii) डाई स्टॉक चैकिंग

7. बोल्ट की केन्द्र रेखा से समकोण (90°) पर डाई चलाना प्रारम्भ करते हैं। चित्र (iv)

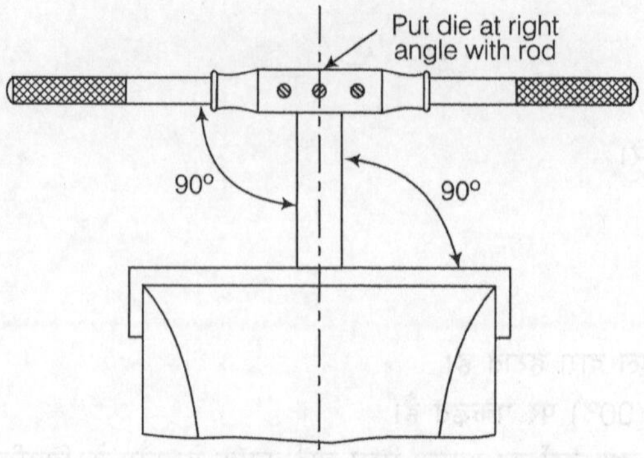

(iv) 90° पर डाई सैटिंग

8. बोल्ट के ब्लैंक पर डाई को आगे बढ़ाने के लिए डाई-स्टॉक पर समान बल लगाकर उसे दक्षिणावर्त (clockwise) दिशा में घुमाते हैं। चित्र (v)

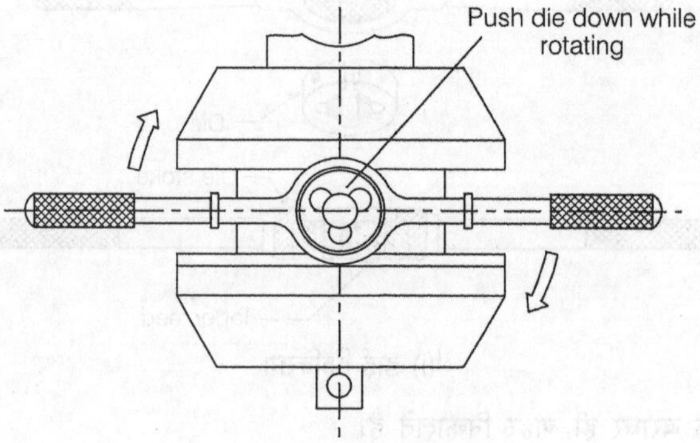

(v) डाई को दक्षिणावर्त घुमाना

9. धीरे-धीरे चूड़ियाँ काटते हैं तथा चिप्स को तोड़ने के लिए डाई को उल्टा घुमाते हैं।
10. बाह्य स्क्रू को समायोजित करते हुए कट की गहराई को धीरे-धीरे बढ़ाते हैं।
11. मैचिंग नट लगाकर चूड़ियों की जाँच करते हैं तथा जब तक नट मैच न हो जाए, तब तक चूड़ी कर्तन (thread cutting) करते रहते हैं।

रीमिंग

1. रीमिंग हेतु उपयुक्त आकार के छिद्र की ड्रिलिंग करते हैं।
   रीमिंग छिद्र का आकार = ड्रिल का व्यास
2. जॉब को मशीन वाइस में सैट करते हैं तथा पैरेलल ब्लॉक से संरेखित करते हैं। चित्र (vi)

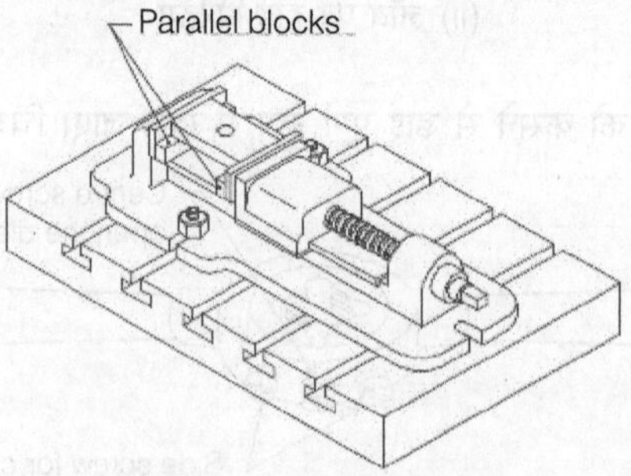

(vi) जॉब को वाइस में पकड़ना

3. छिद्र की कुछ चैम्फरिंग करते हैं जिससे रीमर के ऊर्ध्वाधर संरेखन में सहायता मिलती है।
4. जॉब को क्लैम्पों की सहायता से बेंच वाइस में क्षैतिज सैट करते हैं। चित्र (vii)

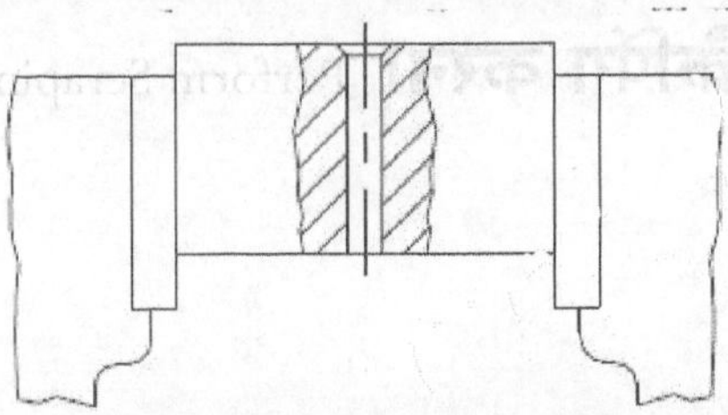

(vii) जॉब क्षैतिज स्थिति में सैट करना

5. रीमर को छिद्र के ऊपर ऊर्ध्वाधर रखकर इसके वर्गाकार सिरे पर टैप रिंच फिट करते हैं तथा इसके संरेखन को ट्राई स्क्वायर से चैक करते हैं।
6. टैप रिंच पर नीचे की ओर हल्का दाब लगाकर क्लॉकवाइज (clockwise) दिशा में घुमाते हैं। रिंच के दोनों सिरों पर दाब बराबर रखते हैं। चित्र (viii)

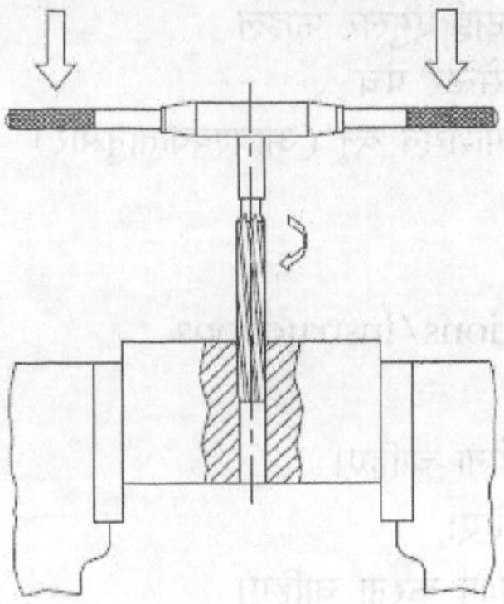

(viii) टैप रिंच को दबाना

7. कटिंग भाग पर कटिंग ऑयल लगाकर टैप रिंच को एकसमान रूप से धीरे-धीरे नीचे की ओर दाब बनाए रखकर घुमाते हैं। रीमर को विपरीत दिशा में न घुमाएँ, इससे छिद्र खराब हो सकता है।
8. छिद्र के आर-पार रीमिंग करें तथा ध्यान रखें कि जॉब के नीचे से रीमर की टेपर लीड लम्बाई साफ एवं उपयुक्त अवस्था में हो। रीमर को वाइस में न लगने दें।
9. रीमर को ऊपर की ओर खींचकर छिद्र से अलग करते हैं। चित्र (ix)

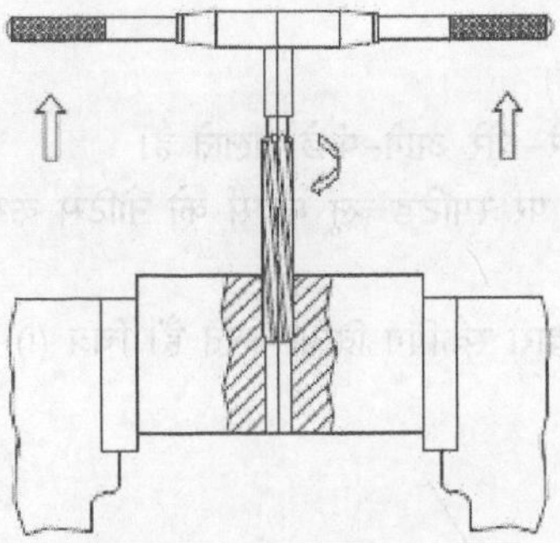

(ix) रीमर को ऊपर खींचना

10. रीमिंग किए गए छिद्र से बर्र को साफ करते हैं तथा बेलनाकार पिनों की सहायता से छिद्र की शुद्धता की जाँच करते हैं।

परिणाम (Result) डाई की सहायता से मानक के अनुसार बोल्ट पर बाह्य चूड़ी काटने तथा रीमिंग करने का अभ्यास सफलतापूर्वक किया गया।

19.3

स्क्रैपिंग करना Perform Scraping

उद्देश्य Object

दिए गए मशीनिंग सर्फेस पर स्क्रैपिंग करना।

आवश्यक उपकरण/सामग्री Essential Apparatus/Materials

- स्टील रूल
- सर्फेस प्लेट
- फ्लैट स्क्रैपर
- सुपर स्मूथ फाइन एमरी पेपर (आवश्यकतानुसार)
- ट्राई स्क्वायर
- बॉल पीन हैमर
- तेल (आवश्यकतानुसार)
- फ्लैट फाइल डबल कट
- सर्फेस इण्डक्टर
- एमरी पेपर (आवश्यकतानुसार)
- ट्राई एंगुलर फाइल
- सेन्टर पंच
- पर्शियन ब्लू (आवश्यकतानुसार)
- बेंच वाइस
- फ्लैट फाइल सेकण्ड कट
- वर्नियर कैलीपर
- कॉटन वेस्ट (आवश्यकतानुसार)
- डॉट पंच
- राउण्ड स्क्रैपर (आवश्यकतानुसार)

सुरक्षा सावधानियाँ/निर्देश Safety Precautions/Instructions

1. जॉब को बेंच वाइस में कसकर बाँधें।
2. जॉब पर किसी भी प्रकार का तरल पदार्थ नहीं लगा होना चाहिए।
3. फाइलिंग क्रिया के स्ट्रोक (stroke) निर्धारित होने चाहिए।
4. स्क्रैपिंग प्रारम्भ करने से पूर्व स्क्रैपर को अच्छी तरह शार्प करना चाहिए।

कार्यविधि Working Method

A. समतल तथा समान्तर सतहों की स्क्रैपिंग

1. कच्चे माल के आकार की जाँच करते हैं।
2. जॉब के फेस तथा साइडों की फाइलिंग करते हैं।
3. वर्नियर कैलीपर से शीट के आकार की जाँच करते हैं।
4. मुलायम कपड़े से सर्फेस प्लेट को साफ करते हैं।
5. सर्फेस प्लेट पर समान रूप से पर्शियन ब्लू लगाते हैं।
6. जॉब को सर्फेस प्लेट पर रखते हैं तथा जॉब को धीरे-धीरे आगे-पीछे चलाते हैं।
7. जॉब को सर्फेस प्लेट से हटाते हैं तथा फ्लैट सर्फेस पर स्पॉटेड ब्लू मार्क्स को नोटिस करते हैं।
8. अब जॉब को बेंच वाइस में कसकर बाँधते हैं।
9. फ्लैट स्क्रैपर को जॉब की सतह से स्पर्श कर दाब द्वारा स्क्रैपिंग क्रिया करते हैं। चित्र (i)

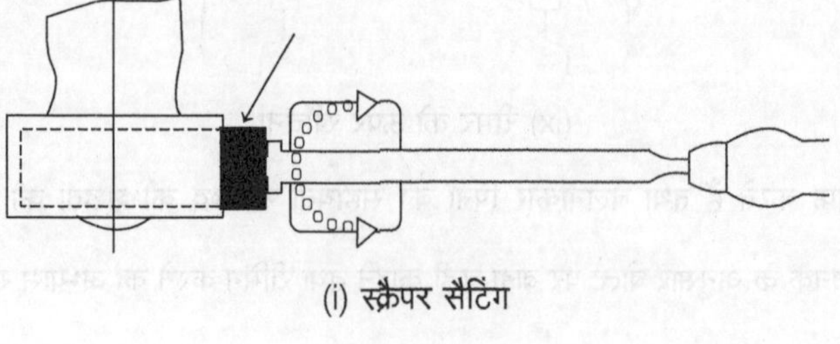

(i) स्क्रैपर सैटिंग

10. स्टील रूल तथा ट्राई स्क्वायर की सहायता से जॉब की समतलता तथा समकोणीयता की जाँच करते हैं।
11. पुन: स्क्रैप की गई सतह को सर्फेस प्लेट पर रखकर पर्शियन ब्लू लगाते हैं तथा जॉब को आगे-पीछे चलाते हैं एवं हाई स्पॉट मार्क्स को नोटिस करते हैं।
12. स्क्रैपिंग प्रक्रिया को तब तक दोहराते हैं, जब तक कि सर्फेस पर पूर्ण रूप से स्पॉटेड मार्क्स दिखाई देने बन्द नहीं हो जाते।
13. स्क्रैप की गई सतह को मुलायम कपड़े से साफ करते हैं।
14. सर्फेस प्लेट पर तेल की हल्की पर्त लगाते हैं।
15. सर्फेस इण्डक्टर द्वारा सतह की जाँच करते हैं।

B. वक्रीय सतह की स्क्रैपिंग

1. बियरिंग सतह के वक्रीय भाग की स्क्रैपिंग के लिए स्क्रैपर के हैण्डिल को हाथों में इस प्रकार पकड़ते हैं जिससे स्क्रैपर आवश्यक दिशा में सरलता से गति कर सके।
2. कटिंग के लिए दूसरे हाथ से स्क्रैपर के शैंक पर दाब लगाते हैं। रफ स्क्रैपिंग के लिए लम्बे स्ट्रोक के साथ अधिक दाब की आवश्यकता होती है तथा फाइन स्क्रैपिंग के लिए स्ट्रोक लम्बाई कम हो जाती है एवं दाब भी घट जाता है। चित्र (ii)
3. फॉरवर्ड तथा रिटर्न दोनों स्ट्रोक में कटिंग करते हैं। चित्र (iii)

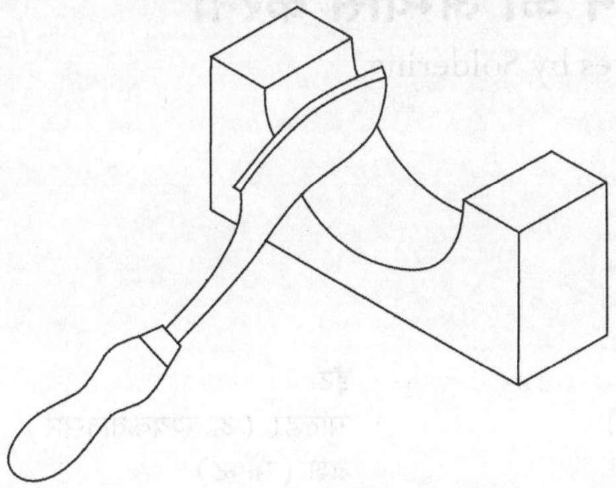

(ii) फॉरवर्ड स्ट्रोक

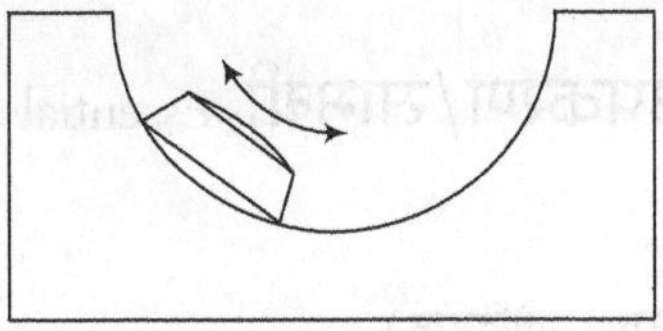

(iii) रिटर्न स्ट्रोक

4. फॉरवर्ड स्ट्रोक में स्क्रैपर का एक कटिंग एज कार्य करता है, जबकि रिटर्न स्ट्रोक में दूसरा कटिंग एज कार्य करता है।
5. प्रत्येक पास (pass) के पश्चात् कटिंग की दिशा बदल देते हैं। इससे नियमित सतह प्राप्त होती है।
6. अब मास्टर बार (master bar) द्वारा स्क्रैप की गई सतह की सत्यता की जाँच करते हैं। उभरे हुए स्पॉट की स्थिति को ज्ञात करने के लिए मास्टर बार पर पर्शियन ब्लू की कोटिंग करते हैं।
7. प्रक्रम को पूर्ण करने के लिए भाग 'A' के पदों को 6 से 14 तक दोहराएँ।

परिणाम (Result) दिए गए मशीनिंग सर्फेस पर सफलतापूर्वक स्क्रैपिंग की गई।

प्रैक्टिकल संख्या 20

सोल्डरिंग आयरन का प्रयोग करके तार जोड़ने का अभ्यास करना, साधारण वैद्युतिक परिपथो को बनाना, डिजिटल मल्टीमीटर का प्रयोग करके धारा, वोल्टेज व प्रतिरोध मापना, फ्यूज, जम्पर वायर्स, फ्यूजिबल लिंक एवं सर्किट ब्रेकर हेतु निरन्तरता परीक्षण का अभ्यास

Practice of Joining Wires using, Soldering Iron, Construction of Simple Electrical Circuits, Measuring of Current, Voltage and Resistance Using Digital Multimeter, Practice Continuity Test for Fuses, Jumper Wires, Fusible Links, and Circuit Breakers

20.1

सोल्डरिंग द्वारा तारों को जोड़ने का अभ्यास करना

Practice of Joining of Wires by Soldering

उद्‌देश्य Object

सोल्डरिंग आयरन की सहायता से तारों को जोड़ने का अभ्यास करना।

आवश्यक उपकरण/सामग्री Essential Apparatus/Materials

- ट्रेनी टूल किट
- क्रिम्पिंग प्लायर
- सोल्डरिंग आयरन (इलेक्ट्रिक)
- तार
- फ्लक्स (आवश्यकतानुसार)
- सुरक्षा सामग्री
- ईंट
- सोल्डर (आवश्यकतानुसार)
- ब्रश (सॉफ्ट)

सुरक्षा सावधानियाँ/निर्देश Safety Precautions/Instructions

1. सोल्डरिंग के दौरान आँखों की सुरक्षा हेतु चश्मे का प्रयोग करें।
2. हाथों की सुरक्षा हेतु दस्तानों का प्रयोग करें।
3. जोड़े जाने वाले तारों की सही स्थिति को सुनिश्चित कर लें।
4. तारों के परस्पर संयोजन से पूर्व धूल, मिट्टी, चिकनाई आदि से मुक्त करने के लिए फ्लक्स का प्रयोग करें।
5. सोल्डरिंग आयरन को थोड़ी-थोड़ी देर के पश्चात् भावी जोड़ से अलग करते रहना चाहिए, अन्यथा तारों के पिघलने या जोड़ के विकृत होने की प्रबल आशंका बनी रहती है।
6. गर्म सोल्डरिंग आयरन को सदैव ईंट पर रखना चाहिए।
7. सोल्डरिंग आयरन को अत्यधिक गर्म न करें।

कार्यविधि Working Method

1. सर्वप्रथम तारों से इन्सुलेशन हटाने के लिए उनके सिरों को क्रिम्पिंग प्लायर की सहायता से छीलते हैं। चित्र(i)
2. दोनों सिरों को आपस में प्लायर की सहायता से मरोड़कर जोड़ देते हैं।
3. अब सोल्डरिंग आयरन को 1000 W/220 V की AC सप्लाई से संयोजित करके गर्म करते हैं।
4. सोल्डरिंग आयरन के उचित रूप से गर्म हो जाने के पश्चात् तारों के जोड़ पर एवं सोल्डर पर थोड़ा फ्लक्स लगाते हैं।
5. सोल्डरिंग आयरन द्वारा तारों के जोड़ को थोड़ा गर्म करते हैं एवं सोल्डर को आयरन से पिघलाते हुए जोड़ पर डालते हैं।
6. पिघले हुए सोल्डर को जोड़ पर पर्याप्त मात्रा में फैलाने के पश्चात् थोड़ा ठण्डा करते हैं।
7. अब जोड़ को ब्रश द्वारा साफ करते हैं और जोड़ की गुणवत्ता की जाँच करते हैं।

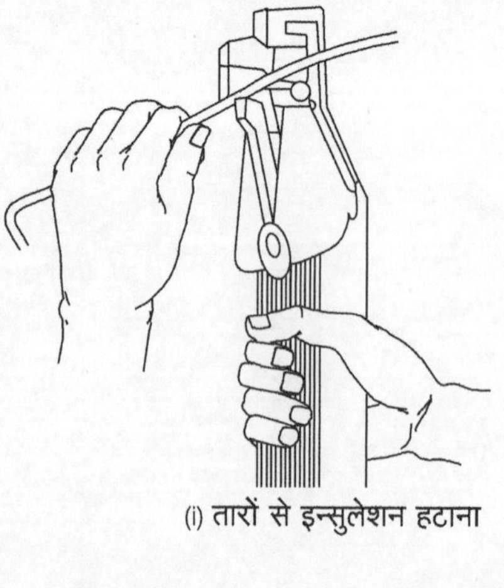
(i) तारों से इन्सुलेशन हटाना

परिणाम (Result) सोल्डरिंग आयरन की सहायता से तारों को जोड़ने का अभ्यास सफलतापूर्वक किया गया।

20.2

साधारण वैद्युतिक परिपथ बनाना तथा डिजिटल मल्टीमीटर की सहायता से धारा, वोल्टेज एवं प्रतिरोध का मापन

Preparing Simple Electrical Circuits and Measurement of Current, Voltage and Resistance Using Digital Multimeter

उद्देश्य Object

साधारण वैद्युतिक परिपथ बनाना तथा डिजिटल मल्टीमीटर की सहायता से धारा, वोल्टेज एवं प्रतिरोध का मापन करना।

आवश्यक उपकरण/सामग्री Essential Apparatus/Materials

- ट्रेनी टूल किट
- तार (4 मिमी)
- डिजिटल मल्टीमीटर
- इन्सुलेशन टेप
- बैटरी (12V, 6V)

सुरक्षा सावधानियाँ/निर्देश Safety Precautions/Instructions

1. परिपथ के लिए उचित मान के अवयवों का चयन करें।
2. मल्टीमीटर से रीडिंग सावधानीपूर्वक लें।
3. संयोजन भली-भाँति कसे होने चाहिए।
4. प्रयोग के बाद पावर सप्लाई को बन्द कर दें।

कार्यविधि Working Method

A. DC सीरीज परिपथ बनाना एवं इसके अभिलक्षणों का सत्यापन

1. चित्र (i) के अनुसार, परिपथ बनाते हैं।

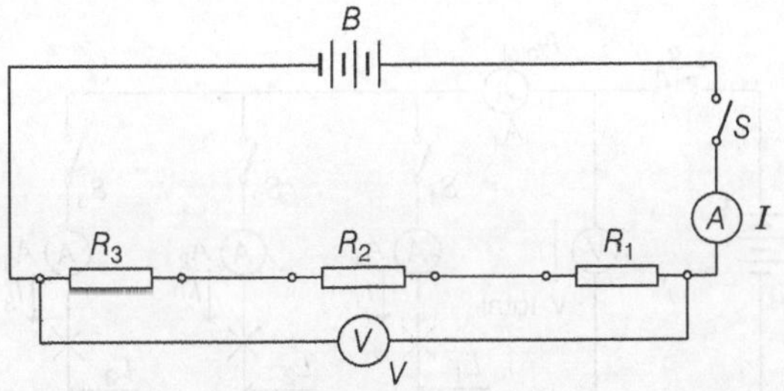

(i) DC सीरीज परिपथ

2. स्विच S को ऑफ करते हैं तथा वोल्टेज V तथा धारा I का मापन करते हैं।
3. मापी गई मान को सारणी 1 में नोट करते हैं।
4. सप्लाई को ऑफ करते हैं तथा डिजिटल मल्टीमीटर को अमीटर व वोल्टमीटर मोड पर सैट करते हैं। चित्र (ii)

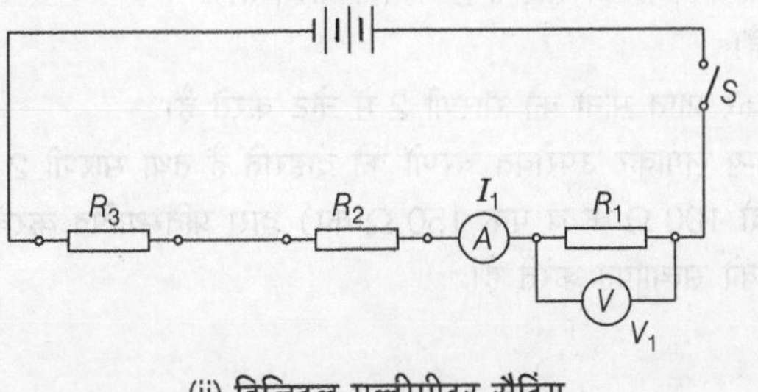

(ii) डिजिटल मल्टीमीटर सैटिंग

5. अब सप्लाई को ऑन करते हैं तथा प्रतिरोध R_1 के एक्रॉस वोल्टेज V_1 व धारा I_1 का मापन करते हैं।
6. सप्लाई को ऑफ करके चित्र (iii) में प्रदर्शित परिपथ के अनुसार डिजिटल मल्टीमीटर को अमीटर व वोल्टमीटर मोड पर सैट करते हैं तथा प्रतिरोध R_2 के एक्रॉस वोल्टेज V_2 व धारा I_2 का मापन करते हैं। मापे गए मान को सारणी 1 में नोट करते हैं।

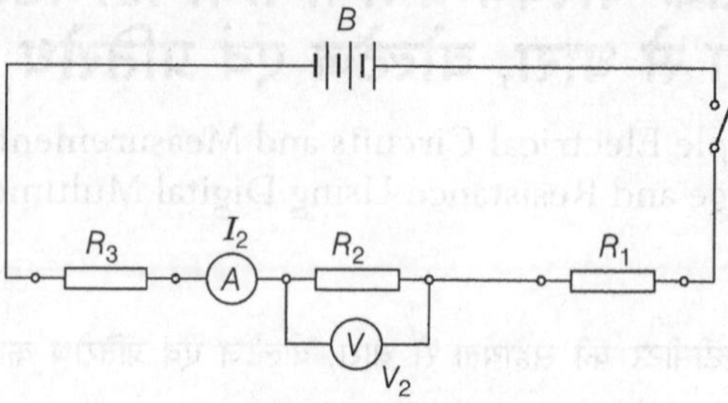

(iii) धारा तथा वोल्टेज मापन

7. उपरोक्त चरण को दोहराते हुए प्रतिरोध R_3 के एक्रॉस वोल्टेज V_3 व धारा I_3 का मापन करते हैं तथा सारणी 1 में नोट करते हैं।
8. अब धारा, वोल्टेज तथा प्रतिरोध के अभिलक्षणों को सत्यापित करते हैं।

सारणी 1

मान	परिपथ	$R_1 = 10$	$R_2 = 20$	$R_3 = 10$
धारा	$I =$	$I_1 =$	$I_2 =$	$I_3 =$
वोल्टेज	$V =$	$V_1 =$	$V_2 =$	$V_3 =$
प्रतिरोध, $R =$	$R =$ .... =	$R_1 =$ .... =	$R_2 =$ .... =	$R_3 =$ .... =

B. DC पैरेलल परिपथ बनाना एवं इसके अभिलक्षणों का सत्यापन

1. चित्र (iv) के अनुसार परिपथ बनाते हैं।

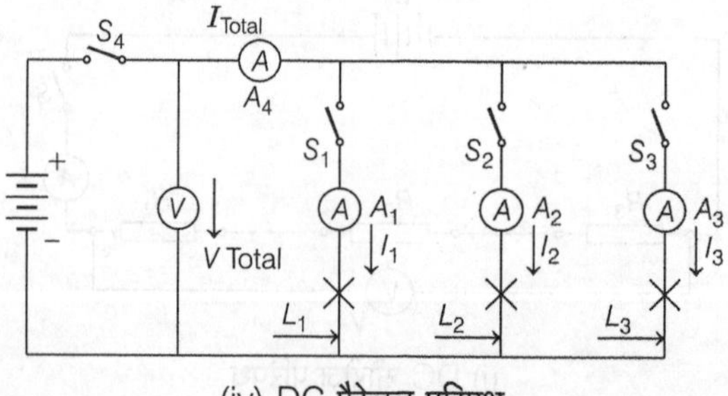

(iv) DC पैरेलल परिपथ

2. ब्राँच 1 में स्विच S_4 व S_1 को बन्द करते हैं।
3. अमीटर A_4 व A_1 से रीडिंग लेकर प्राप्त मानों को सारणी 2 में नोट करते हैं।
4. ब्राँच स्विचों S_4, S_1 व S_2 को बन्द करते हैं।
5. अमीटर A_4, A_1 व A_2 से रीडिंग लेकर प्राप्त मानों को सारणी 2 में नोट करते हैं।
6. ब्राँच 3 में S_4, S_1 व S_2 को बन्द करते हैं।
7. अमीटर A_4, A_1, A_2 व A_3 से रीडिंग लेकर प्राप्त मानों को सारणी 2 में नोट करते हैं।
8. किसी एक ब्राँच में 6 V 300 mA का लैम्प लगाकर उपरोक्त चरणों को दोहराते हैं तथा सारणी 2 में परिणाम नोट करते हैं।
9. तीनों लैम्पों को वायर वाउण्ड रेजिस्टर (दो 100 Ω के व एक 150 Ω का) द्वारा प्रतिस्थापित करके उपरोक्त चरणों को दोहराते हैं।
10. धारा, वोल्टेज व प्रतिरोध के अभिलक्षणों को सत्यापित करते हैं।

सारणी 2

क्र.सं.	I_1	I_2	I_3	I_{Total}	बन्द किए गए स्विच	ब्राँचों में अवयव
1					S_4, S_1	150 mA के तीन लैम्प
2					S_4, S_1, S_2	150 mA के तीन लैम्प
3					S_4, S_1, S_2, S_3	150 mA के तीन लैम्प
4					S_4	150 mA के तीन लैम्प
5					S_4, S_1	150 mA के दो लैम्प व 300 mA का एक लैम्प
6					S_4, S_1, S_2	150 mA के दो लैम्प व 300 mA का
7					S_4, S_1, S_2, S_3	150 mA के दो लैम्प व 300 mA का
8						100 ohms के दो प्रतिरोध 150 ohms का एक प्रतिरोध
9					S_4, S_1, S_2	100 ohms के दो प्रतिरोध 150 ohms
10					S_4, S_1, S_2, S_3	100 ohms के दो प्रतिरोध 150 ohms

परिणाम (Result) साधारण वैद्युतिक परिपथ बनाकर डिजिटल मल्टीमीटर की सहायता से धारा, वोल्टेज एवं प्रतिरोध का मापन सफलतापूर्वक किया गया।

20.3

फ्यूज, जम्पर तार, फ्यूजेबल लिंक एवं सर्किट ब्रेकर के लिए निरन्तरता परीक्षण का अभ्यास

Practice of Continuity Test for Fuses, Jumper Wires, Fusible Links and Circuit Breakers

उद्देश्य Object

फ्यूजों, जम्पर तारों, फ्यूजिबल लिंकों एवं सर्किट ब्रेकरों (circuit breakers) के निरन्तरता परीक्षण का अभ्यास करना।

आवश्यक उपकरण/सामग्री Essential Apparatus/Materials

- टैस्टर या परीक्षक
- ट्रेनी टूल किट
- सर्किट ब्रेकर
- बैटरी
- वोल्टमीटर
- फ्यूज
- मल्टीमीटर
- परीक्षण लैम्प
- जम्पर तार
- वायर कटर
- अवयवों के मैनुअल

सुरक्षा सावधानियाँ/निर्देश Safety Precautions/Instructions

1. तारों के संयोजनों से अनावश्यक छेड़-छाड़ न करें अन्यथा निरन्तरता प्रभावित हो सकती है।
2. परिपथ शॉर्ट न हो।
3. फ्यूजिबल लिंक को सामान्य वैद्युतिक तारों से कभी भी प्रतिस्थापित नहीं करना चाहिए।

कार्यविधि Working Method

1. सर्वप्रथम विद्युत परिपथ में फ्यूजों, जम्पर तारों, फ्यूजिबल लिंकों एवं सर्किट ब्रेकरों की मार्किंग करते हैं।
2. परिपथ में प्रत्येक फ्यूज के दोनों सिरों पर परीक्षण लैम्प के तारों को जोड़कर इनमें धारा के प्रवाह की स्थिति की जाँच करते हैं। यदि परीक्षण लैम्प जलता है, तो धारा प्रवाहित हो रही है अन्यथा नहीं।

3. अब फ्यूज के दोनों सिरों पर वोल्टमीटर को सैट करते हैं और वोल्टता के मान को वोल्टमीटर की स्क्रीन पर देखते हैं। वोल्टता के मान की फ्यूज की मैनुअल में अंकित मान से तुलना करते हैं। यदि वोल्टता में अधिक अन्तर प्रतीत होता है, तो फ्यूज खराब है और यदि अन्तर कम या नगण्य होता है, तो फ्यूज सही है एवं इसकी कार्यिकी व्यवस्थित है।
4. जम्पर तारों की निरन्तरता की जाँच करने के लिए एक पूर्ण चार्ज बैटरी तथा एक डिस्चार्ज बैटरी के टर्मिनलों को जम्पर तार की सहायता से समान्तर क्रम में संयोजित करते हैं। चित्र (i)

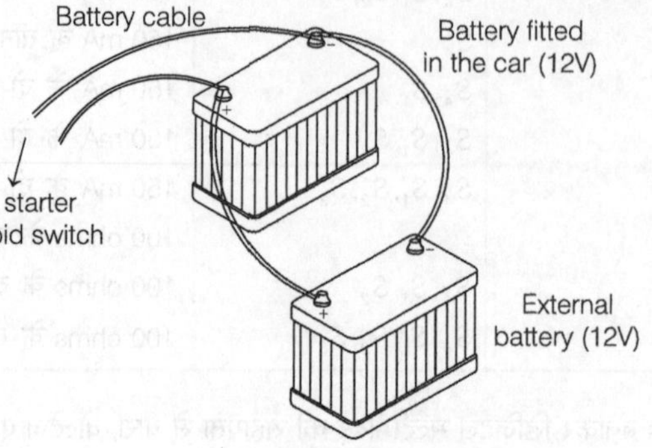

(i) जम्पर तारों की जाँच

5. अब जम्पर तार के दोनों सिरों पर परीक्षण लैम्प के तारों को जोड़कर इनमें धारा के प्रवाह की स्थिति की जाँच करते हैं। यदि परीक्षण लैम्प जलता है, तो धारा प्रवाहित हो रही है अन्यथा नहीं।
6. फ्यूजिबल लिंक की जलने, विसंयोजित तथा खराब होने की स्थिति का दृश्यिक निरीक्षण करते हैं।
7. मल्टीमीटर से इसकी निरन्तरता की जाँच करते हैं।
8. परिपथ में प्रत्येक सर्किट ब्रेकर के दोनों सिरों पर परीक्षण लैम्प के तारों को जोड़कर इसमें धारा के प्रवाह की स्थिति की जाँच करते हैं। यदि परीक्षण लैम्प जलता है, तो सर्किट ब्रेकर सही है एवं इसकी कार्यिकी व्यवस्थित है।
9. सर्किट ब्रेकर के दोनों सिरों पर वोल्टमीटर को सैट करते हैं और वोल्टता के मान को वोल्टमीटर की स्क्रीन पर देखते हैं। वोल्टता के मान की सर्किट ब्रेकर के मैनुअल से तुलना करते हैं। यदि वोल्टता में अधिक अन्तर प्रतीत होता है सर्किट ब्रेकर खराब है और यदि अन्तर कम या नगण्य होता है तो सर्किट ब्रेकर सही है एवं इसकी कार्यिकी व्यवस्थित है।

परिणाम (Result) फ्यूजों, जम्पर तारों, फ्यूजिबल लिंकों एवं सर्किट ब्रेकर के निरन्तरता परीक्षण का अभ्यास सफलतापूर्वक किया गया।

प्रैक्टिकल संख्या 21

✎ ओम के नियम का प्रयोग करके सीरीज, पैरेलल, सीरीज–पैरेलल परिपथों को पहचानना, टैस्ट लैम्प के साथ वैद्युतिक परिपथ की जाँच करना, मल्टीमीटर का प्रयोग करके परिपथों में वोल्टेज ड्रॉप टैस्ट का प्रदर्शन करना, मल्टीमीटर/ अमीटर का प्रयोग करके धारा प्रवाह मापना, दोषोपचार हेतु सर्विस मैनुअल वायरिंग आरेख का प्रयोग करना
Diagnose Series, Parallel, Series-Parallel Circuits Using Ohm's Law, Check Electrical Circuit with a Test Lamp, Perform Voltage Drop Test in Circuits Using Multimeter Measure Current Flow Using Multimeter/ Ammeter, Use of Service Manual Wiring Diagram for Troubleshooting

21.1

ओम के नियम की सहायता से सीरीज, पैरेलल व सीरीज-पैरेलल परिपथों को पहचानना

Diagnose Series, Parallel and Series-parallel Circuits Using Ohm's Law

उद्देश्य Object

ओम के नियम की सहायता से सीरीज, पैरेलल व सीरीज–पैरेलल परिपथों को पहचानना।

आवश्यक उपकरण/सामग्री Essential Apparatus/Materials

- ट्रेनी टूल किट
- तार (4 मिमी)
- डिजिटल मल्टीमीटर
- इन्सुलेशन टेप
- बैटरी 12V, 6V

सुरक्षा सावधानियाँ/निर्देश Safety Precautions/Instructions

1. परिपथ के लिए उचित मान के अवयवों का चयन करें।
2. मल्टीमीटर से रीडिंग सावधानीपूर्वक लें।
3. संयोजन भली-भाँति कसे होने चाहिए।
4. प्रयोग के बाद पावर सप्लाई को बन्द कर दें।

कार्यविधि Working Method

A. **सीरीज परिपथ की पहचान**

नोट *इसके लिए प्रयोग-20.2 के भाग 'A' का अवलोकन करें।*

B. पैरेलल परिपथ की पहचान

नोट *इसके लिए प्रयोग-20.2 के भाग 'B' का अवलोकन करें।*

C. सीरीज-पैरेलल परिपथ की पहचान

1. चित्र (i) के अनुसार परिपथ बनाते हैं।

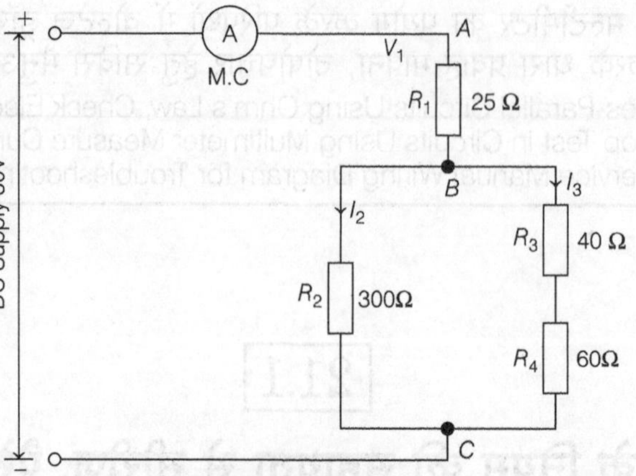

(i) सीरीज पैरेलल परिपथ

2. उपरोक्त परिपथ में वोल्टेज व धारा के मान की गणना करके निम्न सारणी में नोट करते हैं।
3. वोल्टेज $V_s = 50\,V$ के लिए कुल प्रतिरोध R_s तथा कुल धारा I_s के मान की गणना करते हैं तथा निम्न सारणी में नोट करते हैं।

सारणी

		V_{Rl}	I_s	I_2	V_{R2}	I_3	V_{R2}	I_3	V_{R3}	$R_3 + R_4$	$R_2 \| \| (R_3 + R_4)$
$V_s = 50$ V $R_1 = 25$ W $R_2 = 300$ W $R_3 = 40$ W $R_4 = 60$ W	गणना किया गया मान										
	मापा गया मान										

परिणाम (Result) ओम के नियम की सहायता से सीरीज, पैरेलल व सीरीज-पैरेलल परिपथों की पहचान सफलतापूर्वक की गई।

21.2

टैस्ट लैम्प के साथ वैद्युतिक परिपथ की जाँच

Checking of Electrical Circuit with a Test Lamp

उद्देश्य Object

टैस्ट लैम्प के साथ वैद्युतिक परिपथ की जाँच करना।

आवश्यक उपकरण/सामग्री Essential Apparatus/Materials

- ट्रेनी टूल किट
- ब्रेक लाइट असेम्बली
- सोलेनॉयड के साथ स्टार्टिंग मोटर
- इन्सुलेटिंग टेप
- बैटरी टैस्ट लैम्प
- तार (4 मिमी)

सुरक्षा सावधानियाँ/निर्देश Safety Precautions/Instructions

1. तारों के संयोजन ढीले न हों।
2. बैटरी के तारों को भली प्रकार क्लैम्प करें।
3. बैटरी के टर्मिनल साफ होने चाहिए।

कार्यविधि Working Method

A. सोलेनॉयड परिपथ की जाँच

1. ब्रेक लाइट एवं सोलेनॉयड स्विच की दृष्टीय जाँच करते हैं। यदि इनमें कोई बाह्य खराबी है, तो इन्हें प्रतिस्थापित (replace) करते हैं।
2. ब्रेक लाइट स्विच के टर्मिनल 1 व 2 की जाँच करते हैं तथा इन्हें साफ करते हैं। चित्र (i)
3. ब्रेक लाइट लैम्प से ब्रेक लाइट स्विच के टर्मिनलों के संयोजनों की जाँच करते हैं। यदि ये ढीले हैं, तो इन्हें कसते हैं।
4. बैटरी तथा सोलेनॉयड स्विच टर्मिनल (3) के बीच बैटरी केबिल के संयोजन की जाँच करते हैं। यदि यह ढीला है, तो इसे कसते हैं। चित्र (ii)
5. सोलेनॉयड स्विच टर्मिनल (4) तथा स्टार्टिंग टर्मिनल के बीच बैटरी केबिल के संयोजन की जाँच करते हैं। यदि यह ढीला है, तो इसे कसते हैं। चित्र (ii)
6. सोलेनॉयड स्विच टर्मिनल तथा स्टार्टिंग स्विच के बीच तार के संयोजन की जाँच करते हैं।
7. ब्रेक लाइट स्विच टर्मिनलों से टैस्ट लैम्प संयोजित करते हैं। यदि स्विच ऑन है, तो लैम्प जलेगा।

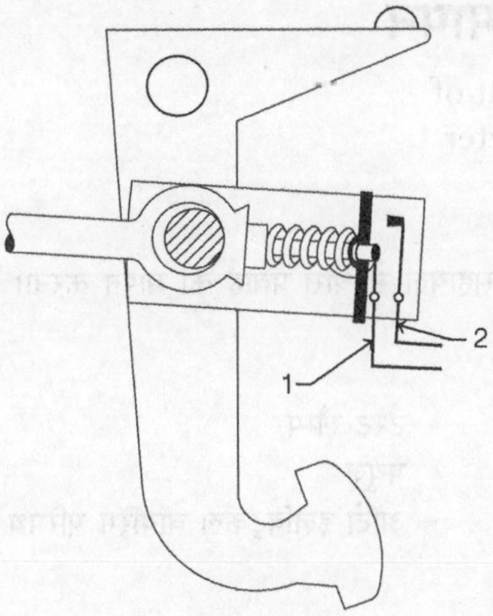

(i) ब्रेक लाइट स्विच

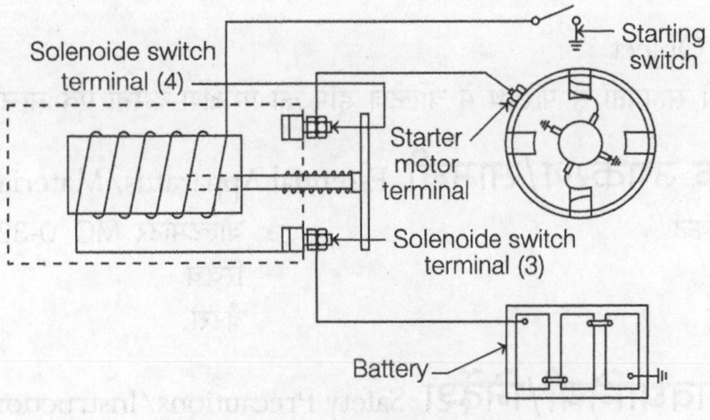

(ii) बैटरी तथा सोलेनॉयड स्विच टर्मिनल

8. सोलेनॉयड स्विच से केबिल तार को विसंयोजित करते हैं।
9. टैस्ट लैम्प के एक सिरे को सोलेनॉयड स्विच (3) से संयोजित करते हैं तथा दूसरे सिरे को ग्राउण्ड करते हैं। इस स्थिति में लैम्प जलेगा परन्तु यह शॉर्ट सर्किट को नहीं दर्शाएगा।

10. स्विच को ओपन रखते हुए टैस्ट लैम्प के एक सिरे को स्टार्टर स्विच टर्मिनल तथा दूसरे सिरे को ग्राउण्ड से संयोजित करते हैं। यदि लैम्प जलता है, तो सोलेनॉयड शॉट है। स्विच को प्रतिस्थापित करते हैं।

B. कन्डेन्सर परिपथ की जाँच

1. वियर (wear) के लिए फाइबर हैड की जाँच करते हैं एवं आवश्यकता पड़ने पर इसे प्रतिस्थापित करते हैं।
2. कन्डेन्सर को संयोजित करते हैं। डबल पोल डबल थ्रो स्विच की एक साइड मुख्य सप्लाई तथा दूसरी साइड कन्डेन्सर तथा टैस्ट बल्ब से संयोजित करते हैं। चित्र (iii)

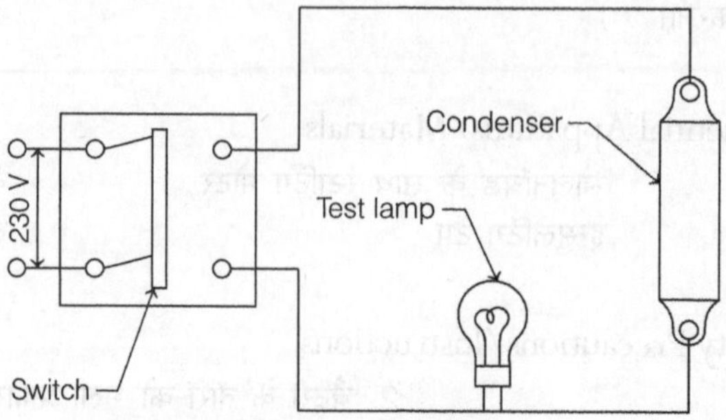

(iii) कन्डेन्सर परिपथ

3. स्विच को ऑन करते हैं। यदि बल्ब जलता है, तो कन्डेन्सर प्रतिस्थापित होगा। यदि बल्ब नहीं जलता, तो कन्डेन्सर उचित प्रकार से कार्य कर रहा है।
4. कैम की दृष्टीय जाँच करते हैं, आवश्यकता पड़ने पर प्रतिस्थापित करते हैं।
5. AVO मीटर की सहायता से ओपन व शॉर्ट सर्किट के लिए मैग्नेटो क्वॉयल की जाँच करते हैं। यदि इसमें खराबी है, तो इसे प्रतिस्थापित करते हैं।

परिणाम (Result) टैस्ट लैम्प द्वारा वैद्युतिक परिपथ की जाँच सफलतापूर्वक की गई।

21.3

मल्टीमीटर की सहायता से परिपथ में वोल्टेज ड्रॉप का परीक्षण एवं धारा का मापन

Voltage Drop Test and Measurement of Current in a Circuit Using Multimeter

उद्देश्य Object

मल्टीमीटर की सहायता से परिपथ में वोल्टेज ड्रॉप का परीक्षण करना एवं मल्टीमीटर/अमीटर की सहायता से धारा प्रवाह का मापन करना।

आवश्यक उपकरण/सामग्री Essential Apparatus/Materials

- ट्रेनी टूल किट
- मल्टीमीटर
- केबिल/तार
- वोल्टमीटर MC, 0-300 V
- स्विच
- बैटरी
- टैस्ट लैम्प
- फ्यूज
- ऑटो इलेक्ट्रिकल वायरिंग परिपथ

सुरक्षा सावधानियाँ/निर्देश Safety Precautions/Instructions

1. तारों के जोड़ ढीले न हों।
2. बैटरी के तारों को भली प्रकार क्लैम्प करें।
3. तारों का अनुचित समंजन न करें।
4. मल्टीमीटर का प्रयोग करने से पूर्व इसका स्विच ऑन कर लें।
5. मल्टीमीटर केबिल को मल्टीमीटर में भली प्रकार व्यवस्थित कर लें।

कार्यविधि Working Method

A. हैड लाइट परिपथ में वोल्टेज ड्रॉप का परीक्षण

1. ऑटो इलेक्ट्रिकल वायरिंग परिपथ के सभी टर्मिनलों एवं कनैक्टर्स को साफ करते हैं।
2. बैटरी की पूर्व आवेशित स्थिति की जाँच करते हैं।
3. ऑटो इलेक्ट्रिकल परिपथ में मल्टीमीटर को संयोजित करते हैं। चित्र (i)
4. मोटर के इनपुट टर्मिनल से बैटरी की धनात्मक लीड को संयोजित करते हैं।
5. बैटरी की ऋणात्मक लीड को मल्टीमीटर के धनात्मक टर्मिनल से संयोजित करते हैं।
6. मल्टीमीटर में वोल्टेज को रीड करते हैं।
7. यदि वोल्टेज 0.2 V से अधिक है, तो बैटरी को हटाते हैं, साफ करते हैं तथा पुन: फिट करते हैं।

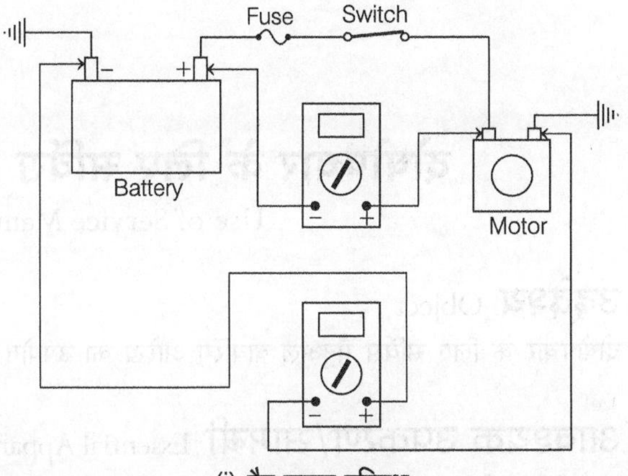

(i) हैड लाइट परिपथ

B. हैड लाइट परिपथ में वोल्टेज ड्रॉप का मापन

1. परिपथ के उस भाग के एक्रॉस वोल्टमीटर को संयोजित करते हैं जहाँ उच्च प्रतिरोध जुड़ा हो।
2. HL ग्राउण्ड के एक्रॉस वोल्टेज ड्रॉप का मापन करते हैं।
3. वोल्टमीटर की धनात्मक लीड को HL ग्राउण्ड तथा ऋणात्मक लीड को बैटरी के ऋणात्मक टर्मिनल से संयोजित करते हैं। चित्र (ii)

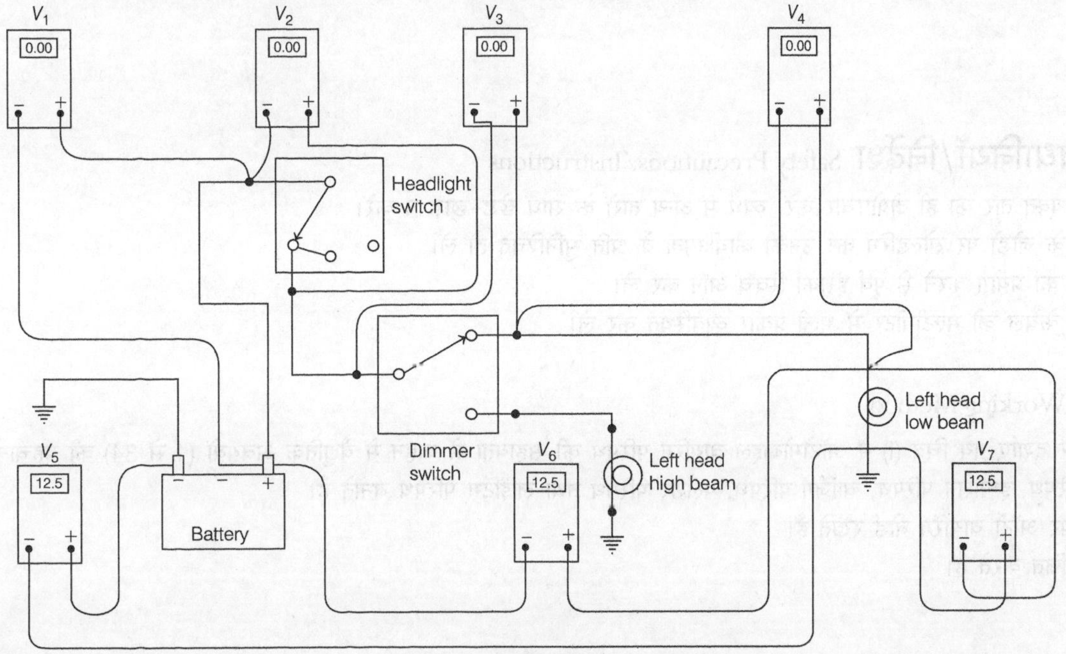

(ii) वोल्टेज ड्राप मापन

4. मीटर में इंगित वोल्टेज ड्रॉप को नोट करते हैं।
5. मापे गए मान की निर्धारित मान से तुलना करते हैं।
6. यदि वोल्टेज ड्रॉप 0.2 वोल्ट से अधिक है, तो बैटरी को बदलते हैं, साफ करते हैं तथा लीड को पुन: संयोजित करते हैं।

C. धारा प्रवाह का मापन

1. मल्टीमीटर केबिल को मल्टीमीटर से सम्बद्ध करते हैं।
2. परीक्षण लैम्प के वैद्युतिक परिपथ का स्विच ऑन करते हैं।
3. मल्टीमीटर को सीधी धारा (DC current) पर सैट करते हैं।
4. सर्वप्रथम परीक्षण लैम्प के वैद्युतिक परिपथ को बैटरी से सम्बद्ध करते हैं।
5. मल्टीमीटर केबिल को परीक्षण लैम्प के वैद्युतिक परिपथ पर क्रमश: बल्ब होल्डर, स्विच पर स्पर्श कराकर धारा के प्रवाह की जाँच करते हैं।

परिणाम (Result) मल्टीमीटर की सहायता से परिपथ में वोल्टेज ड्रॉप का परीक्षण एवं मल्टीमीटर/अमीटर की सहायता से धारा प्रवाह का मापन सफलतापूर्वक किया गया।

21.4

दोषोपचार के लिए सर्विस मैनुअल वायरिंग आरेख का उपयोग करना

Use of Service Manual Wiring Diagram for Troubleshooting

उद्देश्य Object

दोषोपचार के लिए सर्विस मैनुअल वायरिंग आरेख का उपयोग करना।

आवश्यक उपकरण/सामग्री Essential Apparatus/Materials

- ट्रेनी टूल किट
- ऑटो वैद्युतिक वायरिंग परिपथ
- टैस्ट लैम्प
- बैटरी
- केबिल/तार
- मल्टीमीटर
- फ्यूज
- स्विच

सुरक्षा सावधानियाँ/निर्देश Safety Precautions/Instructions

1. केवल दोषयुक्त तार का ही दोषोपचार करें। व्यर्थ में अन्य तारों के साथ छेड़-छाड़ न करें।
2. ढीले तारों के जोड़ों पर सोल्डरिंग कर उनकी कार्यक्षमता के प्रति सुनिश्चित हो लें।
3. मल्टीमीटर का प्रयोग करने से पूर्व इसका स्विच ऑन कर लें।
4. मल्टीमीटर केबल को मल्टीमीटर में भली प्रकार व्यवस्थित कर लें।

कार्यविधि Working Method

1. अग्रपृष्ठ पर दर्शाए गये चित्र (i) में ऑटोमोबाइल वायरिंग परिपथ की सहायता से वाहन में वैद्युतिक अवयवों (1 से 34) की पहचान करते हैं।
2. स्टार्टिंग परिपथ, इग्नीशन परिपथ, चार्जिंग परिपथ, फ्लैशर परिपथ तथा लाइटिंग परिपथ बनाते हैं।
3. वर्क बेंच पर ऑटो वायरिंग बोर्ड रखते हैं।
4. बैटरी संयोजित करते हैं।

5. परिपथ की कार्यप्रणाली की जाँच करते हैं, यदि कोई दोष है, तो उसे दूर करते हैं।

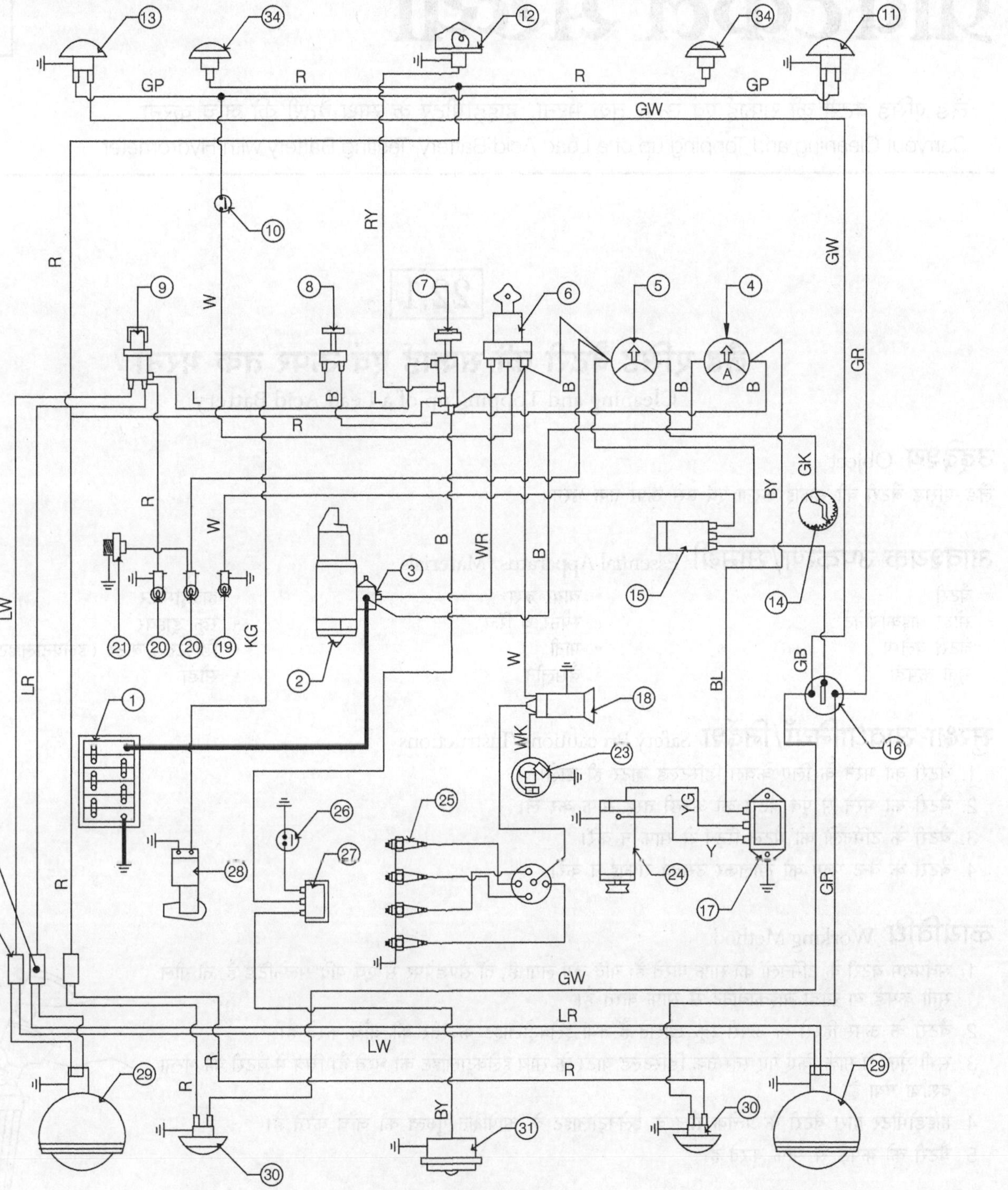

(i) आटोमोबाइल वायरिंग परिपथ

परिणाम (Result) दोषोपचार के लिए सर्विस मैनुअल वायरिंग आरेख का उपयोग सफलतापूर्वक किया गया।

प्रैक्टिकल संख्या 22

✎ लैड एसिड बैटरी की सफाई एवं ऊपर तक भरना, हाइड्रोमीटर के साथ बैटरी की जाँच करना
Carryout Cleaning and Topping up of a Lead Acid Battery, Testing Battery with Hydrometer

22.1

लैड एसिड बैटरी की सफाई एवं ऊपर तक भरना
Cleaning and Topping up of a Lead Acid Battery

उद्‌देश्य Object

लैड-एसिड बैटरी की सफाई करना एवं उसे ऊपर तक भरना।

आवश्यक उपकरण/सामग्री Essential Apparatus/Materials

- बैटरी
- सोडा बाइकार्बोनेट
- बैटरी क्लैम्प
- सूती कपड़ा
- वायर ब्रश
- स्पैनर व रिंच
- पानी
- वैसलीन
- हाइड्रोमीटर
- स्क्रू ड्राइवर
- डिस्टिल्ड वाटर (इलेक्ट्रोलाइट)
- सोडा

सुरक्षा सावधानियाँ/निर्देश Safety Precautions/Instructions

1. बैटरी को भरने के लिए केवल डिस्टिल्ड वाटर ही डालें।
2. बैटरी को भरने से पूर्व बैटरी को अच्छी तरह साफ कर लें।
3. बैटरी के टर्मिनलों को मैटल स्ट्रिप से साफ न करें।
4. बैटरी के वेन्ट प्लग को खोलकर उसकी सफाई न करें।

कार्यविधि Working Method

1. सर्वप्रथम बैटरी के टर्मिनलों को साफ करते हैं। यदि जंग लगा है, तो सैण्डपेपर से एवं यदि सल्फेटिड है, तो गीले सूती कपड़े या सोडा बाइकार्बोनेट से साफ करते हैं।
2. बैटरी के ऊपर हिस्से के ऊपरी स्क्रू खोलते हैं तथा इलेक्ट्रोलाइट के स्तर की जाँच करते हैं।
3. सभी सैलों में मार्क किए गए स्तर तक डिस्टिल्ड वाटर के साथ इलेक्ट्रोलाइट को भरते हैं। चित्र मे बैटरी को भरना दर्शाया गया है।
4. हाइड्रोमीटर द्वारा बैटरी के प्रत्येक सैल के इलेक्ट्रोलाइट के आपेक्षित गुरुत्व की जाँच करते हैं।
5. बैटरी को कपड़े से साफ करते हैं।

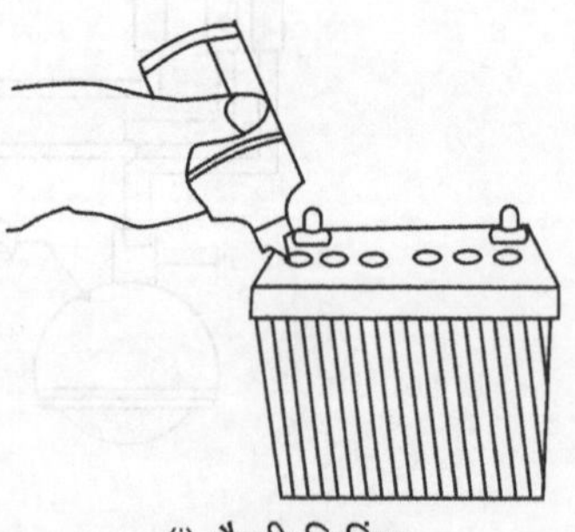

(i) बैटरी फिलिंग

परिणाम (Result) सफलतापूर्वक लैड-एसिड बैटरी की सफाई एवं उसको ऊपर तक भरने का अभ्यास किया गया।

22.2

हाइड्रोमीटर द्वारा बैटरी का परीक्षण

Testing of Battery with Hydrometer

उद्देश्य Object

हाइड्रोमीटर द्वारा बैटरी का परीक्षण करना।

आवश्यक उपकरण/सामग्री Essential Apparatus/Materials

- ट्रेनी टूल किट
- डिस्टिल्ड वाटर
- वैसलीन
- हाइड्रोमीटर
- बैटरी स्टैण्ड
- बैटरी एसिड
- वाहन

सुरक्षा सावधानियाँ/निर्देश Safety Precautions/Instructions

1. हाइड्रोमीटर को सावधानी से पकड़े।
2. हाइड्रोमीटर से कम-से-कम तीन बार रीडिंग अवश्य लें।
3. बैटरी के इलेक्ट्रोलाइट को हाथ से न छुएँ।
4. बैटरी के टर्मिनलों को मैटेलिक स्ट्रिप से साफ न करें।

कार्यविधि Working Method

1. माउण्टिंग क्लैम्प नट को हटाते हैं।
2. वाहन से बैटरी को उठाकर बैटरी स्टैण्ड पर रखते हैं।
3. पानी एवं कॉटन रैग से बैटरी के ऊपरी भाग को साफ करते हैं।
4. नॉन-मैटेलिक वायर ब्रुश या एमरी पेपर से बैटरी टर्मिनलों को साफ करते हैं।
5. सर्वप्रथम बैटरी टर्मिनल से धनात्मक एवं ऋणात्मक केबिल को अलग करते हैं।
6. इलेक्ट्रोलाइट के स्तर की जाँच करते हैं तथा यदि आवश्यक हो, तो इलेक्ट्रोलाइट भरते हैं।
7. बैटरी से सभी वैन्ट प्लग को हटाते हैं।
8. हाइड्रोमीटर की नॉज को सैल में ऊर्ध्वाधर रखते हैं। यह सुनिश्चित करते हैं कि हाइड्रोमीटर की नॉज इलेक्ट्रोलाइट में डूब गई है अथवा नहीं।
9. हाइड्रोलाइट के रबर के बल्ब को दबाते हैं। इलेक्ट्रोलाइट को ऊपर की ओर खींचते हुए इसे छोड़ते हैं तथा यह सुनिश्चित करते हैं कि इलेक्ट्रोलाइट बल्ब में तो नहीं आ गया है। चित्र (i)

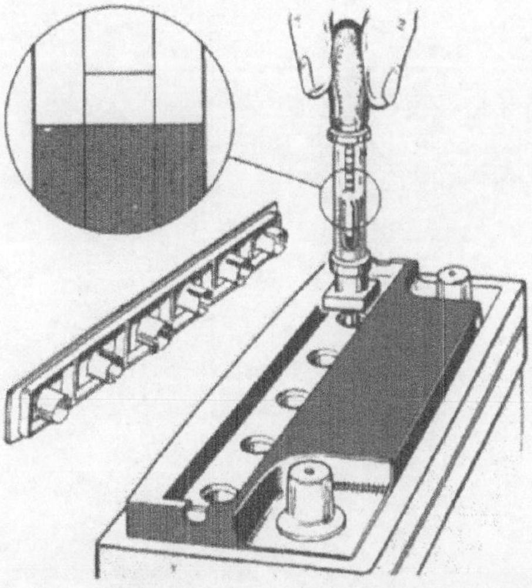

(i) हाइड्रोमीटर द्वारा बैटरी का परीक्षण

10. इलेक्ट्रोलाइट में फ्लोटिंग लेवल को नोट करके दी गई सारणी में लिखते हैं।
11. सभी सैलों के लिए उपरोक्त प्रक्रिया को दोहराते हैं तथा सारणी में लिखते हैं।

सारणी

1	2	3	4	5	6

12. बैटरी टर्मिनल एवं वैन्ट होल को साफ करते हैं तथा वैन्ट प्लग को कसते हैं।
13. वाहन में बैटरी को उसकी सही स्थिति में लगाते हैं।
14. बैटरी माउण्टिंग क्लैम्प नट को कसते हैं।
15. बैटरी के धनात्मक एवं ऋणात्मक केबिल को लगाते हैं एवं कसते हैं।
16. वाहन के इंजन को स्टार्ट करते हैं तथा यह सुनिश्चित करते हैं कि बैटरी आवश्यक धारा प्रदान कर रही है अथवा नहीं।

परिणाम (Result) हाइड्रोमीटर द्वारा बैटरी का परीक्षण सफलतापूर्वक किया गया।

प्रैक्टिकल संख्या 23

✎ बैटरी चार्जिंग के लिए बैटरी को चार्जर से संयोजित करना, चार्जिंग के पश्चात् बैटरी की जाँच व परीक्षण करना, अत्यधिक 'की-ऑफ' बैटरी ड्रेन (पैरासाइटिक ड्रॉ) के कारणों को पहचानना एवं मापना तथा सही क्रिया करना। रिले एवं सॉलेनॉयड व इसके परिपथ का परीक्षण करना

Connect Battery to a Charger for Battery Charging , Inspecting and Testing a Battery after Charging, Measure and Diagnose the cause (s) of Excessive key-off Battery Drain (Parasitic Draw) and Do Corrective Action. Testing of Relay and Solenoide and its Circuit

23.1

बैटरी चार्जिंग के लिए बैटरी को चार्जर से संयोजित करना एवं चार्जिंग के पश्चात् बैटरी की जाँच व परीक्षण करना

Connecting Battery to Charger for Battery Charging and Checking and Testing of Battery after Charging

उद्देश्य Object

बैटरी चार्जिंग के लिए बैटरी को चार्जर से संयोजित करना एवं चार्जिंग के बाद बैटरी की जाँच व परीक्षण करना।

आवश्यक उपकरण/सामग्री Essential Apparatus/Materials

- ट्रेनी टूल किट
- केबिल/तार
- वाहन
- बैटरी
- स्क्रू ड्राइवर
- हाइड्रोमीटर
- डिस्टिल्ड वाटर
- वाटर एमरी
- बैटरी क्लैम्प
- स्पैनर व रिंच
- वैसलीन
- वोल्टमीटर
- सूती कपड़ा
- चार्जर
- प्लायर

सुरक्षा सावधानियाँ/निर्देश Safety Precautions/Instructions

1. बैटरी को चार्ज करने से पूर्व उसमें एसिड का लेवल जाँच लें। कम होने की दशा में इसे पूर्ण करें।
2. चार्जर को बैटरी से पोलैरिटी के अनुसार ही सम्बन्धित करें।
3. बैटरी को दिन में 5A रेट से अधिक एवं रात में 3A रेट से अधिक चार्ज न करें।

कार्यविधि Working Method

A. बैटरी को चार्जर से संयोजित करना

1. सर्वप्रथम बैटरी को चार्जिंग टेबिल पर रखते हैं।

2. चार्जर को बैटरी से सम्बन्धित करते हैं। इसके लिए बैटरी के धनात्मक (+ ve) टर्मिनल को चार्जर के धनात्मक (+ ve) टर्मिनल एवं बैटरी के ऋणात्मक (– ve) टर्मिनल को चार्जर के ऋणात्मक (– ve) टर्मिनल से संयोजित (connect) करते हैं। (चित्र i)

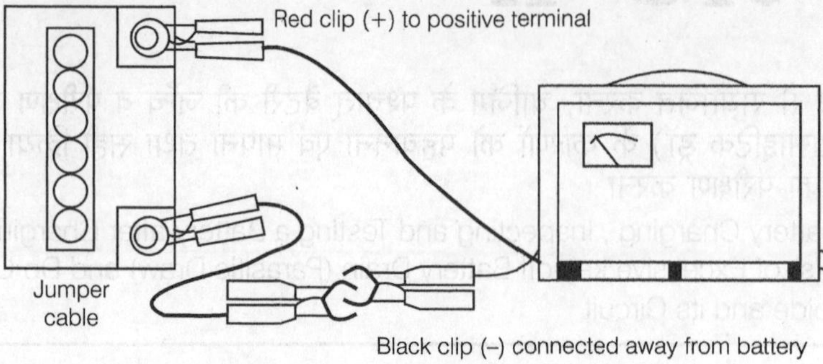

(i) बैटरी चार्जर संयोजन

3. चार्जर को पावर सप्लाई इकाई से सम्बन्धित करते हैं।
4. चार्जर का स्विच ऑन करते हैं।
5. चार्जर के अमीटर की सुई को देखते हैं। यदि सुई रीडिंग प्रदर्शित करती है, तो इसका अर्थ है कि बैटरी चार्ज हो रही है।
6. यदि सुई रीडिंग प्रदर्शित नहीं करती है, तो चार्जर एवं बैटरी के संयोजन तारों को थोड़ा हिलाकर टाइट करते हैं।
7. बैटरी को उसके लिए निर्धारित समय के अनुसार या फुल चार्ज होने तक करते हैं।

वाट दर	5 A	10 A	20 A	30 A	40 A	50 A
2450 से कम	10 घण्टे	5 घण्टे	$2\frac{1}{2}$ घण्टे	2 घण्टे		
2540-2950	12 घण्टे	6 घण्टे	3 घण्टे	2 घण्टे	$1\frac{1}{2}$ घण्टे	
2950 से ऊपर	15 घण्टे	$7\frac{1}{2}$ घण्टे	$3\frac{1}{4}$ घण्टे	2 घण्टे	$1\frac{3}{4}$ घण्टे	$1\frac{1}{2}$ घण्टे

8. चार्जर को ऑफ करते हैं तथा बैटरी से चार्जर की लीड को अलग करते हैं।

B. नियत धारा विधि

1. सभी बैटरी को सीरीज में संयोजित करते हैं। चित्र (ii)

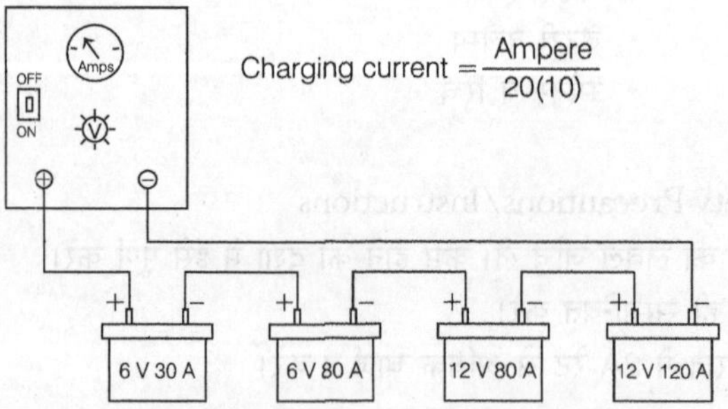

(ii) नियत धारा बैटरी चार्जर संयोजन

2. चार्जर को बैटरी से संयोजित करते हैं।
3. बैटरी की संख्या के अनुसार चार्जर में वोल्टेज दर को सैट करते हैं।
4. बैटरी को चार्ज करते हैं।
5. बैटरी के चार्जर को ऑफ करते हैं।
6. प्रत्येक बैटरी के विशिष्ट गुरुत्व की जाँच करते हैं।
7. रीडिंग को सारणी 1 में नोट करते हैं।

सारणी 1

सैल/बैटरी	1	2	3	4	5	6
1						
2						
3						
4						

C. नियत वोल्टेज विधि

1. सभी बैटरियों को समान्तर क्रम में संयोजित करते हैं। चित्र (iii)

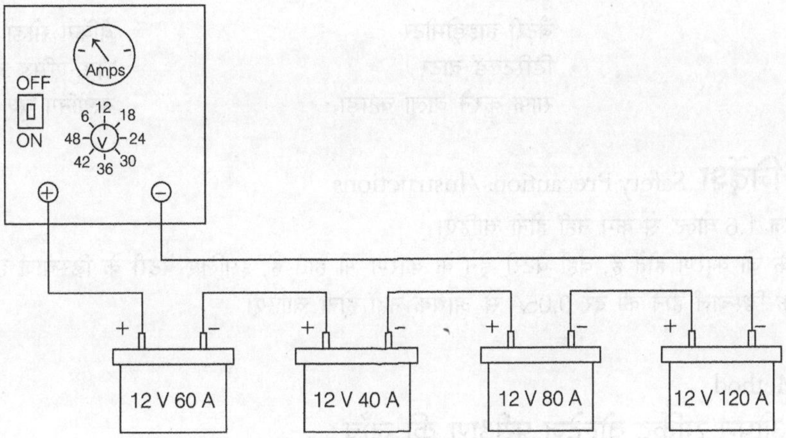

(iii) नियत वोल्टेज बैटरी-चार्जर संयोजन

2. चार्जर को बैटरी से संयोजित करते हैं।
3. वोल्टेज में परिवर्तन करके धारा की दर को सैट करते हैं।
4. बैटरी को फुल होने तक चार्ज करते हैं।
5. बैटरी चार्जर को ऑफ करते हैं।
6. रीडिंग को सारणी 2 में नोट करते हैं।
7. समय-समय पर चार्ज की गई बैटरी की स्थिति की जाँच करके उसके स्वत: डिस्चार्ज होने की जाँच करते हैं।
8. इग्नीशन स्विच को ऑफ करते हैं।
9. बैटरी की ऊपरी सतह को साफ करते हैं।
10. बैटरी पोस्ट व टर्मिनलों के बीच के ढीलेपन की जाँच करते हैं।
11. ऑटो व्हीकल वायरिंग परिपथ में ढीले कॉन्टैक्ट की जाँच करते हैं।
12. व्हीकल में सभी स्विचों के कॉन्टैक्ट की जाँच करते हैं, यदि खराब है, तो बदलते हैं।
13. बैटरी के सल्फर फॉर्मेशन की जाँच करते हैं तथा उन्हें साफ करते हैं।
14. प्राप्त रीडिंग को सारणी 2 में नोट करते हैं।

सारणी 2

सैल/बैटरी	1	2	3	4	5	6
1						
2						
3						
4						

परिणाम (Result) बैटरी व चार्जिंग के लिए बैटरी को चार्जर से संयोजित एवं चार्जिंग के बाद बैटरी की जाँच व परीक्षण किया गया।

23.2

अत्यधिक 'की-ऑफ' बैटरी ड्रेन को मापना, कारणों को पहचानना एवं सही क्रिया करना

Measurement of Excessive Key-off Battery Drain and Diagnose Causes and Do Corrective Action

उद्देश्य Object

अत्यधिक 'की-ऑफ' बैटरी ड्रेन को मापना, कारणों को पहचानना एवं सही क्रिया करना।

आवश्यक उपकरण/सामग्री Essential Apparatus/Materials

- ट्रेनी टूल किट
- पेट्रोलियम जैली
- सैण्ड पेपर
- बैटरी हाइड्रोमीटर
- डिस्टिल्ड वाटर
- साफ करने वाला कपड़ा
- बेकिंग सोडा
- लैड-एसिड बैटरी (6 V या 12 V,80Ah)
- क्लीनिंग ब्रुश 2 इंच

सुरक्षा सावधानियाँ/निर्देश Safety Precautions/Instructions

1. बैटरी की सैल की वोल्टेज 1.6 वोल्ट से कम नहीं होनी चाहिए।
2. बैटरी के डिस्चार्ज होने के जो कारण होते हैं, वही बैटरी ड्रेन के कारण भी होते हैं, इसलिए बैटरी के डिस्चार्ज होने के कारणों पर भी ध्यान दें।
3. आदर्श स्थिति में बैटरी के डिस्चार्ज होने की दर 0.05A से अधिक नहीं होनी चाहिए।

कार्यविधि Working Method

A. विशिष्ट गुरुत्व एवं ओपन सर्किट वोल्टेज परीक्षण की जाँच

1. नेम प्लेट या कोड नम्बर से सैल को पहचानते हैं तथा नोट करते हैं।

निर्माता	विवरण
आउटपुट वोल्टेज	
सैलों की संख्या	
टाइप नम्बर	
Ah क्षमता	

2. निम्न दोषों (यदि हैं) के लिए बैटरी के टर्मिनल एवं मैटल लिंक्स की जाँच करते हैं तथा यदि दोष पाए जाते हैं, तो उन्हें नोट करते हैं।
   (i) टूटे हुए या उठे हुए टर्मिनल्स (ii) टर्मिनलों पर या उनके आस-पास सफेद या सलेटी रंग का सल्फेशन
   (iii) बैटरी टॉप पर साल्ट फॉर्मेशन (iv) सैल लिंक्स क्रैक्ड (v) बैटरी टॉप में दरारें व रैपिंग
3. वेन्ट प्लग्स के दाब की जाँच करते हैं, यदि अनुपस्थित है, तो O व T शीट में नोट करते हैं।
4. वेन्ट प्लग को खोलते हैं। प्रत्येक सैल में इलेक्ट्रोलाइट के विशिष्ट गुरुत्व की जाँच करते हैं।
5. प्रत्येक सैल में हाइड्रोमीटर द्वारा इलेक्ट्रोलाइट के विशिष्ट गुरुत्व की जाँच करते हैं एवं नोट करते हैं।
6. प्रत्येक सैल के एक्रॉस वोल्टेज तथा बैटरी टर्मिनलों के एक्रॉस कुल वोल्टेज का मापन करते हैं तथा नोट करते हैं।
7. अपनी रीडिंग की अनुदेशक से जाँच कराते हैं।

B. बैटरी के पैरासिटिक ड्रॉ के लिए उपाय

1. बैटरी के ऊपर से अशुद्धियों एवं संदूषित पानी की परत को साफ करते हैं।
2. बैटरी में इलेक्ट्रोलाइट भरने के पश्चात् उसकी ऊपरी सतह को साफ करते हैं।
3. ढीले कॉन्टैक्ट टर्मिनलों की जाँच करते हैं तथा कसते हैं।
4. खराब स्विचों को बदलते हैं।
5. बैटरी टर्मिनलों को सल्फर फॉर्मेशन से मुक्त रखते हैं।

परिणाम (Result) अत्यधिक 'की-ऑफ' बैटरी ड्रेन को मापने, कारणों को पहचानने एवं सही क्रिया करने का अभ्यास सफलतापूर्वक किया गया।

23.3

रिले एवं सोलेनॉयड परिपथों का परीक्षण करना

Perform Testing of Relay and Solenoid Circuits

उद्‌देश्य Object

रिले एवं सोलेनॉयड परिपथों का परीक्षण करना।

आवश्यक उपकरण/सामग्री Essential Apparatus/Materials

- ट्रेनी टूल किट
- इन्सुलेशन टेप
- फ्यूज
- टैस्ट लैम्प
- वाहन
- केबिल/तार
- मल्टीमीटर
- बैटरी

सुरक्षा सावधानियाँ/निर्देश Safety Precautions/Instructions

1. संयोजन भली-भाँति कसे होने चाहिए।
2. संयोजनों को सावधानीपूर्वक अलग करें।
3. उचित रेटिंग पर ही रिले को प्रचालित करें।

कार्यविधि Working Method

A. हॉर्न परिपथ में रिले की जाँच करना

1. हॉर्न से वैद्युतिक संयोजनों को अलग करते हैं।
2. हॉर्न रिले के नटों को ढीला करके रिले को अलग करते हैं। चित्र (i)

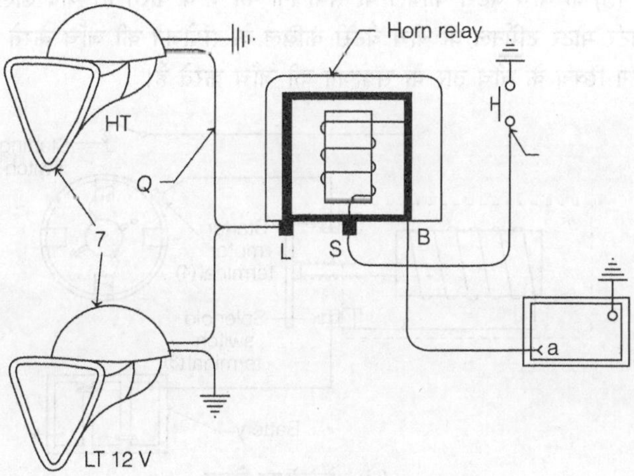

(i) हॉर्न परिपथ रिले

3. रिहोस्टेट एवं वोल्टमीटर की सहायता से हॉर्न रिले की स्थिति की जाँच करते हैं। चित्र (ii)

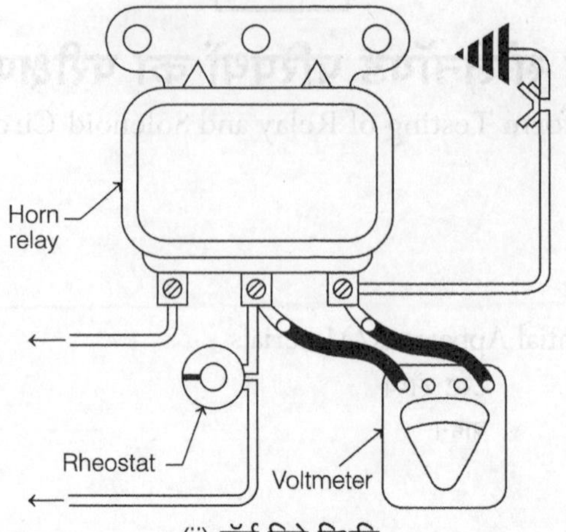

(ii) हॉर्न रिले स्थिति

4. रिहोस्टेट को बैटरी एवं हॉर्न रिले के सीरीज में संयोजित करते हैं।
5. यदि आवश्यक हो, तो रिले को बदलते हैं।
6. हॉर्न को उसकी सही स्थिति पर लगाते हैं तथा नटों को कसते हैं।
7. स्प्रिंग एवं हॉर्न स्विच को पुनः फिट करते हैं।
8. रिटेनर को फिट करते हैं एवं दबाते हैं।
9. हॉर्न रिले के स्विच से तारों को संयोजित करते हैं तथा हॉर्न को बजाते हैं।
10. क्लोजिंग वोल्टेज के मापन के लिए वोल्टमीटर को रिले की वाइण्डिंग के एक्रॉस संयोजित करते हैं।
11. परिपथ में पूर्ण प्रतिरोध को प्रारम्भ करते हैं। रिले वाइण्डिंग पर वोल्टेज को बढ़ाने या घटाने के लिए नोब को स्लाइड करते हैं।
12. हॉर्न स्विच को प्रचालित करते हैं तथा हॉर्न के सही प्रकार से बजने का परीक्षण करते हैं।

B. सोलेनॉयड स्विच की जाँच

1. सोलेनॉयड स्विच टर्मिनलों (3 व 4) की जाँच करते हैं तथा साफ करते हैं।
2. बैटरी तथा सोलेनॉयड स्विच टर्मिनल (3) के बीच बैटरी केबिल के संयोजनों की जाँच करते हैं। यदि ढीले हैं, तो कसते हैं।
3. सोलेनॉयड स्विच टर्मिनल (4) व स्टार्टर मोटर टर्मिनल के बीच बैटरी केबिल के संयोजन की जाँच करते हैं। यदि ढीला है, तो कसते हैं।
4. सोलेनॉयड स्विच टर्मिनलों एवं स्टार्टिंग स्विच के बीच तार के संयोजन की जाँच करते हैं।

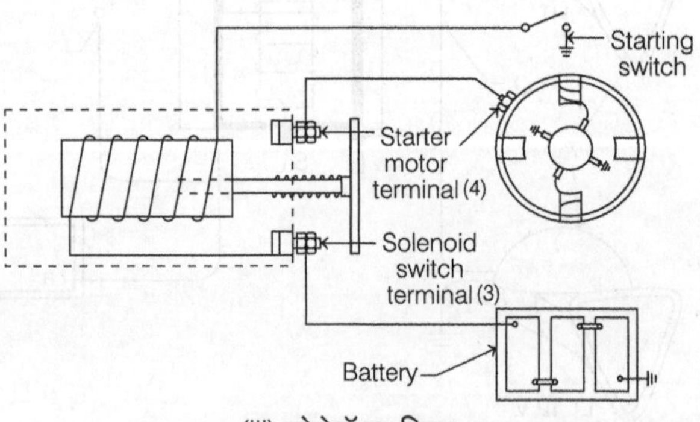

(iii) सोलेनॉयड स्विच

5. ब्रेक लाइट स्विच टर्मिनल से वैस्ट लैम्प को संयोजित करते हैं। यदि स्विच बन्द नहीं है, तो लैम्प जलेगा।
6. सोलेनॉयड स्विच से केबिल तारों को हटाते हैं।
7. टैस्ट लैम्प के एक सिरे को सोलेनॉयड स्विच टर्मिनल से तथा दूसरे सिरे को ग्राउण्ड से संयोजित करते हैं।
8. सोलेनॉयड स्विच जल जाएगा, परन्तु यह शॉर्ट-सर्किट इंगित नहीं करेगा।
9. स्विच ऑन रखते हुए टैस्ट लैम्प के एक सिरे को स्टार्टर स्विच तथा सिरे को ग्राउण्ड से संयोजित करते हैं। यदि लैम्प जलता है, तो सोलेनॉयड स्विच में शॉर्ट-सर्किट है। इसे बदलते हैं।

परिणाम (Result) रिले एवं सोलेनॉयड व इनके परिपथों की जाँच सफलतापूर्वक की गई।

प्रैक्टिकल संख्या 24

✎ कार्यिकी हेतु डायोड का परीक्षण करना
Test Diode for Functionality

उद्देश्य Object

विभिन्न प्रकार के डायोडों एवं ट्रांजिस्टरों की पहचान एवं परीक्षण का अभ्यास करना।

आवश्यक उपकरण/सामग्री Essential Apparatus/Materials

- ट्रेनी टूल किट
- मल्टीमीटर
- ट्रांजिस्टर
- डाटा बुक
- डायोड/ट्रांजिस्टर के मिश्रित प्रकार
- विभिन्न रंगों के स्लीव वायर
- पैच कॉर्ड्स

सुरक्षा सावधानियाँ/निर्देश Safety Precautions/Instructions

1. डायोडों की पहचान सम्बन्धी बिन्दुओं से अवगत हो लें।
2. डायोडों के परीक्षण की प्रक्रिया को विस्तार से जान लें।
3. मल्टीमीटर का प्रयोग करने से पूर्व इसका स्विच ऑन कर लें।
4. मल्टीमीटर केबिल को मल्टीमीटर में व्यवस्थित कर लें।

कार्यविधि Working Method

A. डायोड पैकेज तथा टर्मिनल की पहचान

1. दिए गए मिश्रित वर्ग (assorted lot) से कोई भी एक डायोड लेते हैं। डायोड पर प्रिन्टेड कोड नम्बर को डायरी में नोट करते हैं।
2. चयनित डायोड की चार्ट-1 से पहचान करते हैं तथा पैकेज के प्रकार; जैसे—काँच/प्लास्टिक/सेरेमिक/धातु आदि को नोट करते हैं।
3. चयनित डायोड के लिए चार्ट-1 देखते हैं तथा डायोड के एनोड टर्मिनल पर लाल रंग की एक छोटी स्लीव लगाते हैं।

4. चरण 1 से 3 तक की प्रक्रिया को कम-से-कम 5 विभिन्न डायोडों के लिए दोहराते हैं तथा अपने कार्य को अनुदेशक महोदय से चैक कराते हैं।

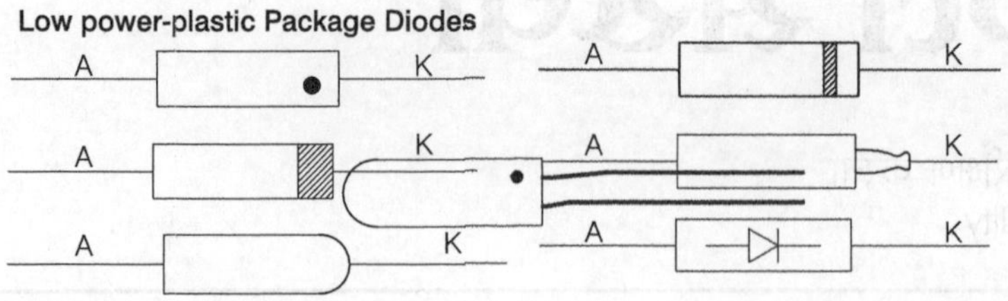

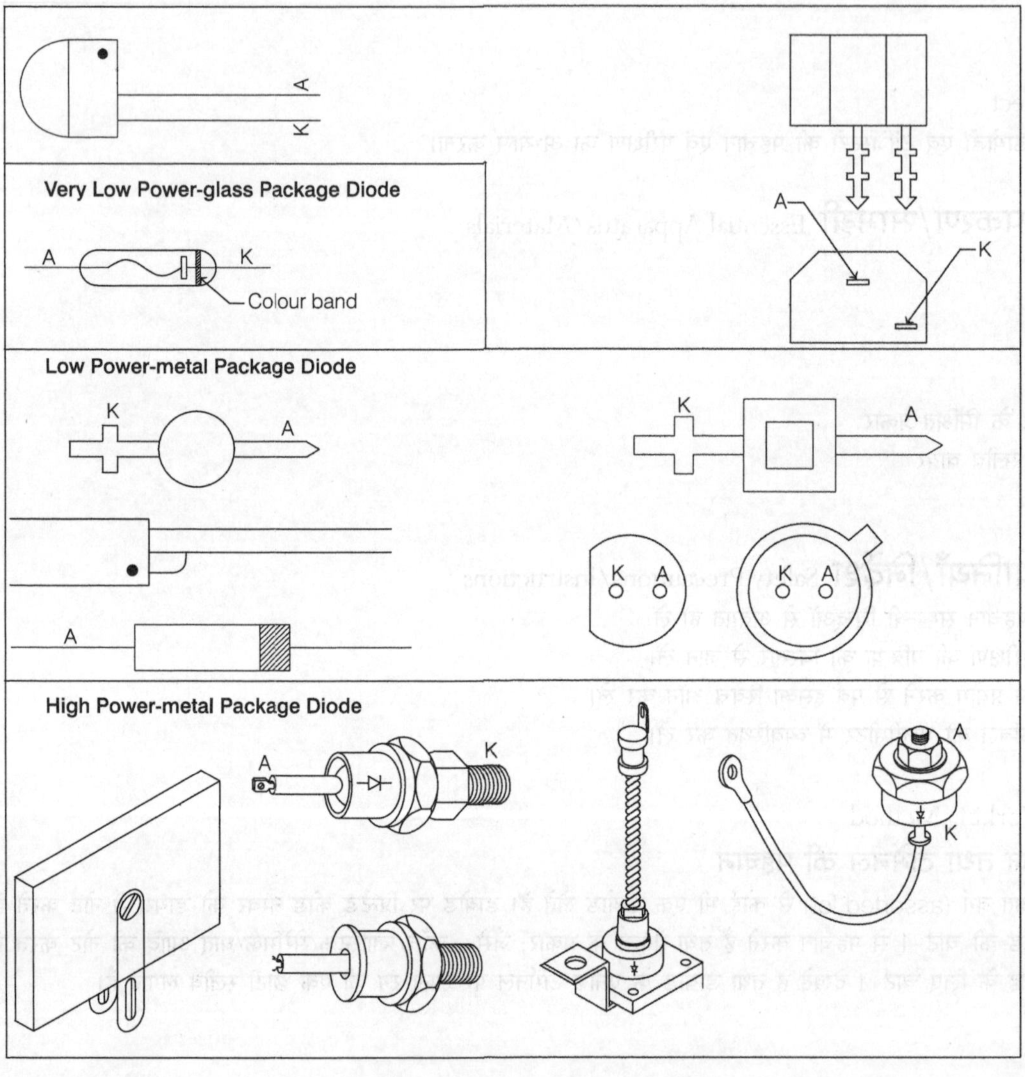

B. ओममीटर/मल्टीमीटर द्वारा डायोड का परीक्षण करना

1. ओममीटर/मल्टीमीटर को 100 ओम पर सैट करते हैं। (चित्र i)
2. टास्क A में चयनित डायोड को लेते हैं। ओममीटर के प्रोब्स (probes) को डायोड के टर्मिनल से चित्र (a) के अनुसार जोड़ते हैं। मीटर द्वारा प्रदर्शित प्रतिरोध के मान को सारणी 1 में नोट करते हैं।
3. अब ओममीटर की प्रोब्स को डायोड से चित्र (b) के अनुसार जोड़ते हैं तथा मीटर के पाठ्यांक को नोट करते हैं।
4. चरण 2 व 3 में नोट किए गए पाठ्यांक से, अग्र तथा व्युत्क्रम प्रतिरोध के अनुपात की गणना करते हैं तथा नोट करते हैं।
5. नोट की गई सूचना से, डायोड की स्थिति के बारे में अपना निष्कर्ष देते हैं। निष्कर्ष देने के लिए निम्नलिखित का उपयोग करते हैं
   - (i) अच्छे डायोड में, एक दिशा में प्रतिरोध का मान 100 ओम से कम होगा तथा दूसरी दिशा में प्रतिमान अत्यधिक या अनन्त होगा। खराब स्थिति में, निम्न तथा उच्च प्रतिरोध का अनुपात कम-से-कम 1:1000 होता है।
   - (ii) शॉर्ट डायोड, दोनों दिशाओं में शून्य या बहुत कम प्रतिरोध दर्शाता है।
6. चरण 2 से 4 को कम-से-कम 10 डायोडों के लिए दोहराते हैं।
7. अपने कार्य को अनुदेशक महोदय से चैक कराते हैं।

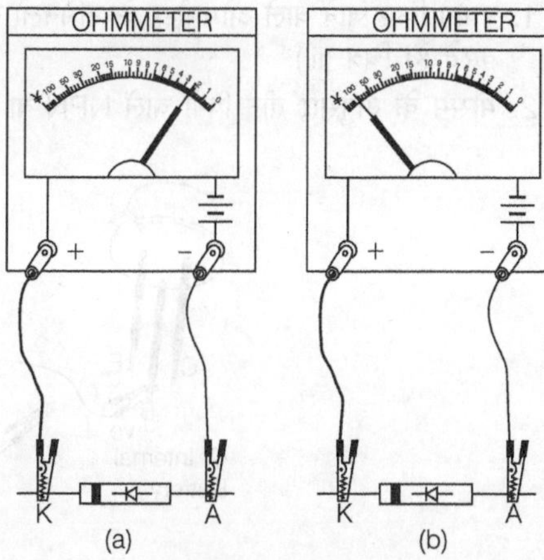

(i) डायोड का परीक्षण

सारणी 1

लेबल नं.	डायोड पर कोड संख्या	पैकेज का प्रकार	प्रतिरोध मूल्य		फ्रण्ट और रिवर्स प्रतिरोध के बीच अनुपात	डायोड एफआईटी/यूएनएफ आईटी की स्थिति
			समान दिशा	विपरीत दिशा		

C. ट्रांजिस्टर के प्रकार की पहचान करना

1. दिए गए मिश्रित वर्ग से कोई एक ट्रांजिस्टर लेते हैं तथा इस ट्रांजिस्टर के लेबल नम्बर व ट्रांजिस्टर के प्रकार को सारणी 1 में नोट करते हैं।
2. ट्रांजिस्टर डाटा मैनुअल से सारणी 1 में नोट किए गए ट्रांजिस्टर के विवरण का मिलान करते हैं।
   - (i) ट्रांजिस्टर सिलिकॉन या जर्मेनियम का बना है।
   - (ii) ट्रांजिस्टर NPN या PNP हैं।
   - (iii) पैकेजिंग के प्रकार; जैसे–TO5, TO7 आदि।
3. नोट किए गए पैकेजिंग के प्रकार से, ट्रांजिस्टर के लिए, बेस, एमीटर तथा कलैक्टर सहित पिन डायग्राम बनाते हैं।
4. चित्रानुसार, पर्याप्त लम्बाई की स्लीव लेते हैं तथा नीचे दी गई कलर स्कीम का प्रयोग करके ट्रांजिस्टर के पिनों की पहचान करते हैं। चित्र (ii)
   - बेस — 'की' स्लीव
   - कलैक्टर — पीले रंग की स्लीव
   - एमीटर — लाल रंग की स्लीव
   - शील्ड — काले रंग की स्लीव

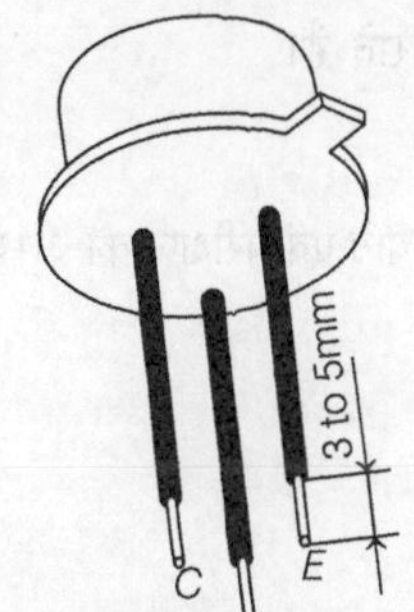

(ii) ट्रांजिस्टर पिनों की पहचान

5. 1 से 4 तक के चरणों को विभिन्न प्रकार के कम-से-कम 5 ट्रांजिस्टरों के लिए दोहराते हैं तथा अपने कार्य को अनुदेशक से चैक कराते हैं।

D. ट्रांजिस्टर का परीक्षण

1. प्रयोग किए जाने वाले ओममीटर के टर्मिनलों की पहचान करते हैं तथा बैटरी के धनात्मक टर्मिनल से जोड़ते हैं। मीटर की रेंज को R × 100 W पर सैट करते हैं। चित्र (iii)
2. मौसम के अनुसार तीन पिनों वाले NPN या PNP ट्रांजिस्टर तथा उचित स्लीव का चयन करते हैं।

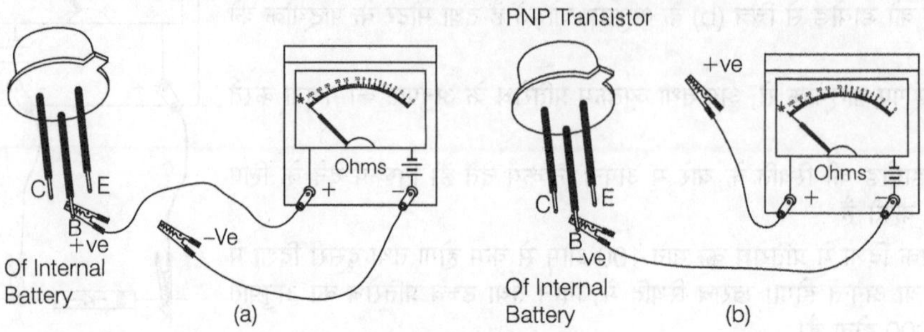

(iii) ट्रांजिस्टर परीक्षण

3. मीटर की प्रोब को एमीटर से संयोजित करते हैं तथा चैक करते हैं कि क्या ट्रांजिस्टर का बेस-एमीटर जंक्शन डायोड बहुत कम प्रतिरोध या बहुत अधिक प्रतिरोध दर्शाता है। प्रतिरोध के मान को सारणी 2 में नोट करते हैं।
4. मीटर के प्रोब के कनैक्शनों को बदलते हैं तथा चैक करते हैं कि क्या ट्रांजिस्टर का बेस-एमीटर जंक्शन डायोड बहुत कम या अधिक प्रतिरोध दर्शाता है। प्रतिरोध के मान को सारणी 2 में नोट करते हैं।
5. चरण 3 व 4 में नोट किए गए प्रेक्षणों (observations) के आधार पर ट्रांजिस्टर के बेस-एमीटर जंक्शन डायोड की स्थिति (अच्छी, ओपन या शॉर्ट) निर्धारित करते हैं तथा सारणी 2 में नोट करते हैं।

सारणी 2

मीटर प्रोब्स के साथ एक दिशा में P-N जंक्शन का प्रतिरोध	विपरीत दिशा में मीटर प्रोब्स के साथ P-N जंक्शन का प्रतिरोध	P-N जंक्शन की स्थिति
निम्न	बहुत उच्च	अच्छी
निम्न	निम्न	सोर्ट
बहुत उच्च	बहुत उच्च	ओपन

6. चरण 2, 3, 4 तथा 5 को ट्रांजिस्टर के बेस-कलैक्टर जंक्शन डायोड के लिए दोहराते हैं तथा इसकी स्थिति निर्धारित करते हैं।
7. एमीटर-कलैक्टर के प्रतिरोध का मापन करते हैं तथा प्रेक्षणों को उच्च (> 1MW) या निम्न (< 500 W) के अनुसार नोट करते हैं।
8. मीटर को उपयुक्त ध्रुवता के साथ एमीटर-कलैक्टर से चित्रानुसार संयोजित करते हैं।
9. चित्रानुसार, बेस-कलैक्टर को गीली अँगुली से छूते हैं तथा चैक करते हैं कि यदि मीटर द्वारा दर्शाया गया प्रतिरोध घटता है, तो क्या ट्रांजिस्टर 'ऑन' होता है।
10. चरण 1 से 9 को कम-से-कम पाँच ट्रांजिस्टरों के लिए दोहराते हैं।
11. अपने कार्य को अनुदेशक से चैक कराते हैं।

परिणाम (Result) विभिन्न प्रकार के डायोडों एवं ट्रांजिस्टरों की पहचान एवं परीक्षण का अभ्यास सफलतापूर्वक किया गया।

प्रैक्टिकल संख्या 25

✎ वाहन में प्रयुक्त हाइड्रॉलिक तथा न्यूमैटिक अवयवों की पहचान करना
Identify Hydraulic and Pneumatic Components Used in Vehicle

उद्‌देश्य Object

वाहन में प्रयुक्त हाइड्रॉलिक एवं न्यूमैटिक अवयवों की पहचान करना।

आवश्यक उपकरण/सामग्री Essential Apparatus/Instruments

- ट्रेनी टूल किट
- कॉटन वेस्ट
- हाइड्रॉलिक ऑयल
- न्यूमैटिक ब्रेक
- हाइड्रॉलिक क्लच वाहन

सुरक्षा सावधानियाँ/निर्देश Safety Precautions/Materials

1. वाहन के किसी भाग को अनावश्यक न छुएँ।
2. वाहन के चलते भागों पूर्व से छेड़-छाड़ न करें।

कार्यविधि Working Method

A. हाइड्रॉलिक कम्पोनेन्ट की पहचान

1. वाहन को ग्राउण्ड पर रखते हैं।
2. वाहन के टायरों को स्टॉपर की सहायता से सपोर्ट देते हैं।
3. हैण्ड ब्रेक एप्लाई करते हैं।
4. बोनट को खोलते हैं।
5. बैटरी के निगेटिव केबिल को हटाते हैं।
6. हाइड्रॉलिक क्लच प्रणाली का निरीक्षण करते हैं तथा अवयवों; जैसे-मास्टर सिलेण्डर रिजर्वायर, मास्टर सिलेण्डर, स्लैव सिलेण्डर हाइड्रॉलिक लाइन तथा थ्रो-कट लीवर की स्थिति निर्धारित करते हैं।
7. हाइड्रॉलिक अवयवों की चित्रानुसार पहचान करते हैं तथा अवयवों के नाम सारणी 1 में नोट करते हैं। चित्र (i)

सारणी 1

क्र.सं.	अंकित संख्या	भाग का नाम
1	2	
2	5	
3	4	
4	1	
5	3	
6	7	
7	6	

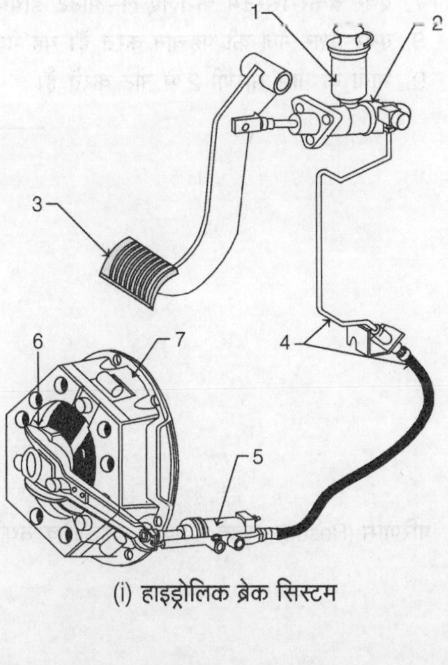

(i) हाइड्रोलिक ब्रेक सिस्टम

B. **न्यूमैटिक अवयवों की पहचान**

1. चित्रानुसार एयर कम्प्रैशर की पहचान करते हैं। चित्र (ii)

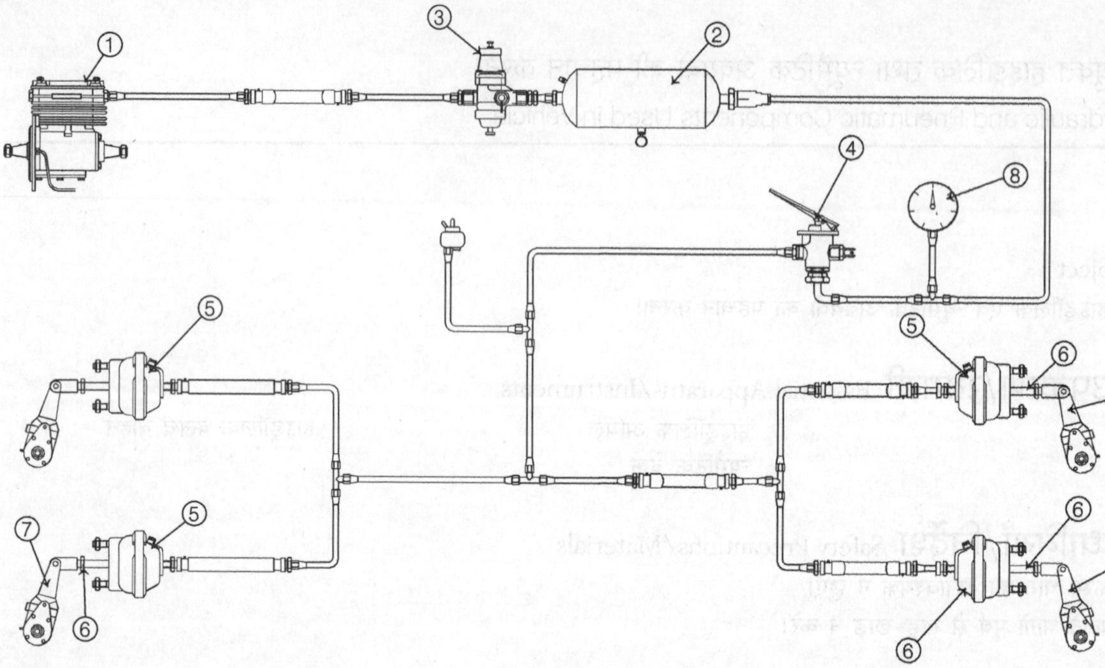

(ii) न्यूमैटिक सिस्टम

2. एयर टैंक की स्थिति निर्धारित करते हैं। एयर टैंक, एयर कम्प्रैशर से कम्प्रैस्ड वायु प्राप्त करता है।
3. अनलोडर वाल्व की स्थिति निर्धारित करते हैं।
4. ब्रेक वाल्व की पहचान करते हैं जब ब्रेक पैडल को दबाया जाता है, तो ब्रेक वाल्व वायु का प्रवाह होने देता है, जिससे ब्रेक लग जाते हैं।
5. 2 फ्रण्ट ब्रेकर चैम्बर तथा 2 रियर ब्रेक चैम्बर की स्थिति निर्धारित करते हैं।
6. फ्रण्ट तथा रियर ब्रेकर के लिए ब्लैक एडजस्टर की स्थिति निर्धारित करते हैं।
7. एयर ब्रेकर सिस्टम के लिए ले-आउट डायग्राम बनाते हैं।
8. एयर प्रैशर गेज की पहचान करते हैं। यह गेज एयर टैंक में प्रैशर के मान को दर्शाता है।
9. भागों के नाम सारणी 2 में नोट करते हैं।

सारणी 2

क्र.सं.	भाग का नाम	स्थिति
1		
2		
3		
4		
5		
6		
7		
8		
9		
10		

परिणाम (Result) वाहन में प्रयुक्त हाइड्रॉलिक तथा न्यूमैटिक अवयवों की पहचान सफलतापूर्वक की गई।

प्रैक्टिकल संख्या 26

✎ हाइड्रॉलिक जैक, हाइड्रॉलिक पावर स्टीयरिंग व ब्रेक परिपथ पर हाइड्रॉलिक परिपथ को ट्रेस करना
Trace Hydraulic Circuit on Hydraulic Jack, Hydraulic Power Steering and Brake Circuit

उद्देश्य Object

हाइड्रॉलिक जैक, हाइड्रॉलिक पावर स्टीयरिंग व ब्रेक परिपथ के हाइड्रॉलिक परिपथ से अवगत होना।

आवश्यक उपकरण/सामग्री Essential Apparatus/Materials

- ट्रेनी टूल किट
- कॉटन वेस्ट
- हाइड्रॉलिक पावर स्टीयरिंग वाहन
- हाइड्रॉलिक ब्रेक
- हाइड्रॉलिक जैक ट्रॉली
- वर्क बेंच
- ब्लीडिंग किट
- हाइड्रॉलिक फ्लूड

सुरक्षा सावधानियाँ/निर्देश Safety Precautions/Instructions

1. वाहन में हाइड्रॉलिक अवयवों के हाइड्रॉलिक परिपथ को समझने के पश्चात् ही कार्य प्रारम्भ करें।
2. हाइड्रॉलिक जैक का उपयोग करने से पूर्व हाइड्रॉलिक परिपथ की जानकारी प्राप्त कर लेनी चाहिए।

कार्यविधि Working Method

A. हाइड्रॉलिक जैक

1. हाइड्रॉलिक जैक के कटे हुए सेक्शन मॉडल को वर्क बेंच पर रखें।
2. हाइड्रॉलिक जैक सिस्टम का पता लगाएँ तथा अवयवों; जैसे—रिजर्वायर, प्लंजर, नॉन-रिटर्न वाल्व, रैम, रिलीफ वाल्व तथा शट-ऑफ वाल्व की स्थिति निर्धारित करें।
3. सिस्टम के सभी भागों की पहचान करें।
4. भागों के नाम सारणी 1 में नोट करें।

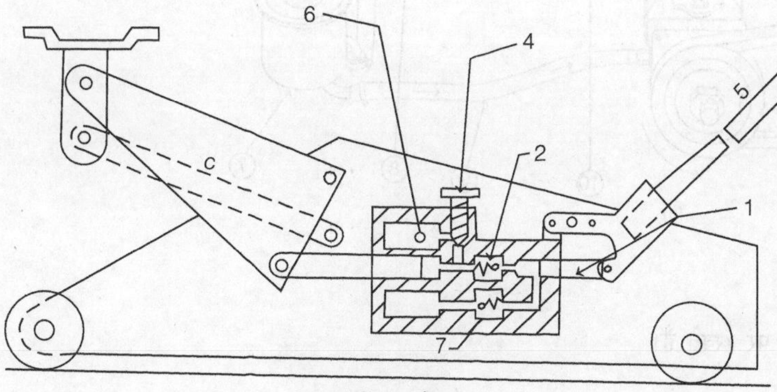

(i) हाइड्रॉलिक जैक

सारणी 1

क्र.सं.	अंकित अक्षर	भागों के नाम
1	6	
2	4	
3	2	
4	7	
5	5	
6	1	
7	3	

B. पावर स्टीयरिंग के हाइड्रॉलिक अवयव

1. हाइड्रॉलिक पावर स्टीयरिंग के अनुप्रस्थ परिच्छेद को वर्क बेंच पर रखें। 2. हाइड्रॉलिक पावर स्टीयरिंग का लाइन डायग्राम बनाएँ।
3. हाइड्रॉलिक पावर स्टीयरिंग के विभिन्न भागों; जैसे—सक्शन लाइन, हौज, सीलिंग रिंग के साथ सील माउण्ट, सिलेण्डर पिस्टन रॉड, स्टीयरिंग गियर रिटर्न लाइन, पिस्टन, प्रैशर पैड एडजस्टिंग स्क्रू, हाई प्रैशर पम्प रैक तथा प्रैशर लाइन की स्थिति निर्धारित करें।
4. सभी भागों के नाम सारणी 2 में नोट करें।

सारणी 2

क्र.सं.	अंकित नम्बर	भागों के नाम
1	2	
2	5	
3	4	
4	1	
5	3	
6	11	
7	6	
8	9	
9	12	
10	7	
11	10	
12	13	
13	8	

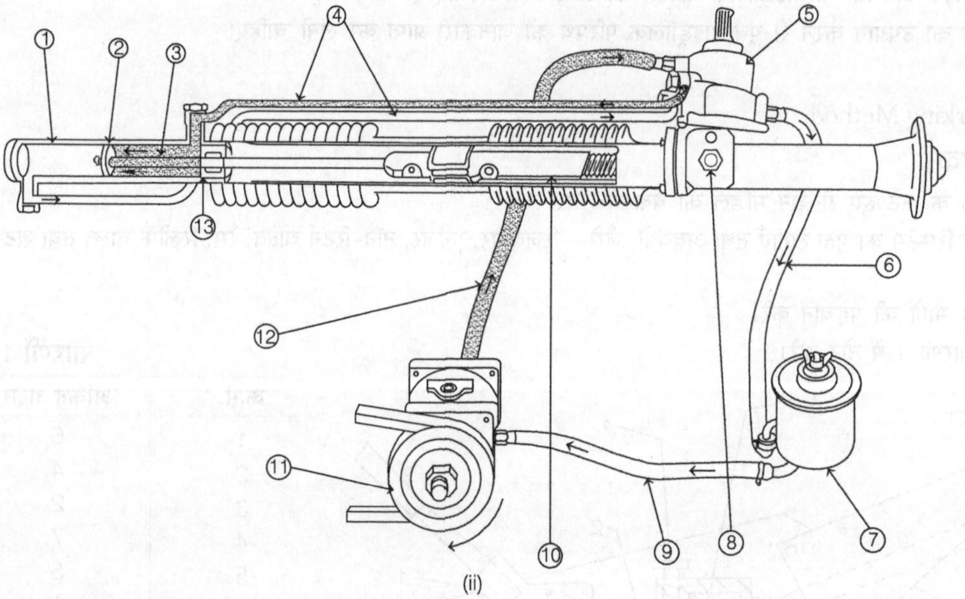

(ii)

C. हाइड्रॉलिक ब्रेक सिस्टम के अवयवों की पहचान

1. हाइड्रॉलिक ब्रेक सिस्टम के अनुप्रस्थ परिच्छेद को वर्क बेंच पर रखते हैं।
2. हाइड्रॉलिक ब्रेक सिस्टम का लाइन डायग्राम बनाते हैं।

3. हाइड्रॉलिक ब्रेक सिस्टम तथा ड्रम ब्रेकिंग सिस्टम के अवयवों; जैसे—लाइन यूनियन, ब्रेक पुश रॉड, ब्रेक फ्लैक्सिबल हौज, ब्रेक पैडल रिटर्न स्प्रिंग, मास्टर सिलेण्डर, ब्रेक लाइनिंग, ब्रेक स्टील पाइप लाइन, ब्रेक एडजस्टर, शू रिटर्न स्प्रिंग, स्टॉप लाइट, स्विच, पार्किंग ब्रेक केबिल ब्रेक शू, ब्रेक पैडल तथा लॉक नट इत्यादि की स्थिति दर्शाते हैं।

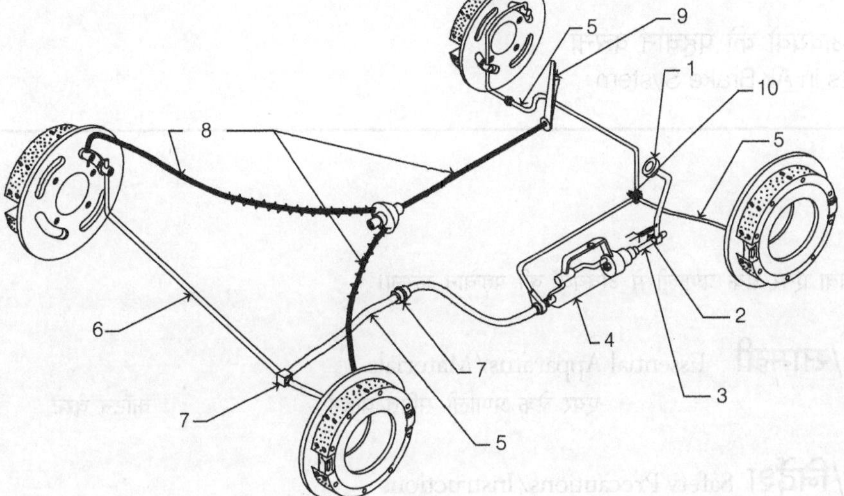

(iii)

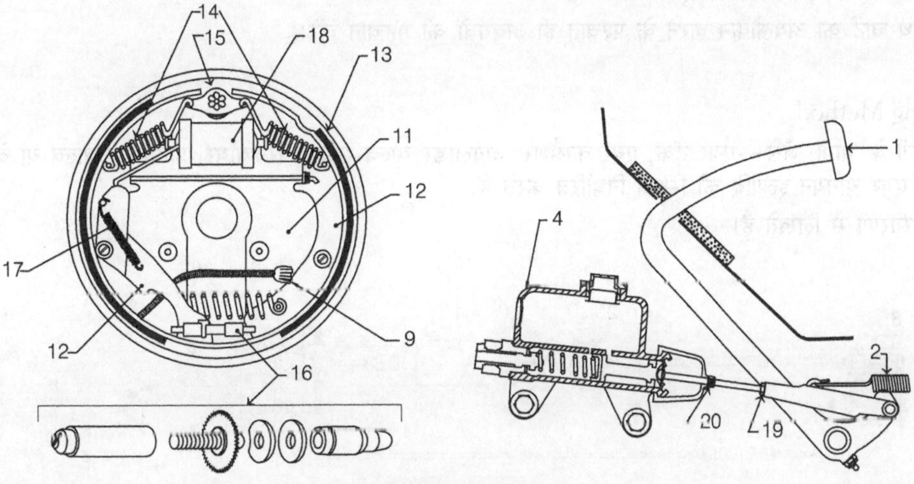

(iii) हाइड्रॉलिक ब्रेक सिस्टम

4. सभी भागों के नाम तालिका में लिखते हैं।

सारणी

क्र.सं.	अंकित नम्बर	भागों के नाम	क्र.सं.	अंकित नम्बर	भागों के नाम
1	2		11	14	
2	5		12	19	
3	4		13	6	
4	1		14	20	
5	3		15	7	
6	11		16	9	
7	15		17	13	
8	17		18	18	
9	12		19	10	
10	18		20	15	

परिणाम (Result) हाइड्रॉलिक जैक, हाइड्रॉलिक पावर स्टीयरिंग व ब्रेक परिपथ के हाइड्रॉलिक परिपथ से सफलतापूर्वक अवगत हुआ गया।

प्रैक्टिकल संख्या 27

✎ एयर ब्रेक प्रणाली में अवयवों की पहचान करना
Identify Components in Air Brake System

उद्देश्य Object

न्यूमैटिक (pneumatic) अथवा एयर ब्रेक प्रणाली में अवयवों की पहचान करना।

आवश्यक उपकरण/सामग्री Essential Apparatus/Materials

- ट्रेनी टूल किट
- एयर ब्रेक प्रणाली सहित वाहन
- कॉटन वेस्ट

सुरक्षा सावधानियाँ/निर्देश Safety Precautions/Instructions

1. वाहन के किसी भी भाग को अनावश्यक न छुएँ।
2. न्यूमैटिक ब्रेक परिपथ चार्ट का अवलोकन करने के पश्चात् ही अवयवों की पहचान करें।

कार्यविधि Working Method

1. न्यूमैटिक ब्रेक प्रणाली के भागों; जैसे—एयर टैंक, एयर कम्प्रैशर, अनलोडर वाल्व सर्विस, रिजर्वायर, प्रौटेक्टिव वाल्व या ब्रेक वाल्व, हैण्ड कण्ट्रोल वाल्व, ब्रेक चैम्बर, एयर यूनियन इत्यादि की स्थिति निर्धारित करते हैं।
2. सभी भागों के नाम सारणी में लिखते हैं।

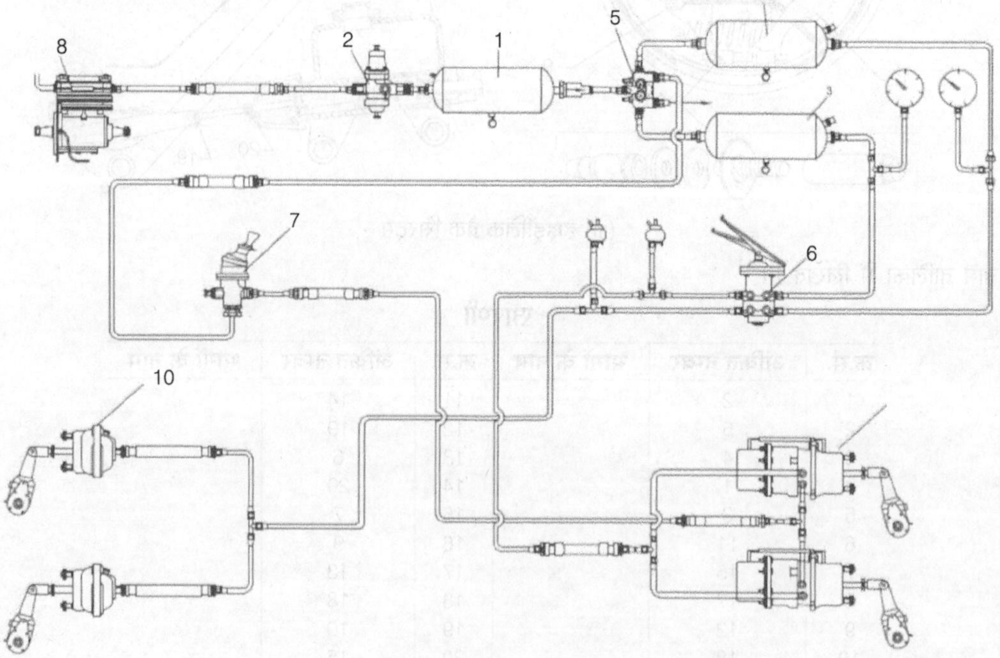

(i) न्यूमैटिक ब्रेक सिस्टम

सारणी 1

क्र.सं.	अंकित नम्बर	भागों के नाम
1	2	
2	5	
3	4	
4	1	
5	3	
6	6	
7	7	
8	9	
9	10	
10	8	

परिणाम (Result) न्यूमैटिक एयर ब्रेक प्रणाली के अवयवों की पहचान सफलतापूर्वक की गई।

प्रैक्टिकल संख्या 28

✎ व्हीकल के विभिन्न प्रकारों की पहचान करना
Carryout Indentification of the Different Types of Vehicle

उद्देश्य Object

व्हीकल के विभिन्न प्रकारों की पहचान करना।

आवश्यक उपकरण/सामग्री Essential Apparatus/Materials

- लैब मैनुअल
- कार्यशाला में उपलब्ध व्हीकल चार्ट

सुरक्षा सावधानियाँ/निर्देश Safety Precautions/Instructions

1. कार्यशाला में उपलब्ध व्हीकल चार्ट का अध्ययन ध्यानपूर्वक करें। 2. अनुदेशक द्वारा दिए गए निर्देशों का अनुपालन करें।

कार्यविधि Working Method

1. अक्षरों द्वारा अंकित व्हीकल की पहचान करके उनका नाम सारणी 1 में नोट करते हैं।
   (a) कार (b) ट्रक पंजाब बॉडी या सीधा ट्रक (c) ट्रक हाफ बॉडी
   (d) फ्लैट फॉर्म टाइप ट्रक (e) ट्रैक्टर (f) आर्टीकुलेटिड ट्रेलर के साथ ट्रैक्टर
   (g) टैंकर (h) डिलीवरी वेन (i) डम्पर ट्रक
   (j) स्टेशन वैगन (k) पिक-अप (l) जीप

a

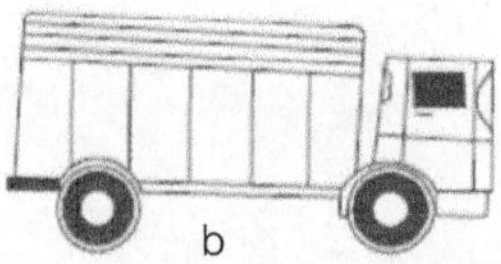
b

c

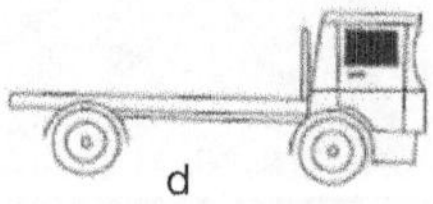
d

e

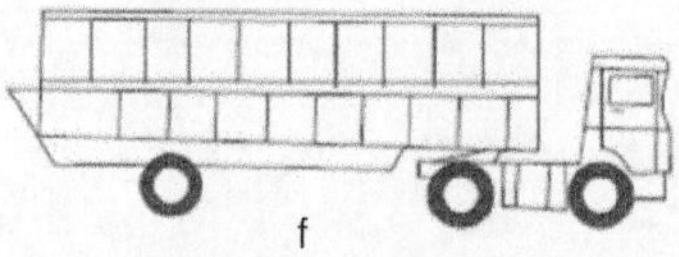
f

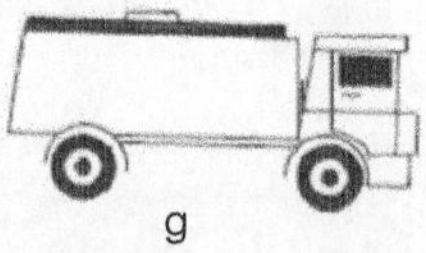
g

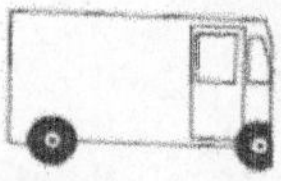
h

i

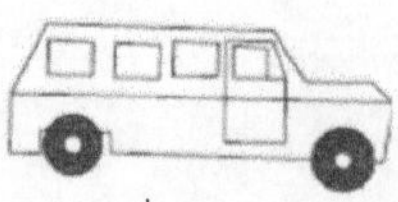
j

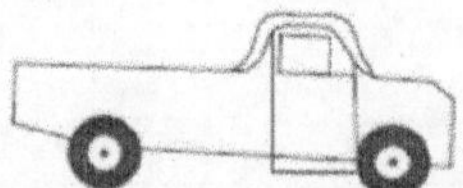
k

l

सारणी 1

क्र.सं.	1	2	3	4	5	6	7	8	9	10	11	12
प्रदर्शित अक्षर	b	a	e	d	c	g	h	l	k	j	i	f
व्हीकल नाम												

परिणाम (Result) व्हीकल के विभिन्न प्रकारों की पहचान सफलतापूर्वक की गई।

प्रैक्टिकल संख्या 29

✎ वाहन विशिष्टियाँ आँकड़ों का प्रदर्शन करना
Perform Demonstration of Vehicle Specification Data

उद्देश्य Object

वाहन विशिष्टियों के आँकड़ों से अवगत होना।

आवश्यक उपकरण/सामग्री Essential Apparatus/Materials

- ट्रेनी टूल किट
- कॉटन वेस्ट
- वैक्यूम गेज
- हाइड्रोमीटर
- वाहन
- मापन टेप
- हाइड्रॉलिक फ्लूड
- वोल्टेज टैस्टर
- कम्प्रैशन गेज
- इंजन ऑयल
- बोर डायल गेज
- एक वाहन
- अनुदेशक से निम्न प्रकार का वाहन विशिष्टि चार्ट प्राप्त करें

MODELS	TH 420
ENGINE	4 cycle, OHV V-twin, air cooled gas
Make/hP (displacement)	Briggs and Stratton® 16 HP (480 CC) Honda® 20 hp (814 CC)
Lubrication	Full Pressure with automotive style spin-on canister
Electrical system	12 volt DC with 20 amp alternator
Battery	530 CCA rating@32° F
Chassis suspension, Front	Macpherson strut, Single A-arm, coil-over-shock
Suspension, rear	Independent trailing arm, coil-over-shock
Wheel travel, Front/rear	5.7 inches/4.4 inches
Steering	Rack and Pinion
Front Tyres	AT 23 x 8.0 - 12 NHS
Rear Tyres	AT 23 x 10.0 - 12 NHS
Brakes	4 wheel hydraulic disc brakes; self-adjusting with tandem master cylinder
Ground Clearance	9 inches
Drive Train Transmission	Continuously Variable Transmission (CVT)
CVT Protection	Shielded (TH420 only) Fully enclosed pressurised with filtered air intake
Final Drive	Bush Hog Dual-Range transaxle with High, Low, Neutral and Reverse
Differential Lock	Truck-style automatic positive locking differential; featuring Detroit Gearless Locker™
Ground speed	0-25 MPH
Dimensions Dry Weight	1270 lbs to 1320 lbs
Wheel Base	72 inches

MODELS	TH 420
Overall Dimensions (lx wx h)	110 x 49 x 75 inches
Vehicle load Capacity	1150 lbs
Cargo Box Load Capacity	750 lbs
Fuel Capacity	7 gallons
Seating Capacity (Bench-type)	2
Lights	Dual 37 watt halogen headlights, tail lights and brake lights
Colours	Classic Bush Hog Red, Deep Forest Green and Mossy Oak Obsession camouflage, see accessories brochure
arranty	1 year limited warranty. See dealer for complete details. 2 year engine limited warranty administered through engine manufacturers.
Bush hog exclusive	Patented Sealed and Pressurised CVT Protection System on model TH440

सुरक्षा सावधानियाँ/निर्देश Safety Precautions/Instructions

1. वाहन की प्रत्येक विशिष्टि से अवगत हो लें।
2. वाहन की विशिष्टियों का अवलोकन वाहन की यूजर गाइड से करें।

कार्यविधि Working Method

1. सर्वप्रथम वाहन की बॉडी एवं इंजन की विशिष्टियों से अवगत होते हैं।
2. वाहन के उत्सर्जन, ईंधन, मितव्ययिता एवं सुरक्षा की विशिष्टियों से अवगत होते हैं।
3. वाहन की आन्तरिक विशिष्टियों से अवगत होते हैं।
4. वाहन की बाह्य विशिष्टियों से अवगत होते हैं।
5. वाहन की सुरक्षा प्रणाली की विशिष्टियों से अवगत होते हैं।
6. वाहन की तकनीकी विशिष्टियों से अवगत होते हैं।
7. वाहन की वित्तीय विशिष्टियों से अवगत होते हैं।

परिणाम (Result) सफलतापूर्वक वाहन विशिष्टियों से अवगत हुआ है।

प्रैक्टिकल संख्या 30

✎ वाहन सूचना संख्या की पहचान करना। गैरेज, सर्विस स्टेशन उपकरणो–वाहन होएस्ट–पोस्ट व फोर–पोस्ट होएस्ट, इंजन होएस्ट, जैक, स्टैण्ड का प्रदर्शन करना
Perform Identification of Vehicle Information Number (VIN). Demonstration of Garage, Service Station Equipments-Vehicle Hoists-Two Post and Four Post Hoist, Engine Hoists, Jacks, Stands

30.1

वाहन सूचना संख्या Vehicle Information Number (VIN)

उद्देश्य Object

वाहन सूचना संख्या (Vehicle Information Number VIN) की पहचान करना।

आवश्यक उपकरण/सामग्री Essential Apparatus/Materials

- मापक टैप
- कॉटन वेस्ट
- जी.पी.एस. युक्त वाहन
- पेपर
- पेन्सिल
- रबड़
- इण्टरनेट युक्त कम्प्यूटर सिस्टम

सुरक्षा सावधानियाँ/निर्देश Safety Precautions/Instructions

1. वाहन का जी.पी.एस. सिस्टम ऑन हो।
2. वाहन आर.टी.ओ. में पंजीकृत हो।

कार्यविधि Working Method

1. वाहन को समतल भूमि पर खड़ा करते हैं।
2. हैण्ड ब्रेक लगाते हैं तथा व्हील को चोक करते हैं।
3. वाहन की VIN संख्या की पहचान करते हैं।
4. कागज पर वाहन की VIN संख्या नोट करते हैं।
5. निर्माता की सामान्य जानकारी के अनुसार VIN संख्या के विवरण को डीकोड करते हैं।

6. वाहन की VIN संख्या 17 अंकों की एक संख्या होती है जिसे तीन समूहों WMI, VDS तथा VIS में वर्गीकृत किया गया होता है; जैसे MAL BB5 IBC AMI 73752

	अंक	यात्री कार	MPV	BUS
WMI	1		जियोग्राफिक जोन	
	2		निर्माता	
VDS	3		वाहन का प्रकार	
	4		श्रेणी	
	5		बॉडी स्टाइल तथा संस्करण	
	6		बॉडी का प्रकार	
	7	अवरोध प्रणाली	GVWR	ब्रेक प्रणाली
	8		इंजन का प्रकार	
	9		अंक जाँच/ड्राइव साइड	
VIS	10		मॉडल वर्ष	
	11		उत्पाद का प्लाण्ट	
	12-17		क्रम संख्या	

WMI → World Manufacturer Identifier, VIS → Vehicle Identicator Section, VDS → Vehicle Descriptor Section

परिणाम (Result) वाहन सूचना संख्या की पहचान सफलतापूर्वक की गई।

30.2

गैराज तथा सर्विस स्टेशन उपकरणों का प्रदर्शन

Demonstration of Garrage and Service Station Equipments

उद्देश्य Object

गैराज तथा सर्विस स्टेशन उपकरणों; जैसे—वाहन होएस्ट, जैक, स्टैण्ड इंजन होएस्ट इत्यादि का प्रदर्शन करना।

आवश्यक उपकरण/सामग्री Essential Apparatus/Materials

- ट्रेनी टूल किट
- सोप ऑयल
- एयर कम्प्रैशर
- कॉटन वैस्ट
- कार
- मापन टैप
- लकड़ी के ब्लॉक

सुरक्षा सावधानियाँ/निर्देश Safety Precautions/Instructions

1. जैक को फिसलने से रोकने के लिए लकड़ी के ब्लॉक का प्रयोग करें।
2. वाहन को टिकाने के लिए स्टैण्ड का उपयोग करें।
3. होएस्ट को उसकी सीमा से अधिक ऊपर न उठाएँ
4. बिना सुरक्षा लॉक लगाए होएस्ट को उठी हुई अवस्था में न रखें।
5. अधिक समय तक जैक पर वाहन का भार न रखें।

कार्यविधि Working Method

A. एयर कम्प्रेशर

1. ऑयल के स्तर की जाँच करते हैं।
2. मोटर तथा कम्प्रैशर पुली से संयोजित बैल्ट के तनाव (tension) की जाँच करते हैं।
3. सुनिश्चित करते हैं कि बैल्ट गार्ड सही स्थिति पर है।
4. ड्रेन प्लग द्वारा जल के निकास की जाँच करते हैं तथा आवश्यकता होने पर ड्रैन प्लग को टाइट करते हैं।
5. वैद्युतिक संयोजनों को चैक करते हैं। चित्र (i)
6. कम्प्रैशर का स्विच 'ऑन' करते हैं।
7. कम्प्रैशर की ध्वनि (sound) का अवलोकन करते हैं। यदि कोई असामान्य ध्वनि प्राप्त होती है, तो कम्प्रैशर को तुरन्त स्विच ऑफ कर देते हैं।
8. हौज पाइप को पकड़ते है तथा कॉक को खोलते हैं। इसके बाद प्राप्त कम्प्रैस्ड एयर का उपयोग आवश्यकता वाले स्थान पर करते हैं।
9. कम्प्रैस्ड एयर के उपयोग के पश्चात् कोक बन्द करते हैं।

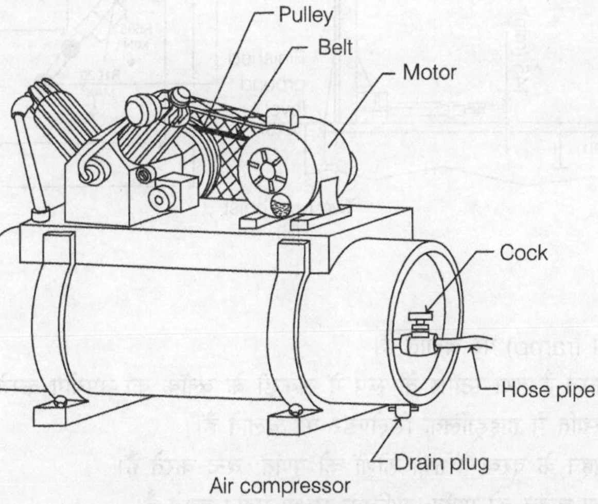

Air compressor

(ii) एयर कम्प्रैसर

B. **वाहन होएस्ट**

1. वाहन को कार होएस्ट के सेन्टर में खड़ा (park) करते हैं।
2. व्हील के फ्रण्ट तथा रियर एक्सल को क्लैम्प करते हैं।
3. एयर कॉक को धीरे-धीरे खोलते हैं तथा होएस्ट का अवलोकन करते हैं।
4. जब वाहन आवश्यक ऊँचाई तक पहुँच जाता है, तो कॉक को रोक देते हैं।
5. होएस्ट के नीचे सेफ्टी स्टैण्ड लगाते हैं।
6. आउटलेट कॉक को धीरे-धीरे खोलते हैं जिससे कि वाहन बिना किसी झटके के नीचे आएँ।
7. आवश्यक कार्य की समाप्ति के पश्चात् इनलेट कॉक को धीरे-धीरे खोलते हैं तथा कार होएस्ट को धीरे-धीरे ऊपर उठाते हैं। इनलेट कॉक को बन्द करते हैं तथा सेफ्टी स्टैण्ड को हटाते हैं।
8. आउटलेट कॉक को धीरे-धीरे खोलते हैं, ताकि वाहन बिना किसी व्यवधान (disturbance) के अपनी पूर्व स्थिति में आ जाए।
9. क्लैम्प/चॉक को हटाकर, वाहन को होएस्ट से अलग करते हैं। चित्र (ii)

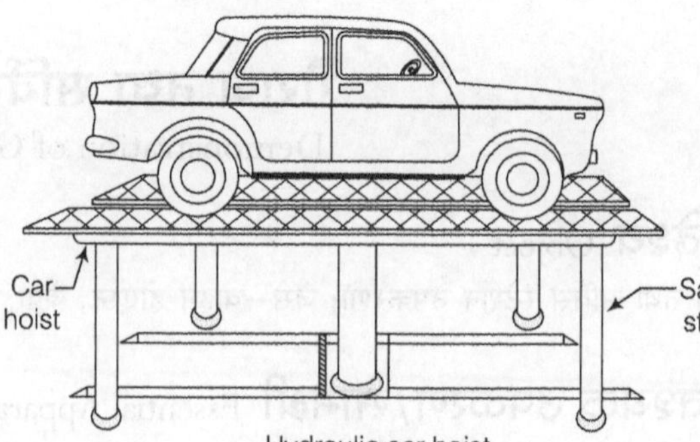

Hydraulic car hoist
(ii)

C. **टू-पोस्ट होएस्ट**

1. वाहन को इलैक्ट्रो मैकेनिकल (electro mechanical) के सेन्टर में खड़ा करते हैं।
2. टेलिस्कोपिक टू-पोस्ट लिफ्ट की लिफ्टिंग आर्म को एड्जस्ट तथा स्थिर करते हैं।
3. ऑटोमैटिक आर्म को लॉक करते हैं तथा डिवाइस को उठाने व नीचे लाने के दौरान रिलीज करते हैं।
4. विषम (uneven) लिफ्टिंग से बचने के लिए सुरक्षा यन्त्रावली (safety mechanism) को सैट करते हैं।
5. अतिरिक्त सुरक्षा नट का उपयोग करते हैं। चित्र (iii)
6. चैन ड्राइव को चैक करते हैं तथा लिफ्टिंग स्विच को ऑपरेट करते हैं।
7. सुरक्षा के लिए एंकरिंग (anchoring) बोल्ट का उपयोग करते हैं।

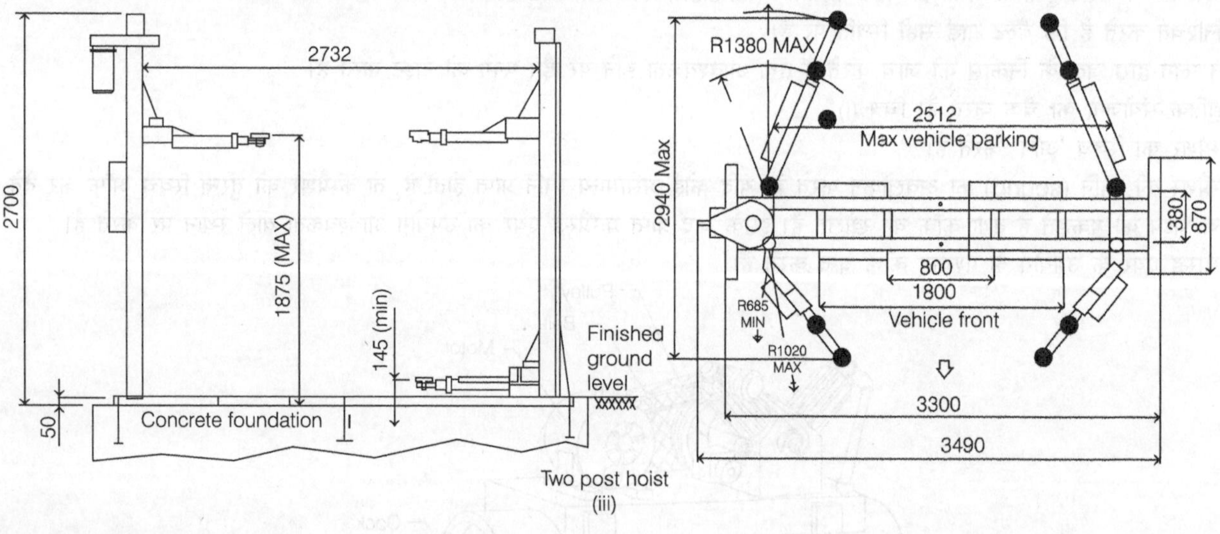

Two post hoist
(iii)

D. **फोर-पोस्ट लिफ्ट**

1. वाहन को फोर-पोस्ट के समतल रैम्प (ramp) पर चलाते हैं।
2. रैम्प पर वाहन की स्थिति को चैक करते हैं तथा स्टॉपर के रूप में लकड़ी के ब्लॉक का उपयोग करते हैं।
3. वाहन के स्थिर तथा नीचे लाने की स्थिति में हाइड्रॉलिक सिलेण्डर को चलाते हैं।
4. वाहन में हैण्ड ब्रेक लगाते हैं तथा वाहन के दरवाजों तथा शीशों को पूर्णतः बन्द करते हैं।
5. सेफ्टी ब्लॉक का उपयोग करते हैं तथा वाहन को पूर्णतः यान्त्रिक सुरक्षा प्रदान करते हैं।

6. स्टील केबिल का उपयोग करके वाहन के ढलान (slopping) को प्रभावी रूप से सुरक्षा प्रदान करते हैं। चित्र (iv) में फोर पोस्ट होएस्ट दिखाया गया है।

(iv)

E. इंजन होएस्ट

1. वाहन को समतल स्थान पर खड़ा करते हैं।
2. वाहन के हैण्ड ब्रेक लगाते हैं।
3. होएस्ट को समतल स्थान पर रखते हैं तथा वाहन के इंजन को रस्सी से बाँधते हैं।
4. यदि समतल स्थान उपलब्ध न हों, तो होएस्ट के आधार के नीचे लकड़ी के बड़े ब्लॉक रखते हैं। चित्र (v)
5. होएस्ट को तब तक उठाते हैं, जब तक वाहन धरातल से पूर्णत: ऊपर न उठ जाए।
6. व्हील होएस्ट को धीरे-धीरे चलाते हैं तथा वाहन को कार्यशाला तक ले जाते हैं।

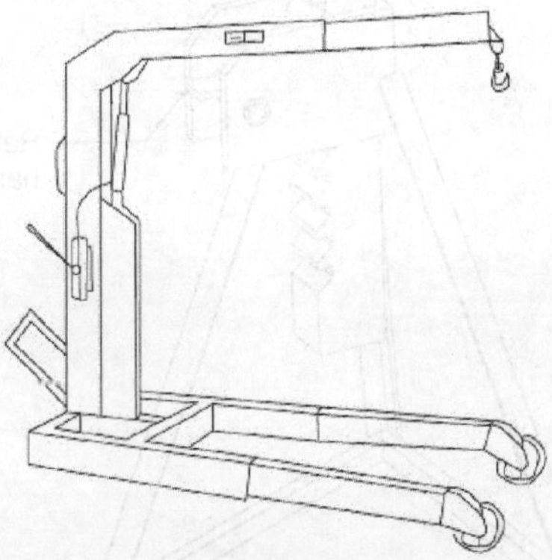

Engine hoist
(v)

F. जैक

1. वाहन को समतल धरातल पर खड़ा करते हैं।
2. वाहन के फ्रण्ट एक्सल को ऊपर उठाने की स्थिति में पिछले पहियों को चोक (chock) करते हैं।
3. जैक की थ्रैड्स को चैक करते हैं।
4. जैक को वाहन के नीचे उपयुक्त स्थान पर लगाते हैं।
5. जैक के स्क्रू को धीरे-धीरे घुमाते हैं तथा वाहन को ऊपर उठाते हैं।
6. वाहन के चैसिस फ्रेम के नीचे सपोर्ट लगाते हैं।
7. जैक के स्क्रू को घुमाते हैं तथा जैक को वाहन के नीचे से हटाते हैं।
8. वाहन पर उपयुक्त कार्य करने के पश्चात् पुन: जैक को वाहन के नीचे लगाते हैं तथा सपोर्ट को हटाते हैं।

9. जैक को हटाते हैं तथा वाहन को धरातल पर रखते हैं। चित्र (vi)

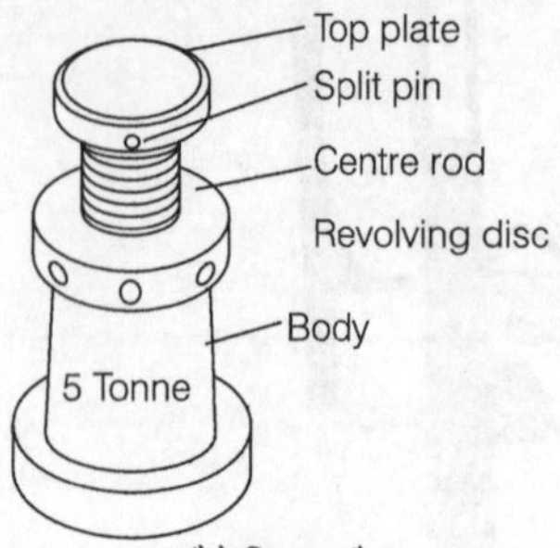

(a) मैकेनिकल जैक

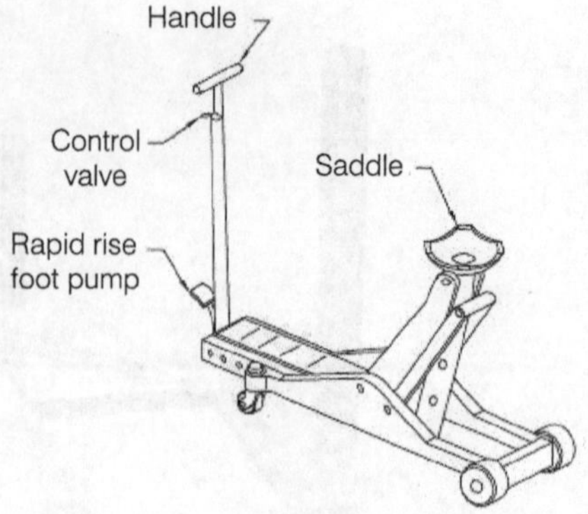

(b) हाइड्रोलिक जैक

(vi) जैक

G. जैक स्टैण्ड

1. जैक स्टैण्ड की ऊँचाई को रैचेट एड्जस्टमेण्ट द्वारा एड्जस्ट करते हैं।
2. स्टैण्ड ठीक तथा सुरक्षित होना चाहिए। चित्र (vii)

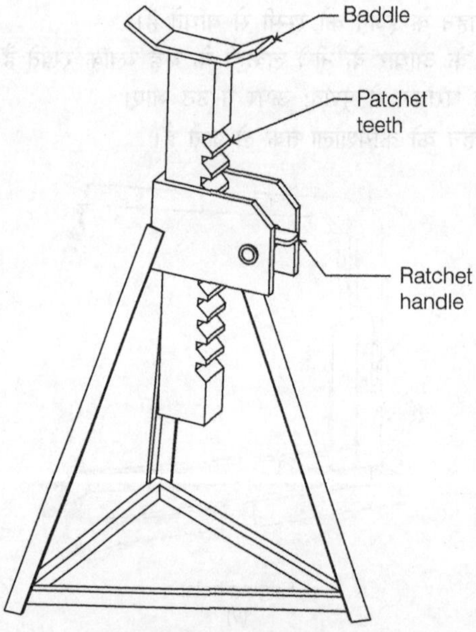

(vii) जैक स्टैण्ड

परिणाम (Result) गैराज तथा सर्विस स्टेशन उपकरणों का प्रदर्शन सफलतापूर्वक किया गया।

प्रैक्टिकल संख्या 31

✎ LMV/HMV के डीजल इंजन में भागों की पहचान करना
Identify Parts in a Diesel Engine of LMV/HMV

उद्देश्य Object

LMV/HMV के डीजल इंजन के विभिन्न भागों की पहचान करना।

आवश्यक उपकरण/सामग्री Essential Apparatus/Materials

- ट्रेनर टूल किट
- मल्टी सिलेण्डर डीजल इंजन कट सेक्शनल मॉडल
- केरोसीन (आवश्यकतानुसार)
- रिंग एक्सपैन्डर, वाल्व- प्रत्येक एक फिल्टर
- कॉटन क्लॉथ (आवश्यकतानुसार)
- बॉक्स स्पैनर सैट
- ट्रे
- सोप ऑयल (आवश्यकतानुसार)

सुरक्षा सावधानियाँ/निर्देश Safety Precautions/Instructions

1. इंजन के भागों की पहचान करने के लिए सर्विस मैनुअल का संज्ञान अवश्य लें।
2. इंजन के सभी भागों को अलग-अलग करने में समान प्रकृति के पुर्जों को मिलने नहीं दें।
3. इंजन के भागों को अलग-अलग करने में हस्त औजारों को प्रयोग करें।

कार्यविधि Working Method

1. वर्क बेंच पर डीजल इंजन के कट सेक्शन मॉडल को रखते हैं।
2. इसमें डीजल इंजन के भाग; जैसे-रेडिएटर, FIP, इंजेक्टर एयर क्लीनर, फ्यूल फीड पम्प, फ्यूल फीड, आल्टरनेटर, सैल्फ स्टार्टर, वाटर पम्प, डिपस्टिक, इनलेट व एक्जॉस्ट मैनीफोल्ड, इंजन हैड एवं वाल्व असेम्बली, रॉकर आर्म, वाल्व कवर, पिस्टन टाइमिंग गियर, ऑयल पम्प, फ्लाईव्हील एवं हाउसिंग, कनैक्टिंग रॉड, क्रैंकशाफ्ट आदि का पता लगाते हैं।
3. चित्र (i), (ii) एवं (iii) में दिए गए डीजल इंजन कट सेक्शन मॉडल के भागों को पहचानते हैं।

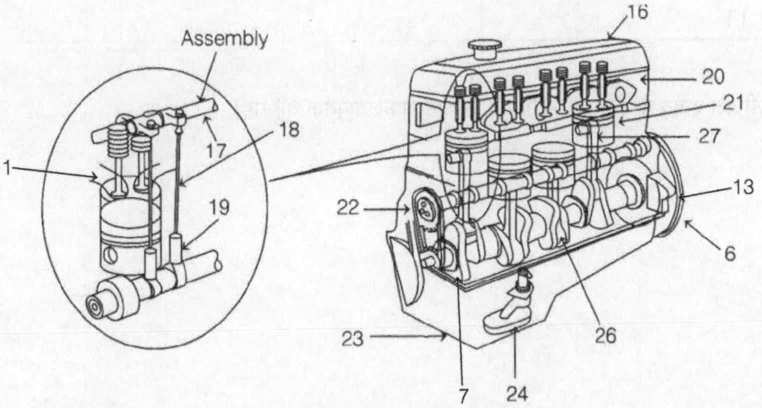

(i) डीजल इंजन क्रॉस सेक्शन (a)

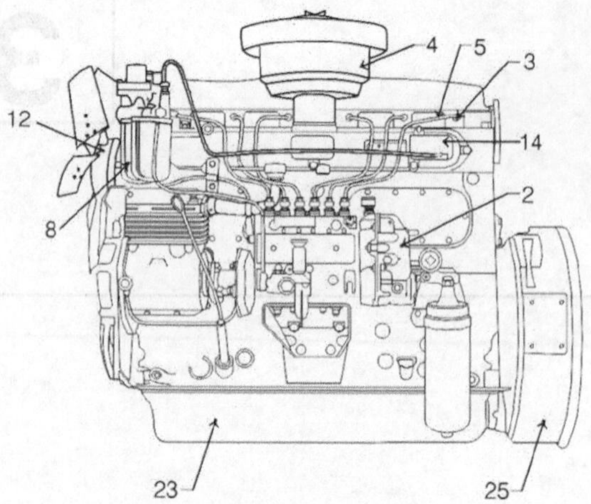

(ii) डीजल इंजन क्रॉस सेक्शन (b)

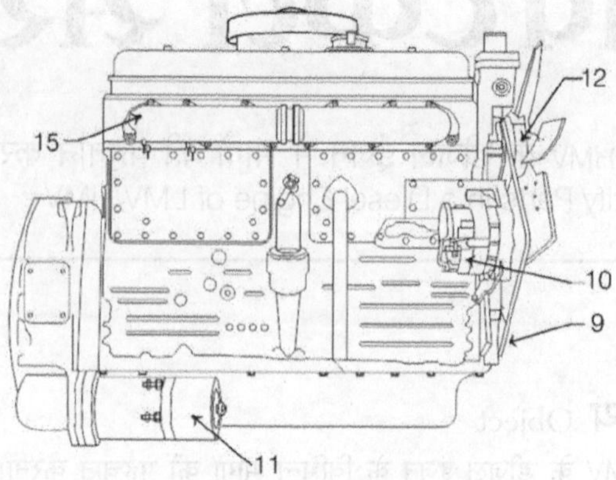

(iii) डीजल इंजन क्रॉस सेक्शन (c)

4. सारणी 1 में भागों के नामों को लिखते हैं।

सारणी 1

क्र. सं.	लेबल संख्या तालिका	भागों के नाम	क्र. सं.	लेबल संख्या तालिका	भागों के नाम
1	17		15	12	
2	18		16	15	
3	19		17	10	
4	22		18	9	
5	18		19	12	
6	20		20	8	
7	22		21	23	
8	27		22	25	
9	6		23	2	
10	28		24	14	
11	24		25	3	
12	26		26	5	
13	23		27	4	
14	11				

परिणाम (Result) LMV/HMV के डीजल इंजन के विभिन्न भागों की पहचान सफलतापूर्वक की गई।

प्रैक्टिकल संख्या 32

✎ LMV/HMV के पेट्रोल इंजन में भागों की पहचान
Identify Parts in a Petrol Engine of LMV/HMV

LMV/HMV के पेट्रोल इंजन में विभिन्न भागों की पहचान

Identify the Different Parts in a petrol English of LMV/HMV

नोट *इस प्रयोग का अध्ययन प्रयोग संख्या-31 तथा 35 के अनुसार ही करें।*

प्रैक्टिकल संख्या 33-34

✎ इंजन को चालू एवं बन्द करने का अभ्यास करना तथा आदर्श एवं लोड स्थिति के अन्तर्गत टैकोमीटर, ऑडोमीटर, तापमान व फ्यूल गेज की रीडिंग का अवलोकन व रिपोर्ट करना

Practice on Starting and Stopping of Engines and Observe and Report the Reading of Tachometer, Odometer, Temp and Fuel Gauge Under Ideal and on Load Condition

उद्देश्य Object

डीजल इंजन को चालू एवं बन्द करना/ आदर्श एवं भार स्थिति में टैकोमीटर, ऑडोमीटर, तापमान एवं फ्यूल गेज की रीडिंग का प्रेक्षण करना।

आवश्यक उपकरण/सामग्री Essential Apparatus/Materials

- ट्रेनी टूल किट
- मल्टीसिलेण्डर 4-स्ट्रोक डीजल इंजन
- ट्रे (आवश्यकतानुसार)
- केरोसीन (आवश्यकतानुसार)
- इंजन ऑयल (आवश्यकतानुसार)
- डीजल (आवश्यकतानुसार)
- केबिल्स सहित लैड एसिड बैटरी (12 V)
- डीजल LMV व्हीकल (रनिंग स्थिति में)
- कॉटन क्लॉथ (आवश्यकतानुसार)
- सोप ऑयल (आवश्यकतानुसार)
- कूलेन्ट (आवश्यकतानुसार)

सुरक्षा सावधानियाँ/निर्देश Safety Precautions/Instructions

1. वाहन में इंजन को चालू करने से पूर्व यह सुनिश्चित कर लें कि बैटरी पूर्णत: आवेशित भी है या नहीं।
2. इंजन चालू हो जाने के पश्चात् वाहन की चाबी को रिलीज कर दें।
3. इंजन चालू करते समय वाहन निष्क्रिय (idle) अवस्था में हो।
4. इंजन को चालू करते समय एक्सीलिरेटर पैडल को न दबाएँ।

कार्यविधि Working Method

A. इंजन को स्टार्टिंग के लिए तैयार करना

1. रेडिएटर में जल के स्तर को जाँचते हैं यदि आवश्यक हो तो जल के स्तर को बढ़ाते हैं।
2. इंजन के तेल स्तर को जाँचते हैं, यदि आवश्यक हो तो तेल स्तर को बढ़ाते हैं।
3. बैटरी में इलेक्ट्रोलाइट के स्तर की जाँच करते हैं, आवश्यकता होने पर बैटरी में आसुत जल भरते हैं।
4. मुख्य स्विच में 'की' इन्सर्ट करते हैं एवं 'ON' स्थिति के लिए 'की' को घुमाते हैं।
5. डैशबोर्ड में चेतावनी लाइटों को नोट करते हैं
   (i) बैटरी लाइट लाल रंग में चमकती है (बैट्री डिस्चार्जिंग चित्र (i A))
   (ii) इंजन ऑयल लाइट लाल रंग में चमकती है (ऑयल का स्तर निम्न या शून्य होना, चित्र (iB))
   (iii) पार्किंग ब्रेक लाइट लाल रंग में चमकती है (पार्किंग ब्रेक आरोपित किया गया है चित्र (iC)

(iv) सीट बैल्ट लाइट लाल रंग में चमकती है (ड्राइवर ने सीट बैल्ट नहीं पहनी है, चित्र (iD)

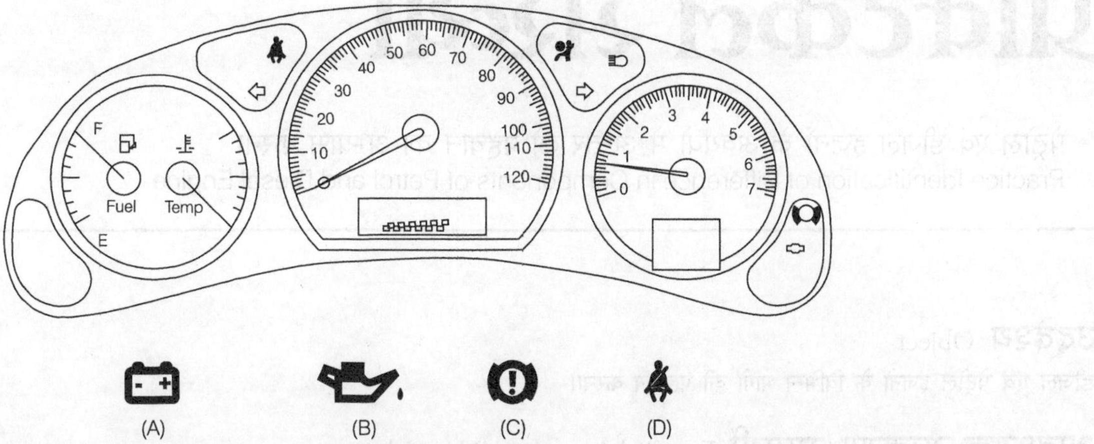

(i) डैशबोर्ड

6. पार्किंग ब्रेक को रिलीज करते हैं (अब लाइट, लाल रंग में नहीं जलेगी)। 7. सीट बैल्ट को सही प्रकार से पहनते हैं (अब लाल लाइट नहीं जलेगी)।
8. न्यूट्रल स्थिति के लिए गियर को शिफ्ट करते हैं।
9. फ्यूल गेज की रीडिंग का प्रेक्षण करते हैं जोकि खाली (empty) से फुल (full) प्रदर्शित करती है।
10. तापमान गेज रीडिंग का प्रेक्षण करते हैं जोकि निम्नतम तापमान प्रदर्शित करती हैं।

B. इंजन को चालू करना

1. स्टार्टर पुश बटन को दबाते (चित्र ii) हैं या इंजन को चालू करने के लिए इग्नीशन की को टर्न करते हैं।
2. जैसे ही इंजन चालू हो जाए स्टार्टर बटन/इग्नीशन की को रिलीज करते हैं। यदि इंजन एकदम से चालू नहीं हो पाता है, तो स्टार्टर बटन को 10 सेकण्ड से अधिक प्रैस/टर्न न करें। इससे बैटरी निरावेशित एवं अत्यधिक गर्म हो जाएगी।
3. RPM मीटर में आदर्श RPM गति को जाँचते हैं।
4. इंजन RPM को बढ़ाने के लिए एक्सीलिरेटर पैडल को दबाते हैं।

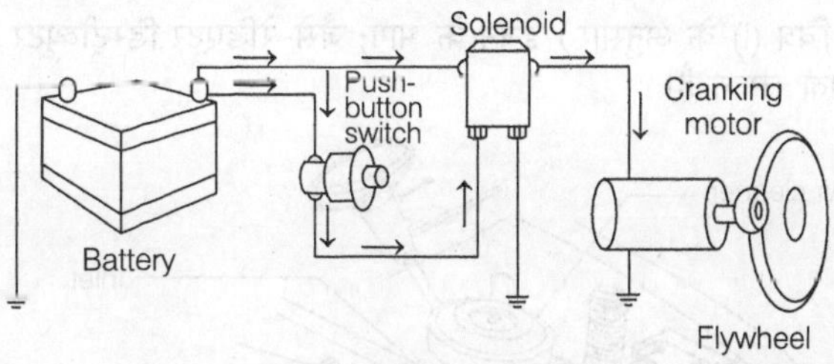

(ii) स्टार्टिंग सर्किट

C. आदर्श एवं भार स्थिति में टैकोमीटर, ऑडोमीटर तापमान एवं फ्यूल गेज की रीडिंग का प्रेक्षण

1. सर्वप्रथम बैटरी की चेतावनी लाइट का प्रेक्षण करते हैं जोकि बैटरी चार्जिंग के समय नहीं जलती है।
2. इसके पश्चात् इंजन ऑयल चेतावनी लाइट का प्रेक्षण करते हैं जोकि नहीं चमकती (ऑयल पम्प कार्य कर रहा है) है।
3. ऑयल प्रैशर गेज का प्रेक्षण करते हैं।
4. तापमान गेज में जल के तापमान का प्रेक्षण करते हैं।
5. टैकोमीटर की रीडिंग का प्रेक्षण करते हैं।
6. वाहन की रनिंग स्थिति में ऑडोमीटर की रीडिंग का प्रेक्षण करते हैं।
7. ट्रिप मीटर रीडिंग का प्रेक्षण करते हैं।

D. इंजन को बन्द करना

1. एक्सीलिरेटर पैडल से पैर को हटाते हैं।
2. इंजन को बन्द करने के लिए इग्नीशन 'की' को ऑफ स्थिति में टर्न करते हैं।

परिणाम (Result) डीजल इंजन को चालू एवं बन्द करना, आदर्श एवं भार स्थिति में टैकोमीटर, ऑडोमीटर, तापमान एवं फ्यूल गेज की रीडिंग का प्रेक्षण सफलतापूर्वक किया गया।

प्रैक्टिकल संख्या 35

पेट्रोल एवं डीजल इंजनों के अवयवों में अन्तर की पहचान का अभ्यास करना
Practice Identification of Difference in Components of Petrol and Diesel Engine

उद्देश्य Object

डीजल एवं पेट्रोल इंजनों के विभिन्न भागों की पहचान करना।

आवश्यक उपकरण/सामग्री Essential Apparatus/Materials

- ट्रेनी टूल किट
- ट्रे (आवश्यकतानुसार)
- सोप ऑयल (आवश्यकतानुसार)
- मल्टीसिलेण्डर इंजन के सेक्शनल मॉडल
- केरोसीन (आवश्यकतानुसार)
- बॉक्स स्पैनर
- कॉटन क्लॉथ (आवश्यकतानुसार)

सुरक्षा सावधानियाँ/निर्देश Safety Precautions/Instructions

1. इंजन के भागों की पहचान करने के लिए सर्विस मैनुअल का संज्ञान अवश्य लें।
2. इंजन के सभी भागों को अलग-अलग करने में समान प्रकृति के पुर्जों को मिलने नहीं दें।
3. इंजन के भागों को अलग-अलग करने में हस्त औजारों का प्रयोग करें।

कार्यविधि Working Method

1. इंजन के सेक्शनल मॉडल को देखकर (चित्र (i) के अनुसार) इंजन के भाग; जैसे-रेडिएटर,डिस्ट्रीब्यूटर, इग्नीशन क्वॉयल, एयर क्लीनर फ्यूल पाइपों, इनलेट, ऑयल फिल्टर, काबुरेटर का पता लगाते हैं।

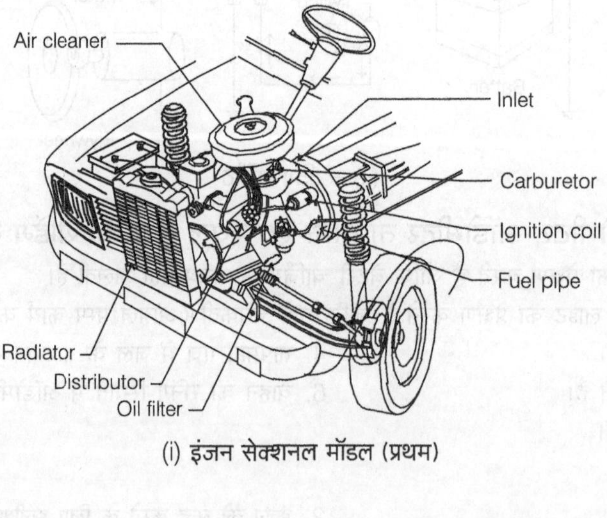

(i) इंजन सेक्शनल मॉडल (प्रथम)

2. इसी प्रकार इंजन के चित्र (ii) में दिए गए अग्र भाग के दूसरे सेक्शन से, एग्जॉस्ट मैनीफोल्ड, डायनमो, सैल्फ स्टार्टर एवं स्पार्क प्लग का पता लगाते हैं।

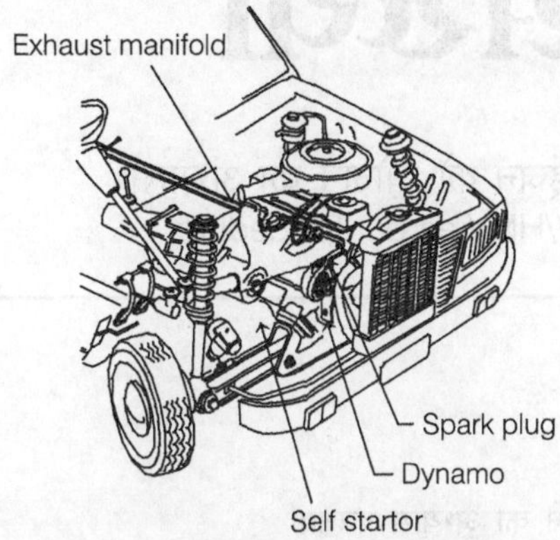

(ii) इंजन सेक्शनल मॉडल (द्वितीय)

3. अब इंजन असेम्बली के मुख्य भाग जैसे कार्बूरेटर के उपभागों का (चित्र iii) पता लगाते हैं।

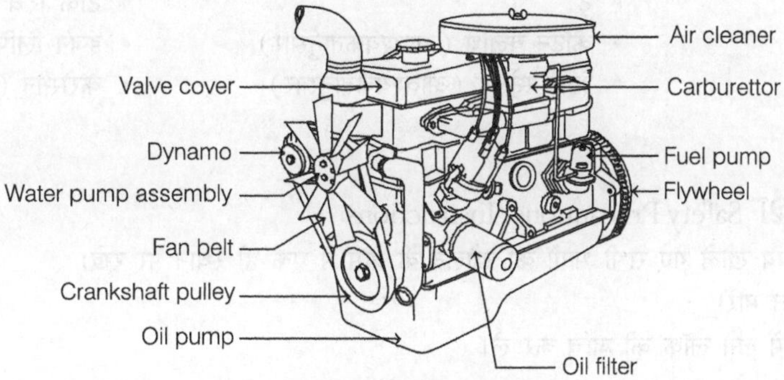

(iii) इंजन असेम्बली

4. इंजन की कूलिंग सिस्टम के सेक्शन भागों का (चित्र iv) के अनुसार पता लगाते हैं।

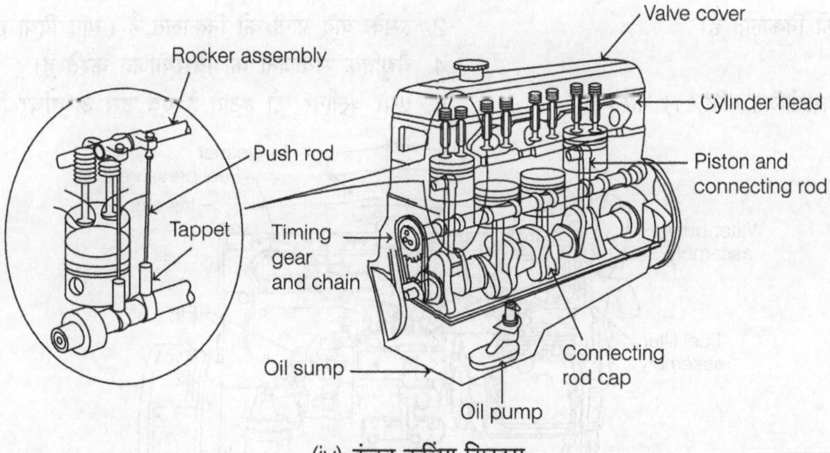

(iv) इंजन कूलिंग सिस्टम

परिणाम (Result) डीजल एवं पेट्रोल इंजनों के विभिन्न भागों की पहचान सफलतापूर्वक की गई।

प्रैक्टिकल संख्या 36

प्रक्रिया के अनुसार LMV/HMV के डीजल इंजन को खोलने का अभ्यास
Practice on Dismantling Engine of LMV/HMV as per Procedure

उद्देश्य Object

कार्यविधि के अनुसार LMV/HMV के इंजन को खोलने का अभ्यास करना।

आवश्यक उपकरण/सामग्री Essential Apparatus/Materials

- ट्रेनी टूल किट
- इंजन वाहन (LMV)
- सोप ऑयल (आवश्यकतानुसार)
- व्हील चोक (आवश्यकतानुसार)
- ट्रे
- कॉटन क्लॉथ (आवश्यकतानुसार)
- इंजन स्ट्रेण्ड (आवश्यकतानुसार)
- टॉर्क रिंच
- इंजन लिफ्टिंग क्रेन
- केरोसीन (आवश्यकतानुसार)

सुरक्षा सावधानियाँ/निर्देश Safety Precautions/Instructions

1. वाहन से इंजन को निकालते समय खोले गए सभी भागों को खोलने के क्रम में एक ही स्थान पर रखें।
2. इंजन माउण्टिंग बोल्ट पर चोट न मारें।
3. इंजन उठाने से पहले चैन पुली में लगे लॉक की जाँच कर लें।
4. इंजन पर किसी प्रकार की क्षति न हो पाए।

कार्यविधि Working Method

1. सर्वप्रथम इंजन से तेल को निकालते हैं।
2. इसके बाद पानी को निकालते हैं (यदि दिया हुआ हो, तो)
3. रेडिएटर को हटाते हैं।
4. वैद्युतिक संयोजनों को विसंयोजित करते हैं।
5. फ्यूल प्रैशर पाइपों को विसंयोजित (चित्र i) करते हैं।
6. एयर क्लीनर को हटाते हैं एवं उसे ऊर्ध्वाधर स्थिति में रखते हैं।

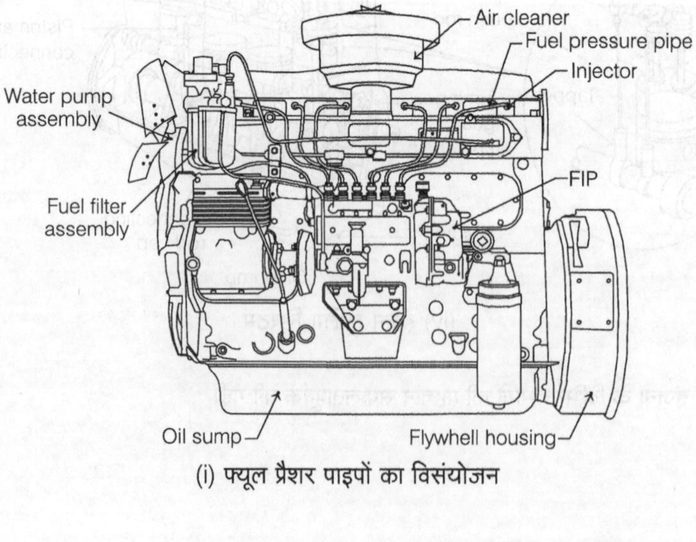

(i) फ्यूल प्रैशर पाइपों का विसंयोजन

7. एक्सीलिरेटर लिंकेज को विसंयोजित करते हैं।
8. FIP एवं इन्जेक्टर को निकालते हैं।
9. फ्यूल फिल्टर असेम्बली को निकालते हैं।
10. फ्लाईव्हील को निकालते हैं।
11. फैन बैल्ट को निकालते हैं। चित्र (ii)
12. डायनमो/आल्टरनेटर को निकालते हैं। चित्र (ii)
13. सैल्फ स्टार्टर को निकालते हैं। चित्र (ii)
14. वाटर पम्प असेम्बली को निकालते हैं।

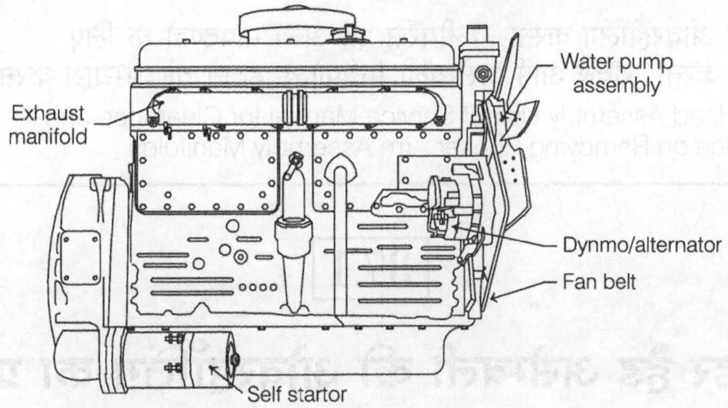

(ii) फैन बैल्ट, सैल्फ स्टार्टर, डायनमो/आल्टरनेटर को निकालना

15. इनलेट एवं एग्जॉस्ट मैनीफोल्ड को निकालते हैं।
16. वाल्व कवर को निकालते हैं। चित्र (iii)

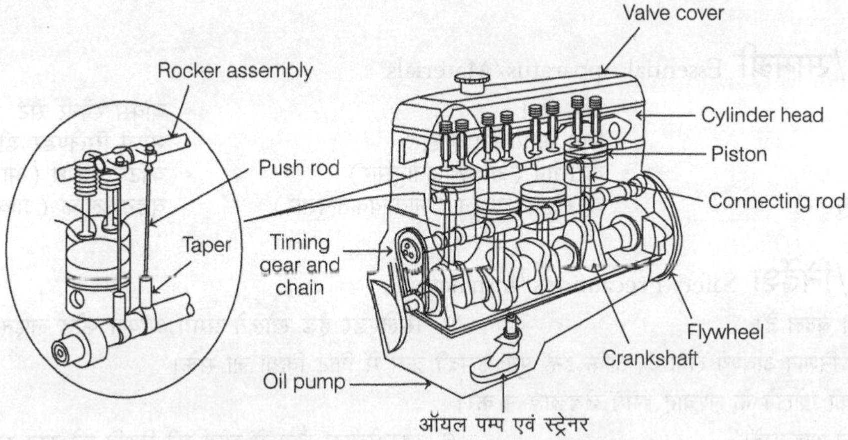

(iii) इनलेट एवं एग्जॉस्ट मैनीफोल्ड को निकालना

17. सिलेण्डर हैड से रॉकर असेम्बली को निकालते हैं।
18. पुश-रॉड को निकालते हैं।
19. टैपट एवं टैपट साइड कवर को निकालते हैं।
20. सिलेण्डर हैड माउण्टिंग बोल्ट एवं सिलैण्डर हैड को निकालते हैं।
21. सिलेण्डर हैड गैस्केट को निकालते हैं।
22. विशिष्ट पुलर के द्वारा क्रैंकशाफ्ट पुली को निकालते हैं।
23. टाइमिंग कवर निकालते हैं।
24. टाइमिंग गियर एवं चेन को निकालते हैं।
25. क्रैंकशाफ्ट को निकालते हैं।
26. ऑयल सम्प को निकालते हैं।
27. ऑयल पम्प से ऑयल पाइपों को विसंयोजित करते हैं।
28. ऑयल पम्प एवं स्ट्रेनर को निकालते हैं।
29. ऑयल फिल्टर को निकालते हैं।
30. कनैक्टिंग रॉड कैप को हटाते हैं।
31. इंजन से पिस्टन एवं कनैक्टिंग रॉड को हटाते हैं।
32. मुख्य बियरिंग कैप को निकालते हैं।
33. फ्लाईव्हील हाउसिंग को निकालते हैं।
34. क्रैंकशाफ्ट को निकालते हैं।

परिणाम (Result) कार्यविधि के अनुसार LMV/HMV के इंजन को खोलने का अभ्यास सफलतापूर्वक किया गया।

प्रैक्टिकल संख्या 37

सिलेण्डर हैड असेम्बली की ओवरहॉलिंग करना, क्लीयरैंस एवं अन्य मापदण्डों के लिए सर्विस मैनुअल का उपयोग करना, रॉकर आर्म असेम्बली मैनीफोल्ड हटाने का अभ्यास करना
Overhauling of Cylinder Head Assembly Use of Service Manual for Clearance and Other Parameters , Practice on Removing Rocker Arm Assembly Manifolds

37.1

सिलेण्डर हैड असेम्बली की ओवरहॉलिंग का प्रदर्शन
Perform Overhauling of Cylinder Head Assembly

उद्देश्य Object
सिलेण्डर हैड असेम्बली की ओवरहॉलिंग करना।

आवश्यक उपकरण/सामग्री Essential Apparatus/Materials
- ट्रेनी टूल किट
- वायर ब्रुश, स्क्रैपर
- ट्रे
- सोप ऑयल (आवश्यकतानुसार)
- टॉर्क रिंच
- जिब क्रेन/इंजन होएस्ट
- केरोसीन (आवश्यकतानुसार)
- लुब्रिकेन्ट ऑयल (आवश्यकतानुसार)
- बॉक्स स्पैनर सैट
- मल्टी सिलेण्डर डीजल इंजन
- कॉटन क्लॉथ (आवश्यकतानुसार)
- वुडन ब्लॉक (आवश्यकतानुसार)

सुरक्षा सावधानियाँ/निर्देश Safety Precautions/Instructions
1. सभी प्रयुक्त गैस्केटों को बदल दें।
2. सिलेण्डर हैड खोलते समय ऑयल फीड लाइन खराब न होने पाए।
3. वाल्व को खोलते समय निशान अवश्य लगा दें, ताकि इन्हें पुन: इसकी क्रम में फिट किया जा सके।
4. रॉकर आर्म असेम्बली को खोलने के पश्चात् इसमें छेड़छाड़ न करें।
5. इंजन फायरिंग ऑर्डर को याद रखें।
6. डिस्ट्रीब्यूटर कैप में लीड की स्थिति को याद रखें।

कार्यविधि Working Method
1. एयर क्लीनर को हटाते हैं एवं तेल को फैलने से बचाने के लिए समतल सतह पर ऊर्ध्वाधर स्थिति में रखते हैं।
2. वाल्व कवर को हटाते हैं।
3. फ्यूल डिलीवरी लाइनों को विसंयोजित करते हैं, डबल एण्ड स्पैनर की सहायता से इनर नट को पकड़ते हैं एवं अन्य डबल एण्ड स्पैनर की सहायता से आउटर नट को ढीला करते हैं। वाइप को निकालते हैं। चित्र (i)

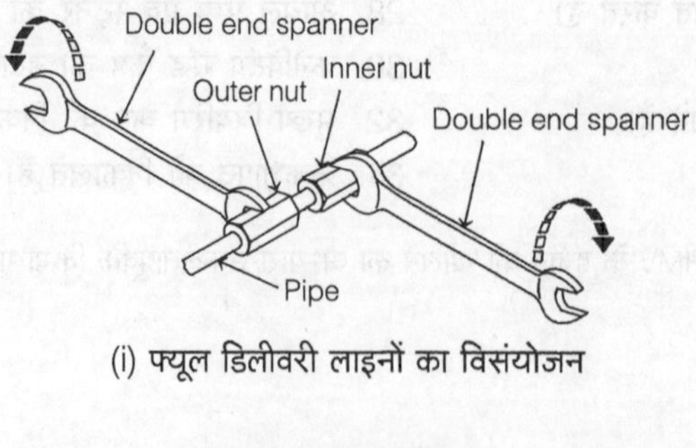

(i) फ्यूल डिलीवरी लाइनों का विसंयोजन

4. फ्यूल पाइपों एवं इन्जैक्टर्स को निकालते हैं।
5. नट से माउण्ट हुए फ्यूल इन्जेक्शन पम्प के प्रत्येक स्क्रू को ढीला करके हटाते हैं। यह सुनिश्चित करते हैं कि नट गिरे नहीं।
6. F.I.P को निकालते हैं एवं समतल सतह पर ऊर्ध्वाधर स्थिति में रखते हैं।
7. नट को ढीला करते हैं एवं आल्टरनेटर को नीचे की ओर तब तक खींचते हैं, जब तक कि फैन बैल्ट ढीली न हो जाए। फैन एवं पुली या पुली या अन्य दो पुलियों के मध्य स्क्रू ड्राइवर का उपयोग करते हैं एव फैन बैल्ट को हटाते हैं। चित्र (ii)

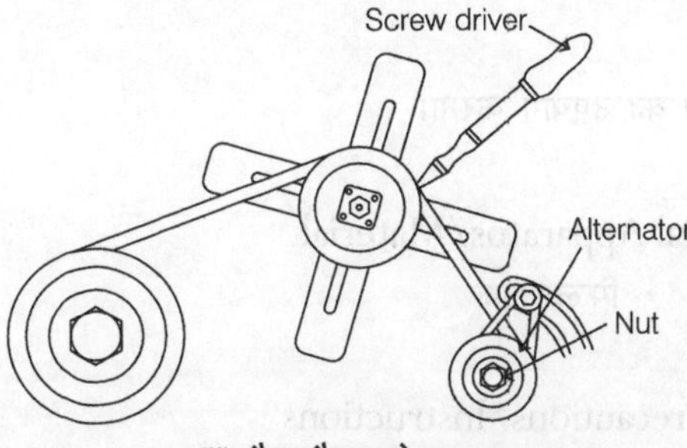

(ii) फैन बैल्ट को हटाना

8. वाटर पम्प पुली के साथ फैन असेम्बली को हटाते हैं।
9. सभी पुश-रॉड को निकालते हैं।
10. टैपट राइड कवर एवं टैपट्स को हटाते हैं।
11. सभी सिलेण्डर हैड नट/बोल्ट को निकालते हैं।
12. सिलेण्डर हैड के दोनों सिरों पर लिफ्टिंग हुक को फिक्स करते हैं। चित्र (iii)

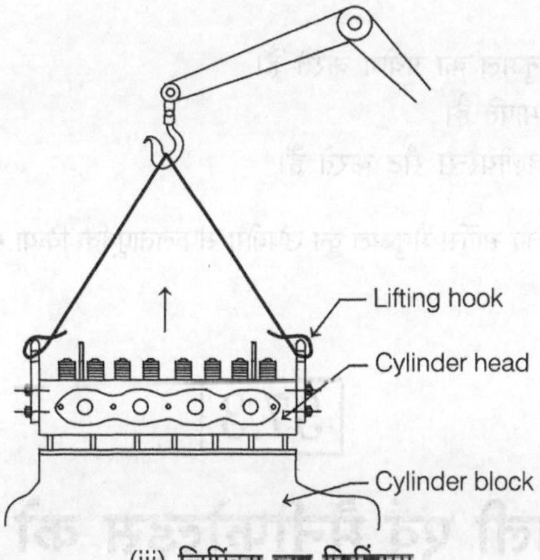

(iii) लिफ्टिंग हुक फिक्सिंग

13. सिलेण्डर ब्लॉक में लिफ्टिंग हुक की सहायता से सिलेण्डर हैड को उठाते हैं।
14. सुनिश्चित करते हैं कि उठाते समय सिलेण्डर हैड झुके नहीं।
15. दो वुडन ब्लॉक स्टैण्ड के ऊपर वर्कबेंच पर सिलेण्डर हैड को रखते हैं। चित्र (iv)

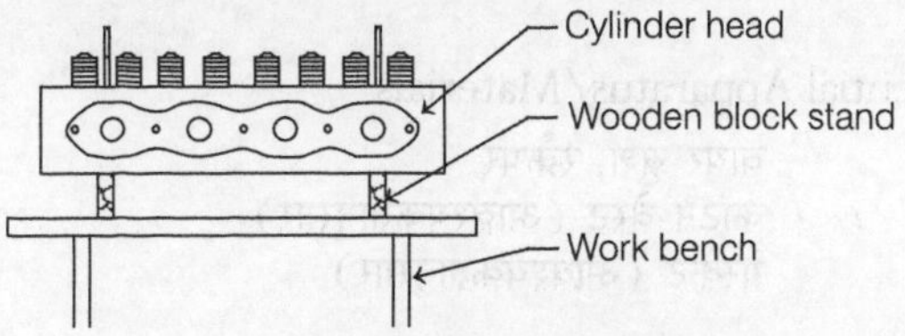

(iv) सिलेण्डर हैड पॉजिशनिंग

16. सिलेण्डर हैड गैस्केट को हटाते हैं।
17. सिलेण्डर हैड पर लगे कार्बन को हटाते हैं।
18. क्लीनिंग सॉल्वेन्ट के द्वारा सिलेण्डर हैड को साफ करते हैं।
19. टूट-फूट एवं दोष के लिए सिलेण्डर हैड का दृश्यिक निरीक्षण करते हैं।

परिणाम (Result) सिलेण्डर हैड असेम्बली की ओवरहॉलिंग सफलतापूर्वक की गई।

37.2

सर्विस मैनुअल का उपयोग Use of Service Manual

उद्‌देश्य Object

क्लीयरैन्स एवं अन्य मानकों के लिए सर्विस मैनुअल का उपयोग करना।

आवश्यक उपकरण/सामग्री Essential Apparatus/Material

- इंजन सर्विस मैनुअल
- फिलर गेज
- एक इंजन

सुरक्षा सावधानियाँ/निर्देश Safety Precautions/Instructions

1. इंजन की सर्विस अथवा मरम्मत करते समय इंजन के सर्विस मैनुअल का प्रयोग करें।
2. क्लीयरैन्स को मापने के लिए फिलर गेज का प्रयोग करें।

कार्यविधि Working Method

1. सर्वप्रथम सिलेण्डर हैड का निरीक्षण करते हैं।
2. क्लीयरैन्स एवं अन्य मानकों के लिए सर्विस मैनुअल का प्रयोग करते हैं।
3. फिलर गेज द्वारा सिलेण्डर हैड का क्लीयरैन्स मापते हैं।
4. सर्विस मैनुअल के अनुसार सिलेण्डर हैड की क्लीयरैन्स सैट करते हैं।

परिणाम (Result) क्लीयरैन्स एवं अन्य मानकों के लिए सर्विस मैनुअल का उपयोग सफलतापूर्वक किया गया।

37.3

रॉकर आर्म असेम्बली एवं मैनीफोल्ड्स को हटाने का अभ्यास

Practice on Removing Rocker Arm Assembly and Manifolds

उद्‌देश्य Object

रॉकर आर्म असेम्बली एवं मैनीफोल्ड्स को हटाने का अभ्यास करना।

आवश्यक उपकरण/सामग्री Essential Apparatus/Materials

- ट्रेनी टूल किट
- वायर ब्रुश, स्क्रैपर
- बॉक्स स्पैनर सैट
- मल्टी सिलेण्डर डीजल इंजन
- कॉटन वेस्ट (आवश्यकतानुसार)
- ट्रे
- सोप ऑयल (आवश्यकतानुसार)
- गैस्केट (आवश्यकतानुसार)
- ल्यूब ऑयल (आवश्यकतानुसार)

सुरक्षा सावधानियाँ/निर्देश Safety Precautions/Instructions

1. हैड कवर को सावधानीपूर्वक हटाएँ।
2. रॉकर आर्म को साफ करने के लिए क्लीनिंग सॉल्वेन्ट का ही उपयोग करें।
3. एग्जॉस्ट मैनीफोल्ड को सावधानीपूर्वक खोलें।
4. रॉकर आर्म असेम्बली को हटाने के बाद इससे छेड़छाड़ न करें।
5. ध्यान रखें कि ऑयल फीड लाइन खराब न हों।

कार्यविधि Working Method

A. रॉकर ऑर्म असेम्बली को हटाना

1. हैड कवर को हटाते हैं।
2. रॉकर शाफ्ट सपोर्ट से माउण्टिंग नटों को निकालते हैं।
3. रॉकर शाफ्ट को सपोर्ट के साथ क्षैतिज स्थिति में लाते हैं।
4. यह सुनिश्चित करते हैं कि किसी टूट-फूट एवं बैण्डिंग से बचने के लिए शाफ्ट सीधी रहे।
5. ट्रे में वर्कबेंच पर रॉकर आर्म असेम्बली को रखते हैं।
6. उपयुक्त क्लीनिंग सॉल्वेन्ट के द्वारा रॉकर ऑर्म को साफ करते हैं।

B. सिलेण्डर हैड से इनलेट एवं एग्जॉस्ट मैनीफोल्ड को हटाना

1. सर्वप्रथम एगजॉस्ट मैनीफोल्ड फ्लैन्ज नटों एवं बोल्टों को हटाते हैं।
2. एगजॉस्ट मैनीफोल्ड से एगजॉस्ट पाइपलाइनों को विसंयोजित करते हैं।
3. एगजॉस्ट मैनीफोल्ड माउण्टिंग बोल्टों को ढीला करते हैं।
4. एगजॉस्ट मैनीफोल्ड माउण्टिंग्स को ढीला करने से पूर्व टर्बोचार्जर को हटाते हैं।
5. मैनीफोल्ड माउण्टिंग्स को हटाते हैं एवं सिलेण्डर हैड को निकालते हैं व वर्क बेंच पर रखते हैं।
6. इनलेट मैनीफोल्ड से एयर इनटेक हौज या एयर क्लीनर को निकालते हैं।
7. इनलेट मैनीफोल्ड के माउण्टिंग बोल्टों को ढीला करते हैं।
8. इनलेट मैनीफोल्ड माउण्टिंग बोल्टों को हटाते हैं एवं सिलेण्डर हैड से निकालते हैं व वर्कबेंच पर रखते हैं।
9. यह सुनिश्चित करते हैं कि मैनीफोल्ड सुरक्षित रूप से वर्कबेंच पर रखा हों।
10. किसी टूट-फूट व दोष के लिए मैनीफोल्ड का दृश्यिक निरीक्षण करते हैं।
11. यदि कोई टूट-फूट हो, तो मैनीफोल्ड को बदलते हैं।

परिणाम (Result) रॉकर आर्म असेम्बली एवं मैनीफोल्ड्स को हटाने का अभ्यास सफलतापूर्वक किया गया।

प्रैक्टिकल संख्या 38

✎ वाल्व सीट एवं वाल्व गाइड को जाँचना, यदि आवश्यक हो तो वाल्व को बदलना, वाल्व ओवरलैप जाँचना। रिसाव हेतु वाल्व सीटों के लीक जाँचना, रॉकर शाफ्ट असेम्बली को वियोजित करना, घिसाव व दरारों हेतु रॉकर शाफ्ट व लीवर जाँचना व साफ करना तथा पुन: असेम्बल करना
Perform Checking Valve Seats and Valve Guide, Replacing the Valve if Necessary Check Valve Overlap. Testing Leaks of Valve Seats for Leakage Dismantle Rocker Shaft Assembly, Clean and Check Rocker Shaft and Levers for wear and Cracks and Reassemble

38.1

वाल्व सीट एवं वाल्व गाइड को जाँचना
Checking Valve Seats and Valve Guide

उद्देश्य Object

वाल्व सीट, वाल्व गाइड एवं वाल्व ओवरलैप को जाँचना एवं आवश्यकता होने पर बदलने का अभ्यास करना।

आवश्यक उपकरण/सामग्री Essential Apparatus/Materials

- ट्रेनी टूल किट
- डेप्थ गेज
- केरोसीन (आवश्यकतानुसार)
- ड्रिफ्ट
- लैपिंग कम्पाउण्ड (आवश्यकतानुसार)
- सोप ऑयल (आवश्यकतानुसार)
- सेन्टर पंच
- एमरी पेपर (आवश्यकतानुसार)
- कॉटन वेस्ट (आवश्यकतानुसार)

सुरक्षा सावधानियाँ/निर्देश Safety Precautions/Instructions

1. ऑयल फीड लाइन खराब न हो।
2. वाल्व को खोलते समय निशान लगा दें ताकि उन्हें दोबारा उसी क्रम में फिट किया जा सके।
3. रॉकर आर्म असेम्बली हटाने के बाद इससे छेड़-छाड़ न करें।
4. इंजन का फायरिंग ऑर्डर याद रखें।
5. वाल्व गाइड, वाल्व स्टेम, वाल्व फेस आदि को भली प्रकार से साफ करें।

कार्यविधि Working Method

1. विशिष्ट औजार के द्वारा इन्सर्ट वाल्व सीट को निकालते हैं।
2. विशिष्ट पंच के द्वारा नई वाल्व सीट को उसकी स्थिति पर सावधानीपूर्वक लगाते हैं।
3. वाल्व सीट से वाल्व को असेम्बल करते हैं एवं इसके सिलेण्डर हैड सर्फेस के सन्दर्भ में इसकी ऊँचाई की जाँच करते हैं।
4. एमरी पेपर से सीट को साफ करते हैं।
5. वाल्व फेस सीट पर लैपिंग कम्पाउण्ड आरोपित करते हैं।
6. कम बल के साथ विशिष्ट औजार के द्वारा सीट पर वाल्व को टर्न करते हैं।
7. इस प्रक्रिया को तब तक दोहराते हैं जब तक कि वाल्व, सीट कर एडजस्ट न हो जाएँ।
8. केरोसीन के द्वारा लैपिंग कम्पाउण्ड को हटाते हैं। वाल्व फेस की वाल्व सीट की सर्फेस की जाँच करते हैं।

9. यदि वाल्व सीट एवं वाल्व गाइड में कोई दोष पाया जाता है तो उसे बदलते हैं।
10. वाल्व स्टेम डायमीटर को मापते हैं।
11. वाल्व गाइड का आन्तरिक डायमीटर मापते हैं।
12. यदि वाल्व गाइड एवं वाल्व स्टेम के मध्य क्लीयरैन्स निर्माता द्वारा निर्दिष्ट सीमा से अधिक हो, तो निम्न पदों के अनुसार वाल्व गाइड को बदलते हैं।
13. ड्रिफ्ट के द्वारा सिलेण्डर हैड से पुराने वाल्व गाइड को निकालते हैं।
14. सिलेण्डर हैड पर नई वाल्व गाइड को लगाते हैं। चित्र (i)

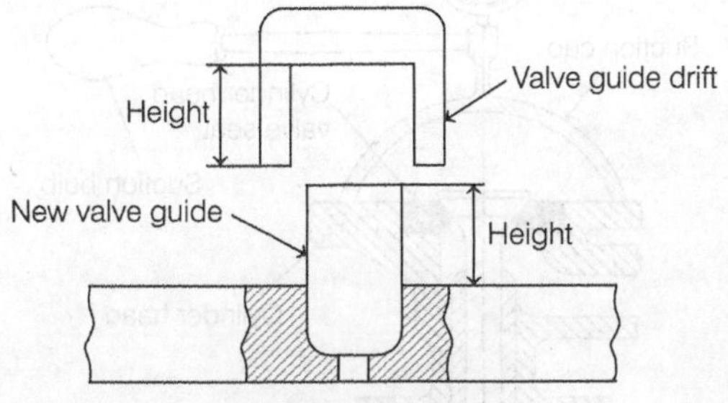

(i) वाल्व गाइड लगाना

15. वाल्व गाइड पर वाल्व गाइड ड्रिफ्ट को रखते हैं एवं वाल्व गाइड को दबाते हैं।
16. स्प्रिंग युक्त सर्फेस (डेप्थ गेज द्वारा) से वाल्व गाइड की ऊँचाई का मापन करते हैं।
17. सुनिश्चित करते हैं कि वाल्व ओवरलैप न करें।

परिणाम (Result) वाल्व सीट, वाल्व गाइड व वाल्व ओवरलैप को जाँचने एवं आवश्यक होने पर बदलने का अभ्यास सफलतापूर्वक किया गया।

38.2

वाल्व लीकेज को जाँचना एवं रॉकर ऑर्म असेम्बली की ओवरहॉलिंग

Check Valve Leakage and Overhauling Rocker Arm Assembly

उद्देश्य Object

वाल्व लीकेज को जाँचना एवं रॉकर आर्म असेम्बली की ओवरहॉलिंग करना।

आवश्यक उपकरण/सामग्री Essential Apparatus/Materials

- ट्रेनी टूल किट
- वुडन ब्लॉक
- सूती कपड़ा (आवश्यकतानुसार)
- वाल्व लैपिंग पेस्ट (आवश्यकतानुसार)
- वर्कबेंच
- ट्रे
- वाल्व ग्राइण्डिंग स्टिक (आवश्यकतानुसार)
- वाल्व लीकेज टेस्ट टूल
- डीजल इंजन
- सोप ऑयल (आवश्यकतानुसार)

सुरक्षा सावधानियाँ/निर्देश Safety Precautions/Instructions

1. सबसे पहले वाल्व सीट से सम्बन्धित सभी भागों का सावधानीपूर्वक निरीक्षण करें।
2. वाल्व सीट को ठीक प्रकार साफ कपड़े से साफ करें।
3. वाल्व सीट के निरीक्षण के समय कार्यशाला के फर्श पर तेल नहीं गिरने दें।
4. वाल्व सीट की जाँच बहुत सावधानी और सूक्ष्मता से करें।
5. वाल्व को खोलते समय निशान लगा दें ताकि उन्हें दोबारा उसी क्रम में संयोजित किया जा सके।
6. रॉकर आर्म असेम्बली हटाने के बाद इससे छेड़छाड़ न करें।
7. इंजन का फायरिंग ऑर्डर याद रखें।

कार्यविधि Working Method

A. वाल्व लीकेज को जाँचना

1. विशिष्ट औजार के द्वारा वाल्व लीकेज की जाँच करते हैं। चित्र (i)

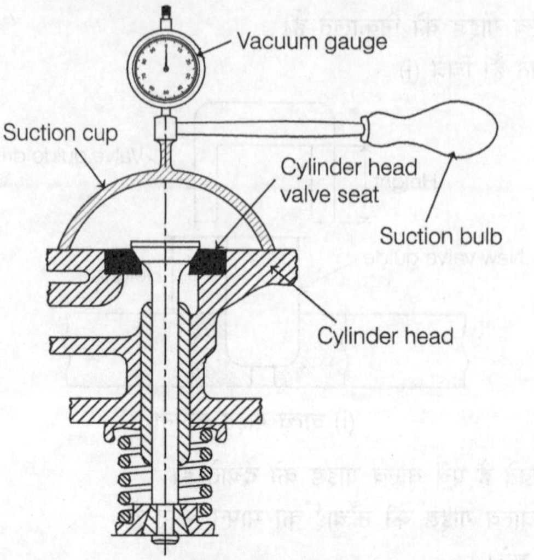

(i) वाल्व लीकेज जाँचना

2. सक्शन बल्ब से सक्शन कप लगाते हैं एवं सिलेण्डर हैड पर वैक्यूम गेज लगाते हैं।
3. सिलेण्डर हैड वाल्व सीट को कवर करते हैं एवं सक्शन बल्ब की सहायता से वैक्यूम उत्पन्न करते हैं।
4. 3 मिनट की प्रतीक्षा करते हैं एवं गेज पर वैक्यूम के ड्रॉप को नोट करते हैं।
5. यदि वैक्यूम में कोई ड्रॉप हो, तो इसका अर्थ है कि वाल्व सीट में लीकेज है एवं लैपिंग की आवश्यकता है।
6. वाल्व सीट की लैपिंग करने के पश्चात् वाल्व को असेम्बल करते हैं एवं उपरोक्त प्रक्रिया के अनुसार लीकेज की जाँच करते हैं।

B. रॉकर ऑर्म असेम्बली की ओवरहॉलिंग करना

1. रॉकर शाफ्ट के दोनों सिरो पर लॉक स्क्रू सरक्लिप को हटाते हैं।
2. रॉकर शाफ्ट से रॉकर लीवर, रॉकर लीवर ब्रेकेट, स्प्रिंग एवं स्पेटर्स को हटाते हैं। चित्र (ii)
3. सिलेण्डर हैड से रॉकर शॉफ्ट को ऑयल प्रदान करने वाली रॉकर ब्रेकेट को हटाते हैं।

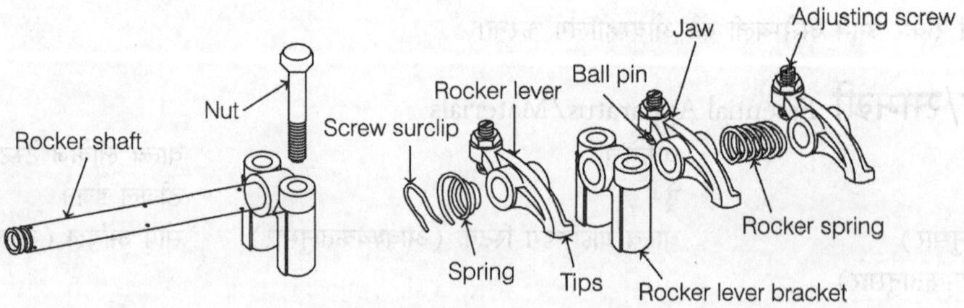

(ii) रॉकर ऑर्म असेम्बली ओवरहॉलिंग

4. रॉकर ऑर्म असेम्बली के खोले गए भागों को साफ करते हैं।
5. रॉकर स्प्रिंग के तनाव की जाँच करते हैं यदि आवश्यक हो, तो बदलते हैं।
6. दरार आदि के लिए रॉकर लीवर की दृश्यिक जाँच करते हैं। एडजस्टिंग स्क्रू द्वारा चूड़ियों की जाँच करते हैं।
7. दरार एवं क्षतियों आदि के लिए रॉकर शाफ्ट की दृश्यिक जाँच करते हैं।

8. घिसाव आदि के लिए रॉकर आर्म बुशिंग एवं लुब्रीकेटिंग होल्स के अलाइनमेन्ट की जाँच करते हैं। चित्र (iii)

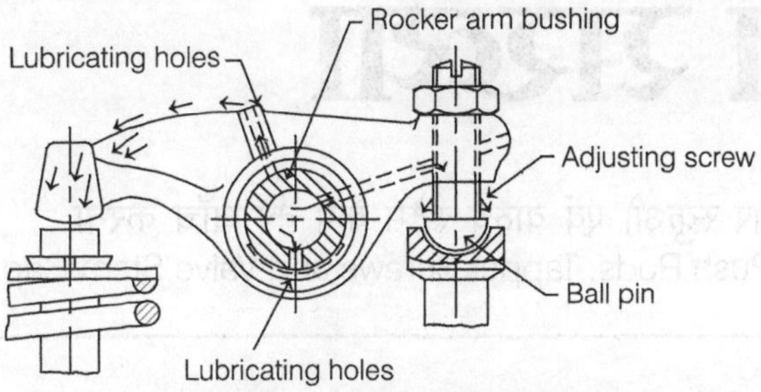

(iii) रॉकर आर्म बुशिंग एवं लुब्रीकेटिंग

9. घिसाव व क्षति आदि के लिए रॉकर ऑर्म बॉल पिन की जाँच करते हैं।
10. सिलेण्डर हैड पर सीट एवं रॉकर शाफ्ट सपोर्ट के बेस को साफ करते हैं।
11. रॉकर आर्म पर बॉल पिन को फिक्स करते हैं।
12. इनलेट, एग्जॉस्ट, रॉकर लीवर एवं स्प्रिग को इन्सर्ट करते हैं एवं रॉकर आर्म शाफ्ट में दो रॉकर शाफ्ट सपोर्ट के मध्य दूरी रखते हैं। रॉकर शाफ्ट के दोनों सिरों पर सरक्लिप फिक्स करते हैं।
13. सिलेण्डर हैड पर रॉकर शाफ्ट सपोर्ट ब्रेकेट के नट/बोल्ट को टाइट करते समय पुश रॉड बैण्ड न हो इसके लिए नट की बॉल पिनों को ढीला करते हैं।

परिणाम (Result) वाल्व लीकेज की जाँच एवं रॉकर आर्म असेम्बली की ओवरहॉलिग सफलतापूर्वक की गई।

प्रैक्टिकल संख्या 39

वाल्व स्प्रिंगों, टैपटों, पुश रॉड, टैपर स्क्रुओं एवं वाल्व स्टेम कैप की जाँच करना
Check Valve Springs, Tappets, Push Rods, Tapper Screws and Valve Stem Cap

उद्देश्य Object

कार्यशाला में अनुदेशक के निरीक्षण में वाल्व स्प्रिंगों, टैपटों, पुश रॉड, टैपर स्क्रुओं एवं वाल्व स्टेम कैप की जाँच करना।

आवश्यक उपकरण/सामग्री Essential Apparatus/Materials

- ट्रेनी टूल किट
- स्प्रिंग टैस्टर
- सूती कपड़ा (आवश्यकतानुसार)
- वाल्व स्प्रिंग (आवश्यकतानुसार)
- फीलर गेज
- ऑयल केन
- हैड गैस्केट (आवश्यकतानुसार)
- हैड स्टड नट (आवश्यकतानुसार)
- वाल्व स्प्रिंग कम्प्रैसर
- टॉर्क रिंच
- इंजन ऑयल (आवश्यकतानुसार)

सुरक्षा सावधानियाँ/निर्देश Safety Precautions/Instructions

1. ऑयल फीड लाइन खराब न हो।
2. रॉकर आर्म असेम्बली हटाने के बाद इससे छेड़छाड़ न करें।
3. इंजन का फायरिंग ऑर्डर याद रखें।
4. सिलेण्डर हैड को असेम्बली से सावधानी से निकालें।
5. वाल्व को खोलते समय निशान लगा दें ताकि उन्हें दोबारा उसी क्रम में फिट किया जा सके।

कार्यविधि Working Method

1. परीक्षण करने के लिए स्प्रिंग एवं स्प्रिंग टैस्टर को साफ करते हैं।
2. स्प्रिंग टैस्टर पर स्प्रिंग को ऊर्ध्वाधर रूप में रखते हैं एवं सुनिश्चित करते हैं कि स्प्रिंग से मूवेबल स्पिण्डल स्पर्श न करें। चित्र (i)

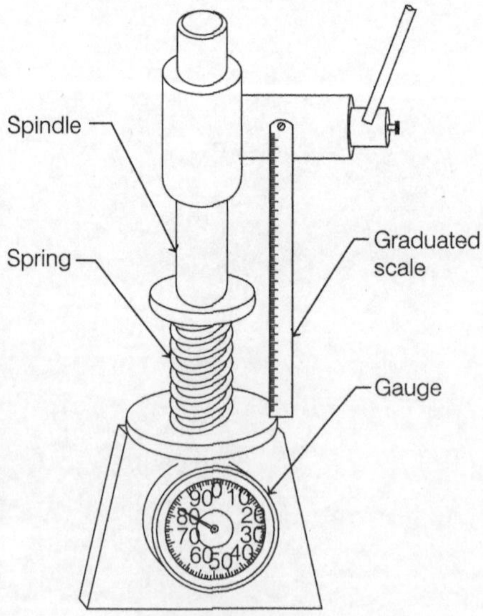

(i) स्प्रिंग टैस्टर

3. ग्रेजुऐटिड स्केल से स्प्रिंग की ऊँचाई नोट करते हैं। यह स्प्रिंग की मुक्त लम्बाई होती है।
4. कॉलम को डाउनवर्ड (नीचे की ओर) करके स्प्रिंग को दबाते हैं। गेज स्प्रिंग पर लोड को प्रदर्शित करेगा। कॉलम को तब तक नीचे करते हैं जब तक कि टैस्टिंग लोड (testing load) प्राप्त न हो जाए।
5. यदि स्प्रिंग की मुक्त लम्बाई एवं टैस्टिंग लोड पर ऊँचाई निर्माता द्वारा दी गई निम्नतम सीमा विशिष्टयों से कम हो, तो स्प्रिंग को बदलते हैं।
6. क्रैक आदि के लिए रॉकर लीवर का दृश्यिक निरीक्षण करते हैं। चित्र (ii)

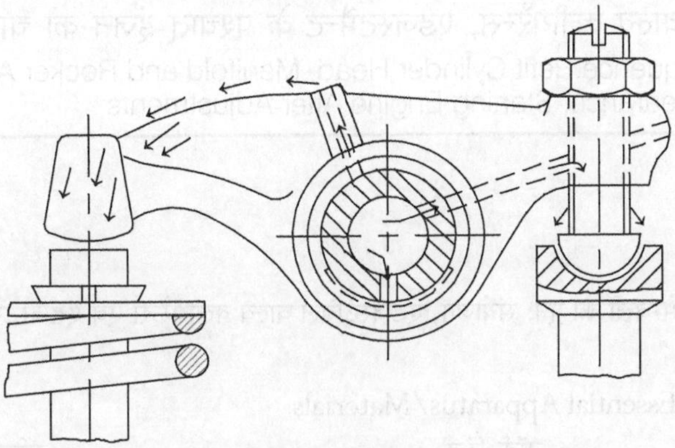

(ii) रॉकर लीवर

7. घिसाव के लिए एडजस्टिंग स्क्रू के थ्रेड्स की जाँच करते हैं और यदि आवश्यक हो तो बदलते हैं।
8. रॉकर आर्म बुश एवं ड्रिल होल्स की जाँच करते हैं।
9. घिसाव एवं क्षतियों के लिए रॉकर आर्म बॉल पिनों की जाँच करते हैं।
10. बैण्ड के लिए पुश-रॉड एवं घिसाव के लिए सॉकेट की जाँच करते हैं।
11. 'V' ब्लॉक एवं डायल गेज के द्वारा बैण्ड के लिए वाल्व स्टेम की जाँच करते हैं।
12. टूट-फूट के लिए कॉलर एवं स्टेम की जाँच करते हैं।
13. वाल्व स्टेम की ऑयलिंग करते हैं।
14. वाल्व गाइड में वाल्व का निरीक्षण करते हैं।
15. वाल्व पोपट (valve poppet) को सपोर्ट प्रदान करते हैं।
16. सिलेण्डर हैड पर वाल्व स्प्रिंग वाशर को फिट करते हैं।
17. वाल्व स्प्रिंग को इन्सर्ट करते हैं।
18. स्प्रिंग के ऊपर वाल्व स्प्रिंग रिटेनर को स्थापित करते हैं।
19. विशिष्ट औजार के द्वारा वाल्व स्प्रिंग को कम्प्रैस करते हैं।
20. बॉटम पर निम्न डायमीटर के साथ कॉटर्स को इन्सर्ट करते हैं एवं वाल्व स्प्रिंगों पर धीरे-धीरे प्रैशर को रिलीज करते हैं।
21. कॉटर्स ने वाल्वों को भली-भाँति लॉक किया है या नहीं, यह सुनिश्चित करने के लिए मैलेट के द्वारा वाल्व स्टेम को टेप (tap) करते हैं। कॉटर्स के दो आधे भाग बिल्कुल मध्य में स्थित होते हैं।

परिणाम (Result) वाल्व स्प्रिंगों, टैपटों, पुश रॉड, टैपट स्कुओं एवं वाल्व स्टेम कैप की जाँच सफलतापूर्वक की गई।

प्रैक्टिकल संख्या 40

क्रम में वाल्व भागों को पुनः असेम्बल करना, सिलेण्डर हैड, मैनीफोल्ड एवं रॉकर आर्म असेम्बली का पुनः संयोजन, एडजस्टेबिल वाल्व क्लीयरैन्स, एडजस्टमैन्ट के पश्चात् इंजन को चालू करना
Reassemble Valve Parts in Sequence, Refit Cylinder Head, Manifold and Rocker Arm Assembly, Adjustable Valve Clearance, Starting Engine After Adjustments

उद्देश्य Object

सिलेण्डर हैड, मैनीफोल्ड एवं रॉकर ऑर्म असेम्बली का पुनः संयोजन, एडजस्टेबिल वाल्व क्लीयरैन्स एवं एडजस्टमैन्ट के पश्चात् इंजन को चालू करना।

आवश्यक उपकरण/सामग्री Essential Apparatus/Materials

- ट्रेनी टूल किट
- स्क्रू ड्राइवर
- इंजन ऑयल (आवश्यकतानुसार)
- नट बोल्ट
- टॉर्क रिंच
- सूती कपड़ा (आवश्यकतानुसार)
- वाल्व स्प्रिंग
- फीलर गेज
- डीजल इंजन सिलेण्डर हैड
- हैड गैस्केट (आवश्यकतानुसार)

सुरक्षा सावधानियाँ/निर्देश Safety Precautions/Instructions

1. ऑयल फीड लाइन खराब न हो।
2. सिलेण्डर हैड से असेम्बली को सावधानी से फिट करें।
3. रॉकर आर्म असेम्बली को सैट करने के पश्चात् इससे अनुचित छेड़छाड़ न करें।
4. असेम्बली के सभी भागों को उचित स्थान पर ही सैट करें।
5. प्रत्येक बार नई गैस्केट का ही प्रयोग करें।

कार्यविधि Working Method

1. सिलेण्डर हैड पर इनलेट एवं एग्जॉस्ट मैनीफोल्ड को फिट करते हैं। हैड गैस्केट के साथ इंजन ब्लॉक पर सिलेण्डर हैड को रखते हैं। निर्दिष्ट टॉर्क के लिए सही क्रम में सभी सिलेण्डर हैड बोल्टों/नटों को टाइट करते हैं।
2. चित्र (i) में सिलेण्डर हैड एवं चित्र (ii) में टॉर्क रिंच दर्शाया गया है।

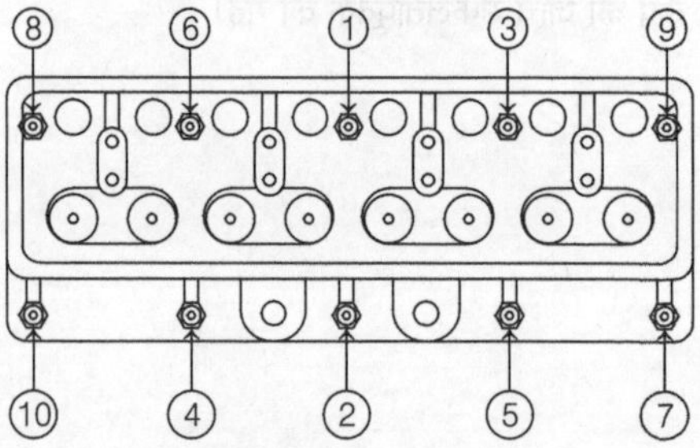

(i) सिलेण्डर हैड

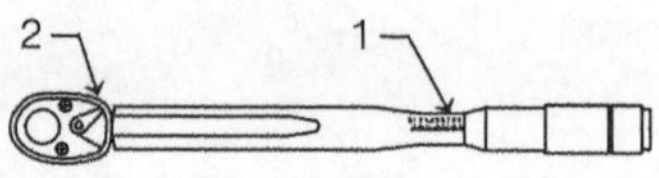

(ii) टॉर्क रिंच

3. रॉकर आर्म असेम्बली की फिटिंग एवं असेम्बलिंग करते हैं। क्रैंकशाफ्ट को क्लॉकवाइज दिशा में टर्न करते हैं। फ्लाईव्हील हाउसिंग प्वॉइण्टर के साथ फ्लाईव्हील TDC 1/6 या $\frac{1}{4}$ मार्क को मिलाते हैं तथा यह सुनिश्चित करते हैं कि प्रथम सिलेण्डर कम्प्रैशन स्ट्रोक में हो।

4. स्क्रू ड्राइवर के द्वारा टैपेट एडजस्टिंग स्क्रू को स्थिर रखते हैं। चित्र (iii)

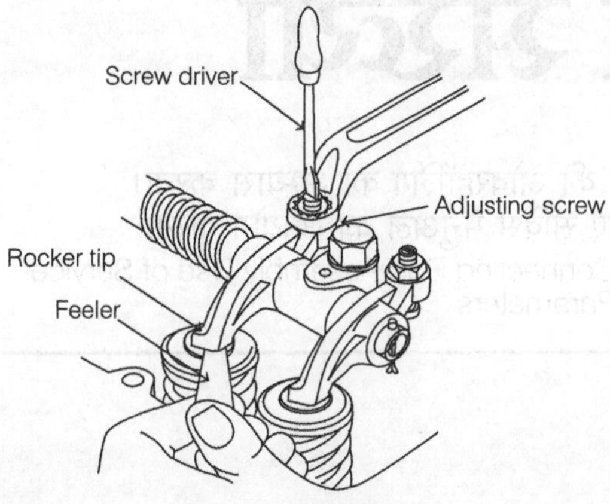

(iii) टैपेट असेम्बली

5. रिंग स्पैनर के द्वारा लॉक नट को ढ़ीला करते हैं।
6. वाल्व स्टेम एवं रॉकर टिप के मध्य निर्दिष्ट मोटाई का फीलर गेज इन्सर्ट करते हैं।
7. स्क्रू ड्राइवर के द्वारा एडजस्टिंग स्क्रू को टाइट करते हैं एवं इसी समय फीलर गेज को आगे-पीछे मूव कराते हैं। फीलर गेज को तब तक मूव कराते हैं जब तक की इसके मूवमेन्ट में प्रतिरोध उत्पन्न न हो जाए।
8. पुशः रॉड को घुमाते हैं। यह कम लोड के साथ घूमनी चाहिए। परन्तु यह जाम नहीं होनी चाहिए।
9. एडजस्टिंग स्क्रू की स्थिति को स्क्रू ड्राइवर के द्वारा होल्ड रखते हैं एवं रिंग स्पैनर के द्वारा लॉक नट को टाइट करते हैं।
10. यह सुनिश्चित करते हैं कि नट को टाइट एवं लॉकिंग करते समय एडजस्टिंग स्क्रू टर्न न करें।
11. गैप में फीलर गेज पत्तियों की स्लाइड कराकर एडजस्टमैन्ट को पुनः जाँचते हैं एवं पुश रॉड को टर्न करते हैं।
12. फायरिंग क्रम के अनुसार कम्प्रैशन स्ट्रोक के TDC पर अन्य वाल्वों को सन्दर्भित स्थितियों में लाने के लिए टैपर क्लीयरेन्स उपरोक्त पदों को दोहराकर एडजस्ट करते हैं।
13. नीचे दी गई तालिका के अनुसार बचे हुए वाल्वों के क्रम को एडजस्ट करते हैं।

तालिका

Adjust No. 1	valve when No. 8 is lifted.
Adjust No. 2	valve when No. 7 is lifted.
Adjust No. 3	valve when No. 6 is lifted.
Adjust No. 4	valve when No. 5 is lifted.
Adjust No. 5	valve when No. 4 is lifted.
Adjust No. 6	valve when No. 3 is lifted.
Adjust No. 7	valve when No. 2 is lifted.
Adjust No. 8	valve when No. 1 is lifted.

जब संख्या-1 सिलेण्डर में इनलेट वाल्व पूर्ण रूप से खुली हो, तो संख्या-1 सिलेण्डर इनलेट वाल्व पूर्ण रूप से बन्द होती है। वाल्व क्लीयरैन्स जाँचने के लिए यह गुणधर्म याद रखना आवश्यक है।

14. ओवरहैड कैमशाफ्ट इंजन के साथ ओवरहैड वाल्व के वाल्व टैपेट क्लीयरैन्स को एडजस्ट करते हैं।
15. अब इंजन को चालू करते हैं एवं आदर्श गति पर चलाते हैं।
16. टैपट शोर की जाँच करते हैं तथा शोर होने पर दोष को दूर करते हैं।

परिणाम (Result) सिलेण्डर हैड, मैनीफोल्ड एवं रॉकर आर्म असेम्बली का पुनः संयोजन, एडजस्टेबिल वाल्व क्लीयरैन्स एवं एडजस्टमैन्ट के पश्चात् इंजन को सफलतापूर्वक चालू किया गया।

प्रैक्टिकल संख्या 41

✎ पिस्टन एवं कनैक्टिंग रॉड असेम्बली की ओवरहॉलिंग का अभ्यास करना। क्लीयरैन्स व अन्य पैरामीटर्स के लिए सर्विस मैनुअल का उपयोग करना
Practice Overhauling Piston and Connecting Rod Assembly Use of Service Manual for Clearance and Other Parameters

---

उद्देश्य Object

पिस्टन एवं कनैक्टिंग रॉड असेम्बली की ओवरहॉलिंग करना एवं क्लीयरैन्स व अन्य पैरामीटर्स के लिए सर्विस मैनुअल का उपयोग करना।

आवश्यक उपकरण/सामग्री Essential Apparatus/Materials

- ट्रेनी टूल किट
- पिस्टन रिंग एक्सपैन्डर
- बॉल पिन हैमर
- फीलर गेज
- पेट्रोल इंजन
- केरोसीन (आवश्यकतानुसार)
- एमरी शीट (आवश्यकतानुसार)
- टॉर्क रिंच
- मैलेट
- इन्टर्नल सर्किल्प प्लायर
- एयर कम्प्रैसर
- सोप ऑयल (आवश्यकतानुसार)
- लुब्रिकेन्ट ऑयल (आवश्यकतानुसार)
- पिस्टन रिंग (आवश्यकतानुसार)
- सॉकेट स्पैनर सैट
- ड्रिफ्ट
- रिंग ग्रूव क्लीनर
- बेंच वाइस
- आर्बर प्रैस
- बेनियन क्लॉथ (आवश्यकतानुसार)

सुरक्षा सावधानियाँ/निर्देश Safety Precautions/Instructions

1. वाइस में पिस्टन को अधिक नहीं कसना चाहिए, यह टूट सकता है।
2. गजन पिन का सर्किल्प बदलना चाहिए (यदि निकाला है), यदि गलत या ढीला है, तो दुर्घटना हो सकती है।
3. गजन पिन पर हथौड़े से चोट नहीं मारनी चाहिए। यदि बहुत आवश्यक हो, तो आर्बर प्रेस का प्रयोग करें।
4. कटर की सहायता से रिंग ग्रूव से केवल कार्बन तथा जले के निशान मिटाने चाहिए। पिस्टन की धातु पर कट न लगाएँ।

कार्यविधि Working Method

1. इंजन कूलैन्ट को निकालते हैं।
2. इंजन ऑयल को निकालते हैं।
3. सिलेण्डर हैड को निकालते हैं।
4. सिलेण्डर लाइनर की ऊपरी सतह पर जमा कार्बन को एमरी पेपर से साफ करते हैं।
5. कनैक्टिंग रॉड से बियरिंग कैप को निकालते हैं।
6. पिस्टन एवं कनैक्टिंग रॉड असेम्बली को ऊपर की ओर पुश करते हैं।
7. क्रैंकशाफ्ट जर्नल को बचाते हैं।
8. सिलेण्डर ब्लॉक के शीर्ष से पिस्टन एवं कनैक्टिंग रॉड असेम्बली को निकालते हैं।
9. वर्क बेंच पर पिस्टन असेम्बली को रखते हैं।
10. स्नैप रिंग प्लायर के द्वारा पिस्टन स्कर्ट से सर्किल्प/स्नैप रिंग्स को निकालते हैं।
11. पिस्टन पिन को निकालते हैं एवं पिस्टन से कनैक्टिंग रॉड को निकालते हैं।
12. पिस्टन से पिस्टन रिंग्स को हटाते हैं।
13. पिस्टन हैड, स्कर्ट, ऑयल होल्स एवं ग्रूव्स पर जमा कार्बन को एमरी पेपर से साफ करते हैं।

14. कनैक्टिंग रॉड एवं पिस्टन भागों के ऑयल होल को साफ करते हैं।
15. प्रयुक्त की गई पिस्टन पिन, बोल्ट/सर्किल्प को हटाकर नई पिस्टन पिन, बोल्ट/सर्किल्प लगाते हैं।
16. सर्विस मैनुअल से प्रयुक्त पिस्टन असेम्बली अवयवों की तुलना करते हैं।
17. कनैक्टिंग रॉड स्मॉल एण्ड के साथ पिस्टन को फिक्स करते हैं।
18. इण्टरवल पर पिस्टन पर पिस्टन रिंग गैप को 90° फिक्स करते हैं।
19. पिस्टन एवं कनैक्टिंग रॉड असेम्बली को लाइनर के अन्दर तब तक पुश करते हैं जब तक कि पिस्टन रिंग कम्प्रैशर से मुक्त न हो जाएँ।
20. क्रैंकशाफ्ट जर्नल पर पिस्टन असेम्बली को सही प्रकार से व्यवस्थित करते हैं।
21. समान साइड पर ही बियरिंग कैप को स्थापित करते हैं।
22. क्रैंकपिन पर कनैक्टिंग रॉड साइड क्लीयरैन्स को जाँचते हैं एवं सर्विस मैनुअल से तुलना करते हैं।
23. नई गैस्केट के साथ सिलेण्डर हैड को स्थापित करते हैं।
24. रॉकर ऑर्म असेम्बली को फिट करते हैं एवं टैपट को एडजस्ट करते हैं।
25. स्ट्रेनर के साथ ऑयल पम्प को स्थापित करते हैं।
26. ऑयल पैन को स्थापित करते हैं।
27. उपयुक्त स्तर तक ऑयल को भरते हैं।
28. ड्रेन कॉक को बन्द करते हैं एवं संस्तुत कूलैन्ट को भरते हैं।

परिणाम' (Result) पिस्टन एवं कनैक्टिंग रॉड असेम्बली की ओवरहॉलिंग एवं क्लीयरैन्स व अन्य पैरामीटर्स के लिए सर्विस मैनुअल का उपयोग सफलतापूर्वक किया गया।

प्रैक्टिकल संख्या 42

✎ ऑयल सम्प एवं ऑयल पम्प को हटाने का अभ्यास करना, सम्प को साफ करना/पिस्टन के साथ बिग एण्ड बियरिंग, कनौक्टिंग रॉड को हटाने का अभ्यास करना
Practice on Removing Oil Sump and Oil Pump, Clean the Sump. Practice on Removing the Big End Bearing , Connecting Rod with the Piston

---

42.1

ऑयल सम्प एवं ऑयल पम्प को हटाने का अभ्यास
Practice on Removing Oil Sump and Oil Pump

उद्देश्य Object
ऑयल सम्प एवं ऑयल पम्प को हटाने एवं सम्प को साफ करने का अभ्यास करना।

आवश्यक उपकरण/सामग्री Essential Apparatus/Materials
- ट्रेनी टूल किट
- फीलर गेज
- बॉक्स स्पैनर सैट
- स्ट्रेट ऐज
- ट्रे
- मल्टी सिलेण्डर डीजल इंजन
- कॉटन क्लॉथ (आवश्यकतानुसार)
- सोप ऑयल (आवश्यकतानुसार)
- केरोसीन (आवश्यकतानुसार)
- लुब्रिकेन्ट ऑयल (आवश्यकतानुसार)

सुरक्षा सावधानियाँ/निर्देश Safety Precautions/Instructions
1. फर्श पर तेल न गिरने दें।
2. ऑयल पैन को सावधानीपूर्वक हाथ से पकड़ें।
3. स्क्रुओं को न अधिक टाइट और न अधिक ढीला रखें।
4. कार्य को सावधानीपूर्वक करें।
5. सभी भागों का सावधानी से निरीक्षण करें।

कार्यविधि Working Method
A. ऑयल सम्प को निकालना
1. इंजन ऑयल सम्प ड्रेन प्लग को ढीला करते हैं।
2. सम्प के नीचे ट्रे रखते हैं।
3. ड्रेन प्लग को हटाते हैं एवं सुनिश्चित करते हैं कि ऑयल सम्प से पूर्ण ऑयल बाहर निकल जाए।
4. इंजन से शेष बचे ऑयल को निकालने के लिए इंजन को क्रैंक (crank) करते हैं।
5. ऑयल सम्प ड्रेन प्लग को फिक्स करते हैं।
6. ऑयल सम्प माउण्टिंग बोल्ट को ढीला करते हैं।
7. ऑयल सम्प के सभी माउण्टिंग बोल्टों को हटाते हैं।
8. ऑयल सम्प को हटाते हैं एवं वर्कबेंच पर रखते हैं।
9. सम्प से गैस्केट को हटाते हैं।
10. गैस्केट फिटिंग की सतह को साफ करते हैं।
11. केरोसीन के द्वारा सम्प को साफ करते हैं।

12. ड्रेन प्लग पर जमा धूल के कणों को साफ करते हैं।
13. किसी भी टूट-फूट व क्षति के लिए ऑयल सम्प का निरीक्षण करते हैं चित्र (i), यदि कोई दोष मिलता है तो उसे ठीक करते हैं।

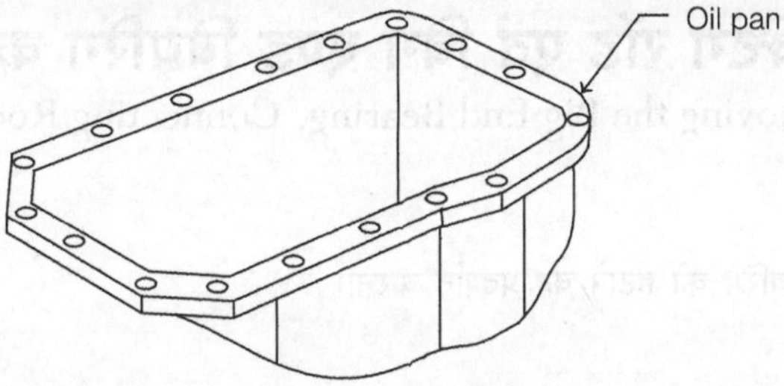

(i)

B. इंजन से ऑयल पम्प को निकालना

1. ऑयल पम्प माउण्टिंग्स का पता लगाते हैं।
2. ऑयल पम्प माउण्टिंग्स को हटाने के लिए उपयुक्त टूल का चुनाव करते हैं।
3. ऑयल पम्प माउण्टिंग्स को ढीला करते हैं।
4. स्ट्रेनर के साथ ऑयल पम्प को हटाते हैं। चित्र (ii)
5. सफाई एवं निरीक्षण के लिए ट्रे पर ऑयल पम्प को रखते हैं।
6. ऑयल पम्प भागों को खोलते हैं एवं साफ करते हैं।
7. अनुदेशक गाइड लाइनों के अनुसार खोले गए भागों का निरीक्षण करते हैं।
8. सभी भागों को क्रम में लगाते हैं।
9. अनुदेशक गाइड लाइनों के अनुसार ऑयल पम्प के दाब परीक्षण को जाँचते हैं।

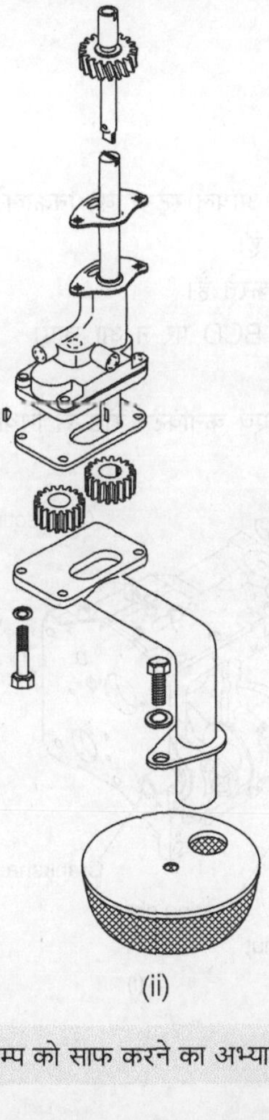
(ii)

परिणाम (Result) ऑयल सम्प एवं ऑयल पम्प को हटाने एवं सम्प को साफ करने का अभ्यास सफलतापूर्वक किया गया।

42.2

पिस्टन सहित कनैक्टिंग रॉड एवं बिग एण्ड बियरिंग को हटाने का प्रदर्शन

Perform Removing the Big End Bearing, Connecting Rod with Piston

उद्देश्य Object

पिस्टन सहित कनैक्टिंग रॉड एवं बिग एण्ड बियरिंग को हटाने का प्रदर्शन करना।

आवश्यक उपकरण/सामग्री Essential Apparatus/Materials

- ट्रेनी टूल किट
- मल्टी सिलेण्डर डीजल इंजन
- केरोसीन (आवश्यकतानुसार)
- वुडन ब्लॉक (आवश्यकतानुसार)
- मैलेट, ड्रिफ्ट पंच
- सूती कपड़ा (आवश्यकतानुसार)
- लुब्रिकेन्ट ऑयल (आवश्यकतानुसार)
- टॉर्क रिंच, रिंग एक्सपैन्डर
- ट्रे
- सोप ऑयल (आवश्यकतानुसार)

सुरक्षा सावधानियाँ/निर्देश Safety Precautions/Instructions

1. ध्यान दें कि ऑयल लाइन सुरक्षित रहे।
2. पिस्टन असेम्बली को सावधानीपूर्वक निकालें।
3. बियरिंग को सुरक्षित बाहर निकालें।
4. गजन पिन पर हैमर से चोट नहीं मारें।

कार्यविधि Working Method

1. सर्वप्रथम ऑयल सम्प को निकालते हैं।
2. ऑयल पम्प से ऑयल पाइप को विसंयोजित करते हैं एवं ऑयल स्ट्रेनर को निकालते हैं।
3. ऑयल पम्प को निकालते हैं तथा इंजन ब्लॉक को झुकाते हैं।
4. सभी सिलेण्डर की फॉर्मेशन को साफ करते हैं एवं जाँच करते हैं।
5. क्रैंकशाफ्ट को तब तक टर्न करते हैं जब तक कि पिस्टन BCD पर न आ जाएँ।
6. कनैक्टिंग रॉड के बोल्ट/नटों को हटाते हैं।
7. मैलेट से कनैक्टिंग रॉड की कैप को टेप (tap) करते हैं एवं कनैक्टिंग रॉड से बियरिंग शैल के साथ कैप को निकालते हैं। चित्र (i)

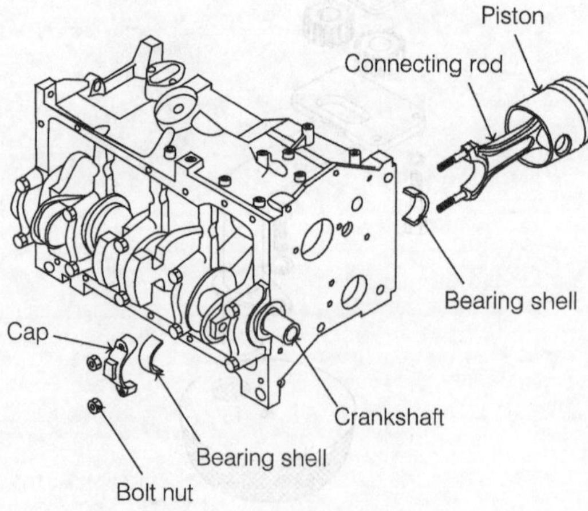

(i)

8. अब क्रैंकशाफ्ट को तब तक टर्न करते हैं जब तक कि TDC पर पिस्टन न आ जाए। वुडन ब्लॉक के साथ कनैक्टिंग रॉड को टेप (tap) करते हैं।

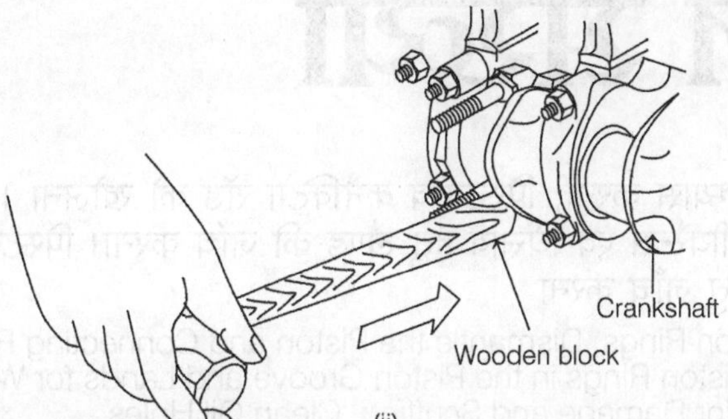

(i)

9. पुनः असेम्बलिंग करते समय मिसमैचिंग से बचने के लिए कनैक्टिंग रॉड कैप पर लिखे मैचिंग नम्बर को नोट करते हैं।
10. कनैक्टिंग रॉड एवं कैप में अपर एवं लोअर बियरिंग शैल को कनैक्टिंग रॉड एवं कैप सम्बन्धित स्थितियों में रखते हैं।
11. सभी पिस्टनों को निकालने के लिए उपरोक्त प्रक्रिया को दोहराते हैं।
12. कनैक्टिंग रॉड एवं पिस्टनों को साफ करते हैं।

परिणाम (Result) पिस्टन सहित कनैक्टिंग रॉड एवं बिग एण्ड बियरिंग को हटाने का अभ्यास सफलतापूर्वक किया गया।

प्रैक्टिकल संख्या 43

पिस्टन रिंग्स को निकालने का अभ्यास करना, पिस्टन व कनैक्टिंग रॉड को खोलना । पिस्टन ग्रूव में पिस्टन रिंग्स के साइड क्लीयरैन्स एवं घिसाव हेतु लैण्ड की जाँच करना। पिस्टन स्कर्ट एवं क्राउन में खराबी व घिसाई हेतु जाँच करना

Practice on Removing the Pistion Rings, Dismantle the Piston and Connecting Rod. Check the Side Clearance of Piston Rings in the Piston Groove and Lands for Wear. Check Piston Skirt and Crown for Damage and Scuffing, Clean Oil Holes

उद्देश्य Object

पिस्टन रिंग्स को निकालने तथा मापने का अभ्यास करना

नोट उपरोक्त प्रयोग को सफलतापूर्वक करने के लिये निम्न प्रक्रमों का प्रयोग करते है।

- पिस्टन रिंग्स को निकालना।
- पिस्टन तथा कनैक्टिंग रॉड को खोलना।
- पिस्टन स्कर्ट एवं क्राउन में खराबी हेतु जाँच करना।
- ऑयल छिद्रों की घिसाई (scuffing) तथा सफाई करना।
- घिसावट हेतु पिस्टन ग्रूव एवं लैण्ड में पिस्टन रिंग्स के साइड क्लीयरैंस की जाँच करना।

आवश्यक उपकरण/सामग्री Essential Apparatus/Materials

- ट्रेनी टूल किट
- पिस्टन रिंग्स (आवश्यकतानुसार)
- कॉटन वेस्ट (आवश्यकतानुसार)
- ड्रिफ्ट
- फीलर गेज
- पिस्टन रिंग एक्सपैन्डर
- आउटसाइड माइक्रोमीटर
- सर्किल्प प्लायर
- केरोसीन ऑयल (आवश्यकतानुसार)

सुरक्षा सावधानियाँ/निर्देश Safety Precautions/Instructions

1. वाइस में पिस्टन को अधिक न कसें, अन्यथा यह टूट भी सकता है।
2. गजन पिन पर हैमर से चोट न मारें तथा इसको निकालने के लिए आर्बर प्रेस का प्रयोग करें।
3. बियरिंग शैल सुरक्षित रहे ऐसा प्रयास करें।
4. पिस्टन की जाँच करने से पूर्व इसे डि-कार्बोनाइज कर लें।
5. पिस्टन को बेंच वाइस में अधिक न कसें अन्यथा यह टूट सकता है।
6. पिस्टन को पूर्णत: साफ करने के उपरान्त ही इसकी जाँच करें।
7. पिस्टन को बेंच वाइस में अधिक न कसें, अन्यथा यह टूट भी सकता है।

कार्यविधि Working Method

1. सर्वप्रथम पिस्टन रिंग को पिस्टन रिंग एक्सपैन्डर का प्रयोग करके हटाते हैं। चित्र (i)

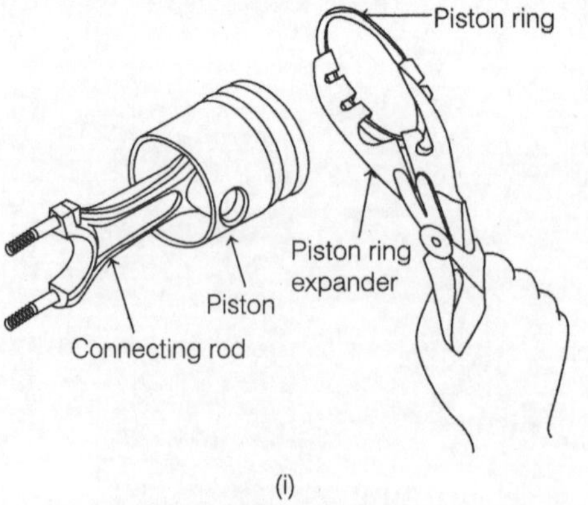

(i)

2. सर्किल्प प्लायर का प्रयोग करके पिस्टन पिन के सर्किल्प को हटाते हैं।
3. ड्रिफ्ट तथा हैमर द्वारा पिस्टन पिन को हटाते हैं। चित्र (ii) सभी पिस्टनों के लिए यही प्रक्रिया दोहराते हैं।

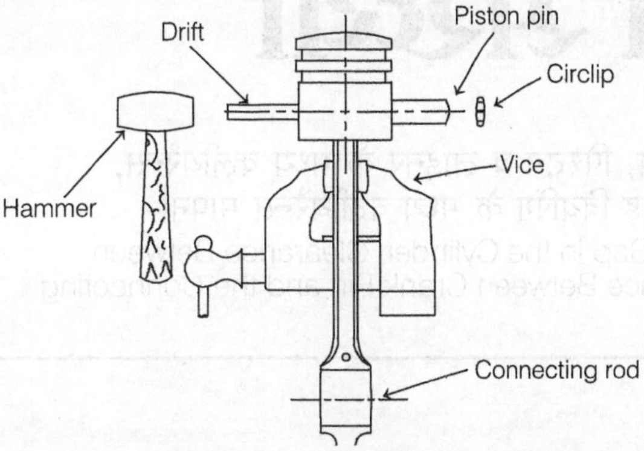

(ii)

4. पिस्टन से कनैक्टिंग रॉड को अलग करते हैं।
5. पिस्टन, पिस्टन पिन, पिस्टन रिंग ग्रूव्स तथा ऑयल रिंग छिद्रों की सफाई करते हैं।
6. पिस्टन रिंग ग्रूव्स पर जमे कार्बन को साफ करते हैं।
7. केरोसीन से पिस्टन रिंग्स तथा कनैक्टिंग रॉड को साफ करते हैं।
8. पिस्टन स्कर्ट एवं क्राउन में घिसाई, दरारों, स्कोरिंग आदि की जाँच करते हैं।
9. पिस्टन में पिस्टन पिन सर्किल्प ग्रूव्स की खराबी की जाँच करते हैं।
10. फीलर गेज द्वारा पिस्टन ग्रूव्स में पिस्टन रिंग साइड क्लीयरैन्स की जाँच करते हैं। चित्र (iii)

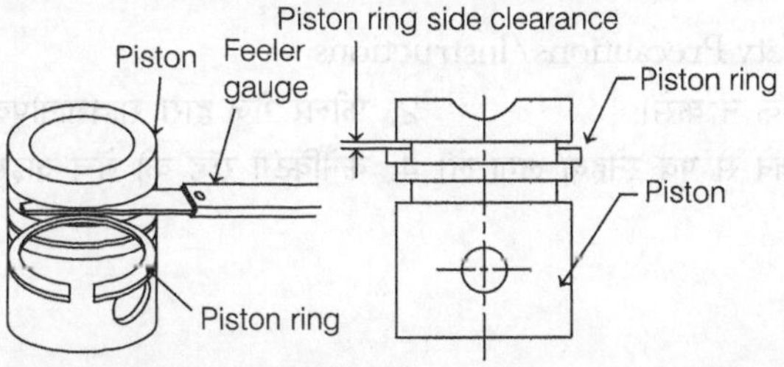

(iii)

11. विभिन्न बिन्दुओं पर पिस्टन के व्यास की घिसावट की जाँच करते हैं। चित्र (iv)
12. पिस्टन रिंग ग्रूव्स तथा लैण्ड की घिसावट की जाँच करते हैं।
13. विभिन्न बिन्दुओं पर पिस्टन के व्यास को मापते हैं।

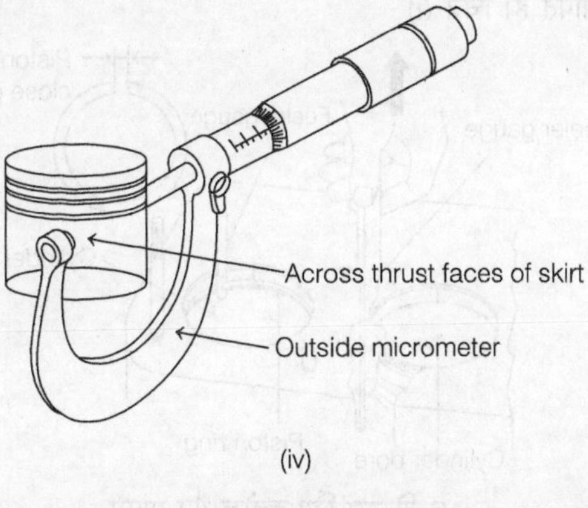

(iv)

परिणाम (Result) पिस्टन को निकालने तथा मापन सम्बन्धी अभ्यास सफलतापूर्वक किया गया।

प्रैक्टिकल संख्या 44

✎ सिलेण्डर में पिस्टन रिंग क्लोज गैप, पिस्टन व लाइनर के मध्य क्लीयरैन्स, क्रैंक पिन व कनैक्टिंग रॉड बिग एण्ड बियरिंग के मध्य क्लीयरैन्स मापना
Measure the Piston Ring Close Gap in the Cylinder, Clearance Between the Piston and the Liner, Clearance Between Crank Pin and the Connecting Rod Big End Bearing

उद्देश्य Object

सिलेण्डर में पिस्टन रिंग क्लोज गैप, पिस्टन व लाइनर के मध्य क्लीयरैन्स तथा क्रैंकपिन एवं कनैक्टिंग रॉड बिग एण्ड बियरिंग के मध्य क्लीयरैन्स मापना।

आवश्यक उपकरण/सामग्री Essential Apparatus/Materials

- ट्रेनी टूल किट
- सोप ऑयल
- मल्टी सिलेण्डर डीजल इंजन
- केरोसीन (आवश्यकतानुसार)
- वर्क बेंच
- फीलर गेज
- पिस्टन रिंग (आवश्यकतानुसार)
- टॉर्क रिंच
- बिग एण्ड बियरिंग
- सूती कपड़ा (आवश्यकतानुसार)

सुरक्षा सावधानियाँ/निर्देश Safety Precautions/Instructions

1. सिलेण्डर ब्लॉक को बेंच वाइस में अधिक न कसें।
2. फीलर गेज द्वारा सावधानीपूर्वक मापन करें।
3. सिलेण्डर ब्लॉक में पिस्टन रिंग को डालने से पूर्व स्नेहक लगा लें।
4. कनैक्टिंग रॉड को बेंच वाइस में अधिक न कसें।
5. क्रैंक पिन पर हैमर का प्रयोग न करें।

कार्यविधि Working Method

A. पिस्टन रिंग क्लोज गैप मापना

1. सूती कपड़े से सिलेण्डर बोर को साफ करते हैं।
2. चयनित पिस्टन रिंग को साफ करके मापते हैं।
3. पिस्टन रिंग को सिलेण्डर बोर के अन्दर इन्सर्ट करते हैं।
4. सुनिश्चित करते हैं कि सिलेण्डर बोर के अन्दर पिस्टन रिंग अपने विशिष्ट स्तर पर व्यवस्थित है।
5. फीलर गेज द्वारा पिस्टन रिंग क्लोज गैप को मापते हैं। चित्र (i)

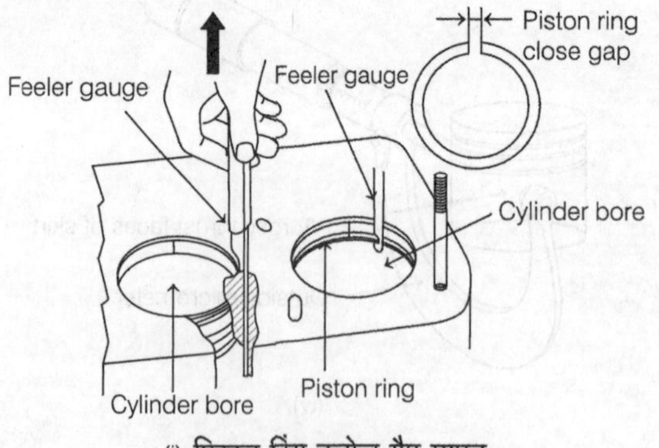

(i) पिस्टन रिंग क्लोज गैप मापन

6. फीलर गेज लीफ की रीडिंग को नोट करके सर्विस मैनुअल की विशिष्टता से तुलना करते हैं।

B. लीनियर तथा पिस्टन के मध्य क्लीयरैन्स मापना

1. केरोसीन से पिस्टन के ऑयल तथा धूल को साफ करते हैं।
2. कम्प्रैस्ड एयर तथा सूती कपड़े से पिस्टन को साफ करते हैं।
3. सिलेण्डर बोर को सूती कपड़े से साफ करते हैं।
4. पिस्टन को बिना रिंग के सिलेण्डर बोर के अन्दर लगाते हैं।
5. फीलर गेज द्वारा गजन पिन के नीचे लीनियर तथा पिस्टन के मध्य क्लीयरैन्स मापते हैं।
6. फीलर गेज की रीडिंग को नोट करके सर्विस मैनुअल विशिष्टियों से तुलना करते हैं।

C. क्रैंकपिन तथा कनैक्टिंग रॉड बिग एण्ड बियरिंग के मध्य क्लीयरैन्स मापना

1. बिग एण्ड बियरिंग तथा क्रैंकपिन को साफ करते हैं।
2. कनैक्टिंग रॉड तथा बिग एण्ड की निचली कैप पर शैल/खोखली बियरिंग स्थापित करते हैं।
3. ऑयल छिद्रों को बचाकर बियरिंग द्वारा कॉन्टैक्ट के अनुसार क्रैंकपिन की सम्पूर्ण चौड़ाई पर गाउजिंग प्लास्टिक का टुकड़ा लगाते हैं।
4. कनैक्टिंग रॉड की निचली कैप को स्थापित करके निम्नानुसार धीरे-धीरे नट को टाइट करते हैं।
   (i) सभी कैप नट को हाथों से टाइट करते हैं।
   (ii) इन्हें पुन: आवश्यक टॉर्क के अनुसार टाइट करते हैं।
   (iii) सभी कनैक्टिंग रॉड एण्ड कैप हेतु सम्बन्धित चरणों को दोहराते हैं।
   (iv) टाइट टॉर्क को पुन: चैक करते हैं।
5. चौड़ाई वाले बिन्दु (क्लीयरैन्स) पर, बिग एण्ड कैप को हटाकर स्केल द्वारा गाउजिंग प्लास्टिक को हटाते हैं। यदि क्लीयरैन्स अपनी सीमा से अधिक बढ़ा हुआ होता है, तो मानक आकार के नए बियरिंग का प्रयोग करते हैं तथा क्रैंकपिन एवं कनैक्टिंग रॉड बिग एण्ड बियरिंग के मध्य क्लीयरैन्स को पुन: मापते हैं।
6. यदि मानक आकार के नए बियरिंग के प्रयोग द्वारा भी क्लीयरैन्स अपनी सीमा में नहीं होता है, तो क्रैंकपिन को ग्राइण्ड करके सही आकार में लाते हैं तथा 0.25 मिमी आकार तक के बियरिंग का उपयोग करते हैं।
7. अन्य क्रैंकपिन तथा कनैक्टिंग रॉड बियरिंग के लिए इसी प्रक्रिया का अनुसरण करते हैं।

परिणाम (Result) सिलेण्डर में पिस्टन रिंग क्लोज गैप, पिस्टन व लीनियर के मध्य क्लीयरैन्स तथा क्रैंकपिन एवं कनैक्टिंग रॉड बिग एण्ड बियरिंग के मध्य क्लीयरैन्स को सफलतापूर्वक मापा गया।

प्रैक्टिकल संख्या 45

✎ बैण्ड ट्विस्ट के लिए कनैक्टिंग रॉड की जाँच करना। पिस्टन एवं कनैक्टिंग रॉड असेम्बली असेम्बल करना
Check Connecting Rod for Bend and Twist. Assemble the Piston and Connecting Rod Assembly

उद्देश्य Object

बैण्ड तथा ट्विस्ट के लिए कनैक्टिंग रॉड की जाँच करना और पिस्टन एवं कनैक्टिंग रॉड असेम्बली को असेम्बल करना।

आवश्यक उपकरण/सामग्री Essential Apparatus/Materials

- ट्रेनी टूल किट
- आन्तरिक सर्किल्प प्लायर
- टॉर्क रिंच
- कनैक्टिंग रॉड एलाइनर
- केरोसीन (आवश्यकतानुसार)
- ड्रिफ्ट पंच
- सोप ऑयल (आवश्यकतानुसार)
- फीलर गेज
- सूती कपड़ा (आवश्यकतानुसार)
- लुब ऑयल (आवश्यकतानुसार)
- रिंग एक्सपैण्डर
- मल्टी सिलेण्डर डीजल इंजन
- मैलेट
- ट्रे

सुरक्षा सावधानियाँ/निर्देश Safety Precautions/Instructions

1. कनैक्टिंग रॉड की जाँच करते समय इसके बियरिंग शैल व बुश को निकाल दें।
2. कनैक्टिंग रॉड के घुमाव एवं मोड़ को गर्म करके सीधा कर दें।
3. गजन पिन लगाते समय इंजन ऑयल (स्नेहक) का प्रयोग करें।
4. वाइस में पिस्टन को अधिक न कसें।
5. गजन पिन की सर्किल्प सावधानीपूर्वक फिट करें।
6. गजन पिन पर हैमर से चोट न मारें।

कार्यविधि Working Method

1. कनैक्टिंग रॉड असेम्बली को वर्क बेंच पर रखकर कनैक्टिंग रॉड से पिस्टन को अलग करते हैं।
2. अलग किए गए पिस्टन तथा कनैक्टिंग रॉड को साफ करते हैं।
3. कनैक्टिंग रॉड के स्मॉल एण्ड बुश बियरिंग में घिसावट तथा स्कोरिंग की जाँच करते हैं।
4. बैण्ड एवं ट्विस्ट के लिए कनैक्टिंग रॉड के अलाइनमैन्ट की जाँच करते हैं।
5. किसी दुर्घटना हेतु गजन पिन की सतह का निरीक्षण करते हैं।
6. कनैक्टिंग रॉड को अलाइनमैन्ट फिक्स्चर या एलाइनर पर रखते हैं। चित्र (i)

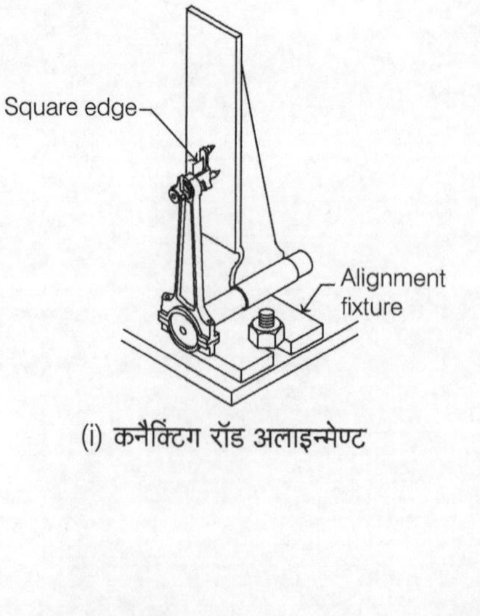

(i) कनैक्टिंग रॉड अलाइन्मेण्ट

7. गजन पिन को स्मॉल एण्ड बोर में इन्सर्ट करते हैं।
8. वर्गाकार एज के साथ गजन पिन की वर्गाकार सीटिंग (seating) की जाँच करते हैं। यदि कनैक्टिंग रॉड बैण्ड अथवा ट्विस्ट है, तो गजन पिन बोर में वर्गाकार रूप में नहीं बैठेगी। यदि कनैक्टिंग रॉड बैण्ड या ट्विस्ट है, तो इसे बदल देते हैं।
9. पिस्टन के ग्रूव में एक सर्किल्प फिट करते हैं। चित्र (ii)

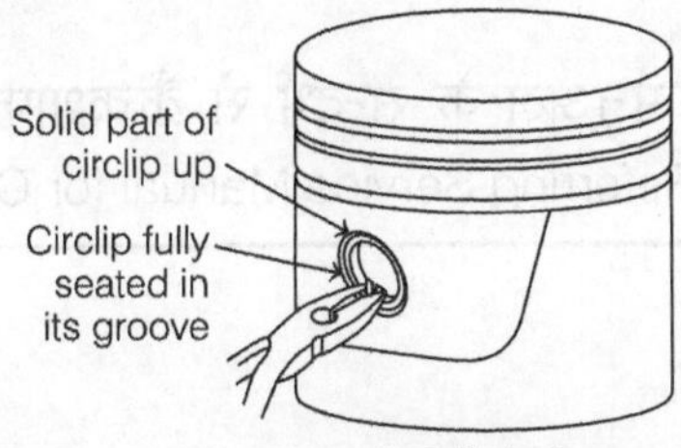

(ii) सर्किल्प फिक्सिग

10. कनैक्टिंग रॉड की स्मॉल एण्ड बोर तथा पिस्टन के गजन पिन बोर को एलाइन करते हैं।
11. मैलेट की सहायता से पिस्टन पिन होल में गजन पिन को ठोकते हैं। गजन पिन को ठोकते समय कनैक्टिंग रॉड बुश को खराब होने से बचाने के लिए इसे स्मॉल एण्ड होल के समान्तर रखते हैं। ग्रूव पर एक अन्य सर्किल्प को फिट करते हैं। सभी पिस्टनों एवं कनैक्टिंग रॉड के लिए यही प्रक्रिया दोहराते हैं।
12. पिस्टन रिंग को रिंग एक्सपैन्डर में पकड़कर इसे पिस्टन ग्रूव में फिट करते हैं। सुनिश्चित करते हैं कि रिंग की सतह पर स्टैम्प शब्द 'TOP' ऊपर की ओर है। सभी रिंग को पिस्टन पर फिट करते हैं। चित्र (iii)

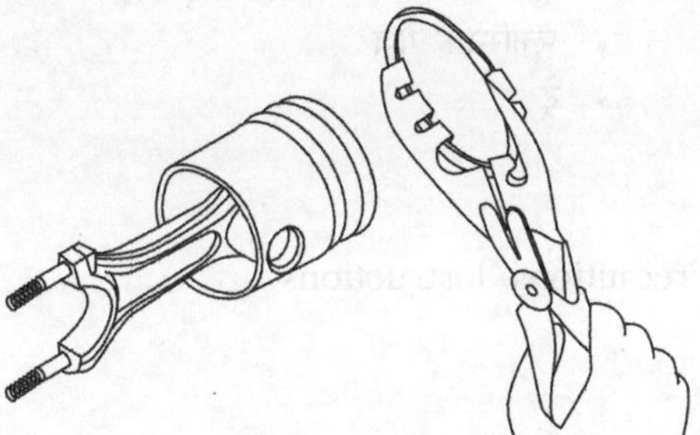

(iii) पिस्टन रिंग फिक्सिग

13. सभी कनैक्टिंग रॉड तथा कैप में ऊपरी व निचले शैलों को लगाते हैं तथा पुनः असेम्बली के उद्देश्य से इन्हें उपयुक्त क्रम में रखते हैं।

परिणाम (Result) सफलतापूर्वक बैण्ड तथा ट्विस्ट के लिए कनैक्टिंग रॉड की जाँच की गई और पिस्टन एवं कनैक्टिंग रॉड असेम्बली को असेम्बल किया गया।

प्रैक्टिकल संख्या 46

क्लीयरैन्स एवं अन्य पैरामीटर्स हेतु सर्विस मैनुअल के सन्दर्भ से क्रैंकशाफ्ट की ओवरहॉलिंग करना
Carryout Overhauling of Crankshaft by Referring Service Manual for Clearance and Other Parameters

उद्देश्य Object

क्रैंकशाफ्ट की ओवरहॉलिंग करना तथा क्लीयरैन्स एवं अन्य पैरामीटर्स हेतु सर्विस मैनुअल का प्रयोग करना।

आवश्यक उपकरण/सामग्री Essential Apparatus/Materials

- ट्रेनी टूल किट
- टॉर्क रिंच
- सूती कपड़ा (आवश्यकतानुसार)
- प्राई बार
- वर्क बेंच
- शैल बियरिंग
- सॉफ्ट हैमर (प्लास्टिक)
- इनसाइड माइक्रोमीटर
- लुब ऑयल (आवश्यकतानुसार)
- प्लास्टिक गेज
- ट्रे
- फीलर गेज
- मल्टी सिलेण्डर इंजन
- इंजन मैनुअल बुक
- डायल गेज
- सोप ऑयल (आवश्यकतानुसार)

सुरक्षा सावधानियाँ/निर्देश Safety Precautions/Instructions

1. फर्श पर तेल न गिरने दें।
2. क्रैंकशाफ्ट को क्षति न पहुँचने दें।
3. टाइमिंग चैन को क्षति न पहुँचने दें।
4. क्रैंकशाफ्ट निकालते समय, इंजन में कोई क्षति न पहुँचने दें।
5. क्रैंकशाफ्ट निकालते समय, फ्लाईव्हील होल्डिंग टूल का प्रयोग करें।
6. इंजन की सर्विस अथवा मरम्मत करते समय इंजन के सर्विस मैनुअल का प्रयोग करें।
7. क्लीयरैन्स को मापने के लिए फीलर गेज का प्रयोग करें।
8. थ्रस्ट बियरिंग के दोनों ओर समान मोटाई के थ्रस्ट वाशर उपयोग करने चाहिए।

कार्यविधि Working Method

1. बियरिंग कैप बोल्ट को निकालकर बियरिंग कैप को हटाते हैं। चित्र (i)

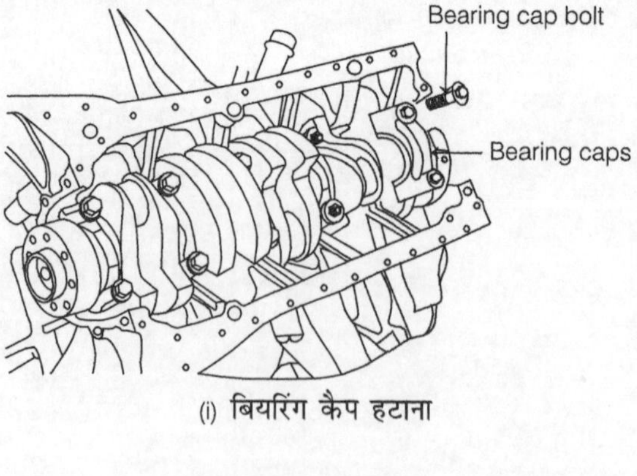

(i) बियरिंग कैप हटाना

2. क्रैंकशाफ्ट बियरिंग कैप, निचला थ्रस्ट बियरिंग, बियरिंग केप से निचला बियरिंग शैल तथा क्रैंकशाफ्ट को अलग करते हैं। चित्र (ii)

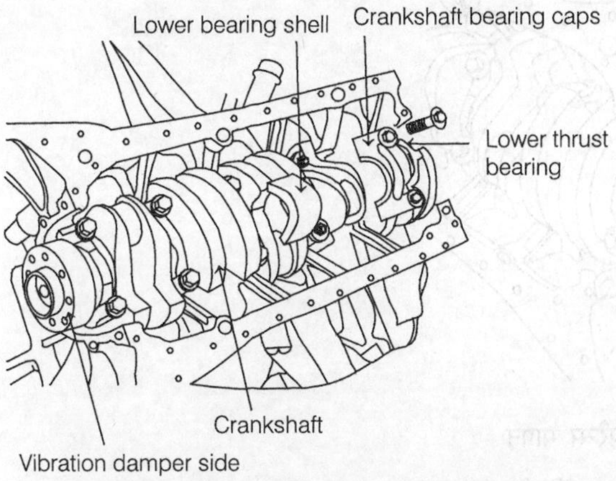

(ii) बियरिंग शैल व क्रैंकशाफ्ट को अलग करना

3. ऊपरी थ्रस्ट बियरिंग को हटाकर क्रैंककेस से ऊपरी बियरिंग शैल को अलग करते हैं। चित्र (iii)

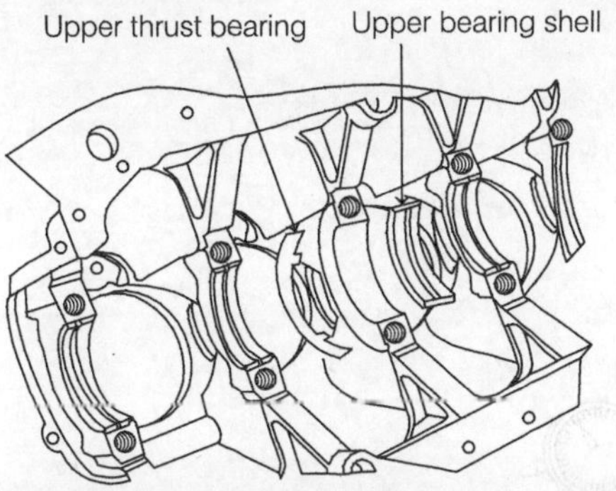

(iii) क्रैंककेस से ऊपरी बियरिंग सैल को अलग करना

4. ऑयल गैलरी को अच्छी तरह से साफ करते हैं।
5. मैनुअल बुक के अनुसार एक उपयुक्त नए बियरिंग शैल का चयन करते हैं।
6. नए बियरिंग शैल पर ऑयल का लेपन करके क्रैंककेस में तथा क्रैंकशाफ्ट बियरिंग शैल में लगाते हैं। ध्यान रखते हैं कि ऊपरी व निचले क्रैंकशाफ्ट बियरिंग शैल आपस में न बदलें।
7. मार्किंग के अनुसार बियरिंग कैप स्थापित करके 12 साइडों वाले स्ट्रैच बोल्टों को टाइट करते हैं।

नोट *स्थापना नोटिस, टाइट करने वाला टॉर्क* = 55 Nm (41 *lb* – *ft*) + 90°

8. डायल गेज द्वारा क्रैंकशाफ्ट बियरिंग व्यास को मापते हैं।
9. क्रैंकशाफ्ट बियरिंग व्यास को तीन बिन्दुओं (A, B तथा C) पर मापते हैं। यदि B व C का औसत मान A के मान से कम होता है, B व C का औसत मान मध्यमान होता है और यदि A के मान से अधिक होता है, तो A का मान मध्यमान होता है। चित्र (iv)

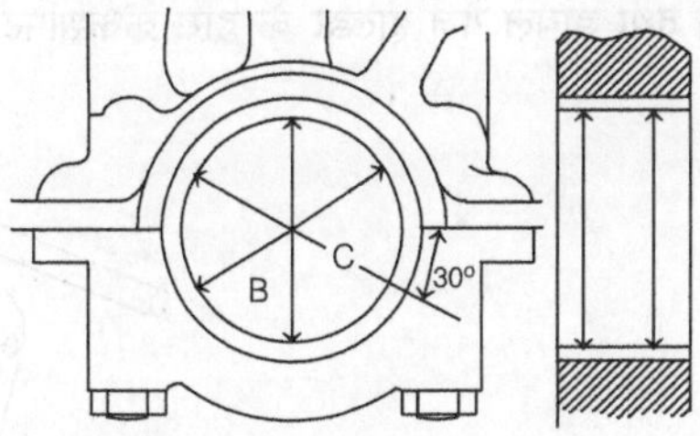

(iv) क्रैंकशाफ्ट बियरिंग व्यास मापन

10. क्रैंकशाफ्ट बियरिंग जर्नल के व्यास को मापते हैं। ध्यान रखें जब यह A और B में मापा जाता है, तो रन आउट 0.010 मिमी से अधिक न हो।
11. क्रैंकशाफ्ट बियरिंग के रेडियल क्लीयरैन्स को मापते हैं। चित्र (v)

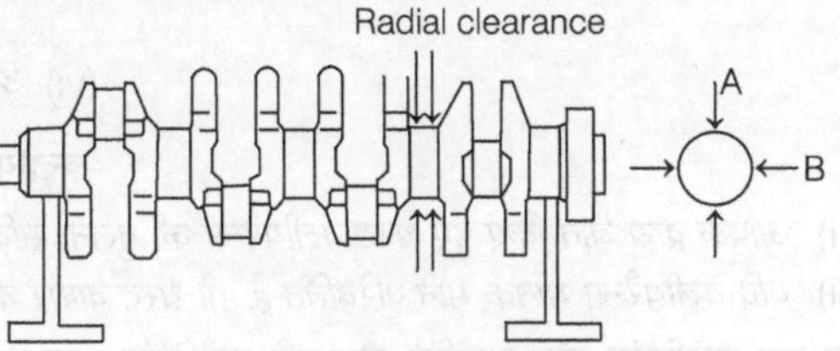

(v) रेडियल क्लीयरैन्स मापन

क्लीयरैन्स, g = 0.027-0.051 मिमी

अन्तिम रेडियल क्लीयरैन्स सर्विस मैनुअल के क्रैंकशाफ्ट बियरिंग से तुलना करते हैं।

उदाहरण के लिए

मापा गया मान, E' = 57.700 मिमी

मापा गया मान, F' = 57.659 मिमी

क्लीयरैन्स, $G = E' - F'$ = 0.041 मिमी

12. क्रैंकशाफ्ट बियरिंग कैप को निकालकर थ्रस्ट बियरिंग जर्नल की चौड़ाई मापते हैं और उपयुक्त थ्रस्ट बियरिंग के साथ एडजस्ट करते हैं। थ्रस्ट वाशर की यही चौड़ाई थ्रस्ट बियरिंग के दोनों तरफ होनी चाहिए।
13. ऊपरी थ्रस्ट बियरिंग पर ऑयल का लेपन करके इसे क्रैंककेस में इस प्रकार लगाते हैं कि ऑयल ग्रूव्स का मुख क्रैंकवेब की ओर हो।
14. निचले थ्रस्ट बियरिंग पर ऑयल का लेपन करके क्रैंकशाफ्ट बियरिंग में इस प्रकार लगाते हैं कि ग्रूव्स का मुख क्रैंकवेब की ओर हो।

नोट (i) *रिटेनिंग लग्स, ग्रूव्स में स्थित होने चाहिए।*
(ii) *यदि बोल्ट की अधिकतम लम्बाई (L) 63.8 मिमी से अधिक होती है, तो इन्हें बदल देते हैं।*

15. नए क्रैंकशाफ्ट पर इंजन ऑयल की पर्त लगाते हैं तथा इसे क्रैंककेस में स्थापित करते हैं।
16. मार्किंग के अनुसार क्रैंकशाफ्ट बियरिंग कैप को स्थापित करके बोल्टों को टाइट कर देते हैं।
17. क्रैंकशाफ्ट को हाथ से घुमाकर जाँच करते हैं कि यह सुचारू रूप से घूमता है। क्रैंकशाफ्ट को आगे और पीछे की ओर गति करने हेतु सॉफ्ट हैमर तथा प्राई बार/स्क्रू का प्रयोग करते हैं।

18. डायल गेज तथा डायल गेज होल्डर के द्वारा क्रैंकशाफ्ट बियरिंग अक्षीय क्लीयरैन्स या थ्रस्ट क्लीयरैन्स को मापते हैं। चित्र (vi)

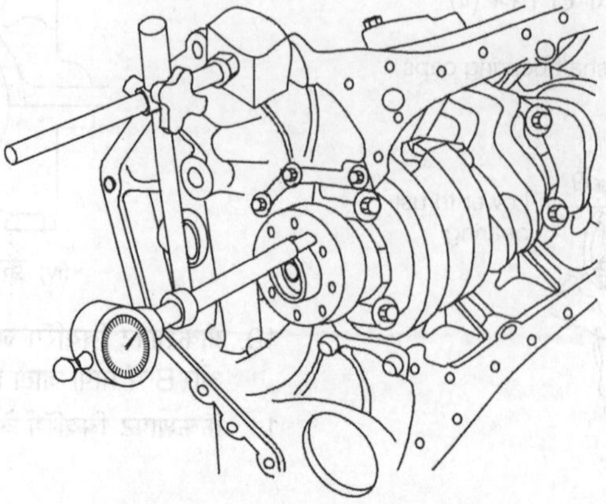

(vi) अक्षीय या थ्रस्ट क्लीयरैन्स मापन

क्लीयरैन्स = 0.100 — 0.24 मिमी

नोट (i) *आपके द्वारा ज्ञात किए हुए थ्रस्ट क्लीयरैन्स की तुलना सर्विस मैनुअल के थ्रस्ट क्लीयरैन्स से करते हैं।*
(ii) *यदि क्लीयरैन्स मानक मान परिवर्तित है, तो थ्रस्ट वाशर को बदलकर क्रैंकशाफ्ट बियरिंग के अक्षीय क्लीयरैन्स को एडजस्ट करते हैं।*

19. एक नए कनैक्टिंग रॉड बियरिंग शैल को कनैक्टिंग रॉड में लगाते हैं तथा 12 साइडों वाले स्ट्रैच बोल्टों को टाइट करते हैं।
स्थापना नोटिस टाइट करने के लिए उपयुक्त टॉर्क

= 55 Nm (26 *lb* – *ft*) 90°

20. कनैक्टिंग रॉड बियरिंग के आन्तरिक व्यास को मापते हैं। चित्र (vii)

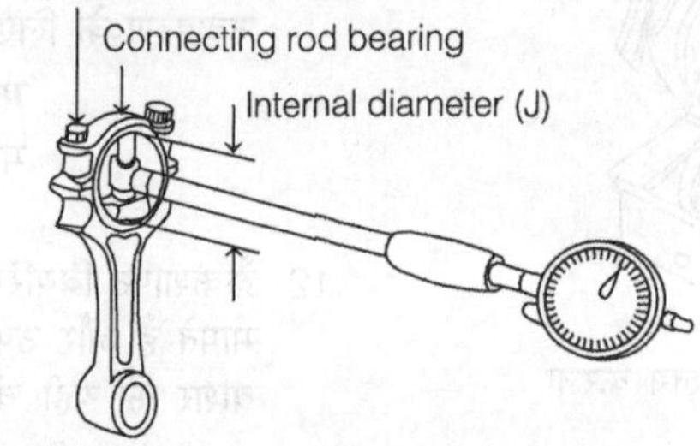

(vii) कनैक्टिंग रॉड बियरिंग आन्तरिक व्यास मापन

21. कनैक्टिंग रॉड बियरिंग जर्नल व्यास (*K*) को मापते हैं।
22. कनैक्टिंग रॉड बियरिंग के रेडियल क्लीयरैन्स (*L*) को मापते हैं।

उदाहरण के लिए

मापा गया मान, E' = 47.700 मिमी

मापा गया मान, F' = 47.653 मिमी

क्लीयरैन्स $G = E' - F'$ = 0.047 मिमी

रेडियल क्लीयरैन्स, L = 0.026 - 0.068 मिमी

नोट (i) *आपके द्वारा ज्ञात किए हुए रेडियल क्लीयरैन्स के मान को सर्विस मैनुअल के मान से तुलना करें।*
(ii) *यदि यह मान मानक से विपरीत है, तो कनैक्टिंग रॉड बियरिंग शैल को बदलकर कनैक्टिंग रॉड बियरिंग के रेडियल क्लीयरैन्स को एडजस्ट करें।*

23. कनैक्टिंग रॉड बियरिंग कैप को हटाकर पिस्टन को स्थापित करते हैं।
24. क्रैंकशाफ्ट को हाथ से घुमाकर जाँच करते हैं कि यह सुचारु रूप से घूमता है।

परिणाम (Result) क्रैंकशाफ्ट की ओवरहॉलिंग सफलतापूर्वक की गई तथा क्लीयरैन्स एवं अन्य पैरामीटर्स हेतु सर्विस मैनुअल का प्रयोग किया गया।

प्रैक्टिकल संख्या 47

इंजन से डैम्पर पुली, टाइमिंग गियर/टाइमिंग चेन, फ्लाईव्हील, मेन बियरिंग कैप, बियरिंग शैल तथा क्रैंकशाफ्ट को अलग करना, घिसाव हेतु ऑयल रिटेनर एवं थ्रस्ट सतहों को जाँचना
Practice on Removing Damper Pulley, Timing Gear/ Timing Chain, Flywheel, Main Bearing Caps, Bearing Shells and Crankshaft from Engine, Checking Oil Retainer and Thrust Surfaces for Wear.

47.1

इंजन से क्रैंकशाफ्ट को अलग करना
Remove the Crankshaft from the Engine

उद्देश्य Object
इंजन से डैम्पर पुली, टाइमिंग गियर/टाइमिंग चेन, फ्लाईव्हील, मेन बियरिंग कैप, बियरिंग शैल तथा क्रैंकशाफ्ट को अलग करना।

आवश्यक उपकरण/सामग्री Essential Apparatus/Materials
- ट्रेनी टूल किट
- केरोसीन (आवश्यकतानुसार)
- ड्रिफ्ट पंच
- सोप ऑयल
- मैलेट
- लुब ऑयल (आवश्यकतानुसार)
- ट्रे
- मल्टी सिलेण्डर डीजल इंजन
- टॉर्क रिंच
- सूती कपड़ा (आवश्यकतानुसार)

सुरक्षा सावधानियाँ/निर्देश Safety Precautions/Instructions
1. डैम्पर पुली निकालने से पूर्व इंजन के पिस्टन को टी.डी.सी. पर सैट कर लेना चाहिए।
2. सभी बैल्टों को कार्य आरम्भ करने से पूर्व निकाल लेना चाहिए।
3. क्रैंकशाफ्ट की ऑयल सील खराब नहीं होनी चाहिए।
4. क्रैंकशाफ्ट को क्षति नहीं पहुँचानी चाहिए।
5. टाइमिंग चेन को क्षति नहीं पहुँचने पाए।
6. क्रैंकशाफ्ट निकालते समय इंजन को कोई क्षति नहीं पहुँचने पाए।
7. फ्लाईव्हील को सपोर्ट करने के लिए फ्लाईव्हील होल्डिंग टूल का ही प्रयोग करें।

कार्यविधि Working Method
A. **डैम्पर पुली को हटाना**

1. इंजन को घुमाकर टाइमिंग चिह्नों तथा टाइमिंग प्वॉइण्टर को मैच कराते हैं। चित्र (i)

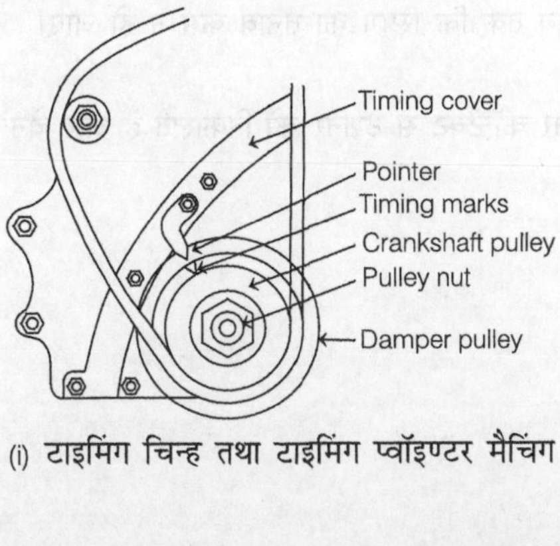

(i) टाइमिंग चिन्ह तथा टाइमिंग प्वॉइण्टर मैचिंग

2. प्वॉइण्टर की स्थिति को टाइमिंग कवर के सापेक्ष चिह्नित करते हैं।
3. एक लकड़ी के टुकड़े को फ्लाईव्हील रिंग गियर तथा क्रैंककेस के मध्य फ्लाईव्हील के घुमाव को रोकने हेतु लगाते हैं।
4. क्रैंकशाफ्ट पुली नट को हटाते हैं।
5. पुलर को क्रैंकशाफ्ट पुली पर रखकर सुनिश्चित करते हैं कि दूरी वाला भाग क्रैंकशाफ्ट की चूड़ियों पर न लगे।
6. पुलर लग्स को इस प्रकार व्यवस्थित करते हैं कि पुलर का फ्लैंज पुली के समान्तर रहे। चित्र (ii)

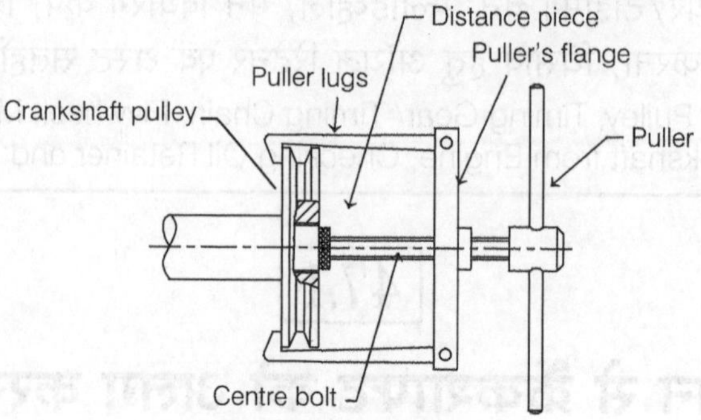

(ii) पुलर लग्स व्यवस्थापन

7. सेन्टर बोल्ट को तब तक टाइट करते हैं जब तक कि पुली क्रैंकशाफ्ट से बाहर न आ जाए।
8. पुलर की सहायता से डैम्पर पुली को निकालते हैं। माउण्टिंग स्क्रू को ढीला करके टाइमिंग कवर को विकर्णरूप से तिरछा करके निकालते हैं।
9. गैस्केट तथा ऑयल सील को हटाते हैं।
10. टाइमिंग गियर के माउण्टिंग बोल्टों को खोलते हैं।
11. कैमशाफ्ट टाइमिंग गियर पर पुलर को व्यवस्थित करते हैं।
12. पुलर बोल्ट को इस प्रकार टाइट करते हैं कि पुलर फ्लैंज, टाइमिंग गियर के समान्तर हो। चित्र (iii)

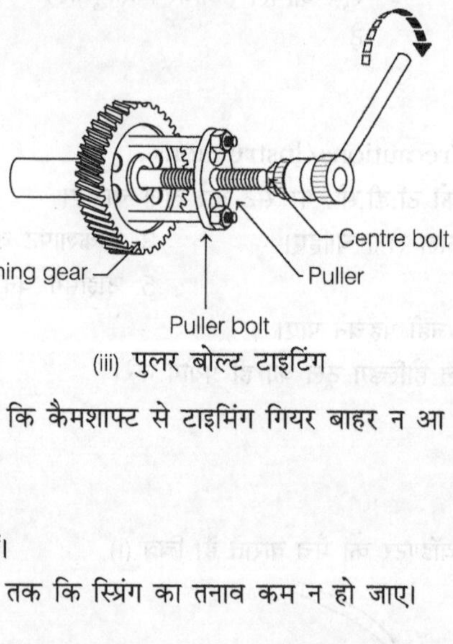

(iii) पुलर बोल्ट टाइटिंग

13. सेन्टर बोल्ट को तब तक टाइट करते हैं जब तक कि कैमशाफ्ट से टाइमिंग गियर बाहर न आ जाए।
14. वुडरफ 'की' को हटाते हैं।
15. गियर/स्प्रोकेट से चेन/बैल्ट को निकालते हैं।
16. टेंशनर (tensioner) युक्त चेन/बैल्ट को हटाते हैं।
17. वाटर पम्प बोल्ट को तब तक ढीला करते हैं जब तक कि स्प्रिंग का तनाव कम न हो जाए।
18. पुली से बेल्ट को ढीला करके हटाते हैं।
19. टाइमिंग चेन टेंशनर को ढीला करते हैं तथा टेंशनर कॉन्टैक्ट से टेंशनर को निकालते हैं और चेन को गियर से बाहर निकाल लेते हैं। चित्र (iv)

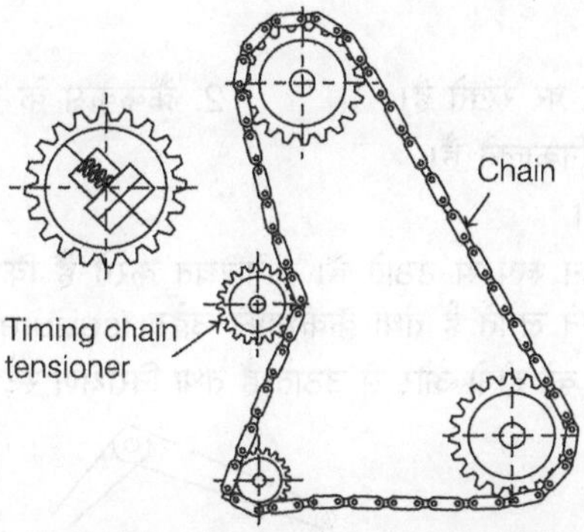

(iv) टाइमिंग चेन टेंशनर को ढीला करना

20. चेन टेंशनर माउण्टिंग बोल्ट को ढीला करते हैं।
21. बोल्ट को हटाते हैं।
22. स्प्रिंग को निकालते हैं।
23. टेंशनर पैड को अलग करते हैं।
24. चेन स्प्रोकेट से चेन को बाहर निकालते हैं

B. फ्लाईव्हील को हटाना

1. लकड़ी के टुकड़े को फ्लाईव्हील तथा क्रैंकशाफ्ट के बीच लगाकर फ्लाईव्हील को लॉक करते हैं अथवा किसी विशेष औजार द्वारा फ्लाईव्हील के घूर्णन को लॉक करते हैं।
2. फ्लाईव्हील माउण्टिंग बोल्टों से लॉक प्लेटों या लॉकिंग वायर को अनलॉक करते हैं। चित्र (v)

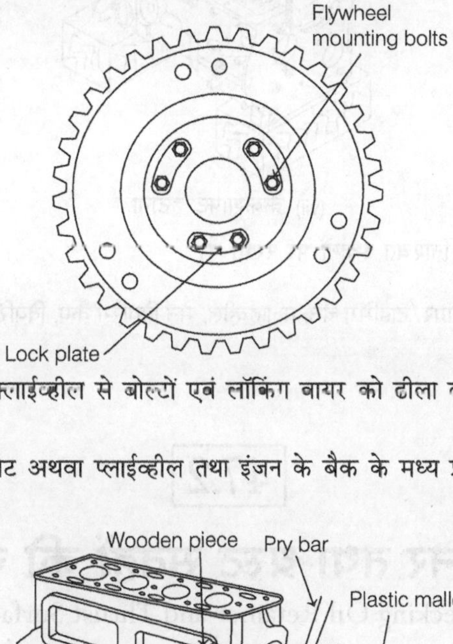

(v) फ्लाईव्हील से बोल्टों एवं लॉकिंग वायर को ढीला करना

3. फ्लाईव्हील से बन्धक बोल्टों को निकालते हैं।
4. फ्लाईव्हील को ढीला करने हेतु प्लास्टिक मैलेट अथवा फ्लाईव्हील तथा इंजन के बैक के मध्य प्राई बार का प्रयोग करते हैं। सुनिश्चित करते हैं कि फ्लाईव्हील जमीन पर न गिरे। चित्र (vi)

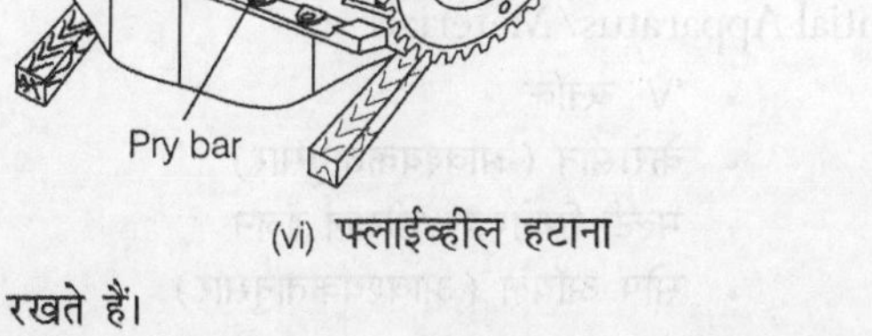

(vi) फ्लाईव्हील हटाना

5. फ्लाईव्हील को हटाकर निरीक्षण टेबल पर रखते हैं।

C. क्रैंकशाफ्ट को हटाना

1. इंजन को नीचे से ऊपर उठाकर लकड़ी के ब्लॉक पर रखते हैं।
2. क्रैंककेस के सापेक्ष मेन बियरिंग कैप को चिह्नित करते हैं।
3. मेन बियरिंग कैप के नट/बोल्टों को ढीला करके निकालते हैं।
4. मेन बियरिंग कैप को प्लास्टिक हैमर से ठोकते हैं।
5. बियरिंग कैप को बियरिंग शैल के साथ एक समान रूप से उठाते हैं। सुनिश्चित करते हैं कि डॉवेल मुड़े नहीं। मुड़े हुए डॉवेल के कारण कैप का मिसअलाइनमैण्ट हो जाता है जिससे बियरिंग घिसने लगते हैं तथा क्रैंकशाफ्ट उद्वेग (seizure) हो जाती है।
6. अन्य व्यक्ति अथवा लिफ्टिंग हुक द्वारा क्रैंकशाफ्ट को दोनों ओर से उठाते हैं तथा निरीक्षण स्टैण्ड पर रखते हैं। चित्र (vii)

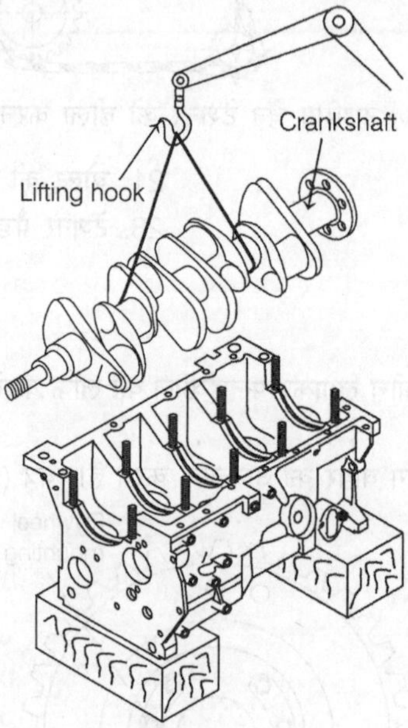

(vii) क्रैंकशाफ्ट हटाना

7. बियरिंग कैप तथा सम्बन्धित बोल्टों को उनके निश्चित स्थानों पर रखते हैं।

परिणाम (Result) इंजन से डैम्पर पुली, टाइमिंग गियर/टाइमिंग चेन, फ्लाईव्हील, मेन बियरिंग कैप, बियरिंग शैल तथा क्रैंकशाफ्ट को सफलतापूर्वक अलग किया गया।

47.2

ऑयल रिटेनर तथा थ्रस्ट सतहों की जाँच करना

Checking Oil Retainer and Thrust Surfaces

उद्देश्य Object

घिसावट हेतु ऑयल रिटेनर तथा थ्रस्ट सतहों की जाँच करना।

आवश्यक उपकरण/सामग्री Essential Apparatus/Materials

- ट्रेनी टूल किट
- ट्रे
- डायल इण्डीकेटर
- सूती कपड़ा (आवश्यकतानुसार)
- 'V' ब्लॉक
- केरोसीन (आवश्यकतानुसार)
- मल्टी सिलेण्डर डीजल इंजन
- सोप ऑयल (आवश्यकतानुसार)
- वर्क बेंच
- लुब ऑयल (आवश्यकतानुसार)
- सर्फेस टेबल
- ऑयल रिटेनर (आवश्यकतानुसार)

सुरक्षा सावधानियाँ/निर्देश Safety Precautions/Instructions

1. जाँच करने से पूर्व सतहों को पूर्णतः साफ कर लें।
2. माइक्रोमीटर की रीडिंग से सम्बन्धित भागों की निर्देशिका मैनुअल से अवश्य तुलना करें।

कार्यविधि Working Method

1. क्रैंक पुली को हटाते हैं।
2. सभी कनैक्टिंग रॉड कैप को डिस्कनैक्ट करके निकालते हैं।
3. क्रैंकशाफ्ट की माउण्टिंग को ढीला करते हैं।
4. इंजन से क्रैंकशाफ्ट को निकालते हैं।
5. क्रैंकशाफ्ट को ट्रे अथवा वर्क बेंच पर रखते हैं।
6. क्रैंकशाफ्ट को साफ करते हैं।
7. थ्रस्ट हाफ वाशर तथा ऑयल रिटेनर को साफ करते हैं। चित्र (i)

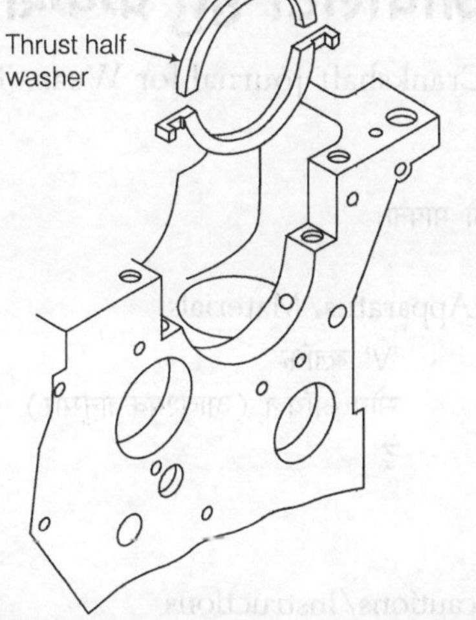

(i) थ्रस्ट हाफ वाशर तथा ऑयल रिटेनर क्लीनिंग

8. घिसावट एवं क्षति हेतु थ्रस्ट वाशर का निरीक्षण करते है।
9. क्रैंकशाफ्ट ऑयल रिटेनर में क्षति की जाँच करते हैं।
10. क्रैंकशाफ्ट को 'V' ब्लॉक पर रखकर सुनिश्चित करते हैं कि यह सुचारु रूप से घूमता है।
11. थ्रस्ट सतहों की जाँच हेतु डायल इण्डीकेटर को सैट करते हैं तथा क्रैंकशाफ्ट को घुमाकर घिसावट की जाँच करते हैं।
12. घिसावट की रीडिंग सर्विस मैनुअल से तुलना करते हैं। यदि थ्रस्ट सतह की घिसावट, विशिष्ट सीमा से अधिक है, तो इसकी पुनः ग्राइण्डिंग करते हैं।
13. यदि थ्रस्ट हाफ वाशर तथा ऑयल रिटेनर खराब हैं तो इन्हें बदल देते हैं।

परिणाम (Result) घिसावट हेतु ऑयल रिटेनर तथा थ्रस्ट सतहों की जाँच सफलतापूर्वक की गई।

प्रैक्टिकल संख्या 48

घिसावट, टेपर तथा ओवेलिटी हेतु क्रैंकशाफ्ट जर्नल को मापना, फिलेट त्रिज्या, बैण्ड एवं ट्विस्ट हेतु क्रैंकशाफ्ट को जाँचना
Measure Crankshaft Journal for Wear, Taper and Ovality, Checking Crankshaft for Fillet Radii, Bend and Twist

48.1

घिसावट, टेपर तथा ओवेलिटी हेतु क्रैंकशाफ्ट जर्नल को मापना

Measuring the Crankshaft Journal for Wear, Taper and Ovality

उद्देश्य Object

घिसावट, टेपर तथा ओवेलिटी हेतु क्रैंकशाफ्ट जर्नल को मापना।

आवश्यक उपकरण/सामग्री Essential Apparatus/Materials

- ट्रेनी टूल किट
- सूती कपड़ा (आवश्यकतानुसार)
- मल्टी सिलेण्डर डीजल इंजन
- लुब ऑयल (आवश्यकतानुसार)
- 'V' ब्लॉक
- सोप ऑयल (आवश्यकतानुसार)
- ट्रे
- सर्फेस टेबल
- आउटसाइड माइक्रोमीटर
- केरोसीन (आवश्यकतानुसार)

सुरक्षा सावधानियाँ/निर्देश Safety Precautions/Instructions

1. जर्नल पूर्णत: स्वच्छ हो।
2. रीडिंग कम-से-कम तीन बार अवश्य लें।
3. कार्य पूर्ण होने के उपरान्त मापक यन्त्रों को कपड़े से साफ कर दें।

कार्यविधि Working Method

1. इंजन ब्लॉक से क्रैंकशाफ्ट को हटाते हैं।
2. क्लीनिंग सॉल्वेन्ट द्वारा क्रैंकशाफ्ट असेम्बली को साफ करते हैं।
3. क्रैंकशाफ्ट को कम्प्रैस्ड एयर तथा सूती कपड़े से साफ करते हैं।
4. क्रैंकशाफ्ट को देखकर दरारों एवं दोषों की जाँच करते हैं।
5. आउटसाइड माइक्रोमीटर की सहायता से 1, 2, 3 एवं 4 पर जर्नल के व्यास को मापते हैं। 1 व 3 तथा 2 व 4 के मध्य रीडिंग का अन्तर ओवेलिटी को दर्शाता है तथा 1 व 2 के मध्य रीडिंग का अन्तर टेपर को दर्शाता है। चित्र (i)

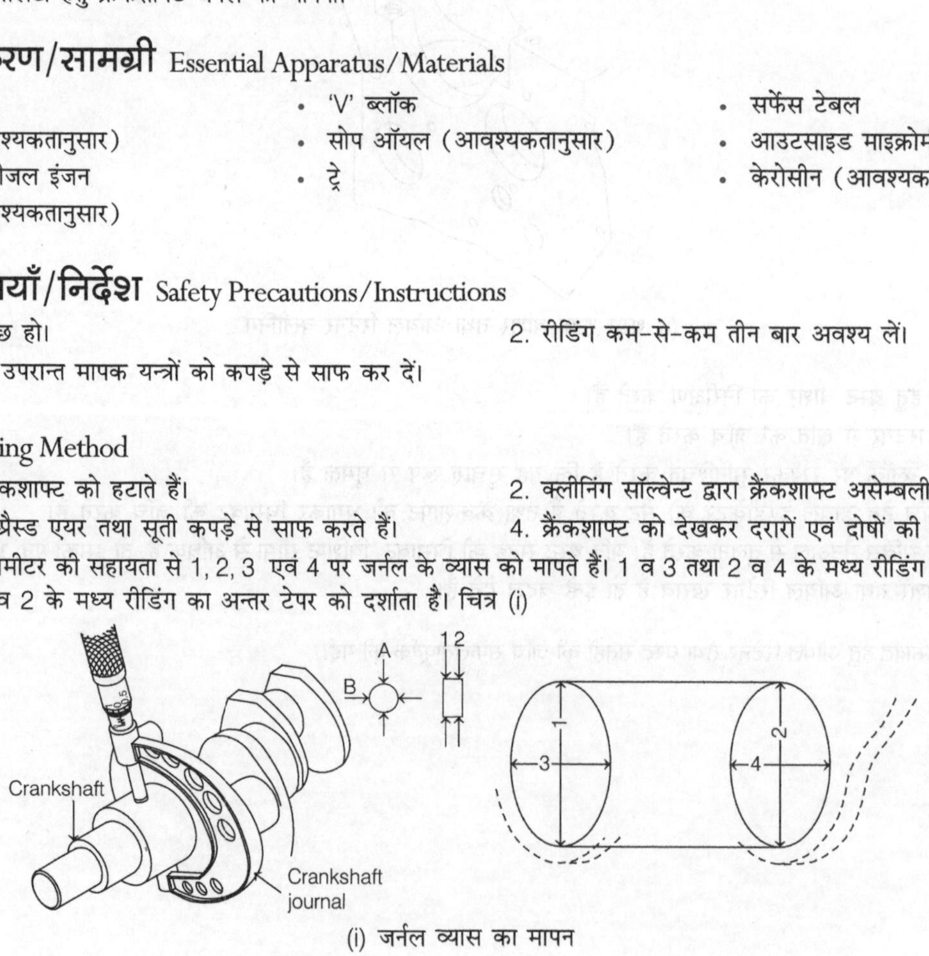

(i) जर्नल व्यास का मापन

6. यदि टेपर एवं ओवेलिटी दी गई विशिष्ट सीमा से अधिक होती हैं, तो क्रैंकशाफ्ट को पुन: आकार में लाने हेतु ग्राइण्ड करते हैं।
7. क्रैंकशाफ्ट मेन जर्नल तथा बियरिंग शैल के मध्य ऑयल क्लीयरैन्स की जाँच करते हैं।

परिणाम (Result) घिसावट, टेपर तथा ओवेलिटी हेतु क्रैंकशाफ्ट जर्नल का मापन सफलतापूर्वक किया गया।

48.2

क्रैंकशाफ्ट की जाँच करना Inspect the Crankshaft

उद्देश्य Object

फिलेट त्रिज्या, बैण्ड एवं ट्विस्ट हेतु क्रैंकशाफ्ट की जाँच करना।

आवश्यक उपकरण/सामग्री Essential Apparatus/Materials

- ट्रेनी टूल किट
- केरोसीन (आवश्यकतानुसार)
- मल्टी सिलेण्डर डीजल इंजन
- सोप ऑयल (आवश्यकतानुसार)
- चुम्बकीय आधार युक्त डायल गेज
- लुब ऑयल (आवश्यकतानुसार)
- सर्फेस टेबल
- ट्रे
- 'V' ब्लॉक
- सूती कपड़ा (आवश्यकतानुसार)

सुरक्षा सावधानियाँ/निर्देश Safety Precautions/Instructions

1. क्रैंकशाफ्ट की जाँच करने से पूर्व इसे डि-कार्बोनाइज कर लें।
2. क्रैंकशाफ्ट को अच्छी तरह साफ कर लें।
3. क्रैंकशाफ्ट का सावधानीपूर्वक निरीक्षण करें।

कार्यविधि Working Method

1. 'V'ब्लॉक को सर्फेस टेबल पर रखते हैं।
2. क्रैंकशाफ्ट को 'V' ब्लॉकों पर रखकर 'V' ब्लॉकों की दूरी को इस प्रकार एडजस्ट करते हैं कि 'V' ब्लॉकों के दोनों ओर क्रैंकशाफ्ट अपनी पूर्ण लम्बाई का 1/10 भाग से अधिक न निकले।
3. चुम्बकीय आधार युक्त डायल इण्डिकेटर को सर्फेस टेबल पर रखते हैं। चित्र (i)

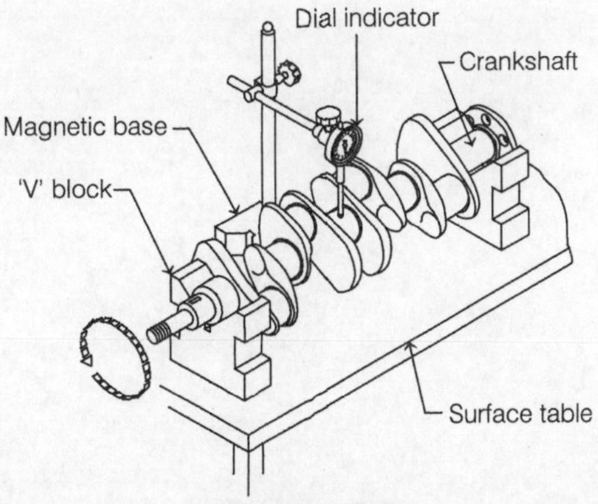

(i) क्रैंकशाफ्ट सैटिंग

4. डायल इण्डिकेटर को शाफ्ट के केन्द्र की ओर लाकर इसकी नीडिल को शाफ्ट पर इस प्रकार दबाते हैं कि नीडिल कुछ विक्षेपण (deflection) दर्शाए।
5. डायल को घुमाकर इण्डिकेटर की नीडिल को '0' स्थिति में एडजस्ट करते हैं।
6. शाफ्ट को हाथ से घुमाकर नीडिल के विक्षेपण को नोट करते हैं। यह शाफ्ट के केन्द्र पर बैण्ड (bend) को दर्शाता है।
7. उपरोक्त प्रक्रिया को तीन अलग-अलग बिन्दुओं पर दोहराते हैं जिससे शाफ्ट की पूर्ण लम्बाई सम्मिलित हो जाती है।
8. मुख्य एवं कनैक्टिंग रॉड जर्नलों की फिलेट त्रिज्या की जाँच करते हैं। चित्र (ii) सभी स्थानों पर अधिकतम बैण्ड को नोट करते हैं। यदि एक अथवा अधिक स्थानों पर बैण्ड, निर्माता द्वारा तय की गई सीमा से अधिक होता है, तो बैण्ड को दूर करते हैं अथवा शाफ्ट को बदल देते हैं।

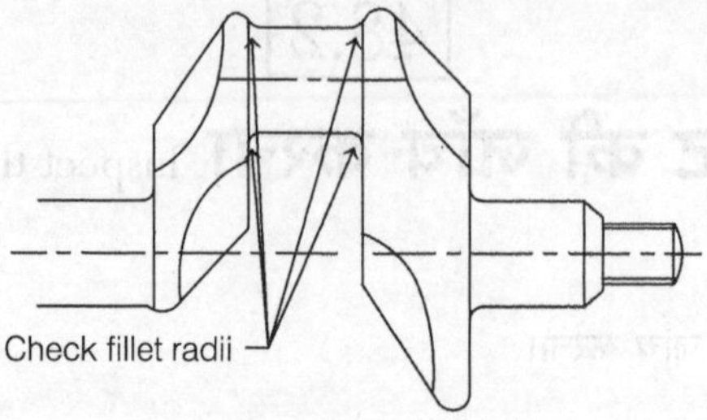

(ii) फिलेट त्रिज्या की जाँच

परिणाम (Result) फिलेट त्रिज्या, बैण्ड एवं ट्विस्ट हेतु क्रैंकशाफ्ट की जाँच सफलतापूर्वक की गई।

प्रैक्टिकल संख्या 49

✎ फ्लाईव्हील, माउण्टिंग फ्लैंज तथा स्पिगॉट बियरिंग की जाँच करना
Perform Checking of the Flywheel, Mounting Flanges and Spigot Bearing

उद्देश्य Object

फ्लाईव्हील, माउण्टिंग फ्लैंज तथा स्पिगॉट बियरिंग की जाँच करना।

आवश्यक उपकरण/सामग्री Essential Apparatus/Materials

- ट्रेनी टूल किट
- सूती कपड़ा (आवश्यकतानुसार)
- ट्रे
- स्पैनर किट बॉक्स
- टॉर्क रिंच
- केरोसीन (आवश्यकतानुसार)
- मल्टी सिलेण्डर डीजल इंजन
- बियरिंग पुलर

सुरक्षा सावधानियाँ/निर्देश Safety Precautions/Instructions

1. फर्श पर तेल न गिरने दें।
2. टाइमिंग चैन को क्षति न पहुँचने दें।
3. क्रैंकशाफ्ट को क्षति न पहुँचने दें।
4. क्रैंकशाफ्ट की ऑयल सील खराब न होने दें।

कार्यविधि Working Method

1. फ्लाईव्हील की सतह को साफ करते हैं।
2. स्ट्रेट एज एवं फीलर गेज द्वारा फ्लाईव्हील की घर्षण सतह की दृश्यिक जाँच करते हैं। चित्र (i)

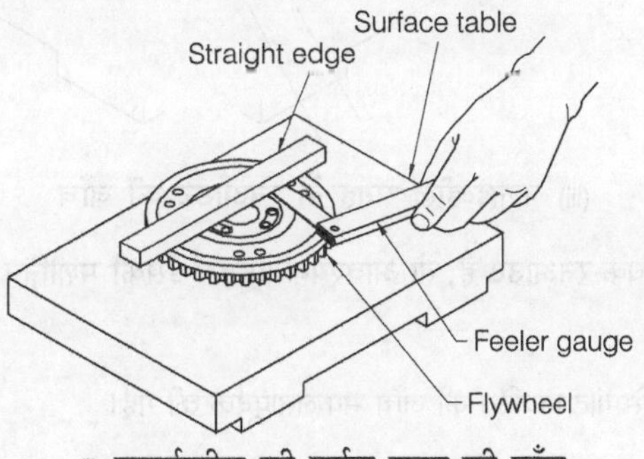

(i) फ्लाईव्हील की घर्षण सतह की जाँच

3. यदि फ्लाईव्हील निर्माता की विशिष्टताओं से अधिक खराब है, तो इसकी आवश्यकतानुरूप मशीनिंग करते हैं।
4. यह सुनिश्चित करते हैं कि मशीनिंग के पश्चात् फ्लाईव्हील की मोटाई निर्माता द्वारा निर्धारित मोटाई से कम न हो जाए।
5. क्रैंकशाफ्ट फ्लैंज तथा फ्लाईव्हील की सम्पर्क सतह को साफ करते हैं।
6. दृश्यिक रूप से फ्लाईव्हील माउण्टिंग फ्लैंज का दरारों एवं टूट-फूट हेतु निरीक्षण करते हैं।
7. क्रैंकशाफ्ट पर फ्लैंज बोल्ट को फिट करते हैं।
8. क्रैंकशाफ्ट/फ्लाईव्हील के पीछे वाले सिरे से स्पिगॉट बियरिंग को निकालते हैं।
9. बियरिंग क्लीयरैंस को साफ करके आवाजों का निरीक्षण करते हैं। यदि बियरिंग घिसे हों, तो इन्हें बदल देते हैं।

10. क्रैंकशाफ्ट के पीछे वाले सिरे के सॉकेट में स्पिगॉट बियरिंग को फिट करते हैं।
11. डमी शाफ्ट की सहायता से बियरिंग को एलाइन करते हैं।
12. फ्लाईव्हील होल तथा फ्लैंज बोल्ट/डॉवेल पिनों को एलाइन करते हैं। पहले सिलेण्डर के साथ टाइमिंग मार्क अलाइनमेन्ट हेतु फ्लाईव्हील को लॉक करते हैं। चित्र (ii)

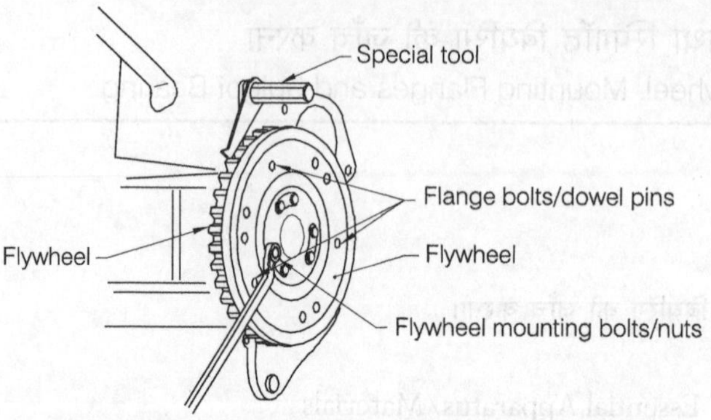

(ii) फ्लाईव्हील होल तथा फ्लैंज बोल्ट/डॉवेल पिन एलाइनिंग

13. क्रैंकशाफ्ट फ्लैंज पर फ्लाईव्हील को स्थापित करते हैं।
14. विशेष औजार का प्रयोग करके फ्लाईव्हील के घूर्णन को लॉक करते हैं।
15. फ्लाईव्हील माउण्टिंग बोल्ट/नट को विकर्णरूप में तथा एकसमान रूप से विशिष्ट टॉर्क के साथ टाइट करते हैं।
16. पॉजिटिव लॉकिंग डिवाइस का प्रयोग करके विफलता की सम्भावना समाप्त कर देते हैं।
17. फ्लाईव्हील की सतह के रनआउट (runout) की जाँच करते हैं। चित्र (iii)

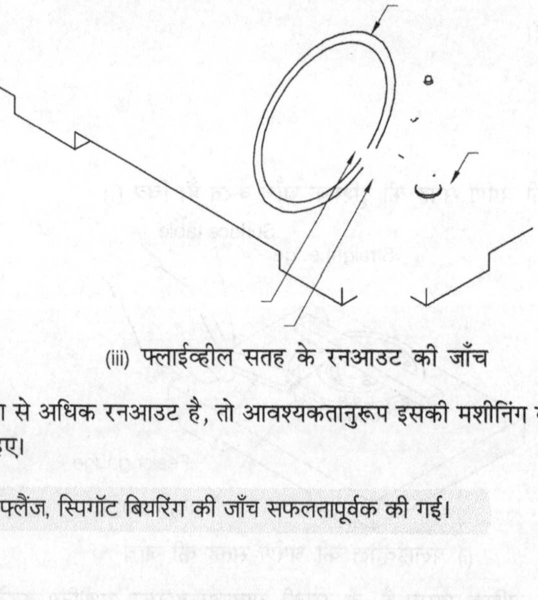

(iii) फ्लाईव्हील सतह के रनआउट की जाँच

18. यदि फ्लाईव्हील का फेस विशिष्ट सीमा से अधिक रनआउट है, तो आवश्यकतानुरूप इसकी मशीनिंग करते हैं। मशीनिंग के पश्चात् फ्लाईव्हील की मोटाई विशिष्ट सीमा से कम नहीं होनी चाहिए।

परिणाम (Result) फ्लाईव्हील, माउण्टिंग फ्लैंज, स्पिगॉट बियरिंग की जाँच सफलतापूर्वक की गई।

प्रैक्टिकल संख्या 50

✎ दोषों हेतु वाइब्रेशन डैम्पर की जाँच करना, इंजन ब्लॉक से कैमशाफ्ट हटाने का अभ्यास करना, बैण्ड व ट्विस्ट हेतु कैमशाफ्ट की जाँच करना
Check the Vibration Damper for Defects, Practice on Removing Camshaft from Engine Block, Check for Bend and Twist of Camshaft

50.1

वाइब्रेशन डैम्पर की जाँच करना
Check the Vibration Damper

उद्देश्य Object
दोष हेतु वाइब्रेशन डैम्पर की जाँच करना।

आवश्यक उपकरण/सामग्री Essential Apparatus/Materials
- ट्रेनी टूल किट
- वाइब्रेशन डैम्पर (आवश्यकतानुसार)
- ट्रे
- पुली पुलर
- सहायक सामग्री (आवश्यकतानुसार)
- केरोसीन (आवश्यकतानुसार)
- सूती कपड़ा (आवश्यकतानुसार)
- डैम्पर पुली हेतु सॉकेट स्पैनर

सुरक्षा सावधानियाँ/निर्देश Safety Precautions/Instructions
1. जाँच करने से पूर्व डैम्पर को साफ कपड़े से अच्छी तरह साफ कर लें।
2. डैम्पर का निरीक्षण सावधानीपूर्वक करें।
3. डैम्पर के दोनों ओर की जाँच करें।

कार्यविधि Working Method
1. फैन ड्राइव पुल से फैन बैल्ट को हटाते हैं। चित्र (i)

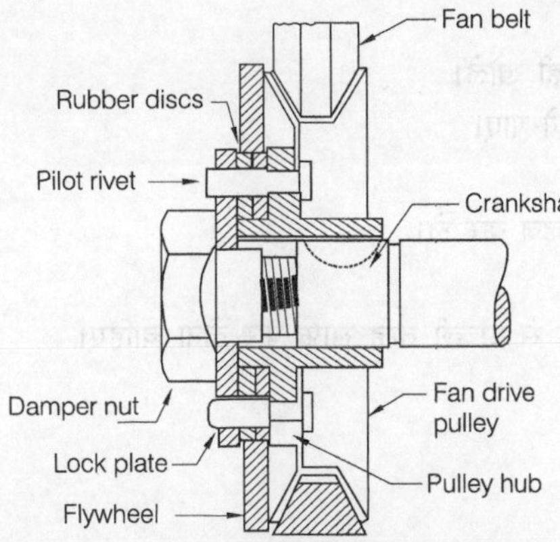

(i) वाइब्रेशन डेम्पर

2. सॉकेट स्पैनर द्वारा डैम्पर नट को ढीला करके निकालते हैं।
3. फैन ड्राइव पुली पर पुलर फिट करके फैन ड्राइव पुली को निकालकर ट्रे में रखते हैं।
4. वाइब्रेशन डैम्पर तथा फैन ड्राइव पुली को साफ करते हैं।
5. वाइब्रेशन डैम्पर के रबड़ डिस्क, पायलट रिवेट तथा लॉक प्लेट को वर्क टेबल पर रखकर इनका दृश्यिक निरीक्षण करते हैं।
6. वाइब्रेशन डैम्पर को खोलते हैं।
7. वाइब्रेशन डैम्पर से निकाले गए सभी भागों को साफ करते हैं।
8. सभी भागों में घिसावट एवं टूट-फूट की जाँच करते हैं। खराब एवं घिसे हुए भागों को बदल देते हैं।
9. वाइब्रेशन डैम्पर के सभी भागों को असेम्बल करते हैं।
10. वाइब्रेशन डैम्पर को क्रैंकशाफ्ट पर फिट करते हैं।
11. सुनिश्चित करते हैं कि वाइब्रेशन डैम्पर फैन ड्राइव पुली के साथ सही प्रकार से स्थापित हो गया है।

परिणाम (Result) दोष हेतु वाइब्रेशन डैम्पर की जाँच सफलतापूर्वक की गई।

50.2

कैमशाफ्ट को हटाना तथा जाँचना

Removing and Checking of Camshaft

उद्देश्य Object

इंजन ब्लॉक से कैमशाफ्ट को निकालना तथा बैण्ड एवं ट्विस्ट की जाँच करना।

आवश्यक उपकरण/सामग्री Essential Apparatus/Materials

- ट्रेनी टूल किट
- मल्टी सिलेण्डर डीजल इंजन
- लुब ऑयल (आवश्यकतानुसार)
- 'V' ब्लॉक
- सोप ऑयल (आवश्यकतानुसार)
- फीलर गेज
- ट्रे
- मैलेट
- सर्फेस टेबल
- डायल टेस्ट इण्डिकेटर
- केरोसीन (आवश्यकतानुसार)
- आउटसाइड माइक्रोमीटर
- सूती कपड़ा (आवश्यकतानुसार)

सुरक्षा सावधानियाँ/निर्देश Safety Precautions/Instructions

1. रेडिएटर को क्षति न पहुँचने पाए।
2. सभी बैल्टों को सावधानीपूर्वक निकालें।
3. हौज पाइप की क्लिप को प्लास की सहायता से ही खोलें।
4. टाइमिंग चेन एवं टाइमिंग गियर को क्षति न पहुँचने पाए।
5. इंजन के वाल्वों को सावधानीपूर्वक खोलें।
6. कैमशाफ्ट की जाँच करने से पूर्व इसे डि-कार्बोनाइज कर लें।
7. कैमशाफ्ट का सावधानीपूर्वक निरीक्षण करें।
8. कैमशाफ्ट की जाँच करने से पूर्व इसे साफ कपड़े से अच्छी तरह साफ कर लेना चाहिए।

कार्यविधि Working Method

1. कैमशाफ्ट थ्रस्ट प्लेट को पकड़ने वाले बोल्ट को खोलकर थ्रस्ट प्लेट को हटाते हैं। चित्र (i)

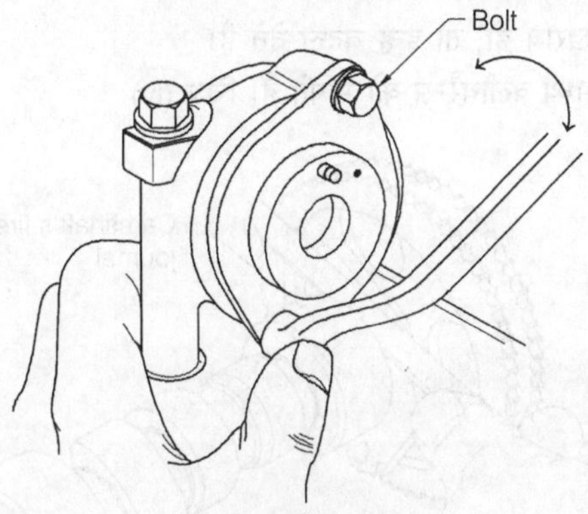

(i) थ्रस्ट प्लेट हटाना

2. कैमशाफ्ट को सपोर्ट करके ध्यानपूर्वक जर्नलों को प्रत्येक बियरिंग की ओर स्लाइड कराते हैं। इनका सम्पर्क कैम लोब से नहीं होने देते हैं तथा कैमशाफ्ट को खींच लेते हैं। चित्र (ii)

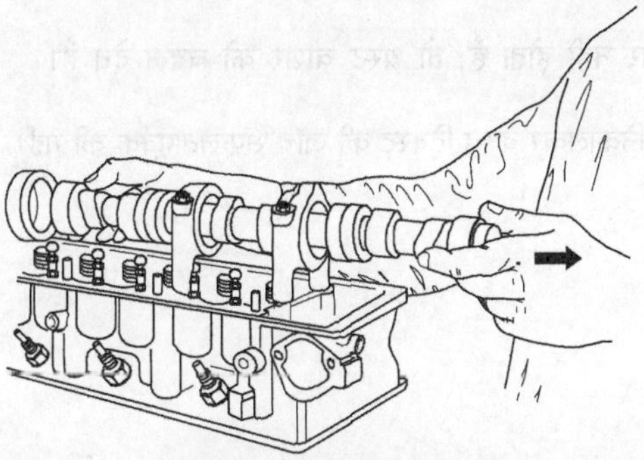

(ii) कैमशाफ्ट विसंयोजित करना

3. कैमशाफ्ट को अच्छी तरह साफ करते हैं।
4. कैमशाफ्ट जर्नलों में खरोचों, ग्रूव्स तथा गड्ढों के निशानों की जाँच करते हैं।
5. प्रत्येक जर्नल की ओवेलिटी, टेपर तथा घिसावट को मापते हैं।
6. डायल टेस्ट इण्डिकेटर द्वारा कैमशाफ्ट में बैण्ड व ट्विस्ट की जाँच करते हैं।
7. कैम लोब सतहों की घिसावट की जाँच करते हैं। चित्र (iii) माइक्रोमीटर द्वारा कैमशाफ्ट के बेस सर्किल के व्यास को मापते हैं।

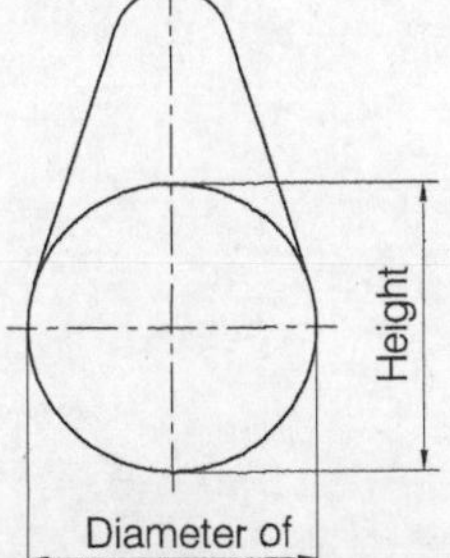

(iii) कैम लोब सतहों की घिसावट की जाँच

8. माइक्रोमीटर द्वारा कैम लोब की ऊँचाई मापते हैं।
9. कैम लोब की ऊँचाई तथा बेस सर्कल के व्यास का अन्तर कैम लिफ्ट होता है। कैम लिफ्ट ज्ञात करते हैं।
10. गड्ढों, घिसावट तथा टूट-फूट हेतु ऑयल पम्प ड्राइव गियर की जाँच करते हैं।
11. ड्राइविंग फ्यूल पम्प हेतु उत्केन्द्रता (eccentricity) चैक करते हैं।
12. कैमशाफ्ट बियरिंग की जाँच करते हैं। यदि ये खराब हों, तो इन्हें बदल देते हैं।
13. थ्रस्ट वाशर तथा कैमशाफ्ट के पहले जर्नल के मध्य क्लीयरैन्स को मापते हैं। चित्र (iv)

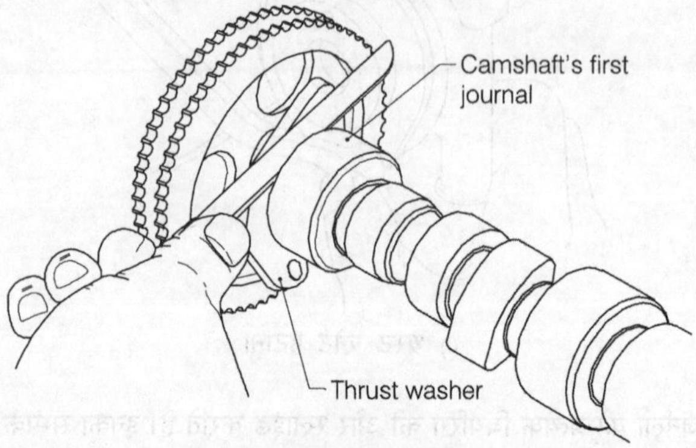

(iv) क्लीयरैन्स मापन

14. यदि क्लीयरैन्स, निर्माता के निर्देशों के अनुसार नहीं होता है, तो थ्रस्ट वाशर को बदल देते हैं।

परिणाम (Result) इंजन ब्लॉक से कैमशाफ्ट को निकालकर बैण्ड ट्विस्ट की जाँच सफलतापूर्वक की गई।

प्रैक्टिकल संख्या 51

कैम लोब, कैमशाफ्ट जर्नल व बियरिंग का निरीक्षण तथा कैम लोब लिफ्ट का मापन करना

Perform Inspection of Cam Lobe, Camshaft Journals and Bearings and Measure Cam Lobe Lift

उद्देश्य Object

कैम लोब, कैमशाफ्ट जर्नल एवं बियरिंग का निरीक्षण करना तथा कैम लोब लिफ्ट को मापना।

***नोट** इस प्रयोग के अध्ययन हेतु प्रशिक्षु प्रयोग 50.2 का अवलोकन करें।*

प्रैक्टिकल संख्या 52

✎ सिलेण्डर ब्लॉक में बियरिंग लगाने व कैप चैक निप को फिक्स करने, क्लीयरैन्स व ऑयल छिद्रों को बढाने तथा लग्स को व्यवस्थित करने, ब्लॉक–टॉर्क बोल्टों पर क्रैंकशाफ्ट को फिक्स करने, एण्ड प्ले जाँचने, शाफ्ट हटाने, सीटिंग जाँचने का अभ्यास करना, कनैक्टिंग रॉड हेतु इसी को दोहराना व सीटिंग जाँचना तथा पुनः फिट करना

Practice Fixing Bearing Inserts in Cylinder Block & Cap Check Nip, Spread Clearance & Oil Holes and Locating Lugs Fix Crankshaft on Block-Torque Bolts, Check End Play Remove shaft, Check Seating, Repeat Similarly for Connecting Rod and Check Seating and Refit.

उद्देश्य Object

- सिलेण्डर ब्लॉक में बियरिंग तथा क्रैंकशाफ्ट को फिट करना।
- कनैक्टिंग रॉड बियरिंग कैप को फिट करना तथा क्रैंकशाफ्ट एण्ड प्ले को जाँचना।

आवश्यक उपकरण/सामग्री Essential Apparatus/Materials

- चुम्बकीय आधार के साथ डायल गेज
- मल्टी सिलेण्डर डीजल इंजन
- पिस्टन पिन (आवश्यकतानुसार)
- ट्रेनी टूल किट
- वर्क बेंच
- नट व बोल्ट (आवश्यकतानुसार)
- हैवी ड्यूटी स्क्रू ड्राइवर/बार
- लकड़ी के ब्लॉक
- कॉटन वेस्ट (आवश्यकतानुसार)
- टॉर्क रिंच
- ऑयल केन
- सूती कपड़ा (आवश्यकतानुसार)
- बॉक्स स्पैनर
- मेन जर्नल बियरिंग
- सोप ऑयल (आवश्यकतानुसार)
- पिस्टन रिंग कम्प्रैशर
- बिग एण्ड बियरिंग (आवश्यकतानुसार)
- लुब ऑयल (आवश्यकतानुसार)

सुरक्षा सावधानियाँ/निर्देश Safety Precautions/Instructions

1. बियरिंग की सीटिंग व्यवस्थित हो।
2. बियरिंग ढीला नहीं होना चाहिए।
3. सिलेण्डर ब्लॉक को क्षति न पहुँचे।
4. लोकेटिंग लग्स को फिक्स करने से पूर्व इन्हें पूर्णतः साफ कर दें।
5. लोकेटिंग लग्स को अधिक नहीं कसना चाहिए, आवश्यकतानुसार ही कसें।
6. एण्ड प्ले को सूक्ष्मता से जाँचना चाहिए।
7. एण्ड प्ले को आवश्यकतानुसार उचित उपकरण या औजार की सहायता से व्यवस्थित कर देना चाहिए।
8. शाफ्ट को निकालते समय कोई क्षति नहीं पहुँचनी चाहिए।
9. कनैक्टिंग रॉड, बिग एण्ड ढीला न हो।
10. कनैक्टिंग रॉड को क्षति न पहुँचे।
11. क्रैंकशाफ्ट को क्षति न पहुँचे।

कार्यविधि Working Method

1. इंजन ब्लॉक को लकड़ी के ब्लॉकों पर रखते हैं। चित्र (i)

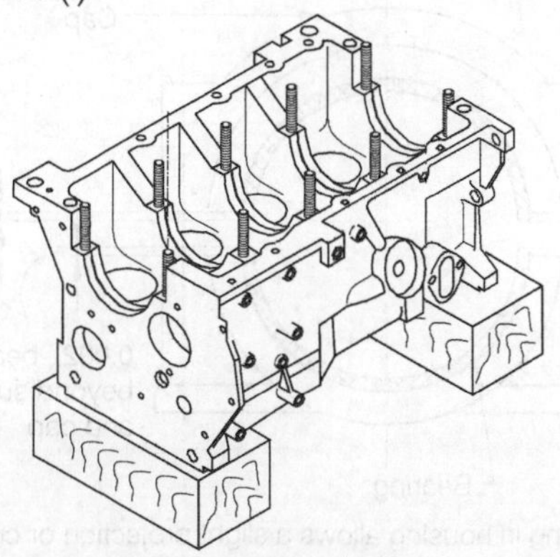

(i) इंजन ब्लॉक बैलेन्सिंग

2. सिलेण्डर ब्लॉक में मेन बियरिंग के मूल बोर को साफ करते हैं।
3. मूल बोर के ऑयल छिद्रों को साफ करते हैं।
4. मेन बियरिंग शैल को उससे सम्बन्धित मूल बोर में रखते हैं। सुनिश्चित करते हैं कि बियरिंग शैल के ऑयल छिद्र मूल बोर के ऑयल छिद्रों से संरेखित हों।
5. क्रैंकशाफ्ट के पीछे वाली बियरिंग सील (ऑयल सील) को स्थापित करते हैं। बियरिंग कैप तथा सिलेण्डर ब्लॉक के मध्य छिद्रों में रबड़ पैकिंग (रबड़ रॉड) लगाते हैं।
6. रबड़ पैकिंग या प्रक्षेप (projection) 6 मिमी से अधिक नहीं होना चाहिए। यदि यह अधिक पाया जाता है, तो अतिरिक्त लम्बाई को काट देते हैं।
7. थ्रस्ट वाशरों को सम्बन्धित बियरिंग में स्थापित करते हैं।
   - सभी बियरिंग सतहों के साफ इंजन ऑयल से स्नेहित (lubricate) करते हैं। सिलेण्डर ब्लॉक में क्रैंकशाफ्ट को उसकी सही स्थिति में स्थापित करते हैं।
   - शैल बियरिंग को उनकी सम्बन्धित बियरिंग कैप में लगाते हैं।
   - बियरिंग शैल के विस्तार की जाँच करते हैं।
   - हाउसिंग तथा कैप में सभी फिटिंग अपनी स्थिति में टाइट होनी चाहिए। चित्र (ii)

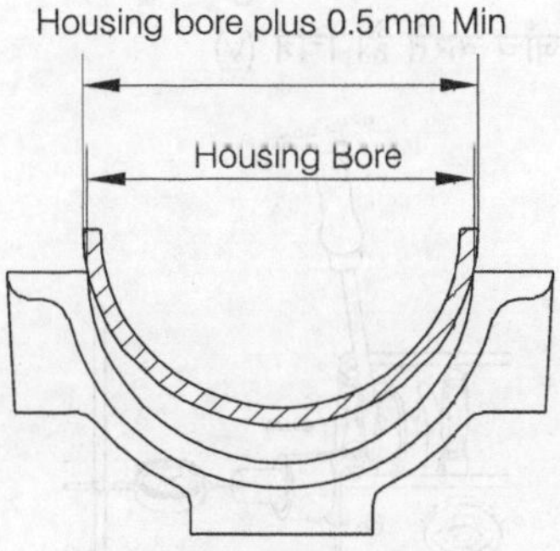

(ii) हाउसिंग बोर मापन

8. मेन बियरिंग कैप को स्नेहित करके स्थापित करते हैं। बियरिंग कैप की उनकी मूल स्थिति में फिटिंग सुनिश्चित करते हैं।
9. मेन बियरिंग कैप के बोल्टों को हाथ से टाइट करते हैं।
10. मध्य वाली बियरिंग कैप को विशिष्ट टॉर्क पर टाइट करके क्रैंकशाफ्ट के मुक्त घूर्णन की जाँच करते हैं।
11. एक ओर के मेन बियरिंग कैप एवं बोल्टों को ढीला करते हैं।

12. मेन बियरिंग कैप तथा सिलेण्डर ब्लॉक सर्फेस के बीच के गैप को फीलर गेज द्वारा चैक करते हैं। यह गैप बियरिंग क्रश (bearing crush) को दर्शाता है। चित्र (iii)

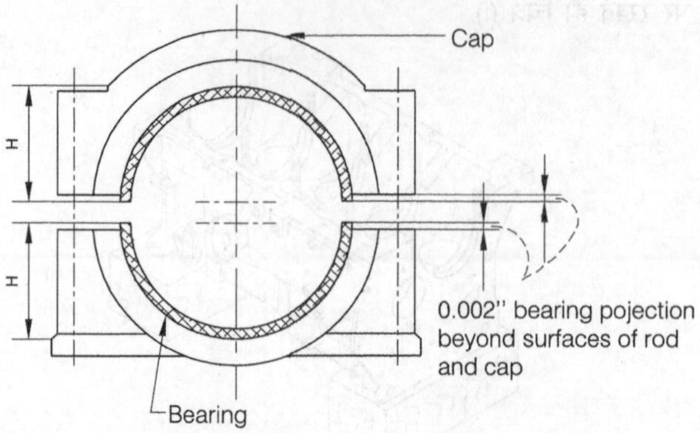

Fitting of bearing in housing allows a slight projection or crush

(iii) फीलर गेज द्वारा गैप चैकिंग

13. मध्य बियरिंग कैप के दोनों साइडों के मेन बियरिंग कैप के बोल्टों 1, 2, 3, 4, 5 को एक-एक करके विशिष्ट टॉर्क पर टाइट करते हैं। चित्र (iv)

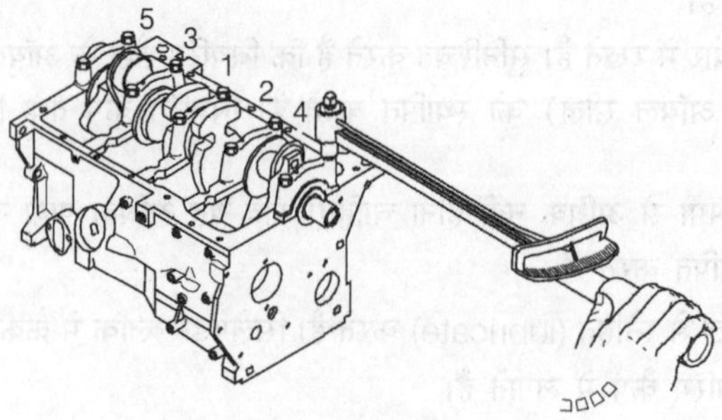

(iv) मेन बियरिंग कैप बोल्ट टाइटनिंग

14. प्रत्येक बियरिंग कैप के बोल्ट को टाइट करने के पश्चात् क्रैंकशाफ्ट के मुक्त घूर्णन की जाँच करते हैं।
15. क्रैंकशाफ्ट एण्ड प्ले (crankshaft end play) की जाँच करते हैं। चित्र (v)

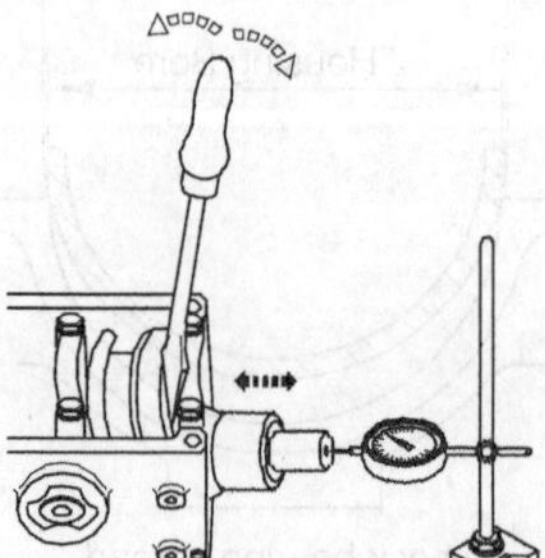

(v) क्रैंकशाफ्ट एण्ड प्ले की जाँच

16. एण्ड प्ले को बढ़ाने के लिए पतले थ्रस्ट वाशर तथा घटाने के लिए मोटे थ्रस्ट वाशर का प्रयोग करते हैं।
17. सिलेण्डर ब्लॉक के सर्फेस को साफ करते हैं।
18. सिलेण्डर ब्लॉक को तिरछा रखते हुए लकड़ी के ब्लॉकों की सपोर्ट पर रखते हैं।
19. निर्माता की विशिष्टता के अनुसार पिस्टन रिंग्स को विचलन (stagger) प्रदान करते हैं।
20. सिलेण्डर की दीवारों, पिस्टन व रिंग्स, बिग एण्ड बियरिंग शैलों तथा क्रैंकपिनों को इंजन ऑयल से स्नेहित करते हैं।

21. पिस्टन को सिलेण्डर में तब तक इन्सर्ट कराते हैं जब तक कि बॉटम रिंग, सिलेण्डर ब्लॉक के शीर्ष को स्पर्श न करने लगे। सुनिश्चित करते हैं कि सिलेण्डर में पिस्टन, निर्माता द्वारा निर्दिष्ट दिशा के अनुसार ही व्यवस्थित है।
22. क्रैंकपिनों को क्रमवार TDC की ओर लाते हैं। एक रिंग कम्प्रैशर द्वारा पिस्टन रिंग्स को कम्प्रैस करते हैं। एक लकड़ी के ब्लॉक द्वारा पिस्टन को तब तक दबाते हैं, जब तक कि कनैक्टिंग रॉड का बिग एण्ड बियरिंग क्रैंकपिन पर नहीं बैठ जाता। चित्र (vi)

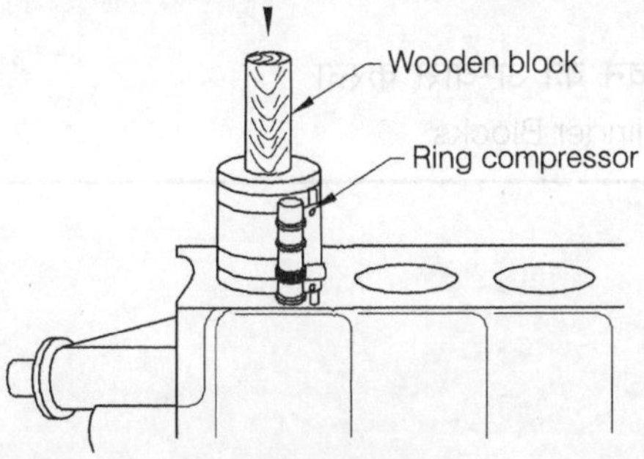

(vi) क्रैंकपिन सैटिंग

23. पिस्टन को दबाते हैं तथा साथ ही क्रैंकशाफ्ट को तब तक घुमाते हैं, जब तक कि यह BDC तक नहीं आ जाती है। क्रैंकशाफ्ट को घुमाते हुए यह सुनिश्चित करते हैं कि कनैक्टिंग रॉड क्रैंकशाफ्ट से बाहर न निकले। (चित्र vii)

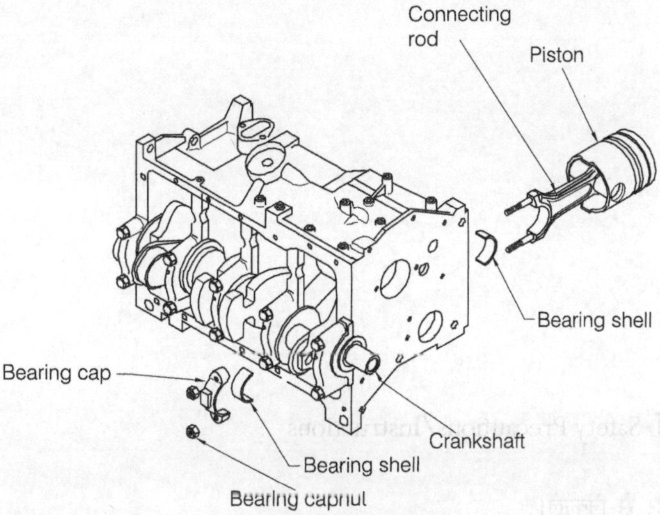

(vii) क्रैंकशाफ्ट असेम्बली

24. कनैक्टिंग रॉड बियरिंग कैप को निचले बियरिंग शैल के साथ फिट करते हैं।
25. बियरिंग कैप नट/बोल्ट को उपयुक्त टॉर्क पर टाइट करते हैं।
26. क्रैंकशाफ्ट को घुमाकर मुक्त घूर्णन की जाँच करते हैं। बचे हुए सभी पिस्टन तथा कनैक्टिंग रॉड असेम्बली हेतु यही प्रक्रिया दोहराते हैं।

परिणाम (Result) सिलेण्डर ब्लॉक में बियरिंग तथा क्रैंकशाफ्ट को सफलतापूर्वक फिट किया गया। कनैक्टिंग रॉड बियरिंग कैप की फिटिंग तथा क्रैंकशाफ्ट एण्ड प्ले की जाँच सफलतापूर्वक की गई।

प्रैक्टिकल संख्या 53

सिलेण्डर ब्लॉकों को साफ करने तथा जाँचने का अभ्यास करना
Practice Cleaning and Checking of Cylinder Blocks

उद्देश्य Object

सिलेण्डर ब्लॉकों को साफ करना तथा उन्हें जाँचना।

आवश्यक उपकरण/सामग्री Essential Apparatus/Materials

- ट्रेनी टूल किट
- मल्टी सिलेण्डर डीजल इंजन
- वाटर वाशर
- सूती कपड़ा
- सोप ऑयल (आवश्यकतानुसार)
- स्क्रैपर
- एयर कम्प्रैशर
- ट्रे
- केरोसीन (आवश्यकतानुसार)
- लुब ऑयल (आवश्यकतानुसार)

सुरक्षा सावधानियाँ/निर्देश Safety Precautions/Instructions

1. ऑयल लाइन सुरक्षित रहे।
2. पिस्टन को सावधानीपूर्वक सिलेण्डर से निकालें।
3. सिलेण्डर ब्लॉक को सावधानीपूर्वक इंजन से खोलें।

कार्यविधि Working Method

1. सिलेण्डर ब्लॉक को लकड़ी के ब्लॉकों पर रखते हैं।
2. सिलेण्डर ब्लॉक को उपयुक्त सॉल्वेन्ट या स्टीम द्वारा साफ करते हैं।

3. सिलेण्डर ब्लॉक के ऑयल पैसेज को वायर ब्रश की सहायता से साफ करते हैं। चित्र (i)

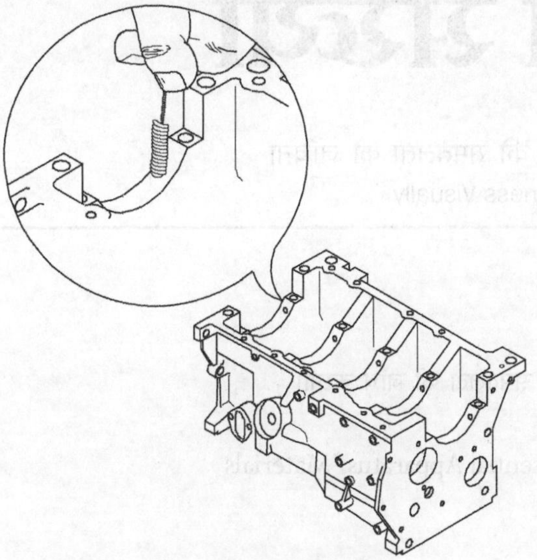

(i) ऑयल पैसेज क्लीनिंग

4. क्रैंककेस, सिलेण्डर दीवारों तथा वाल्व चैम्बर में जमा धूलयुक्त गन्दगी एवं कार्बन को साफ करते हैं।
5. सिलेण्डर ब्लॉक में जमा कार्बन को हटाते हैं।
6. जमे हुए कठोर कार्बन को हटाने हेतु स्क्रैपर का प्रयोग करते हैं तथा उच्च गुणवत्ता की फिनिशिंग वाली सतहों को बिना खराब किए साफ करते हैं।
7. कम्प्रैस्ड एयर ब्लास्ट के प्रयोग द्वारा सिलेण्डर ब्लॉक को साफ करते हैं।
8. सिलेण्डर ब्लॉक को देखकर दरारों एवं टूट-फूट की जाँच करते हैं।
9. यदि कोई खराबी या टूट-फूट पाई जाती है, तो सिलेण्डर ब्लॉक को बदल देते हैं।

परिणाम (Result) सिलेण्डर ब्लॉकों की सफाई एवं जाँच सफलतापूर्वक की गई।

प्रैक्टिकल संख्या 54

✎ दृश्यिक रूप से सिलेण्डर ब्लॉक सतह की समतलता को जाँचना
Check Cylinder Block Surface Flatness Visually

उद्देश्य Object

दृश्यिक रूप से सिलेण्डर ब्लॉक की सतह की समतलता की जाँच करना।

आवश्यक उपकरण/सामग्री Essential Apparatus/Materials

- ट्रेनी टूल किट
- स्ट्रेट एज, फीलर गेज
- बोर डायल गेज
- इंजन सिलेण्डर ब्लॉक
- एयर कम्प्रैशर, वाटर वाशर
- ट्रे
- सूती कपड़ा
- केरोसीन
- सोप ऑयल
- लुब्रिकेण्ट ऑयल
- वायर ब्रुश

सुरक्षा सावधानियाँ/निर्देश Safety Precautions/Instructions

1. माप लेने से पूर्व सिलेण्डर पूर्ण रूप से साफ हो।
2. माप कम-से-कम तीन बार अवश्य लें।
3. सिलेण्डर ब्लॉक को केरोसीन से अच्छी प्रकार साफ कर लें।

कार्यविधि Working Method

1. सिलेण्डर ब्लॉक को लकड़ी के दो समतल टुकड़ों पर रखते हैं।
2. सिलेण्डर ब्लॉक की ऊपरी समतल सतह को साफ करते हैं।
3. सिलेण्डर ब्लॉक की सतह पर स्ट्रेट एज को रखते हैं तथा स्ट्रेट एज को हाथ से सेन्टर (centre) पर दबाते हैं।

4. सिलेण्डर ब्लॉक तथा स्ट्रेट एज के बीच में फीलर गेज की पत्तियों को प्रवेश कराते हैं। चित्र (i)
5. स्ट्रेट एज तथा सिलेण्डर ब्लॉक के मध्य प्रवेश कराई जाने वाली पत्ती की मोटाई को नोट करते हैं। यह मोटाई उस दिशा में अधिकतम समतलता प्रदर्शित करती है।

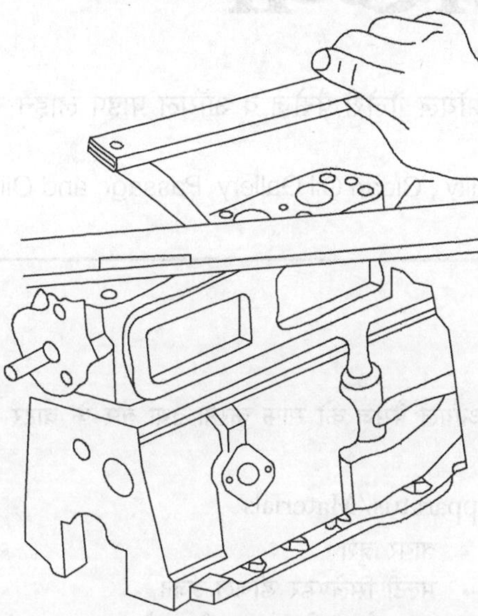

(i) सिलेण्डर ब्लॉक सतह की समतलता की जाँच

6. उपरोक्त क्रियाविधि को अलग दिशाओं के लिए दोहराते हैं तथा सभी दिशाओं में अधिकतम समतलता को नोट करते हैं।
7. यदि सिलेण्डर ब्लॉक की अधिकतम समतलता, निर्माता द्वारा निर्दिष्ट सीमा से अधिक है, तो सिलेण्डर ब्लॉक को बदल देते हैं।

परिणाम (Result) दृश्यिक रूप से सिलेण्डर ब्लॉक की सतह की समतलता की जाँच सफलतापूर्वक की गई।

प्रैक्टिकल संख्या 55

✎ टेपर व ओवेलिटी हेतु सिलेण्डर बोर मापना, ऑयल गैलेरी पैसेज व ऑयल पाइप लाइन साफ करना, वाटर पैसेज का बोर डिस्केल करना

Measure Cylinder Bore for Taper and Ovality , Clean Oil Gallery Passage and Oil Pipe Line, Bor-Descale Water Passages

---

उद्‌देश्य Object

सिलेण्डर बोर के टेपर, ओवेलिटी (ovality) का मापन, ऑयल पैसेज को साफ करना तथा बोर के वाटर पैसेज की डिस्केलिंग का अभ्यास करना।

आवश्यक उपकरण/सामग्री Essential Apparatus/Materials

- ट्रेनी टूल किट
- वैक्यूम गेज
- रबड़ हौज के साथ जल उच्च दाब मशीन
- गर्म पानी
- बोर का डायल गेज
- वायर ब्रुश
- मल्टी सिलेण्डर डीजल इंजन
- रबड़ पैडल के साथ स्टील प्लेट
- केरोसीन
- डायल टेस्ट इण्डीकेटर
- स्क्रैपर
- एयर कम्प्रैशर, वाटर वाशर
- क्लीनिंग सॉल्वेन्ट
- इनसाइड माइक्रोमीटर

सुरक्षा सावधानियाँ/निर्देश Safety Precautions/Instructions

1. सिलेण्डर ब्लॉक को केरोसीन से अच्छी प्रकार साफ करें।
2. लाइनर को वर्क बेंच पर सावधानीपूर्वक रखें।
3. वायर ब्रुश द्वारा वाटर जैकेट को हानि न पहुँचे।
4. वैक्यूम गेज का प्रयोग सावधानीपूर्वक करें।
5. बोर गेज की सुई को शून्य पर सैट करके मापन करना चाहिए।
6. वायर ब्रुश से ऑयल गैलरी को क्षति नहीं पहुँचनी चाहिए।

कार्यविधि Working Method

A. सिलेण्डर बोर के टेपर व ओवेलिटी को मापना तथा ऑयल पैसेज को साफ करना

1. सिलेण्डर बोर को स्वच्छ कपड़े से साफ करते हैं।
2. इनसाइड माइक्रोमीटर द्वारा बोर के आन्तरिक व्यास का मापन करते हैं।
3. 80.8 mm मापन रेंज से अधिक साइज की एक्सटेंशन रॉड का चयन करते हैं।
4. एक्सटेंशन रॉड को डायल टेस्ट इण्डीकेटर के स्टेम में असेम्बल करते हैं।
5. स्प्रिंग लोडिड प्लंजर के सिरे को दबाकर बोर के अन्दर प्रवेश कराते हैं।
6. गेज को थोड़ा सा घुमाकर, बोर गेज को सिलेण्डर की दीवार के समान्तर रखते हैं।
7. डायल इण्डीकेटर की नीडिल को शून्य पर सैट करते हैं।
8. बोर गेज द्वारा मापन करते हैं तथा पाठ्यांक (चित्र i में संख्या 6) को नोट करते हैं।
9. अब पहले पाठ्यांक के समकोण पर दूसरा पाठ्यांक (चित्र i में संख्या 5) लेते हैं।
10. उपरोक्त क्रियाविधि को दोहराकर पुनः तीन स्थानों (चित्र i में संख्या, 7, 8 व 9) तक पाठ्यांक लेते हैं।

***नोट** सम्बन्धित चित्र अग्रपृष्ठ पर दिया गया है।*

11. सभी स्थानों पर पाठ्यांकों 5 व 6 में अन्तर ओवेलिटी को प्रदर्शित करता है जबकि 7 व 8, 8 व 9 तथा 9 व 7 में अन्तर टेपर को प्रदर्शित करता है।
12. अधिकतम ओवेलिटी व टेपर को नोट करते हैं। यदि इनमें से कोई भी निर्माता द्वारा निर्दिष्ट सीमा से अधिक है तो लाइनर की रिबोरिंग करते हैं या बदल देते हैं।
13. ऑयल मैन गैलरी को वायर ब्रुश से साफ करते हैं।

14. एयर प्रैशर द्वारा ऑयल पाइप लाइन को साफ करते हैं।

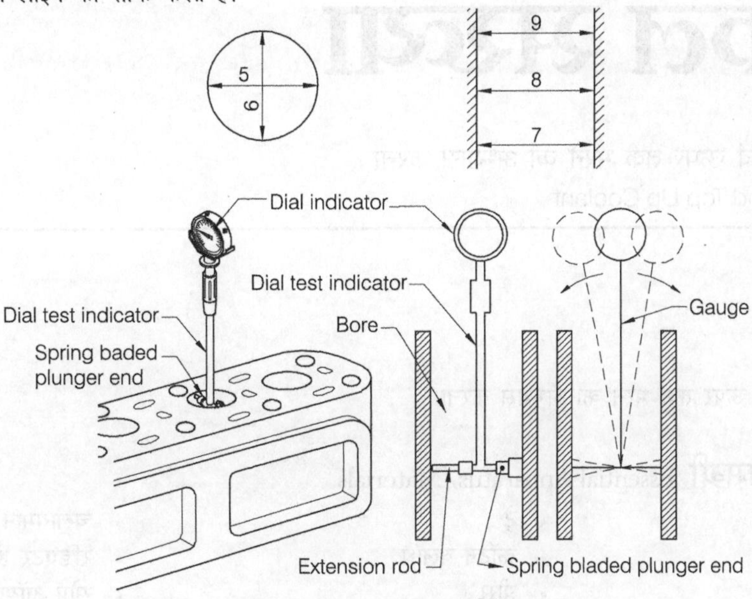

(i) आयल पाइप लाइन क्लीनिंग

B. वाटर पैसेज की डिस्केलिंग

1. इंजन को लकड़ी के दो गुटकों पर रखते हैं।
2. इंजन ब्लॉक को उपयुक्त सॉल्वेन्ट से साफ करते हैं।
3. सॉल्वेन्ट के साथ जल को उच्च दाब पर इंजन ब्लॉक में इंजेक्ट कराते हैं तथा वाटर पैसेज की डिस्केलिंग करते हैं।
4. कम्प्रैस्ड वायु द्वारा सिलेण्डर ब्लॉक को साफ करते हैं। चित्र (ii)

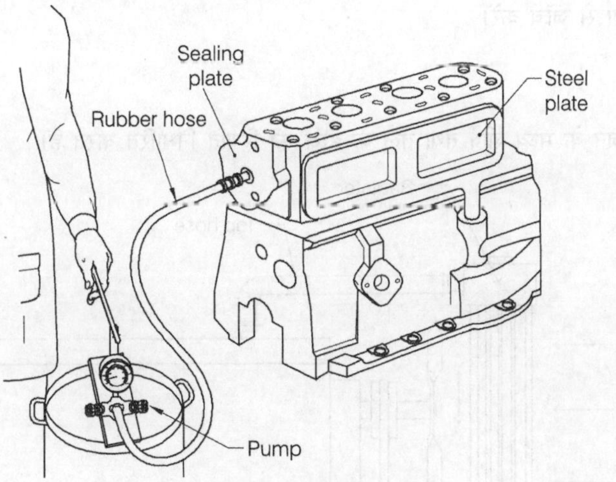

(ii) सिलेण्डर ब्लॉक क्लीनिंग

5. इंजन ब्लॉक की दरारों को चैक करते हैं।
6. वाटर जैकेट्स ओपनिंग को बन्द करने के लिए सिलेण्डर ब्लॉक पर रबड़ पैड्स के साथ स्टील प्लेट फिट करते हैं।
7. ब्लॉक के फ्रण्ट फेस (front face) पर एडेप्टर के साथ एक सीलिंग प्लेट लगाते हैं।
8. लगभग 5 kg/cm^2 के दाब पर सिलेण्डर में जल को भरते हैं तथा सिलेण्डर के लीकेज (leakage) की जाँच करते हैं।
9. यदि सिलेण्डर ब्लॉक में कोई लीकेज है, तो सिलेण्डर ब्लॉक को रिपेयर करते हैं या बदल देते हैं।

परिणाम (Result) सिलेण्डर बोर के टेपर, ओवेलिटी का मापन, ऑयल पैसेज की सफाई तथा बोर के वाटर पैसेज की डिस्केलिंग का अभ्यास सफलतापूर्वक किया गया।

प्रैक्टिकल संख्या 56

✎ शीतलक की जाँच करना एवं ऊपर तक भरने का अभ्यास करना
Practice on Checking and Top Up Coolant

उद्देश्य Object

शीतलक की जाँच करना तथा उसे ऊपर तक भरने का अभ्यास करना।

आवश्यक उपकरण/सामग्री Essential Apparatus/Materials

- ट्रेनी टूल किट
- शीतलक
- हौज क्लैम्प
- फनल
- ट्रे
- कॉटन क्लॉथ
- ग्रीस
- चलायमान (running) डीजल इंजन
- रेडिएटर हौज
- सोप ऑयल

सुरक्षा सावधानियाँ/निर्देश Safety Precautions/Instructions

1. रेडिएटर में शीतलक का स्तर पूर्ति चिह्न से ऊपर न हो।
2. रेडिएटर में निरन्तर समयान्तराल के पश्चात् शीतलक की जाँच करते रहें।
3. शीतलक के खराब या गन्दा होने की स्थिति में इसे तुरन्त बदल दें।
4. शीतलक हौज के रिसाव की सूक्ष्मता से जाँच करें।

कार्यविधि Working Method

1. रेडिएटर (कूलिंग सिस्टम) तथा इंजन के मध्य शीर्ष तथा तल के हौज की स्थिति निर्धारित करते हैं।

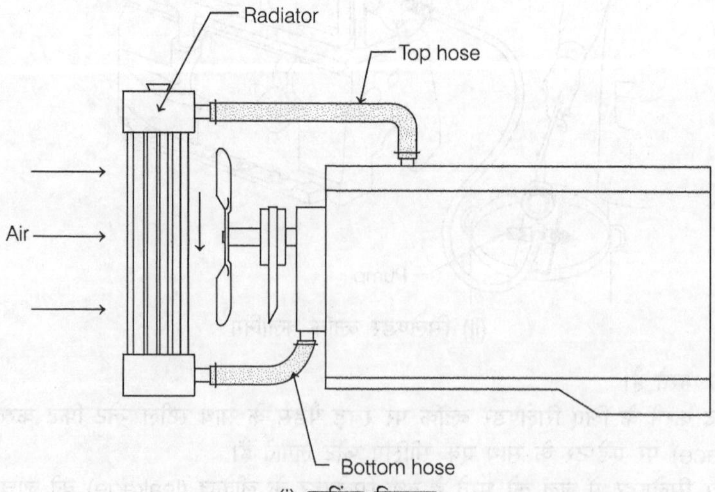

(i) कूलिंग सिस्टम

2. हौज में लीकेज, दरारें तथा फुलाव (swelling) की जाँच करते हैं।
3. इंजन को ठण्डा होने देते हैं।
4. इंजन के नीचे ट्रे रखते हैं।
5. रेडिएटर के ड्रेन कॉर्क को खोलते हैं तथा पूरा पानी बाहर निकालते हैं
6. ड्रेन कॉर्क को बन्द करते हैं।
7. स्क्रूड्राइवर द्वारा सभी क्लैम्पस (clamps) को खोलते हैं।
8. हौज के शीर्ष तथा तल को खोलते हैं।
9. एमरी क्लॉथ या महीन रेगमाल द्वारा फिटिंग स्पॉट्स को साफ करते हैं।
10. नए हौज की तुलना, पुराने हौज से करते हैं तथा सुनिश्चित करते हैं कि हौज की लम्बाई, व्यास तथा आकार सही हैं।
11. नए हौज के अन्दर सीलिंग कम्पाउण्ड लगाते हैं।
12. नए हौजेज (hoses) को क्लैम्प्स के साथ फिटिंग्स पर उपयुक्त स्थिति में लगाते हैं।
13. क्लैम्प को कसते हैं। (हौज के सिरे से 6 मी की दूरी पर)
14. फनल द्वारा शीतलन प्रणाली में शीतलक भरते हैं।
15. इंजन को स्टार्ट करते हैं तथा कुछ समय तक चलाते हैं।
16. हौज के संयोजनों की जाँच करते हैं तथा सुनिश्चित करते हैं कि इनमें कोई लीकेज तो नहीं हैं।
17. इंजन को बन्द करते हैं तथा ठण्डा होने देते हैं।
18. रेडिएटर कैप खोलते हैं तथा शीतलक के स्तर की जाँच करते हैं। यदि आवश्यक हो तो शीतलक भरते हैं।

परिणाम' (Result) शीतलक की जाँच करने तथा उसे ऊपर तक भरने का अभ्यास सफलतापूर्वक किया गया।

प्रैक्टिकल संख्या 57

✎ शीतलक को निकालना एवं पुन: भरना, शीतलक हौज जाँचना/बदलना, शीतलक प्रणाली का दाब परीक्षण करना, रेडिएटर/थर्मोस्टेट हटाने एवं बदलने का अभ्यास करना

Drain and Refill Coolant, Checking/ Replacing a Coolant Hose, Testing Cooling System Pressure, Practice on Removing & Replacing Radiator/Thermostat

57.1

शीतलक हौज की जाँच

Checking of Coolant Hose

उद्देश्य Object

शीतलक के निष्कासन की जाँच करना एवं उसे पुन: भरना और शीतलक हौज की जाँच या उसे बदलना।

नोट *इस प्रयोग के अध्ययन हेतु प्रशिक्षु प्रयोग संख्या 56 का अवलोकन करें।*

57.2

शीतलन प्रणाली का दाब परीक्षण

Pressure Testing of Cooling System

उद्देश्य Object

शीतलन प्रणाली के दाब का परीक्षण करना।

आवश्यक उपकरण/सामग्री Essential Apparatus/Materials

- ट्रेनी टूल किट
- कैप प्रैशर टेस्ट किट
- मल्टी सिलेण्डर डीजल इंजन
- कॉटन क्लॉथ
- प्रैशर कैप
- शीतलक

सुरक्षा सावधानियाँ/निर्देश Safety Precautions/Instructions

1. शीतलक का प्रचालन उपयुक्त दाब पर ही करना चाहिए।
2. रेडिएटर कैप को खोलने से पूर्व रेडिएटर के शीर्ष हौज को दबाकर, प्रणाली के दाब की जाँच करें।
3. रेडिएटर कैप को धीरे-धीरे खोलें।
4. शीतलन प्रणाली में प्लंजर द्वारा अधिक दाब न बनाएँ अन्यथा प्रणाली खराब हो सकती है।

कार्यविधि Working Method

1. रेडिएटर कैप को खोलते हैं।
2. प्रैशर टैस्टर को रेडिएटर की फिलर नैक (filler neck) से संयोजित करते हैं। चित्र (i)

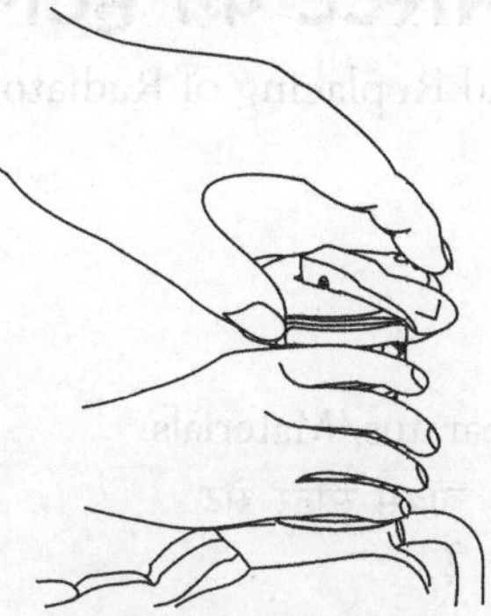

(i) फिलर नैक संयोजन

3. प्रैशर टैस्टर को कसकर पकड़ते हैं तथा टायर में हवा भरने के समान, प्रणाली में प्लंजर को पम्प करके दाब उत्पन्न करते हैं। चित्र (ii)

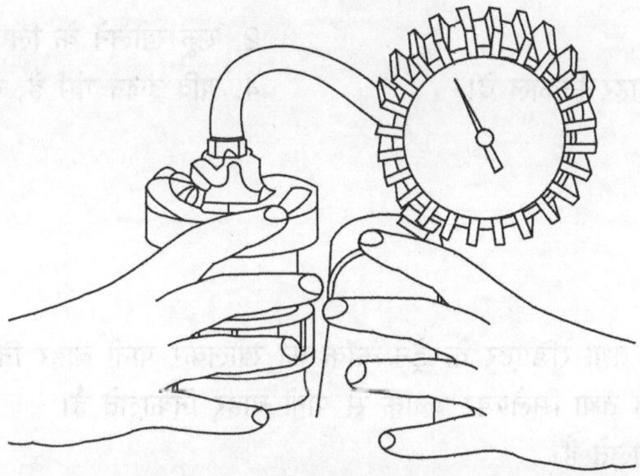

(ii) प्रैशर टैस्टर

4. प्लंजर को तब तक पम्प करते हैं जब तक कि प्रणाली का दाब 15 PSI न हो जाए।
5. यदि प्रैशर गेज दाब के इस मान को पकड़े रहता है, तो शीतलन प्रणाली में कोई दोष नहीं है परन्तु यदि गेज का दाब धीरे-धीरे गिरता है, तो प्रणाली कहीं से लीक है या प्रैशर टैस्टर सही प्रकार संयोजित नहीं है।
6. प्रैशर टैस्टर के संयोजनों की जाँच करते हैं तथा लीक या बुदबुदाहट (bubbling) की ध्वनि को सुनते हैं। यदि दाब लीक होता है, तो किसी भी संकेत के लिए इंजन बे (engine bay) पर जाते हैं।
7. सिलेण्डर में शीतलक बढ़ने पर नॉजल या स्पार्क प्लग को हटाते हैं।
8. यह परीक्षण इंजन रेडिएटर या हौज, हैड गैस्केट के खराब होने तथा 'ओ' रिंग के बॉटम लाइन के दोष इत्यादि के लिए भी उत्तम है।
9. दाब को रिलीज (release) करने के पश्चात् कनैक्टर लॉक को घुमाकर, प्रैशर टैस्टर को अलग करते हैं।
10. प्रैशर टैस्टर को साफ करते हैं तथा इसके डिब्बे में रखकर ठण्डे व सूखे स्थान पर रख देते हैं।

परिणाम (Result) शीतलन प्रणाली का दाब परीक्षण सफलतापूर्वक किया गया।

57.3

रेडिएटर/थर्मोस्टेट को हटाना व बदलना

Removing and Replacing of Radiator/Thermostat

उद्‌देश्य Object

रेडिएटर/थर्मोस्टेट को हटाने एवं बदलने का अभ्यास करना।

आवश्यक उपकरण/सामग्री Essential Apparatus/Materials

- ट्रेनी टूल किट
- एयर कम्प्रैशर, वाटर वाशर
- केरोसीन
- प्रैशर कैप
- बॉक्स स्पैनर सैट
- ट्रे
- सोप ऑयल
- थर्मोस्टेट
- मल्टी सिलेण्डर डीजल इंजन
- कॉटन क्लॉथ
- शीतलक
- रेडिएटर

सुरक्षा सावधानियाँ/निर्देश Safety Precautions/Instructions

1. फर्श पर शीतलक न गिरने दें।
2. स्क्रू खोलने के लिए हैमर का उपयोग न करें।
3. रेडिएटर को खोलने से पूर्व शीतलक को बाहर निकाल दें।
4. यदि इंजन गर्म है, तो रेडिएटर कैप को न खोलें।

कार्यविधि Working Method

A. रेडिएटर/थर्मोस्टेट को हटाना

1. रेडिएटर कैप को खोलते हैं।
2. रेडिएटर के नीचे उपयुक्त कन्टेनर रखते हैं तथा रेडिएटर के ड्रेन कॉक को खोलकर पानी बाहर निकालते हैं।
3. सिलेण्डर ब्लॉक के ड्रेन प्लग को खोलते हैं तथा सिलेण्डर ब्लॉक से पानी बाहर निकालते हैं।
4. रेडिएटर के शीर्ष तथा तली के हौज को खोलते हैं।
5. फ्रेम पर रेडिएटर को माउण्टिंग ब्रैकेट से सुरक्षित करके नटों को खोलते हैं।
6. रेडिएटर के अन्तिम सिरे पर लगे स्टे बोल्ट (stay bolt) को खोलते हैं।
7. यदि ब्रैकेट दिया गया है तो इसे भी खोलते हैं।
8. रेडिएटर को अलग करते हैं तथा रेडिएटर को उपयुक्त सपोर्ट प्रदान करते हुए ऊर्ध्वाधर (vertical) खड़ा करते हैं। सुनिश्चित करते हैं कि रेडिएटर की कोरें सपोर्ट को स्पर्श नहीं करती हैं। चित्र (i)

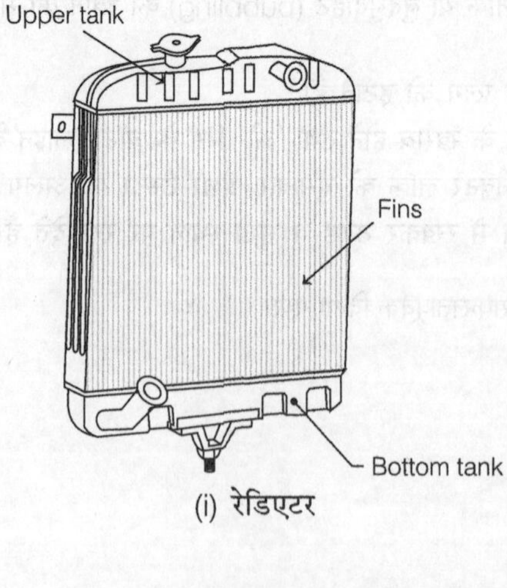

(i) रेडिएटर

9. थर्मोस्टेट हाउसिंग को खोलते तथा अलग करते हैं।
10. थर्मोस्टेट वाल्व को खोलते हैं तथा इसे ट्रे में रखते हैं।

B. रेडिएटर/थर्मोस्टेट की सफाई तथा निरीक्षण

1. रेडिएटर तथा इसके वाल्व मैकेनिज्म की गति को हाथ से दबाकर उसकी जाँच करते हैं।
2. रेडिएटर के कोर की खराबी, लीकेज तथा क्लॉगिंग (clogging) का दृश्यिक निरीक्षण करते हैं।
3. रेडिएटर के टैंक के माउण्टिंग स्ट्रैप्स की टाइटनैस की जाँच करते हैं।
4. रेडिएटर के शीर्ष तथा तली पर सोल्डर किए जोड़ों की जाँच करते हैं तथा साथ ही फिलर नैक की भी जाँच करते हैं।
5. रेडिएटर माउण्टिंग ब्रेकेट की दरारों, खराबी इत्यादि का दृश्यिक निरीक्षण करते हैं तथा खराब भाग को बदल देते हैं।
6. स्टे रॉड के सिरे की खराबी की जाँच हेतु दृश्यिक निरीक्षण करते हैं तथा खराब भाग को बदल देते हैं।
7. थर्मोस्टेट वाल्व को साफ करते हैं।
8. थर्मोस्टेट वाल्व की जाँच करते हैं तथा खराब होने पर बदल देते हैं।

C. रेडिएटर/थर्मोस्टेट की असेम्बलिंग

1. यदि माउण्टिंग ब्रैकेट दिया गया है, तो इसे असेम्बल करते हैं।
2. शीर्ष तथा तली के हौज संयोजनों को संरेखित (aligning) करके रेडिएटर को फ्रेम पर माउण्ट करते हैं।
3. रेडिएटर स्टे ब्रैकेट को फिट करते हैं।
4. रिंग स्पैनर की सहायता से रेडिएटर माउण्टिंग तथा स्टे ब्रैकेट (stay bracket) को कसते हैं।
5. थर्मोस्टेट वाल्व तथा प्रैशर कैप को फिट करते हैं।
6. शीर्ष तथा तली के हौज पाइपों को लगाते हैं तथा हौज क्लिप्स को कसते हैं।
7. सिलेण्डर ब्लॉक में ड्रेन प्लग लगाते हैं तथा रेडिएटर ड्रेन टैप को बन्द करते हैं तथा रेडिएटर में पानी भरते हैं।
8. इंजन को स्टार्ट करते हैं तथा लगभग एक मिनट तक उच्च गति पर चलाते हैं।
9. रेडिएटर में पानी के स्तर की जाँच करते हैं। यदि आवश्यकता होती है, तो रेडिएटर में पुनः पानी भरते हैं।
10. इंजन को स्टार्ट करते हैं तथा लीकेज की जाँच करते हैं। यदि प्रणाली में कोई लीकेज है, तो इसे दूर करते हैं तथा हौज के लीक होने पर इसे बदलते हैं।

परिणाम (Result) रेडिएटर/थर्मोस्टेट को हटाने एवं बदलने का अभ्यास सफलतापूर्वक किया गया।

प्रैक्टिकल संख्या 58

✎ रेडिएटर प्रैशर कैप का निरीक्षण करना, थर्मोस्टेट का परीक्षण करना
Inspect the Radiator Pressure Cap, Testing of Thermostat

उद्देश्य Object

रेडिएटर प्रैशर कैप का निरीक्षण तथा थर्मोस्टेट का परीक्षण करना।

आवश्यक उपकरण/सामग्री Essential Apparatus/Materials

- ट्रेनी टूल किट
- हीटर
- केरोसीन
- गैस्केट
- वाटर जार
- वर्क बेंच
- सोप ऑयल
- थर्मोस्टेट वाल्व
- थर्मोमीटर
- कॉटन क्लॉथ
- शीतलक
- प्रैशर टैस्टर

सुरक्षा सावधानियाँ/निर्देश Safety Precautions/Instructions

1. फर्श पर शीतलक न गिरने दें।
2. स्क्रू खोलने के लिए हथौड़े का प्रयोग कदापि न करें क्योंकि इस अनावश्यक औजार का प्रयोग प्रतिकूल स्थिति उत्पन्न कर सकता है।
3. रेडिएटर को खोलने से पूर्व इससे शीतलक बाहर निकाल दें।

कार्यविधि Working Method

A. रेडिएटर प्रैशर कैप की जाँच

1. रेडिएटर हौज को सावधानीपूर्वक स्पर्श करते हैं तथा सुनिश्चित करते हैं कि शीतलन प्रणाली गर्म नहीं हैं।
2. रेडिएटर कैप को पहले नीचे दबाते हैं तथा फिर इसे क्लॉकवाइज घुमाकर रेडिएटर की नैक से बाहर निकालते हैं। रेडिएटर कैप का दाब 6 से 16 PSI के मध्य होता है। चित्र (i)

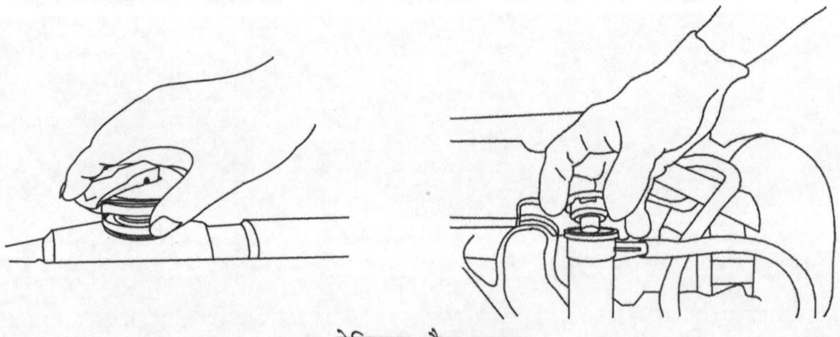

(i) रेडिएटर कैप हटाना

3. रेडिएटर के फिलर नैक से प्रैशर टैस्टर संयोजित करते हैं।
4. प्रैशर टैस्टर को पकड़कर प्लंजर द्वारा प्रणाली में तब तक दाब उत्पन्न करते हैं जब तक दाब, रेडिएटर कैप पर लिखे विनिर्देश तक नहीं प्राप्त हो जाता है।
5. यदि प्रैशर कैप सही प्रकार कार्य नहीं करता है, तो गेज में दाब गिरने लगता है।
6. प्रैशर कैप से सेडीमेण्ट तथा मलबे को साफ करते हैं।
7. रेडिएटर कैप का पुन: परीक्षण करते हैं तथा सुनिश्चित करते हैं कि रिसाव अवरोधों के कारण नहीं था।
8. रेडिएटर प्रैशर कैप वाल्व या वाल्व स्प्रिंग में कोई दोष है, तो इसे बदल देते हैं।

B. थर्मोस्टेट का परीक्षण

1. थर्मोस्टेट केस से थर्मोस्टेट के कवर को अलग करते हैं।
2. थर्मोस्टेट वाल्व को अलग करते हैं।
3. थर्मोस्टेट वाल्व की कैप तथा वाल्व सीट को अलग करते हैं।
4. थर्मोस्टेट वाल्व के कॉलर को धागे से बाँधते हैं।
5. थर्मोस्टेट वाल्व को जल में डुबोते हैं तथा सुनिश्चित करते हैं कि थर्मोस्टेट वाल्व जल में पूर्णत: डूब गया है परन्तु जार के तल या दीवार को नहीं छूता है। चित्र (ii)
6. जल को गर्म करते हैं।

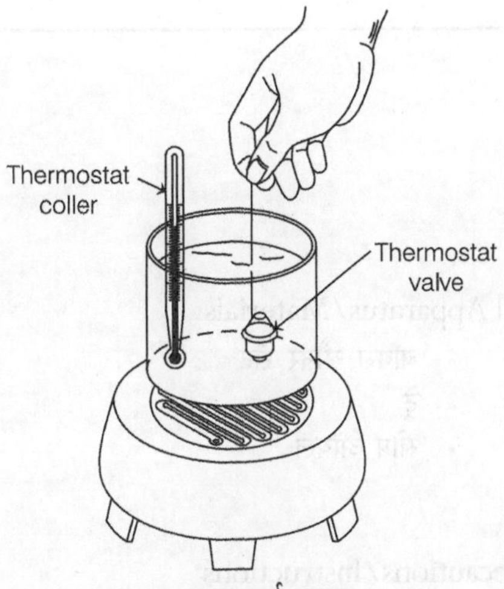

(ii) जल गर्म करना

7. जब थर्मोस्टेट वाल्व खुलना प्रारम्भ कर देता है, तो इस समय थर्मोमीटर से जल के तापमान को नोट करते हैं।
8. थर्मोस्टेट वाल्व के पूर्णत: खुल जाने पर पुन: जल का तापमान नोट करते हैं।
9. थर्मोस्टेट वाल्व को जल से बाहर निकाल लेते हैं तथा थर्मोस्टेट के कॉलर एवं श्राउड (shroud) के मध्य गैप को मापते हैं। चित्र (iii)

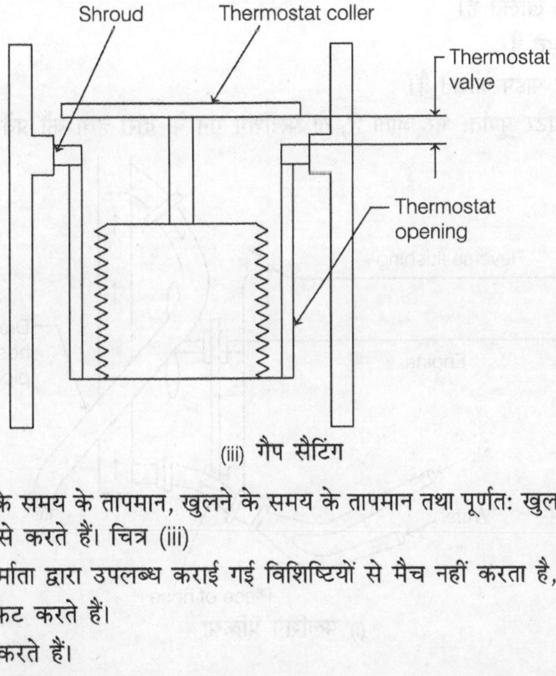

(iii) गैप सैटिंग

10. थर्मोस्टेट वाल्व के खुलना प्रारम्भ करने के समय के तापमान, खुलने के समय के तापमान तथा पूर्णत: खुलने के समय के तापमान की तुलना, निर्माता द्वारा दी गई विशिष्टियों (specifications) से करते हैं। चित्र (iii)
11. यदि तीनों प्रेक्षणों से कोई भी प्रेक्षण निर्माता द्वारा उपलब्ध कराई गई विशिष्टियों से मैच नहीं करता है, तो थर्मोस्टेट को बदल देते हैं।
12. थर्मोस्टेट वाल्व को थर्मोस्टेट केस में फिट करते हैं।
13. थर्मोस्टेट केस में थर्मोस्टेट कवर फिट करते हैं।

परिणाम (Result) रेडिएटर प्रेशर कैप का निरीक्षण तथा थर्मोस्टेट का परीक्षण सफलतापूर्वक किया गया।

प्रैक्टिकल संख्या 59

✎ सफाई एवं रिवर्स फ्लशिंग करना

Perform Cleaning and Reverse Flushing

उद्देश्य Object

रेडिएटर की सफाई तथा रिवर्स फ्लशिंग करना।

आवश्यक उपकरण/सामग्री Essential Apparatus/Materials

- ट्रेनी टूल किट
- एयर कम्प्रैशर, वाटर वाशर
- केरोसीन
- रेडिएटर हौज व क्लैम्प
- बॉक्स स्पैनर सैट
- ट्रे
- सोप ऑयल
- मल्टी सिलेण्डर डीजल इंजन
- कॉटन क्लॉथ
- कूलैन्ट

सुरक्षा सावधानियाँ/निर्देश Safety Precautions/Instructions

1. हवा का बहाव सावधानीपूर्वक व्यवस्थित करें।
2. फर्श पर पानी या तेल न गिरने दें।

कार्यविधि Working Method

1. रेडिएटर से ऊपरी तथा निचली हौज को खोलते हैं।
2. रेडिएटर के शीर्ष से ड्रेन हौज पाइप जोड़ते हैं।
3. रेडिएटर के आउटलेट से एक नया हौज पाइप जोड़ते हैं।
4. रेडिएटर में पानी भरते हैं तथा जब रेडिएटर पूर्णत: भर जाता है, तो फ्लशिंग गन के द्वारा हवा को प्रवेश कराते हैं। चित्र (i)

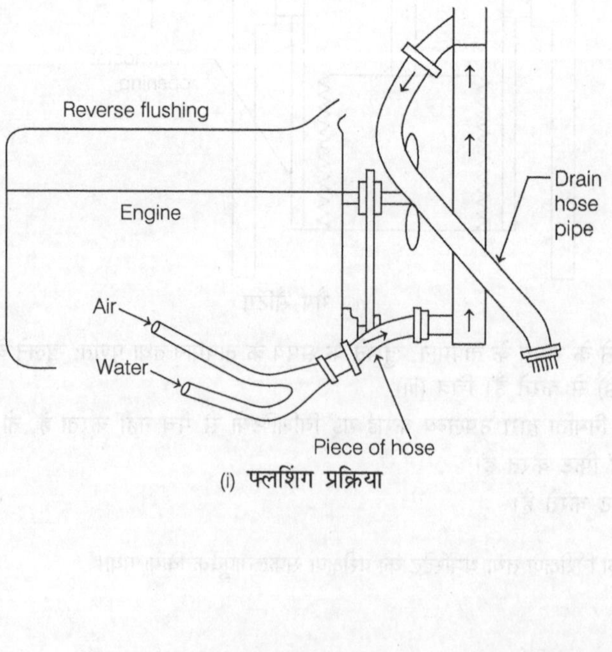

(i) फ्लशिंग प्रक्रिया

5. फ्लशिंग गन के वाटर हौज को वाटर लाइन से तथा एयर हौज को एयर लाइन से संयोजित करते हैं।
6. वाटर लाइन को स्टार्ट करते हैं तथा रेडिएटर को पूर्णत: भरते हैं।
7. जब रेडिएटर जल से भर जाता है, तो एयर लाइन से हवा को प्रवेश कराते हैं। रेडिएटर को पुन: जल से भरते हैं तथा पुन: हवा को प्रवेश कराते हैं।
8. फ्लशिंग क्रिया को तब तक करते हैं जब तक जल शीर्ष से जुड़े हौज में से प्रवाहित न होने लगे।
9. रेडिएटर के तल पर आउटलेट को संयोजित करते हैं।
10. रेडिएटर पर फिलर कैप लगाते हैं।
11. ड्रेन कॉक को अलग करते हैं तथा ड्रेन कॉक होल पर लम्बा एयर हौज संयोजित करते हैं।
12. रेडिएटर को वाटर टैंक में डुबोते हैं।
13. एयर हौज में 1 से 1.5 kg/cm^2 दाब पर वायु प्रवेश कराते हैं तथा लीकेज की जाँच करते हैं।
14. लीकेज वाले स्थानों की मरम्मत करते हैं।
15. पुन: वायुदाब परीक्षण को रेडिएटर के लीकेज के लिए दोहराते हैं तथा सुनिश्चित करते हैं कि रेडिएटर असेम्बली में कोई लीकेज नहीं है।

परिणाम (Result) रेडिएटर की सफाई तथा रिवर्स फ्लशिंग का अभ्यास सफलतापूर्वक किया गया।

प्रैक्टिकल संख्या 60

✎ वाटर पम्प की ओवरहॉलिंग एवं रिफिटिंग करना
Overhauling Water Pump and Refitting

उद्देश्य Object

वाटर पम्प की ओवरहॉलिंग एवं रिफिटिंग करना।

आवश्यक उपकरण/सामग्री Essential Apparatus/Materials

- ट्रेनी टूल किट
- पुलर, सर्किल्प प्लायर्स
- ट्रे
- केरोसीन
- स्नेहक
- बॉक्स स्पैनर सैट
- मल्टीसिलेण्डर डीजल इंजन
- सूती कपड़ा
- सोप ऑयल
- ग्रीस

सुरक्षा सावधानियाँ/निर्देश Safety Precautions/Instructions

1. वाटर पम्प के सभी भागों को एक-एक करके खोलें।
2. लीकेज की जाँच करते समय तेल शीतलक में कपड़ा अधिक न दबाएँ।
3. लीकेज को केवल सोल्डरिंग से ही बन्द करें।
4. वाटर पम्प की रिफिटिंग करते समय गैस्केट पर ग्रीस लगा लेनी चाहिए।

कार्यविधि Working Method

A. वाटर पम्प को हटाना

1. वाटर पम्प के पुली हब को लॉक करते हैं।
2. वाटर पम्प पुली हब नट को हटाते हैं। चित्र (i)

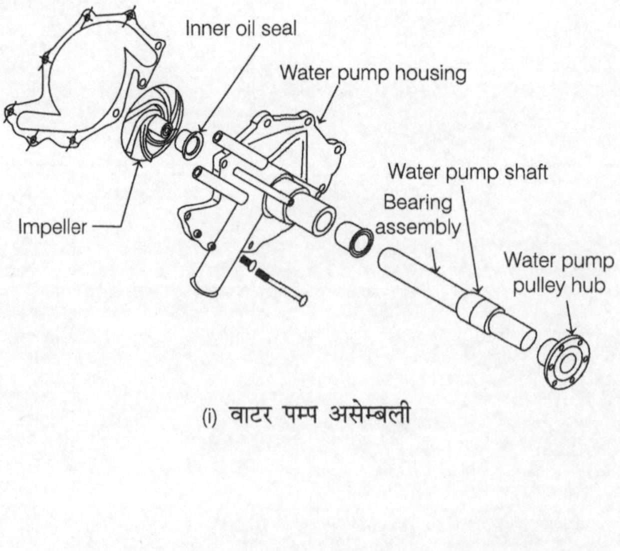

(i) वाटर पम्प असेम्बली

3. प्लायर की सहायता से वाटर पम्प पुली हब को हटाते हैं। चित्र (ii)

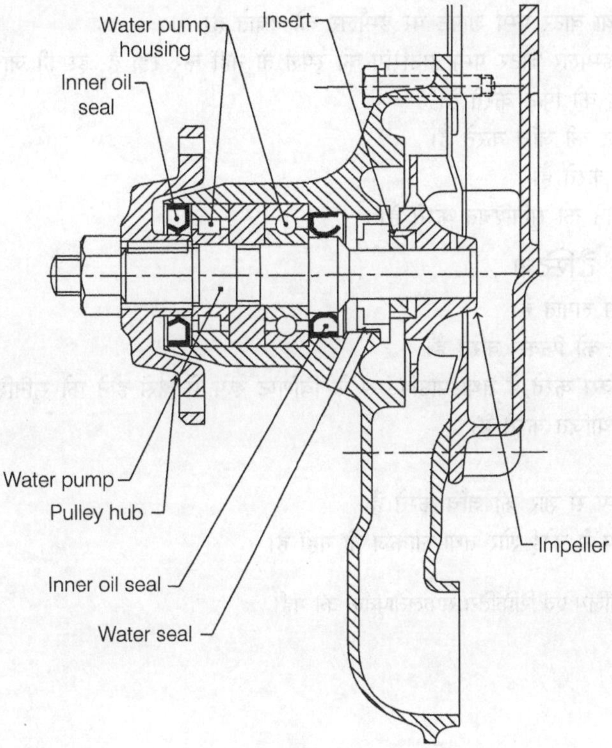

(ii) पुली हब नट को हटाना

4. वाटर पम्प तथा रियर पम्प (यदि है) को हटाते हैं।
5. ऑयल सील होल्डर को खोलते हैं तथा ऑयल सील शिम्स (shims) व गैस्केट को हटाते हैं।
6. सपोर्ट पर वाटर पम्प हाउसिंग को रखते हैं तथा इम्पैलर से बियरिंग असेम्बली के साथ वाटर पम्प शाफ्ट को बाहर खींचते हैं।
7. हाउसिंग से इनर ऑयल सील को हटाते हैं।
8. शाफ्ट के सिरे को ऊपर की ओर रखकर, इनर बियरिंग के इनर रेस के साथ वाटर पम्प शाफ्ट को ट्यूब पर रखते हैं।
9. क्षति से शाफ्ट को सुरक्षित रखने के लिए शाफ्ट के चूड़ी कटे सिरे पर नट को फिक्स करते है।
10. वाटर पम्प शाफ्ट को तब तक दबाते हैं जब तक बियरिंग अपनी सीट से वापस नहीं आ जाती है।
11. ड्रिफ्ट एवं हैमर की सहायता से हाउसिंग से बियरिंग की आउटर रेस को हटाते हैं।
12. इम्पैलर से इन्सर्ट को उसकी रबड़ स्लीव के साथ हटाते हैं।
13. वाटर पम्प हाउसिंग से वाटर सील को हटाते हैं।

B. वाटर पम्प का निरीक्षण

वाटर पम्प के निम्न भागों का दरारों/क्षति के लिए दृष्टीय निरीक्षण करते हैं।

- वाटर पम्प शाफ्ट
- बियरिंग
- वाटर सील
- इम्पैलर
- वाटर पम्प हाउसिंग
- बैण्ड के लिए वाटर पम्प
- हौज व इंजन ड्राइव बैल्ट

C. वाटर पम्प की असेम्बली

1. वाटर पम्प शाफ्ट पर बियरिंग्स को दबाते हैं।
2. शाफ्ट पर वाटर पम्प पुली को दबाते हैं।
3. ड्रिफ्ट के उपयोग से वाटर पम्प हाउसिंग में ऑयल सील को फिट करते हैं।

4. ड्रिफ्ट के उपयोग से वाटर पम्प हाउसिंग में वाटर सील को फिट करते हैं।
5. पम्प हाउसिंग में शाफ्ट असेम्बली को दबाते हैं।
6. वाटर पम्प हाउसिंग को पलटते हैं तथा वाटर पम्प शाफ्ट पर इम्पैलर को दबाते हैं।
7. वाटर पम्प शाफ्ट को घुमाते हैं तथा इम्पैलर वाटर पम्प हाउसिंग को स्पर्श तो नहीं कर रहा है, इसकी जाँच करते हैं।
8. एक नयी गैस्केट के साथ रियर कवर को फिट करते हैं।
9. मुक्त घूर्णन के लिए वाटर पम्प शाफ्ट की जाँच करते हैं।
10. वाटर पम्प पुली एवं फैन को फिक्स करते हैं।
11. वाटर पम्प पुली तथा फैन के कसे होने को सुनिश्चित करते हैं।

D. वाटर पम्प की रिफिटिंग एवं टैस्टिंग

1. पम्प गैस्केट की दोनों साइडों पर ग्रीस लगाते हैं।
2. वाटर पम्प एवं इंजन के बीच गैस्केट को फिक्स करते हैं।
3. वाटर पम्प माउण्टिंग बोल्ट्स को फिक्स करते हैं तथा माउण्टिंग्स के विशिष्ट रूप से कसे होने को सुनिश्चित करते हैं।
4. फैन, बैल्ट एवं रेडिएटर हौजों को संयोजित करते हैं।
5. रेडिएटर में स्नेहक को भरते हैं।
6. इंजन को स्टार्ट करते हैं तथा वाटर पम्प से शोर की जाँच करते हैं।
7. यह सुनिश्चित करते हैं कि वाटर पम्प में कोई शोर तथा लीकेज तो नहीं है।

परिणाम (Result) वाटर पम्प की ओवरहॉलिंग एवं रिफिटिंग सफलतापूर्वक की गई।

प्रैक्टिकल संख्या 61

✎ इंजन ऑयल जाँचने, इंजन ऑयल ड्रेन करने, ऑयल फिल्टर को बदलने, इंजन ऑयल पुन: भरने का अभ्यास करना
Practice on Checking Engine Oil, Draining Engine Oil, Replacing Oil Filter, Refilling Engine Oil

उद्देश्य Object

इंजन ऑयल की जाँच व ड्रेनिंग, ऑयल फिल्टर को बदलने एवं इंजन ऑयल को पुन: भरने का अभ्यास करना।

आवश्यक उपकरण/सामग्री Essential Apparatus/Materials

- ट्रेनी टूल किट
- सूती कपड़ा
- स्नेहक ऑयल
- मल्टी सिलेण्डर डीजल इंजन
- केरोसीन
- फिल्टर एलीमेन्ट
- ट्रे
- सोप ऑयल

सुरक्षा सावधानियाँ/निर्देश Safety Precautions/Instructions

1. फर्श पर तेल न गिरने दें।
2. इंजन में स्नेहक का पूर्ण तल सुनिश्चित करें।
3. ऑयल डिप स्टिक को कपड़े से साफ करने के पश्चात् ही स्नेहक का तल जाँचें।
4. ट्रे में फिल्टर को पूरा खोलें।
5. ऑयल के दिए गए स्तर के अनुसार ही इंजन में ऑयल को भरें।

कार्यविधि Working Method

1. इंजन को स्टार्ट करते हैं तथा इंजन को तब तक गर्म करते हैं जब तक प्रचालन तापमान प्राप्त नहीं हो जाता है।
2. इंजन को बन्द करते हैं।
3. इंजन ऑयल फिलिंग कैप को खोलते हैं।
4. डिप स्टिक की सहायता से ऑयल के स्तर एवं स्थिति की जाँच करते हैं।
5. यदि इंजन ऑयल का रंग भूरा या काला हो जाता है और स्लज या सदूषण परिवर्तन होता है, तो इंजन ऑयल तथा फिल्टर को बदलते हैं।
6. पैन ड्रेन प्लग को खोलते हैं तथा ऑयल को पूर्ण रूप से बाहर निकालते हैं।
7. बाउल में ऑयल फिल्टर को बदलते हैं। यह सुनिश्चित करते हैं कि वाशर एवं स्प्रिंग सही स्थिति में फिट हैं।
8. ड्रेन प्लग, गैस्केट व वाशर की जाँच करते हैं। यदि आवश्यक हो, तो बदलते हैं।
9. निर्माता द्वारा संस्तुत किए गए सही ग्रेड के ऑयल को पुन: भरते हैं।
10. ऑयल को पुन: भरते समय डिप स्टिक से ऑयल के स्तर की तब तक जाँच करते हैं जब तक कि ऑयल का स्तर मार्क किए गए स्तर तक नहीं पहुँच जाता है।
11. ऑयल फिलिंग कैप को पुन: फिट करते हैं।
12. इंजन को स्टार्ट करके गर्म करते हैं।
13. ड्रेन प्लग एवं फिल्टर से होने वाले लीकेज की जाँच करते हैं। यदि आवश्यक हो, तो लीकेज को दूर करते हैं।

14. इंजन को बन्द करते हैं तथा डिप स्टिक से ऑयल के स्तर की जाँच करते हैं। यदि आवश्यक हो, तो डिप स्टिक के मैक्सिमम मार्क तक ऑयल भरते हैं। चित्र (i)

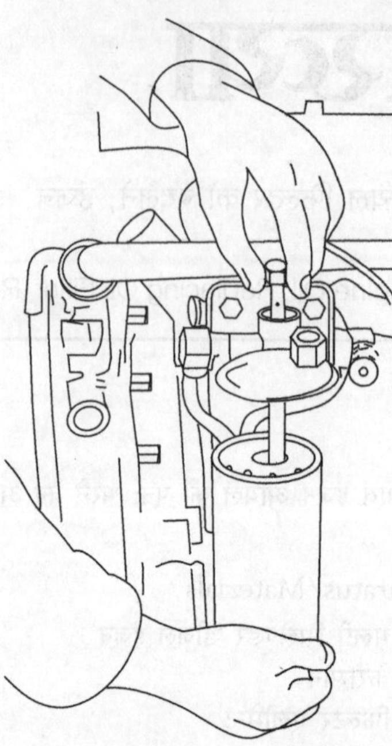

(i) ऑयल स्तर की जाँच

15. इंजन को स्टार्ट करते हैं तथा 600, 700, 1000, 1500 व 2500 rpm की अदिश गति पर ऑयल के प्रैशर का प्रेक्षण करते हैं। टैकोमीटर की सहायता से इंजन की गति का प्रेक्षण करते हैं तथा सभी रीडिंग को नोट करके निर्माता द्वारा दी गई विशिष्टियों से उनकी तुलना करते हैं।

परिणाम (Result) इंजन ऑयल की जाँच व ड्रेनिंग, ऑयल फिल्टर को बदलने एवं इंजन ऑयल को पुनः भरने का अभ्यास सफलतापूर्वक किया गया।

प्रैक्टिकल संख्या 62

✎ ऑयल पम्प, ऑयल कूलर, एयर क्लीनर्स व एयर फिल्टर्स की ओवरहॉलिंग करना एवं ऑयल प्रैशर रिलीफ वाल्व एडजस्ट करना, यदि आवश्यकता हो, तो ऑयल फ्लो पाइप लाइनों व यूनियनों को रिपेयर करना
Carryout Overhauling of Oil Pump, Oil Cooler, Air Cleaners and Air Filters and Adjust Oil Pressure Relief Valves, Repairs to Oil Flow Pipe Lines and Unions if necessary

उद्‌देश्य Object

ऑयल पम्प, ऑयल कूलर्स, एयर क्लीनर्स व एयर फिल्टर की ओवरहॉलिंग एवं ऑयल प्रैशर रिलीफ वाल्वों को एड्जस्ट करना तथा ऑयल फ्लो पाइप लाइनों एवं यूनियनों की रिपेयरिंग का अभ्यास करना।

आवश्यक उपकरण/सामग्री Essential Apparatus/Materials

- ट्रेनी टूल किट
- स्ट्रेट एज
- केरोसीन
- ऑयल फिल्टर
- बॉक्स स्पैनर सैट
- ट्रे
- सोप ऑयल
- एयर क्लीनर फिल्टर
- फीलर गेज, पुलर
- सूती कपड़ा
- स्नेहक ऑयल

सुरक्षा सावधानियाँ/निर्देश Safety Precautions/Instructions

1. ऑयल सम्प के बोल्ट को खोलने से पूर्व अच्छी तरह साफ कर लें।
2. फर्श पर तेल न गिरने दें अन्यथा बिखरा हुआ तेल दुर्घटना का कारण बन सकता है।
3. मैटल ट्रे में ऑयल फिल्टर को पूरा खोलें।
4. ऑयल फिल्टर को सावधानी से खोलें।
5. पेंच न तो अधिक टाइट और न ही अधिक ढीले हों। ये दोनों ही पेंच कसने की आदर्श स्थितियाँ नहीं हैं।

कार्यविधि Working Method

A. ऑयल पम्प की डिस्मेन्टलिंग

1. ऑयल सम्प को हटाते हैं।
2. ऑयल पम्प माउण्टिंग बोल्ट्स/नट्स को हटाते हैं।
3. स्ट्रेनर के साथ ऑयल पम्प को बाहर निकालते हैं। चित्र (i)
4. पम्प से स्ट्रेनर असेम्बली को हटाते हैं। चित्र (ii)
5. ऑयल पम्प एण्ड कवर को हटाते हैं।
6. पम्प कवर पैकिंग को हटाते हैं।
7. ऑयल पम्प हाउसिंग से आइडलर गियर (idler gear) को हटाते हैं।
8. शाफ्ट के साथ ड्राइविंग गियर को हटाते हैं।
9. ड्राइव शाफ्ट से ड्राइविंग गियर को बाहर निकालते हैं।
10. ड्राइव शाफ्ट से वुडरफ 'की' को हटाते हैं।

11. पुलर की सहायता से ड्राइविंग गियर को हटाते हैं।

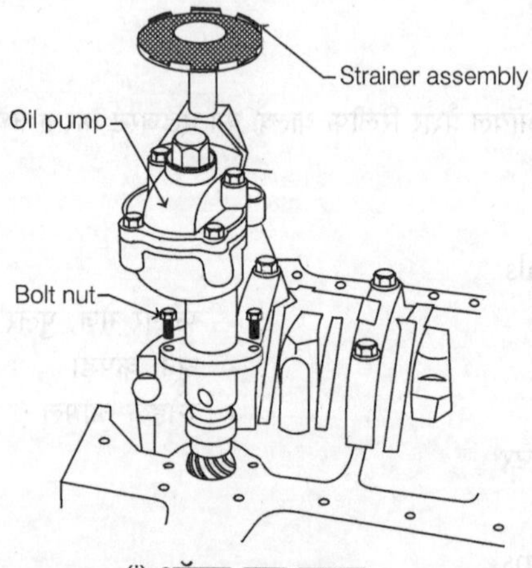

(i) ऑयल पम्प हटाना

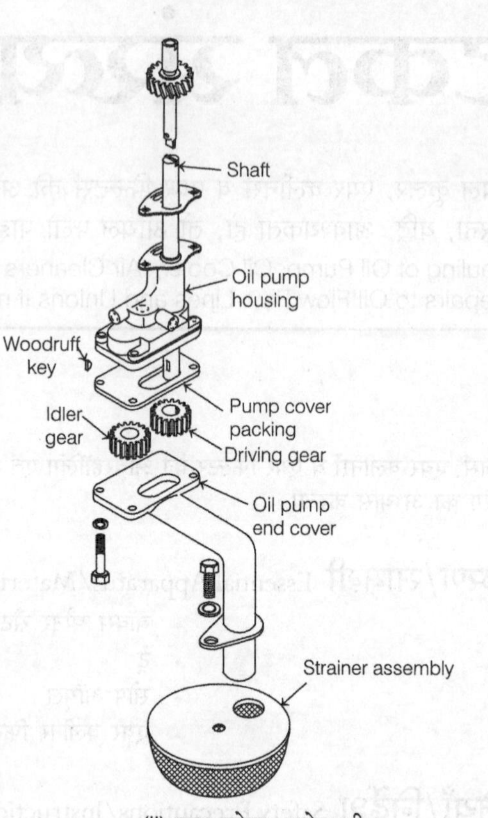

(ii) पम्प स्ट्रेनर असेम्बली

B. ऑयल पम्प की सफाई एवं निरीक्षण

1. केरोसीन ऑयल के सभी भागों की सफाई करते हैं।
2. कम्प्रैस्ड एयर के द्वारा सक्शन पाइप को साफ करते हैं।
3. पिटिंग एवं क्षति के लिए गियर्स एवं शाफ्टों का दृष्टीय निरीक्षण करते हैं।
4. फीलर गेज की सहायता से ऑयल पम्प हाउसिंग एवं गियर टीथ के बीच रेडियल क्लीयरैन्स की जाँच करते हैं। चित्र (iii)
5. फीलर गेज से ऑयल पम्प गियर्स के बीच बैकलैश (backlash) की जाँच करते हैं। चित्र (iv)
6. फीलर गेज तथा स्ट्रेट एज की सहायता से ऑयल पम्प हाउसिंग सर्फेस से गियर्स की गहराई की जाँच करते हैं। चित्र (v)

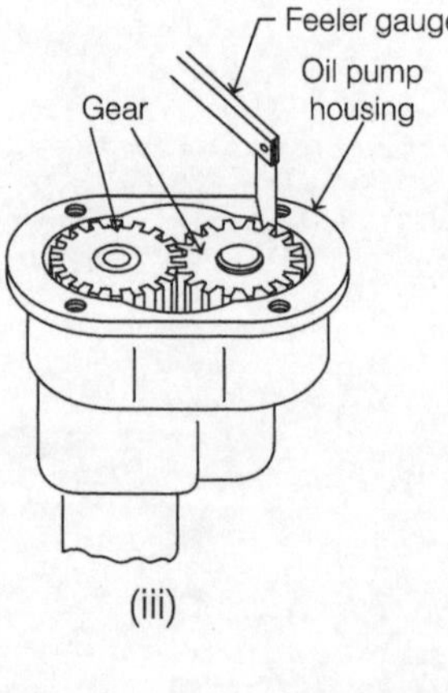

(iii)

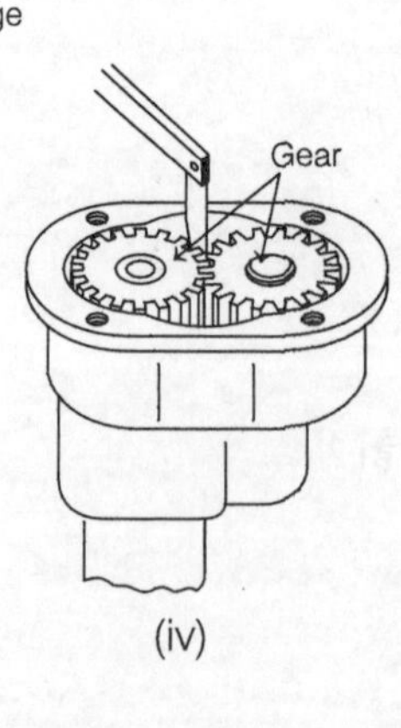

(iv)

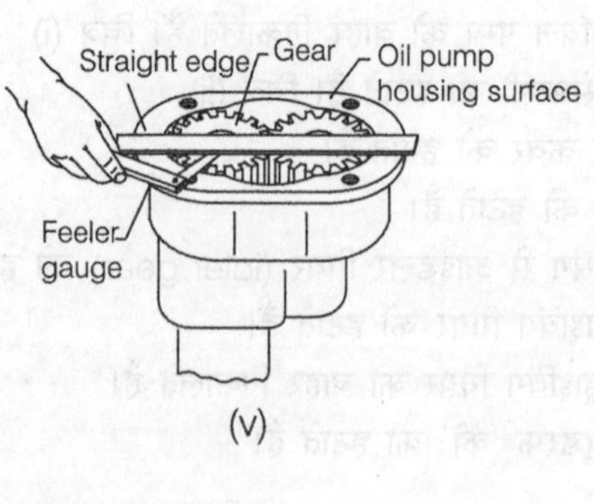

(v)

7. स्ट्रेनर में क्षति तथा ब्लॉकेज की स्थिति की जाँच करते हैं तथा स्ट्रेनर के ब्लॉकेज को साफ करते हैं।

8. सक्शन पाइप की दरारों, क्षति एवं ब्लॉकेज के लिए जाँच करते हैं तथा एयर प्रैशर द्वारा ब्लॉकेज को साफ करते हैं।
9. यदि फ्लो पाइप एवं यूनियन्स में कोई क्षति या दरारें हैं, तो इसे रिपेयर करते हैं या बदलते हैं।

C. ऑयल पम्प की असेम्बलिंग

1. प्रेस की सहायता से नई वुडरफ 'की' के साथ ड्राइविंग शाफ्ट पर ड्राइविंग गियर को फिक्स करते हैं।
2. पम्प हाउसिंग में शाफ्ट के साथ ड्राइविंग गियर को लगाते हैं।
3. पम्प हाउसिंग में स्पिण्डल पर ड्रिविन गियर को लगाते हैं।
4. पम्प हाउसिंग पैकिंग को लगाते हैं तथा होल्स को अलाइन करते हैं।
5. पम्प कवर को लगाते हैं, होल्स को अलाइन करते हैं तथा पम्प कवर बोल्ट्स को कसते हैं।
6. गियर के मुक्त घूर्णन की जाँच करते हैं।
7. सक्शन स्ट्रेनर को फिट करते हैं।
8. क्रैंककेस में ऑयल पम्प को इन्सर्ट करते हैं।
9. निर्धारित टॉर्क के लिए माउण्टिंग बोल्ट्स को कसते हैं।
10. नई गैस्केट के साथ ऑयल सम्प को स्थापित करते हैं।
11. सम्प में सही स्तर तक संस्तुत ऑयल को भरते हैं।
12. इंजन को स्टार्ट करते हैं।
13. विभिन्न rpm पर ऑयल प्रैशर को नोट करते हैं तथा निर्माताओं द्वारा दी गई विशिष्टियों से इनकी तुलना करते हैं।

D. ऑयल कूलर की सर्विस

1. इंजन ब्लॉक से ऑयल कूलर को हटाते हैं। चित्र (vi)

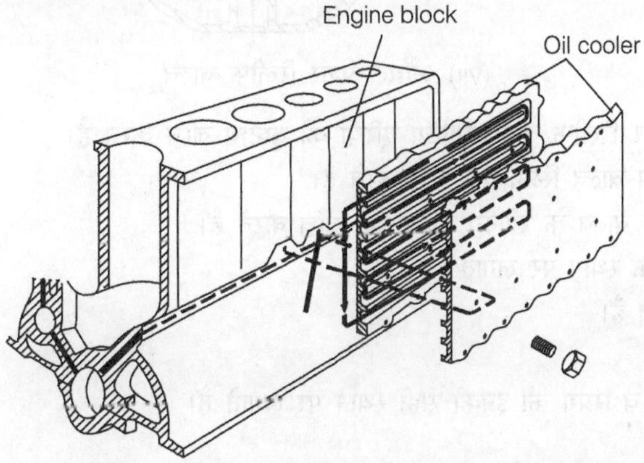

(vi) ऑयल कूलर

2. बाईपास वाल्व एवं स्प्रिंग को हटाते हैं।
3. केरोसीन ऑयल एवं कम्प्रैस्ड एयर से ऑयल कूलर को साफ करते हैं।
4. दरारों के लिए कूलर की जाँच करते हैं।
5. बाईपास वाल्व की जाँच करते हैं। यदि आवश्यक हो, तो बाईपास वाल्व बॉल को बदलते हैं।
6. बाईपास वाल्व की मुक्त लम्बाई एवं तनाव की जाँच करते हैं। यदि आवश्यक हो, तो स्प्रिंग को बदलते हैं।
7. ग्रीस की सहायता से ऑयल कूलर के बीच में गैस्केट एवं वाशर को फिक्स करते हैं तथा स्क्रू को फिक्स करते हैं।
8. सिलेण्डर ब्लॉक पर गैस्केट को फिक्स करते हैं।
9. ऑयल कूलर को फिट करते हैं तथा संस्तुत टॉर्क पर सही क्रम में सभी स्क्रुओं को कसते हैं।
10. बाईपास वाल्व बॉल व स्प्रिंग को फिट करते हैं तथा वाशर के साथ रिटेनिंग नट को कसते हैं।

E. ऑयल प्रैशर रिलीफ वाल्व को एड्जस्ट करना

1. फिल्टर हैड से बाईपास वाल्व को हटाते हैं। चित्र (vii)
2. रिलीफ वाल्व क्लॉजिंग प्लग को हटाते हैं।
3. ऑयल प्रैशर रिलीफ वाल्व एवं प्रैशर स्प्रिंग को हटाते हैं।

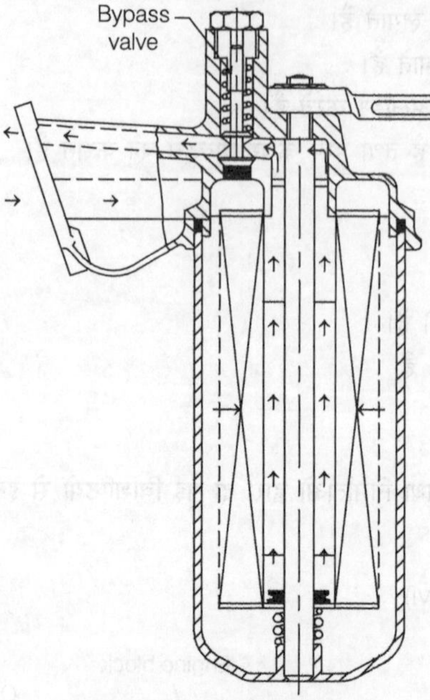

(vii) ऑयल प्रैशर रिलीफ वाल्व

4. पिटिंग के लिए क्रैंककेस के ऑयल प्रैशर रिलीफ वाल्व सीटिंग एरिया की दृष्टीय जाँच करते हैं।
5. क्षति एवं तनाव के लिए फिल्टर बाईपास वाल्व स्प्रिंग की जाँच करते हैं।
6. पिटिंग/स्कोरिंग के लिए फिल्टर बाईपास वाल्व के सीटिंग एरिया की जाँच करते हैं।
7. फिल्टर हैड पर बाईपास वाल्व को इसके स्थान पर लगाते हैं।
8. बाईपास वाल्व के ऊपर स्प्रिंग को लगाते हैं।
9. बाईपास वाल्व होल्डर को कसते हैं।
10. क्रैंककेस में ऑयल प्रैशर रिलीफ वाल्व व स्प्रिंग को इनकी सही स्थान पर लगाते हैं।
11. प्रैशर एड्जस्टिंग स्क्रू को कसते हैं।
12. क्लॉजिंग प्लग को कसते हैं।
13. इंजन को स्टार्ट करते हैं तथा गर्म होने देते हैं।
14. फिल्टर ऐज, बाईपास वाल्व, सेन्टर बोल्ट एवं पाइप कनैक्शन से ऑयल के लीकेज की जाँच करते हैं।
15. ऑयल प्रैशर गेज पर ऑयल प्रैशर की जाँच करते हैं यदि आवश्यकता हो, तो रिलीफ वाल्व स्प्रिंग टेन्सन को एड्जस्ट करके इसे सही करते हैं।
16. प्रैशर को बढ़ाने के लिए प्रैशर एड्जस्टिंग स्क्रू को कसते हैं तथा ऑयल प्रैशर को कम करने के लिए इसे ढीला करते हैं।

परिणाम (Result) ऑयल पम्प, ऑयल कूलर्स, एयर क्लीनर्स व एयर फिल्टर की ओवरहॉलिंग एवं ऑयल प्रैशर रिलीफ वाल्वों को एड्जस्ट करने तथा ऑयल फ्लो पाइप लाइनों एवं यूनियनों की रिपेयरिंग का अभ्यास सफलतापूर्वक किया गया।

प्रैक्टिकल संख्या 63

✎ टर्बोचार्जर की डिस्मैन्टलिंग व असेम्बलिंग करना सर्विस मैनुअल के अनुसार एक्सियल क्लीयरैन्स की जाँच करना
Carryout Dismantling and Assembling Turbocharger, Check for Axial Clearance as per Service Manual

उद्देश्य Object

टर्बोचार्जर की डिस्मैन्टलिंग व असेम्बलिंग एवं सर्विस मैनुअल के अनुसार एक्सियल क्लीयरैन्स की जाँच करना।

आवश्यक उपकरण/सामग्री Essential Apparatus/Materials

- ट्रेनी टूल किट
- डायल गेज
- वर्क बेंच
- सूती कपड़ा
- क्लिनिंग ब्रुश
- सर्क्लिप प्लायर
- टॉर्क रिंच
- टर्बोचार्जर
- एण्टी कोरोसिव सोल्यूशन
- टर्बोचार्जर सामग्री
- बॉक्स स्पैनर
- प्लास्टिक मैलेट
- कैरोसिन

सुरक्षा सावधानियाँ/निर्देश Safety Precautions/Instructions

1. सभी भागों को सावधानीपूर्वक खोलें।
2. भागों को कैरोसिन व सूती कपड़े की सहायता से साफ करें।
3. उचित उपकरणों/औजारों का प्रयोग करें।
4. भागों की जाँच सावधानीपूर्वक करें।

कार्यविधि Working Method

A. टर्बोचार्जर की डिस्मैन्टलिंग

1. वाहन को समतल भूमि पर पार्क करते हैं तथा पहियों की जाँच करते हैं।
2. इंजन को ठण्डा होने देते हैं तथा हुक को खोलते है एवं बैटरी केबिल को हटाते हैं।
3. होज पाइप के कम्प्रैशर साइड होज कलैम्प को हटाते हैं।
4. टर्बोचार्जर से ऑयल संयोजनों/पाइपों तथा एक्चुऐटर के वैक्यूम संयोजनों को विसंयोजित करते हैं।
5. टरबाइन साइड को माउण्टिंग बोल्ट्स को हटाते हैं।
6. वाहन से टर्बोचार्जर को हटाते हैं तथा वर्क बेंच पर रखते हैं।
7. कम्प्रैशर व्हील ब्लेड्स का दरारों, मुड़ने या क्षतिग्रस्त होने का दृष्टीय निरीक्षण करते हैं।
8. टरबाइन हाउजिंग को सुरक्षित रखते हुए बियरिंग के क्लीयरैन्स तथा डायल गेज की सहायता से थ्रस्ट के क्लीयरैन्स की जाँच करते हैं चित्र (i) तथा यह सुनिश्चित करते हैं कि क्लीयरैन्स का मान न्यूनतम/अधिकतम है। यदि एक्सियल क्लीयरैन्स निर्धारित क्लीयरैन्स से मैच नहीं करता है, तो स्ट्रिप को ओवरहोल करते हैं तथा टर्बोचार्जर को पुन: बनाते हैं।

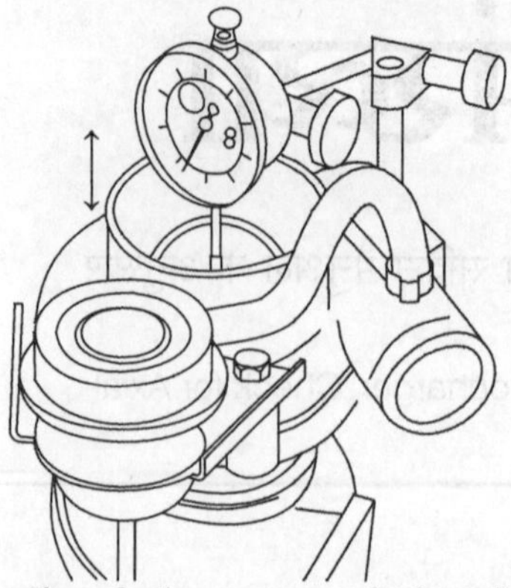

(i) बियरिंग क्लीयरैन्स या थ्रस्ट क्लीयरैन्स की जाँच

9. डायल गेज की सहायता से कम्प्रैशर इम्पैलर नॉज पर रेडियल की गति की जाँच करते हैं।
10. टर्बोचार्जर की बाह्य सतह को साफ करते हैं तथा दरारों एवं क्षतियों के लिए इसकी जाँच करते हैं।
11. एक्चुऐटर को हटाते हैं तथा ट्रे में रखते हैं। चित्र (ii)

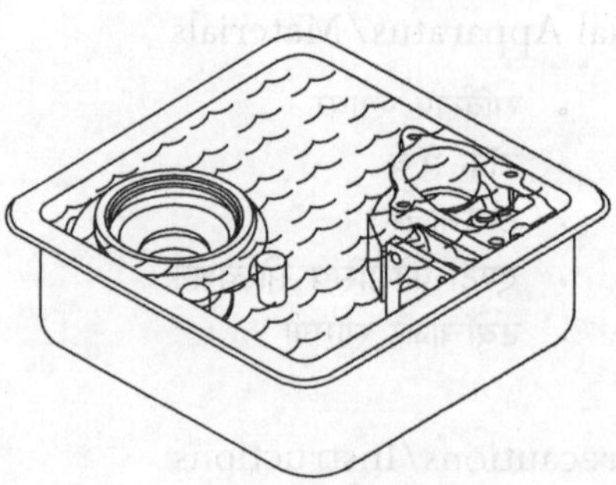

(ii) एक्चुऐटर क्लीनिंग

12. 'V' बैण्ड क्लैम्प तथा टरबाइन बॉडी को हटाते हैं।
13. सर्किलप तथा कम्प्रैशर की बॉडी को हटाते हैं।
14. इम्पैलर नटों को ढीला करते हुए ड्राइव तथा ड्रिवन इम्पैलर को हटाते हैं।
15. दोनों इम्पैलर को हटाते हैं तथा ट्रे में रखते हैं।
16. बियरिंग के साथ इम्पैलर को हटाते हैं।
17. टर्बोचार्जर की बॉडी की दोनों साइड से 'O' रिंग्स को हटाते हैं।
18. टर्बोचार्जर की बॉडी से थ्रस्ट प्लेट व 'O' रिंग को हटाते हैं।
19. रबड़ को छोड़कर, उपरोक्त सभी भागों को केरोसिन से साफ करते हैं।
20. बियरिंग तथा शाफ्ट फ्री प्ले का निरीक्षण करते हैं। चित्र (iii)

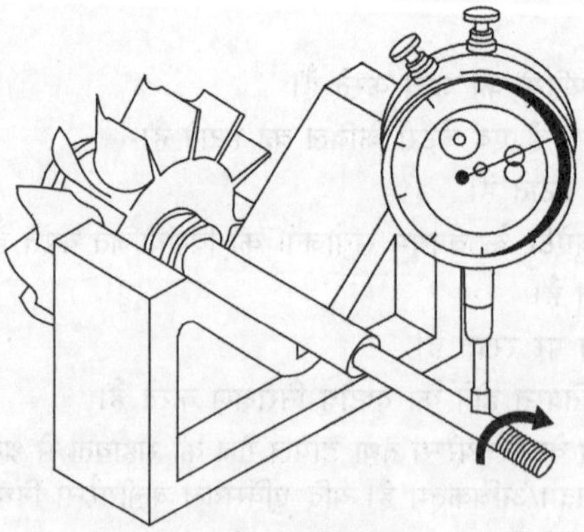

(iii) फ्री प्ले निरीक्षण

21. रबड़ 'O' रिंग में दरारों व फटने का निरीक्षण करते हैं।
22. दोनों इम्पैलर, शाफ्ट तथा थ्रस्ट प्लेट की जाँच करते हैं।
23. यदि आवश्यक हो, तो दोषपूर्ण भागों को बदलते हैं।

B. टर्बोचार्जर की असेम्बलिंग एवं टैस्टिंग

1. टर्बोचार्जर की बॉडी में रबड़ 'O' रिंग तथा थ्रस्ट वाशर को असेम्बल करते हैं। चित्र (iv)

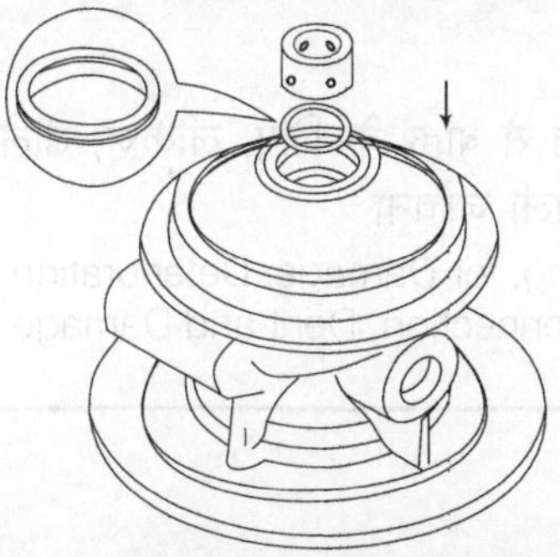

(iv) 'O' रिंग एवं थ्रस्ट वाशर असेम्बली

2. थ्रस्ट वाशर के बाह्य सर्किलप को फिट करते हैं तथा बियरिंग के साथ इम्पैलर शाफ्ट को फिट करते हैं। चित्र (v)

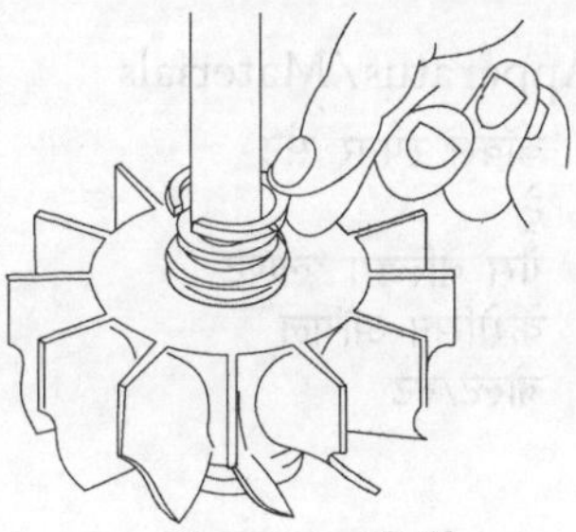

(v) इम्पैलर शाफ्ट फिटिंग

3. इम्पैलर नटों के साथ दोनों इम्पैलर को फिट करते हैं। चित्र (vi)

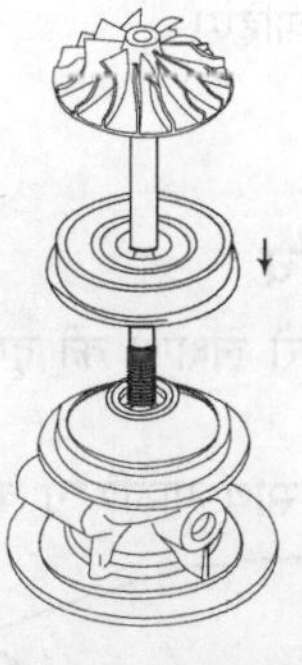

(vi) इम्पैलर असेम्बली

4. इम्पैलर शाफ्ट फ्री प्ले व एण्ड प्ले तथा इम्पैलर की मुक्त गति की जाँच करते हैं।
5. कम्प्रेशर व टरबाइन को क्रमशः सर्किलप तथा 'V' बैण्ड क्लैम्प के साथ फिट करते हैं।
6. टर्बोचार्जर पर एक्च्यूएटर को पुनः फिट करते हैं।

C. टर्बोचार्जर की पुनः फिटिंग

1. माउण्टिंग पर टर्बोचार्जर को फिट करते हैं तथा मैनीफोल्ड के माउण्टिंग बोल्ट्स को कसते हैं।
2. टर्बोचार्जर पर ऑयल पाइप को पुनः संयोजित करते हैं। कम्प्रेशर साइड पर होज पाइप को संयोजित करते हैं।
3. इंजन को स्टार्ट करते हैं तथा इसकी उचित कार्यप्रणाली की जाँच करते हैं।

परिणाम (Result) टर्बोचार्जर की डिस्मैन्टलिंग व असेम्बलिंग एवं सर्विस मैनुअल के अनुसार एक्सियल क्लीयरैन्स की जाँच सफलतापूर्वक की गई।

प्रैक्टिकल संख्या 64

✎ रबर माउण्टिंग के लिए, क्षति, विकृति व स्थिति से बाहर के लिए, लीकेज, ढीले संयोजन, गढ्ढों व खराबी के लिए निकास प्रणाली जाँचना
Check Exhaust System for Rubber Mounting, for Damage, Deterioration and Out of Position, for Leakage, Loose Connection, Dent and Damage

उद्देश्य Object

क्षति, कमी, स्थिति से बाहर, लीकेज, ढीले संयोजन तथा खरोंच के लिए रबर माउण्टिंग हेतु निकास प्रणाली का परीक्षण करना।

आवश्यक उपकरण/सामग्री Essential Apparatus/Materials

- ट्रेनी टूल किट
- कॉटन वेस्ट
- स्ट्रैप
- सेफ्टी गॉगल
- पाइप क्लैम्प
- डीजल इंजन
- बॉक्स स्पैनर सैट
- ट्रे
- गैस वैल्डिंग प्लाण्ट
- केरोसिन ऑयल
- बोल्ट/नट
- हैवी मोटर व्हीकल
- सोप ऑयल
- वैल्डिंग वायर
- वायर ब्रुश
- गैस्केट

सुरक्षा सावधानियाँ/निर्देश Safety Precautions/Instructions

1. निकास प्रणाली के सभी भागों की जाँच सावधानीपूर्वक करें।
2. जाँच से पहले एवं पश्चात् भागों/अवयवों को साफ कर लेना चाहिए।

कार्यविधि Working Method

A. ऑफ मोड में इंजन की निकास प्रणाली की जाँच

1. निकास मैनीफोल्ड, माउण्टिंग, टाइटनेस तथा गैस्केट लीकेज जैसे लक्षणों की दृष्टीय जाँच करते हैं।
2. हीट स्ट्रैप तथा निकास डैम्पर क्षतियों का परीक्षण करते हैं।
3. डाउनपाइप कनैक्शन गैस्केट तथा निकास मैनीफोल्ड फ्लैंज के साथ माउण्टिंग की जाँच करते हैं।

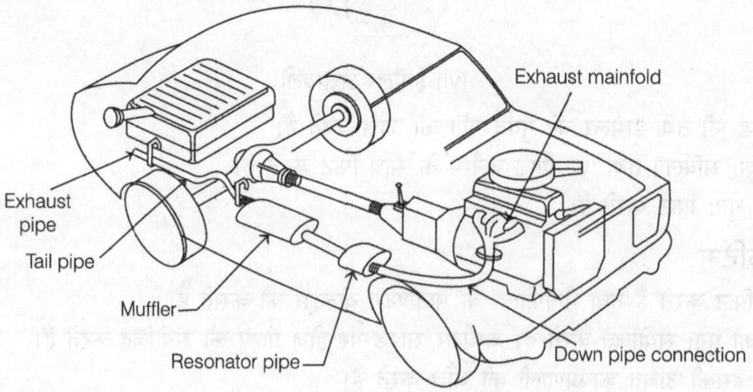

4. कैटालिटिक कन्वर्टर (catalytic converter) की दोनों ओर की माउण्टिंग का परीक्षण करते हैं।
5. रेजोनेटर पाइप, की बाहरी क्षतियों की दृष्टीय जाँच करते हैं।
6. मफलर माउण्टिंग एवं संयोजनों की दृष्टीय जाँच करते हैं।
7. टैल पाइप के ढीले संयोजनों की जाँच करते हैं।
8. व्हीकल बॉडी के साथ स्ट्रैप युक्त निकास पाइप, निकास प्रणाली में कमी युक्त भागों तथा खरोंच व क्षति युक्त निकास पाइप की दृष्टीय जाँच करते हैं।

B. रनिंग मोड में इंजन की निकास प्रणाली की जाँच

1. इंजन को स्टार्ट करते हैं।
2. इंजन हैड एवं निकास मैनीफोल्ड ज्वॉइण्ट (गैस्केट) के बीच लीकेज की जाँच करते हैं।
3. इस पर सॉफ्टवाटर स्प्रे करके लीकेज को सुनिश्चित करते हैं।
4. इंजन को बन्द करते हैं तथा ठण्डा होने देते हैं।
5. रस्ट रिमूवर तथा एमरी पेपर की सहायता से सतह एवं स्टड से जंग हटाकर उन्हें साफ करते हैं।
6. नई गैस्केट लगाते हैं तथा संस्तुत की गई टॉर्क की सहायता से इसे अलाइन करते है तथा कसते हैं।
7. इंजन को पुन: स्टार्ट करते हैं तथा लीकेज की जाँच करते हैं।
8. टेल पाइप तथा मफलर के बीच ढीले संयोजनों के द्वारा लीकेज को पहचानते हैं।
9. फिटिंग्स को खोलते हैं, कार्बन व रस्ट हटाते हैं तथा साफ करते हैं।
10. स्लीव के बीच में मैटल सीलिंग कम्पाउण्ड लगाते हैं।
11. टेल पाइप को जोड़ते हैं तथा उचित रूप से कसते हैं।
12. इंजन को स्टार्ट करते हैं तथा शोर के बिना इसकी स्मूथ रनिंग के लिए जाँच करते हैं।
13. यह सुनिश्चित करते हैं कि निकास प्रणाली में कोई गैस लीक तो नहीं हो रही है।

परिणाम (Result) क्षति, कमी, स्थिति से बाहर, लीकेज, ढीले संयोजन तथा खरोंच के लिए रबर माउण्टिंग हेतु निकास प्रणाली का परीक्षण सफलतापूर्वक किया गया।

प्रैक्टिकल संख्या 65-66

✎ एग्जॉस्ट मैनीफोल्ड को हटाने व स्थापना का अभ्यास करना एवं कैटालिटिक कन्वर्टर को हटाने व स्थापना का अभ्यास करना

Practice on Exhaust Manifold Removal and Installation and Practice on Catalytic Converter Removal and Installation

उद्देश्य Object

एग्जॉस्ट मैनीफोल्ड एवं कैटालिटिक कन्वर्टर को हटाने व उसकी स्थापना का अभ्यास।

आवश्यक उपकरण/सामग्री Essential Apparatus/Materials

- ट्रेनी टूल किट
- फीलर गेज
- सोप ऑयल
- वायर ब्रुश
- स्क्रैपर
- डीजल इंजन
- साफ कपड़ा
- मैनीफोल्ड गैस्केट
- स्ट्रेट एज
- केरोसीन ऑयल
- एमरी शीट

सुरक्षा सावधानियाँ/निर्देश Safety Precautions/Instructions

1. उचित औजारों का प्रयोग करें।
2. किसी-किसी इंजन में एक से अधिक एग्जॉस्ट होते हैं, इसलिए इन्हें एक-एक मैनीफोल्ड करके हटाते हैं तथा साफ करते हैं।
3. मफलर को साफ करने के लिए कुछ निर्माता, बैफल्स के आउटर कवर को काटने तथा बैफल्स को अन्दर से साफ करके बैण्ड करने की संस्तुति देते हैं, इसके लिए अपने अनुदेशक से परामर्श करते हैं।

कार्यविधि Working Method

1. नट को ढीला करते हैं तथा एग्जॉस्ट मैनीफोल्ड से एग्जॉस्ट पाइप को अलग करते हैं।
2. सिलेण्डर हैड से एग्जॉस्ट मैनीफोल्ड को हटाते हैं। चित्र (i)

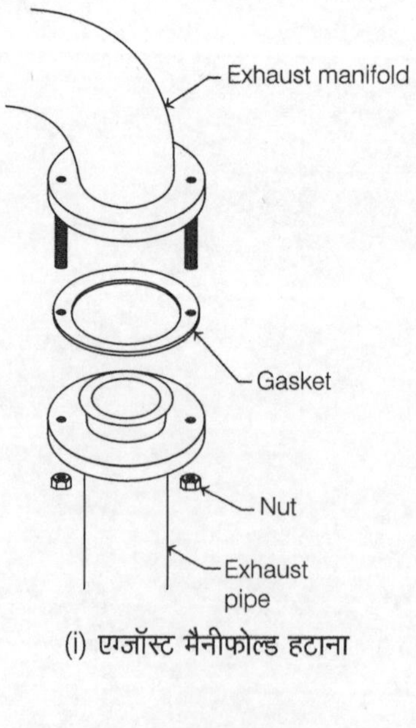

(i) एग्जॉस्ट मैनीफोल्ड हटाना

3. क्लैम्प बोल्ट्स एवं नटों को ढीला करते हुए एग्जॉस्ट पाइप व तेल पाइप तथा मफलर से कैटालिटिक कन्वर्टर को अलग करते हैं। चित्र (ii)

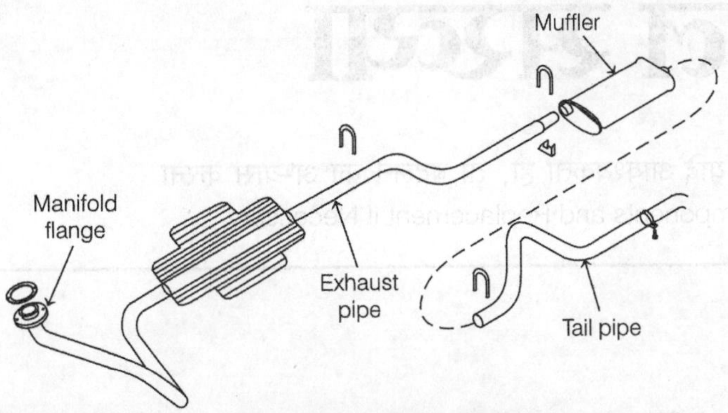

(ii) कैटालिटिक कन्वर्टर हटाना

4. स्क्रैपर की सहायता से मैनीफोल्ड के माउण्टिंग फेसों से कार्बन को स्क्रैप करते हैं।
5. स्ट्रेट एज की सहायता से लेवल के अलाइनमेन्ट के लिए मैनीफोल्ड फ्लैंजों का निरीक्षण करते हैं।
6. वायर ब्रुश की सहायता से एग्जॉस्ट मैनीफोल्ड से कार्बन को साफ करते हैं।
7. क्षति एवं दरारों के लिए एग्जॉस्ट मैनीफोल्ड का निरीक्षण करते हैं। यदि आवश्यक हो, तो इन्हें बदलते हैं।
8. क्षति एवं दरारों के लिए टेल पाइप एवं एग्जॉस्ट पाइप का निरीक्षण करते हैं।
9. वायर रोप पर स्क्रैपर को जोड़ते हैं।
10. एग्जॉस्ट पाइप तथा टेल पाइप में वायर रोप को एक सिरे से तब तक इन्सर्ट करते हैं, जब तक वह दूसरे सिरे से बाहर न आ जाए।
11. किसी भी प्रकार की क्षति तथा दरारों के लिए कैटालिटिक कन्वर्टर का निरीक्षण करते हैं, यदि आवश्यक हो, तो उसे बदलते हैं।
12. मफलर को साफ करते हैं।
13. एग्जॉस्ट मैनीफोल्ड फ्लैंज पर नई गैस्केट फिक्स करते हैं तथा एग्जॉस्ट मैनीफोल्ड को फिट करते हैं। चित्र (iii)

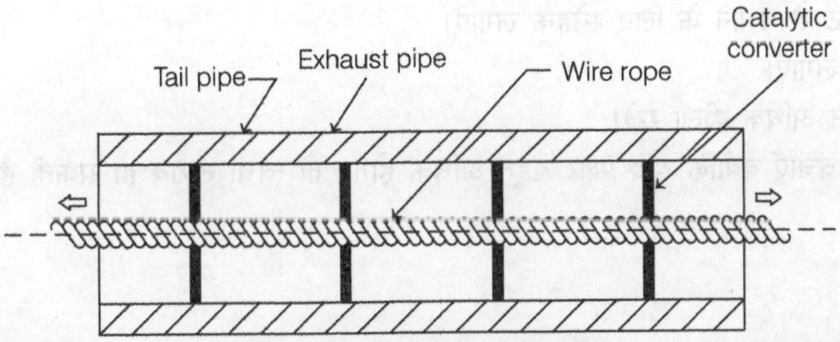

(iii) एग्जॉस्ट मैनीफोल्ड फिटिंग

14. एग्जॉस्ट मैनीफोल्ड एवं एग्जॉस्ट पाइप के बीच एक नई गैस्केट फिट करते हैं तथा एग्जॉस्ट मैनीफोल्ड पर एग्जॉस्ट पाइप को फिट करते हैं।
15. एग्जॉस्ट पाइप के साथ कैटालिटिक कन्वर्टर को फिट करते हैं।
16. एग्जॉस्ट पाइप के साथ मफलर को फिट करते हैं तथा क्लैम्प से कसते हैं।
17. मफलर पर टैलपाइप को फिट करते हैं तथा क्लैम्प से कसते हैं।
18. असेम्बली को अलाइन करते हैं तथा चेसिस पर सपोर्टिंग क्लैम्पों में इसे फिट करते हैं।

परिणाम (Result) एग्जॉस्ट मैनीफोल्ड एवं कैटालिटिक कन्वर्टर को हटाने व उसकी स्थापना का अभ्यास सफलतापूर्वक किया गया।

प्रैक्टिकल संख्या 67

MPFI अवयवों की टैस्टिंग एवं यदि आवश्यकता हो, तो बदलने का अभ्यास करना
Practice Testing of MPFI Components and Replacement if Necessary

उद्देश्य Object

मल्टी प्वॉइण्ट फ्यूल इन्जेक्टर (MPFI) की टैस्टिंग तथा बदलने का अभ्यास करना।

आवश्यक उपकरण/सामग्री Essential Apparatus/Materials

- एक डीजल चालित मोटरगाड़ी
- गैस्केट
- रिंग स्पैनर सैट
- स्नेहक
- इन्जेक्टर क्लीनिंग किट
- इन्जेक्टर टैस्टिंग मशीन
- मिट्टी का तेल
- साफ कपड़ा
- स्क्रू ड्राइवर (पेंचकस)
- डीजल
- ट्रेनी टूल किट
- एयर कम्प्रैशर
- ऑयल स्प्रे गन
- इन्जेक्टर
- ब्रुश
- सोप ऑयल
- मल्टीसिलेण्डर डीजल इंजन

सुरक्षा सावधानियाँ/निर्देश Safety Precautions/Instructions

1. फर्श पर तेल न गिरने दें।
2. घिसे हुए भागों को सावधानी से साफ करें।
3. स्पर्श करने वाले भागों को घिसावट से बचाने के लिए स्नेहक लगाएँ।
4. पुरानी गैस्केट हटाकर नई गैस्केट लगाएँ।
5. स्क्रुओं को न अधिक टाइट और न अधिक ढीला रखें।
6. अपने हाथों को स्प्रे के सम्पर्क से बचाएँ क्योंकि यदि प्रेशर बहुत अधिक होगा, तो त्वचा खराब हो सकती है।
7. इंजन चलते समय परीक्षण न करें।

कार्यविधि Working Method

A. इन्जेक्टर को खोलना एवं साफ करना

1. इन्जेक्टर की ओवरफ्लो तथा उच्च दाब लाइन क्रम में खोलते हैं तथा यह सुनिश्चित करते हैं कि पाइप मुड़े हुए तो नहीं हैं।
2. इंजन के चक्करों में उतार-चढ़ाव चैक करते हैं। यह सभी इन्जेक्टर की चैकिंग में सहायता करता है कि ये सही कार्य कर रहे हैं या नहीं।
3. खराब इन्जेक्टर के फ्लैंज से नट हटाते हैं। पूरा इन्जेक्टर निकालते हैं जिससे कि सिलेण्डर हैड पर नॉजिल फेस बाहर आ जाए, अन्य इन्जेक्टर यूनियनों को चैक करते हैं।
4. इन्जेक्टर क्लैम्प को हटाकर इन्जेक्टर को सिलेण्डर हैड से हटाते हैं।
5. इनलेट तथा लीक-ऑफ ओपनिंग को प्लग करते हैं।
6. नॉजिल से हवा में स्प्रे करके चैक करते हैं। यदि आवश्यक हो, तो नॉजिल होल को साफ करने वाली नीडिल से साफ करते हैं तथा नॉजिल टिप को भी साफ करते हैं। यदि स्प्रे न हो, तो नॉजिल बदलते हैं।

7. इन्जेक्टर को विपरीत दिशा में पकड़कर नॉजिल कैप नट स्क्रू खोलते हैं तथा कैप नट को हटाते हैं। चित्र (i)

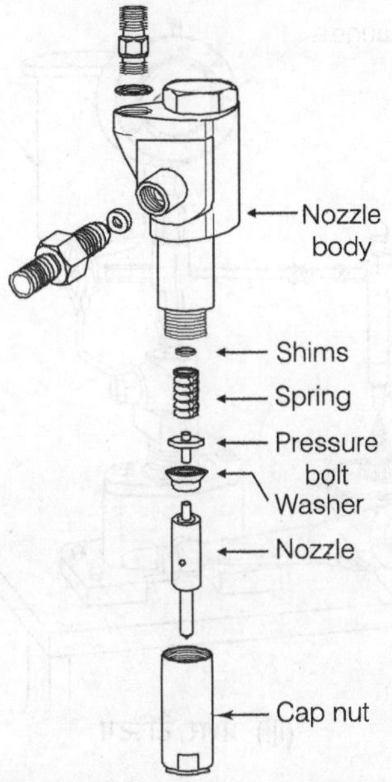

(i) नॉजिल कैप नट स्क्रू खोलना

8. नॉजिल, इण्टरमीडिएट वाशर, प्रैशर बोल्ट, स्प्रिंग तथा शिम्स को हटाते हैं।
9. सभी भागों को खोलकर स्टैण्डर्ड वर्क ट्रे में रखते हैं तथा नॉजिल को साफ करके नॉजिल नीडिल को खराब होने, खुरदुरा होने तथा घिसने हेतु चैक करते हैं।
10. नॉजिल बॉडी के खराब होने का निरीक्षण करते हैं। चित्र (ii)

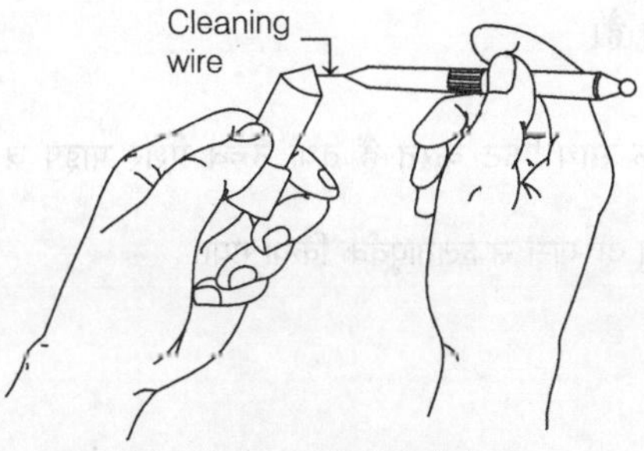

(ii) नॉजिल बॉडी निरीक्षण

11. कैप नट की आन्तरिक तथा बाह्य सतहों से जमा हुआ कार्बन हटाकर कैप नट को चैक करते हैं।
12. स्प्रिंग तथा स्प्रिंग टेन्शन को चैक करते हैं। यदि आवश्यकता हो, तो स्प्रिंग को परिवर्तित कर देते हैं।
13. बॉडी तथा नॉजिल को साफ तेल में डुबोकर पुन: साफ करते हैं।
14. नीडिल के साथ नॉजिल बॉडी में शिम्स, स्प्रिंग, प्रैशर बोल्ट, इण्टरमीडिएट वाशर व नॉजिल को रखकर नॉजिल कैप को कस देते हैं।

B. इन्जेक्टर की टैस्टिंग

1. इंजन से इन्जेक्टर को निकालते हैं।
2. प्रत्येक इन्जेक्टर का क्रम से नं. डालते हैं व बाहर से साफ करते हैं।
3. इन्जेक्टर को क्रम से इन्जेक्टर टैस्टर पर बाँधते हैं तथा कन्टेनर में टैस्ट ऑयल भरकर शट-ऑफ वाल्व नॉब को बन्द करते हैं।

4. टैस्टर का हैण्ड लीवर चलाकर प्रैशर देखते हैं, कम होने पर प्रैशर एडजस्टिंग स्क्रू को कसते हैं। चित्र (iii)

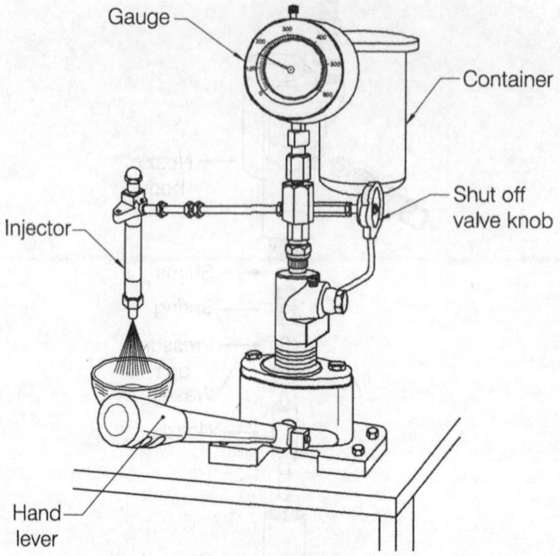

(iii) प्रैशर टैस्टिंग

5. टैस्टर का हैण्ड लीवर चलाकर लगभग 150 वायुमण्डलीय दाब बनाते हैं तथा 10 सेकेण्ड तक देखते हैं कि इन्जेक्टर (injector) से डीजल टपक तो नहीं रहा है।
6. लीक होने पर नीडिल की लैपिंग करते हैं तथा नई सीट बनाते हैं।
7. टैस्टर के हैण्डिल को तीन-चार बार चलाकर स्प्रे का रूप देखते हैं। स्प्रे एक समान होना चाहिए।
8. यदि स्प्रे नहीं होता है तो नॉजिल होल को साफ करते हैं।
9. यदि इन्जेक्टर खराब है, तो उसे तत्काल बदलते हैं।
10. इन्जेक्टर को इन्जेक्टर टैस्टर से हटाते हैं।
11. इन्जेक्टर को पुनः इंजन पर नए सीटिंग वाशर के साथ फिट करते हैं तथा उच्च प्रैशर पाइप व ओवर फ्लो पाइप को संयोजित करते हैं।

परिणाम (Result) MPFI की टैस्टिंग तथा बदलने का अभ्यास सफलतापूर्वक किया गया।

प्रैक्टिकल संख्या 68

✎ फ्यूल पम्प से डिलीवरी की जाँच करना फ्यूल फिल्टर बदलना
Check Delivery from Fuel Pump. Replacing a Fuel Filter

उद्देश्य Object

फ्यूल पम्प से डिलीवरी की जाँच करना तथा फ्यूल फिल्टर बदलने का अभ्यास करना।

***नोट** अनुदेशक के निर्देशानुसार प्रशिक्षु इस प्रयोग का अभ्यास स्वयं करें।*

प्रैक्टिकल संख्या 69

✎ फ्यूल लाइनों से एयर ब्लीड करना, प्राइमरी व सेकेण्डरी फिल्टरों की सर्विस करना
Bleed Air from the Fuel Lines, Servicing Primary and Secondary Filters

उद्देश्य Object

फ्यूल लाइनों से एयर ब्लीडिंग एवं प्राइमरी व सेकेण्डरी फिल्टरों की सर्विस करना।

आवश्यक उपकरण/सामग्री Essential Apparatus/Materials

- ट्रेनी टूल किट
- केरोसीन
- सूती कपड़ा
- मल्टीसिलेण्डर डीजल इंजन
- डीजल
- गैस्केट
- एयर कम्प्रैशर
- सोप ऑयल
- फिल्टर एलीमेण्ट

सुरक्षा सावधानियाँ/निर्देश Safety Precautions/Instructions

1. सभी भागों का सावधानी से निरीक्षण करें।
2. घिसे हुए भागों को सावधानी से साफ करें।
3. स्पर्श करने वाले भागों को घिसावट से बचाने के लिए स्नेहक लगाएँ।
4. फर्श पर तेल न गिरने दें।
5. ब्लीडिंग के बाद सभी स्क्रू भली प्रकार कस दें।
6. एयर क्लीनर को तेल से न तो अत्यधिक और न कम भरें।
7. स्क्रुओं को न अधिक टाइट और न अधिक ढीला रखें।
8. हाउसिंग को साफ करने के लिए केरोसीन या डीजल का प्रयोग करें।

कार्यविधि Working Method

A. फ्यूल लाइन से एयर ब्लीडिंग

1. ब्लीडिंग प्रारम्भ करने से पहले सभी फ्यूल लाइन कनैक्शन ज्वॉइण्ट्स तथा फ्यूल लाइन में लीकेज की जाँच करते हैं।
2. फ्यूल/दाब बनने तक हैण्ड प्रिमिंग पम्प को प्रचालित करते हैं।
3. एक या दो बार फ्यूल फिल्टर ब्लीडिंग स्क्रू को घुमाकर ढीला करते हैं जिससे ब्लीडिंग स्क्रू में होल के द्वारा एयर बाहर निकल सके।
4. ब्लीडिंग स्क्रू को पुन: कसते हैं।
5. उपरोक्त प्रक्रिया को तब तक दोहराते हैं जब तक दोनों फिल्टरों (प्राइमरी व सेकेण्डरी) में से एयर पूर्ण रूप से बाहर नहीं निकल जाती है।
6. FIP पर ब्लीडिंग स्क्रू को एक या दो बार घुमाकर ढीला करते हैं जिससे ब्लीडिंग स्क्रू से होल द्वारा एयर बाहर निकल सके।
7. ब्लीडिंग स्क्रू को पुन: कसते हैं।
8. उपरोक्त प्रक्रिया को तब तक दोहराते हैं जब तक सिस्टम से एयर पूर्ण रूप से बाहर नहीं निकल जाती है।
9. सभी कनैक्शनों तथा ब्लीडिंग स्क्रू के कसे हुए होने को सुनिश्चित करते हैं।
10. इंजन को स्टार्ट करते हैं तथा कार्यप्रणाली की जाँच करते हैं।

B. फिल्टर को खोलना एवं बदलना

1. फिल्टर से फ्यूल लाइन को अलग करते हैं।
2. ड्रेन प्लग को खोलकर फिल्टर हाउसिंग से फ्यूल, धूल एवं पानी को बाहर निकालते हैं। चित्र (i)

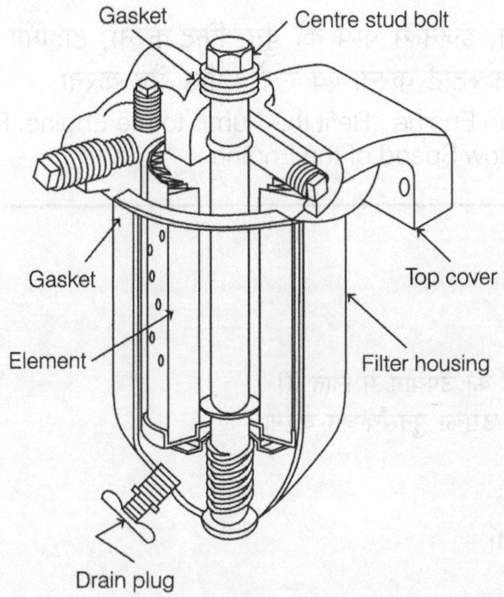

(i) फ्यूल फिल्टर बदलना

3. असेम्बली के टॉप पर से सेन्टर स्टड स्क्रू को ढीला करते हैं।
4. टॉप कवर को हटाते हैं।
5. फिल्टर हाउसिंग से उपयोग में लाए जाने वाले अवयवों को हटाते हैं।
6. फिल्टर हाउसिंग को साफ करते हैं।
7. बचे हुए फ्यूल एवं अन्य अवशेषों को साफ करते हैं।
8. सेन्टर स्टड बोल्ट पर नई गैस्केट लगाते हैं।
9. फिल्टर कवर असेम्बली में नई गैस्केट लगाते हैं।
10. फिल्टर हाउसिंग में नया फ्यूल फिल्टर अवयव लगाते हैं।
11. फिल्टर हाउसिंग में ड्रेन प्लग फिट करते हैं।
12. फिल्टर हाउसिंग में डीजल फ्यूल भरते हैं।
13. कवर के साथ हाउसिंग को असेम्बल करते हैं तथा सेन्टर बोल्ट को कसते हैं।
14. फ्यूल फिल्टर के साथ फ्यूल होज को संयोजित करते हैं।

परिणाम (Result) फ्यूल लाइनों से एयर ब्लीडिंग एवं प्राइमरी व सेकेण्डरी फिल्टरों की सर्विस सफलतापूर्वक की गई।

प्रैक्टिकल संख्या 70

एक इंजन से फ्यूल इन्जेक्शन पम्प हटाना, इंजन में पम्प को पुन: फिट करना, टाइमिंग पुन: सैट करना, स्नेहक तेल भरना, इंजन स्टार्ट करना एवं स्लो स्पीड सैट करना
Remove a Fuel Injection Pump from an Engine , Refit the Pump to the Engine, Re-set Timing, Fill lubricating Oil , Start and Adjust Slow Speed of the Engine

---

उद्देश्य Object

उपरोक्त प्रक्रम को पूर्ण करने के लिए निम्न चरणों को उपयोग में लाते हैं।

- इंजन से फ्यूल इन्जेक्शन पम्प को हटाना एवं उसका पुनर्संयोजन करना।
- टाइमिंग की पुन: सैटिंग करना।
- स्नेहक तेल भरना।
- इंजन को स्टार्ट करके न्यूनतम गति सैट करना।

आवश्यक उपकरण/सामग्री Essential Apparatus/Materials

- डीजल
- ब्रुश
- मल्टी सिलेण्डर डीजल इंजन
- पेंचकस
- डीजल
- स्वान नैक पाइप
- स्वच्छ कपड़ा
- वायु सम्पीडक
- मोबिल ऑयल (स्नेहक)
- ऑयल बाथ
- सोप ऑयल
- रिंग स्पैनर सैट
- ट्रेनी टूल किट
- डी. ई. स्पैनर सैट
- मिट्टी का तेल
- नया गैस्केट

सुरक्षा सावधानियाँ/निर्देश Safety Precautions/Instructions

1. सभी बैरलों के भागों को आपस में मिलने न दें।
2. खराब भागों की रिपोर्ट तैयार करें।
3. पिस्टन का कम्प्रैशन स्ट्रोक में टी.डी.सी. पर आना आवश्यक है।
4. प्रत्येक पम्प पर स्पिलकट ऑफ पाइप से डीजल सप्लाई अवश्य चैक करें।
5. लीक के लिए वैक्यूम लाइन तथा यूनियन चैक करें।
6. फर्श पर स्नेहक को न गिरने दें अन्यथा फर्श चिकना होकर दुर्घटना का कारण बन सकता है।
7. कीप का प्रयोग करने से पूर्व इसे अच्छी तरह साफ कर लें तथा इंजन में स्नेहक के दिए तल के अनुसार ही इंजन में स्नेहक को भरें।

कार्यविधि Working Method

A. इंजन से फ्यूल इन्जेक्शन पम्प को हटाना एवं पुन:संयोजित करना

1. सर्वप्रथम फ्यूल इन्जेक्शन पम्प (FIP) के एक्सेलेरेटर लीकेज संयोजनों को विसंयोजित करते हैं।
2. FIP डिलीवरी वाल्व होल्डर से इन्जेक्टर की उच्च दाब लाइन को विसंयोजित करते हैं।
3. FIP मुख्य गैलरी फ्यूल संयोजनों को विसंयोजित करते हैं।
4. फ्यूल फीड पम्प के फ्यूल लाइन संयोजनों को विसंयोजित करते हैं।
5. इंजन से FIP माउण्टिंग बोल्टों को विसंयोजित करते हैं।

6. इंजन से FIP को हटाते हैं तथा उसे कार्य बेंच पर एक ट्रे में रख देते हैं।
7. क्लीनिंग सोलवेन्ट तथा उपकरणों द्वारा FIP को साफ करते हैं।
8. डिलीवरी वाल्व व सीट कण्ट्रोल रैक के दाँते, डायफ्राम आदि चैक करते हैं।
9. विपरीत क्रम से सभी भागों को फिट करते हैं।
10. इन्जेक्टर (injector) पम्प को उसकी फाउण्डेशन पर रखकर हाथ से उसके बोल्ट कसते हैं।

B. फ्यूल इन्जेक्शन पम्प की टाइमिंग की पुन: सैटिंग करना

1. टाइमिंग की सैटिंग करने के लिए FIP को इंजन से कपल करने से पूर्व इंजन के पिस्टन नम्बर 1 सिलेण्डर को इन्जेक्शन पिनियन पर TDC (Top Dead Centre) से पहले लाते हैं।
2. इंजन टाइमिंग मार्क्स का संरेखन करते हैं। चित्र (i)

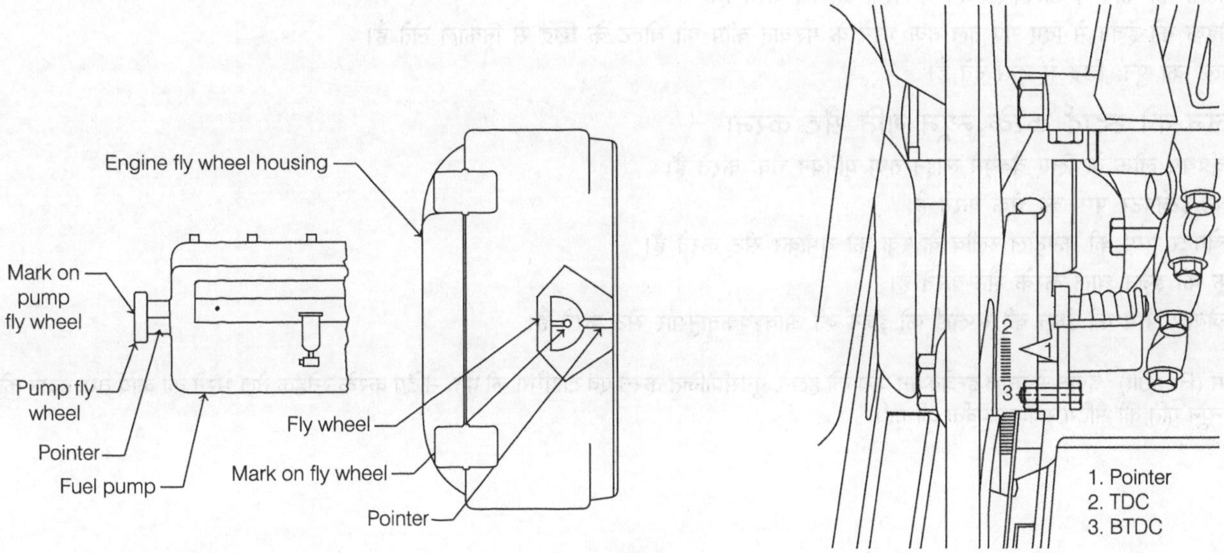

(i) इंजन टाइमिंग मार्क्स

3. TDC/BDC (इन्जेक्शन मार्क्स) का प्रेक्षण करके फ्लाईव्हील में, V-ब्लॉक पुली पर या वाइब्रेशन डैम्पर पर एक प्वॉइण्टर बनाते हैं।
4. इंजन को फ्लाईव्हील/वाइब्रेशन डैम्पर (पिनियन के साथ) पर, फ्लाईव्हील हाउसिंग पर या टाइमिंग गियर हाउसिंग पर इन्जेक्शन मार्क्स तक क्रैंक कराते हैं।

नोट *जब ये मार्क्स संरेखित हो जाते हैं तो पिस्टन 23° BDC पर खड़ा हो जाता है।*

5. FIP को इंजन के साथ कपल करने हेतु तैयार करते हैं।
6. ड्राइव एण्ड के अगले प्लंजर को सही दिशा तथा घूर्णन के लिए डिलीवरी की कमेन्समेन्ट (commencement) को भेजते हैं।
7. FIP तथा शाफ्ट पर टाइमिंग मार्क्स का प्रेक्षण करते हैं।
8. पम्प क्रैंकशाफ्ट को घुमाकर, मार्क की गई लाइनों R या L (पम्प शाफ्ट के घूर्णन पर निर्भर) पर मार्क्स का संरेखन करते हैं। चित्र (ii)

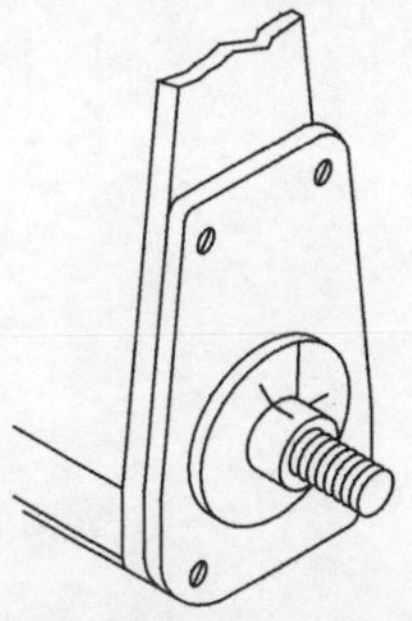

(ii) मार्क्स का संरेखन

9. पम्प शाफ्ट के टेपर एण्ड पर 'वुडरफ-की' को फिट करते हैं
10. मैलेट की सहायता से शाफ्ट तथा टैप पर नॉन-एड्जस्टेबिल पम्प साइड से आधी कपलिंग को दबाते हैं।
11. प्रेक्षण करते हैं कि कपलिंग बेस पर मार्क की गई लाइन पम्प हाउसिंग पर *R* या *L* मार्क से संरेखित है अथवा नहीं।
12. नट में शाफ्ट स्क्रू के टेपर सिरे पर स्प्रिंग वाशर को फिक्स करते हैं तथा विशिष्टिकृत टॉर्क मान तक नट को कसते हैं। इसके लिए उपयुक्त आकार के स्पैनर तथा टॉमी बार का प्रयोग करते हैं।

C. स्नेहक तेल भरना

1. सर्वप्रथम इंजन में ऑयल सम्प के ऊपरी हिस्से में लगे स्नेहक भरने वाले बोल्ट को खोलते हैं।
2. बोल्ट के छिद्र में कीप को फिट करते हैं।
3. स्नेहक को कीप में डालकर इंजन में भरना आरम्भ करते हैं।
4. स्नेहक को इंजन में दिए गए तल तक भरने के पश्चात् कीप को बोल्ट के छिद्र से निकाल लेते हैं।
5. बोल्ट को पुनः छिद्र में कस देते हैं।

D. इंजन को स्टार्ट करके न्यून गति सैट करना

1. सर्वप्रथम लीक के लिए वैक्यूम लाइन तथा यूनियन चैक करते हैं।
2. ईंधन इन्जेक्टर पम्प को चैक करते हैं।
3. इन्जेक्टर पम्प की कण्ट्रोल स्लीव के स्क्रू को घुमाकर सैट करते हैं।
4. स्क्रू को इंजन चालू करके सैट करते हैं।
5. इन्जेक्टर पम्प की ईंधन की सप्लाई को इंजन की आवश्यकतानुसार सैट करते हैं।

परिणाम (Result) इंजन से फ्यूल इन्जेक्शन पम्प को हटाने, पुनर्संयोजित करने एवं टाइमिंग की पुनः सैटिंग करके स्नेहक तेल भरने का कार्य तथा इंजन को स्टार्ट करके न्यून गति की सैटिंग सफलतापूर्वक की गई।

प्रैक्टिकल संख्या 71

✎ इंजन के सभी भागों का सही क्रम में पुनर्संयोजन करना एवं कार्यशाला मैनुअल के अनुसार इंजन के बोल्टों व नटों को कसना

Reassembling All Parts of Engine in Correct Sequence and Torque All Bolts and Nuts as per Workshop Manual of the Engine

---

उद्देश्य Object

इंजन के समस्त भागों का सही क्रम में पुनर्संयोजन करना तथा कार्यशाला मैनुअल के अनुसार इंजन के नटों एवं बोल्टों को पूर्ण क्षमता स्तर तक कसना।

आवश्यक उपकरण/सामग्री Essential Apparatus/Materials

- ट्रेनी टूल किट
- बॉक्स स्पैनर सैट
- जिब क्रेन/इंजन हॉएस्ट
- कैरोसीन
- टॉर्क रिंच
- फीलर गेज
- ट्रे
- सोप ऑयल
- रिंग एक्सपैण्डर
- मल्टी सिलेण्डर डीजल इंजन
- सूती कपड़ा
- लुब्रिकेण्ट ऑयल

सुरक्षा सावधानियाँ/निर्देश Safety Precautions/Instructions

1. सभी प्रयुक्त गैस्केटों को बदल दें।
2. सिलेण्डर हैड फिट करते समय ऑयल फीड लाइन खराब न हो।
3. सभी वाल्वों को उनके खोलने के क्रम में ही फिट करें।
4. इंजन फायरिंग ऑर्डर को याद रखें।
5. डिस्ट्रीब्यूटर कैप में लीड की स्थिति को याद रखें।
6. स्पैनर पर ग्रीस व ऑयल न लगा हो अन्यथा वह फिसलकर शारीरिक क्षति पहुँचा सकता है।
7. नट व बोल्टों को टाइट करने से पहले भली प्रकार साफ कर लें।
8. नट व बोल्टों को अधिक कसने का प्रयास न करें।

कार्यविधि Working Method

A. क्रैंकशाफ्ट तथा कैमशाफ्ट का पुनर्संयोजन

1. सिलेण्डर ब्लॉक में मुख्य ऑयल गैलरी को साफ करते हैं।
2. सिलेण्डर ब्लॉक को स्टैण्ड पर उल्टा रखते हैं।
3. यदि आवश्यक हो, तो वाटर जैकेट्स को साफ करते हैं।
4. सिलेण्डर ब्लॉक के मुख्य बोर तथा बियरिंग कैप में बियरिंग शैल को फिट करते हैं। यह सुनिश्चित करते हैं कि बियरिंग की नॉच अपनी स्थिति में सही प्रकार बैठ गई है तथा बियरिंग शैल के ऑयल होल व सिलेण्डर ब्लॉक संरेखन (alignment) में हैं।
5. बियरिंग शैल पर लुब्रिकेण्ट ऑयल लगाते हैं।
6. क्रैंकशाफ्ट को रखते हैं।
7. थ्रस्ट वाशर को उसकी स्थिति में रखते हैं।
8. बियरिंग कैप को फिट करते हैं तथा यह सुनिश्चित करते हैं कि मार्क्स पूर्णतः मैच हैं। कैप को दिए गए क्रम में आवश्यक टॉर्क तक कसते हैं।
9. प्रत्येक कैप को कसने के पश्चात् क्रैंकशाफ्ट के मुक्त घूर्णन की जाँच करते हैं।

10. क्रैंकशाफ्ट के एण्ड प्ले (end play) की जाँच करते हैं। यदि यह निर्धारित सीमा मे नहीं है, तो थ्रस्ट वाशर को बदलकर निर्धारित सीमा की एण्ड प्ले प्राप्त करते हैं। कैप बोल्ट को लॉक करते हैं।
11. टाइमिंग बैक प्लेट को फिट करते हैं तथा बोल्ट को लॉक करते हैं।
12. कैमशाफ्ट बुशों को फिट करते हैं तथा यह सुनिश्चित करते हैं कि बुश तथा ब्लॉक के ऑयल होल संरेखन में हैं। चित्र (i)

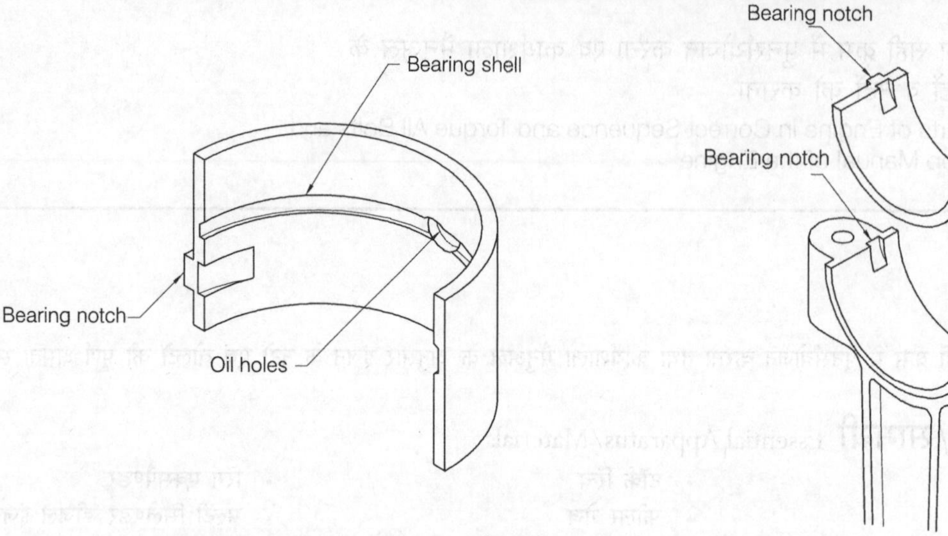

(i) कैमशाफ्ट बुश

13. कैमशाफ्ट को इसकी सही स्थिति में प्रवेश कराते हैं।
14. कैमशाफ्ट थ्रस्ट प्लेट के बोल्ट को कसते हैं।
15. कैमशाफ्ट एण्ड प्ले की जाँच करते हैं तथा शिम्स के साथ एडजस्ट करके लॉक करते हैं। एण्ड प्ले को घटाने के लिए शिम्स को बढ़ाते हैं।
16. फ्लाई व्हील हाउसिंग को फिट करते हैं तथा बोल्टों को कसकर लॉक करते हैं।
17. रिटेनर में रियर ऑयल सील को दबाते हैं तथा क्रैंकशाफ्ट पर समान रूप से फिट करते हैं।
18. क्रैंकशाफ्ट के मुक्त घूर्णन की जाँच करते हैं।
19. फ्लाईव्हील को इसकी स्थिति में फिट करते हैं तथा आवश्यक टार्क तक माउण्टिंग बोल्ट तक कसते हैं। चित्र (ii)

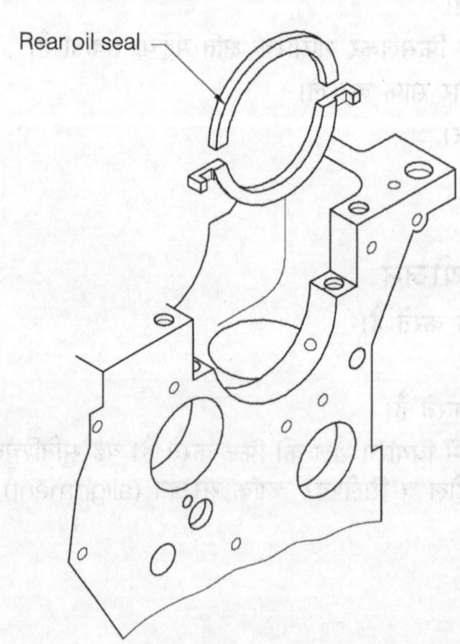

(ii) रियर ऑयल रिंग एवं माउण्टिंग बोल्ट लगाना

B. इंजन में पिस्टन तथा कनैक्टिंग रॉड को असेम्बल करना।

1. इंजन ब्लॉक को झुकाते हैं तथा सिलेण्डर बोर में स्नेहक डालते हैं।
2. निर्माता द्वारा दिए गए निर्देशों के अनुसार पिस्टन रिंग का विचलन (stagger) करते हैं। सिलेण्डर में पिस्टन को तब तक दबाते हैं जब तक पिस्टन की निचली रिंग सिलेण्डर ब्लॉक के शीर्ष को स्पर्श न करने लगे।
3. यह सुनिश्चित करते है कि, पिस्टन, सिलेण्डर में निर्माता द्वारा विनिर्दिष्ट दिशा में बैठ गया है।
4. सम्बन्धित क्रैंक पिन को TDC (Top Dead Centre) पर लाते हैं।
5. पिस्टन रिंगों को रिंग कम्प्रेशर द्वारा कम्प्रैस्ड करते हैं।
6. पिस्टन को लकड़ी के ब्लॉक से तब तक दबाते हैं तब तक कनैक्टिंग रॉड, क्रैंक पिन में न बैठ जाए।
7. पिस्टन को दबाते हैं तथा साथ ही साथ क्रैंकशाफ्ट को घुमाते रहते हैं और तब तक घुमाते हैं जब तक यह BDC (Bottom Dead Centre) पर न पहुँच जाए। ध्यान रखते हैं कि कनैक्टिंग रॉड क्रैंकशाफ्ट के घूर्णन के दौरान क्रैंकशाफ्ट से बाहर न निकले।
8. कनैक्टिंग रॉड बियरिंग कैप को निचली बियरिंग शैल के साथ फिट करते हैं। बियरिंग कैप बोल्ट/नट को निर्धारित टॉर्क तक कसते हैं।
9. क्रैंकशाफ्ट को घुमाते हैं तथा इसके मुक्त घूर्णन की जाँच करते हैं। उपरोक्त क्रियाविधि को सभी शेष बचे पिस्टनों की फिटिंग के लिए दोहराते हैं।
10. ऑयल पम्प को फिट करते हैं तथा कैमशाफ्ट के साथ ऑयल पम्प शाफ्ट के मुक्त घूर्णन की जाँच करते हैं।
11. ऑयल पम्प से स्ट्रेनर को संयोजित करते हैं तथा पैकिंग के साथ ऑयल सम्प को फिट करते हैं।
12. इंजन को ऊर्ध्वाधर रूप में रखते हैं तथा स्टैण्ड पर ठीक प्रकार से माउण्ट करते हैं।
13. कैमशाफ्ट गियर को फिट करते हैं तथा इसके टाइमिंग मार्क्स को टाइमिंग बैक प्लेट पर लगे मार्क्स/प्वॉइण्टर के साथ मिलान कराते हैं। साथ ही फ्लाई व्हील के TDC मार्क्स $\left(\frac{1}{6} \text{ या } \frac{1}{4}\right)$ को भी फ्लाई व्हील हाउसिंग के प्वॉइण्ट से मिलाते हैं।
14. आइडलर गियर को फिट करते हैं तथा इसके बोल्ट कसते हैं।
15. टाइमिंग केस के ऑयल को बदलते हैं तथा टाइमिंग केस फिट करते हैं।
16. फ्लाईव्हील को लकड़ी के ब्लॉक या विशेष औजार द्वारा लॉक करते हैं।
17. डैम्पर पुली फिट करते हैं तथा डैम्पर पुली बोल्ट को निर्धारित टॉर्क तक कसते हैं। चित्र (iii)

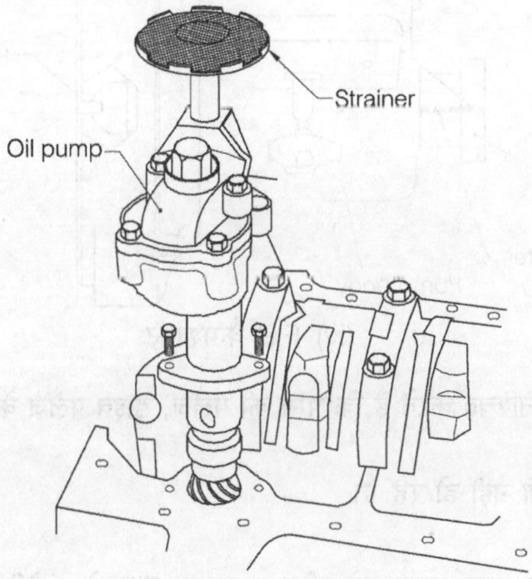

(iii) डैम्पर पुली फिटिंग

C. सिलेण्डर हैड असेम्बली तथा रॉकर आर्म असेम्बली की फिटिंग

1. सिलेण्डर हैड सतह की टाइटनैस की जाँच करते हैं तथा यदि स्टड ढीले हो, तो इन्हें निर्धारित टॉर्क तक कसते हैं।
2. सिलेण्डर हैड तथा इंजन ब्लॉक की सतह को साफ करते हैं।
3. सिलेण्डर हैड गैस्केट को सिलेण्डर ब्लॉक पर रखते हैं।
4. सुनिश्चित करते हैं कि गैस्केट के फेस पर अंकित मार्क्स ऊपर की ओर हैं।
5. सिलेण्डर ब्लॉक पर सिलेण्डर हैड को सावधानीपूर्वक रखते हैं।

6. सुनिश्चित करते हैं कि स्टड खराब नहीं हुए हैं।
7. सिलेण्डर हैड के नटों को क्रमानुसार निर्धारित टॉर्क तक कसते हैं।
8. टैपेट बोर में टैपेट रखते हैं।
9. पुश रॉड को पुश रॉड होल में रखते हैं।
10. सिलेण्डर हैड पर रॉकर आर्म असेम्बली को रखते हैं तथा यह सुनिश्चित करते हैं कि रॉकर आर्म का ब्रैकेट, स्टड को हिट नहीं कर रहा है।
11. रॉकर लीवर की बॉल पिन को ढ़ीला करते हैं।
12. रॉकर आर्म माउण्टिंग के बोल्टों को निर्धारित टॉर्क तक कसते हैं।
13. नया इंजेक्टर वाशर लगाते हैं।
14. इंजेक्टर को फिट करते हैं तथा निर्धारित टॉर्क तक कसते हैं।
15. इनलैट तथा एग्जॉस्ट फ्लैंज पर नया गैस्केट लगाते हैं।
16. इनलैट तथा एग्जॉस्ट मैनीफोल्ड को फिट करते हैं तथा माउण्टिंग नटों को निर्धारित टॉर्क तक कसते हैं।

D. फ्यूल इंजेक्शन पम्प, फ्यूल फिल्टर असेम्बली, ऑयल फिल्टर, वाटर पम्प, एयर क्लीनर, एयर स्टार्टर मोटर तथा डायनमो/आल्टरनेटर की फिटिंग

1. फ्लाईव्हील को घुमाते हैं तथा इसके TDC के चिह्नों $\left(\frac{1}{4} \text{ या } \frac{1}{6}\right)$ को फ्लाईव्हील हाउसिंग के प्वॉइण्टर से मिलाते हैं। चित्र (iv)
2. सुनिश्चित करते हैं कि प्रथम सिलेण्डर की दोनों पुश रॉड को हाथ से घुमाने पर प्रथम सिलेण्डर कम्प्रैशन स्ट्रोक में आ जाता है। कम्प्रैशन स्ट्रोक में दोनों पुश रॉड घूमने लगेंगी। यदि फ्लाईव्हील के एक पूर्ण चक्कर घूमने पर दोनों पुश रॉड घूर्णन नहीं करती है, तो फ्लाईव्हील के TDC के चिह्नों को पुनः फ्लाईव्हील हाउसिंग के प्वॉइण्टर से मिलाते हैं।
3. FIP कैमशाफ्ट को तब तक घुमाते हैं जब तक फ्लाईव्हील के चिह्न, पम्प बॉडी पर प्वॉइण्टर के साथ एक रेखा में नहीं आ जाते हैं। चित्र (iv)

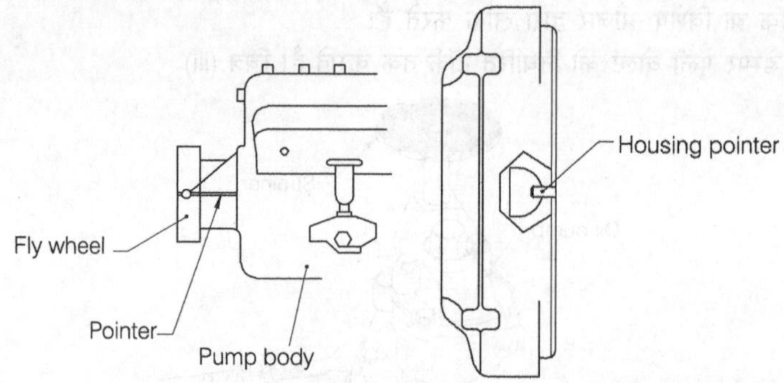

(iv) FIP कैमशाफ्ट

4. इसी समय ब्रैकेट पर पम्प को फिट करते हैं। सुनिश्चित करते हैं कि पम्प की फ्लैंज, ड्राइव फ्लैंज के अन्दर हैं। रेडिएटर को उपयुक्त माउण्टिंग्स के साथ माउण्ट करते हैं।
5. सुनिश्चित करते हैं कि टाइमिंग मार्क डिस्टर्ब तो नहीं हो रहे हैं।
6. बोल्टों को फिट करते हैं तथा कसते हैं।
7. फ्यूल फिल्टर असेम्बली को फिट करते हैं तथा फ्यूल लाइन को फीड पम्प तथा FIP से संयोजित करते हैं।
8. उच्च दाब लाइन को संयोजित करते हैं तथा क्लैम्पों को फिट करते हैं।
9. ओवरफ्लो लाइनों को फिट करते हैं।
10. ऑयल फिल्टर असेम्बली को फिट करते हैं तथा ऑयल पाइप से जोड़ते हैं। वाटर पम्प बॉडी पर गैस्केट लगाते हैं।
11. वाटर पम्प तथा फैन की पंखुड़ियों को फिट करते हैं। रेडिएटर को उपयुक्त माउण्टिंग्स के साथ फिट करते हैं।
12. सैल्फ स्टार्टर मोटर, डायनमों/अल्टरनेटर, फैन बैल्ट तथा एयर क्लीनर असेम्बली को क्रमानुसार फिट करते हैं।

E. टैपेट क्लीयरैन्स को एडजस्ट करना

1. क्रैंकशाफ्ट को क्लॉकवाइज दिशा में घुमाते हैं तथा फ्लाईव्हील के TDC के चिह्नों $\left(\frac{1}{6} \text{ या } \frac{1}{6}\right)$ को फ्लाईव्हील हाउसिंग के प्वॉइण्टर से मिलाते हैं तथा सुनिश्चित करते हैं कि प्रथम सिलेण्डर कम्प्रैशन स्ट्रोक में है।
2. लॉक नट पर रिंग स्पैनर रखते हैं।
3. वाल्व स्टेम तथा रॉकर टिप के मध्य उपयुक्त मोटाई का फीलर गेज रखते हैं।
4. पेंचकस द्वारा एडजस्टिंग स्क्रू को टाइट करते हैं तथा इसी समय फीलर गेज को इधर-उधर चलाते हैं।

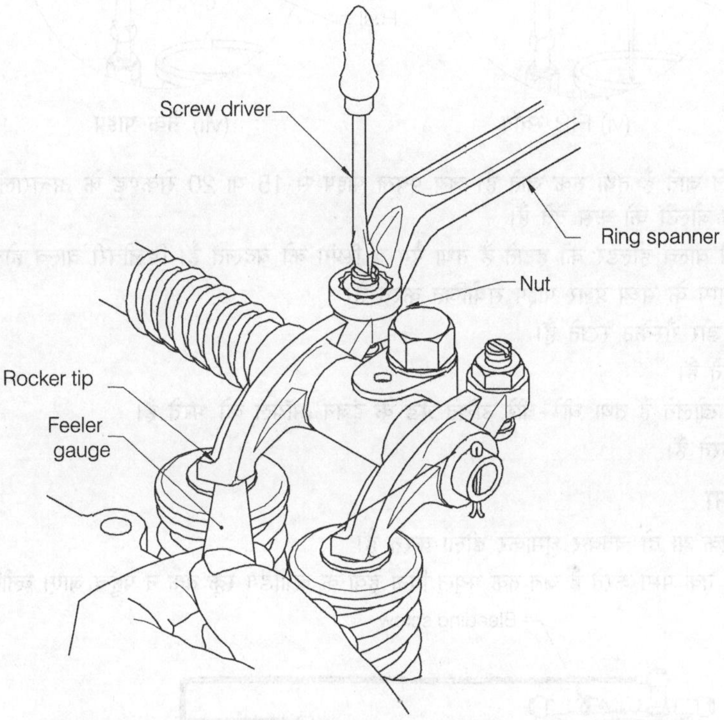

(v) टैपेट क्लीयरैन्स एडजस्टमेन्ट

5. जब एडजस्टिंग स्क्रू लोड के साथ घूमने लगता है, तो इसे कसना बन्द कर देते हैं परन्तु ध्यान रखते हैं कि यह जाम न हो।
6. पुश रॉड को घुमाते हैं। पुश रॉड, स्लाइड लोड के साथ भी घूमना चाहिए परन्तु जाम नहीं होनी चाहिए।
7. एडजस्टिंग स्क्रू को, पेंचकस द्वारा पकड़ते हैं तथा रिंग स्पैनर द्वारा लॉक नट को कसते हैं। चित्र (v)
8. सुनिश्चित करते हैं कि एडजस्टिंग स्क्रू, लॉक नट को कसते समय नहीं घूमता है।
9. पुश रॉड तथा फीलर गेज की पत्तियों की गति की जाँच करते हैं।
10. फायरिंग ऑर्डर के अनुसार, शेष सिलेण्डर के लिए टैपेट क्लीयरैन्स को एडजस्ट करने के लिए उपरोक्त चरणों को दोहराते हैं।
11. फ्लाईव्हील को क्लॉक वाइज दिशा में घुमाते हैं तथा फ्लाईव्हील के चिह्नों को फ्लाईव्हील हाउसिंग के प्वॉइण्टर से मिलाते हैं।
12. FIP कैमशाफ्ट को तब तक घुमाते हैं जब तक फ्लाईव्हील के चिह्न, FIP फ्लैंज के प्वॉइण्टर के साथ एक लाइन में न आ जाएँ।
13. FIP फ्लैंज बोल्ट को कसते हैं।

F. इंजेक्शन टाइमिंग की चैकिंग

1. FIP फ्लैंज के बोल्ट को ढीला करते हैं।
2. प्रथम डिलीवरी वाल्व होल्डर को खोलते हैं तथा वाल्व पैग एवं स्प्रिंग को हटाते हैं।
3. डिलीवरी वाल्व होल्डर को फिट करते हैं।
4. प्रथम डिलीवरी वाल्व होल्डर पर स्वान नैक पाइप फिट करते हैं। चित्र (vi)
5. FIP की फ्यूल गैलरी को ऊँचाई पर स्थित फ्यूल कण्टेनर से संयोजित करते हैं।
6. FIP को इंजन की ओर तब तक चलाते हैं जब तक फ्यूल, स्वान नैक पाइप से प्रवाहित न होने लगे। चित्र (vii)

7. अब FIP को इंजन से तब तक दूर ले जाते हैं जब तक फ्यूल पाइप से प्रवाहित होना बन्द न हो जाए।

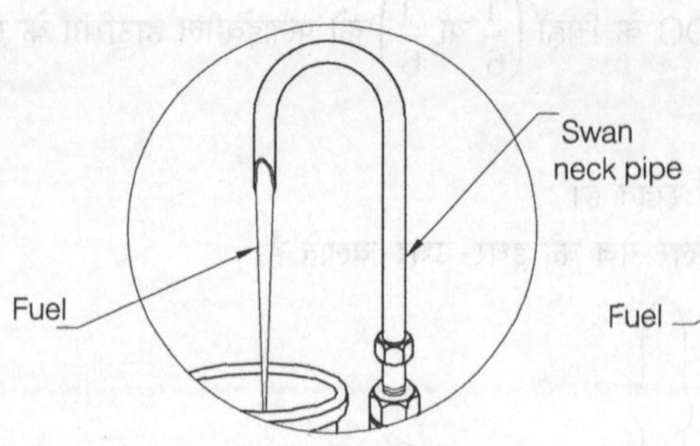

(vi) FIP स्वॉन

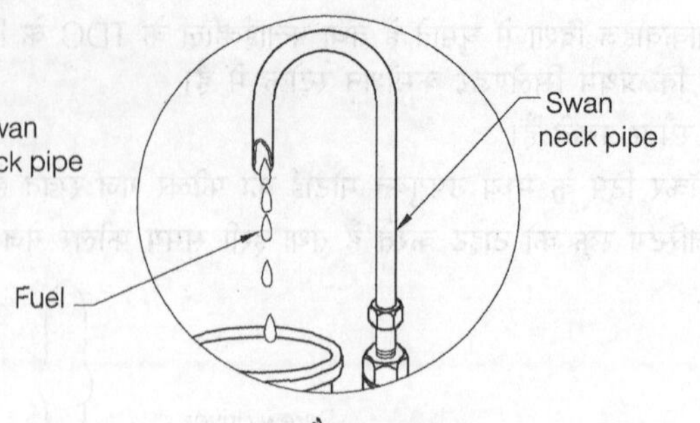

(vii) नैक पाइप

8. पुनः FIP को इंजन की ओर ले जाते हैं तथा रुक जाते हैं। जब फ्यूल पाइप से 15 या 20 सेकण्ड के अन्तराल पर बूँद के रूप में टपकना प्रारम्भ कर देता है, तो FIP फ्लैंज के बोल्टों को कस देते हैं।
9. स्वान नैक पाइप तथा डिलीवरी वाल्व होल्डर को हटाते हैं तथा पैग व स्प्रिंग को बदलते हैं। डिलीवरी वाल्व होल्डर को फिट करते हैं।
10. इंजेक्टर तथा फ्यूल इंजेक्शन पम्प के मध्य प्रैशर पाइप संयोजित करते हैं।
11. सिलेण्डर हैड के ऊपर वाल्व डोर गैस्केट रखते हैं।
12. वाल्व डोर कवर को फिट करते हैं।
13. ऑयल फिलिंग कैप/फ्लैप को खोलते हैं तथा धीरे-धीरे उचित ग्रेड के इंजन ऑयल को भरते हैं।
14. फिलिंग कैप/फ्लैप को बन्द करते हैं।

G. फ्यूल सिस्टम का रिसना

1. फिल्टर के ब्लीडिंग स्क्रू को एक या दो चक्कर घुमाकर ढीला करते हैं।
2. हैण्ड प्राइमर द्वारा फ्यूल को तब तक पम्प करते हैं जब तक फ्यूल बिना हवा के ब्लीडिंग स्क्रू तक न पहुँच जाए। ब्लीडिंग स्क्रू को कसते हैं। चित्र (viii)

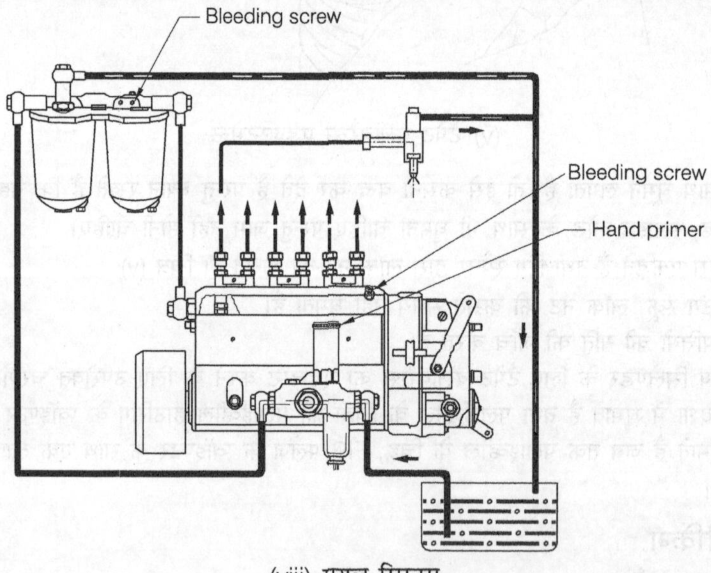

(viii) फ्यूल सिस्टम

3. इंजन को स्टार्ट करते हैं तथा जाँच करते हैं।

परिणाम (Result) इंजन के समस्त भागों का सही क्रम में पुनर्संयोजन करने तथा कार्यशाला मैनुअल के अनुसार इंजन के नटों एवं बोल्टों को पूर्ण क्षमता स्तर तक कसने का अभ्यास सफलतापूर्वक किया गया।

प्रैक्टिकल संख्या 72

✎ इंजन अवयवों की असेम्बली प्रक्रियाएँ करना–सिलेण्डर कम्प्रेशन का परीक्षण करना, आइडल गति जाँचना, कैम बैल्ट हटाना व बदलना, इंजन ड्राइव बैल्ट जाँचना एवं समायोजित करना, इंजन ड्रॉइव बैल्ट बदलना
Perform Engine Component Assembly Procedures-Testing Cylinder Compresssion, Checking Idle Speed, Removing & Replacing a Cam Belt, Inspecting & Adjusting an Engine Drive Belt, Replacing an Engine Drive Belt

72.1

इंजन के सिलेण्डर कम्प्रेशन का परीक्षण
Testing of Cylinder Compression of Engine

उद्देश्य Object

इंजन के सिलेण्डर कम्प्रेशन का परीक्षण करना एवं आदर्श चाल की जाँच करना।

आवश्यक उपकरण/सामग्री Essential Apparatus/Materials

- ट्रेनी टूल किट
- ट्रे
- सोप ऑयल
- कम्प्रैशन गेज
- कॉटन क्लॉथ
- लुब्रिकेन्ट ऑयल
- मल्टी सिलेण्डर डीजल इंजन
- कैरोसीन
- डीजल

सुरक्षा सावधानियाँ/निर्देश Safety Precautions/Instructions

1. इंजन के सभी अवयवों की कार्यप्रणाली से अवगत हो लें।
2. इंजन के स्टार्ट होने पर स्टार्टर स्विच को दोबारा न दबाएँ।
3. यदि इंजन स्टार्ट नहीं हो रहा है, तो स्टार्टर स्विच को 10 सेकण्ड से अधिक न दबाएँ रखें।
4. कम्प्रैशन गेज का सावधानीपूर्वक प्रयोग करें।

कार्यविधि Working Method

1. रेडिएटर के जल स्तर की जाँच करते हैं तथा आवश्यकता होने पर इसे भरते हैं।
2. इन्स्टूमेन्ट पैनल पर व्यवस्थित अमीटर का अवलोकन करते हैं। मीटर का इण्डीकेटर, मीटर की डिस्चार्ज साइड (निगेटिव साइड) पर थोड़ा-सा दिखाई देता है। इग्नीशन बल्ब लाल प्रकाश के साथ जलने लगता है तथा साथ ही ऑयल प्रैशर इण्डीकेटर भी जलने लगता है। चित्र (i)

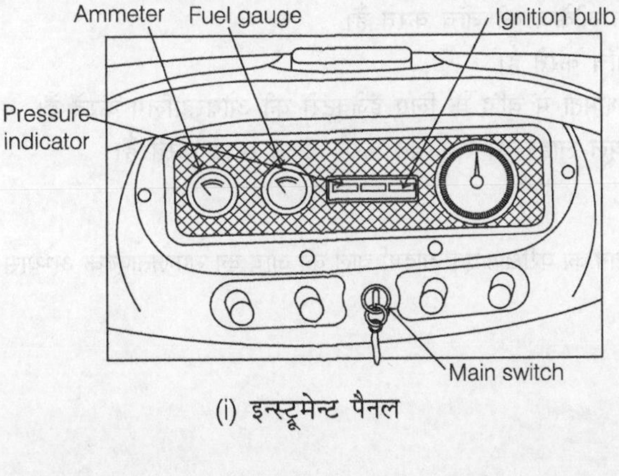

(i) इन्स्टूमेन्ट पैनल

3. बैट्री में इलेक्ट्रोलाइट (electrolyte) की जाँच करते हैं तथा आवश्यकता होने पर बैट्री में डिस्टिल वाटर डालते हैं।
4. मुख्य स्विच में 'की' (key) प्रवेश कराते हैं तथा पूर्णतः दबाकर 'की' को 'ऑन' स्थिति की ओर घुमाते हैं।
5. इंजन ऑयल के स्तर की जाँच करते हैं तथा आवश्यकता होने पर इसे भरते हैं।
6. फ्यूल गेज का अवलोकन करते हैं। इण्डीकेटर, फ्यूल टैंक में फ्यूल की मात्रा को दर्शाता है। फ्यूल टैंक में फ्यूल की मात्रा को नोट करते हैं।
7. एक्सेलेरेटर लीवर को पूर्णतः दबाते हैं।
8. स्टार्टर बटन को दबाते हैं या 'की' को घुमाते हैं तथा इंजन के स्टार्ट होने पर स्टार्टर बटन या 'की' को छोड़ते हैं।
9. इंजन के स्टार्ट होने पर इंजन के RPM को धीरे-धीरे बढ़ाते हैं तथा इंजन को गर्म होने देते हैं।
10. अमीटर का अवलोकन करते हैं। अमीटर का इण्डीकेटर, पॉजिटिव साइड में होने पर बैट्री की चार्जिंग को दर्शाता है।
11. ऑयल प्रैशर इण्डीकेटर का अवलोकन करते हैं।
12. टेम्प्रेचर गेज पर जल के तापमान को नोट करते हैं।
13. ऑयल का दाब नोट करते हैं।
14. प्राप्त प्रेक्षणों की, निर्माता के मैनुअल से तुलना करते हैं।
15. एक्सेलेरेटर को फुल थ्रोटल तक लगातार दबाते हैं तथा निकास धुएँ (exhaust smoke) का अवलोकन करते हैं तथा धुएँ के रंग (सफेद या काला या नीला) को नोट करते हैं।
16. इंजन को आदर्श गति पर कुछ मिनट तक चलाते हैं जब तक यह प्रचालन तापमान पर न पहुँच जाए।
17. इंजेक्टर के एक या दो टर्न को ढीला करते हैं तथा इंजेक्टर के चारों ओर कार्बन व धूल के ब्लो-ऑफ (blow-off) के लिए इंजन को क्रैंक करते हैं।
19. सभी इंजेक्टर्स को अलग करते हैं।

शुष्कता परीक्षण

1. कम्प्रैशर गेज को पहले सिलेण्डर में लगाते हैं।
2. एक्सेलेरेटर लीवर को दबाते हैं।
3. इंजन को स्टार्टर मोटर के साथ संयोजित करते हैं तथा गेज पर उच्चतम दाब का मापन करते हैं।
4. दाब को नोट करते हैं तथा गेज से दाब को छोड़ते हैं।
5. उपरोक्त क्रियाविधि को शेष सिलेण्डरों के लिए दोहराते हैं तथा दाब के मान को नोट करते हैं।

आर्द्रता परीक्षण

1. पहले सिलेण्डर में इंजन ऑयल की 10 ml मात्रा डालते हैं।
2. ऑयल को पिस्टन तथा पिस्टन रिंग के चारों ओर सर्कुलेट करने के लिए इंजन को घुमाते हैं।
3. कम्प्रैशन गेज द्वारा दाब का मापन करते हैं तथा दाब के मान को नोट करते हैं।
4. उपरोक्त क्रियाविधि को अन्य सिलेण्डरों के लिए दोहराते हैं।
5. शुष्क तथा नमी परीक्षण में लिए गए प्रेक्षणों के मध्य अन्तर ज्ञात करते हैं।
6. सभी इंजेक्टरों को पुनः इंजन में लगाते हैं।
7. फ्यूल पाइप को लगाते हैं तथा इसमें फ्यूल प्रवाहित करते हैं।
8. इंजन को स्टार्ट करते हैं तथा इंजेक्टर के लीकेज की जाँच करते हैं।
9. आदर्श चाल पर इंजन के कम्पनों की जाँच करते हैं।
10. यदि आवश्यकता होती है, तो इंजन की क्षमता में वृद्धि के लिए इंजेक्टरों की ओवरहॉलिंग करते हैं।
11. इंजेक्टरों को पुनः फिट करते हैं तथा फ्यूल लाइन को संयोजित करके इंजन स्टार्ट करते हैं।
12. इंजन को आदर्श चाल पर सैट करते हैं।

परिणाम (Result) इंजन के सिलेण्डर कम्प्रैशन का परीक्षण एवं आदर्श चाल की जाँच का सफलतापूर्वक अभ्यास किया गया।

72.2

कैम बैल्ट एवं ड्राइव बैल्ट बदलना

Replacing Cam Belt and Drive Belt

उद्देश्य Object

कैम बैल्ट एवं ड्राइव बैल्ट को हटाने तथा बदलने का अभ्यास करना एवं इंजन ड्राइव बैल्ट को समायोजित करना व बदलना।

आवश्यक उपकरण/सामग्री Essential Apparatus/Materials

- ट्रेनी टूल किट
- पुलर
- कॉटन क्लॉथ
- लुब्रिकेण्ट ऑयल
- टॉर्क रिंच
- मल्टी सिलेण्डर डीजल इंजन
- केरोसीन
- इंजन ड्राइव बैल्ट
- मैलेट, ड्रिफ्ट पंच
- ट्रे
- सोप ऑयल
- टाइमिंग बैल्ट

सुरक्षा सावधानियाँ/निर्देश Safety Precautions/Instructions

1. कैम बैल्ट को क्षति न पहुँचने पाए।
2. सम्बन्धित नट एवं बोल्ट को ढीला करने के उपरान्त ही बैल्ट को ढीला करें।
3. बैट्री से सभी कनैक्शन हटा दें।
4. बैल्ट को इंजन की चलती अवस्था में न छुएँ।

कार्यविधि Working Method

A. कैम बैल्ट को हटाना तथा बदलना

1. इंजन को घुमाते हैं तथा टाइमिंग मार्क्स का टाइमिंग गियर के साथ मिलान करते हैं।
2. प्वॉइण्टर की स्थिति को टाइमिंग कवर के सापेक्ष चिह्नित करते हैं।
3. फ्लाईव्हील के घूर्णन (rotation) को रोकने के लिए फ्लाईव्हील रिंग गियर तथा क्रैंककेस के मध्य लकड़ी का टुकड़ा रखते हैं।
4. क्रैंकशाफ्ट पुली के नट को खोलते हैं।
5. क्रैंकशाफ्ट पुली पर पुलर रखते हैं तथा सुनिश्चित करते हैं कि डिस्टेन्स टुकड़ा, क्रैंकशाफ्ट की थ्रैड्स में फिट नहीं बैठ रहा है।
6. पुलर की लैग्स को क्रैंकशाफ्ट पुली पर इस प्रकार रखते हैं कि पुलर की फ्लैंज, पुली के समान्तर रहे।
7. सेन्टर बोल्ट को तब तक कसते हैं जब तक पुली, क्रैंकशाफ्ट से बाहर न आ जाए।
8. माउण्टिंग स्क्रू को ढीला करके टाइमिंग कवर को हटाते हैं।
9. गैस्केट तथा ऑयल सील को हटाते हैं।
10. टाइमिंग बैल्ट टेंशनिंग पुली की माउण्टिंग को ढीला करते हैं।
11. बैल्ट टेंशनिंग पुली को हटाते हैं।
12. टाइमिंग बैल्ट तथा क्रैंकपुली से टाइमिंग बैल्ट को अलग करते हैं।
13. टाइमिंग बैल्ट के दोषों की जाँच करते हैं।
14. टाइमिंग पुली, क्रैंक पुली तथा टेंशनर पुली को साफ करते हैं।
15. कैमशाफ्ट तथा क्रैंक शाफ्ट की ऑयल सील की जाँच करते हैं।
16. सुनिश्चित करते हैं कि क्रैंकशाफ्ट तथा कैमशाफ्ट ऑयल सील से कोई लीकेज तो नहीं है।
17. इंजन के लिए टाइमिंग बैल्ट के सही साइज का चयन करते हैं।
18. टाइमिंग पुली ड्राइव बैल्ट को फिट करते हैं तथा फ्लाईव्हील वाइब्रेशन डेम्पर एवं कैमशाफ्ट टाइमिंग पुली पर टाइमिंग मार्क्स का मिलान करते हैं।
19. सही बैल्ट टेंशन के लिए टाइमिंग बैल्ट टेंशन को एडजस्ट करते हैं।
20. इंजन को टाइमिंग बैल्ट से संयोजित करते हैं।

21. टाइमिंग कवर गैस्केट पर एडहेसिव लगाते हैं तथा गैस्केट को टाइमिंग कवर पर लगाते हैं।
22. टाइमिंग कवर को फिट करते हैं तथा बोल्टों को कसते हैं।
23. क्रैंक पुली तथा नट को फिट करते हैं तथा नट को टॉर्क रिंच द्वारा उचित टॉर्क (torque) तक कसते हैं।

B. इंजन ड्राइव बैल्ट को बदलना तथा एडजस्ट करना

1. बैट्री के निगेटिव टर्मिनल को विसंयोजित करते हैं।
2. अल्टरनेटर की माउण्टिंग को ढीला करते हैं।
3. लिंक ब्रेकेट के नटों को ढीला करते हैं।
4. ड्राइव तथा ड्राइवर पुली का निरीक्षण करते हैं।
5. बियरिंग के मुक्त घूर्णन तथा साइड-वे मूवमेन्ट की जाँच करते हैं।
6. बैल्ट की घिसावट तथा दरारों की जाँच करते हैं।
7. यदि बैल्ट को बदलना हो, तो उचित साइट तथा उचित प्रकार की बैल्ट का चयन करते हैं।

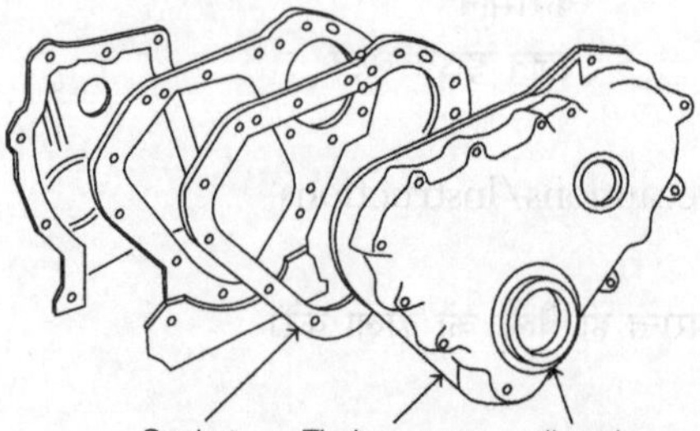

(i) इंजन ड्राइव बैल्ट

8. नई बैल्ट को लगाते हैं तथा सुनिश्चित करते हैं कि बैल्ट ग्रूव में ठीक प्रकार से सैट हो गई है।
9. सुनिश्चित करते हैं कि बैल्ट की चौड़ाई, पुलर ग्रूव में पूर्ण रूप से संरेखित (aligned) है।
10. अल्टरनेटर को उपयुक्त लीवर के द्वारा इंजन से दूर तब तक दबाते हैं जब तक सही तनाव प्राप्त न हो जाए।
11. संस्तुति के अनुसार, तनाव की टेंशन गेज द्वारा जाँच करते हैं।
12. अल्टरनेटर की माउण्टिंग तथा ब्रैकेट नट या बोल्ट को कसते हैं।
13. बैट्री के निगेटिव टर्मिनल को संयोजित करते हैं।
14. इंजन को स्टार्ट करते हैं तथा बैल्ट का अवलोकन करते हैं। सुनिश्चित करते हैं कि बैल्ट, पर्याप्त तनाव के साथ सैट हो गई है।
15. यदि आवश्यक हो, तो इंजन ड्राइव बैल्ट के तनाव को एडजस्ट करते हैं।

परिणाम (Result) कैम बैल्ट एवं ड्राइव बैल्ट को हटाने तथा बदलने एवं इंजन ड्राइव बैल्ट को समायोजित करने एवं बदलने का अभ्यास सफलतापूर्वक किया गया।

प्रैक्टिकल संख्या 73

✎ इंजन स्टार्ट करके न्यूमैटिक गवर्नर में आइडलिंग स्पीड तथा डैम्पिंग डिवाइस का व्यवस्थापन एवं वैन्चुर कण्ट्रोल यूनिट की जाँच का अभ्यास करना
Practice on Start Engine Adjust Idling Speed and Damping Device in Pneumatic Governor and Venture Control Unit Checking

उद्देश्य Object

इंजन स्टार्ट करके न्यूमैटिक गवर्नर में आइडलिंग स्पीड तथा डैम्पिंग डिवाइस का व्यवस्थापन एवं वैन्चुर कण्ट्रोल यूनिट की जाँच करना।

आवश्यक उपकरण/सामग्री Essential Apparatus/Materials

- स्वच्छ कपड़ा
- ट्रेनी टूल किट
- स्क्रू ड्राइवर
- कॉम्बीनेशन प्लायर
- सोप ऑयल
- डी. ई. स्पैनर सैट
- डीजल
- 12V बैटरी (केबिल के साथ)
- स्पाइडर
- इंजन ऑयल
- ब्रश
- रिंग स्पैनर सैट
- डीजल इंजन न्यूमैटिक गवर्नर के साथ
- क्लीनिंग ट्रे
- शीतलक जल

सुरक्षा सावधानियाँ/निर्देश Safety Precautions/Instructions

1. सभी भागों का सावधानी से निरीक्षण करें।
2. फर्श पर तेल न गिरने दें।
3. डीजल सप्लाई को यथार्थता से ही व्यवस्थित करें।
4. वैक्यूम तथा यूनियन को लीकेज के लिए चैक करें।
5. स्क्रुओं को अधिक टाइट न करें।
6. गवर्नर का सन्तुलन सही हो तथा न्यूमैटिक गवर्नर में लीकेज न हो।
7. इंजन को ऑफ लोड स्थिति में ही स्टार्ट करें।
8. इंजन की आइडलिंग गति को सावधानीपूर्वक व्यवस्थित करें।

कार्यविधि Working Method

A. न्यूमैटिक गवर्नर में आइडलिंग स्पीड का व्यवस्थापन

1. इंजन के फाउण्डेशन बोल्ट्स को चैक करते हैं तथा आवश्यकता होने पर उन्हें कस देते हैं।
2. रेडिएटर में वाटर लेवल चैक करते हैं तथा आवश्यकता होने पर उसे ऊपर तक भर देते हैं।
3. सम्प में स्नेहक तेल का लेवल चैक करते हैं तथा आवश्यकता होने पर स्नेहक तेल भर देते हैं।
4. फ्यूल टैंक में फ्यूल लेवल चैक करते हैं तथा आवश्यकता होने पर उसे भर देते हैं।
5. स्टार्टिंग मोटर से केबिल के साथ बैटरी को अच्छे से संयोजित करते हैं।
6. फैन बैल्ट के तनाव को चैक करते हैं तथा आवश्यकता होने पर उसे व्यवस्थित करते हैं।
7. 'इग्नीशन-की' की सहायता से इग्नीशन स्विच ऑन करते हैं।
8. स्टार्टर बटन की सहायता से इंजन को स्टार्ट करते हैं।
9. इंजन स्टार्ट होने के पश्चात् स्टार्टर बटन को मुक्त (release) कर देते हैं।

10. एक्सेलेरेटर लीवर की सहायता से इंजन की गति को धीरे से बढ़ाते हैं।
11. इंजन की गति को सुनिश्चित करने के लिए प्रेक्षण करते हैं कि इंजन किसी लीकेज तथा ध्वनि के बिना सरलता से प्रचालित हो रहा है।
12. एक्सेलेरेटर लीवर को मुक्त करते हैं तथा सुनिश्चित करते हैं कि इंजन निम्न गति पर प्रचालित हो रहा है या नहीं।
13. इंजन के असामान्य कम्पनों का प्रेक्षण करते हैं।
14. वैन्चुर थ्रोट में माउन्टेड बटर-फ्लाई वाल्व के स्पिण्डल तथा लीकेज का स्नेहन करते हैं।
15. रिंग स्पैनर की सहायता से आइडलिंग एड्जस्टिंग स्क्रू नट को ढीला करते हैं।
16. स्क्रू ड्राइवर की सहायता से आइडलिंग एड्जस्टिंग स्क्रू का व्यवस्थापन करते हैं।
17. स्क्रू ड्राइवर की सहायता से अगली स्थिति को लॉक करते हैं।
18. इसी तरह अधिकतम गति का व्यवस्थापन करते हैं। चित्र (i), (ii) व (iii)

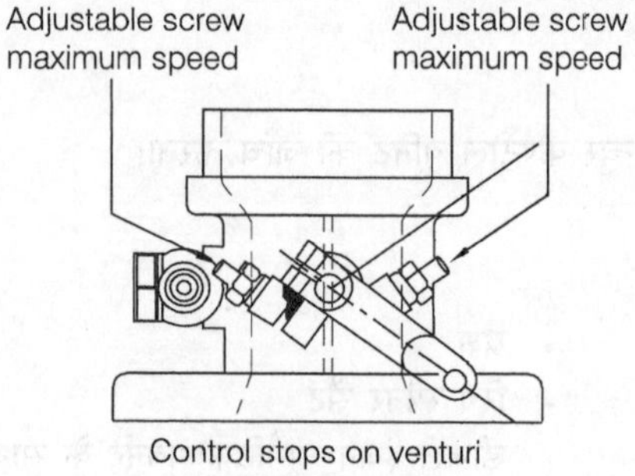

(i) एक्सेलेरेटर लीवर

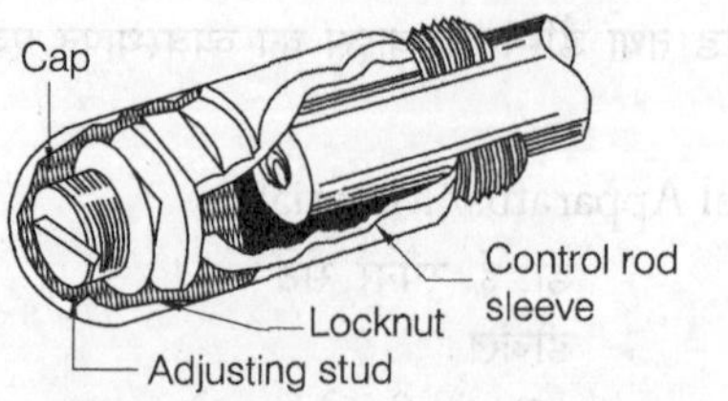

(ii) वैन्चुरी थ्रोट में माउन्टेड बटर-फ्लाई वाल्व

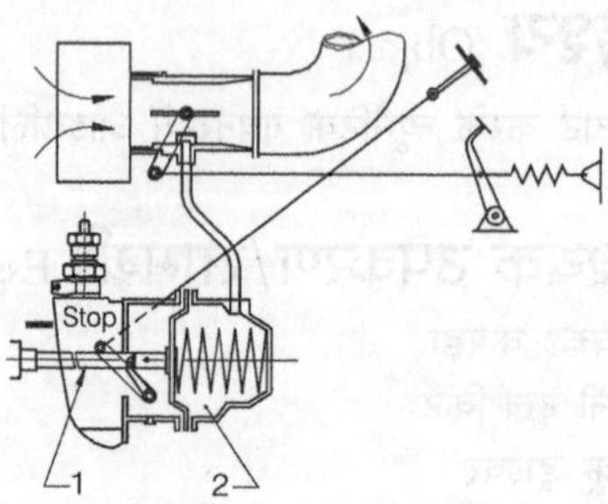

(iii) गवर्नर

19. इंजन को स्टार्ट करते हैं तथा आइडियल एवं उच्च गति प्रचालन को चैक करते हैं।
20. ऑफ-लीवर या स्टॉप लीवर की सहायता से इंजन को रोकते हैं।

B. न्यूमैटिक गवर्नर में डैम्पिंग डिवाइस का व्यवस्थापन

1. वैक्यूम के लिए वैन्चुर को सैट करते हैं।

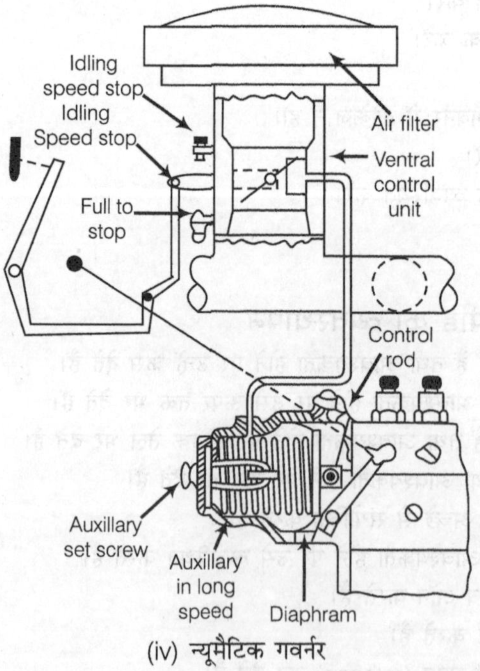

(iv) न्यूमैटिक गवर्नर

2. कण्ट्रोल रॉड के स्क्रू को व्यवस्थित करते हैं।
3. लीक के लिए पाइप, वैक्यूम लाइन तथा यूनियन चैक करते हैं।
4. कण्ट्रोल स्लीव को घुमाकर ईंधन की सप्लाई सैट करते हैं।
5. नियमित चाल को थ्रॉटल वाल्व द्वारा सैट करते हैं।
6. अग्नि उपकरण को व्यवस्थित करते हैं।

C. वैन्चुर कण्ट्रोल यूनिट की जाँच

1. पम्प से पाइप लाइन खोलते हैं।
2. ईंधन फीड पम्प के प्रवेश व निर्गम के पश्चवाही वाल्व को ईंधन की आवश्यकतानुसार सैट करते हैं।
3. कण्ट्रोल रॉड की चाल को अधिकतम करने के लिए स्टॉप का प्रयोग करते हैं।
4. एड्जस्टिंग स्क्रू की सहायता से इंजन गति को सैट करते हैं।
5. थ्रॉटल वाल्व को एड्जस्ट करते हैं।
6. वैन्चुर कण्ट्रोल यूनिट की जाँच करते हैं और इसे स्क्रू ड्राइवर द्वारा व्यवस्थित करते हैं। चित्र (v)

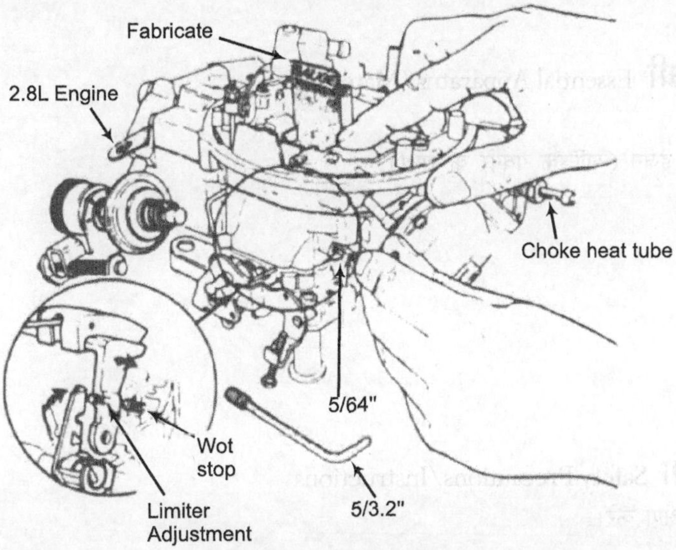

(v) वैन्चुर कण्ट्रोल यूनिट

7. पाइप लाइन को पम्प से जोड़ देते हैं।

परिणाम (Result) इंजन स्टार्ट करके न्यूमैटिक गवर्नर में आइडलिंग स्पीड तथा डैम्पिंग डिवाइस का व्यवस्थापन एवं वैन्चुर कण्ट्रोल यूनिट की जाँच सफलतापूर्वक की गई।

प्रैक्टिकल संख्या 74-75

✎ ऑफ लोड एडजस्टिंग टाइमिंग के साथ इंजन का निष्पादन जाँचना। इंजन स्टार्ट करना, यान्त्रिक गवर्नर के साथ लगे इंजन की आदर्श गति समायोजि करना, इंजन के उच्च गति प्रचालन की जाँच करना
Test Performance of Engine With Off Load Adjusting Timings. Start Engine, Adjusting Idle Speed of the engine Fitted With mechanical Governor, Checking high Speed Operation of the Engine

उद्देश्य Object

ऑफ लोड एड्जस्टिंग टाइमिंग को सत्यापित करना इंजन को स्टार्ट करके इंजन यान्त्रिक गवर्नर के साथ फिट की आदर्श गति को व्यवस्थित करना और इंजन के उच्च गति प्रचालन की जाँच करना।

आवश्यक उपकरण/सामग्री Essential Apparatus/Materials

- ट्रेनी टूल किट
- मल्टी सिलेण्डर 4-स्ट्रॉक डीजल इंजन (यान्त्रिक गवर्नर के साथ)
- केबल के साथ 12V की बैटरी
- क्लीनिंग ट्रे
- सूती कपड़ा
- सोप ऑयल
- डीजल
- स्नेहक तेल

सुरक्षा सावधानियाँ/निर्देश Safety Precautions/Instructions

1. सभी भागों का सावधानी से निरीक्षण करें।
2. फर्श पर तेल न गिरने दें।
3. गवर्नर की गेंदों का सन्तुलन सही हो।
4. डीजल सप्लाई को यथार्थता से ही व्यवस्थित करें।
5. वैक्यूम तथा यूनियन का लीकेज चैक करें।
6. स्क्रुओं को अधिक टाइट न करें।
7. स्टार्ट बटन को अधिक समय तक न दबाएँ।
8. हैण्ड प्राइमिंग डिवाइस की सहायता से प्रणाली के वायु मुक्त होने के दौरान फ्यूल प्रणाली की ब्लीडिंग कर लें।

कार्यविधि Working Method

1. इंजन फाउण्डेशन बोल्ट को चैक करते हैं तथा आवश्यकता होने पर उसे कस देते हैं।
2. रेडिएटर में वाटर लेवल चैक करते हैं तथा आवश्यकता होने पर उसे ऊपर तक भर देते हैं।
3. सम्प में स्नेहक तेल का लेवल चैक करते हैं तथा आवश्यकता होने पर उसे ऊपर तक भर देते हैं।
4. फ्यूल टैंक में फ्यूल का लेवल चैक करते हैं तथा आवश्यकता होने पर उसे भरते हैं।
5. स्टार्टिंग मोटर से केबल की सहायता से बैटरी को अच्छे से संयोजित करते हैं।

6. फैन बैल्ट के तनाव को चैक करते हैं तथा आवश्यकता होने पर उसे व्यवस्थित करते हैं।
7. F1 पम्प की शाफ्ट पर तथा हाउसिंग पर टाइमिंग मार्क्स का प्रेक्षण करते हैं।
8. 'इग्नीशन-की' सहायता से इग्नीशन स्विच ऑन करते हैं।
9. स्टार्टर बटन की सहायता से इंजन को स्टार्ट करते हैं।
10. इंजन स्टार्ट होने के पश्चात् स्टार्टर बटन को मुक्त (release) कर देते हैं।
11. एक्सेलेरेटर लीवर की सहायता से इंजन की गति को धीरे से बढ़ाते हैं।
12. इंजन की गति का यह सुनिश्चित करने के लिए प्रेक्षण करते हैं कि इंजन किसी लीकेज तथा ध्वनि के बिना सरलता से प्रचालित हो रहा है।
13. एक्सेलेरेटर लीवर को मुक्त करते हैं और यह सुनिश्चित करते है कि इंजन निम्न गति पर प्रचालित हो रहा है ।
14. इंजन के असामान्य कम्पनों का प्रेक्षण करते हैं।
15. स्पैनर तथा स्क्रू ड्राइवर सैट की सहायता से आइडियल स्टॉप स्क्रू की उपयुक्त आइडलिंग गति व्यवस्थित करते हैं।
16. इंजन को स्टार्ट करते हैं तथा आइडियल एवं उच्च गति प्रचालन को चैक करते हैं।
17. ऑफ-लीवर या स्टॉप लीवर की सहायता से इंजन को रोकते हैं।

परिणाम (Result) ऑफ लोड एड्जस्टिंग टाइमिंग का सत्यापन, इंजन को स्टार्ट करके इंजन यान्त्रिक गवर्नर के साथ फिट की आदर्श गति का व्यवस्थापन एवं इंजन के उच्च गति प्रचालन की जाँच सफलतापूर्वक की गई।

प्रैक्टिकल संख्या 76

खराब इन्जेक्टर को हटाकर लुप्त सिलेण्डर की कार्यप्रणाली जाँचना व परीक्षण करना, खराब भागों को खोलना व बदलना एवं इंजन में पुन: असेम्बल करना व पुन: फिट करना

Check Performance for Missing Cylinder by Isolating Defective Injector and Test, Dismantle and Replace Defective Parts and Reassamble and Refit Back to the Engine

---

उद्देश्य Object

खराब इन्जेक्टर को हटाकर लुप्त सिलेण्डर की कार्यप्रणाली जाँचना और इन्जेक्टर को खोलकर खराब भागों को परिवर्तित करके व उन्हें पुनः असेम्बल करके इंजन में फिट करना।

आवश्यक उपकरण/सामग्री Essential Apparatus/Materials

- ट्रेनी टूल किट
- ड्रिफ्ट सैट हैमर
- मल्टी सिलेण्डर, 4- स्ट्रोक डीजल इंजन
- रेगमाल
- प्लायर
- बेंच वाइस
- वाल्व स्प्रिंग कम्प्रैशर
- मेटल ट्रे
- क्रैंकशाफ्ट गियर पुलर
- डी. ई. स्पैनर सैट
- आवश्यक स्पेयर पार्ट्स
- सोप ऑयल
- इन्जेक्टर क्लीनिंग किट
- इंजन स्टैण्ड
- डायल टैस्ट इण्डीकेटर
- सॉकेट रिंच
- आर्बर प्रेस
- टायर लीवर
- पुलर
- मिट्टी का तेल
- बियरिंग पुलर सैट
- वायु सम्पीडक
- पिस्टन रिंग एक्सपैण्डर
- डीजल
- इन्जेक्टर टैस्टिंग मशीन

सुरक्षा सावधानियाँ/निर्देश Safety Precautions/Instructions

1. इन्जेक्टर की जाँच करने के पश्चात् उसकी मरम्मत करें।
2. फर्श पर तेल नहीं गिरने दें।
3. इन्जेक्टर युक्त इंजन को अधिक समय तक नहीं चलाएँ।
4. इंजन के क्षतिग्रस्त भागों का सावधानीपूर्वक निरीक्षण करें।
5. इंजन के किसी भी भाग को कोई क्षति न पहुँचने दें।
6. ईंधन एवं स्नेहक लाइन सुरक्षित रहे।

कार्यविधि Working Method

1. इंजन स्टार्ट करने से पूर्व इंजन ऑयल, वाटर लेवल आदि को चैक करते हैं।
2. इंजन को स्टार्ट करते हैं तथा इसे आदर्श गति पर चलाते हैं।
3. इंजन के RPM को रिकॉर्ड करते हैं।
4. इंजन की नॉकिंग ध्वनि/कम्पनों का प्रेक्षण करते हैं।

5. पहले सिलेण्डर नॉजिल पर से एक-एक करके उच्च दाब पाइप निप्पलों को हटाते हैं।
6. इंजन के कम्पनों की RPM को चैक करते हैं। जिस इन्जेक्टर फ्यूल लाइन के विसंयोजित होने पर इंजन की कार्यप्रणाली परिवर्तित नहीं होती है, वह इन्जेक्टर खराब (defective) माना जाता है।
7. खराब इन्जेक्टर समान प्रारम्भिक रीडिंग तथा नॉकिंग ध्वनि दर्शाता है।
8. इंजन को बन्द करते हैं तथा खराब इन्जेक्टर को सिलेण्डर हैड से बाहर निकालते हैं।
9. इसे एक ट्रे में रखकर, इन्जेक्टर को खोलते हैं तथा खुले हुए इन्जेक्टर के भागों को साफ करके उनका निरीक्षण करते हैं।
10. खराब भागों को परिवर्तित कर देते हैं।
11. इन्जेक्टर के खुले हुए भागों को असेम्बल करके एडजस्ट करते हैं।
12. इन्जेक्टर टैस्ट मशीन की सहायता से इन्जेक्टर का परीक्षण करते हैं।
13. इन्जेक्टर को सिलेण्डर पर फिट करते हैं।
14. इंजन को स्टार्ट करके इंजन के RPM के सफलतापूर्वक प्रचालन का प्रेक्षण करते हैं।

परिणाम (Result) खराब इन्जेक्टर को हटाकर लुप्त सिलेण्डर की कार्यप्रणाली की जाँच इन्जेक्टर को खोलकर खराब भागों को परिवर्तित करने व उन्हें पुनः असेम्बल करके इंजन में फिट करने का कार्य सफलतापूर्वक किया गया।

प्रैक्टिकल संख्या 77

✎ इंजन गैस विश्लेषण अथवा डीजल स्मॉक मीटर का प्रयोग करके उत्सर्जन प्रक्रिया का अवलोकन करना
Practice Monitoring Emissions Procedures by Use of Engine Gas Analyser or Diesel Smoke Meter

उद्देश्य Object

इंजन गैस विश्लेषण अथवा डीजल स्मॉक मीटर का प्रयोग करके उत्सर्जन प्रक्रिया का अवलोकन करना।

आवश्यक उपकरण/सामग्री Essential Apparatus/Materials

- मल्टी (4/5) गैस विश्लेषक
- टेस्ट प्रोब
- ट्रेनर टूल किट
- स्क्रू
- एक इंजन चलित वाहन
- ड्राइवर

सुरक्षा सावधानियाँ/निर्देश Safety Precautions/Instructions

1. टेस्ट प्रोब को इंजन एग्जॉस्ट पाइप में भली प्रकार फिट करें।
2. उत्सर्जन मापते समय इंजन चालू रहे।
3. गैस विश्लेषक और टेस्ट प्रोब को एक इकाई के रूप में समंजित कर लें।

कार्यविधि Working Method

A. स्थापना

1. प्रोब होल में मापन प्रोब के एक सिरे को लगाकर होज के दूसरे सिरे को विश्लेषक (analyzer) के पिछले भाग में बने गैस इनलेट में लगाते हैं। चित्र (i)

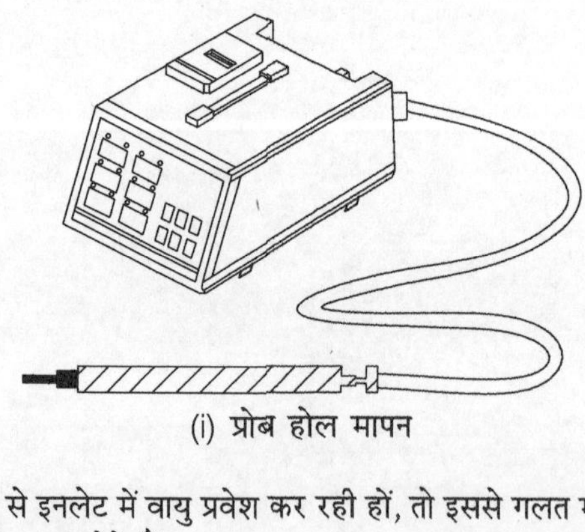

(i) प्रोब होल मापन

2. यदि फिटिंग स्थितियाँ उपयुक्त न हों तथा बाहर से इनलेट में वायु प्रवेश कर रही हों, तो इससे गलत मापन हो सकता है। इसलिए प्रयोग करने से पूर्व फिटिंग स्थितियों को सावधानीपूर्वक सत्यापित (verify) कर लेते हैं।
3. पावर स्विच को ऑफ करके विश्लेषक के पिछले भाग में स्थित पावर सॉकेट में पावर केबिल संयोजित करते हैं।
4. मापन प्रोब फिल्टर तथा विश्लेषक के पिछले भाग में स्थित विभिन्न फिल्टरों की फिटिंग स्थितियों को सत्यापित करते हैं।
5. सभी स्थितियों को सत्यापित करके पावर स्विच को ऑन करते हैं।

B. **मापन**

1. शून्य कैलीब्रेशन दर्शाने हेतु प्रोब को स्वच्छ वायु में रख देते हैं।
2. प्रोब को वाहन के एग्जॉस्ट आउटलेट में गहराई तक पुश करते हैं तथा 'मापन-की' चित्र (ii) में ENT MEAS) को दबाकर एग्जॉस्ट गैस का मापन करते हैं।

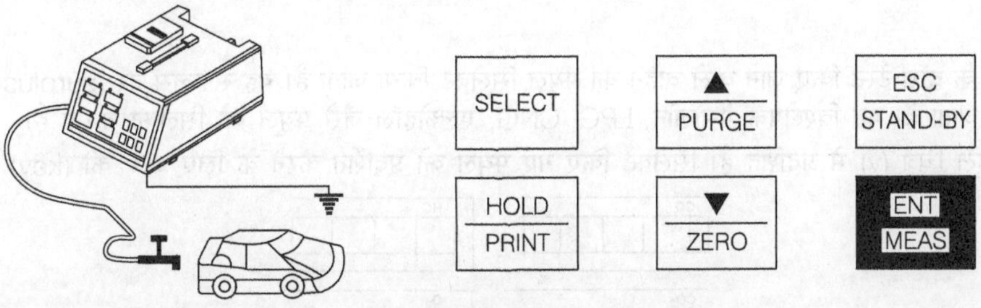

(ii)

3. मापन को 30 मिनट तक प्रचालित रखते हैं तथा 'पावर-सेविंग मोड' सक्रिय रखने पर पम्प स्वत: (automatically) रुक जाता है।
4. एग्जॉस्ट गैस का 30 मिनट से अधिक समय तक मापन करने हेतु 'MEAS-की' को पुन: दबाते हैं।
5. प्रोब को वाहन के एग्जॉस्ट आउटलेट से बाहर खींच लेते हैं तथा मापन शून्य हो जाने पर 'पर्ज-की (PURGE key)' को दबाकर साफ हवा द्वारा विश्लेषक को आन्तरिक ओर से साफ करते हैं।
6. यदि सभी मापन मान 0 के निकट हो, तो उपकरण को स्टैण्ड-बाई मोड में बनाए रखने के लिए 'स्टैण्ड-बाई-की (STAND-BY key)' को दबाते हैं।
7. मापन की श्रृंखला के लिए 'जीरो-की (ZERO key)' को दबाते हैं तथा चरण 2, 3, 4 व 5 को दोहराते हैं।
8. विश्लेषक में स्वत: प्रोसेसिंग निम्न प्रकार होती है। चित्र (iii)

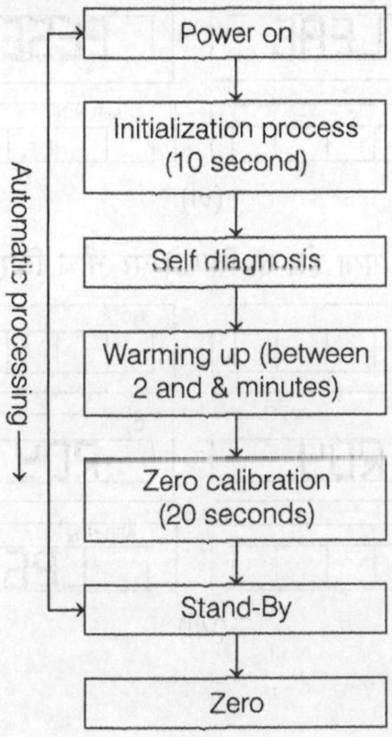

(iii)

C. **लीक परीक्षण**

1. 'सिलेक्ट-की (SELECT key)' को एक बार स्टैण्ड-बाई मोड में दबाते हैं, जिससे कि लीक टेस्ट मोड का चयन हो जाए। चित्र (iv)

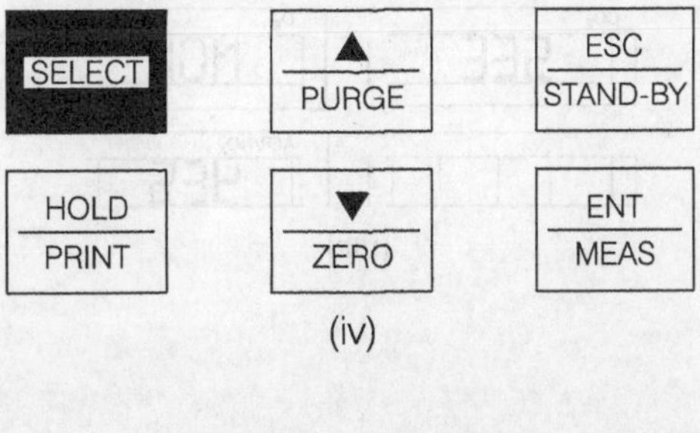

(iv)

2. यदि इण्डीकेशन विण्डो पर 'लीक-टेस्ट' मैसिज प्रदर्शित होता है, तो प्रोब के सामने की ओर लीक टेस्ट कैप को माउण्ट करते हैं।
3. 'एन्ट-की (ENT-key)' को दबाते हैं जिससे पम्प प्रचालित होता है तथा 20 सेकण्ड के लीक टेस्ट के दौरान काउण्ट मान (count value) 20 से 1 तक कम होता है।
4. यदि 20 सेकण्ड के बाद टेस्ट बिना किसी लीक के सामान्य पाया जाता है, तो 'पास (PASS)' मैसिज प्रदर्शित होता है। यदि लीक पाया जाता है, तो 'फेल (FAIL)' मैसिज प्रदर्शित होता है।

D. फ्यूल का चयन

1. फ्यूल सेलेक्टर फंक्शन के द्वारा टेस्ट किए जाने वाले वाहन का फ्यूल सिलेक्ट किया जाता है। यह सरप्लस दर (surplus rate) तथा AFR की गणना करने हेतु प्रयोग किया जाता है। यह विश्लेषक गैसोलीन, LPG, CNG, एल्कोहॉल जैसे फ्यूल को सिलेक्ट करता है।
2. सिलेक्ट किया गया फ्यूल चित्र (v) में प्रदर्शित है। सिलेक्ट किए गए फ्यूल को प्रदर्शित करने के लिए ▲,▼ की (key) का प्रयोग करते हैं।

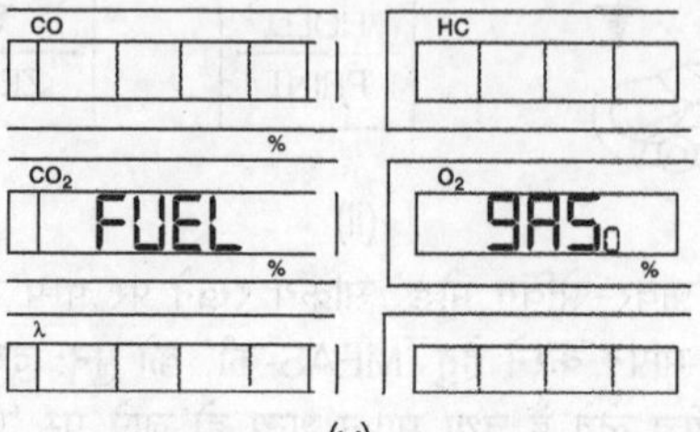

(v)

3. सेलेक्ट किए गए फ्यूल को सैट करने हेतु ENT-key को दबाते हैं। चित्र (vi)

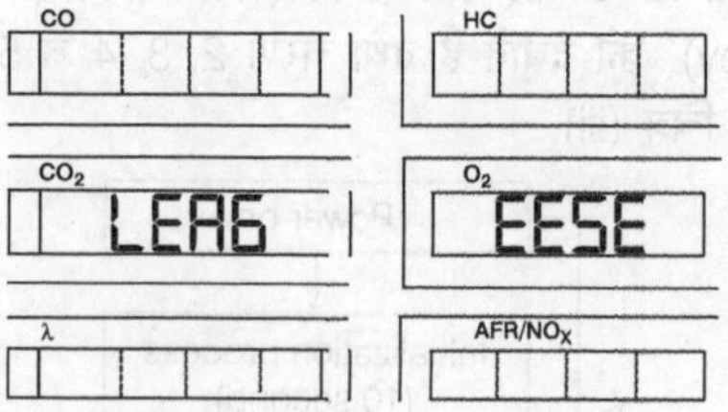

(vi)

4. उदाहरण के तौर पर, यदि 'LPG फ्यूल' सिलेक्ट किया गया हो, तो विण्डो पर नीचे दिए गए चित्रानुसार फ्यूल का प्रदर्शन होगा। चित्र (vii)

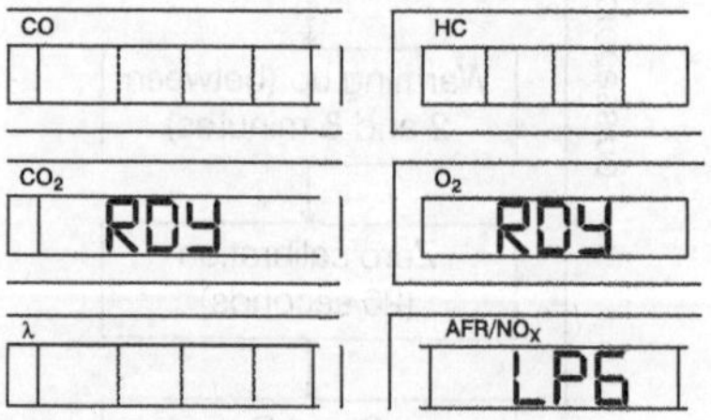

(vii)

E. NOX सैट-अप

1. स्टैण्ड-बाई मोड में 'सिलेक्ट-की' को आठ बार दबाते हैं। चित्र (viii)

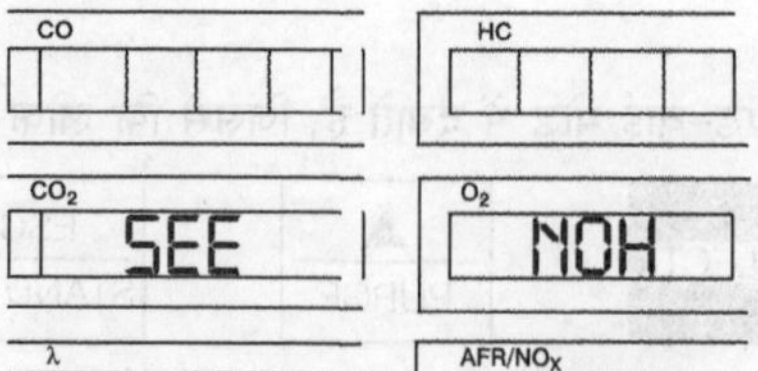

(viii)

2. ▲ 'की' को, डिस्प्ले को 'YES' अथवा 'NO' में परिवर्तित करने हेतु दबाते हैं।
3. NOX डिस्प्ले मोड के लिए 'YES' सिलेक्ट करते हैं तथा Non-NOX मोड के लिए 'NO' सिलेक्ट करके एन्ट (ENT) की को दबाते हैं। चित्र (ix)

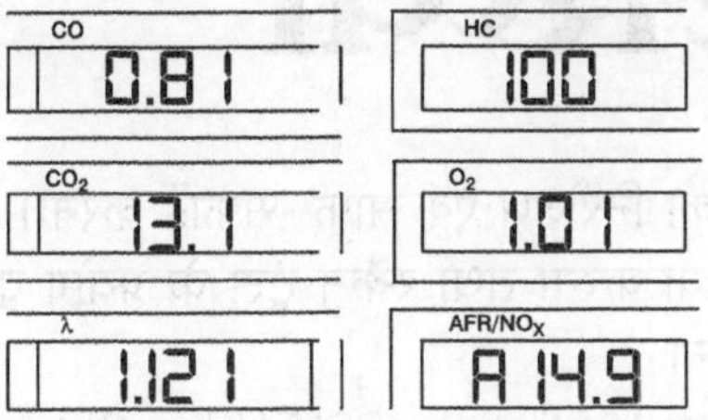

(ix)

4. AFR (Air Fuel Rate) डिस्प्ले मोड में उपरोक्त चित्रानुसार 'A' अटैच होता है तथा NOX डिस्प्ले मोड में प्रदर्शित नहीं होता है। NOX/AFR मोड को मापन मोड में एन्ट-की (ENT-key) दबाकर परिवर्तित किया जाता है।
5. अन्य फ्यूल (NOX, CO_2, O_2 आदि) के मापन हेतु निम्न सारणी का अवलोकन करते हैं

%	IDLE	2500 RPM	PROBABLE CAUSE
HC ppm	0 – 150	0 – 75	
CO%	1 – 15	0 – 0.6	
CO%	10 – 12	11 – 13	Normal recoding
O_2%	0.5 – 2.0	0.5 – 125	
NO_2 ppm	100 – 300	200 – 1,000	
HC ppm	0 – 150	0 – 75	
CO%	3.0 +	3.0 +	
CO_2%	8 – 10	9 – 11	Rich mixture
O_2%	0 – 0.5	0 – 0.5	
NO_2 ppm	0 – 200	100 – 500	
HC ppm	0 – 150	0 – 75	
CO%	0 – 1.0	0 – 0.25	
CO_2%	B – 10	11	Lean mixture
O_2%	1.5 – 3.0	1.0 – 2.0	
NO_2 ppm	300 – 1,000	1,000 +	
HC ppm	50 – 850	50 – 750	
CO%	0 – 1.0	0 – 0.3	
CO_2%	5 – 9	6 – 10	Lean mixture
O_2%	4 – 9	2 – 7	
NO_2 ppm	300-1,000	1,000 +	
HC ppm	50 – 850	50 – 750	Mixture
CO%	0.1 – 1.5	0 – 0.8	
CO_2%	6 – 8	8 – 10	
O_2%	4 – 12	4 – 12	
NO_2 ppm	0 – 200	100 – 500	

परिणाम (Result) इंजन गैस विश्लेषण अथवा डीजल स्मॉक मीटर का प्रयोग करके उत्सर्जन प्रक्रिया का अवलोकन सफलतापूर्वक किया गया।

प्रैक्टिकल संख्या 78-79

पॉजिटिव क्रैंककेस वेन्टीलेशन (PCV) वाल्व का निरीक्षण एवं साफ-सफाई करना। स्कैन टूल डाटा की प्रति प्राप्त करना व व्याख्या करना तथा स्कैन टूल के प्रयोग द्वारा EVAP कैनिस्टर पर्ज प्रणाली का निरीक्षण करना

Checking & Cleaning a Positive Crank Case Ventilation (PCV) Valve. Obtaining & Interpreting Scan Tool Data and Perform Inspection of EVAP Canister Purge System by use of Scan Tool

उद्देश्य Object

पॉजिटिव क्रैंककेस वेन्टीलेशन (PCV) वाल्व का निरीक्षण एवं साफ-सफाई करना। स्कैन टूल डाटा की प्रति प्राप्त करना व व्याख्या करना तथा स्कैन टूल EVAP कैनिस्टर पर्ज प्रणाली का निरीक्षण करना।

आवश्यक उपकरण/सामग्री Essential Apparatus/Materials

- ट्रेनर टूल किट
- 12 V की बैटरी
- PCV सॉल्वेन्ट/लिकर थिनर
- PCV वाल्व
- डिजिटल मल्टीमीटर/ओह्ममीटर
- स्कैन टूल
- साफ कपड़ा
- EVAP

सुरक्षा सावधानियाँ/निर्देश Safety Precautions/Instructions

1. PCV वाल्व तथा होज की जाँच से पूर्व सुनिश्चित कर लें कि वहाँ कोई अवरोधक न हो।
2. सही जाँच के लिए इंजन को आइडियल गति पर चलाएँ।
3. EVAP कैनिस्टर पर्ज वाल्व का निरीक्षण स्कैन टूल की सहायता से ही करें।
4. वाल्व में से वायु का प्रवेश न होने दें।
5. वाल्व के अन्दर फ्यूल की भाप हानिकारक होती है, अतः वाल्व के अन्दर भाप को प्रवेश न होने दें।

कार्यविधि Working Method

A. PCV होज का निरीक्षण

1. PCV वाल्व सामान्यतः इंजन के वाल्व कवर के आगे अथवा इनटेक मैनीफोल्ड में स्थित होता है।
2. यदि आप शीघ्र ही इसे पहचान न सकें, तो वर्कशॉप मैनुअल की सहायता से इसे चैक करते हैं।
3. होज का संयोजन, लीकेज, दबने तथा बिगड़ने हेतु निरीक्षण करते हैं। यदि आवश्यकता हो, तो उसे परिवर्तित कर देते हैं।

B. PCV वाल्व का निरीक्षण

1. इग्नीशन का स्विच ऑन करके इंजन को स्टार्ट करते हैं। इंजन आइडलिंग के PCV वाल्व के साथ अटैच होज को पिंच (pinch) करते हैं, जिससे कि इसके द्वारा वायु की सप्लाई बन्द हो जाए। यदि वाल्व सही तरीके से कार्य कर रहा हो, तो आइडियल गति इतनी कम हो जानी चाहिए कि आप परिवर्तन सुनने में सक्षम हों।

2. सिलेण्डर हैड कवर से PCV वाल्व को विसंयोजित करते हैं तथा हैड कवर होल में प्लग स्थापित (install) करते हैं। चित्र (i)

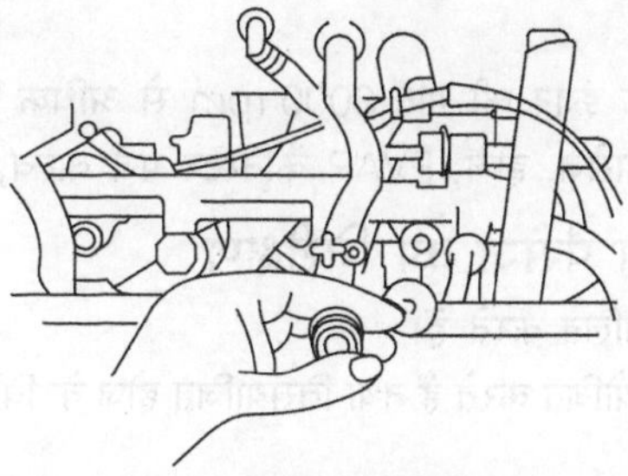

(i) PCV वाल्व विसंयोजन

3. इंजन को आइडियल गति पर चलाते हैं।
4. निर्वात् की जाँच करने के लिए चित्रानुसार PCV वाल्व के सिरे पर अपनी अँगुलियों को रखते हैं। चित्र (ii)

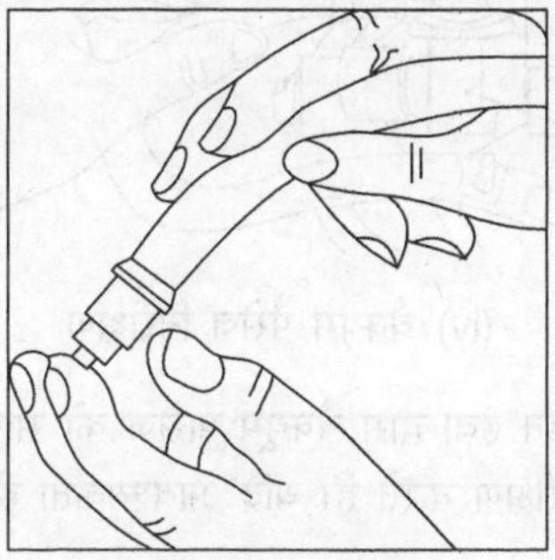

(ii) वैक्यूम टेस्टिंग

5. यदि यहाँ निर्वात् न हो, तो वाल्व के दबने की जाँच करते हैं।
6. इसे PCV सॉल्वेन्ट या लिकर थिनर या काबुरेटर क्लीनर में डुबोकर साफ करने का प्रयास करते हैं तथा इसकी कार्यप्रणाली का निरीक्षण करते हैं।
7. यदि आपका PCV वाल्व बदला जाना हो, तो नया वाल्व खरीदकर, पुराने वाल्व को हटाते हैं तथा नए वाल्व को उसके स्थान पर लगा देते हैं।
8. वैक्यूम चैक करने के पश्चात् इंजन को रोकते हैं तथा PCV वाल्व को हटाते हैं।
9. वाल्व को हिलाकर (shake) वाल्व के अन्दर चैक नीडिल की खनखनाहट जैसी ध्वनि सुनते हैं। यदि खनखनाहट न हो, तो वाल्व को परिवर्तित कर देते हैं।
10. चैक करने के पश्चात् प्लग हटाकर PCV वाल्व को स्थापित कर देते हैं।

C. EVAP कैनिस्टर पर्ज प्रणाली में निर्वात् की जाँच

1. सुनिश्चित करते हैं कि गियर शाफ्ट लीवर न्यूट्रल स्थिति में है अथवा नहीं।
2. ऑटो ट्रांसमिशन (A/T) मॉडल की स्थिति में सिलेक्टर लीवर को 'P' रेन्ज में रखते हैं।
3. पार्किंग ब्रेक लीवर को सभी स्थितियों में खींचकर रखते हैं।
4. इंजन को सामान्य प्रचालन तापमान तक गर्म करते हैं।
5. पर्ज होज को चित्रानुसार EVAP कैनिस्टर से विसंयोजित करते हैं। चित्र (iii)

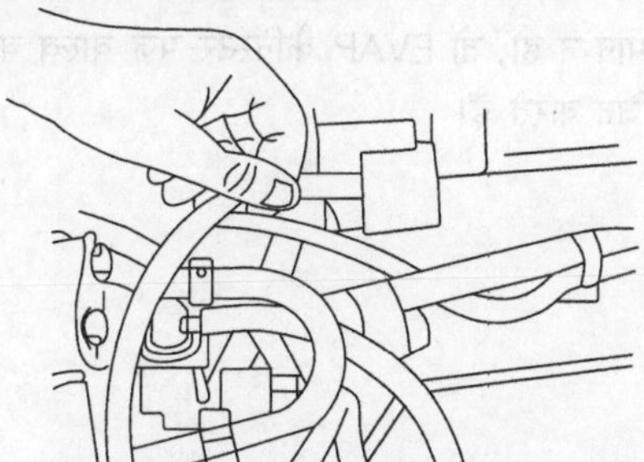

(iii) EVAP कैनिस्टर पर्ज प्रणाली

6. अपनी अँगुलियों को पुनः विसंयोजित होज के सिरों पर रखते हैं तथा जाँच करते हैं कि उस समय वहाँ निर्वात् न हो जबकि इंजन आइडियल गति पर प्रचालित हो रहा हो।
7. जाँच करते हैं कि उस समय वहाँ निर्वात् हो जबकि इंजन की गति 3000 rpm से अधिक बढ़ाई जा रही हो।
8. यदि प्राप्त परिणामों से सन्तुष्टि न हो, तो वैक्यूम पासेज, होज, EVAP कैनिस्टर पर्ज वाल्व, वायर हारनेस तथा ECM (PCM) की जाँच करते हैं।

D. EVAP कैनिस्टर पर्ज प्रणाली में वैक्यूम पैसेज का निरीक्षण

1. इंजन को स्टार्ट करके इसे आइडियल गति पर प्रचालित करते हैं।
2. EVAP कैनिस्टर पर्ज वाल्व से वैक्यूम होज को विसंयोजित करते हैं तथा विसंयोजित होज के विपरीत अपनी अँगुलियों को रखकर सप्लाई किए गए वैक्यूम की जाँच करते हैं। चित्र (iv)

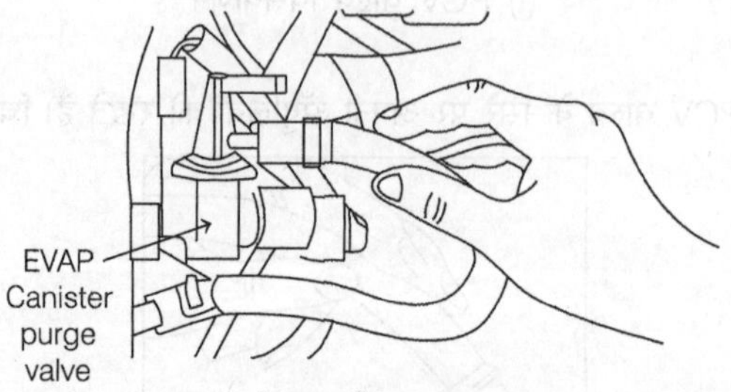

(iv) वैक्यूम पैसेज निरीक्षण

3. यदि वैक्यूम सप्लाई न हुआ हो, तो बहती हुई सम्पीडित हवा द्वारा वैक्यूम पासेज को साफ करते हैं।
4. होज के संयोजनों, लीकेज, दबने तथा बिगड़ने का निरीक्षण करते हैं। यदि आवश्यकता हो, तो उसे परिवर्तित कर देते हैं।

E. EVAP कैनिस्टर पर्ज वाल्व के प्रतिरोध का मापन

1. इग्नीशन स्विच ऑफ करके EVAP कैनिस्टर पर्ज वाल्व से कपलर को विसंयोजित करते हैं।
2. EVAP कैनिस्टर पर्ज वाल्व के दो टर्मिनलों के मध्य प्रतिरोध की जाँच करते हैं। चित्र (v)

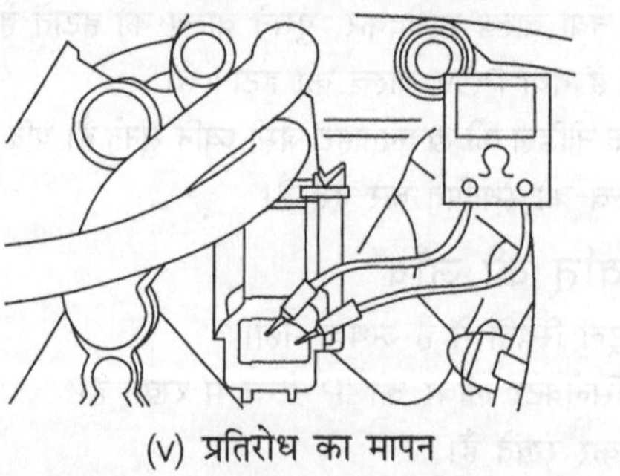

(v) प्रतिरोध का मापन

3. 20°C पर EVAP कैनिस्टर पर्ज वाल्व का प्रतिरोध 30 – 34 Ω होता है।
4. यदि प्रतिरोध, मैनुअल में निर्देशित प्रतिरोध के समान हो, तो अगली प्रणाली की जाँच करते हैं।
5. यदि प्रतिरोध, मैनुअल में निर्देशित प्रतिरोध के समान न हो, तो EVAP कैनिस्टर पर्ज वाल्व को परिवर्तित कर देते हैं।
6. EVAP कैनिस्टर पर्ज वाल्व से कपलर को संयोजित करते हैं।

F. स्कैन टूल का प्रयोग

1. इग्नीशन स्विच को ऑफ करके डाटा लिंक कनेक्टर से स्कैन टूल को चित्रानुसार संयोजित करते हैं। चित्र (vi)

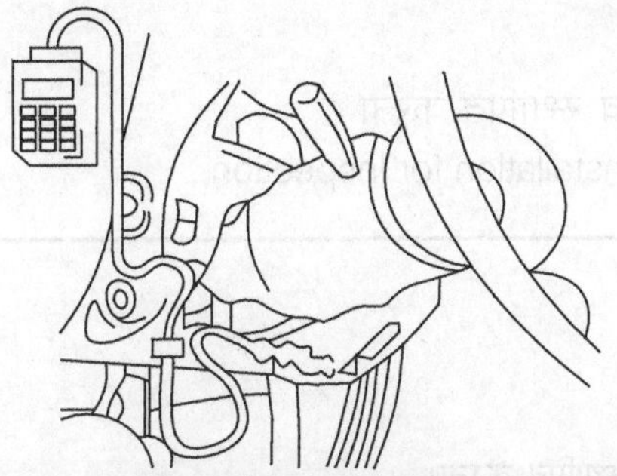

(vi) स्कैन टूल संयोजन

2. इनटेक मैनीफोल्ड से वैक्यूम होज को विसंयोजित करते हैं।
3. होज 'A' में फूँक मारते हैं तथा चित्रानुसार नॉजिल B में वायु प्रवेश नहीं करनी चाहिए। चित्र (vii)

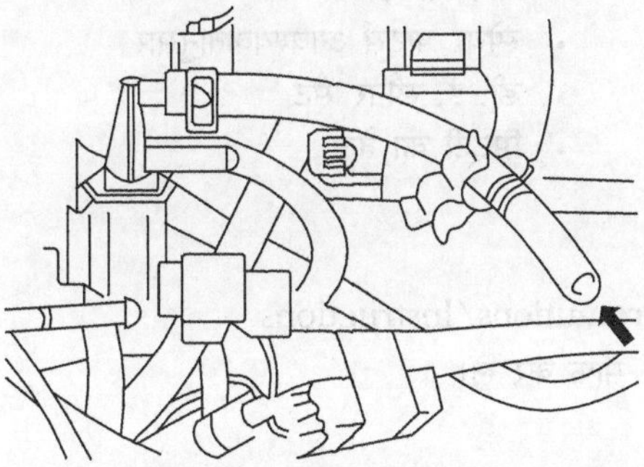

(vii) वैक्यूम होज विसंयोजन

4. इग्नीशन स्विच ऑन करके सुजुकी स्कैन टूल (SUZUKI Scan tool) के 'MISC TEST' मोड में ''EVAP CANI PURGE'' को क्रियान्वित करके EVAP कैनिस्टर पर्ज वाल्व को खोलते हैं। इस दशा में होज 'A' में फूँक मारते हैं तथा चित्रानुसार नॉजिल B से वायु बाहर नहीं आनी चाहिए।
5. यदि जाँच से प्राप्त परिणाम का विवरण मैनुअल में न हो, तो वायर हारनेसों के ओपन तथा शॉर्ट होने की जाँच करते हैं। यदि परिणाम सही हो, तो EVAP कैनिस्टर पर्ज वाल्व को परिवर्तित करके पुन: चैक करते हैं।
6. वैक्यूम होज को संयोजित करते हैं। चित्र (VIII)

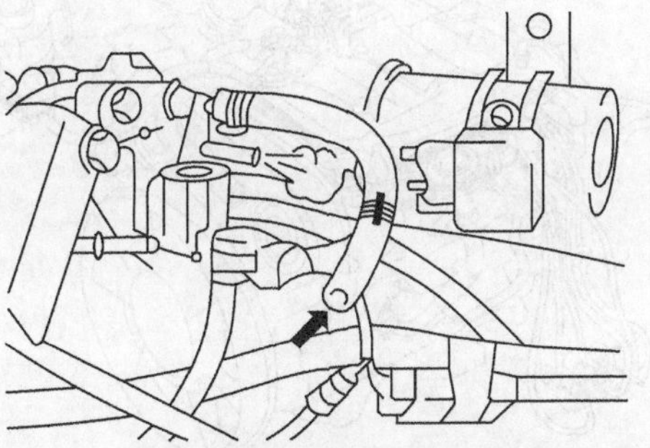

(viii) वैक्यूम होज संयोजन

परिणाम (Result) पॉजिटिव क्रैंककेस वेन्टीलेशन (PCV) वाल्व का निरीक्षण एवं साफ-सफाई, स्कैन टूल डाटा की प्रति प्राप्त करके व्याख्या की गई तथा स्कैन टूल की सहायता से EVAP कैनिस्टर पर्ज प्रणाली का निरीक्षण सफलतापूर्वक किया गया।

प्रैक्टिकल संख्या 80

✎ निरीक्षण के लिए EGR/SCR वाल्व हटाना एवं स्थापित करना
Perform EGR/SCR Valve Removal and Installation for Inspection

उद्देश्य Object

EGR/SCR वाल्व को हटाना एवं निरीक्षण के लिए स्थापित करना।

आवश्यक उपकरण/सामग्री Essential Apparatus/Materials

- ट्रेनर टूल किट
- बॉक्स स्पैनर सैट
- प्लायर
- वैक्यूम होज
- डिजिटल मल्टीमीटर/ओह्ममीटर
- साफ कपड़ा
- स्पेयर पार्ट्स आवश्यकतानुसार
- डी. ई. स्पैनर सैट
- मिट्टी का तेल
- स्क्रू ड्राइवर सैट
- EGR/SCR वाल्व
- एक वाहन
- ट्रे

सुरक्षा सावधानियाँ/निर्देश Safety Precautions/Instructions

1. EGR/SCR वाल्व का स्क्रू खोलते समय इन्हें साफ कर लें।
2. इंजन के अन्य भागों को क्षति न पहुँचे।
3. EGR/SCR वाल्व क्षतिग्रस्त न हो।
4. बैटरी से ऋणात्मक टर्मिनल केबिल को विसंयोजित तथा इग्नीशन स्विच के लॉक स्थिति पर टर्न-ऑन होने के 1 मिनट बाद कार्य को प्रारम्भ करें।

कार्यविधि Working Method

1. EGR वाल्व को चित्रानुसार रखते हैं। चित्र (i)

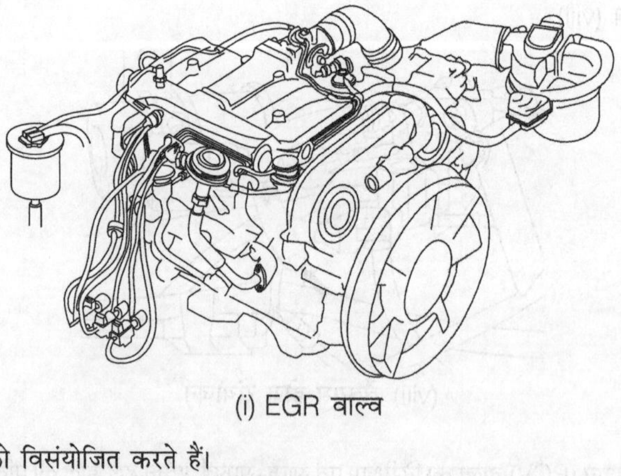

(i) EGR वाल्व

2. बैटरी से ऋणात्मक टर्मिनल केबिल को विसंयोजित करते हैं।
3. एग्जॉस्ट गैस रिसर्कुलेटर वाल्व के संयोजनों को विसंयोजित करते हैं।
4. एग्जॉस्ट गैस रिसर्कुलेटर वाल्व के प्रतिरोध का निरीक्षण करते हैं।

5. एक ओह्ममीटर का प्रयोग करके टर्मिनल B_1 या B_2 तथा अन्य टर्मिनलों (S_1, S_2, S_3 एवं S_4) के मध्य प्रतिरोध का मापन करते हैं। चित्र (ii)

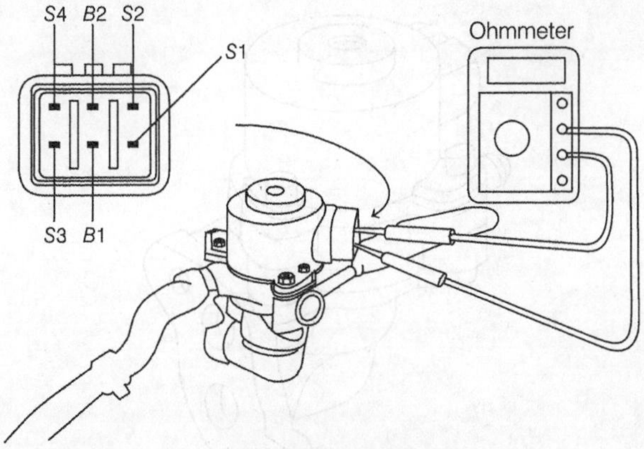

(ii) प्रतिरोध मापन

6. प्रतिरोध का मान 19.9 Ω से 23.4 Ω होना चाहिए।
7. इंजन शीतलक को बाहर निकालते हैं।
8. एग्जॉस्ट गैस रिसर्कुलेटर वाल्व को हटाते हैं।
9. वाटर बाई-पास होज को IAC वाल्व से विसंयोजित करते हैं। चित्र (iii)

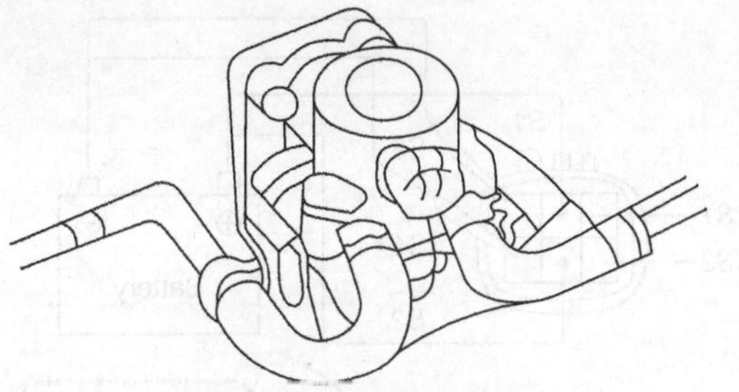

(iii) IAC वाल्व विसंयोजन

10. वाटर बाई-पास होज को रियर वाटर बाई-पास ज्वॉइण्ट से विसंयोजित करते हैं।
11. एग्जॉस्ट गैस रिसर्कुलेटर वाल्व एवं गैस्केट से नट को हटाते हैं। चित्र (iv)

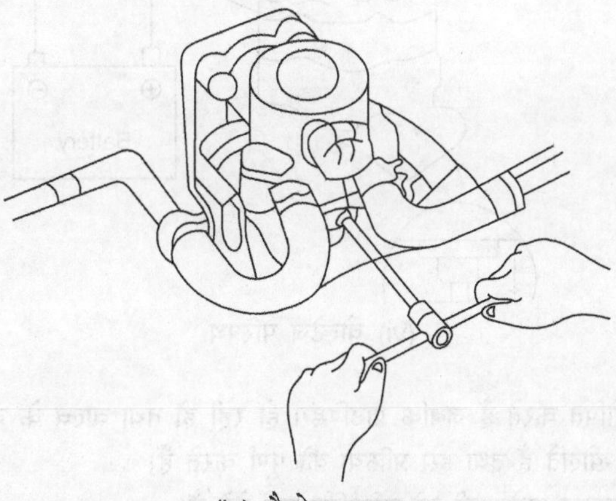

(iv) गैस्केट हटाना

12. EGR वाल्व की भारी कार्बन अवशेष के चिपके होने के लिए दृश्यिक जाँच करते हैं। चित्र (v)

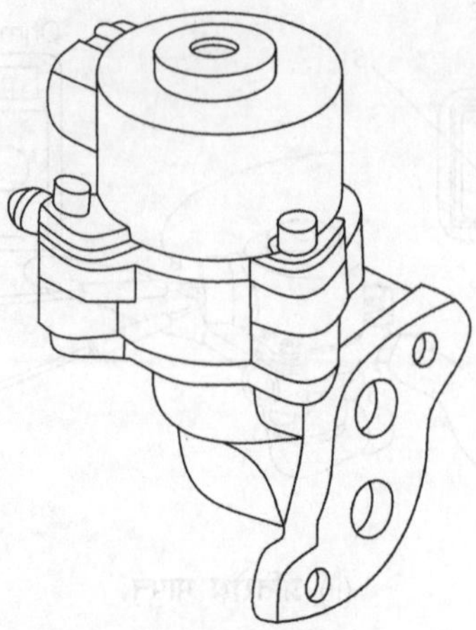

(v) EGR निरीक्षण

13. यदि कार्बन अवशेष चिपके हो, तो EGR वाल्व असेम्बली को परिवर्तित कर देते हैं।
14. यदि अवशेष न हो तो EGR वाल्व की कार्यप्रणाली का निरीक्षण करते हैं।
15. टर्मिनल B_1 व B_2 पर बैटरी वोल्टेज एप्लाई करते हैं जबकि ग्राउण्डिंग हो रही हो तथा वाल्व के ओपन स्थिति में जाने की जाँच करते हैं। चित्र (vi)

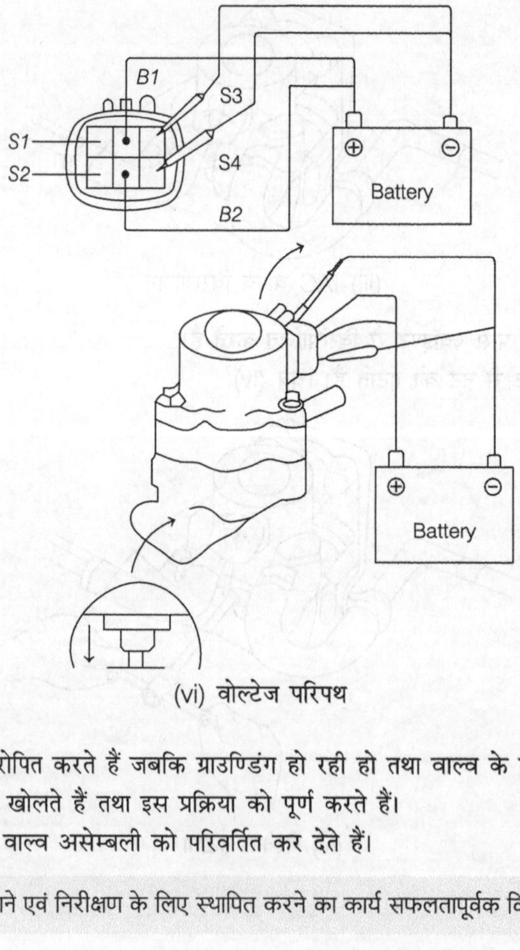

(vi) वोल्टेज परिपथ

16. टर्मिनल B_1 व B_2 पर बैटरी वोल्टेज आरोपित करते हैं जबकि ग्राउण्डिंग हो रही हो तथा वाल्व के क्लोज स्थिति में जाने की जाँच करते हैं।
17. उपरोक्त चरणों को पूर्ण करके वाल्व को खोलते हैं तथा इस प्रक्रिया को पूर्ण करते हैं।
18. यदि प्रक्रिया से सन्तुष्टि न हो, तो EGR वाल्व असेम्बली को परिवर्तित कर देते हैं।

परिणाम (Result) EGR/SCR वाल्व को हटाने एवं निरीक्षण के लिए स्थापित करने का कार्य सफलतापूर्वक किया गया।

प्रैक्टिकल संख्या 81

✎ वाहन विघटन से आल्टरनेटर हटाने, दोषों हेतु सफाई व जाँच करने, आल्टरनेटर के मोटरिंग एक्शन हेतु असेम्बलिंग व जाँच करने तथा वाहनों में फिट करने का अभ्यास करना

Practice on Removing Alternator from Vehicle Dismantling, Cleaning Checking for Defects, Assembling and Testing for Motoring Action of Alternator & Fitting to Vehicles

उद्देश्य Object

आल्टरनेटर को वाहन से खोलना, आल्टरनेटर के भागों को साफ करना व दोषों की जाँच करना, आल्टरनेटर को असेम्बल करके मोटरिंग एक्शन की जाँच करना और आल्टरनेटर को वाहन पर फिट करना।

आवश्यक उपकरण/सामग्री Essential Apparatus/Materials

- साफ कपड़ा
- ग्रीस
- वायु सम्पीडक
- सॉकेट स्पैनर सैट
- टैस्ट लैम्प तथा केबिल्स
- इंजन ऑयल (स्नेहक)
- अटैचमेन्ट के साथ ग्राउलर
- मिट्टी का तेल
- डायोड्स
- आल्टरनेटर
- पेट्रोल
- वाइस के साथ वर्क बेंच
- ट्रेनी टूल किट
- 12 V की लैड एसिड बैटरी
- एमरी पेपर
- एक मोटरगाड़ी
- पुलर
- रोटर
- बियरिंग

सुरक्षा सावधानियाँ/निर्देश Safety Precautions/Instructions

1. आल्टरनेटर की जाँच करते समय इंजन को चालू रखें।
2. दस मिनट इंजन चलाकर आल्टरनेटर का आवेशन चैक करें।
3. बैटरी को सही पोलैरिटी से जोड़ें।
4. आल्टरनेटर इकाई को साफ करने के लिए पेट्रोल व सम्पीडित हवा का प्रयोग करें।
5. कम्यूटेटर को रेगमाल से साफ न करें। बताए गए लेवल से अधिक अण्डरकट न लगाएँ।
6. आर्मेचर लगाए बिना अधिक समय तक ग्राउलर का प्रयोग न करें।
7. असेम्बलिंग के दौरान रिफ्रेन्स रेखाओं के संरेखन को सुनिश्चित कर लें।
8. असेम्बलिंग के दौरान 'F' टर्मिनल रेगुलेटर से विसंयोजित होना चाहिए तथा तारों के सिरे इन्सुलेटेड होने चाहिए।
9. आल्टरनेटर की कार्यप्रणाली की जाँच के दौरान अमीटर तथा वोल्टमीटर की रीडिंग्स अधिकतम होनी चाहिए।

कार्यविधि Working Method

A. आल्टरनेटर परिपथ की पहचान करना

1. नीचे दिए गए चित्र में आल्टरनेटर का परिपथ प्रदर्शित किया गया है चित्र (i)

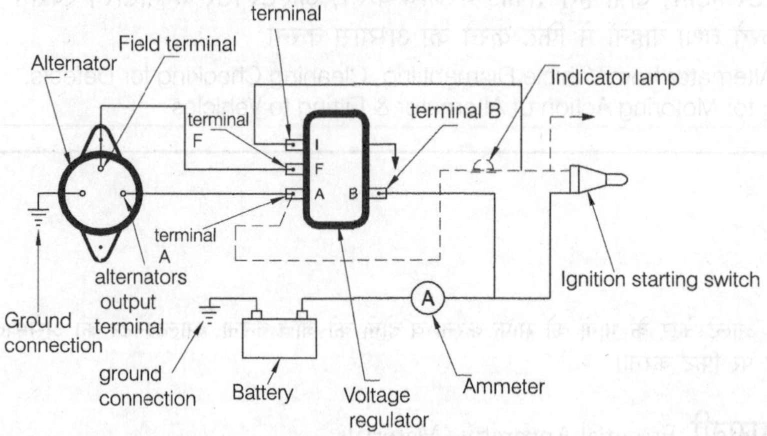

(i) आल्टरनेटर परिपथ

2. आल्टरनेटर के आउटपुट टर्मिनल, वोल्टेज रेगुलेटर के टर्मिनल A, B, F, I आल्टरनेटर के फील्ड टर्मिनल, अमीटर, बैटरी, इण्डीकेटर लैम्प, इग्नीशन स्विच, ग्राउण्ड संयोजन आदि टर्मिनलों का क्रमानुसार पता लगाते हैं।

B. आल्टरनेटर को वाहन से हटाना

1. बैटरी के अर्थ केबिल्स को विसंयोजित करते हैं।
2. आल्टरनेटर से तारों को विसंयोजित करते हैं।
3. आल्टरनेटर की बैटरी के साथ सुरक्षित करके बोल्टों को खोलते हैं।
4. आल्टरनेटर को बाहर निकालते हैं।

C. आल्टरनेटर को खोलना

1. पुनः असेम्बलिंग के दौरान संरेखन (alignment) की सुविधा प्रदान करने के उद्देश्य से शीलिंडग तथा स्टार्टर के दोनों सिरों के एक्रॉस रेखाओं की मार्किंग करते हैं। चित्र (ii)

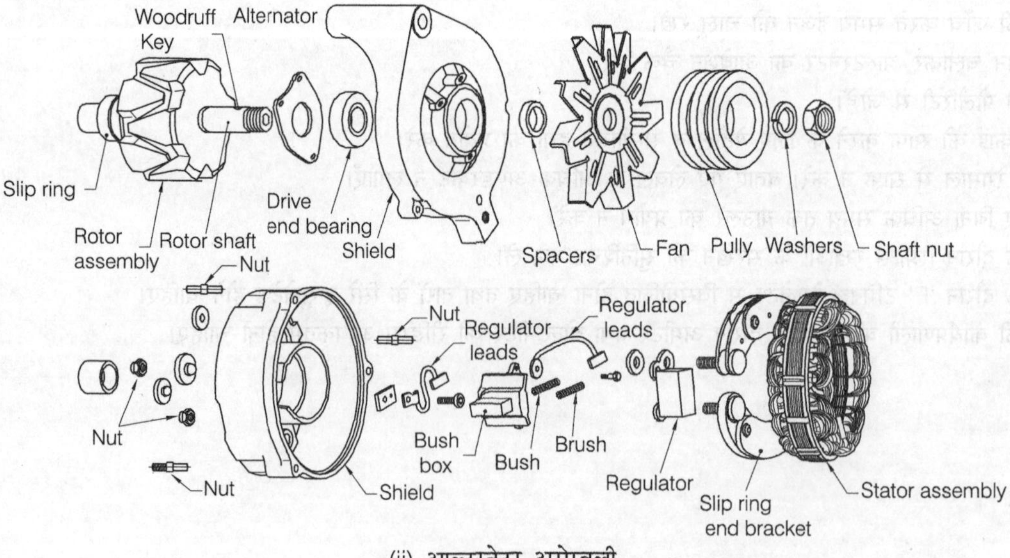

(ii) आल्टरनेटर असेम्बली

2. स्टड्स तथा नट्स को सुनिश्चित करके कवर को हटाकर, कवर को उठा देते हैं।
3. रेगुलेटर की धनात्मक तथा ऋणात्मक लीड्स को विसंयोजित करते हैं।
4. रेगुलेटर को बुश-बॉक्स से सुरक्षित करके स्क्रुओं को हटाते हैं तथा रेगुलेटर को हटाते हैं।
5. दोनों बुशों को हटाते हैं। सीलिंग पैड की स्थिति को नोट करते हैं।
6. बुश-बॉक्स को स्लिप-रिंग एण्ड ब्रैकेट से सुरक्षित करके स्क्रुओं को हटाते हैं तथा बुश-बॉक्स को उठाते हैं।
7. रेक्टिफायर के टर्मिनल टैग पर गर्म सोल्डरिंग आयरन एप्लाई करके रेक्टिफायर से स्टार्टर वाइण्डिंग केबल के सिरों को मुक्त करते हैं।
8. जब सोल्डर पिघल जाए, तो केबिल के सिरों को बाहर खींचते हैं।
9. रेक्टिफायर असेम्बली को स्लिप-रिंग एण्ड ब्रैकेट से सुरक्षित करके स्क्रुओं को हटाते हैं तथा रेक्टिफायर असेम्बली को बाहर की ओर उठाते हैं।
10. फिक्स किए गए बोल्टों को हटाते हैं।
11. स्लिप-रिंग एण्ड ब्रैकेट को बाहर लाते हैं।
12. ड्राइव एण्ड ब्रैकेट से स्टेटर असेम्बली को बाहर लाते हैं।
13. शाफ्ट नट एवं वाशर को हटाकर पुली, फेन, वुडरफ-की तथा स्पेसर को बाहर लाते हैं।
14. ड्राइव एण्ड बियरिंग तथा रोटर असेम्बली को अलग करने के लिए अपने अँगूठे से रोटर शाफ्ट के सिरे पर दबाव डालते हैं।

D. आल्टरनेटर की सफाई तथा निरीक्षण करना

1. सभी भागों को (बुशों को छोड़कर) मिट्टी के तेल से धोकर नायलॉन ब्रुश से साफ करते हैं।
2. स्लिप-रिंग्स को महीन एमरी पेपर से साफ करके साफ रैग (rag) से साफ करते हैं।
3. बुशों को पेट्रोल से साफ करते हैं।
4. बियरिंग के खराब होने का दृष्टीय निरीक्षण करते हैं। यदि बियरिंग में कोई खराबी हो, तो उसे परिवर्तित कर देते हैं।
5. निर्माता के विशिष्टिकरण के अनुसार बुशों की सही विमाओं के लिए जाँच करते हैं। यदि आवश्यकता हो, तो उन्हें परिवर्तित कर देते हैं।
6. बुशों के स्प्रिंग टेन्शन की जाँच करते हैं। यदि आवश्यकता हो, तो उन्हें परिवर्तित कर देते हैं।
7. ड्राइव एण्ड ब्रैकेट तथा स्लिप एण्ड ब्रैकेट पर बाह्य दरारों की जाँच करते हैं।

E. स्टेटर की क्लोज सर्किट हेतु टैस्टिंग

1. स्टेटर वाइण्डिंग की चित्रानुसार निरन्तरता की जाँच करते हैं। चित्र (iii)

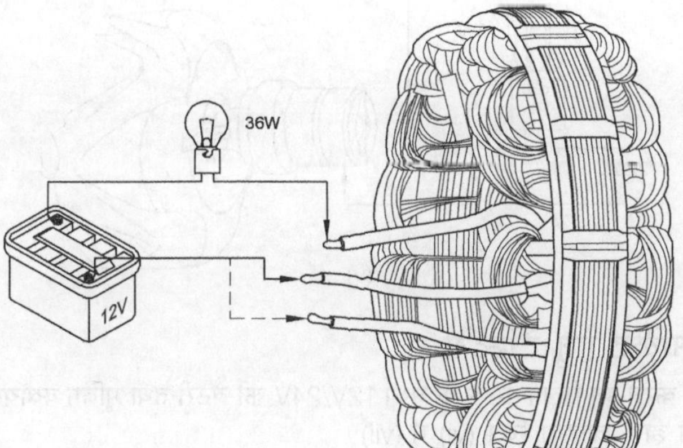

(iii) क्लोज सर्किट टेस्टिंग

2. सर्वप्रथम स्टेटर वाइण्डिंग की किन्हीं दो लीड्स को 36 W के टैस्ट लैम्प के साथ 12 V बैटरी से सीरीज में संयोजित करते हैं।
3. लैम्प जलना चाहिए। यदि टैस्टिंग का प्रथम चरण सन्तुष्टिपूर्वक पूर्ण हो जाता है, तो टैस्ट लैम्प की कोई एक लीड स्टेटर की तीसरी लीड से संयोजित कर देते हैं।
4. टैस्ट लैम्प जलना चाहिए। यदि वाइण्डिंग में कोई खराबी, ओवरहीटिंग अथवा बर्निंग होती है, तो स्टेटर असेम्बली को परिवर्तित कर देते हैं।

F. स्टेटर की ओपन सर्किट हेतु टैस्टिंग

1. स्टेटर वाइण्डिंग के इन्सुलेशन की जाँच करने हेतु 220V AC मेन्स के साथ 220 V, 15 W के टैस्ट लैम्प को स्टार्टर लेमिनेशन के साथ सीरीज में संयोजित करते हैं।
2. स्टेटर की प्रत्येक लीड को एक-एक करके टैस्ट लैम्प व AC मेन्स से संयोजित करते हैं। इस स्थिति में लैम्प नहीं जलना चाहिए।
3. यदि टैस्ट लैम्प जलता है, तो इसका अर्थ है कि स्टेटर वाइण्डिंग खराब है, इसलिए उसे परिवर्तित कर देते हैं। चित्र (iv)

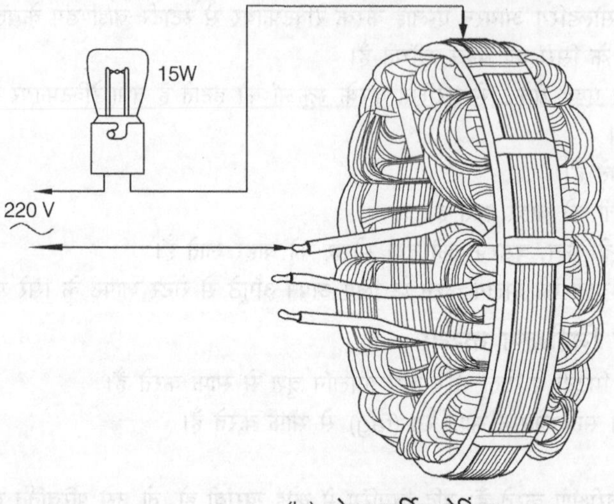

(iv) ओपन सर्किट टैस्टिंग

G. रोटर की शॉर्ट सर्किट हेतु टैस्टिंग

1. रोटर वाइण्डिंग के इन्सुलेशन की जाँच करने हेतु 220 V AC मेन्स को 220 V, 15 W के टैस्ट लैम्प के साथ रोटर बॉडी व स्लिप-रिंग्स के मध्य संयोजित करते हैं।
2. लैम्प जलना नहीं चाहिए। यदि लैम्प जलता है, तो इसका अर्थ है कि रोटर वाइण्डिंग खराब है इसलिए उसे परिवर्तित कर देते हैं। चित्र (v)

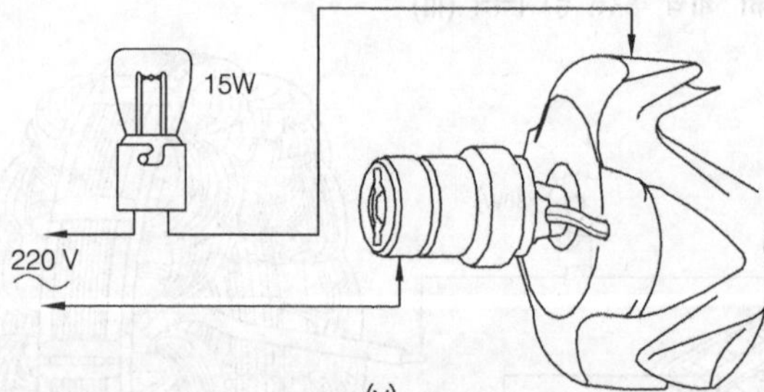

(v)

H. रोटर वाइण्डिंग की ओपन सर्किट हेतु टैस्टिंग

1. रोटर वाइण्डिंग की निरन्तरता की जाँच करने हेतु स्लिप-रिंग्स के मध्य 12V/24V की बैटरी तथा मूविंग क्वॉयल अमीटर को संयोजित करते हैं। एक 12 V की बैटरी के लिए 2 से 2.5A धारा होनी चाहिए। चित्र (vi) व (vii)

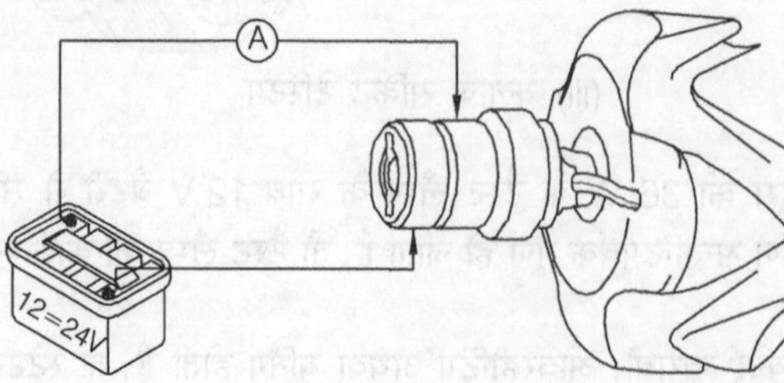

(vi)

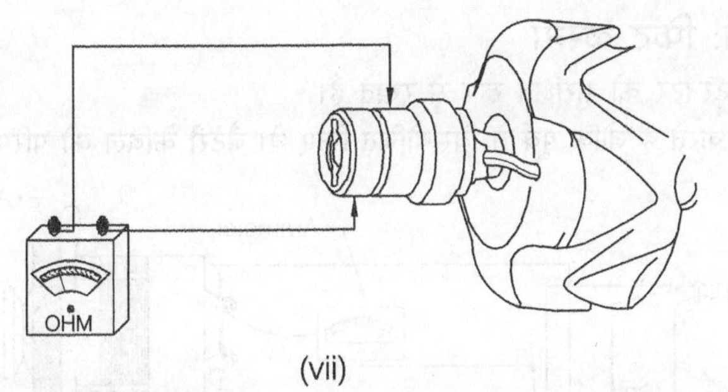

(vii)

2. रोटर वाइण्डिंग के प्रतिरोध की ओह्ममीटर से जाँच करते हैं। एक 24V के आल्टरनेटर के लिए प्रतिरोध $9.6 \pm 1\,\Omega$ होना चाहिए तथा 12V के आल्टरनेटर के लिए प्रतिरोध $3.2 \pm 0.5\,\Omega$ होना चाहिए।
3. यदि रीडिंग सीमा के अन्तर्गत न हो, तो रोटर असेम्बली को परिवर्तित कर देते हैं।

I. डायोड्स की टैस्टिंग

1. प्रत्येक डायोड को अलग-अलग 12 V, 15 W के लैम्प के साथ सीरीज में संयोजित करते हैं।
2. एक टैस्ट लीड को डायोड की कनैक्टिंग पिन से तथा दूसरी लीड को हीट सिंक से चित्रानुसार संयोजित करते हैं। चित्र (viii)

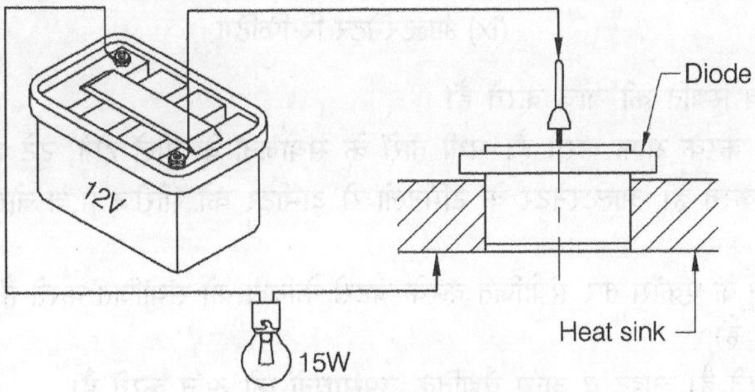

(viii) डायोड्स टेस्टिंग

3. यदि लैम्प जलता हो, तो टैस्ट लीड्स के संयोजनों को विपरीत कर देते हैं। लैम्प टैस्ट, संयोजनों की केवल एक दिशा में जलना चाहिए। यदि आवश्यकता हो, तो डायोड्स को परिवर्तित कर देते हैं।

J. स्लिप-रिंग्स की जाँच करके आल्टरनेटर की असेम्बलिंग

1. स्लिप-रिंग्स की उनकी ट्रू-नेस (trueness) के लिए लेथ एवं डायल टैस्ट इन्डीकेटर में जाँच करते हैं।
2. स्लिप-रिंग्स की सतह की बर्र व धूल के लिए जाँच करते हैं तथा आवश्यकता होने पर स्लिप-रिंग्स को परिवर्तित कर देते हैं।
3. ड्राइव एण्ड बियरिंग के साथ ड्राइव एण्ड ब्रैकेट के लिए रोटर असेम्बली को असेम्बल करते हैं तथा बियरिंग रिटेनर को स्क्रुओं के साथ फिक्स करते हैं।
4. रोटर शाफ्ट पर स्पेसर, 'वुडरफ-की', फेन तथा पुली को असेम्बल करते हैं।
5. ड्राइव एण्ड ब्रैकेट के लिए स्टेटर असेम्बली को असेम्बल करते हैं।
6. स्लिप-रिंग्स एण्ड ब्रैकेट में रेक्टिफायर असेम्बली को रखकर स्क्रुओं को फिक्स करते हैं।
7. स्लिप-रिंग्स एण्ड ब्रैकेट को रखकर फिक्सिंग बोल्ट्स/स्टड्स को फिक्स करते हैं तथा स्टेटर वाइण्डिंग केबिल के सिरों को रेक्टिफायर के साथ सोल्डर करते हैं।
8. बुश बॉक्स की स्लिप-रिंग्स एण्ड ब्रैकेट पर रखकर स्क्रुओं को फिक्स कर देते हैं।
9. अब सीलिंग पैड्स तथा दोनों बुशों को रखते हैं।
10. डिलीवरी बुश माउण्टिंग प्लेट को उसकी स्थिति पर रखकर स्क्रुओं को फिक्स कर देते हैं।
11. बुश-बॉक्स पर रेगुलेटर रखकर रेगुलेटर लीड्स को संयोजित करते हैं तथा स्क्रुओं को फिक्स करते हैं।
12. कवर रखकर कवर को सुरक्षित करने हेतु स्टड्स तथा वाशरों को फिक्स करते हैं तथा नटों को अच्छे से कस देते हैं।

K. आल्टरनेटर को वाहन पर पुनः फिट करना

1. बोल्टों तथा नटों का प्रयोग करके आल्टरनेटर को सुरक्षित रूप से रखते हैं।
2. आल्टरनेटर के सभी तारों को संयोजित करते हैं जोकि पूर्व में विसंयोजित किए थे। बैटरी केबिल को परिपथ से जोड़ते हैं। चित्र (ix)

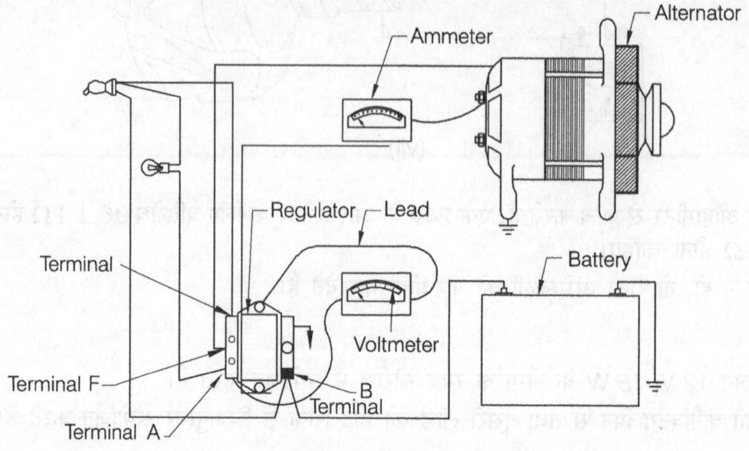

(ix) आल्टरनेटर रि-फिटिंग

3. फेन बैल्ट की ओवरस्ट्रेच अथवा खराब स्थिति की जाँच करते हैं।
4. बैटरी केबिल्स के सभी सिरों की जाँच करके साफ करते हैं। सभी तारों के संयोजनों के ढीले होने, टूटे होने या गन्दे होने की जाँच करते हैं।
5. बैटरी के अर्थ केबिल को विसंयोजित करते हैं। आल्टरनेटर के टर्मिनलों से अमीटर को सीरीज में व वोल्टमीटर को पैरेलल में संयोजित करके अर्थ करते हैं।
6. आल्टरनेटर में फील्ड आउटपुट टर्मिनल के एक्रॉस तार संयोजित करके बैटरी केबिल को संयोजित करते हैं तथा स्टार्टिंग स्विच को ऑन करके अमीटर तथा वोल्टमीटर की रीडिंग्स नोट करते हैं।
7. इंजन को माध्यम गति पर प्रचालित करते हैं। लाइट व अन्य वैद्युतिक उपसाधनों को ऑन करते हैं।
8. वोल्टमीटर की रीडिंग 14.2 V व अमीटर की रीडिंग 2A (लगभग) होनी चाहिए। यदि अमीटर व वोल्टमीटर की रीडिंग्स कम हो, तो रेगुलेटर को परिवर्तित कर देना चाहिए।
9. फेन बैल्ट के उपयुक्त टेन्शन की जाँच करते हैं।
10. यदि फेन बैल्ट की टेन्शन उच्च अथवा निम्न हो, तो उपयुक्त साइड से आल्टरनेटर को घुमाकर टेन्शन को व्यवस्थित करते हैं।

L. आल्टरनेटर का सामान्य अनुरक्षण

1. समय-समय पर आल्टरनेटर की जाँच करते हैं।
2. माउण्टिंग बोल्ट्स के कसे होने की जाँच करते हैं।
3. फेन बैल्ट की स्थिति तथा टेन्शन की निर्देशित मान के लिए जाँच करते हैं।
4. बैटरी के इलेक्ट्रॉलाइट के विशिष्ट गुरुत्व (specific gravity) की जाँच करते हैं।
5. बैटरी टर्मिनलों के कसे होने तथा साफ होने की जाँच करते हैं।
6. प्रतिवर्ष बुशों की एक बार जाँच करते हैं। यदि आवश्यकता हो, तो उन्हें परिवर्तित कर देते हैं।
7. प्रति दो वर्ष में एक-बार बियरिंग की जाँच करते हैं। यदि वे खराब हो गए हों, तो उन्हें परिवर्तित कर देते हैं।
8. स्लिप-रिंग्स को महीन एमरी पेपर का प्रयोग करके साफ करते हैं।

परिणाम (Result) आल्टरनेटर को वाहन से खोलकर, आल्टरनेटर के भागों को साफ करने, दोषों की जाँच करने, आल्टरनेटर को असेम्बल करके मोटरिंग एक्शन की जाँच करने तथा आल्टरनेटर को वाहन पर फिट करने का कार्य सफलतापूर्वक किया गया।

प्रैक्टिकल संख्या 82

✎ स्टार्टर मोटर वाहन हटाने एवं स्टार्टर मोटर ओवरहॉल करने का अभ्यास करना, स्टार्टर मोटर का परीक्षण करना

Practice on Removing Starter Motor Vehicle and Overhauling the Starter Motor, Testing of Starter Motor

उद्देश्य Object

स्टार्टर मोटर को वाहन से खोलने, ओवरहॉलिंग करना और स्टार्टर मोटर की टैस्टिंग करने का अभ्यास करना।

आवश्यक उपकरण/सामग्री Essential Apparatus/Materials

- सर्क्लिप प्लायर
- वाहन इंजन स्टार्टर मोटर के साथ
- हैमर
- अटैचमेन्ट के साथ ग्राउलर
- साफ कपड़ा
- वर्नियर कैलीपर
- ग्रीस
- मल्टीमीटर
- डी. ई. स्पैनर
- वायु सम्पीडक
- सॉकेट स्पैनर सैट
- डायल गेज
- स्क्रू ड्राइवर
- स्प्रिंग टेन्शन टेस्टर
- हैक्सॉ ब्लेड
- स्टार/स्क्रू ड्राइवर सैट
- पेट्रोल
- ट्रेनर टूल किट
- ब्रुश
- रिंग स्पैनर
- V-ब्लॉक (2)
- मिट्टी का तेल
- ग्राउलर
- एमरी पेपर

सुरक्षा सावधानियाँ/निर्देश Safety Precautions/Instructions

1. सभी भागों का सावधानी से निरीक्षण करें।
2. फर्श पर तेल न गिरने दें।
3. ओवर रनिंग क्लच को पेट्रोल से साफ न करें।
4. कम्यूटेटर को एमरी पेपर से साफ न करें।
5. बिना लोड दिए स्टार्टर मोटर को अधिक समय तक न चलाएँ।
6. विसंयोजित करते समय सभी भागों को सावधानीपूर्वक उपयुक्त स्थान पर रखें।
7. जाँच के दौरान खराब पाए जाने वाले भागों को परिवर्तित कर दें।

कार्यविधि Working Method

A. स्टार्टर मोटर का विसंयोजन

1. अर्थ लीड को बैटरी से विसंयोजित करते हैं।
2. स्टार्टर मोटर के टर्मिनलों से सोलेनॉयड स्विच के लीड तारों तथा बैटरी केबिल्स को विसंयोजित करते हैं।
3. स्टार्टर मोटर के माउण्टिंग बोल्ट्स को हटाते हैं।
4. स्टार्टर मोटर को हटाते हैं।

B. सोलेनॉयड स्विच असेम्बली को हटाना

1. केबिल टर्मिनल नटों को हटाकर सोलेनॉयड मैग्नेटिक स्विच से लीड तारों को विसंयोजित करते हैं।
2. दो माउण्टिंग नट्स को हटाते हैं तथा थोड़ा-सा तिरछा करके मैग्नेटिक स्विच को बाहर निकालते हैं। चित्र (i)

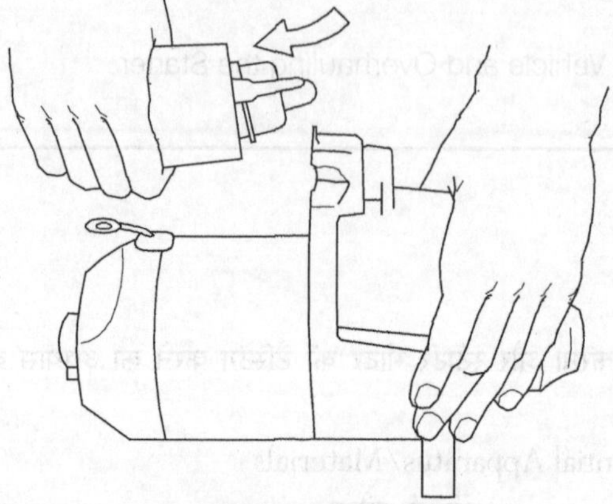

(i) मैग्नेटिक स्विच हटाना

C. मोटर असेम्बली को खोलना

1. आर-पार बोल्टों को हटाते हैं।
2. कम्यूटेटर एण्ड कवर को हटाते हैं। चित्र (ii)

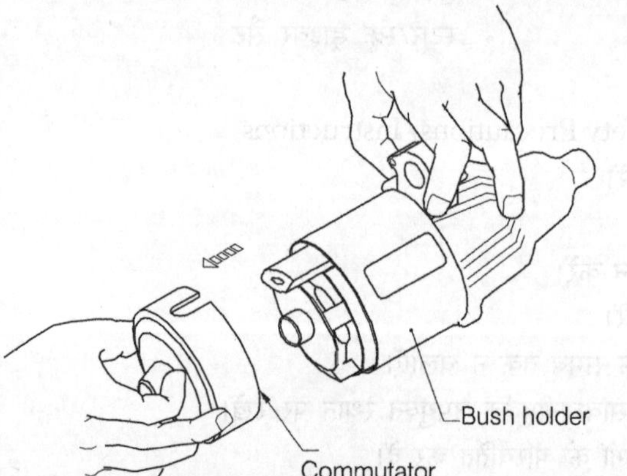

(ii) कम्यूटेटर हटाना

3. बुश होल्डर से बुश होल्डर कवर को हटाते हैं।
4. स्टार्टर बॉडी से बुश स्प्रिंग तथा कॉपर बुश को हटाते हैं।
5. योक असेम्बली को हटाते हैं।
6. पिनियन ड्राइव लीवर के साथ आर्मेचर को हटाते हैं।

7. दो स्टॉप कॉलर के मध्य के गैप में स्क्रू ड्राइवर की टिप को प्रवेश कराते हैं। चित्र (iii)

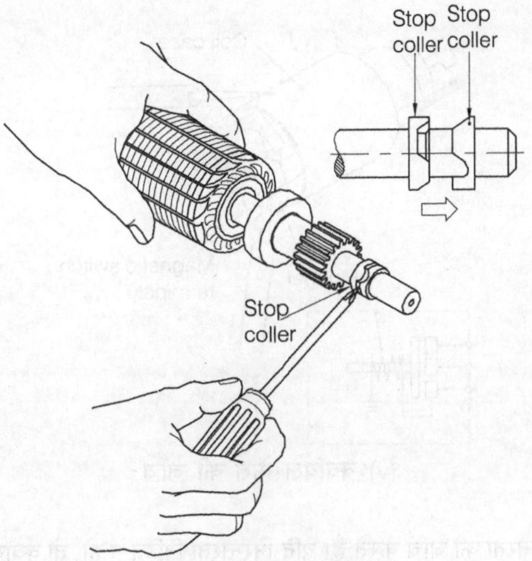

(iii) स्टॉप कॉलर खोलना

8. फ्रन्ट कॉलर को बाहर की ओर धकेलते हैं।
9. 14 मिमी के सॉकेट का प्रयोग करके रियर स्टॉप कॉलर को नीचे की ओर धकेलते हैं।
10. सर्क्लिप प्लायर के साथ स्क्रू ड्राइवर का प्रयोग करके आर्मेचर सर्क्लिप को हटाते हैं।
11. रियर पिनियन स्टॉप कॉलर तथा ओवर रनिंग क्लच को बाहर की ओर धकेलते हैं। चित्र (iv)

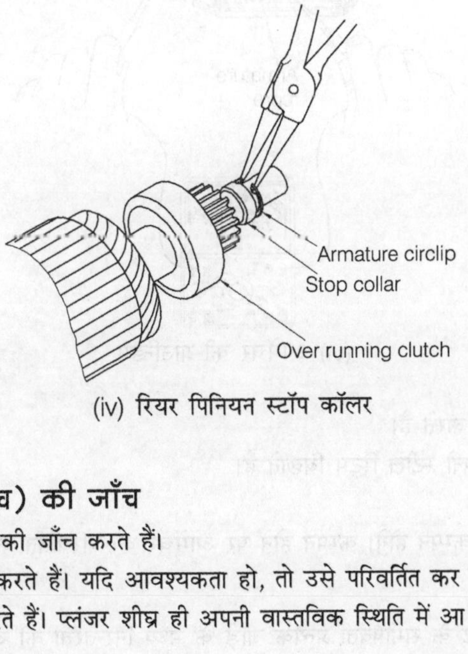

(iv) रियर पिनियन स्टॉप कॉलर

D. मैग्नेटिक स्विच (सोलेनॉयड स्विच) की जाँच

1. मैग्नेटिक स्विच बूट के टूटने (breakage) की जाँच करते हैं।
2. प्लंजर के घिसने तथा खराब होने की जाँच करते हैं। यदि आवश्यकता हो, तो उसे परिवर्तित कर देते हैं।
3. प्लंजर को अन्दर की ओर दबाकर मुक्त करते हैं। प्लंजर शीघ्र ही अपनी वास्तविक स्थिति में आ जाना चाहिए। यदि आवश्यकता हो, तो प्लंजर को परिवर्तित कर देते हैं।

4. मैग्नेटिक स्विच टर्मिनल तथा क्वॉयल केस के एक्रॉस निरन्तरता की जाँच करते हैं। यदि निरन्तरता निहित न हो, तो क्वॉयल ओपन है अतः उसे परिवर्तित कर देना चाहिए। चित्र (v)

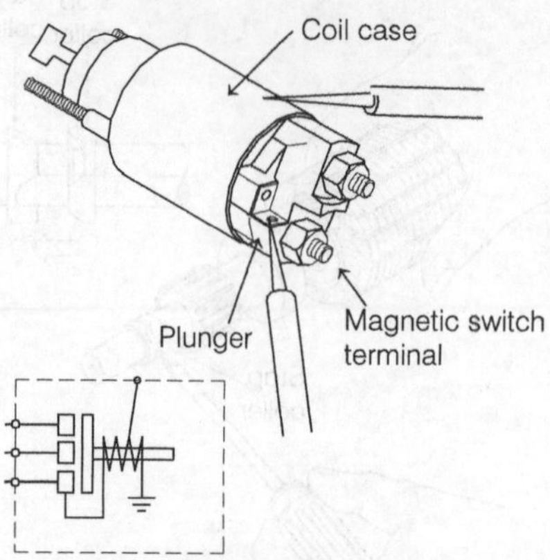

(v) क्वॉयल केस की जाँच

5. मैग्नेटिक स्विच के दोनों टर्मिनलों के मध्य निरन्तरता की जाँच करते हैं। यदि निरन्तरता निहित न हो, तो क्वॉयल ओपन है अतः उसे परिवर्तित कर देना चाहिए।

E. आर्मेचर की ग्राउन्डिंग की जाँच

1. कम्यूटेटर तथा आर्मेचर कोर के मध्य ओह्ममीटर का प्रयोग करके निरन्तरता की जाँच करते हैं। यदि इन्सुलेशन सही स्थिति में होगा तो ओह्ममीटर अनन्त प्रतिरोध (infinite resistance) प्रदर्शित करेगा। चित्र (vi)

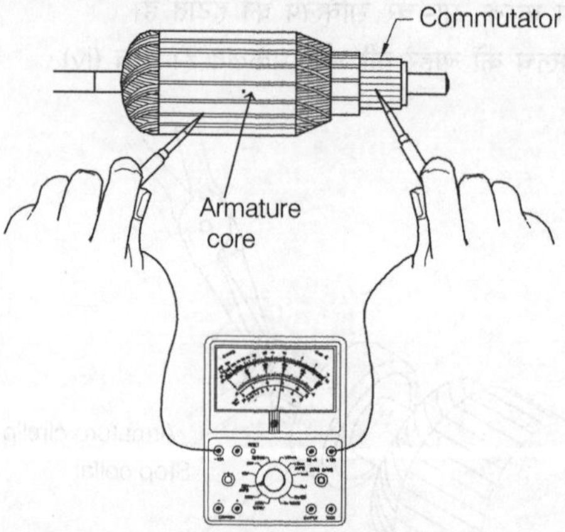

(vi) आर्मेचर की ग्राउन्डिंग

2. आर्मेचर को ग्राउलर पर रखकर स्विच ऑन करते हैं।
3. आर्मेचर कोर पर कम एयर गैप के साथ पतली स्टील स्ट्रिप बिछाते हैं।
4. आर्मेचर को धीरे से हाथ द्वारा घुमाते हैं।
5. यदि क्वॉयल शॉर्ट होगी, तो स्टील स्ट्रिप में कम्पन होंगे। कम्पन होने पर आर्मेचर को परिवर्तित कर देते हैं।

F. ओपन सर्किट परीक्षण

1. ओह्ममीटर का प्रयोग करके कम्यूटेटर सैग्मेन्ट के समीपवर्ती प्रत्येक जोड़े के मध्य निरन्तरता की जाँच करते हैं।
2. यदि उनके मध्य निरन्तरता नहीं होगी, तो ओह्ममीटर की सूई विक्षेपित नहीं होगी। ऐसी स्थिति में आर्मेचर असेम्बली को परिवर्तित कर देते हैं।

G. कम्यूटेटर रन-आउट

1. आर्मेचर को दो V-ब्लॉक या स्टैण्ड के मध्य चित्रानुसार रखते हैं। चित्र (vii)

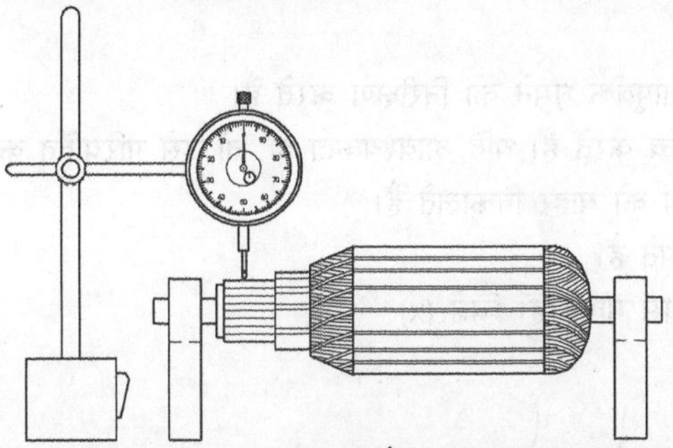

(vii) कम्यूटेटर रन आउट

2. डाई-गेज का प्रयोग करके कम्यूटेटर को हाथ द्वारा धीरे-से घुमाकर रन-आउट की जाँच करते हैं।
3. आवश्यकता होने पर कम्यूटेटर को लेथ मशीन पर सही करते हैं। कम्यूटेटर के घिसने की जाँच करते हैं।
4. यदि कम्यूटेटर का व्यास न्यूनतम सीमा से कम हो, तो इसका अर्थ है कि कम्यूटेटर घिस गया है। आवश्यकता होने पर कम्यूटेटर को परिवर्तित कर देते हैं।
5. एमरी पेपर (400) का प्रयोग करके सतहों को साफ करते हैं। माइका की गहराई के कम-से-कम 0.2 मिमी होने की जाँच करते हैं। यदि आवश्यकता हो, तो हैक्सॉ ब्लेड या नाइफ का प्रयोग करके उसे सही करते हैं। चित्र (viii)

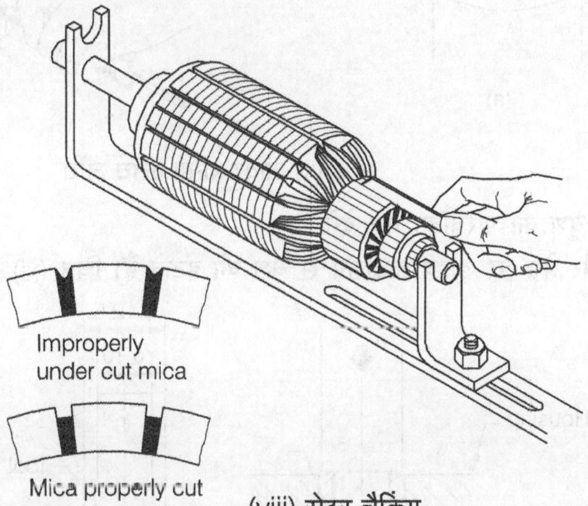

(viii) रोटर चैकिंग

H. फील्ड क्वॉयल की जाँच (ओपन सर्किट व शॉर्ट सर्किट)

1. एक ओह्ममीटर अथवा टैस्ट लैम्प का प्रयोग करके फील्ड क्वॉयल तथा इन्सुलेटेड बुशों के मध्य निरन्तरता की जाँच करते हैं। यदि निरन्तरता प्रदर्शित न हो, तो इन्सुलेशन विफल हो जाएगा। फील्ड क्वॉयल को इस स्थिति में परिवर्तित कर देते हैं।
2. फील्ड क्वॉयल का बॉडी से शॉर्ट सर्किट परीक्षण करते हैं। यदि क्वॉयल बॉडी से शॉर्ट होगी, तो उसे परिवर्तित कर देते हैं।
3. चित्रानुसार कॉपर बुशों की लम्बाई का मापन करते हैं। यदि बुश सर्विस लिमिट में घिस जाते हैं, तो उन्हें परिवर्तित कर देते हैं। चित्र (ix)

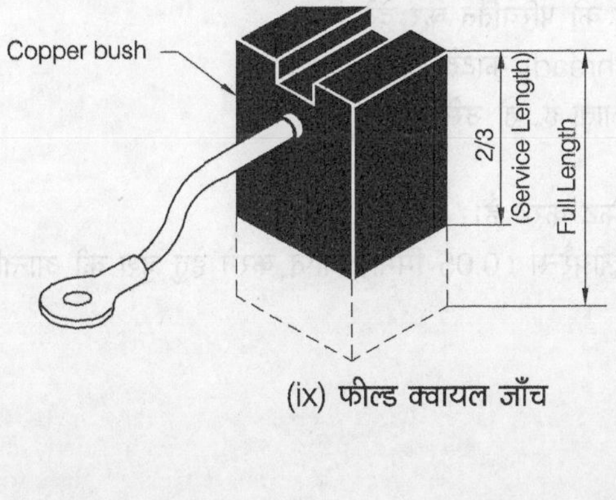

(ix) फील्ड क्वायल जाँच

4. बुश स्प्रिंगों के तनाव, जंग अथवा टूटे होने की जाँच करते हैं।
5. इन्सुलेशन तथा अर्थ के लिए बुश होल्डर की जाँच करते हैं।

I. ओवर-रनिंग क्लच की जाँच

1. ओवर-रनिंग क्लच के 'A' दिशा में स्वतन्त्रतापूर्वक घूमने का निरीक्षण करते हैं।
2. पिनियन के असामान्य रूप से घिसने की जाँच करते हैं। यदि आवश्यकता हो, तो उसे परिवर्तित कर देते हैं।
3. 10 मिमी की रॉड का प्रयोग करके बुश कैप को बाहर निकालते हैं।
4. ड्राइव बुश (bush) का आन्तरिक व्यास मापते हैं।
5. ड्राइव एण्ड पर आर्मेचर शाफ्ट का बाह्य व्यास मापते हैं। चित्र (x)

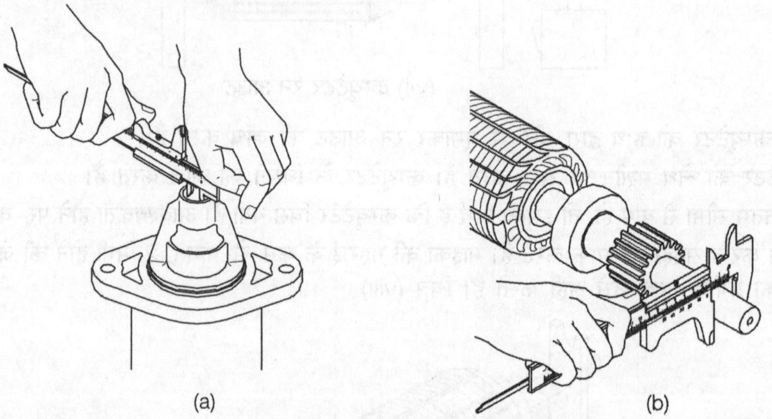

(x) ओवर रनिंग क्लच जाँच

6. यदि क्लीयरैन्स लिमिट से अधिक हो, तो बुश को परिवर्तित कर देते हैं।
7. चित्रानुसार उपकरण का प्रयोग करके आर्बर प्रेस पर ड्राइव हाउसिंग से बुश को हटाते हैं। चित्र (xi)

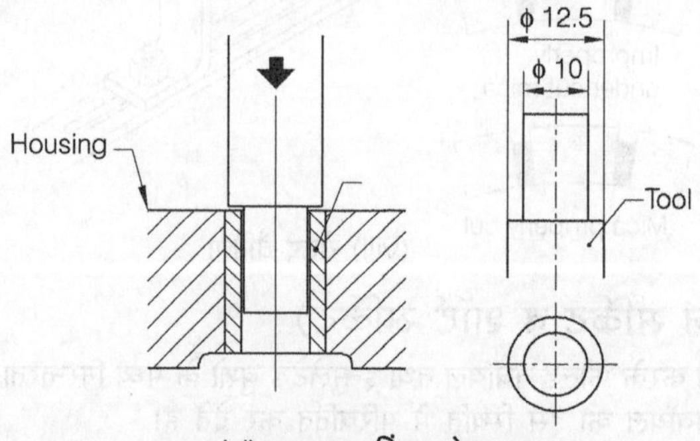

(xi) ड्राइव हाउसिंग को हटाना

8. कम्यूटेटर एण्ड पर आर्मेचर का बाह्य व्यास मापते हैं।
9. यदि क्लीयरैन्स सीमा से अधिक हो, तो बुश को परिवर्तित कर देते हैं।
10. बुश में उपयुक्त टैप की सहायता से चूड़ी (thread) काटते हैं।
11. जब टैप का सिरा फ्रेम के नीचे तक पहुँच जाता है, तो उसे कस देते हैं।
12. बुश बाहर आ जाता है।
13. आर्बर प्रेस पर प्रेस की भाँति नए बुश को फिट करते हैं।
14. आर्मेचर शाफ्ट तथा बुश के मध्य ऑयल क्लीयरैन्स (0.05 मिमी) प्राप्त करने हेतु बुश की आन्तरिक सतह पर रीमिंग करते हैं।

J. असेम्बली

1. ग्रीस एप्लाई करके ओवर-रनिंग क्लच को आर्मेचर शाफ्ट के साथ चित्रानुसार स्थापित करते हैं। चित्र (xii)

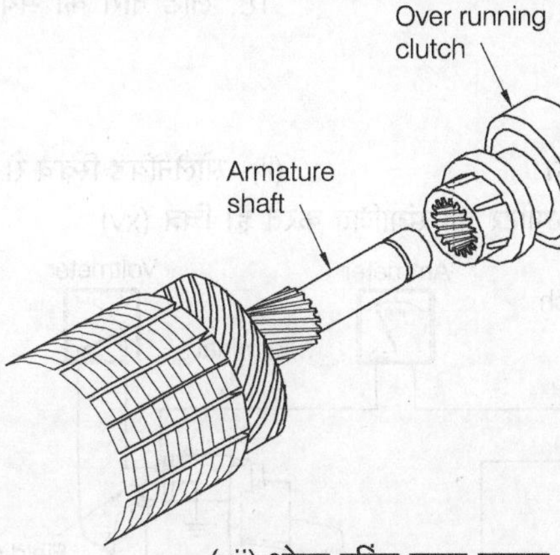

(xii) ओवर रनिंग क्लच लगाना

2. आर्मेचर शाफ्ट में रियर स्टॉप कॉलर प्रवेश करते हैं। (चित्र xiii)

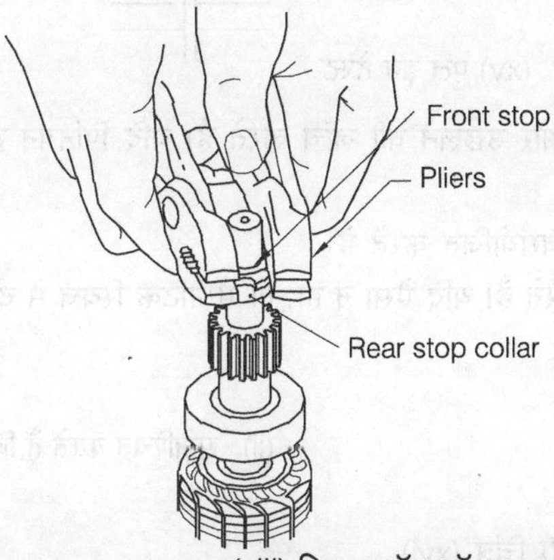

(xiii) रियर स्टॉप कॉलर लगाना

3. आर्मेचर शाफ्ट में सर्क्लिप प्रवेश करते हैं।
4. आर्मेचर शाफ्ट में फ्रण्ट स्टॉप कॉलर प्रवेश कराते हैं।
5. चित्रानुसार प्रवेश कराने हेतु दो प्लायर्स द्वारा दबाते हैं। चित्र (xiv)

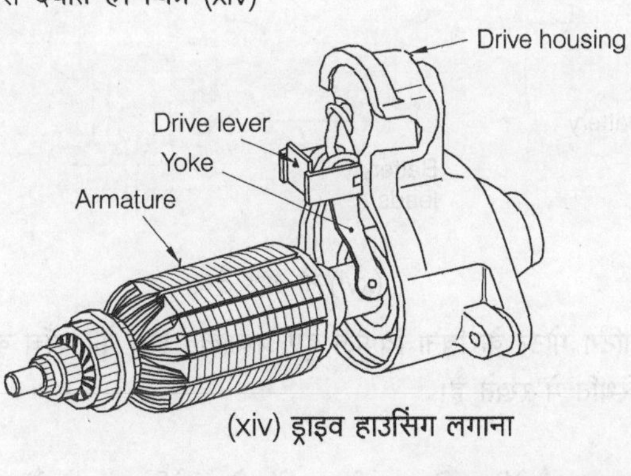

(xiv) ड्राइव हाउसिंग लगाना

6. ड्राइव लीवर पर ग्रीस लगाते हैं।
7. आर्मेचर को इससे संयोजित करते हैं।
8. ड्राइव हाउसिंग के साथ इन्हें असेम्बल करते हैं।
9. चोक को स्थापित करते हैं।
10. बुश होल्डर को स्थापित करते हैं।
11. स्प्रिंग्स के साथ बुशों के 4 सैट स्थापित करते हैं।
12. बुश होल्डर कवर को स्थापित करते हैं।
13. ग्रीस लगाकर कम्यूटेटर एण्ड हाउसिंग को स्थापित करते हैं।

14. यदि आवश्यकता हो तो मैग्नेटिक स्विच तथा उसके बूट को परिवर्तित कर देते हैं।
15. प्लंजर के हुक पर ग्रीस लगाते हैं।
16. ड्राइव लीवर के साथ स्विच प्लंजर को हुक करते हैं।
17. स्विच असेम्बली को नट्स के साथ लगाते हैं।
18. लीड तारों को संयोजित करते हैं।

K. टैस्टिंग करके पुन: माउण्टिंग करना

1. **पुल इन टैस्ट**
   (i) स्टार्टिंग मोटर को वाइस या स्टैण्ड में पकड़ते हैं।
   (ii) सोलेनॉयड स्विच से फील्ड क्वॉयल टर्मिनल को विसंयोजित करते हैं।
   (iii) चित्रानुसार टैस्ट लीड, स्विच, अमीटर व वोल्टमीटर को संयोजित करते हैं। चित्र (xv)

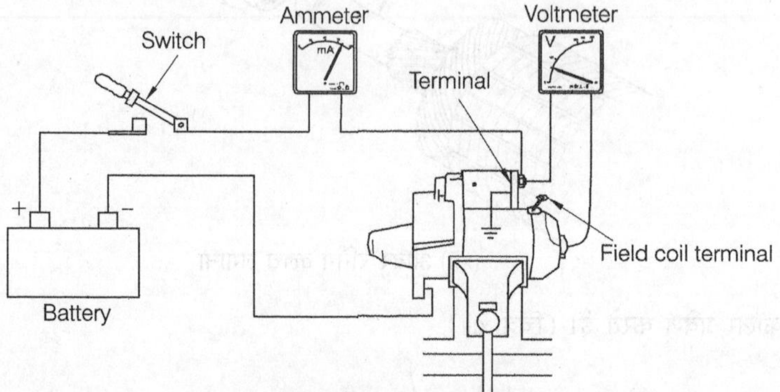

(xv) पुल इन टेस्ट

   (iv) स्विच प्रचालित करके पिनियन के ऊपर की ओर उछलने की जाँच करते हैं। यदि पिनियन उछलता है, तो दोषोपचार नहीं हो पाएगा।
2. **होल्ड टैस्ट**
   (i) सोलेनॉयड स्विच से ऋणात्मक टर्मिनल को विसंयोजित करते हैं।
   (ii) पिनियन के ऊपर की ओर उछलने की जाँच करते हैं। यदि ऐसा न हो, तो मैग्नेटिक स्विच में दोष है। अत: आवश्यकता होने पर उसे परिवर्तित कर देते हैं।
3. **पिनियन रिटर्न टैस्ट**
   (i) स्विच को विसंयोजित करते हैं।
   (ii) सुनिश्चित करते हैं कि पिनियन शीघ्र ही अन्दर की ओर वापस आ जाता है।
4. **नो-लोड प्रदर्शन टैस्ट**
   (i) बैटरी लीड्स को चित्रानुसार संयोजित करते हैं। चित्र (xvi)

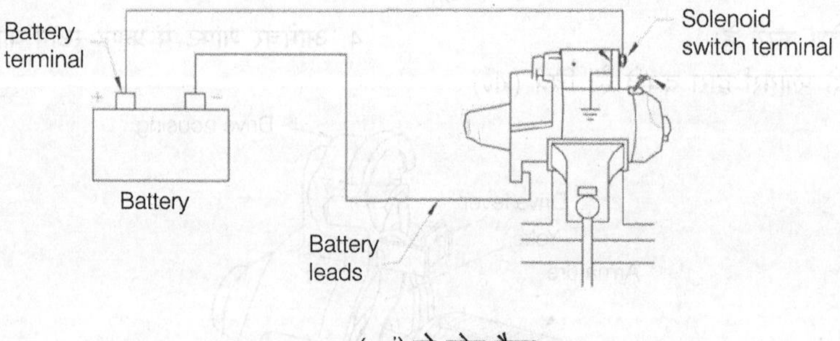

(xvi) नो-लोड टैस्ट

   (ii) सोलेनॉयड स्विच प्रचालित करके स्टार्टिंग मोटर के बिना विफल हुए प्रचालित होने की जाँच करते हैं।
5. स्टार्टिंग मोटर को वाहन पर उसकी सही स्थिति में रखते हैं।
6. दो माउण्टिंग बोल्टों को कसते हैं।
7. स्टार्टिंग मोटर के टर्मिनलों से बैटरी केबिल तथा मैग्नेटिक स्विच लीड तारों को संयोजित करते हैं।
8. ऋणात्मक लीड को बैटरी से संयोजित करते हैं।
9. वाहन को स्टार्ट करते हैं तथा स्टार्टिंग मोटर की कार्यप्रणाली की जाँच करते हैं।

परिणाम (Result) स्टार्टर मोटर को वाहन से खोलने, स्टार्टर मोटर की ओवरहॉलिंग करने तथा स्टार्टर मोटर की टैस्टिंग करने का कार्य सफलतापूर्वक किया गया।

प्रैक्टिकल संख्या 83

✎ यान्त्रिक व वैद्युतिक कारणों से इंजन स्टार्ट नहीं होने, उच्च ईंधन खपत, इंजन ओवरहीटिंग, निम्न शक्ति उत्पादन, अत्यधिक तेल खपत, निम्न/उच्च इंजन ऑयल दाब, इंजन शोर के लिए LMV/HMV में दोषोपचार का अभ्यास करना

Practice on Troubleshooting in LMV/HMV for Engine Not Starting Mechanical & Electrical Causes, High Fuel Consumption, Engine Overheating, Low Power Generation, Excessive Oil Consumption, Low/High Engine Oil Pressure, Engine Noise

---

उद्‌देश्य Object

इंजन का दोषोपचार करना।

आवश्यक उपकरण/सामग्री Essential Apparatus/Materials

- स्नेहक
- शीतलक
- एक डीजल इंजन वाहन
- आवश्यक स्पेयर पार्ट्स
- ट्रेनी टूल किट

सुरक्षा सावधानियाँ/निर्देश Safety Precautions/Instructions

1. ईंधन, स्नेहक एवं शीतलक का स्तर (level) सुनिश्चित कर लें।
2. इंजन चालू करते समय गियर-शिफ्ट लीवर को न्यूट्रल स्थिति में रखें।
3. बैटरी पूर्णत: आवेशित (charged) हो।

A. इंजन स्टार्ट नहीं होता है (वैद्युतिक कारण)

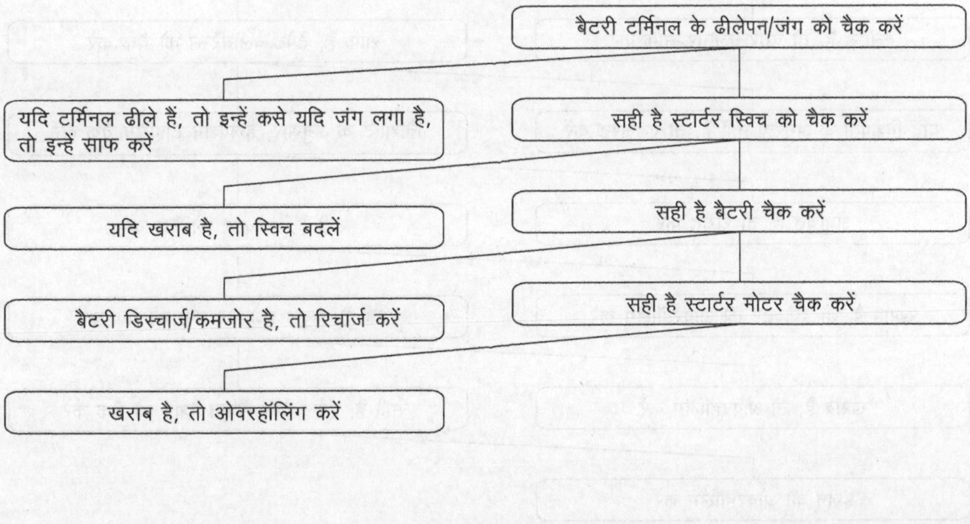

B. इंजन स्टार्ट नहीं होता है (यान्त्रिक कारण)

टैंक में फ्यूल चैक करें

फ्यूल नहीं है (फ्यूल भरें)

सही है फ्यूल पाइप की ब्लॉकिंग चैक करें

यदि पाइप ब्लॉक है, तो पाइप को साफ करें

सही है फ्यूल टैंक के वैन्ट होल को चैक करें

यदि क्लॉग्ड है, तो इसे साफ करें

सही है फ्यूल फिल्टर चैक करें

यदि क्लॉग्ड है, तो इसे बदलें

सही है साइलेंसर तथा एग्जॉस्ट मैनीफोल्ड को बदलें

यदि क्लॉग्ड है, तो इसे साफ करें

सही है इंजेक्शन टाइमिंग चैक करें

यदि यह अनुचित है, तो री-सैट करें

सही है वाल्व टाइमिंग चैक करें

यदि यह अनुचित है, तो एडजस्ट करें

सही है इंजेक्टर चैक करें

यदि खराब है, तो इंजेक्टर की ओवरहॉलिंग करें

सही है फ्यूल इंजेक्शन पम्प चैक करें

यदि खराब है तो इसकी ओवर हॉलिंग करें

सही है इंजन के कम्प्रैशन को चैक करें

कम्प्रैशन कमजोर है, तो इंजन की ओवरहॉलिंग करें

C. उच्च ईंधन खपत (डीजल)

फ्यूल की लीकेज चैक करें

यदि कोई लीकेज है, तो इसे दूर करें

नहीं है, एयर क्लीनर को चैक करें

क्लॉग्ड है, तो एयर क्लीनर साफ करें

साफ है, टैपेट क्लीयरैन्स को चैक करें

यदि विशेषता के अनुरूप नहीं है, तो एडजस्ट करें

विशिष्टि के अनुसार, इंजेक्शन टाइमिंग चैक करें

अनुचित है, तो रीसैट करें

सही है, इंजेक्टर को चैक करें

खराब है, तो इंजेक्टर की ओवरहॉलिंग करें

सही है, फ्यूल इंजेक्टर पम्प को चैक करें

खराब है, तो ओवरहॉलिंग करें

सही है, इंजन के कम्प्रैशन प्रैशर को चैक करें

इंजन की ओवरहॉलिंग करें

D. इंजन ओवरहीट होता है

रेडिएटर में वाटर लेवल चैक करें

यदि कम है, तो इसे भरें	सही है, रेडिएटर की बाह्य लीकेज चैक करें
यदि लीकेज है, तो इसे बदल दें	सही है, फैन बैल्ट के तनाव को चैक करें
यदि बैल्ट ढीली है, तो एडजस्ट करें	सही है, थर्मोस्टेट वाल्व चैक करें
खराब होने पर बदल दें	सही है, सिलेण्डर हैड की कसावट चैक करें
ढीला होने पर कसे	सही है, टैपेट क्लीयरैन्स चैक करें
विशेषता के अनुरूप न हो, तो एडजस्ट करें	सही है, इंजेक्शन टाइमिंग चैक करें
अनुचित होने पर री-सैट करें	सही है, रेडिएटर प्रैशर कैप चैक करें
खराब है, तो बदलें	सही है, आन्तरिक एवं बाह्य क्लॉगिंग हेतु रेडिएटर कोर चैक करें
क्लॉग्ड है, तो साफ करें	सही है, वाटर पम्प चैक करें
खराब है, तो ओवरहॉलिंग करें	सही है, एग्जॉस्ट मैनीफोल्ड तथा साइलेंसर चैक करें
क्लॉग्ड है, तो साफ करें	सही है, इंजेक्टर चैक करें
खराब है, तो इंजेक्टर को ओवरहॉलिंग करें	सही है, इंजेक्शन पम्प फ्यूल चैक करें
खराब है, तो ओवरहॉलिंग करें	सही है, स्केल फॉर्मेशन/वाटर पैसेज की ब्लॉकिंग हेतु सिलेण्डर ब्लॉक को चैक करें
ब्लॉक होने पर इंजन की ओवरहॉलिंग करें	

E. निम्न शक्ति उत्पादन

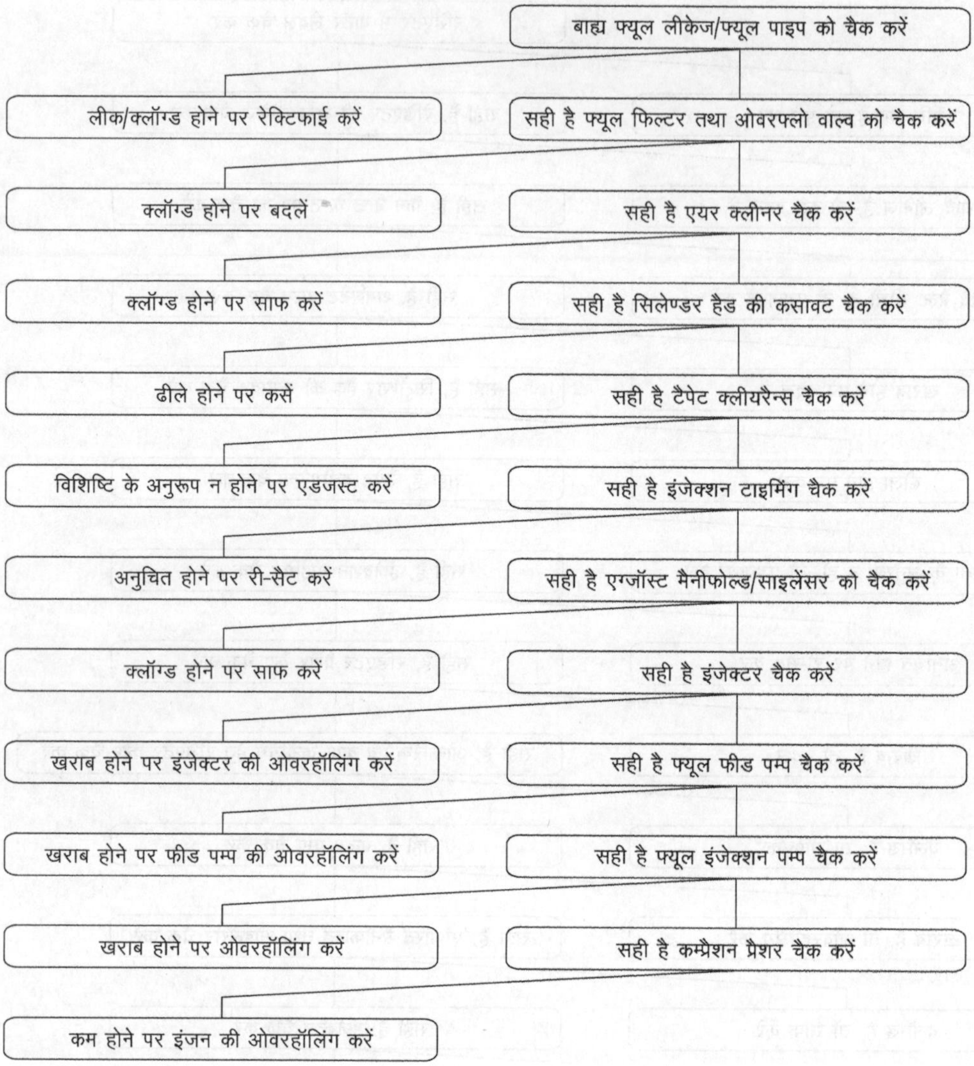

F. निम्न ऑयल प्रैशर

- ऑयल लेवल चैक करें
  - निम्न होने पर ऑयल लेवल सही करें
- सही है, ऑयल का ग्रेड चैक करें
  - निम्न श्यानता होने पर उचित ग्रेड के ऑयल का उपयोग करें
- सही है, ऑयल प्रैशर गेज चैक करें
  - खराब होने पर प्रैशर गेज बदलें
- सही है, सम्प में ऑयल स्ट्रेनर चैक करें
  - क्लॉग्ड होने पर साफ करें
- सही है, क्रैक/ब्लॉकेज/ढीलेपन के लिए ऑयल पाइप को चैक करें
  - क्रैक होने पर बदले, ब्लॉक होने पर साफ करें, ढीले होने पर कसें
- सही है, प्रैशर रिलीफ वाल्व असेम्बली चैक करें
  - खराब है, तो वाल्व असेम्बली को रिपेयर करें
- सही है, ऑयल पम्प चैक करें
  - खराब होने पर ऑयल पम्प की ओवरहॉलिंग करें
- सही है, क्रैंकशाफ्ट व कैमशाफ्ट बियरिंग चैक करें
  - वार्म-आउट होने पर इंजन की ओवरहॉलिंग करें

G. उच्च ऑयल प्रैशर

- ऑयल का ग्रेड चैक करें
  - इंजन ऑयल के गन्दा होने पर ऑयल बदलें
- सही है, रिलीफ वाल्व चैक करें
  - रिलीफ वाल्व खराब होने पर वाल्व बदलें
- सही है, ऑयल प्रैशर गेज चैक करें
  - ऑयल प्रैशर गेज खराब होने पर बदलें
- सही है, ऑयल प्रैशर गेज सही करें

H. इंजन शोर करता है

फ्यूल की क्वालिटी चैक करें

फ्यूल की क्वालिटी खराब होने पर फ्यूल बदलें

सही है, पिस्टन के कार्बन डिपॉजिट को चैक करें

कार्बन डिपॉजिट होने पर डिकार्बोनाइज करें

सही है, इंजन बियरिंग चैक करें

बियरिंग घिसा होने पर बदलें

सही है, इंजेक्टर को चैक करें

इंजेक्टर के खराब होने पर इसकी ओवरहॉलिंग करें

सही है, क्रैंकशाफ्ट एण्ड प्ले चैक करें

एण्ड प्ले अधिक होने पर इंजन की ओवरहॉलिंग करें

सही है, बिग तथा मैन बियरिंग लुब्रीकेशन चैक करें

लुब्रिकेशन कम होने पर इसे रेक्टिफाई करें

परिणाम (Result) इंजन का दोषोपचार सफलतापूर्वक किया गया।

द्वितीय वर्ष

प्रैक्टिकल संख्या 84

✎ भारी वाहनों के विभिन्न मुख्य भागों तथा उनके कार्यों व स्थिति की पहचान करना और संस्थान में विभिन्न डीलरों एवं संस्थाओं के साथ विभिन्न लॉरी/बसों का अध्ययन करना
Identify Different Major Components of Heavy Motor Vehicle and Their Function and Placement, Study of Different make Lorry Busis Institute with Different Dealers or Organizations

उद्देश्य Object

भारी वाहनों के विभिन्न मुख्य भागों तथा उनके कार्यों व स्थिति की पहचान करना और संस्थान में विभिन्न डीलरों एवं संस्थाओं के साथ विभिन्न लॉरी/बसों का अध्ययन करना।

आवश्यक उपकरण/सामग्री Essential Apparatus/Materials

- डबल एण्डेड स्पैनर सैट
- सोप ऑयल
- सूती कपड़ा
- ऑयल केन
- ग्रीस
- भारी वाहन/चेसिस
- केरोसीन

सुरक्षा सावधानियाँ/निर्देश Safety Precautions/Instructions

1. मॉडलों को बिना अनुमति के स्पर्श न करें।
2. क्लच समंजन की दशा में पूर्णतया समंजित होना चाहिए अर्थात् क्लच पैडल को ढीला न छोड़ें।
3. गियर परिवर्तन के समय क्लच पैडल मुक्त (free) होना चाहिए अर्थात् क्लच समंजित न होने पाए।
4. वाहन के इंजन को बन्द करने के उपरान्त ही फाइनल ड्राइव के निकट जाएँ।
5. फाइनल ड्राइव मॉडल में गियरों को स्पर्श न करें।
6. वाहन के इंजन को बन्द करने के उपरान्त ही स्टीयरिंग प्रणाली का निरीक्षण करें।
7. स्टीयरिंग लिंकेज के साथ छेड़छाड़ न करें।

कार्यविधि Working Method

1. स्टीयरिंग व्हील की स्थिति की जाँच करते हैं कि यह लेफ्ट हैण्ड या राइट हैण्ड ड्राइव है।

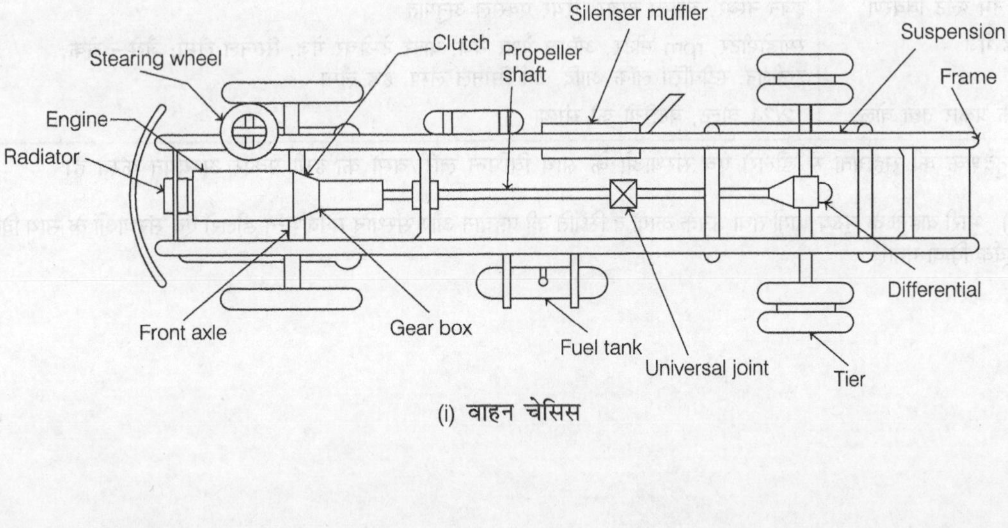

(i) वाहन चेसिस

2. इंजन की स्थिति (फ्रण्ट, सेन्टर, रियर) की जाँच करते हैं।
3. क्लच एवं गियर बॉक्स की स्थिति की जाँच करते हैं।
4. वाहन को रैम (ram) पर रखते हैं।
5. चेसिस के प्रकार एवं फ्रेम (आयताकार, 'I' आकार या चैनल टाइप) की जाँच करते हैं।
6. सस्पेन्शन के प्रकार (रिजिड, स्वतन्त्र) की जाँच करते हैं।
7. वाहन में प्रयुक्त ब्रेक के प्रकार (मैकेनिकल, हाइड्रॉलिक, एयर या वैक्यूम डिस्क/ड्रम) की जाँच करते हैं।
8. टायर की विशिष्टियों (चौड़ाई, व्यास तथा टायर पर बनी प्ले-रेटिंग) की जाँच करते हैं।
9. रेडिएटर की स्थिति की जाँच करते हैं।
10. फ्यूल टैंक की स्थिति की जाँच करते हैं।
11. साइलेन्सर (मफलर) की स्थिति की जाँच करते हैं।
12. फ्रण्ट एक्सेल के प्रकार (डेड, लाइव) की जाँच करते हैं।
13. गियर बॉक्स तथा डिफ्रेन्शियल के मध्य प्रोपेलर शाफ्ट एवं यूनिवर्सल जोड़ की संख्या को ज्ञात करते हैं।
14. डिफ्रेन्शियल तथा रियर एक्सेल की स्थिति की जाँच करते हैं।
15. प्राप्त विवरण को निम्न सारणी में नोट करते हैं।

क्र. सं.	अवयवों के नाम	अवयवों के प्रकार एवं उपलब्धता	टिप्पणी
1.	स्टीयरिंग व्हील/असेम्बली	मैकेनिकल/हाइड्रॉलिक/इलेक्ट्रिकल/अन्य कोई पावर स्रोत	
2.	इंजन असेम्बली/इंजन HP	प्राकृतिक एसीपरेटिड/टर्बो चार्ज, ... rpm पर अधिकतम HP	
3.	क्लच असेम्बली	एक्चुऐशन टाइप, मैकेनिकल/हाइड्रॉलिक/न्यूमैटिक/हाइड्रो-न्यूमैटिक	
4.	गियर बॉक्स असेम्बली	स्लाइडिंग मैश/नियत मैश/सिंक्रोमैश/सेमी-ऑटोमैटिक/ऑटोमैटिक, फॉरवर्ड गियरों की संख्या 3/4/5/6/7, प्रथम गियर अनुपात, ओवर ड्राइव (यदि लगी हो तो)	
5.	चेसिस तथा फ्रेम	ट्युबुलर, C-सेक्शन, क्रॉस अवयवों की संख्या, बोल्ट/रिवेट युक्त	
6.	सस्पेन्शन	फ्रण्ट-स्प्रिंग की संख्या, रियर-स्प्रिंग की संख्या, एयर सस्पेन्शन, नॉन-रिएक्टिव सस्पेन्शन, फ्रण्ट तथा रियर पर शॉक एब्जॉर्ब लगे हैं या नहीं।	
7.	टायरों की विशिष्टियाँ	9.00×20, 10.00×20, PR / PD / नायलॉन, ट्यूब के साथ या ट्यूबलैश, फ्रण्ट टायर संख्या, रियर टायर-संख्या, निर्माता	
8.	रेडिएटर	एल्युमीनियम/कॉपर, डी-एरेशन टैंक सहित या इसके बिना, शीतलक का प्रकार, शीतलक की क्षमता (लीटर में)	
9.	फ्यूल टैंक	बेलनाकार/आयताकार/क्षमता (लीटर में), LH/RH साइड में स्थिति, शीट मैटल/PVC टाइप	
10.	साइलेन्सर	मफलर सहित एग्जॉस्ट प्रणाली में पाइपों की संख्या तथा होल्डिंग ब्रैकेट की संख्या	
11.	फ्रण्ट एक्सेल	लाइव/डैड-इलियॉट/ रिवर्स इलियॉट टाइप, सिंगल फ्रण्ट एक्सेल तथा मल्टी फ्रण्ट एक्सेल	
12.	प्रोपेलर शाफ्ट की संख्या	1/2/3/4	
13.	प्रोपेलर शाफ्ट 'U'-जोड़	लगे हुए कुल जोड़	
14.	डिफ्रेन्शियल	रियर एक्सेल अनुपात	
15.	रियर एक्सेल	रियर में सिंगल/ट्विन एक्सेल, पूर्णत: फ्लोटिंग/सेमी-फ्लोटिंग	
16.	चेसिस नेम प्लेट विवरण	इंजन नम्बर, चेसिस नम्बर, रियर एक्सेल अनुपात	
17.	डैशबोर्ड गेज	स्पीडोमीटर, rpm मीटर, ऑयल प्रैशर गेज, बाहर टेम्प्रेचर गेज, सिग्नल लैम्प; जैसे— ब्रेक, इग्नीशन, स्टीयरिंग लॉक आदि, टर्न सिग्नल लैम्प, हैड लैम्प	
18.	बैटरी के प्रकार तथा वोल्ट	12/24 वोल्ट, बैटरियों की संख्या	

16. संस्थान में अनुदेशक की सहायता से डीलरों एवं संस्थाओं के साथ विभिन्न लॉरी/बसों का इसी प्रकार अध्ययन करते हैं।

परिणाम (Result) भारी वाहनों के मुख्य भागों तथा उनके कार्यों व स्थिति की पहचान और संस्थान में विभिन्न डीलरों एवं संस्थाओं के साथ विभिन्न लॉरी/बसों का अध्ययन सफलतापूर्वक किया गया।

प्रैक्टिकल संख्या 85

✎ क्लच पैडल प्ले को समायोजित करने, हल्के व भारी वाहन से गियर बॉक्स व क्लच असेम्बली को हटाने का अभ्यास करना

Practice on Adjusting Clutch Pedal Play Removing Gearbox and Clutch Assembly from Light & Heavy Vehicle

85.1

क्लच पैडल प्ले को व्यवस्थित करना

Adjusting Clutch Pedal Play

उद्देश्य Object

क्लच पैडल प्ले को व्यवस्थित करने का अभ्यास करना।

आवश्यक उपकरण/सामग्री Essential Apparatus/Materials

- ट्रेनी टूल किट
- हाइड्रॉलिक जैक (फ्लोर टाइप)
- स्टील रूल
- एक वाहन (मोटरगाड़ी)
- सॉकेट स्पैनर सैट
- रिंग स्पैनर सैट
- स्टील की घोड़ी
- साफ कपड़ा
- लकड़ी के गुटके 8 नं.
- सोप ऑयल

सुरक्षा सावधानियाँ/निर्देश Safety Precautions/Instructions

1. पैडल प्ले को उचित प्रकार से व्यवस्थित करना चाहिए अन्यथा क्लच फिसलना शुरू कर देगा।
2. क्लच पैडल को अधिक टाइट नहीं करना चाहिए अन्यथा इसे दबाने में अधिक शक्ति लगेगी।
3. पैडल से सम्बन्धित कोई भी नट-बोल्ट ढीला न होने पाए।

कार्यविधि Working Method

1. सर्वप्रथम मोटरगाड़ी को समतल भूमि पर खड़ा करते हैं।
2. मोटरगाड़ी के सभी पहियों के आगे व पीछे लकड़ी के गुटके लगाते हैं।
3. अब सामने के पहियों को जैक द्वारा उठाते हैं और वाहन के नीचे स्टील की घोड़ी (Steel horse) लगाकर जैक को निकाल देते हैं।

4. क्लच पैडल प्ले की जाँच करते हैं। यह कार के लिए 1.5 से 2.0 सेमी तथा बड़े वाहन के लिए यह 3 सेमी होनी चाहिए। (चित्र i)

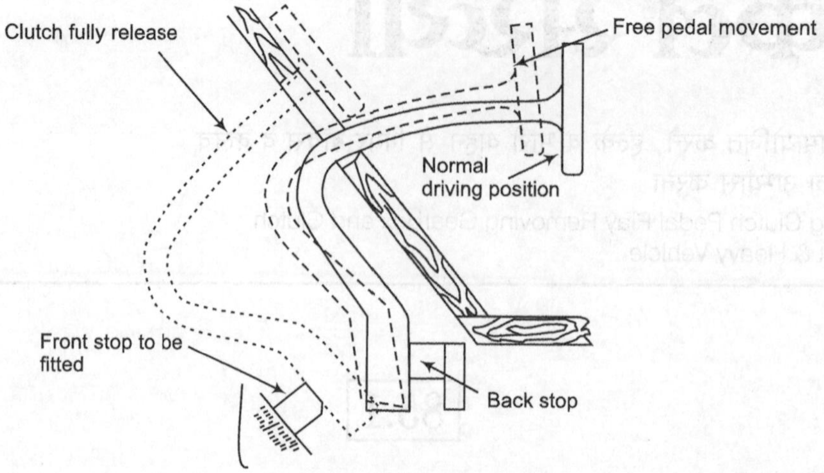

(i) प्रैस तथा डिप्रैस क्लच स्थिति

5. यदि क्लच पैडल प्ले सही नहीं है, तो मोटरगाड़ी के नीचे जाकर क्लच पैडल रॉड लिंक पर लगे चक-नट को ढीला करते हैं।
6. एडजस्टिंग रॉड नट को घुमाकर प्ले सही करते हैं एवं पुनः इसकी जाँच करते हैं। चित्र (ii)

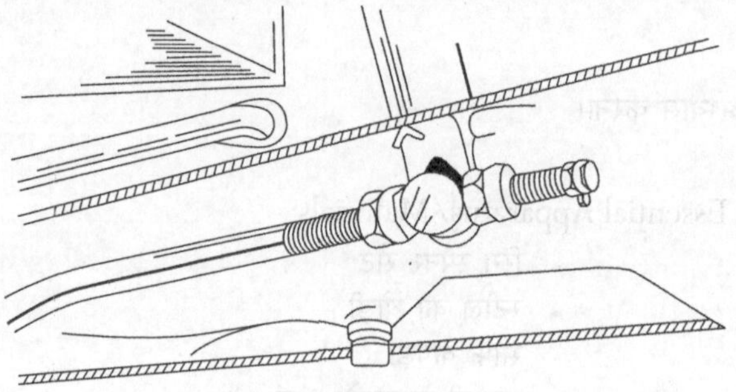

(ii) क्लच एडजस्टिंग नट

7. अब मोटरगाड़ी के नीचे पुनः जैक लगाकर स्टील की घोड़ी को निकाल लेते हैं।
8. जैक को हटाकर मोटरगाड़ी के पहियों के आगे व पीछे से लकड़ी के गुटके हटाते हैं।

परिणाम (Result) क्लच पैडल प्ले को व्यवस्थित करने का अभ्यास सफलतापूर्वक किया गया।

85.2

क्लच असेम्बली निकालना

Removing Clutch Assembly

उद्देश्य Object

हल्के/भारी वाहन से क्लच असेम्बली निकालने का अभ्यास करना।

आवश्यक उपकरण/सामग्री Essential Apparatus/Material

- एक वाहन
- सॉकेट स्पैनर सैट
- बॉल पीन हैमर
- चॉक
- हाइड्रॉलिक जैक तथा स्टील हॉर्स
- प्लायर (200 मिमी)
- पुरानी प्राथमिक शाफ्ट
- लकड़ी के गुटके (8 नं.)
- डी. ई. स्पैनर सैट
- स्क्रू ड्राइवर (250 मिमी)
- ब्रॉस ड्रिफ्ट
- सूती कपड़ा

सुरक्षा सावधानियाँ/निर्देश Safety Precautions/Instructions

1. गियर बॉक्स को क्लच असेम्बली से अलग करते समय धीरे-धीरे पीछे की ओर सरकाएँ।
2. इंजन ऑयल, क्लच लाइनिंग के सम्पर्क में न आने दें।
3. क्लच असेम्बली की सपोर्ट के लिए पुरानी प्राथमिक शाफ्ट का प्रयोग करें।

कार्यविधि Working Method

1. वाहन को समतल भूमि पर खड़ा करके सभी पहियों के आगे तथा पीछे लकड़ी के गुटके लगाते हैं।
2. वाहन के सामने के पहियों (front wheels) के नीचे स्क्रू जैक लगाकर वाहन को ऊपर उठाते हैं और स्टील हॉर्स लगाकर जैक को बाहर निकाल लेते हैं।
3. गियर बॉक्स और यूनिवर्सल ज्वॉइण्ट के मध्य के चारों बोल्ट ढीले करके यूनिवर्सल ज्वॉइण्ट को गियर बॉक्स से अलग कर देते हैं।
4. फ्लोर बोर्ड के स्क्रू निकालकर फ्लोर बोर्ड को बाहर निकालते हैं।
5. गियर बॉक्स के सिरे से हैण्ड ब्रैक लीवर तथा स्पीडोमीटर चेन को अलग करते हैं।
6. ड्रेन प्लग को ढीला करके गियर बॉक्स का ऑयल बाहर निकाल लेते हैं।
7. गियर बॉक्स फाउण्डेशन बोल्ट निकालते हैं तथा इंजन हाउसिंग पर लगे बोल्ट निकालते हैं।
8. गियर बॉक्स को धीरे-धीरे पीछे की ओर सरकाते हुए बाहर निकाल देते हैं। सिंगल व मल्टी प्लेट क्लच तथा हाइड्रॉलिक क्लच प्लेट को क्रमशः चित्र (i), (ii) व (iii) में दर्शाया गया है।

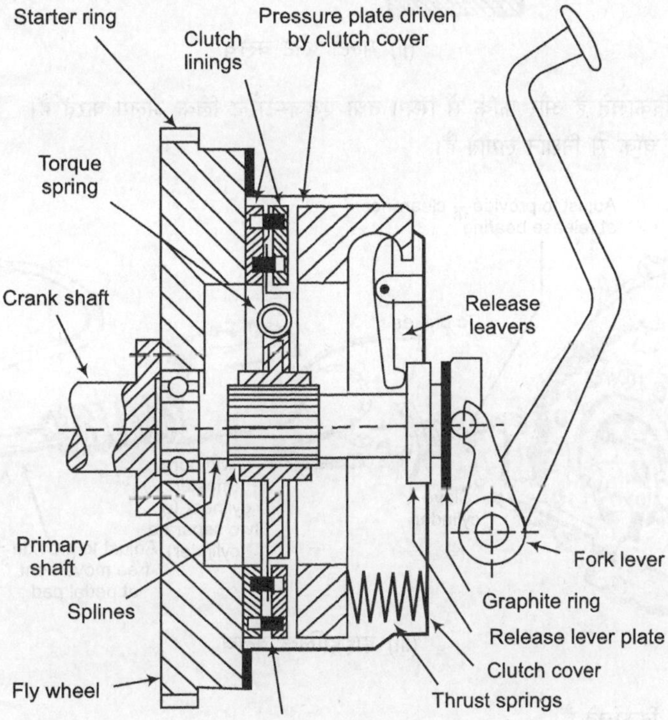

(i) सिंगल प्लेट क्लच

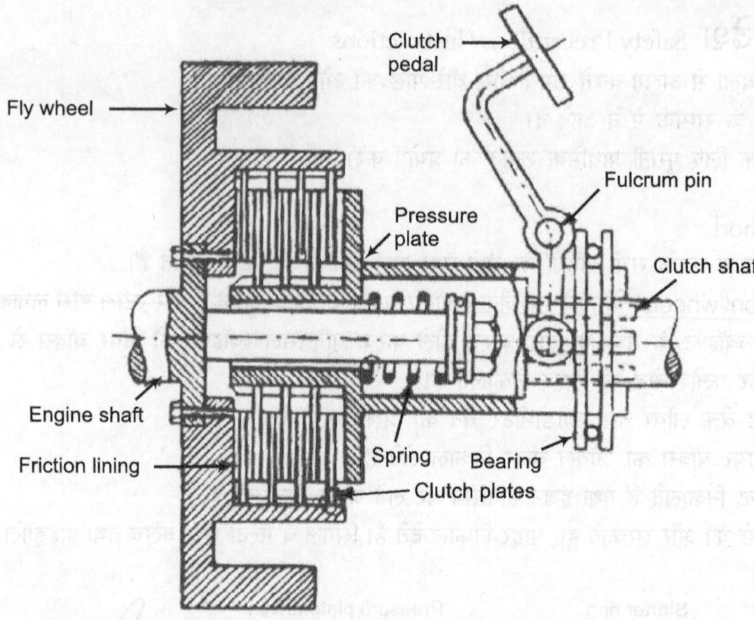

(ii) मल्टी प्लेट क्लच

9. फॉर्क से क्लच रीलीज बियरिंग निकालते हैं और फॉर्क से स्प्रिंग तथा एडजस्टमैन्ट लिंक अलग करते हैं।
10. क्लच कवर तथा फ्लाईव्हील पर चॉक से निशान लगाते हैं।

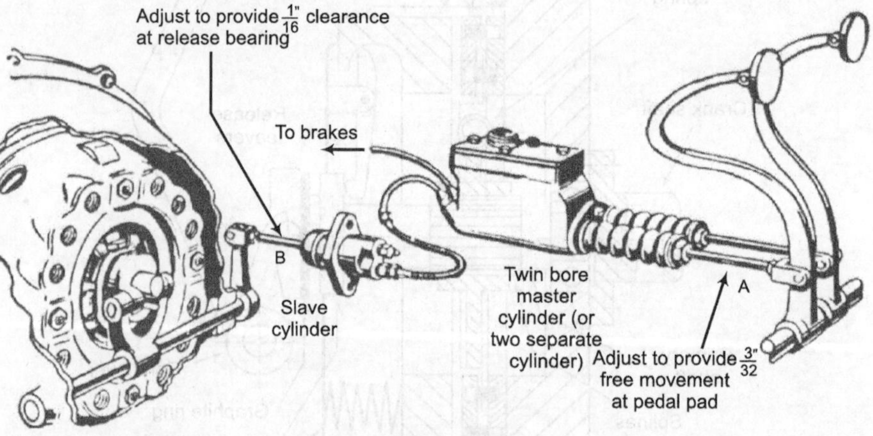

(iii) हाइड्रॉलिक क्लच

11. क्लच फॉर्क असेम्बली को बाहर निकालते हैं।
12. क्लच असेम्बली की सपोर्ट के लिए पुरानी प्राथमिक शाफ्ट लगाते हैं।

परिणाम (Result) हल्के/भारी वाहन से क्लच असेम्बली निकालने का अभ्यास सफलतापूर्वक किया गया।

85.3

गियर बॉक्स निकालना

Removing Gear Box

उद्‌देश्य Object

हल्के/भारी वाहन से गियर बॉक्स निकालने का अभ्यास करना।

आवश्यक उपकरण/सामग्री Essential Apparatus/Materials

- D.E. स्पैनर सैट
- सॉकिट स्पैनर सैट
- स्टील की घोड़ी (स्टैण्ड)
- ग्रीस
- सूती कपड़ा
- रिंग स्पैनर सैट
- हाइड्रॉलिक जैक (फ्लोर टाइप)
- सोप ऑयल
- केरोसीन
- रस्सी

सुरक्षा सावधानियाँ/निर्देश Safety Precautions/Instructions

1. गियर बॉक्स को क्लच असेम्बली से अलग करते समय धीरे-धीरे पीछे की ओर सरकाएँ।
2. नए बियरिंग में स्नेहन करना चाहिए।
3. इंजन ऑयल, क्लच लाइनिंग के सम्पर्क में न आने दें।
4. गियर बॉक्स को खोलते हैं। यदि कोई भाग खराब हो, तो उसे बदल देना चाहिए।
5. वाहन से गियर बॉक्स निकालते समय स्टीयरिंग लिंकेज को क्षति न पहुँचने दें।

कार्यविधि Working Method

A. गियर बॉक्स लिंकेजों को वियोजित (disconnect) करना

1. सर्वप्रथम व्हील को टेक (chocks) पर रखते हैं।
2. गियर बॉक्स तरल को निकालकर ड्रेन प्लग को पुन: फिट करते हैं।
3. गियर शिफ्ट लीवर को निकालते हैं।
4. प्रोपेलर शाफ्ट को गियर बॉक्स से वियोजित करते हैं तथा रस्सी या वायर द्वारा प्रोपेलर शाफ्ट को चेसिस के साइड मेम्बर से टाई (tie) करते हैं।
5. क्लच रॉड से क्लच लीवर को वियोजित करते हैं। यदि आवश्यकता हो, तो लीवर को हाउसिंग में गिरने से बचाने हेतु क्लच लीवर को क्लच हाउसिंग से टाई करते हैं।
6. स्पीडोमीटर केबिल को वियोजित करते हैं।

B. वाहन से गियर बॉक्स को निकालना

1. यदि आवश्यकता हो, तो इंजन को स्टील हॉर्स (Steel horse) या ट्राईपोड स्टैण्ड द्वारा सपोर्ट करते हैं।
2. ट्रॉली जैक (trolley jeck) पर गियर बॉक्स को सपोर्ट करते हैं।

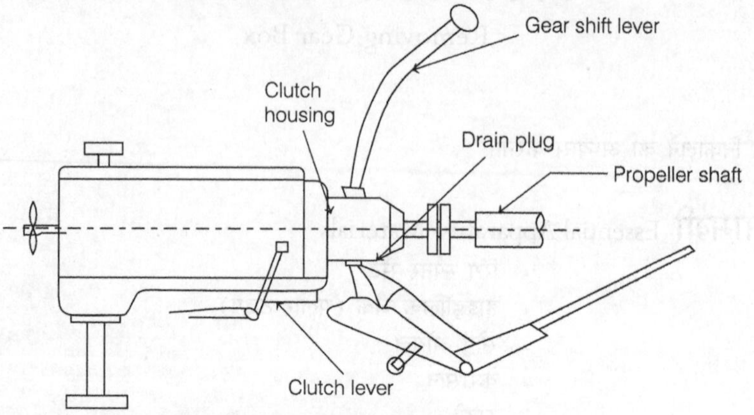

(i) गियर बॉक्स तथा ट्रॉली जैक

3. गियर बॉक्स के विकर्ण रूप से विपरीत माउण्टिंग नटों को एक समय में दो टर्न घुमाकर निकालते हैं।
4. गियर बॉक्स को इंजन से निकालकर इस प्रकार नीचे लाते हैं कि यह जैक से नीचे न गिरे।
5. गियर बॉक्स तथा जैक को उनके निश्चित स्थानों पर रखते हैं।

परिणाम (Result) हल्के/भारी वाहन से गियर बॉक्स को निकालने का अभ्यास सफलतापूर्वक किया गया।

प्रैक्टिकल संख्या 86

✎ क्लच असेम्बली को खोलना, साफ करना, भागों की जाँच करना
Perform Dismantling Clutch Assembly, Cleaning, Inspecting Parts

उद्देश्य Object

क्लच असेम्बली (सिंगल प्लेट क्लच) को खोलना, साफ करना एवं भागों की जाँच करना।

आवश्यक उपकरण/सामग्री Essential Apparatus/Materials

- एक वाहन
- सॉकेट स्पैनर सैट
- बॉल पीन हैमर
- चॉक
- मैटल ट्रे
- पेट्रोल
- हाइड्रॉलिक जैक तथा स्टील की घोड़ी
- प्लायर (200 मिमी)
- पुरानी प्राथमिक शाफ्ट
- लकड़ी के गुटके (8 नं.)
- डायल टैस्ट इण्डिकेटर
- मेज (01 नं.)
- डी. ई. स्पैनर सैट
- स्क्रू ड्राइवर (250 मिमी)
- ब्रॉस ड्रिफ्ट
- सेन्टर पंच
- एयर कम्प्रैशर
- रेगमाल (01 नं.)

सुरक्षा सावधानियाँ/निर्देश Safety Precautions/Instructions

1. इंजन ऑयल क्लच लाइनिंग के सम्पर्क में न आने पाए।
2. कवर प्लेट पर लगे बोल्टों को कसते या खोलते समय बारी-बारी से क्रमानुसार एक टर्न ही घुमाएँ।
3. प्रैशर प्लेट पर निशान लगा देना चाहिए, जिससे कि इसे आसानी से फिट किया जा सके।
4. क्लच प्लेट को पेट्रोल से ही साफ करें।

कार्यविधि Working Method

1. सर्वप्रथम क्लच प्लेट असेम्बली को मेज पर रखते हैं।
2. रिटेनिंग बोल्ट को एक बार में एक टर्न ही ढीला करते हैं जब तक कि स्प्रिंग का दाब (pressure) पूर्णतया समाप्त न हो जाए।
3. क्लच प्लेट तथा प्रैशर प्लेट असेम्बली को निकालते हैं और प्लेट पर चाक से निशान लगाते हैं, जिससे इसे उसी प्रकार पुनः फिट किया जा सके।

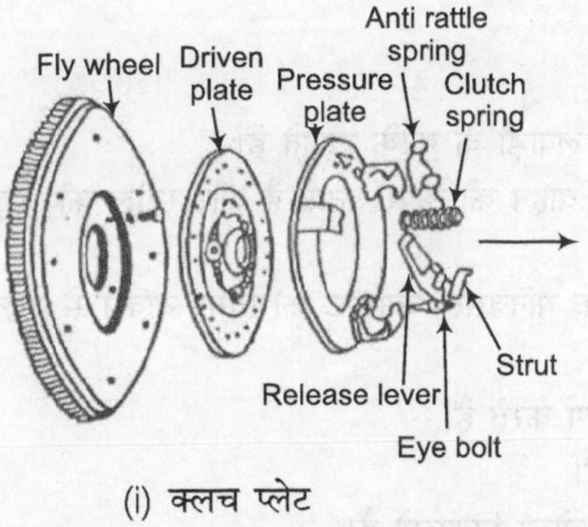

(i) क्लच प्लेट

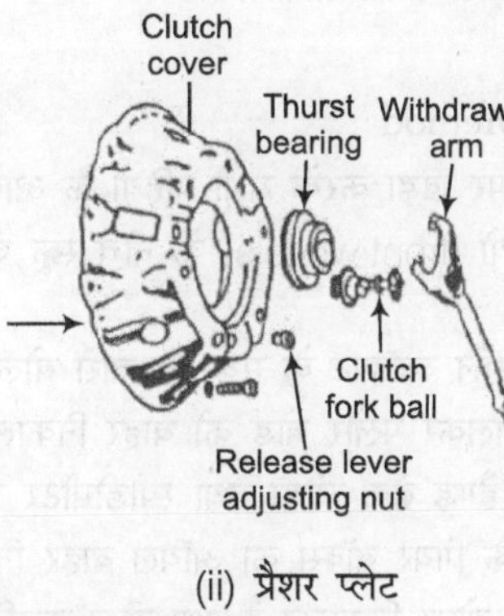

(ii) प्रैशर प्लेट

4. सभी भागों को पेट्रोल से अच्छी तरह धोकर साफ करते हैं और कम्प्रैस्ड (संपीडित) हवा से सुखाते हैं।
5. सभी भागों की अच्छी तरह जाँच करते हैं और इन्हें आवश्यकतानुसार बदलते हैं।

परिणाम (Result) क्लच असेम्बली को खोलने, साफ करने एवं भागों की जाँच करने का अभ्यास सफलतापूर्वक किया गया।

प्रैक्टिकल संख्या 87

नए पायलट बियरिंग को निकालना एवं फिट करना, फ्लाईव्हील में रिंग गियर को निकालना एवं फिट करना, क्लच प्लेट को रिलाइन करना, नवीनीकरण हेतु फ्लाईव्हील एवं प्रैशर प्लेट सतह की जाँच करना

Carryout Removing & Fitting of New Pilot bearing, Removing & Fitting of Ring Gear in Fly Wheel, Relining a Clutch Plate, Checking Condition of Flywheel and Pressure Plate Surface for Reconditioning

87.1

पायलट बियरिंग निकालना Removing Pilot Bearing

उद्देश्य Object

पायलट बियरिंग को निकालने और नए पायलट बियरिंग को फिट करने का अभ्यास करना।

आवश्यक उपकरण/सामग्री Essential Apparatus/Materials

- एक वाहन
- सॉकेट स्पैनर सैट
- बॉल पीन हैमर
- चॉक
- मैटल ट्रे
- पेट्रोल
- हाइड्रॉलिक जैक तथा स्टील की घोड़ी
- प्लायर (200 मिमी)
- पुरानी प्राथमिक शाफ्ट
- लकड़ी के गुटके (8 नं.)
- डायल टेस्ट इण्डीकेटर
- मेज (01 नं.)
- डी. ई. स्पैनर सैट
- स्क्रू ड्राइवर (250 मिमी)
- ब्रास ड्रिफ्ट
- सेन्टर पंच
- एयर कम्प्रैशर
- रेगमाल (01 नं.)

सुरक्षा सावधानियाँ/निर्देश SafetyPrecautions/Instructions

1. डायल टेस्ट इण्डीकेटर को शून्य पर एडजस्ट करने के उपरान्त ही प्रयोग करें।
2. क्लच लाइनिंग केवल पेट्रोल से ही साफ करें।

कार्यविधि Working Method

1. वाहन को समतल भूमि पर खड़ा करके सभी पहियों के आगे तथा पीछे लकड़ी के गुटके लगाते हैं।
2. वाहन के सामने के पहियों (front wheels) के नीचे स्क्रू जैक लगाकर वाहन को ऊपर उठाते हैं और स्टील की घोड़ी लगाकर जैक को बाहर निकाल लेते हैं।
3. गियर बॉक्स और यूनिवर्सल ज्वॉइण्ट के मध्य के चारों बोल्ट ढीले करके यूनिवर्सल ज्वॉइण्ट को गियर बॉक्स से अलग कर देते हैं।
4. फ्लोर बोर्ड के स्क्रू निकालकर फ्लोर बोर्ड को बाहर निकालते हैं।
5. गियर बॉक्स के सिरे से हैण्ड ब्रैक लीवर तथा स्पीडोमीटर चैन को अलग करते हैं।
6. ड्रेन प्लग को ढीला करके गियर बॉक्स का ऑयल बाहर निकाल लेते हैं।
7. गियर बॉक्स फाउण्डेशन बोल्ट निकालते हैं तथा इंजन हाउसिंग पर लगे बोल्ट निकालते हैं।
8. गियर बॉक्स को धीरे-धीरे पीछे की ओर सरकाते हुए बाहर निकाल देते हैं।
9. फॉर्क से क्लच रीलीज बियरिंग निकालते हैं और फॉर्क से स्प्रिंग तथा एडजस्टमैन्ट लिंक अलग करते हैं।
10. क्लच कवर तथा फ्लाईव्हील पर चॉक से निशान लगाते हैं।

11. क्लच फॉर्क असेम्बली को बाहर निकालते हैं।
12. क्लच असेम्बली की सपोर्ट के लिए पुरानी प्राथमिक शाफ्ट लगाते हैं।
13. सर्वप्रथम क्लच प्लेट असेम्बली को मेज पर रखते हैं।
14. रिटेनिंग बोल्ट को एक बार में एक टर्न ही ढीला करते हैं जब तक कि स्प्रिंग का दाब (pressure) पूर्णतया समाप्त न हो जाए।
15. क्लच प्लेट तथा प्रैशर प्लेट असेम्बली को निकालते हैं और प्लेट पर चॉक से निशान लगाते हैं, जिससे इसे उसी प्रकार पुनः फिट किया जा सके।
16. सभी भागों को पेट्रोल से अच्छी तरह धोकर साफ करते हैं और कम्प्रैस्ड (संपीडित) हवा से सुखाते हैं।
17. सभी भागों की अच्छी तरह जाँच करते हैं और इन्हें आवश्यकतानुसार बदलते हैं।
18. पायलट बियरिंग को डायल गेज की सहायता से फ्लाईव्हील बोर में चैक करते हैं। यदि घिसावट 0.2 मिमी से अधिक है, तो पायलट बियरिंग को बदल देते हैं।
19. फ्लाईव्हील तथा प्रैशर प्लेट को रेगमाल से रगड़ते हैं।
20. क्लच प्लेट की फेसिंग की जाँच करते हैं। यदि फेसिंग ढीली है तो टाइट करते हैं, और यदि फेसिंग घिसी हुई है तो इसे बदल देते हैं।
21. अब सभी भागों को विपरीत क्रम में सावधानी से पायलट बियरिगं फ्लाईव्हील-प्रैशर प्लेट आदि को फिट करते हैं।

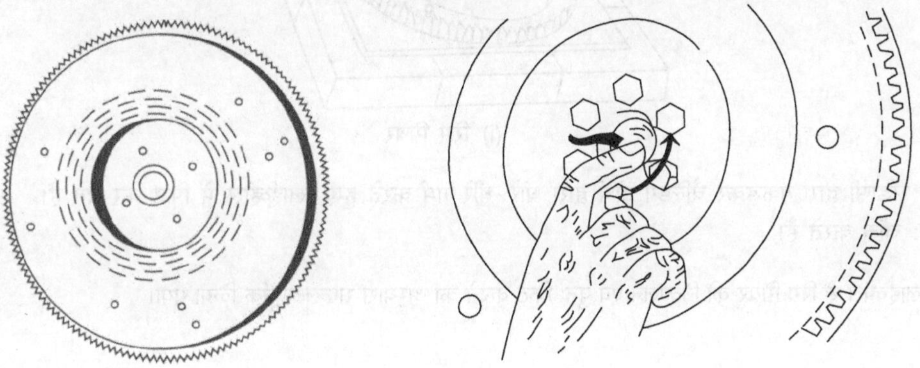

(i) क्लच प्लेट फेसिंग

परिणाम (Result) पायलट बियरिंग को निकालने और नए पायलट बियरिंग को फिट करने का अभ्यास सफलतापूर्वक किया गया।

87.2

रिंग गियर निकालना Removing Ring Gear

उद्देश्य Object

फ्लाईव्हील (flywheel) से रिंग गियर को निकालने एवं पुनः फिट करने का अभ्यास करना।

आवश्यक उपकरण/सामग्री Essential Apparatus/Materials

- साफ कपड़ा
- प्लास या संडासी
- फ्लाईव्हील
- वर्क बेंच
- रेगमाल
- वैल्डिंग सैटअप (गैस वैल्डिंग)
- हथौड़ा या (मैलेट)

सुरक्षा सावधानियाँ/निर्देश Safety Precautions/Instructions

1. क्लच लाइनिंग को पेट्रोल से ही साफ करें।
2. गर्म रिंग गियर को सावधानी से फिट करें।

कार्यविधि Working Method

1. सर्वप्रथम फ्लाईव्हील को वर्क बेंच पर रखते हैं और कपड़े से साफ करते हैं।
2. रिंग गियर की जाँच करते हैं। यदि रिंग गियर खराब है, तो इस स्थिति में रिंग गियर को वैल्डिंग टॉर्च से गर्म करके हथौड़े द्वारा धीरे-धीरे निकालते हैं।

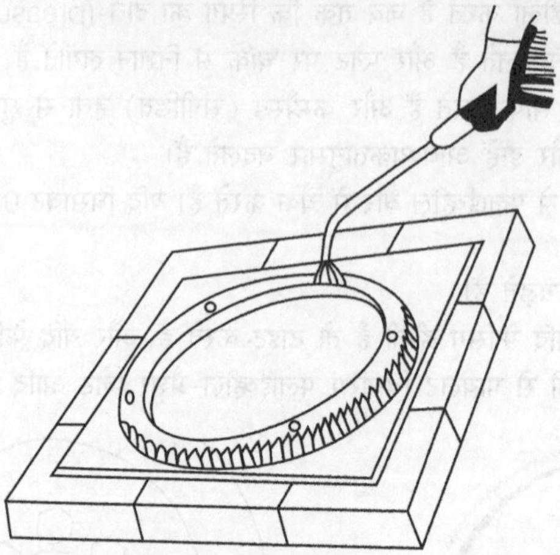

(i) रिंग गियर

3. नए रिंग गियर को संडासी द्वारा पकड़कर वैल्डिंग टॉर्च द्वारा धीरे-धीरे गर्म करते हुए फ्लाईव्हील में फिट कर देते हैं।
4. रिंग गियर की पुनः जाँच करते हैं।

परिणाम (Result) फ्लाईव्हील से रिंग गियर को निकालने एवं पुनः फिट करने का अभ्यास सफलतापूर्वक किया गया।

87.3

क्लच प्लेट की पुनः लाइनिंग

Relining of Clutch Plate

उद्देश्य Object

क्लच प्लेट की पुनः लाइनिंग करने का अभ्यास करना।

आवश्यक उपकरण/सामग्री Essential Apparatus/Materials

- एक पुरानी क्लच प्लेट
- बैंच वाइस
- फाइल (स्मूथ)
- रिवेट
- रिवेटिंग मशीन
- ड्रिल मशीन
- क्लैम्प
- मिट्टी का तेल
- वर्क बैंच
- ड्रिल बिट (2.5 मिमी)
- नई क्लच लाइनिंग
- साफ कपड़ा

सुरक्षा सावधानियाँ/निर्देश Safety Precautions/Instructions

1. प्लेट की जंग आदि को फाइल द्वारा साफ कर दें।
2. प्रत्येक रिवेट लगाने के उपरान्त उसकी जाँच करें।
3. रिवेट ढीली न रहे।
4. प्रत्येक दो रिवेट लगाने के पश्चात् उल्टी दिशा में रिवेट लगाएँ।

कार्यविधि Working Method

1. सर्वप्रथम वर्क बैंच पर पुरानी क्लच प्लेट को अच्छी तरह बैंच वाइस में पकड़ते हैं।
2. ड्रिल मशीन में ड्रिल बिट लगाकर क्लच प्लेट से पुराने रिवेट निकाल देते हैं। चित्र (i)

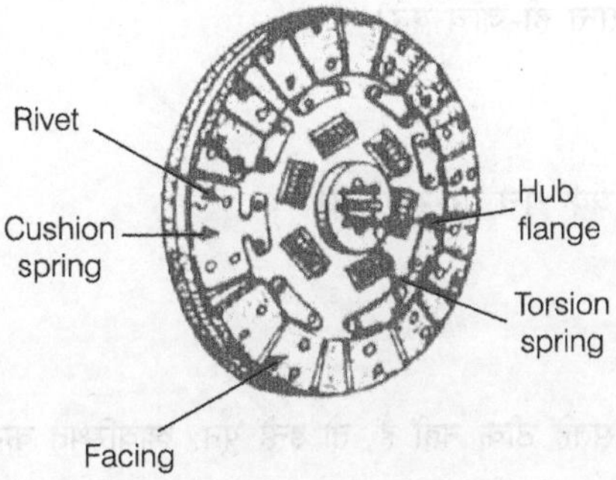

(i) क्लच प्लेट लाइनिंग

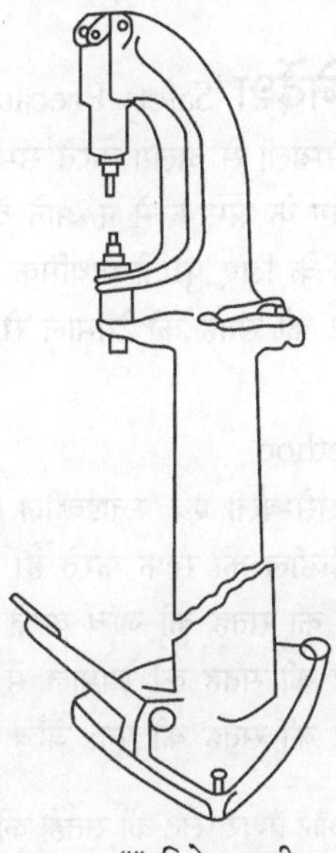

(ii) रिवेट मशीन

3. पुरानी लाइनिंग को निकाल देते हैं।
4. हब व प्लेट को अच्छी तरह मिट्टी के तेल से धोकर सुखाते हैं।
5. रिवेट मशीन में उचित आकार के रिवेट फिट करते हैं। चित्र (ii)
6. क्लच प्लेट के दोनों ओर नई लाइनिंग लगाते हैं और छिद्रों का मिलान करके क्लैम्प से पकड़ते हैं।
7. रिवेटिंग मशीन पर क्लच प्लेट के छिद्रों को सीध में करके रिवेटिंग क्रिया आरम्भ करते हैं।
8. रिवेटिंग प्रक्रम के उपरान्त सभी रिवेटों की जाँच करते हैं। यदि कोई रिवेट ढीली रह जाती है, तो उसे निकालकर उसके स्थान पर नई रिवेट फिट करते हैं।

परिणाम (Result) क्लच प्लेट की पुनः लाइनिंग करने का अभ्यास सफलतापूर्वक किया गया।

87.4

फ्लाईव्हील एवं प्रैशर प्लेट की जाँच करना

Checking of Flywheel and Pressure Plate

उद्देश्य Object

फ्लाईव्हील और प्रैशर प्लेट की सतहों की स्थिति को नवीनीकरण (reconditioning) के लिए जाँच करना।

आवश्यक उपकरण/सामग्री Essential Apparatus/Materials

- एक वाहन
- सॉकेट स्पैनर सैट
- बॉल पीन हैमर
- चॉक
- मैटल ट्रे
- पेट्रोल
- हाइड्रॉलिक जैक तथा स्टील हॉर्स
- प्लायर (200 मिमी)
- पुरानी प्राथमिक शाफ्ट
- लकड़ी के गुटके (8 नं.)
- डायल टेस्ट इण्डीकेटर
- मेज (01 नं.)
- डी. ई. स्पैनर सैट
- स्क्रू ड्राइवर (250 मिमी)
- ब्रॉस ड्रिफ्ट
- सेन्टर पंच
- एयर कम्प्रैशर
- रेगमाल (01 नं.)

सुरक्षा सावधानियाँ/निर्देश Safety Precautions/Instructions

1. गियर बॉक्स को क्लच असेम्बली से अलग करते समय धीरे-धीरे पीछे की ओर सरकाएँ।
2. इंजन ऑयल, क्लच लाइनिंग के सम्पर्क में न आने दें।
3. क्लच असेम्बली की सपोर्ट के लिए पुरानी प्राथमिक शाफ्ट का प्रयोग न करें।
4. फ्लाईव्हील और प्रैशर प्लेट की सतह की रेगमाल से घिसने के उपरान्त ही जाँच करें।

कार्यविधि Working Method

1. सर्वप्रथम वाहन से क्लच असेम्बली एवं फ्लाईव्हील को निकालकर वर्क बेंच पर रखते हैं।
2. क्लच असेम्बली एवं फ्लाईव्हील को साफ करते हैं।
3. प्रैशर प्लेट एवं फ्लाईव्हील की सतह की जाँच करते हैं।
4. फ्लाईव्हील तथा प्रैशर प्लेट की सतह को रेगमाल से घिसते हैं।
5. फ्लाईव्हील तथा प्रैशर प्लेट की सतह की पुनः जाँच करते हैं। यदि सतहें ठीक नहीं हैं, तो इन्हें पुनः व्यवस्थित करते हैं।

परिणाम (Result) फ्लाईव्हील और प्रैशर प्लेट की सतहों की स्थिति के नवीनीकरण के लिए सफलतापूर्वक जाँच की गई।

प्रैक्टिकल संख्या 88

✎ फिंगर्स व्यवस्थित करके प्रैशर प्लेट को असेम्बल करना, फ्लाईव्हील के रन आउट की जाँच करना एवं फ्लाईव्हील के साथ क्लच असेम्बली अलाइन करना

Perform Assembling of Pressure Plate Adjusting the Fingers, Checking Run Out of Fly wheel and Aligning Clutch Assembly with Fly Wheel

88.1

प्रैशर प्लेट की असेम्बली

Assembling of Pressure Plate

उद्देश्य Object

फिंगर व्यवस्थित करके प्रैशर प्लेट को असेम्बल करने का अभ्यास करना।

आवश्यक उपकरण/सामग्री Essential Apparatus/Materials

- डी. ई. स्पैनर सैट
- सर्फेस प्लेट
- साफ कपड़ा
- रिंग स्पैनर सैट
- डायल टैस्ट इण्डीकेटर
- रेगमाल
- प्लायर
- फीलर गेज

सुरक्षा सावधानियाँ/निर्देश Safety Precautions/Instructions

1. प्रैशर प्लेट की फेसिंग को रेगमाल से साफ करने के उपरान्त कपड़े से अवश्य साफ करें।
2. डायल टैस्ट इण्डीकेटर से फिंगर की ऊँचाई की कम-से-कम तीन बार जाँच करें।
3. प्रैशर प्लेट की समतलता ठीक करें।

कार्यविधि Working Method

1. सर्वप्रथम गियर बॉक्स निकालकर क्लच असेम्बली को खोलते हैं।
2. प्रैशर प्लेट की फेसिंग को रेगमाल से साफ करते हैं।
3. प्रैशर प्लेट को सर्फेस प्लेट पर रखकर समतलता जाँच करते हैं।
4. डायल टैस्ट इण्डीकेटर से सभी फिंगर की ऊँचाई की जाँच करके एडजस्टिंग नट से सभी की ऊँचाई बराबर करते हैं।
5. फीलर गेज से क्लीयरैन्स की जाँच करते हैं।

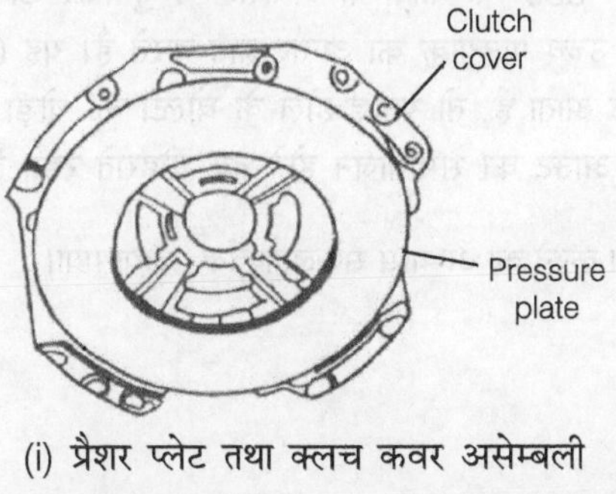

(i) प्रैशर प्लेट तथा क्लच कवर असेम्बली

परिणाम (Result) फिंगर को व्यवस्थित करके प्रैशर प्लेट को असेम्बल करने का अभ्यास सफलतापूर्वक किया गया।

88.2

फ्लाईव्हील रन-आउट की जाँच

Checking of Flywheel Run-out

उद्देश्य Object

फ्लाईव्हील के रन-आउट की जाँच करने का अभ्यास करना।

आवश्यक उपकरण/सामग्री Essential Apparatus/Materials

- डी. ई. स्पैनर सैट
- डायल गेज (डायल टेस्ट इण्डीकेटर)
- रिंग स्पैनर सैट
- साफ कपड़ा
- प्लायर

सुरक्षा सावधानियाँ/निर्देश Safety Precautions/Instructions

1. डायल गेज को शून्य पैमाने पर सैट करने के उपरान्त ही कार्य आरम्भ करें।
2. डायल गेज से मापन आरम्भ करने से पूर्व क्रैंक शाफ्ट पर फ्लाईव्हील के घूमने की दिशा में ही बल लगाएँ।

कार्यविधि Working Method

1. सर्वप्रथम डायल गेज को 0.0 पैमाने पर सैट करते हैं।
2. डायल गेज को फ्लाईव्हील पर निम्न चित्रानुसार सैट करते हैं।

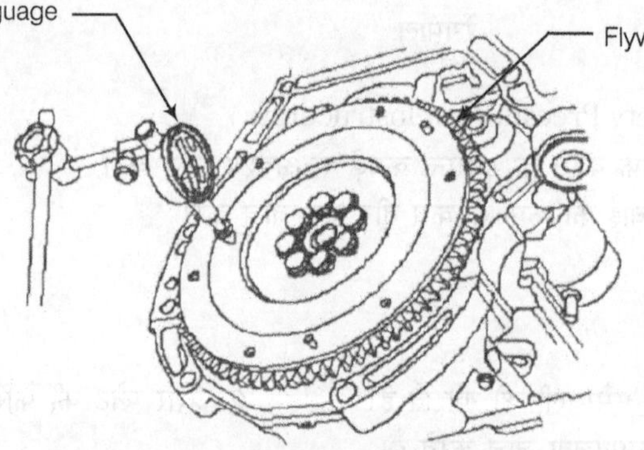

(i) फ्लाईव्हील सैटिंग

3. फ्लाईव्हील को क्रमशः 90°, 180°, 270° और 360° के कोण के अन्तराल में घुमाकर डायल गेज से पाठ्यांक (reading) नोट करते हैं।
4. प्रत्येक अन्तराल पर डायल गेज के निम्न और उच्च पाठ्यांक का अन्तर ज्ञात करते हैं। यह 0.15 मिमी से अधिक नहीं होना चाहिए।
5. यदि उपरोक्त का अन्तर 0.15 मिमी से अधिक आता है, तो फ्लाईव्हील के बोल्टों को थोड़ा ढीला करके पुनः टाइट करते हैं।
6. चरण 4 और चरण 5 को फ्लाईव्हील की रन-आउट का समायोजन होने तक दोहराते रहते हैं।

परिणाम (Result) फ्लाईव्हील के रन-आउट की जाँच करने का अभ्यास सफलतापूर्वक किया गया।

88.3

फ्लाईव्हील के साथ क्लच असेम्बली का अलाइनमेन्ट

Alignment of Clutch Assemble with Flywheel

उद्देश्य Object

फ्लाईव्हील के साथ क्लच असेम्बली को अलाइन करने का अभ्यास करना।

आवश्यक उपकरण/सामग्री Essential Apparatus/Materials

- एक वाहन
- टॉर्क रिंच
- इम्पैक्ट रिंच
- फ्लाईव्हील
- सॉकेट रिंच
- पायलट बियरिंग पुलर
- क्लच बोल्ट
- साफ कपड़ा
- रैचेट
- हैमर
- डॉवल पिन
- क्लच अलाइनमेन्ट टूल

सुरक्षा सावधानियाँ/निर्देश Safety Precautions/Instructions

1. इंजन ऑयल, क्लच लाइनिंग के सम्पर्क में न आने दें।
2. गियर बॉक्स को क्लच असेम्बली से अच्छी तरह फिट करें।

कार्यविधि Working Method

1. सर्वप्रथम वाहन में इंजन के साथ हैमर की सहायता से पायलट बियरिंग को फिट करते हैं।
2. अब फ्लाईव्हील और क्लच प्लेट को साफ कपड़े से अच्छी तरह साफ करते हैं।
3. फ्लाईव्हील को फिट करते हैं। फ्लाईव्हील फिट करने से पूर्व फ्लैक्स प्लेट को फिट करते हैं और सभी बोल्टों और डॉवल पिन को टाइट कर देते हैं।
4. क्लच प्लेट असेम्बली (क्लच प्लेट और प्रैशर प्लेट) को फ्लाईव्हील पर फिट करते हैं। क्लच अलाइनमेन्ट टूल की सहायता से क्लच प्लेट असेम्बली को फ्लाईव्हील के साथ फिट कर देते हैं।

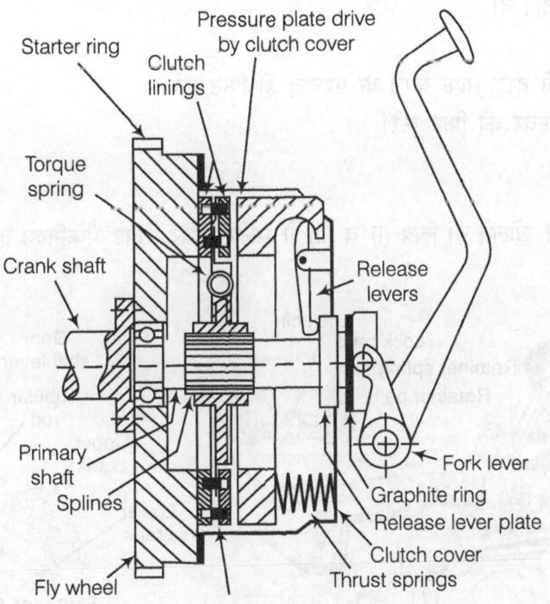

(i) सिंगल प्लेट क्लच

5. क्लच फॉर्क पर बियरिंग को फिट करते हैं।
6. इंजन के साथ (क्लच असेम्बली से) गियर बॉक्स को बोल्टों की सहायता से फिट कर देते हैं।

परिणाम (Result) फ्लाईव्हील के साथ क्लच असेम्बली को अलाइन करने का अभ्यास सफलतापूर्वक किया गया।

प्रैक्टिकल संख्या 89

✎ गियर शिफ्ट मैकेनिज्म को खोलना, साफ करना एवं असेम्बल करना, गियर बॉक्स में ऑयल बदलना
Perform Dismantling, Cleaning and Assembling of Gear shift Mechanism, Changing Oil in Gear box

89.1

गियर शिफ्ट मैकेनिज्म खोलना Dismantling Gear Shift Mechanism

उद्देश्य Object

गियर शिफ्ट मैकेनिज्म को खोलना, साफ करना एवं असेम्बल करने का अभ्यास करना।

आवश्यक उपकरण/सामग्री Essential Apparatus/Materials

- रिंग स्पैनर
- ड्रिफ्ट
- कॉर्क शीट
- इंजन ऑयल
- डी. ई. स्पैनर सैट
- नोज प्लायर
- ग्रीस
- मिट्टी का तेल
- सॉकेट स्पैनर सैट
- हैमर
- गियर ऑयल
- साफ कपड़ा

सुरक्षा सावधानियाँ/निर्देश Safety Precautions/Instructions

1. स्प्रिंग और लॉक बॉल खराब हो तो बदल दें।
2. शिफ्ट शाफ्ट घिसी हुई है, तो टर्न करें।
3. सभी भागों को मिट्टी के तेल से अच्छी तरह साफ करने के पश्चात् ही फिट करें।
4. नई गैस्केट लगाने के पश्चात् ही टॉप कवर को फिट करें।

कार्यविधि Working Method

1. सर्वप्रथम गियर बॉक्स के टॉप कवर को खोलते हैं। चित्र (i) व (ii) में फ्लोर गियर शिफ्ट मैकेनिज्म तथा स्टीयरिंग शिफ्ट लीवर मैकेनिज्म को दर्शाया गया है।

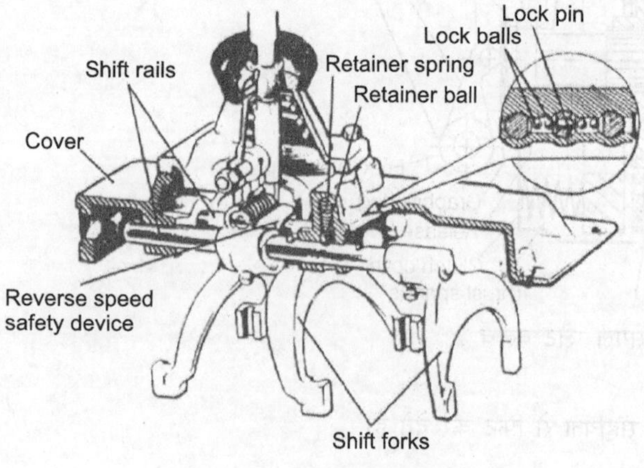

(i) फ्लोर गियर शिफ्ट मैकेनिज्म

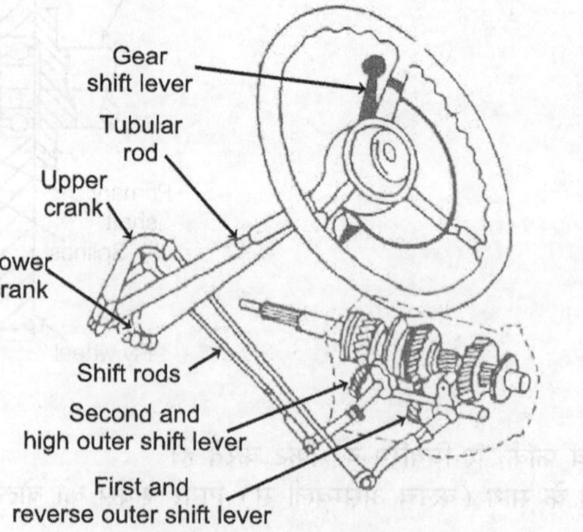

(ii) स्टीयरिंग शिफ्ट लीवर मैकेनिज्म

2. गियर शिफ्ट लीवर को खोलते हैं।
3. गियर शिफ्ट शाफ्ट को खोलते हैं।
4. स्प्रिंग रिटेनर व लॉक बॉल को खोलते हैं।
5. शिफ्ट कॉर्क को खोलते हैं।
6. सभी भागों को मिट्टी के तेल से धोकर सुखाते हैं।
7. उचित स्नेहक (ग्रीस व इंजन ऑयल) का प्रयोग करके सभी भागों को विपरीत क्रम में फिट करते हैं।

परिणाम (Result) गियर शिफ्ट मैकेनिज्म को खोलने, साफ करने एवं असेम्बल करने का अभ्यास सफलतापूर्वक किया गया।

89.2

गियर बॉक्स में ऑयल बदलना

Changing Oil in Gear Box

उद्देश्य Object

गियर बॉक्स में ऑयल बदलने का अभ्यास करना।

आवश्यक उपकरण/सामग्री Essential Apparatus/Materials

- एक वाहन
- प्लायर
- मैटल ट्रे
- स्क्रू ड्राइवर
- इंजन ऑयल
- स्पैनर
- साफ कपड़ा

सुरक्षा सावधानियाँ/निर्देश Safety Precautions/Instructions

1. गियर बॉक्स में इंजन ऑयल की सतह की प्रत्येक 3000 किमी पर अवश्य जाँच करें।
2. इंजन ऑयल कम होने की दशा में इंजन ऑयल पूरा कर दें।
3. वाहन के प्रति 16000 किमी चलने पर गियर बॉक्स का ऑयल बदल दें।

कार्यविधि Working Method

1. सर्वप्रथम वाहन का बोनट खोलते हैं।
2. स्क्रू ड्राइवर एवं स्पैनर या प्लायर की सहायता से ऑयल सम्प की ड्रेन कैप को खोलते हैं।
3. मैटल ट्रे में पुराने ऑयल को निकाल लेते हैं।
4. ऑयल सम्प की ऊपरी कैप को प्लायर से खोलते हैं और ड्रेन कैप को बन्द कर देते हैं।
5. इंजन ऑयल को ऑयल सम्प में भरना आरम्भ करते हैं। ऑयल को तब तक भरते हैं कि ऑयल की सतह सम्प में पूर्ण नहीं हो जाती है।

परिणाम (Result) गियर बॉक्स में ऑयल बदलने का अभ्यास सफलतापूर्वक किया गया।

प्रैक्टिकल संख्या 90

एक सिंक्रोमैश गियर बॉक्स खोलने, भागों को साफ करने, जाँचने, घिसे हुए खराब भागों को बदलने, सही प्रदर्शन हेतु असेम्बल करने व निरीक्षण करने, गियर बॉक्स से शोर पहचानने एवं सुधार करने का अभ्यास करना

Practice Dismantling a Synchromesh Gear Box, Cleaning, Inspecting Parts, Replacing Worn Out Defective Parts, Assembling & Testing for Correct Performance, Identifying Noises from Gear Boxes and Rectifying

उद्देश्य Object

सिंक्रोमैश गियर बॉक्स को खोलने, भागों को साफ करके निरीक्षण करने, घिसे हुए या खराब भागों को बदलने, उपयुक्त प्रदर्शन हेतु भागों की असेम्बली व जाँच करने तथा गियर बॉक्स के शोर को पहचानकर ठीक करने का अभ्यास करना।

आवश्यक उपकरण/सामग्री Essential Apparatus/Materials

- ट्रेनी टूल किट
- फीलर गेज (200 ब्लेड मीट्रिक)
- बियरिंग पुलर
- टैप व डाई (पूर्ण सैट, 5 टाइप)
- वाहन का गियर बॉक्स
- गियर ऑयल (SAE .90)
- सूती कपड़ा
- टॉर्क रिंच (5 से 35 Nm, 12-68 Nm व 50-225 Nm)
- ऑयल केन (0.5/0.25 लीटर क्षमता)
- दो 18 सेमी व्हील के साथ इलेक्ट्रिक पैडस्टल ग्राइण्डर
- क्लीनिंग ट्रे (एल्युमीनियम 45 × 30 सेमी)
- केरोसीन
- ग्रीस
- बियरिंग अटैचमेन्ट स्क्रू व हाइड्रॉलिक पावर के साथ ट्रिपल लैग ग्रिप पुलर
- स्पीड हैण्डल, T-बार, रैचेट तथा यूनिवर्सल के साथ 32 मिमी में 28 भागों का स्पैनर सॉकेट सैट बॉक्स के साथ।
- आउटसाइड माइक्रोमीटर (0-25 मिमी, 25-30 मिमी, 50-75 मिमी, 75-100 मिमी)

सुरक्षा सावधानियाँ/निर्देश Safety Precautions/Instructions

1. गियर के दाँते टूटे या कटे न हों।
2. ऑयल सील को सावधानीपूर्वक फिट करें।
3. बियरिंग को साफ करते समय इसे न घुमाएँ।
4. प्राइमरी शाफ्ट से बियरिंग निकालते समय हैमर का प्रयोग नहीं करना चाहिए बल्कि आर्बर प्रेस का प्रयोग करें।
5. टॉप कवर फिट करने से पहले गियर असेम्बली को न्यूट्रल में रखें।
6. ले शाफ्ट पर थ्रस्ट वाशर लगाने के लिए ग्रीस का ही प्रयोग करें।
7. गियर ऑयल के लेवल की जाँच करें।
8. ऑयल सील को ध्यानपूर्वक जाँचें, ताकि वह फूली अथवा कटी न हो।
9. बियरिंगों के स्नेहन को जाँचें।
10. ले शाफ्ट को सूक्ष्मता से जाँचें।

कार्यविधि Working Method

A. गियर बॉक्स को खोलना

1. ड्रेन प्लग को खोलकर ऑयल को निकालते हैं।
2. फिलर प्लग को हटाते हैं।
3. शिफ्ट लीवर हाउसिंग पिन को निकालते हैं।
4. हाउसिंग से शिफ्ट लीवर को निकालते हैं।
5. शिफ्ट हाउसिंग के बोल्टों को खोलते हैं।
6. गियर बॉक्स हाउसिंग से गियर शिफ्ट हाउसिंग असेम्बली को गैस्केट तथा शिफ्टिंग फोर्क के साथ निकालते हैं।
7. स्क्रू को खोलकर पिनियन शाफ्ट के बियरिंग रिटेनर के वाशर तथा फेल्ट को हटाते हैं।
8. रिटेनर तथा गैस्केट को हटाते हैं।

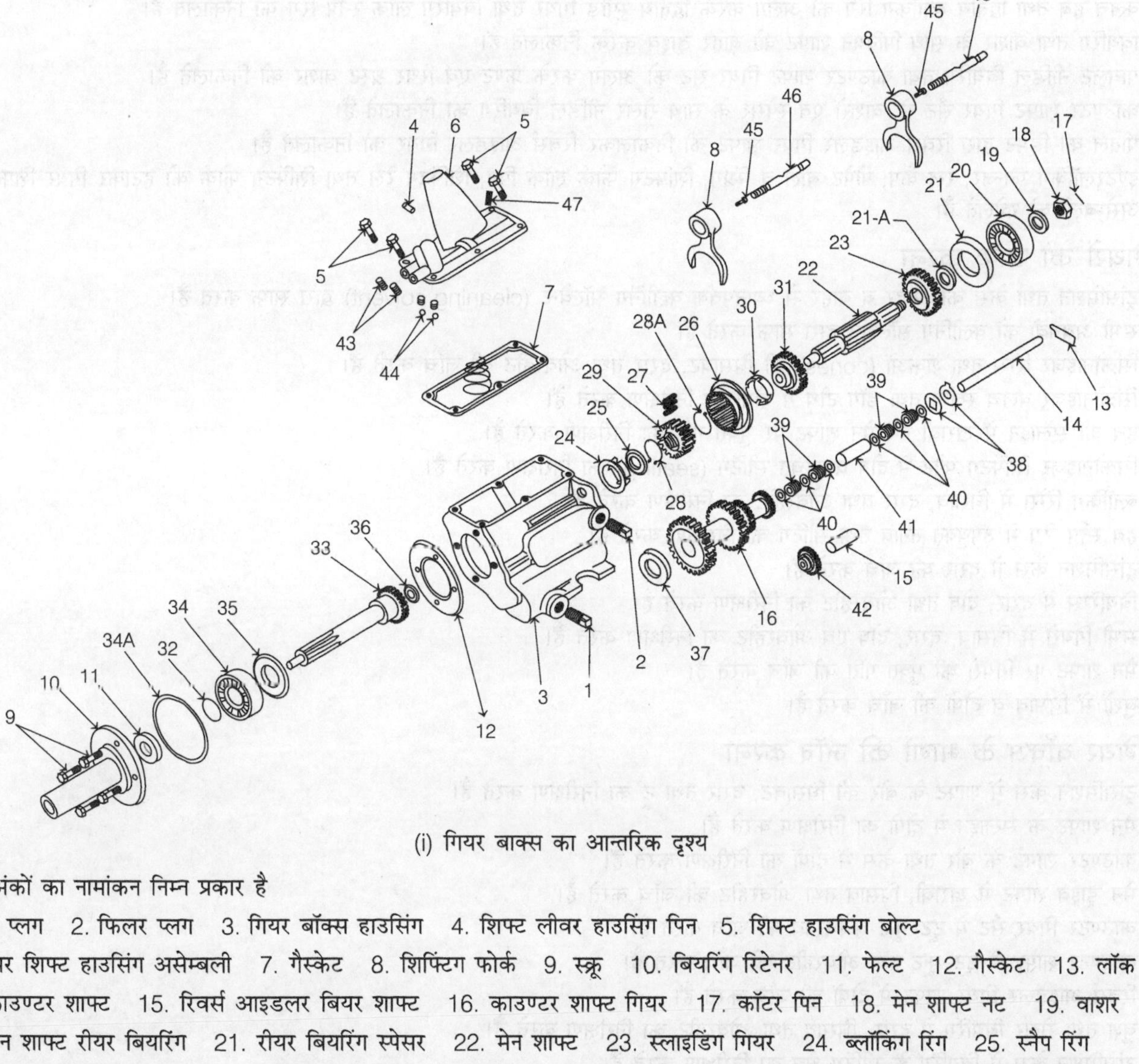

(i) गियर बाक्स का आन्तरिक दृश्य

उपरोक्त अंकों का नामांकन निम्न प्रकार है

1. ड्रेन प्लग 2. फिलर प्लग 3. गियर बॉक्स हाउसिंग 4. शिफ्ट लीवर हाउसिंग पिन 5. शिफ्ट हाउसिंग बोल्ट 6. गियर शिफ्ट हाउसिंग असेम्बली 7. गैस्केट 8. शिफ्टिंग फोर्क 9. स्क्रू 10. बियरिंग रिटेनर 11. फेल्ट 12. गैस्केट 13. लॉक प्लेट 14. काउण्टर शाफ्ट 15. रिवर्स आइडलर बियर शाफ्ट 16. काउण्टर शाफ्ट गियर 17. कॉटर पिन 18. मेन शाफ्ट नट 19. वाशर 20. मेन शाफ्ट रीयर बियरिंग 21. रीयर बियरिंग स्पेसर 22. मेन शाफ्ट 23. स्लाइडिंग गियर 24. ब्लॉकिंग रिंग 25. स्नैप रिंग 26. सिंक्रोनाइजर क्लच स्लीव 27. सिंक्रोनाइजर प्लेट 28. स्प्रिंग 29. क्लच हब 30. द्वितीयब्लॉकिंग रिंग 31. द्वितीय स्पीड गियर 32. बियरिंग लॉक स्नैप रिंग 33. पिनियन शाफ्ट 34. बियरिंग 35. वाशर 36. पायलट नीडिल बियरिंग 37. फ्रण्ट थ्रस्ट वाशर 38. रीयर थ्रस्ट वाशर 39. सेलर नीडिल बियरिंग 40. स्पेसर 41. रिवर्स आइडलर गियर 42. रेल कैप 43. पोपेल बॉल व स्प्रिंग 44. शिफ्टिंग फोर्क लॉक पिन 45. शिफ्टिंग रेल 46. इण्टरलॉक प्लन्जर

9. काउण्टर शाफ्ट के रीयर एण्ड में कटे स्लॉट से लॉक प्लेट तथा रिवर्स आइडलर गियर शाफ्ट को हटाते हैं।
10. पीतल की ड्रिफ्ट का प्रयोग करके काउण्टर शाफ्ट को बाहर की ओर ड्राइव करते हैं।
11. काउण्टर शाफ्ट गियर सैट को गियर बॉक्स हाउसिंग के नीचे गिरने देते हैं।
12. कॉटर पिन को हटाकर मेन शाफ्ट नट तथा वाशर को निकालते हैं।
13. मेन शाफ्ट रियर बियरिंग तथा रियर बियरिंग स्पेसर को निकालते हैं।
14. रियर बियरिंग स्पेसर की ओपनिंग से होकर केस से गियर के साथ मेन शाफ्ट को अलग करते हैं।
15. मेन शाफ्ट से स्लाइडिंग गियर (प्रथम तथा रिवर्स गियर) को अलग करते हैं।
16. ब्लॉकिंग पिन तथा स्नैप रिंग को हटाते हैं।
17. सिंक्रोनाइजर क्लच स्लीव को निकालते हैं। क्लच स्लीव को निकालते समय सिंक्रोनाइजर प्लेट का ध्यान रखते हैं तथा सिंक्रोनाइजर प्लेट व स्प्रिंग को निकालते हैं।
18. क्लच हब तथा द्वितीय ब्लॉकिंग रिंग को अलग करके द्वितीय स्पीड गियर तथा बियरिंग लॉक स्नैप रिंग को निकालते हैं।
19. बियरिंग तथा वाशर के साथ पिनियन शाफ्ट को बाहर ड्राइव करके निकालते हैं।
20. पायलट नीडिल बियरिंग तथा काउण्टर शाफ्ट गियर सैट को अलग करके फ्रन्ट एवं रियर थ्रस्ट वाशर को निकालते हैं।
21. काउण्टर शाफ्ट गियर सैट से, वाशरों एवं स्पेसर के साथ रोलर नीडिल बियरिंग को निकालते हैं।
22. पीतल की ड्रिफ्ट द्वारा रिवर्स आइडलर गियर शाफ्ट को निकालकर रिवर्स आइडलर गियर को निकालते हैं।
23. इण्टरलॉकिंग प्लन्जर, रेल कैप, पोपेट बॉल व स्प्रिंग, शिफ्टिंग फोर्क लॉक पिन, शिफ्टिंग रेल तथा शिफ्टिंग फोर्क को हटाकर गियर शिफ्ट हाउसिंग असेम्बली को खोलते हैं।

B. गियरों को साफ करना

1. ट्रांसमिशन तथा केस को अन्दर व बाहर से ध्यानपूर्वक क्लीनिंग सॉल्वेन्ट (cleaning solvent) द्वारा साफ करते हैं।
2. सभी अवयवों को क्लीनिंग सॉल्वेन्ट द्वारा साफ करते हैं।
3. सिंक्रोनाइजर रिंग्स तथा शंकुओं (cones) की घिसावट, दरार तथा ओवरहीट की जाँच करते हैं।
4. सिंक्रोनाइजर क्लच स्लीव तथा डॉग टीथ में दोषों का निरीक्षण करते हैं।
5. हब की स्प्लाइन में खराबी एवं मेन शाफ्ट पर मुक्त गति का निरीक्षण करते हैं।
6. सिंक्रोनाइजर शिफ्टिंग प्लेट में दोष व उचित सीटिंग (seating) का निरीक्षण करते हैं।
7. ब्लॉकिंग रिंग्स में घिसाव, दरार तथा ओवरहीट का निरीक्षण करते हैं।
8. हब स्नैप रिंग में उपयुक्त तनाव तथा सीटिंग का निरीक्षण करते हैं।
9. ट्रांसमिशन केस में दरार की जाँच करते हैं।
10. बियरिंग्स में दरार, दोष तथा ओवरहीट का निरीक्षण करते हैं।
11. सभी गियरों में घिसाव, दरार, दोष एवं ओवरहीट का निरीक्षण करते हैं।
12. मेन शाफ्ट पर गियरों की मुक्त गति की जाँच करते हैं।
13. बुशों में घिसाव व दोषों की जाँच करते हैं।

C. गियर बॉक्स के भागों की जाँच करना

1. ट्रांसमिशन केस में शाफ्ट के बोर की घिसावट, दरार तथा टू का निरीक्षण करते हैं।
2. मेन शाफ्ट के स्प्लाइन में दोषों का निरीक्षण करते हैं।
3. काउण्टर शाफ्ट के बोर तथा केस में दोषों का निरीक्षण करते हैं।
4. मेन ड्राइव शाफ्ट में खराबी, घिसाव तथा ओवरहीट की जाँच करते हैं।
5. काउण्टर गियर सैट में टूट-फूट व घिसाव की जाँच करते हैं।
6. काउण्टर शाफ्ट में टूट-फूट तथा ओवरहीट की जाँच करते हैं।
7. रिवर्स आइडलर गियर शाफ्ट में दोषों की जाँच करते हैं।
8. बुश तथा रोलर बियरिंग में दरार, घिसाव तथा ओवरहीट का निरीक्षण करते हैं।
9. ट्रांसमिशन केस में बियरिंग के सीटिंग क्षेत्र का निरीक्षण करते हैं।
10. शिफ्टिंग मैकेनिज्म की रेल में घिसाव तथा मोड़ का निरीक्षण करते हैं।
11. फोर्क में टूट-फूट, घिसाव तथा मोड़ का निरीक्षण करते हैं।
12. सभी गियर दाँतों में पिटिंग (pitting), ओवरहीटिंग चिह्नों, घिसाव तथा टूट-फूट का निरीक्षण करते हैं तथा आवश्यकता होने पर बदल देते हैं।

D. गियर बॉक्स को असेम्बल करना

1. सर्वप्रथम केस में रिवर्स आइडलर गियर तथा शाफ्ट को असेम्बल करते हैं। असेम्बल करते समय यह सुनिश्चित करें कि आइडलर गियर सतहों की चैम्फर्ड साइड, स्लाइडिंग गियर की ओर रहे।
2. रिवर्स गियर शाफ्ट पर स्लॉट को एलाइन करके उपयुक्त लॉकिंग करते हैं।
3. काउण्टर शाफ्ट गियर के हब में स्पेसर को इन्सर्ट करते हैं। (चित्र ii)

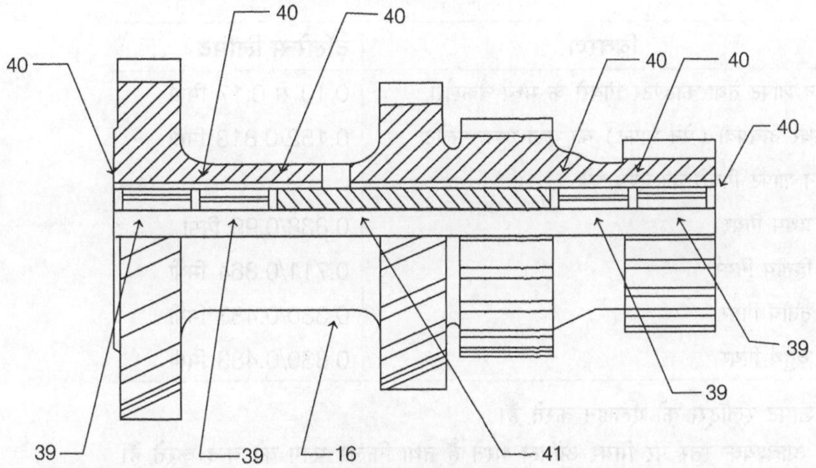

16. काउण्टर शाफ्ट गियर
39. नीडिल बियरिंग
40. वाशर
41. स्पेसर

(ii) काउण्टर शाफ्ट गियर

4. स्पेसर के प्रत्येक सिरे पर एक वाशर को लगाते हैं तथा प्रत्येक सिरे पर नीडिल बियरिंग को दबाते हैं। पुन: दोनों सिरों पर वाशर लगाकर नीडिल बियरिंग को दबाते हैं। अन्त में दोनों सिरों पर एक और वाशर लगाकर असेम्बली को पूर्ण करते हैं।
5. काउण्टर शाफ्ट गियर सैट को गियर बॉक्स हाउसिंग में नीचे की ओर लगाते हैं। सुनिश्चित करते हैं कि गियर हाउसिंग में बड़े गियर की सतह पिनियन शाफ्ट की ओर हो।
6. फ्रण्ट तथा रियर थ्रस्ट वाशर पर ग्रीस लगाकर गियर बॉक्स हाउसिंग में उनके नियत स्थान पर लगाते हैं।
7. हब में स्प्रिंग तनाव के विरुद्ध दो सिंक्रोनाइजर स्प्रिंग को स्थापित करते हैं।
8. स्प्रिंग के सिरों को हब के स्लॉट में लगाते हैं।
9. क्लच हब के तीन स्लॉट्स में तीन सिंक्रोनाइजर शिफ्टिंग प्लेटों को उनकी चिकनी सतह को बाहर की ओर रखते हुए स्थापित करते हैं।
10. प्लेटों को उनकी स्थिति में पकड़ते हुए क्लच हब के ऊपर क्लच स्लीव को सरकाते हैं।
11. मेन शाफ्ट पर द्वितीय स्पीड गियर को स्थापित करते हैं तथा सुनिश्चित करते हैं कि डॉक टीथ सतह (dog teeth face) गियर बॉक्स हाउसिंग के सामने की ओर हो।
12. द्वितीय स्पीड गियर पर ब्लॉकिंग रिंग को गियर बॉक्स हाउसिंग के सामने की ओर लगाते हैं।
13. सिंक्रोनाइजर प्लेट को बिना हिलाए मेन शाफ्ट के फ्रण्ट एण्ड पर क्लच स्लीव के साथ क्लच हब को स्थापित करते हैं।
14. क्लच हब स्नैप रिंग को इन्सर्ट करके हब को मेन शाफ्ट के साथ लॉक करते हैं।
15. मेन शाफ्ट के फ्रण्ट एण्ड को केस में से रियर एण्ड ओपनिंग से होकर पास (pass) कराते हैं तथा मेन शाफ्ट पर निम्न एवं रिवर्स स्लाइडिंग गियर को असेम्बल करते हैं। सुनिश्चित करते हैं कि गियर सतहों को शिफ्टिंग ग्रूव गियर बॉक्स हाउसिंग के सामने हों।
16. मेन शाफ्ट की रियर साइड पर बियरिंग स्पेसर लगाते हैं।
17. रियर बियरिंग स्पेसर को लगाकर रियर एण्ड बियरिंग को असेम्बल करते हैं। मेन शाफ्ट वाशर को लगाते हैं।
18. मेन शाफ्ट के कैसल नट (castle nut) को उपयुक्त टॉर्क पर टाइट करते हैं। कॉटर पिन के द्वारा कैसल नट को लॉक करते हैं।
19. ग्रीस लगाकर पिनियन शाफ्ट पायलट बियरिंग को पिनियन शाफ्ट स्पिगॉट में लगाते हैं।

20. बियरिंग वाशर, बियरिंग तथा बियरिंग स्नैप रिंग को पिनियन शाफ्ट पर स्थापित करते हैं। पिनियन शाफ्ट को बियरिंग के साथ हाउसिंग में फिट करके पिनियन शाफ्ट व स्नैप रिंग को फिट करते हैं।
21. बियरिंग रिटेनर में ऑयल सील लगाते हैं तथा गैस्केट के साथ बियरिंग रिटेनर को केस पर लगाते हैं।
22. काउण्टर गियर सैट को उठाते हैं। काउण्टर शाफ्ट फ्रण्ट थ्रस्ट वाशर तथा रियर थ्रस्ट वाशर को काउण्टर शाफ्ट गियर सैट के बोर के साथ एलाइन करते हैं।
23. काउण्टर गियर सैट बोर तथा गियर हाउसिंग के फ्रण्ट व रियर बोर को एलाइन करते हैं। काउण्टर शाफ्ट को काउण्टर गियर सैट में इन्सर्ट कराते हैं।
24. काउण्टर शाफ्ट को गियर बॉक्स हाउसिंग के फ्रण्ट साइड में प्रवेश कराने हेतु टैप (tap) करते हैं। तीनों थ्रस्ट वाशरों की स्थिति को सुनिश्चित करते हैं। निर्माता की विशिष्टियों के अनुसार गियर एण्ड प्ले की जाँच करते हैं। जैसा कि निम्न सारणी में उदाहरण हेतु दर्शाया गया है।

क्र. सं.	विवरण	टॉलरेन्स लिमिट
1.	मेन शाफ्ट तथा काउण्टर गियरों के मध्य बैकलैश	0.10 से 0.17 मिमी
2.	स्थिर अवयवों (मेन शाफ्ट) का कुल एण्ड फ्लोट	0.152/0.813 मिमी
3.	मेन शाफ्ट गियरों का एण्ड प्ले	
	• प्रथम गियर	0.838/0.99 मिमी
	• द्वितीय गियर	0.711/0.864 मिमी
	• तृतीय गियर	0.330/0.483 मिमी
	• चतुर्थ गियर	0.330/0.483 मिमी

25. काउण्टर शाफ्ट तथा आइडलर गियर शाफ्ट स्लॉट्स को एलाइन करते हैं।
26. लॉक प्लेट, ड्रेन प्लग को फिट करके आवश्यक स्तर पर गियर ऑयल भरते हैं तथा फिलर प्लग को बन्द करते हैं।
27. गियरों को न्यूट्रल स्थिति में रखते हैं। गियर बॉक्स की ऊपरी कवर हाउसिंग को उल्टा करके इसे वाइस में क्लैम्प करते हैं।
28. पोपेट बॉल व स्प्रिंग को हाउसिंग में बने उनके स्थानों पर स्थापित करते हैं।
29. वुडन मैलेट का प्रयोग करके दो शिफ्ट रेल को हाउसिंग में बने उनके छिद्रों में स्थापित करते हैं तथा इसके साथ ही रेल पर शिफ्टर फोर्क को स्थापित करते हैं।
30. लॉक पिनों द्वारा रेल पर फोर्क को लॉक करते हैं।
31. शिफ्ट रेल को उनके छिद्रों में ओर आगे इस प्रकार दबाते हैं कि शिफ्ट रेल में बॉल उनके ग्रूव पर स्थापित हो जाए।
32. शिफ्ट रेल के सिरों पर रेल कैप लगाकर उन्हें ध्यानपूर्वक दबाते हैं।
33. शिफ्टर रेल असेम्बली पर इण्टरलॉक प्लन्जर को असेम्बल करते हैं।
34. हाउसिंग पर केन्द्र छिद्र में गियर शिफ्ट लीवर को इन्सर्ट कराकर लॉक पिन द्वारा लॉक भरते हैं तथा इसकी गति की जाँच करते हैं।
35. ट्रांसमिशन केस पर गैस्केट लगाकर छिद्रों को एलाइन करते हैं।
36. शिफ्टिंग मैकेनिज्म को न्यूट्रल स्थिति में रखकर शिफ्टिंग मैकेनिज्म को फोर्क के साथ गियर व्हील ग्रूव्स को एलाइन करते हुए स्थापित करते हैं।
37. विभिन्न गियरों को शिफ्टिंग लीवर तथा इसकी मैकेनिज्म की सहायता से एंगेज कराते हैं तथा इनके प्रदर्शन की जाँच करते हैं।

38. चित्र (iii) में 5-स्पीड सिंक्रोमैश गियर बॉक्स को दर्शाया गया है।

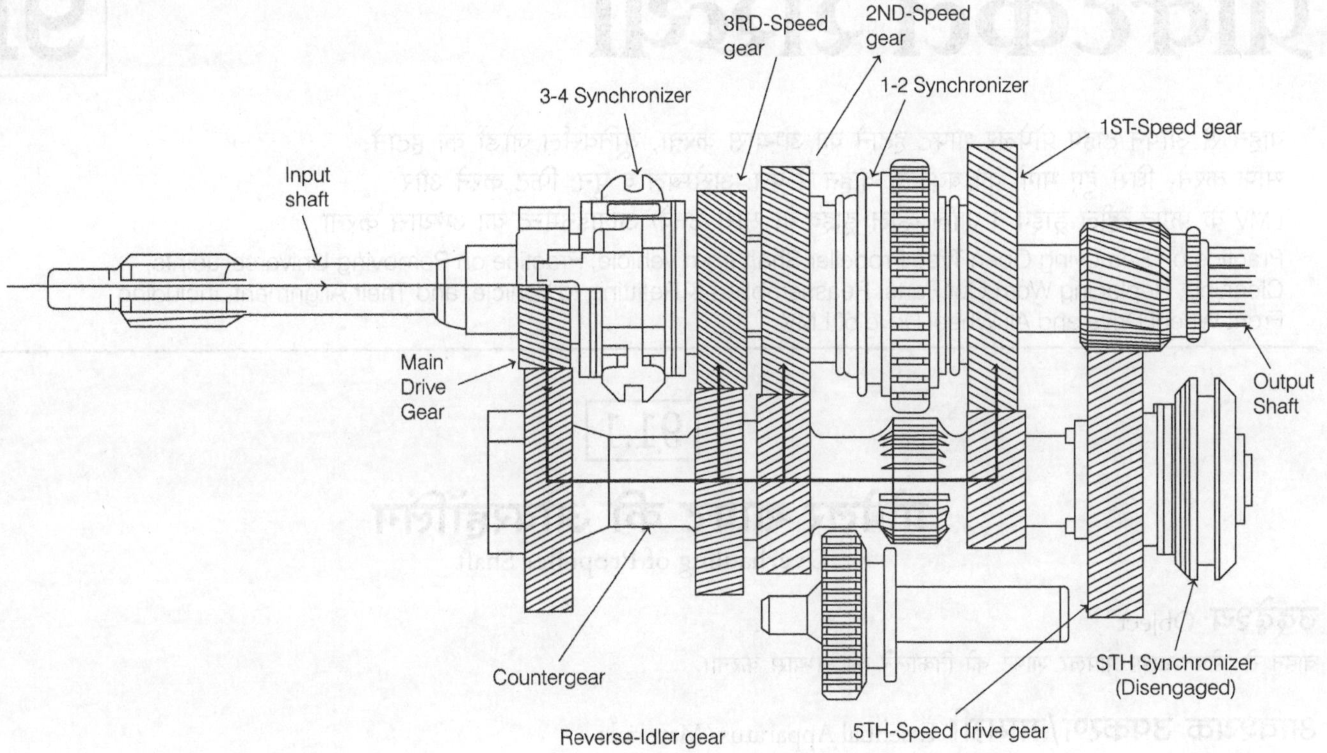

(iii) सिंक्रोमैश गियर बॉक्स

परिणाम (Result) सिंक्रोमैश गियर बॉक्स को खोलने, भागों को साफ करके निरीक्षण करने, घिसे हुए या खराब भागों को बदलने, उपयुक्त प्रदर्शन हेतु भागों की असेम्बली व उनकी जाँच करने तथा गियर बॉक्स के शोर को पहचानकर ठीक करने का अभ्यास सफलतापूर्वक किया गया।

प्रैक्टिकल संख्या 91

✎ वाहन से ओपन टाइप प्रोपेलर शाफ्ट हटाने का अभ्यास करना, यूनिवर्सल जोड़ों को हटाने, साफ करने, घिसे हुए भागों को बदलने, वाहन में पुन: असेम्बल व पुन: फिट करने और LMV के फ्रण्ट व्हील ड्राइव व ऑल व्हील ड्राइव के साथ उनके अलाइनमेन्ट का अभ्यास करना
Practice on Removing Open Type Propeller Shaft from Vehicle, Practice on Removing Universal Joints, Cleaning, Replacing Worn Out Parts, Reassembling & Refitting to Vehicle, and Their Alignment, Including Front Wheel Drive and All Wheel Drive of LMV

91.1

प्रोपेलर शाफ्ट की ओवरहॉलिंग
Overhauling of Propeller Shaft

उद्देश्य Object

वाहन से ओपन टाइप प्रोपेलर शाफ्ट को निकालने का अभ्यास करना।

आवश्यक उपकरण/सामग्री Essential Apparatus/Materials

- D. E. स्पैनर सैट
- बियरिंग पुलर
- 'V' ब्लॉक
- सोप ऑयल
- रिंग स्पैनर सैट
- बॉल पीन हैमर
- डायल इण्डीकेटर
- ग्रीस
- बेंच वाइस
- डॉट पंच
- केरोसिन
- सूती कपड़ा

सुरक्षा सावधानियाँ/निर्देश Safety Precautions/Instructions

1. प्रोपेलर शाफ्ट को वाहन से निकालते समय जमीन पर न लटकाएँ।
2. स्लिप ज्वॉइण्ट तथा ड्राइव फ्लैन्ज के जोड़ों पर निशान लगा लेने चाहिए, जिससे इन्हें पुन: फिट करने में कोई परेशानी न हो।

कार्यविधि Working Method

1. सर्वप्रथम प्रोपेलर शाफ्ट फ्लैन्ज आई की स्थिति को चिह्नित करते हैं। चित्र (i)

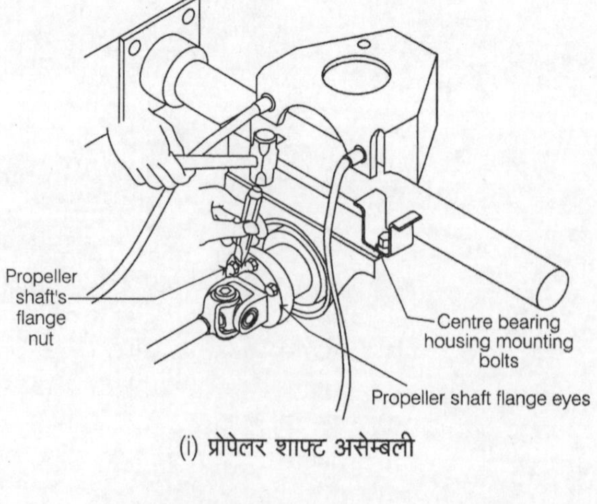

(i) प्रोपेलर शाफ्ट असेम्बली

2. प्रोपेलर शाफ्ट के फ्लैन्ज नट को अनलॉक करके हटाते हैं।
3. रीयर प्रोपेलर शाफ्ट को निकालते हैं।
4. सेन्टर बियरिंग हाउसिंग के माउण्टिंग बोल्ट्स को अलग करते हैं।
5. फ्रण्ट प्रोपेलर शाफ्ट को अलग करते हैं।
6. वाइस पर विशिष्ट औजार को माउण्ट करके प्रोपेलर शाफ्ट के फ्लैन्ज को लॉक करते हैं। चित्र (ii)

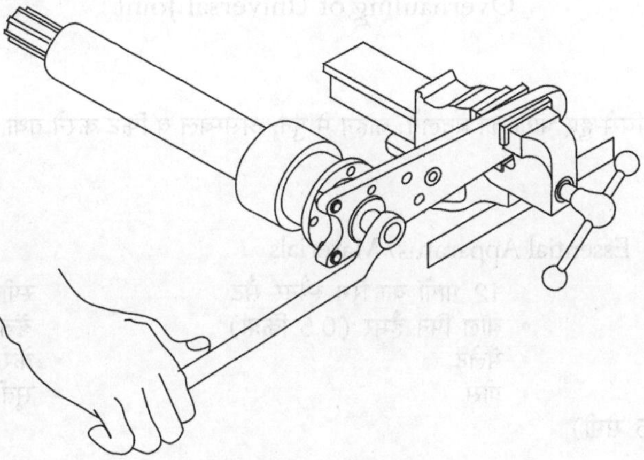

(ii) प्रोपेलर शाफ्ट फ्लैंज

7. प्रोपेलर शाफ्ट के फ्लैन्ज नट को हटाते हैं।
8. सेण्टर बियरिंग को पकड़ने हेतु बियरिंग पुलर को फिट करते हैं तथा पुलर के बोल्ट को तब तक टाइट करते हैं, जब तक कि बियरिंग प्रोपेलर शाफ्ट से बाहर न आ जाए। चित्र (iii)
9. स्पेसर रिंग (spacer ring) को निकालते हैं।

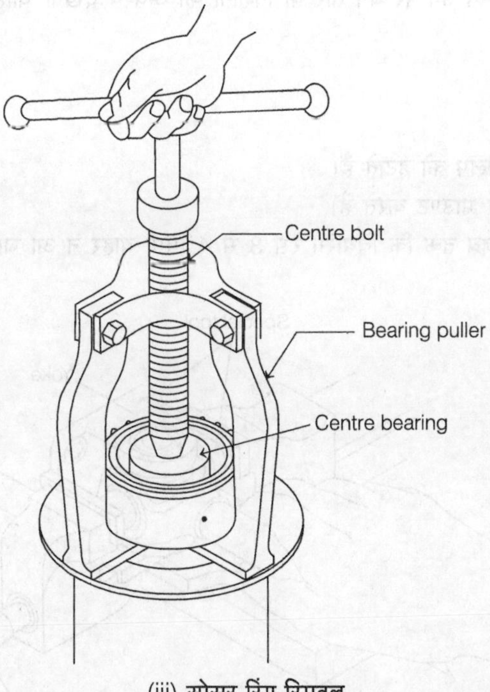

(iii) स्पेसर रिंग रिमूवल

परिणाम (Result) वाहन से ओपन टाइप प्रोपेलर शाफ्ट को निकालने का अभ्यास सफलतापूर्वक किया गया।

91.2

यूनिवर्सल जोड़ की ओवरहॉलिंग

Overhauling of Universal Joint

उद्देश्य Object

यूनिवर्सल जोड़ों को निकालने, साफ करने, घिसे हुए भागों को बदलने, वाहन में पुन: असेम्बल व फिट करने तथा LMV के फ्रण्ट व ऑल व्हील ड्राइव के साथ उनके अलाइनमेन्ट का अभ्यास करना।

आवश्यक उपकरण/सामग्री Essential Apparatus/Materials

- 12 भागों का D.E. स्पैनर सैट
- सेण्टर पंच (10 सेमी)
- स्क्रू ड्राइवर (200 × 9 मिमी)
- सोप ऑयल
- एक्सपैन्डिंग टाइप सरक्लिप प्लायर (15 सेमी)
- 12 भागों का रिंग स्पैनर सैट
- बॉल पिन हैमर (0.5 किग्रा)
- मैलेट
- ग्रीस
- स्पीड हैण्डिल के साथ स्पैनर सॉकेट
- बेंच वाइस
- केरोसीन
- सूती कपड़ा

सुरक्षा सावधानियाँ/निर्देश Safety Precautions/Instructions

1. यूनिवर्सल ज्वॉइण्ट तथा ड्राइव फ्लैंज के जोड़ों पर निशान लगा दें।
2. ज्वॉइण्ट में नए बियरिंग पर मैलेट का प्रयोग करें।
3. नए बियरिंगों का स्नेहन करें।
4. प्रोपेलर शाफ्ट तथा योक को फिट करते समय उन पर बने तीर के निशानों को अवश्य देखना चाहिए।

कार्यविधि Working Method

A. यूनिवर्सल जोड़ को खोलना

1. सर्वप्रथम योक (yoke) से सभी चारों सरक्लिप को हटाते हैं।
2. योक को विशिष्ट औजार के साथ वाइस पर माउण्ट करते हैं।
3. वाइस के जॉ को तब तक टाइट करते हैं, जब तक कि बियरिंग रेस 3 से 4 मिमी बाहर न आ जाए।
4. वाइस से योक को निकालते हैं। चित्र (i)

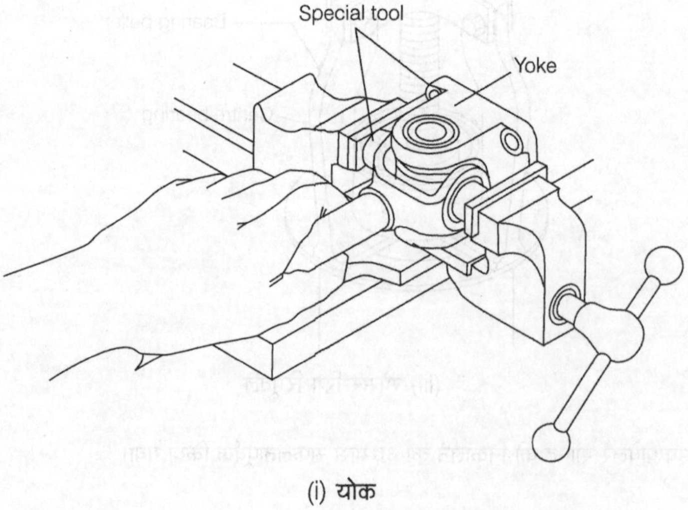

(i) योक

5. मैलेट द्वारा योक को बियरिंग रेस की सीट के आस-पास से तब तक पीटते हैं, जब तक कि बियरिंग रेस योक से बाहर न आ जाए। चित्र (iii)

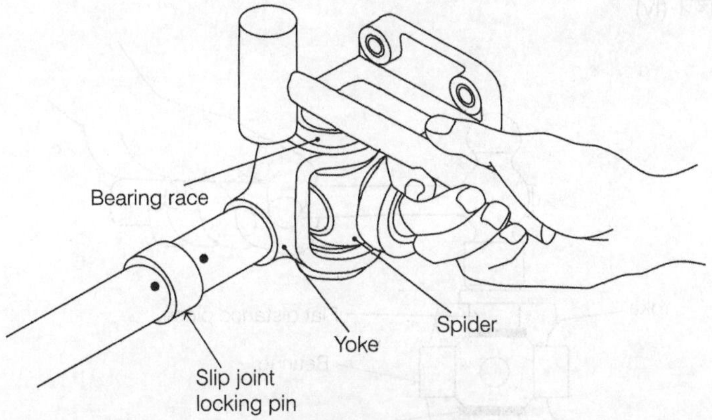

(ii) बियरिंग रेस रिमूवल

6. उपरोक्त चरणों को दोहराते हुए चारों रेस को योक से निकालते हैं।
7. योक से स्पाइडर (spider) को निकालते हैं।
8. प्रोपेलर शाफ्ट व योक को मैलेट द्वारा पीटकर यूनिवर्सल जोड़ लॉकिंग कैप को ढीला करते हैं।
9. असेम्बली हेतु समान स्थिति में योक व प्रोपेलर शाफ्ट की स्थिति को चिह्नित करते हैं।
10. शाफ्ट से स्लिप जोड़ को खींचकर अलग करते हैं।

B. भागों को साफ करना तथा उनका निरीक्षण करना

1. सभी भागों को केरोसीन से साफ करते हैं और कम्प्रैस्ड एयर द्वारा सुखाकर वर्क बेंच पर रखते हैं।
2. यूनिवर्सल जोड़ के सभी भागों की जाँच करते हैं तथा घिसे हुए भागों को बदल देते हैं।
3. नीडिल बियरिंग की दृश्यिक जाँच करके दोष का निरीक्षण करते हैं।
4. यदि बियरिंग खराब हो, तो उन्हें बदल देते हैं। चित्र (iii)

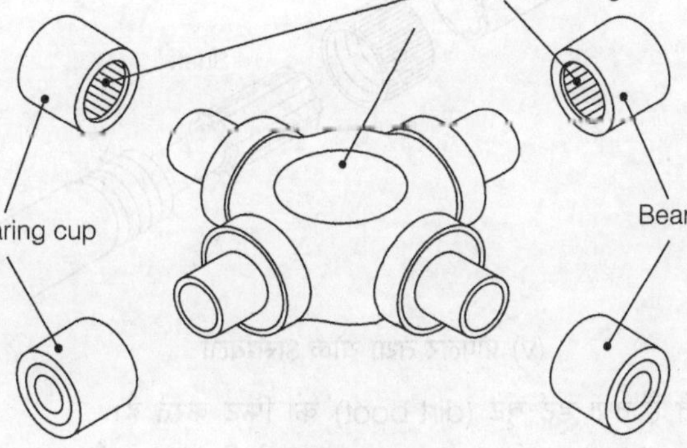

(iii) यूनिवर्सल जोड़

5. प्रोपेलर शाफ्ट पर यूनिवर्सल जोड़ के योक की मुक्त गति की जाँच करते हैं।
6. जाँच करते हैं कि सभी नीडिल बियरिंग कप में लगी हैं। यदि कोई नीडिल लुप्त है, तो नीडिल के मध्य गैप उत्पन्न हो जाएगा।

C. यूनिवर्सल जोड़ को असेम्बल करना

1. योक पर स्पाइडर को लगाते हैं। चित्र (iv)

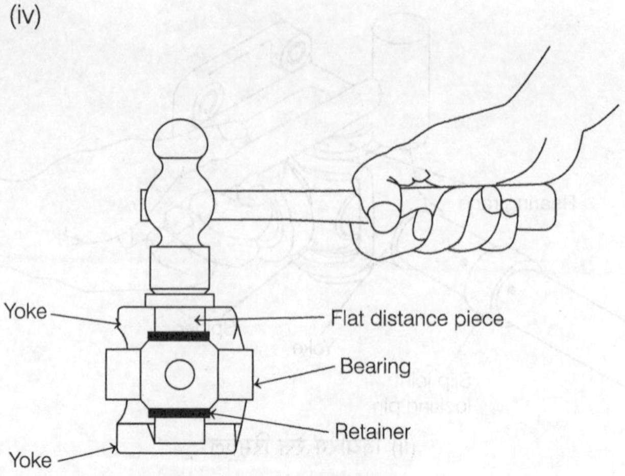

(iv) स्पाइडर फिक्सिंग

2. बियरिंग को रिटेनर के साथ योक की विपरीत साइड में उसे 4 मिमी लगाते हैं।
3. बियरिंग रेस पर फ्लैट डिस्टैन्स पीस को लगाकर मैलेट द्वारा तब तक पीटते हैं, जब तक कि बियरिंग रेस योक में अपनी स्थिति में सैट न हो जाए।
4. सभी बियरिंग को फिट करने हेतु उपरोक्त चरणों को दोहराते हैं।
5. सभी बियरिंग पर सरक्लिप को फिट करते हैं।
6. योक एवं शाफ्ट पर बनाए गए चिह्नों के अनुसार प्रोपेलर शाफ्ट पर यूनिवर्सल जोड़ को स्लाइड कराते हैं। चित्र (v)

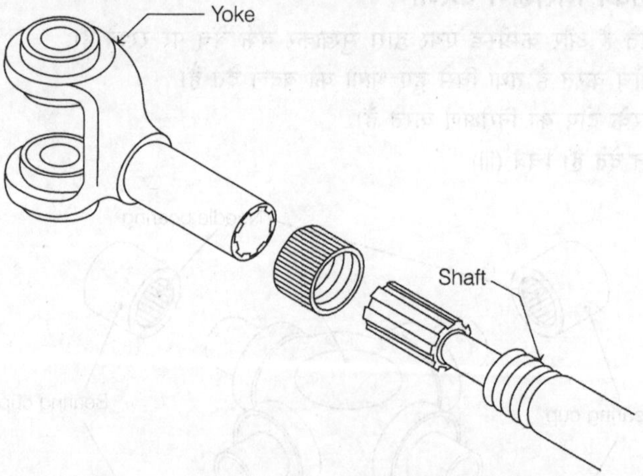

(v) प्रोपेलर तथा योक असेम्बली

7. यूनिवर्सल जोड़ लॉकिंग कैप को टाइट करते हैं तथा डर्ट बूट (dirt boot) को फिट करते हैं।
8. प्रोपेलर शाफ्ट एवं यूनिवर्सल जोड़ को वाहन (LMV, locomotive vehicle) में फिट करते हैं।
9. फ्रण्ट एवं ऑल व्हील ड्राइव के अनुसार प्रोपेलर शाफ्ट एवं यूनिवर्सल जोड़ के अलाइनमेन्ट की जाँच करते हैं। यदि अलाइनमेन्ट ठीक नहीं है, तो इसे पुनः व्यवस्थित करते हैं।

परिणाम (Result) यूनिवर्सल जोड़ों को निकालने, साफ करने, घिसे हुए भागों को बदलने, वाहन में पुनः असेम्बल व फिट करने तथा LMV के फ्रण्ट व ऑल व्हील ड्राइव के साथ उनके अलाइनमेन्ट का अभ्यास सफलतापूर्वक किया गया।

प्रैक्टिकल संख्या 92

FWD ड्राइवशाफ्ट हटाने एवं बदलने का अभ्यास करना
Practice on FWD Driveshaft Removal and Replacement

उद्देश्य Object

फ्रण्ट व्हील ड्राइव शाफ्ट को निकालने तथा बदलने का अभ्यास करना।

आवश्यक उपकरण/सामग्री Essential Apparatus/Materials

- ट्रेनी टूल किट
- हाइड्रॉलिक जैक/रैम्प
- ग्रीस
- बॉक्स स्पैनर सैट
- ट्रे
- क्लीनिंग सॉल्वेन्ट
- टायर लीवर
- सूती कपड़ा

सुरक्षा सावधानियाँ/निर्देश Safety Precautions/Instructions

1. ड्राइव शाफ्ट निकालने से पूर्व सस्पैन्शन अवयवों को पूर्णतया ढीला कर दें।
2. ड्राइव शाफ्ट निकालने से पूर्व ब्रैक लाइनों को हटा दें।
3. ड्राइव शाफ्ट निकालने से पूर्व वाहन के फ्रण्ट व्हील निकाल दें।

कार्यविधि Working Method

A. फ्रण्ट व्हील ड्राइव शाफ्ट को निकालना

1. हाइड्रॉलिक जैक की सहायता से वाहन के फ्रण्ट एक्सेल को उठाते हैं।
2. व्हील को हटाते हैं।
3. सेण्टर बोल्ट को निकालते हैं।
4. ट्रांसमिशन ऑयल को निकालते हैं।
5. स्टीयरिंग नकल से टाई रॉड एण्ड को वियोजित करते हैं।
6. ब्रैक हौज को हटाते हैं।
7. फ्रण्ट सस्पैन्शन कण्ट्रोल आर्म के बॉल ज्वॉइण्ट स्टड को हटाते हैं।
8. ड्राइव शाफ्ट असेम्बली को अलग करते हैं।
9. स्प्लाइन का निरीक्षण करते हैं।

B. फ्रण्ट व्हील ड्राइव शाफ्ट को असेम्बल करना

1. यूनिवर्सल जोड़ के दोनों सिरों पर ब्लैक ग्रीस लगाते हैं।
2. शाफ्ट को क्लीनिंग सॉल्वेन्ट द्वारा साफ करते हैं।
3. ड्राइव शाफ्ट की टूट-फूट की जाँच करते हैं तथा खराब भागों को बदल देते हैं।
4. ड्राइव शाफ्ट असेम्बली को वाहन में इन्सर्ट करते हैं।
5. फ्रण्ट सस्पैन्शन कण्ट्रोल आर्म के बॉल ज्वॉइण्ट स्टड को लगाते हैं।
6. स्टीयरिंग नकल से टाई रॉड एण्ड को जोड़ते हैं।
7. ट्रांसमिशन ऑयल को भरते हैं।
8. व्हील को फिट करते हैं।
9. वाहन को जैक से नीचे उतारते हैं।
10. वाहन को चलाकर इसकी जाँच करते हैं।

परिणाम (Result) फ्रण्ट व्हील ड्राइव शाफ्ट को निकालने तथा बदलने का अभ्यास सफलतापूर्वक किया गया।

प्रैक्टिकल संख्या 93

✎ रीयर एक्सेल की ओवरहॉलिंग एवं निरीक्षण का अभ्यास करना
Practice on Overhauling and Inspection of Rear Axle

उद्देश्य Object

रीयर एक्सेल की ओवरहॉलिंग तथा निरीक्षण का अभ्यास करना।

आवश्यक उपकरण/सामग्री Essential Apparatus/Materials

- ट्रेनी टूल किट
- आधार के साथ डायल इण्डीकेटर
- टॉर्क रिंच
- सूती कपड़ा
- ग्रीस
- पुलर
- सरक्लिप प्लायर
- केरोसीन
- डिफ्रैन्शियल ऑयल
- 'V' ब्लॉक
- ड्रिफ्ट
- सोप ऑयल
- क्लीनिंग ट्रे

सुरक्षा सावधानियाँ/निर्देश Safety Precautions/Instructions

1. सम्प फ्लैट प्रकार के होने चाहिए।
2. एडजस्टिंग नट को सही प्रकार से व्यवस्थित करें।
3. बॉडी से डिफ्रैन्शियल कैरियर हटाते समय साइड बियरिंग नीचे न गिरने पाए।
4. नट-बोल्ट क्रमवार खोलें व कसें।

कार्यविधि Working Method

A. एक्सेल शाफ्ट को अलग करना

1. सर्वप्रथम एक्सेल शाफ्ट नटों को खोलकर एक्सेल शाफ्ट को अलग करते हैं।
2. यदि एक्सेल शाफ्ट पर चूड़ीयुक्त छिद्र उपलब्ध हों, तो पुलर बोल्टों का प्रयोग करके शाफ्ट को अलग करते हैं।
3. चैक नट से लॉकिंग प्लेट के लिप (lip) को अनलॉक करते हैं। चित्र (i)

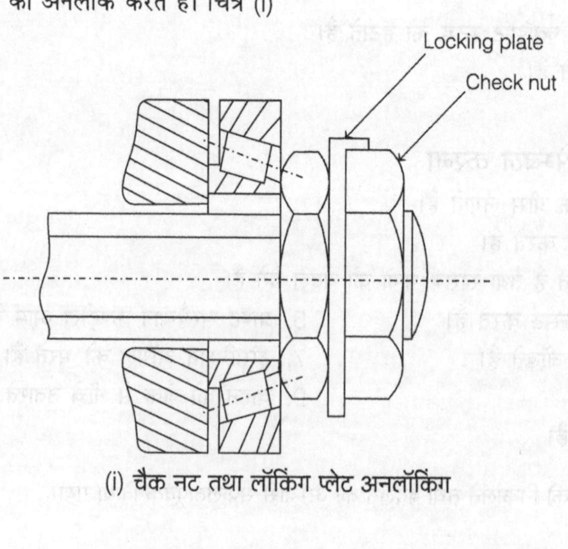

(i) चैक नट तथा लॉकिंग प्लेट अनलॉकिंग

4. विशेष स्पैनर का प्रयोग करके चैक नट तथा लॉकिंग प्लेट नट को अलग करते हैं।
5. हब पर पुलर को व्यवस्थित करके हब पर माउण्ट नटों को टाइट करते हैं। चित्र (ii)

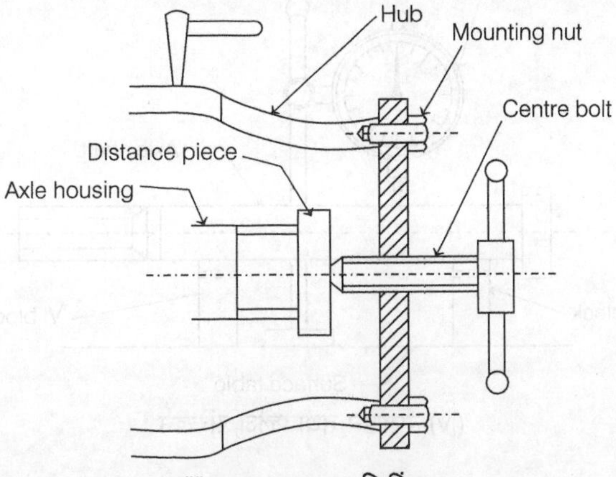

(ii) पुलर द्वारा नट फिक्सिंग

6. सेन्टर बोल्ट को टाइट करते हैं तथा सुनिश्चित करते हैं कि डिस्टैन्स पीस (distance piece), एक्सेल हाउसिंग पर वर्गाकार रूप से सैट हो जाए।
7. सेन्टर बोल्ट को ब्रेक ड्रम के साथ तब तक टाइट करते हैं, जब तक कि हब, एक्सेल हाउसिंग से बाहर न आ जाए।
8. ब्रेक शूज को समीप लाने हेतु ब्रेक एडजस्टिंग स्क्रू को घुमाते हैं।
9. स्प्रिंग एक्सट्रैक्टर (spring extractor) के प्रयोग द्वारा ब्रैक शू रिटर्न स्प्रिंग (break shoe return spring) को अलग करते हैं। चित्र (iii)

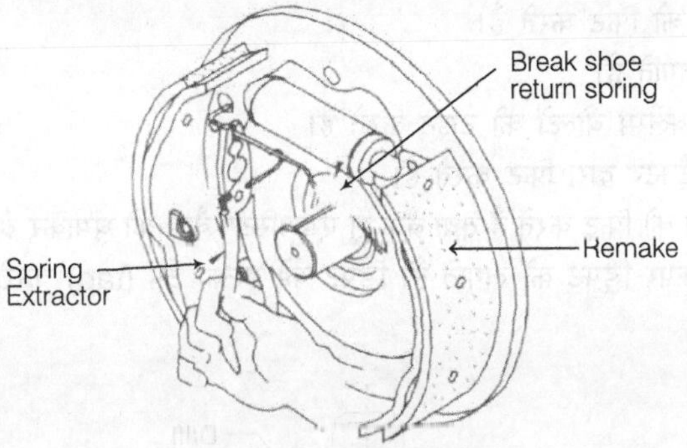

(iii) ब्रैक शू रिटर्न स्प्रिग रिमूविंग

10. ब्रैक शू एंकर बोल्टों को खोलकर ब्रैक शू को अलग करते हैं।
11. शूज को बाद में उसी स्थिति में फिट करने की दृष्टि से उन पर लीडिंग (leading) एवं ट्रैलिंग (trailing) मार्क बनाते हैं।
12. व्हील सिलेण्डर पर माउण्ट बोल्टों को खोलकर व्हील सिलेण्डर असेम्बली तथा बैक प्लेट को अलग करते हैं।

B. दोष हेतु रीयर एक्सेल के भागों का निरीक्षण

1. निम्नलिखित भागों में कोई खराबी/घिसाव/ओवरहॉलिंग जैसे दोषों हेतु दृश्यिक निरीक्षण करते हैं
   - एक्सेल ट्यूब की चूड़ियाँ एवं बियरिंग सीटें
   - व्हील के स्टड
   - एक्सेल शाफ्ट स्प्लाइन तथा फ्लैंज छिद्र
   - स्कोरिंग ओवरहीटिंग (scoring overheating) हेतु बियरिंग
   - ब्रेक लाइनिंग की घिसावट
   - स्कोरिंग पॉलिशिंग हेतु ब्रेक ड्रम
   - पंक्चर एवं दरारों हेतु ब्रेक हौज

2. सर्फेस टेबल पर 'V' ब्लॉक को रखकर इसके ऊपर एक्सेल शाफ्ट को रखते हैं। 'V' ब्लॉक को स्प्लाइन एवं फ्लैंज के समीप रखते हैं। चित्र (iv)

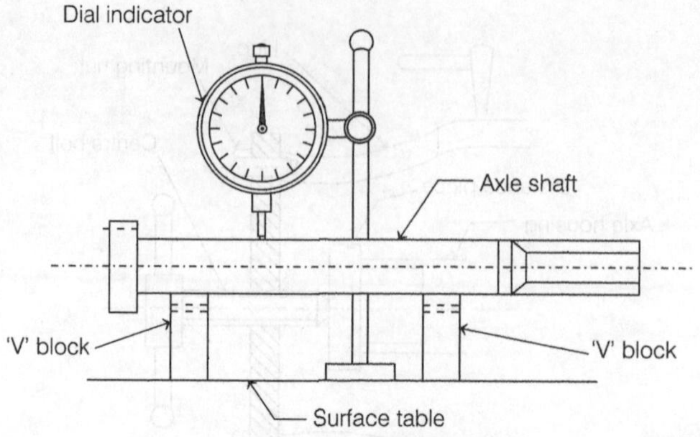

(iv) स्प्लाइन तथा फ्लैंज संरेखन

3. डायल इण्डीकेटर को एक्सेल शाफ्ट के केन्द्र में रखकर शून्य पर सैट करते हैं।
4. शाफ्ट को हाथों से घुमाकर डायल इण्डीकेटर के विक्षेप (deflection) को नोट करते हैं। यदि शाफ्ट विशिष्ट सीमा से अधिक मुड़ी होती है, तो इसे बदल देते हैं।

C. हब एण्ड प्ले पुनः असेम्बल करना तथा एडजस्ट करना

1. सभी भागों की सफाई करते हैं।
2. एक्सेल केसिंग पर बैक प्लेट को फिट करते हैं।
3. बैक प्लेट पर व्हील सिलेण्डर असेम्बली को फिट करते हैं।
4. एक्सेल ट्यूब पर ऑयल सील रिंग को लगाते हैं।
5. बैक प्लेट पर ब्रेक शू को माउण्ट करके क्लैम्प बोल्टों को टाइट करते हैं।
6. ब्रेक शू की रिटेनर स्प्रिंग को स्प्रिंग एक्सट्रैक्टर द्वारा फिट करते हैं।
7. ब्रेक शू में व्हील सिलेण्डर की स्लॉटिड पिन को फिट करते हैं तथा ब्रेक शू एडजस्टिंग कैम को घुमाकर ब्रेक शू के मुक्त घूर्णन की जाँच करते हैं।
8. हब में ऑयल सील को लगाकर, इसके ऊपर ड्रिफ्ट को लगाते हैं। ड्रिफ्ट को हल्का टैप (tap) करते हैं जिससे ऑयल सील हब में अपनी सीट पर वर्गाकार रूप से सैट हो जाए। चित्र (v)

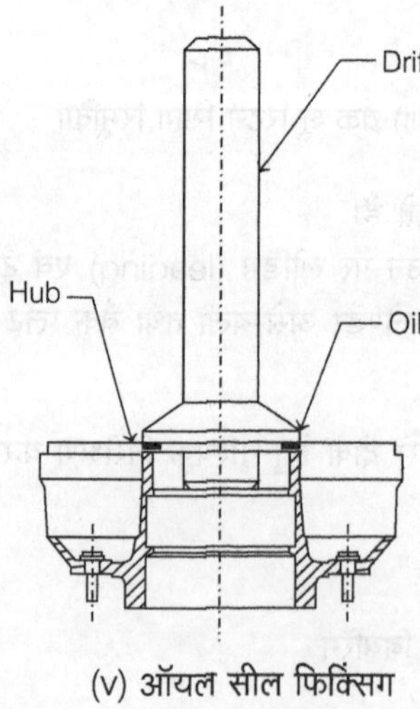

(v) ऑयल सील फिक्सिंग

9. व्हील बियरिंग पर उपयुक्त ग्रीस का लेपन करके हब में लगाते हैं।
10. जब अधिक आवश्यकता हो, तब हब में सरक्लिप्स को फिट करते हैं।
11. एक्सेल ट्यूब पर हब को ब्रेक ड्रम में सापेक्ष लगाते हैं।
12. हब में बाह्य बियरिंग को फिट करते हैं।
13. हब नट स्पैनर द्वारा हब लॉक नट को इस प्रकार टाइट करते हैं कि बियरिंग अपनी सीट पर फिट हो जाए।
14. नट को आधा घुमाकर ढीला करते हैं तथा इसे एण्ड प्ले नहीं रहने तक टाइट करते हैं। लगभग 0.02" से 0.04" तक के प्ले को प्राप्त करने हेतु नट को पुनः आधा घुमाते हैं।
15. चुम्बकीय आधारयुक्त डायल इण्डीकेटर को ब्रेक ड्रम पर व्यवस्थित करते हैं तथा सुनिश्चित करते हैं कि डायल इण्डीकेटर का प्वॉइण्टर एक्सेल केसिंग पर रिसैट हो। चित्र (vi)
16. हब के एण्ड प्ले को मापते हैं। यदि आवश्यक एण्ड प्ले प्राप्त नहीं होता है, तो इसे तब तक दोहराते हैं, जब तक कि आवश्यक एण्ड प्ले प्राप्त नहीं हो जाता।
17. लॉक वॉशर तथा चैक नट को फिट करते हैं।

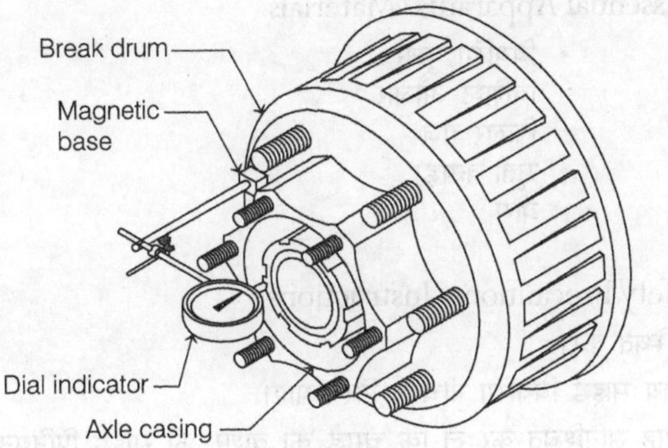

(vi) ब्रेक ड्रम

18. चैक नट को आवश्यक टॉर्क पर टाइट करके लॉक वॉशर द्वारा लॉक करते हैं।
19. हब पर एक्सेल शाफ्ट गैस्केट को लगाते हैं।
20. एक्सेल शाफ्ट को एक्सेल केसिंग में लगाते हैं तथा एक्सेल शाफ्ट नटों को टाइट करते हैं।

परिणाम (Result) रीयर एक्सेल की ओवरहॉलिंग तथा निरीक्षण का अभ्यास सफलतापूर्वक किया गया।

प्रैक्टिकल संख्या 94

✎ डिफरैन्शियल असेम्बली की ओवरहॉलिंग एवं निरीक्षण का अभ्यास करना
Practice on Overhauling and Inspection of Differential Assembly

उद्देश्य Object

डिफ्रैन्शियल असेम्बली की ओवरहॉलिंग एवं निरीक्षण करने का अभ्यास करना।

आवश्यक उपकरण/सामग्री Essential Apparatus/Materials

- ट्रेनी टूल किट
- बेंच वाइस
- स्टैण्ड के साथ डायल इण्डीकेटर
- सोप ऑयल
- क्लीनिंग ट्रै
- बियरिंग पुलर
- विशिष्ट औजार
- फिलर गेज
- सूती कपड़ा
- ग्रीस
- सरक्लिप प्लायर (बाह्य)
- टॉर्क रिंच
- केरोसिन
- SAE 120 ऑयल

सुरक्षा सावधानियाँ/निर्देश Safety Precautions/Instructions

1. एड्जस्टिंग नट को सही प्रकार से व्यवस्थित करें।
2. बॉडी से डिफ्रैन्शियल कैरियर हटाते समय साइड बियरिंग नीचे न गिरने पाए।
3. रिटेनर पर ऑयल सील बदलते समय यह सुनिश्चित कर लें कि चमड़े का वाशर फ्री साइड पिनियन की ओर ही है।
4. नट-बोल्ट क्रमवार खोलें व कसें।

कार्यविधि Working Method

A. डिफ्रैन्शियल असेम्बली को खोलना

1. डिफ्रैन्शियल को पकड़कर इस प्रकार लॉक करते हैं कि पिनियन शाफ्ट न घूमें। चित्र (i)

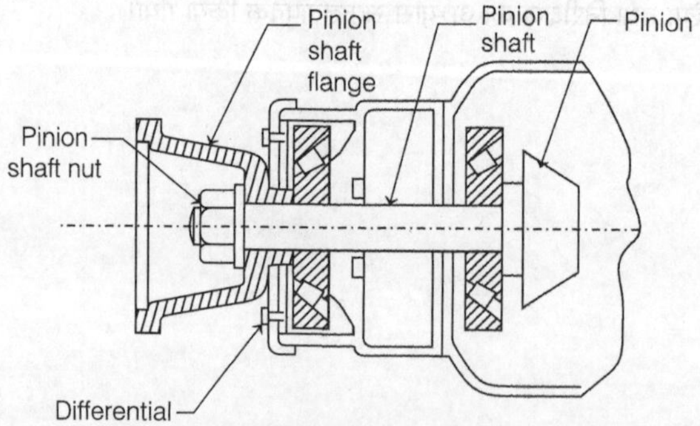

(i) ड्रिफ्रैन्शियल गियर यूनिट

2. पिनियन शाफ्ट नट को अलग करते हैं। पिनियन को लॉक करने हेतु विशिष्ट औजार का प्रयोग करते हैं।
3. पिनियन शाफ्ट फ्लैंज को अलग करते हैं।
4. हैमर तथा पीतल की ड्रिफ्ट द्वारा पिनियन शाफ्ट के सिरे को चलाकर पिनियन शाफ्ट असेम्बली को बाहर निकालते हैं।

5. पहचान के लिए कैप के दोनों ओर चिह्नों की मार्किंग करते हैं। चित्र (ii)

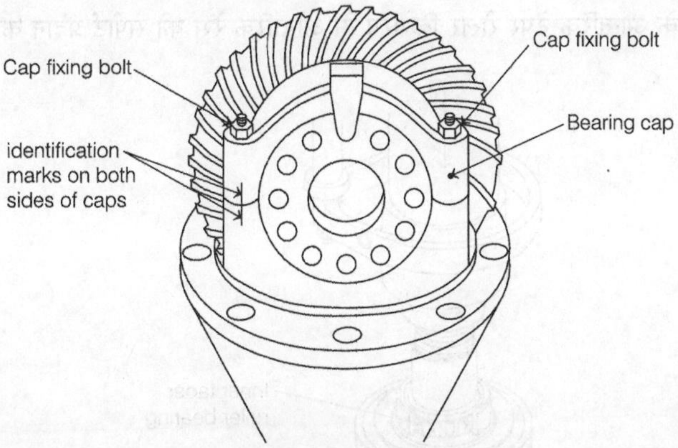

(ii) पिनियम शाफ्ट असेम्बली

6. दोनों ओर के स्टॉपर बोल्टों को ढीला करके कैप फिक्सिंग बोल्टों को अलग करते हैं।
7. दोनों बियरिंग कैप को निकालते हैं। चित्र (ii)
8. डिफ्रैन्शियल केस असेम्बली को उठाते हैं तथा इसे वाइस में पकड़ते हैं।
9. बोल्टों को निकालकर डिफ्रैन्शियल केस के बेवेल गियर के बन्धकों को हटाते हैं। चित्र (iii)

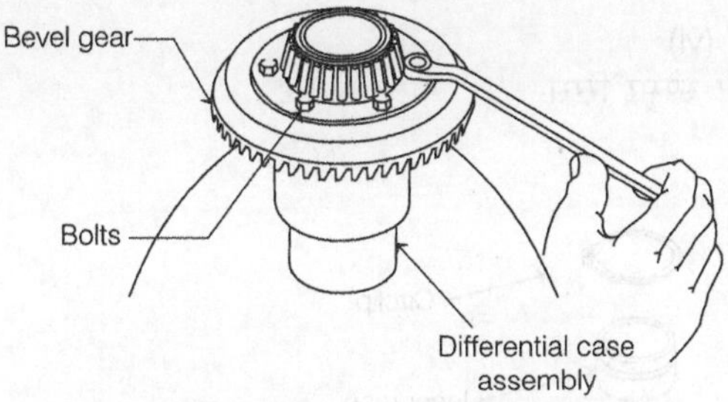

(iii) डिफ्रैन्शियल केस फास्टनर रिमूवल

10. बेवेल गियर को अलग करते हैं।
11. साइड पिनियन, साइड गियर तथा थ्रस्ट वाशर को अलग करते हैं। चित्र (iv)

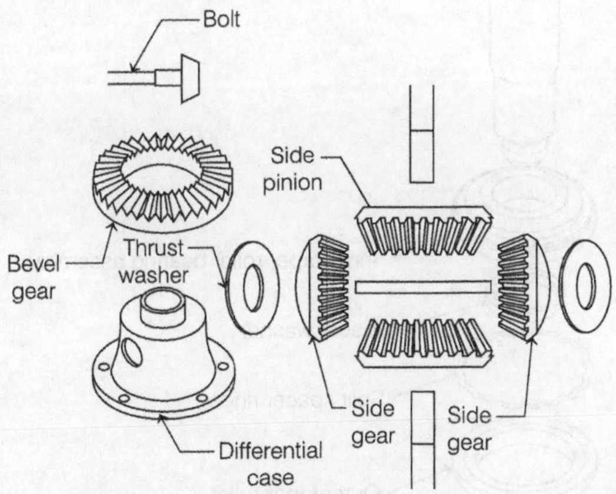

(iv) डिफ्रैन्शियल विलग दृश्य

12. एक्सट्रैक्टर या विशिष्ट औजार का प्रयोग करके डिफ्रैन्शियल केस से साइड बियरिंग को अलग करते हैं।
13. पिनियन, साइड पिनियन तथा साइड गियरों में घिसाव का निरीक्षण करते हैं तथा बियरिंग्स के मुक्त घूर्णन की जाँच करते हैं।

B. टेल पिनियन असेम्बली को खोलना

1. एक विशिष्ट औजार पर टेल पिनियन के आन्तरिक टेपर रोलर बियरिंग के आन्तरिक रेस को सपोर्ट प्रदान करके दो टेपर रोलर बियरिंग के टेल पिनियन को दबाते हैं। चित्र (v)

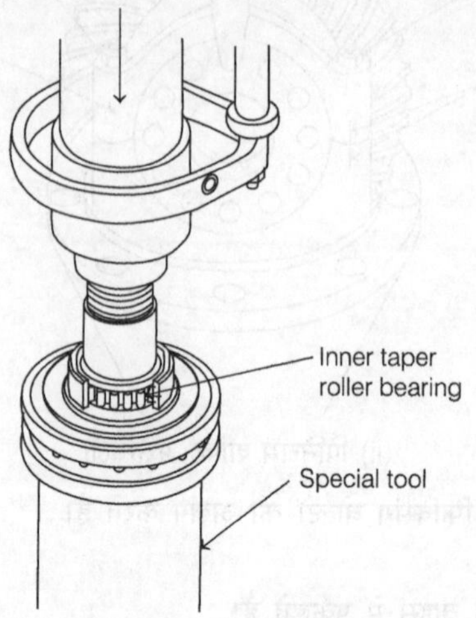

(v) टेपर रोलर बियरिंग

2. निम्नलिखित को अलग करते हैं
   - बाह्य टेपर रोलर बियरिंग असेम्बली चित्र (vi)
   - बाह्य रेस (outer race) के मध्य स्प्लिट स्पेसर रिंग्स
   - दो आन्तरिक रेस के मध्य स्पेसर वॉशर
   - आन्तरिक टेपर रोलर बियरिंग असेम्बली

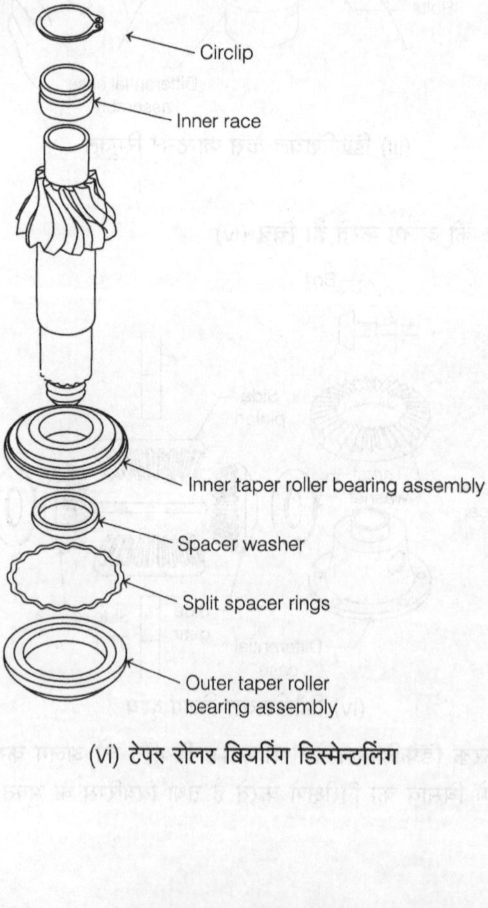

(vi) टेपर रोलर बियरिंग डिस्मेन्टलिंग

3. सुनिश्चित करते हैं कि दोनों टेपर रोलर बियरिंग के बाह्य रेस परस्पर बदल न जाए।
4. पिनियन के सरक्लिप को अलग करते हैं।
5. स्पिगॉट बियरिंग (spigot bearring) के आन्तरिक रेस को अलग करते हैं।

C. डिफ्रैन्शियल असेम्बली के भागों का निरीक्षण करके टेल पिनियन को असेम्बल करना

1. टेल पिनियन के दाँतों की स्कोरिंग, बर्र, टूट-फूट, ओवरहीटिंग आदि की जाँच करते हैं।
2. दोषयुक्त टेल पिनियन को बदल देते हैं।
3. स्कोरिंग (scoring) हेतु टेल पिनियन पर बियरिंग सीट की जाँच करते हैं।
4. टेल पिनियन पर स्प्लाइन तथा इसके कपलिंग फ्लैंज में घिसाव एवं बर्र की जाँच करते हैं।
5. टेल पिनियन की चूड़ियों की जाँच करते हैं।
6. टेल पिनियन के सरक्लिप ग्रूव्स की जाँच करते हैं।
7. सभी बियरिंग में स्कोरिंग, गड्ढों, बर्र, ओवरहीटिंग आदि की जाँच करते हैं। टेल पिनियन तथा क्राउन व्हील को एक सैट के रूप में परिवर्तित करना चाहिए।
8. हाउसिंग में पिनियन को असेम्बल करते हैं।
9. टेल पिनियन पर स्पिगॉट बियरिंग के आन्तरिक रेस को फिट करके सरक्लिप को फिट करते हैं। सुनिश्चित करते हैं कि आन्तरिक रेस के चैम्फर्ड सिरे पिनियन के दाँतों की ओर हों।
10. आन्तरिक टेपर बियरिंग के आन्तरिक रेस को तब तक दबाते हैं, जब तक कि यह पिनियन के दाँतों से स्पर्श न करने लगे। इस कार्य में विशिष्ट औजार का प्रयोग करते हैं।

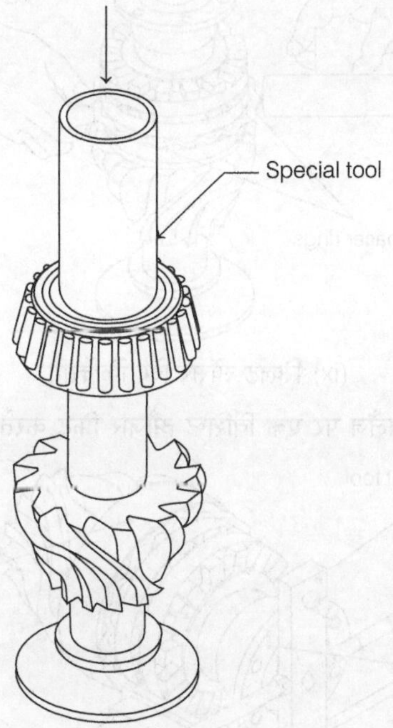

(vii) टेल पिनियन असेम्बली

11. टेल पिनियन पर वाशर को सरकाते हैं।
12. टेल पिनियन पर बाह्य टेपर रोलर बियरिंग के बाह्य रेस को लगाते हैं।
13. बाह्य बियरिंग पर थ्रस्ट वाशर को लगाते हैं।
14. टेल पिनियन पर नई ऑयल सील के साथ चूड़ीयुक्त स्लॉटेड रिंग को लगाते हैं।
15. कपलिंग स्प्लाइन पर ऑयल लगाते हैं तथा टेल पिनियन के स्प्लाइन पर कपलिंग फ्लैंज को दबाते हैं।
16. टेल पिनियन पर नए कपलिंग नट को लगाते हैं।

17. कपलिंग फ्लैंज पर विशिष्ट औजार को फिट करते हैं। टूल को बेंच वाइस पर माउण्ट करके उपयुक्त टॉर्क द्वारा कपलिंग नट को टाइट करते हैं। चित्र (viii)

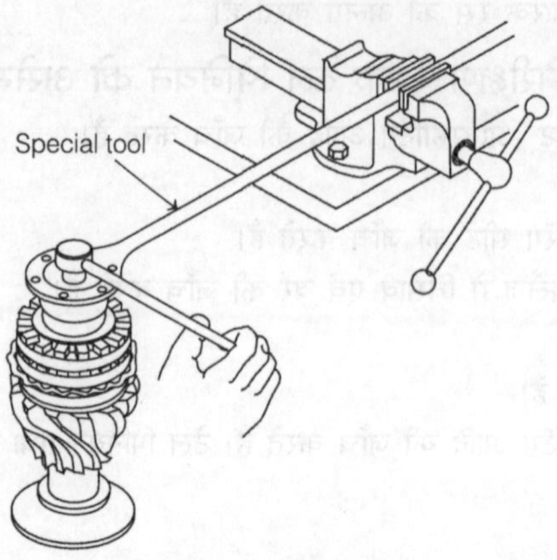

(viii) नट फिक्सिंग

18. टेपर रोलर बियरिंग के दो बाह्य रेस के मध्य स्प्लिट स्पेसर रिंग को फिट करते हैं। चित्र (ix)

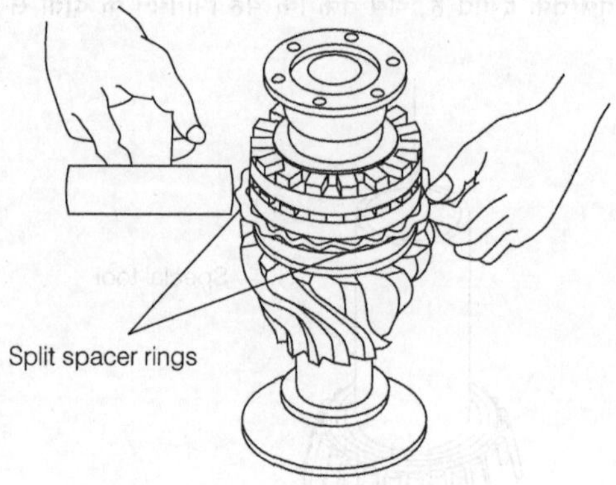

(ix) स्प्लिट स्पेसर रिंग फिक्सिंग

19. प्री-लोड (pre-load) को ज्ञात करने हेतु पिनियन फ्लैंज पर एक विशिष्ट औजार फिट करते हैं। चित्र (x)

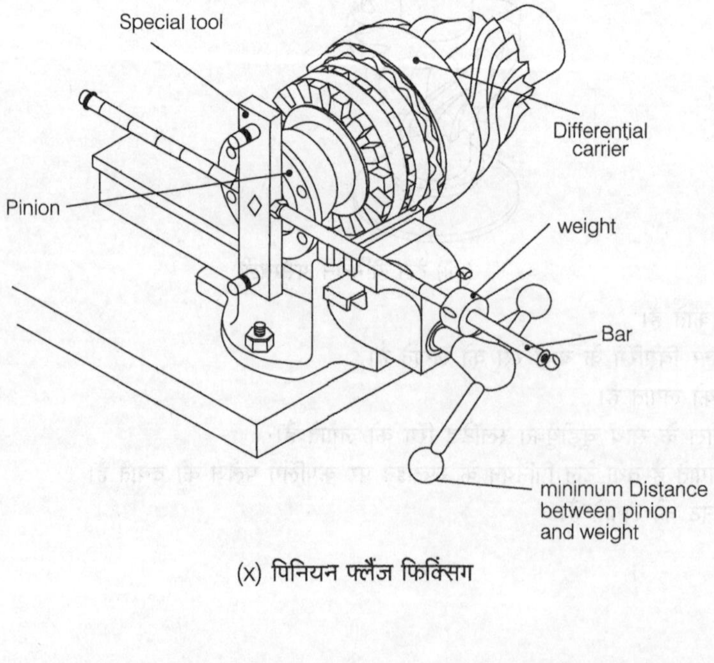

(x) पिनियन फ्लैंज फिक्सिंग

20. भार (weight) को छड़ (bar) पर पिनियन से दूर गति कराते हैं।
21. पिनियन तथा भार के मध्य न्यूनतम दूरी को नोट करते हैं जिस पर पिनियन घूमना प्रारम्भ करता है। यह पिनियन बियरिंग का प्री-लोड होता है।
22. इस प्री-लोड की तुलना निर्माता द्वारा निर्देशित मान से करते हैं।
23. विशिष्ट प्री-लोड को प्राप्त करने हेतु स्पेसर का चयन करते हैं। प्री-लोड को बढ़ाने के लिए मोटे स्पेसर का प्रयोग करते हैं।
24. डिफ्रैन्शियल कैरियर में पिनियन असेम्बली को फिट करते हैं। चित्र (xi)

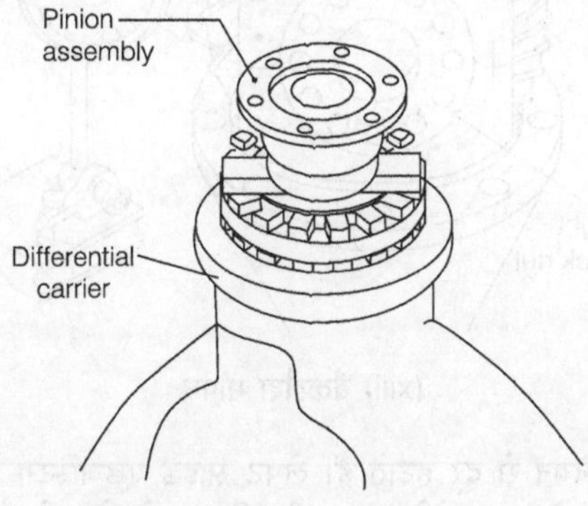

(xi) डिफ्रैन्शियल कैरियर तथा पिनियन असेम्बली

D. डिफ्रैन्शियल असेम्बली को असेम्बल करना

1. विशिष्ट औजार जैसे कि डिफ्रैन्शियल साइड बियरिंग इन्स्टॉलर द्वारा डिफ्रैन्शियल केस में साइड बियरिंग को फिट करते हैं। चित्र (xii)

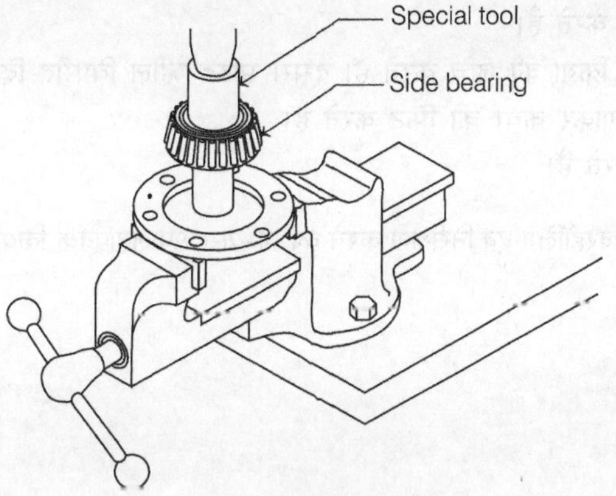

(xii) साइड बियरिंग फिक्सिंग

2. डिफ्रैन्शियल केस में साइड पिनियन तथा साइड गियर को थ्रस्ट वाशर के साथ असेम्बल करते हैं।
3. डिफ्रैन्शियल केस पर बेवेल या रिंग गियर को फिट करके उपयुक्त टॉर्क के साथ बोल्टों को टाइट करते हैं।
4. डिफ्रैन्शियल केस असेम्बली को कैरियर केस के ऊपर रखते हैं।
5. दो बियरिंग कैप को केस पर रखकर चिह्नों को संरेखित करते हैं।
6. डायल इण्डीकेटर को फिट करते हैं।
7. डायल इण्डीकेटर के प्वॉइण्ट को क्राउन व्हील (बेवेल गियर के दाँत की उस सतह) पर सैट करते हैं।

8. बैकलैश को मापते हैं। चित्र (xiii)

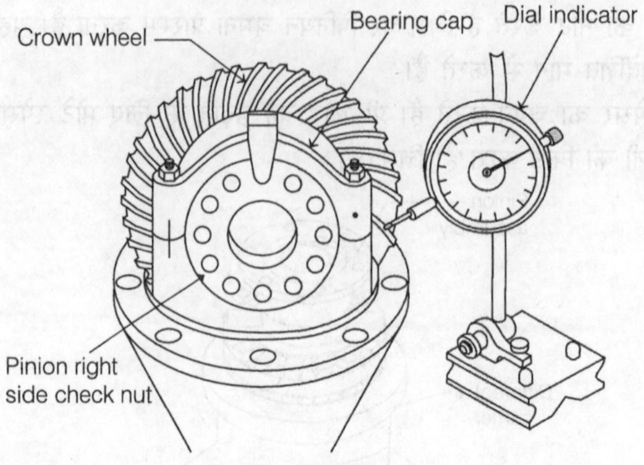

(xiii) बैकलैश मापन

9. बैकलैश को बढ़ाने के लिए क्राउन व्हील को पिनियन से दूर हटाते हैं। लेफ्ट साइड एड्जस्टिंग चैक-नट को ढीला करते हैं तथा पिनियन राइट साइड चैक-नट को टाइट करते हैं। आवश्यक बैकलैश के प्राप्त होने तक इसी प्रक्रिया को दोहराते हैं।
10. कैप बोल्टों को उपयुक्त टॉर्क के साथ टाइट करते हैं।
11. लॉक प्लेट के साथ एडजस्टिंग नट को लॉक करते हैं।
12. क्राउन तथा पिनियन के मध्य दाँत सम्पर्क को सैट करके जाँचते हैं।
13. क्राउन व्हील के स्टड तथा बोल्ट को फिट करते हैं।
14. एक साइड व्हील को घुमाकर डिफ्रैन्शियल क्रिया की जाँच करते हैं। दूसरा साइड व्हील विपरीत दिशा में घूमना चाहिए।
15. डिफ्रैन्शियल असेम्बली कवर पर पैकिंग लगाकर कवर को फिट करते हैं।
16. उपयुक्त ऑयल को आवश्यक स्तर तक भरते हैं।

परिणाम (Result) डिफ्रैन्शियल असेम्बली की ओवरहॉलिंग एवं निरीक्षण करने का अभ्यास सफलतापूर्वक किया गया।

प्रैक्टिकल संख्या 95

✎ दोषोपचार करना–क्लच स्लिप, क्लच शोर, क्लच बन्धन, हार्ड क्लच, गियर बॉक्स शोर, गियर स्लिप, रीयर एक्सेल शोर, प्रोपेलर शाफ्ट शोर, यूनिवर्सल जोड़ शोर, डिफरैन्शियल शोर के कारण एवं उपाय

Perform Trouble Shooting-Causes and Remedy for Clutch Slip, Clutch Noise, Clutch Binding, Hard Clutch, Gearbox Noise, Gear Slip, Rear Axle Noise, Propeller Shaft Noise, Universal Joint Noise, Differential Noise

उद्देश्य Object

क्लच स्लिप, क्लच शोर, क्लच बन्धन, हार्ड क्लच, गियर बॉक्स शोर, गियर स्लिप, रीयर एक्सेल शोर, प्रोपेलर शाफ्ट शोर, यूनिवर्सल जोड़ शोर, डिफ्रैन्शियल शोर के कारणों एवं उपायों का अभ्यास करना।

आवश्यक उपकरण/सामग्री Essential Apparatus/Materials

- ट्रेनी टूल किट
- सरक्लिप प्लायर
- केरोसीन
- SAE-90 EP/140 ऑयल
- फिलर गेज
- सोप ऑयल
- सूती कपड़ा
- विशिष्ट औजार
- ग्रीस
- क्लीनिंग ट्रे

सुरक्षा सावधानियाँ/निर्देश Safety Precautions/Instructions

1. नए बियरिंग में स्नेहन करना चाहिए।
2. क्लच पैडल सम्बन्धित कोई भी नट-बोल्ट ढीला न होने पाए।
3. गियर बॉक्स को क्लच असेम्बली से अलग करते समय धीरे-धीरे पीछे की ओर सरकाएँ।
4. इंजन ऑयल को क्लच असेम्बली के सम्पर्क में न आने दें।

कार्यविधि Working Method

A. क्लच स्लिप को ठीक करना

1. निम्नलिखित की जाँच करते हैं

(i) पैडल का फ्री-प्ले — यदि बहुत कम हो, तो एडजस्ट करते हैं।

(ii) क्लच फिंगर — यदि गलत एडजस्टेड हो, तो पुनः एडजस्ट करते हैं।

(iii) क्लच प्लेट — यदि घिसा हुआ हो, तो पुनः लाइनिंग करते हैं।

(iv) प्रैशर प्लेट/फ्लाई व्हील फेस — यदि अधिक खराब हो, तो पुनः ग्राइण्ड करते हैं या बदल देते हैं।

(v) प्रैशर स्प्रिंग — यदि कमजोर हो, तो बदल देते हैं।

B. क्लच बन्धन को ठीक करना

1. निम्नलिखित की जाँच करते हैं

(i) लिंकेज का मुड़ा होना — यदि मुड़ा हो, तो ठीक करते हैं या बदल देते हैं।

(ii) पैडल का फ्री-प्ले — यदि बहुत अधिक हो, तो एडजस्ट करते हैं।

(iii) प्रैशर प्लेट/फ्लाईव्हील — यदि टूटा हुआ हो, तो बदल देते हैं।

(iv) क्लच प्लेट — यदि टूटी हो, तो बदल देते हैं।

(v) क्लच फिंगर — यदि सही एडजस्ट नहीं हो, तो पुनः एडजस्ट करते हैं।

C. हार्ड क्लच को ठीक करना

1. निम्नलिखित की जाँच करते हैं

(i) लिंकेज — यदि मुड़ा हो, तो ठीक करते हैं या बदल देते हैं।

(ii) जोड़ — यदि स्नेहित नहीं हो, तो स्नेहन करते हैं।

D. गियर स्लिप को ठीक करना

1. निम्नलिखित की जाँच करते हैं

(i) गियर लीवर, सेलेक्टर रॉड — यदि उचित रूप से एडजस्ट नहीं है, तो एडजस्ट करते हैं।

(ii) लॉक स्प्रिंग — यदि कमजोर हो, तो बदल देते हैं।

(iii) लॉकिंग बेल्ट पिन — यदि घिसी हुई हो, तो बदल देते हैं।

E. क्लच के शोर को ठीक करना

क्र. सं.	शोर	लक्षण	कारण	उपाय
1.	क्लच असेम्बली में शोर	क्लच एंगेज करने के दौरान शोर सुनाई देता है।	(i) अपर्याप्त पैडल प्लेट	एडजस्ट करें
			(ii) अनुपयुक्त क्लच लीवर एडजस्टमेन्ट	पुनः एडजस्ट करें
			(iii) थ्रस्ट बियरिंग तथा रिलीज लीवर का संग्रहण	ठीक करें या बदलें
			(iv) कमजोर या टूटी हुई फोर्क लीवर रिटर्न स्प्रिंग	बदल दें
			(v) ड्रिविन प्लेट हब तथा क्लच शाफ्ट स्प्लाइन में अत्यधिक क्लीयरेन्स	बदल दें
			(vi) सूखा या गन्दा क्लच लिंकेज	साफ करके स्नेहित करें
2.	क्लच असेम्बली में शोर	लगातार शोर उत्पन्न होता है, परन्तु क्लच के डिस्एंगेज होने पर शोर नहीं आता (केवल एंगेज स्थिति में शोर)।	(i) इंजन एवं ट्रांसमिशन का मिसएलाइनमेण्ट	पुनः एलाइन करें
			(ii) घर्षण डिस्क मरोड़ स्प्रिंग कमजोर या टूटी है।	क्लच डिस्क को बदल दें
			(iii) घर्षण डिस्क हब तथा क्लच शाफ्ट स्प्लाइन घिसे हैं।	बदल दें
			(iv) प्रैशर स्प्रिंग कमजोर या टूटी है।	बदल दें
			(v) एण्टी-रैटल स्प्रिंग कमजोर या टूटी है।	बदल दें
			(vi) फ्लाईव्हील में पायलट बुशिंग घिसे हुए हैं।	बदल दें
			(vii) प्रैशर प्लेट या फ्लाईव्हील टूटा है।	बदल दें
			(viii) रिलीज बियरिंग होल्डर का फलक्रम खराब है।	बदल दें
3.	क्लच असेम्बली में शोर	ड्रिविन प्लेट की एंगेज और डिस्एंगेज दोनों स्थितियों में लगातार शोर उत्पन्न होता है।	(i) क्लच शाफ्ट के स्प्लाइन घिसे हुए हैं।	बदल दें
			(ii) घर्षण डिस्क की ड्रम्पर स्प्रिंग कमजोर या टूटी है।	बदल दें
			(iii) इंजन तथा ट्रांसमिशन का मिसएलाइनमेन्ट है।	पुनः एलाइन करें
			(iv) क्लच रिलीज बियरिंग घिसे हुए अथवा सूखे हैं।	बदल दें
			(v) रिलीज लीवर उचित रूप से एडजस्ट नहीं हैं।	पुनः एडजस्ट करें
			(vi) क्रैंकशाफ्ट में पायलट बियरिंग घिसे हुए अथवा सूखे हैं।	बदल दें
			(vii) रिट्रैक्टिंग स्प्रिंग (डायफ्राम स्प्रिंग क्लच में) घिसी हुई है।	बदल दें
			(viii) रिलीज फोर्क माउण्टिंग ढीली है।	टाइट करें
			(ix) रिलीज लीवर, क्लच लीवर से टकराते हैं।	दोष को ठीक करें

F. गियर बॉक्स के शोर को ठीक करना

क्र. सं.	शोर	लक्षण	कारण	उपाय
1.	गियर बॉक्स की न्यूट्रल स्थिति में उत्पन्न शोर	न्यूट्रल गियर स्थिति में शोर उत्पन्न होता है।	(i) क्लच शाफ्ट बियरिंग (स्पिगॉट बियरिंग) घिसे हुए या सूखे हैं।	बदल दें
			(ii) गियर्स घिसे हुए हैं।	बदल दें
			(iii) गियर्स या काउण्टर शाफ्ट में बहुत अधिक एण्ड प्ले हैं।	एडजस्ट करें
			(iv) काउण्टर शाफ्ट/बियरिंग घिसे हुए या सूखे हैं।	बदल दें
			(v) इंजन के साथ ट्रांसमिशन का मिसएलाइनमेन्ट हैं।	पुनः एलाइन करें
			(vi) ड्राइविंग गियर्स (गियर व्हील के मध्य) बहुत अधिक बैकलैश है।	बदल दें
			(vii) अपर्याप्त या गलत स्नेहन है।	उपयुक्त ऑयल डालें
			(viii) गियर शिफ्टिंग फोर्क ग्रूव्स में रगड़ रहे हैं।	एडजस्ट करें
2.	गियर बॉक्स में उत्पन्न शोर	गियर के एंगेज होने पर शोर उत्पन्न होता है।	(i) गियर्स घिसे हुए, चिप्ड या टूटे हैं।	बदल दें
			(ii) स्नेहक की कमी है।	आवश्यक स्तर तक पुनः भरें
			(iii) काउण्टर शाफ्ट गियर घिसे हुए या खराब हैं।	बदल दें
			(iv) मेन शाफ्ट पर गियर ढीले हैं।	बदल दें
3.	गियर बॉक्स में उत्पन्न शोर	गियर के एंगेज होने पर शोर उत्पन्न होता है।	(i) सिंक्रोनाइजर रिंग गियर खराब या घिसे हुए हैं।	बदल दें
			(ii) काउण्टर गियर/बियरिंग घिसे हुए या खराब हैं।	बदल दें
4.	गियर बॉक्स में उत्पन्न शोर	सभी गियर्स में शोर उत्पन्न नहीं होता।	(i) इंजन केस से ट्रांसमिशन मिसएलाइन है।	पुनः एलाइन करें
			(ii) स्पीडोमीटर ड्राइव गियर खराब है।	बदल दें
			(iii) इनपुट शाफ्ट बियरिंग घिसे हुए या खराब हैं।	बदल दें
			(iv) ऑयल का स्तर कम है।	पुनः ऑयल भरें
			(v) मेन शाफ्ट के रीयर बियरिंग घिसे हुए, खराब या सूखे हैं।	बदल दें
5.	गियर बॉक्स में उत्पन्न शोर	गियर शिफ्टिंग के दौरान शोर उत्पन्न होता है।	(i) क्लच डिस्एंगेज नहीं होती तथा क्लच पैडल का फ्री-प्ले बहुत अधिक है।	एडजस्ट करें
			(ii) निष्क्रिय गति बहुत अधिक है।	एडजस्ट करें
			(iii) शिफ्टर फोर्क मुड़ा हुआ है।	ठीक करें
			(iv) गियर शिफ्ट लिंकेज का एडजस्टमेन्ट सही नहीं है।	एडजस्ट करें
			(v) इंजन की निष्क्रिय गति बहुत उच्च है।	एडजस्ट करें
			(vi) स्नेहन सही नहीं है।	बदल दें
			(vii) शाफ्ट स्प्लाइन तथा गियर के दाँत घिसे हुए हैं।	बदल दें
			(viii) लिंकेज की इण्टरलॉकिंग डिवाइस का एडजस्टमेण्ट सही नहीं है।	पुनः एडजस्ट करें
			(ix) शिफ्टर लॉक स्प्रिंग बहुत मजबूत है।	बदल दें

G. प्रोपेलर शाफ्ट तथा यूनिवर्सल जोड़ के शोर को ठीक करना

क्र. सं.	शोर	लक्षण	कारण	उपाय
1.	ट्रांसमिशन ड्राइव लाइन (प्रोपेलर शाफ्ट एवं यूनिवर्सल जोड़) में उत्पन्न शोर	1. वाहन की केवल प्रारम्भिक गति में शोर सुनाई देता है।	(i) यूनिवर्सल जोड़ के फ्लैंज योक ढीले हैं (बोल्ट ढीले हैं)।	बोल्ट्स को टाइट करें
			(ii) स्नेहन की कमी के कारण प्रोपेलर शाफ्ट या स्लिप जोड़ स्प्लाइन घिसे हुए हैं।	बदलकर स्नेहित करें
			(iii) यूनिवर्सल जोड़ घिसे हुए या खराब हैं।	बदल दें
			(iv) बियरिंग में नीडिल कम संख्या में है।	बदल दें
		2. वाहन की गति के दौरान शोर सुनाई देता है।	(i) सेन्टर बियरिंग सपोर्ट पर बोल्ट ढीले हैं या नहीं हैं।	नए बोल्ट लगाकर टाइट करें।
			(ii) प्रोपेलर शाफ्ट मुड़ी हुई है।	बदल दें
			(iii) सेन्टर ज्वॉइण्ट बियरिंग तथा सपोर्ट रबड़ पैड खराब हैं।	दोनों को बदल दें
			(iv) शाफ्ट, पार्किंग ब्रेक केबिल से रगड़ रही है।	ब्रेक केबिल की स्थिति सही करें।
			(v) प्रोपेलर शाफ्ट सन्तुलित नहीं है।	बदल दें
			(vi) जोड़ या शाफ्ट वाहन के फ्रेम से टकरा रहा है।	शिम द्वारा ऊपर उठाएँ
			(vii) 'V' जोड़, स्लिप जोड़ तथा प्रोपेलर शाफ्ट की स्प्लाइन में स्नेहन की कमी है।	ग्रीस के साथ स्नेहित करें।

H. रीयर एक्सेल के शोर को ठीक करना

क्र. सं.	शोर	लक्षण	कारण	उपाय
1.	डिफ्रैन्शियल तथा रीयर एक्सेल यूनिट में उत्पन्न शोर	1. वाहन की सीधी गति में शोर उत्पन्न होता है।	(i) डिफ्रैन्शियल में ऑयल का स्तर कम है।	उपयुक्त स्तर तक ऑयल भरें
			(ii) क्राउन व्हील या पिनियन में अत्यधिक बैकलैश है।	एडजस्ट करें
			(iii) ड्राइव पिनियन तथा क्राउन व्हील घिसे हुए हैं।	दोनों को जोड़े में बदलें
			(iv) क्राउन व्हील के बोल्ट ढीले हैं।	टाइट करें
			(v) डिफ्रैन्शियल केस बियरिंग घिसे हुए या खराब हैं।	बदल दें
			(vi) ड्राइव पिनियन बियरिंग घिसे हुए हैं।	बदल दें
			(vii) ड्राइव पिनियन तथा क्राउन व्हील का एड्जस्टमेन्ट सही नहीं हैं।	पुनः एडजस्ट करें
		2. वाहन की घुमाव गति में शोर उत्पन्न होता है।	(i) पिनियन तथा सनगियर्स खराब हैं।	बदल दें
			(ii) पिनियन तथा सनगियर्स ढीले हैं।	बदल दें
			(iii) पिनियन तथा स्टार गियर्स के मध्य अत्यधिक बैकलैश है।	एडजस्ट करें
			(iv) एक्सेल शाफ्ट का एण्ड-प्ले अत्यधिक है।	एडजस्ट करें
			(v) शाफ्ट पर पिनियन का बन्धन है।	ठीक करें
			(vi) सन गियर तथा डिफ्रैन्शियल केस के बीच की सतह खराब है।	बदल दें
			(vii) सन व स्टार गियर्स तथा थ्रस्ट वाशर घिसे हुए हैं।	बदल दें
			(viii) हब बियरिंग ढीले या खुरदरे हैं।	बदल दें

क्र. सं.	शोर	लक्षण	कारण	उपाय
2.	डिफ्रैन्शियल में उत्पन्न शोर	1. रीयर व्हील में शोर उत्पन्न होता है।	(i) हब बियरिंग घिरे हुए या सूखे हैं।	बदल दें
			(ii) एक्सेल शाफ्ट टेढ़ी या मुड़ी हुई है।	ठीक करें या बदल दें
			(iii) एक्सेल का एण्ड-प्ले अत्यधिक है।	एडजस्ट करें
			(iv) व्हील मुड़े हुए हैं।	बदल दें
			(v) रीयर एक्सेल नट ढीले हैं।	टाइट करें
			(vi) एक्सेल बियरिंग में स्नेहन की कमी है।	ग्रीस के साथ स्नेहित करें
			(vii) व्हील नट ढीले हैं।	टाइट करें

परिणाम (Result) क्लच स्लिप, क्लच शोर, क्लच बन्धन, हार्ड क्लच, गियर बॉक्स शोर, गियर स्लिप, रीयर एक्सेल शोर, प्रोपेलर शाफ्ट शोर, यूनिवर्सल जोड़ शोर, डिफ्रैन्शियल शोर के कारणों एवं उपायों का अभ्यास सफलतापूर्वक किया गया।

प्रैक्टिकल संख्या 96

✎ ऑटोमैटिक ट्रांसमिशन अवयवों की पहचान करना
Identify Automatic Transmission Components

उद्देश्य Object

ऑटोमैटिक ट्रांसमिशन के भागों की पहचान से अवगत होना।

आवश्यक उपकरण/सामग्री Essential Apparatus/Materials

- ट्रेनी टूल किट
- सॉकेट स्पैनर सैट
- ट्रे
- रिंग स्पैनर सैट
- वास्तविक मॉडल/ऑटोमैटिक ट्रांसमिशन के साथ वाहन
- सूती कपड़ा

सुरक्षा सावधानियाँ/निर्देश Safety Precautions/Instructions

1. मॉडल को क्षति न पहुँचने दें।
2. मॉडल को अनावश्यक स्पर्श न करें।

कार्यविधि Working Method

1. ऑटोमैटिक ट्रांसमिशन के विभिन्न भागों को चित्र (i) व (ii) में दर्शाया गया है। इनकी पहचान करते हैं।

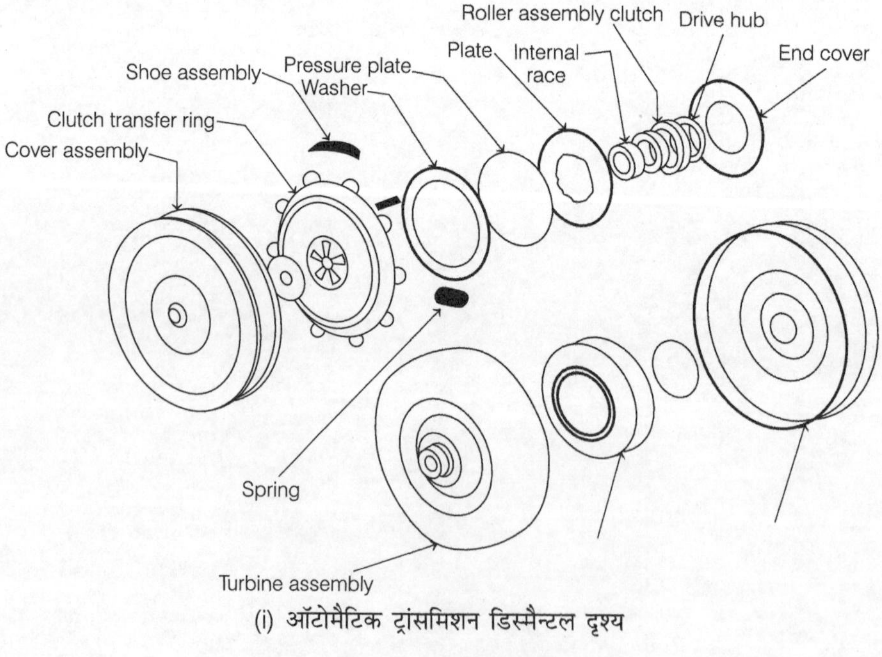

(i) ऑटोमैटिक ट्रांसमिशन डिस्मैन्टल दृश्य

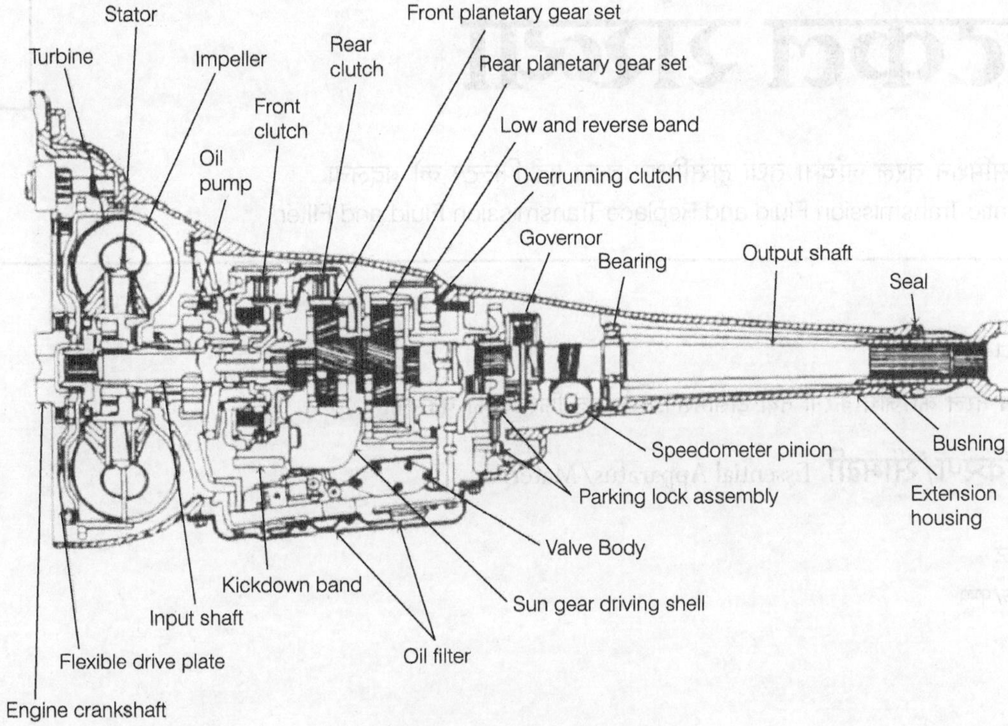

(ii) ऑटोमैटिक ट्रांसमिशन असेम्बल दृश्य

परिणाम (Result) ऑटोमैटिक ट्रांसमिशन के भागों की पहचान सफलतापूर्वक की गई।

प्रैक्टिकल संख्या 97

✎ ऑटोमैटिक ट्रांसमिशन तरल जाँचना तथा ट्रांसमिशन तरल एवं फिल्टर को बदलना
Chack Automatic Transmission Fluid and Replace Transmission Fluid and Filter

उद्देश्य Object

ऑटोमैटिक ट्रांसमिशन तरल की जाँच करना तथा ट्रांसमिशन तरल एवं फिल्टर को बदलना।

आवश्यक उपकरण/सामग्री Essential Apparatus/Materials

- ट्रेनी टूल किट
- बॉक्स स्पैनर सैट
- हाइड्रॉलिक जैक/पम्प
- फिल्टर
- ट्रे
- सूती कपड़ा
- मापक

सुरक्षा सावधानियाँ/निर्देश Safety Precautions/Instructions

1. वाहन के ऑटोमैटिक ट्रांसमिशन के टॉर्क कनवर्टर में तरल का तल कम न होने दें।
2. तरल लेवल इण्डीकेटर का सीसा (पारदर्शी) बाहर से साफ होना चाहिए, ताकि तरल स्पष्ट दिखाई दे सके।
3. फर्श पर तरल न गिरने दें।
4. तरल को ट्रांसमिशन केसिंग में एक निश्चित लेवल तक ही भरें।
5. पुराने फिल्टर को पुन: प्रयुक्त न करें।

कार्यविधि Working Method

A. ट्रांसमिशन तरल की जाँच करना

1. सर्वप्रथम तरल लेवल इण्डीकेटर के सीसे को साफ करते हैं।
2. टॉर्क कनवर्टर में तरल के लेवल की जाँच करते हैं।
3. तरल के निश्चित लेवल से नीचे होने पर टॉर्क कनवर्टर में तरल को भरते हैं।

B. पुराने ऑयल एवं फिल्टर को निकालना

1. इंजन को स्टार्ट करके आवश्यकतानुसार गर्म होने देते हैं।
2. कुछ समय पश्चात् इंजन को बन्द करके तरल के स्तर की जाँच करते हैं।
3. वाहन को उठाने के लिए जैक का प्रयोग करते हैं अथवा वाहन को रैम्प पर पार्क करते हैं। वाहन को उठाने हेतु टू-पोस्ट होएस्ट का भी प्रयोग कर सकते हैं।
4. ड्रेन प्लग को ढीला करके पुराने तरल को निकालते हैं।
5. यदि ड्रेन प्लग से तरल नहीं निकलता है, तो ऑयल सम्प के बोल्टों को एक-एक करके खोलते हैं।
6. धीरे-धीरे पुराने तरल को निकालते हैं।
7. क्लिप्स या मॉडल पर आधारित 'O' रिंग को निकालकर अथवा वामावर्त दिशा में घुमाकर फिल्टर को निकालते हैं।

C. नए तरल तथा फिल्टर को बदलना

1. ड्रेन प्लग को उसकी यथास्थिति में फिट करते हैं।
2. ऑयल सम्प को गैस्केट के साथ फिट करके इसकी सीलिंग (sealing) को सुनिश्चित करते हैं।
3. निर्माता की संस्तुति के अनुसार ऑयल को मापते हैं।
4. तरल को सम्प में भरते हैं।
5. डिप स्टिक द्वारा तरल को मापते हैं।
6. नए फिल्टर को लेते हैं तथा इसके स्थान पर फिट करते हैं।
7. लीकेज की जाँच हेतु इंजन को क्रैंक करते हैं।
8. इंजन को बन्द करते हैं।
9. इंजन को स्टार्ट करके इसे कुछ समय तक गर्म होने देते हैं।
10. तरल स्तर की पुन: जाँच करते हैं तथा सन्तुष्ट होने पर वाहन को चलाते हैं।

परिणाम (Result) ऑटोमैटिक ट्रांसमिशन तरल की जाँच करके ट्रांसमिशन तरल एवं फिल्टर को सफलतापूर्वक बदला गया।

प्रैक्टिकल संख्या 98

ऑयल प्रैशर कण्ट्रोल केबल प्ले समायोजन का अभ्यास करना, शिफ्ट लीवर स्विच, थ्रोटल पॉजिशन सेन्सर, स्पीड सेन्सर एवं ऑटोमैटिक ट्रांसमिशन वायरिंग हार्नेस कपलर का निरीक्षण करना

Practice on Oil Pressure Control Cable Play Adjustment, Inspection of Shift Lever Switch, Throttle Position Sensor, Speed Sensor and Automatic Transmission Wiring Harness Coupler

98.1

ऑयल प्रैशर कण्ट्रोल केबल प्ले व्यवस्थित करना

Oil Pressure Control Cable Play Adjustment

उद्देश्य Object

ऑयल प्रैशर कण्ट्रोल केबल प्ले को व्यवस्थित करने का अभ्यास करना।

आवश्यक उपकरण/सामग्री Essential Apparatus/Materials

- एक वाहन
- स्पैनर सैट
- स्क्रू ड्राइवर
- प्लायर
- साफ कपड़ा
- फीलर गेज

सुरक्षा सावधानियाँ/निर्देश Safety Precautions/Instructions

1. प्ले की जाँच ठीक प्रकार से करें।
2. संस्तुति के अनुसार ही प्ले को व्यवस्थित करें।
3. प्ले को व्यवस्थित करते समय स्क्रूओं या नट-बोल्ट को अत्यधिक ढीला या टाइट न करें।

कार्यविधि Working Method

1. सर्वप्रथम कार्बुरेटर पर एक्सीलेटर केबल की प्ले की जाँच करते हैं। यह सर्दियों में 10-15 मिमी तथा गर्मियों में 3-5 मिमी होनी चाहिए।
2. लॉक नट को ढीला करके संस्तुति के अनुसार प्ले को व्यवस्थित करके लॉक नट को टाइट कर देते हैं।
3. इंजन को चालू करते हैं।
4. अब सभी ऑयल प्रैशर केबलों के कवर हटाते हैं।
5. फीलर गेज के द्वारा केबलों की प्ले की जाँच करते हैं।
6. लॉक नट के द्वारा वाहन निर्माता की संस्तुति के अनुसार प्ले को व्यवस्थित करते हैं।

परिणाम (Result) ऑयल प्रैशर कण्ट्रोल केबल प्ले को व्यवस्थित करने का अभ्यास सफलतापूर्वक किया गया है।

98.2

शिफ्ट लीवर स्विच, सेन्सर एवं हार्नेस कपलर का निरीक्षण

Inspection of Shift Lever Switch, Sensor and Harness Coupler

उद्देश्य Object

शिफ्ट लीवर स्विच, थ्रॉटल पॉजीशन सेन्सर, स्पीड सेन्सर और ऑटोमैटिक ट्रांसमिशन वायरिंग हार्नेस कपलर का निरीक्षण करना।

आवश्यक उपकरण/सामग्री Essential Apparatus/Materials

- वाहन निर्माता संस्तुति गाइड
- एक वाहन (ऑटोमैटिक ट्रांसमिशन युक्त)
- मल्टीमीटर वोल्टमीटर
- बैटरी (1.5V,12V)
- ओम मीटर
- ट्रे
- ट्रेनी टूल किट
- सूती कपड़ा

सुरक्षा सावधानियाँ/निर्देश Safety Precautions/Instructions

1. संस्तुति के अनुसार प्रत्येक अवयव का निरीक्षण करें।
2. निरीक्षण सम्बन्धी प्रत्येक बिन्दु को नोट कर लें।

कार्यविधि Working Method

1. सर्वप्रथम वाहन निर्माता संस्तुति गाइड का अवलोकन करते हैं।
2. शिफ्ट लीवर स्विच का निरीक्षण करते हैं और इसे संस्तुति के अनुसार व्यवस्थित करते हैं।
3. थ्रॉटल पॉजीशन सेन्सर का निरीक्षण करते हैं एवं इसकी कार्यिकी से अवगत होते हैं।
4. स्पीड सेन्सर का निरीक्षण करते हैं एवं इसकी कार्यिकी से अवगत होते हैं।
5. ऑटोमैटिक ट्रांसमिशन वायरिंग हार्नेस कपलर का निरीक्षण करते हैं और सम्बन्धित दोषोपचार करते हैं।

परिणाम (Result) शिफ्ट लीवर स्विच, थ्रॉटल पॉजीशन सेन्सर, स्पीड सेन्सर और ऑटोमैटिक ट्रांसमिशन वायरिंग हार्नेस कपलर का निरीक्षण सफलतापूर्वक किया गया।

प्रैक्टिकल संख्या 99

✎ ड्रॉप आर्म निकालने, टर्निंग एंगल जाँचने व एडजस्ट करने, ड्रॉप आर्म व फ्रण्ट व्हील के साथ स्टीयरिंग व्हील को एलाइन करने का अभ्यास करना। टो-इन सही करना व जाँचना
Practice on Removing the Drop Arm, Check and Adjust the Turning Angle, Align the Drop Arm and Steering Wheel with the Front Wheel. Check and Correct Toe-in

99.1

स्टीयरिंग लिंकेजों की सर्विसिंग

Servicing of Steering Linkages

उद्‌देश्य Object

ड्रॉप आर्म को निकालना तथा टर्निंग एंगल, ड्रॉप आर्म का अलाइनमेन्ट एवं फ्रण्ट व्हील के साथ स्टीयरिंग व्हील को एडजस्ट करने एवं जाँच करने का अभ्यास करना।

आवश्यक उपकरण/सामग्री Essential Apparatus/Materials

- ट्रेनी टूल किट
- ग्रीस
- ग्रीस गन
- विशेष पुलर
- सूती कपड़ा
- पिटमैन आर्म
- पिटमैन आर्म पुलर
- जैक
- लकड़ी का ब्लॉक
- केरोसिन
- वाहन
- स्टील की घोड़ी
- नट स्पैनर
- लकड़ी के गुटके (84)

सुरक्षा सावधानियाँ/निर्देश Safety Precautions/Instructions

1. मुड़े हुए स्टीयरिंग लिंकेज को बदल दें।
2. ड्रॉप निकालते समय स्टीयरिंग के अन्य लिंकेज को कोई क्षति न पहुँचे।
3. टर्निंग एंगल की जाँच करते समय वाहन के लिए फ्रण्ट व्हील को जैक द्वारा ऊपर उठा लें।
4. स्पलाइन को साफ करने के उपरान्त ही उस पर पिटमैन आर्म को व्यवस्थित करें।
5. टर्निंग एंगल की जाँच करते समय फ्रण्ट व्हील को स्थिर रखें।

कार्यविधि Working Method

A. ड्रॉप आर्म को निकालना

1. रीयर व्हील्स पर टेक (chock) लगाते हैं।
2. वाहन को जैक द्वारा उठाकर फ्रण्ट एक्सेल के नीचे स्टील हॉर्स लगाते हैं।
3. फ्रण्ट व्हील्स को निकालते हैं।

4. स्प्लिट पिन को निकालकर स्टीयरिंग आर्म के दोनों सिरों के नट को ढीला करते हैं। चित्र (i)

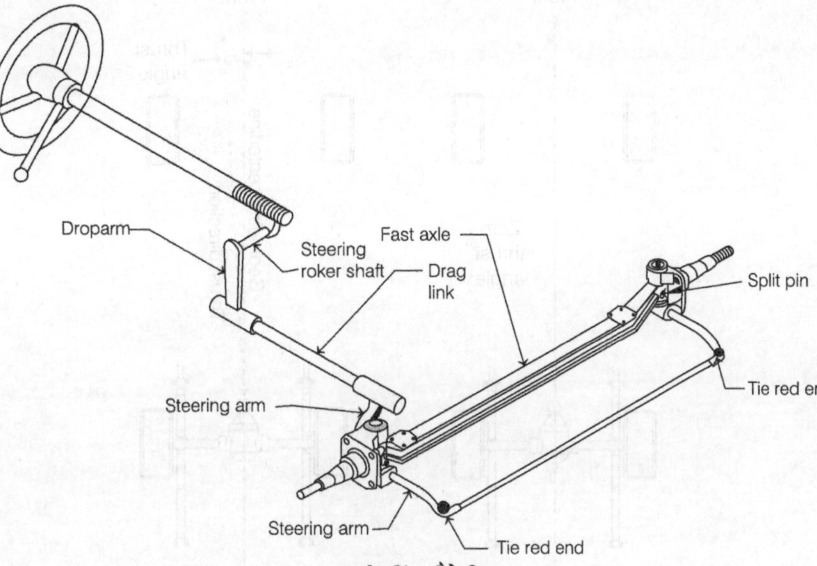

(i) स्टीयरिंग मैकेनिज्म

5. स्टीयरिंग आर्म के नीचे सपोर्ट प्रदान करते हैं।
6. विशेष औजार अथवा लकड़ी के ब्लॉक तथा हैमर के प्रयोग द्वारा नट को पीटकर (बिना चूड़ियों को खराब किए) टाई रॉड के सिरों से बॉल ज्वॉइण्ट को हटाते हैं तथा टाई रॉड को अलग करते हैं।
7. स्टीयरिंग आर्म से जुड़े ड्रैग लिंग नट को ढीला करके इसे निकालते हैं।
8. नीचे की ओर के ड्रॉप आर्म से ड्रैग लिंग नट को ढीला करते हैं।
9. स्टीयरिंग रॉकर शाफ्ट के सापेक्ष ड्रॉप आर्म की स्थिति को चिह्नित करते हैं। इसके द्वारा ही स्टीयरिंग रॉकर शाफ्ट पर ड्रॉप आर्म को एलाइन करके पुन: फिट किया जाता है।
10. ड्रॉप आर्म के नट को ऊपर से निकालते हैं।
11. विशेष पुलर द्वारा ड्रॉप आर्म को स्टीयरिंग रॉकर शाफ्ट से खींचकर अलग करते हैं।

B. टर्निंग एंगल की जाँच एवं एडजस्ट करना

1. सर्वप्रथम वाहन को समतल भूमि पर खड़ा करके इसके सभी पहियों के आगे-पीछे लकड़ी के गुटके लगाते हैं।
2. अब वाहन के फ्रण्ट व्हील को जैक द्वारा ऊपर उठाते हैं तथा इन्हें सीधी अवस्था में स्थिर करते हैं।
3. स्टीयरिंग व्हील के दोनों ओर की चाल की जाँच करते हैं। यदि यह बराबर नहीं है तो पिटमैन आर्म को व्यवस्थित करते हैं।
4. स्टीयरिंग को बाएँ से दाएँ घुमाते हैं तथा पहिये द्वारा निर्मित कोण की जाँच करते हैं।
5. पिटमैन आर्म शाफ्ट की स्प्लाइन्स को साफ करते हैं एवं पुन: पिटमैन शाफ्ट को व्यवस्थित करते हैं। चित्र (ii)

***नोट** सम्बन्धित चित्र को अग्रपृष्ठ पर दर्शाया गया है।*

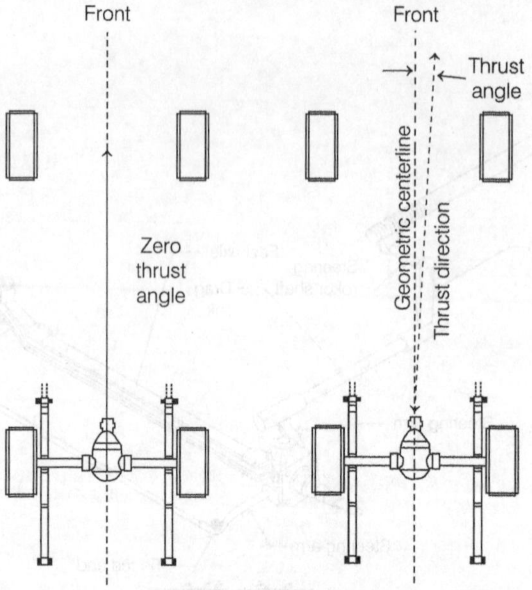

(ii) पिटमैन शाफ्ट एडजस्टमेन्ट

6. दोनों ओर टर्निंग एंगल बराबर हो जाता है, तो वाहन से जैक को हटा लेते हैं।

C. ड्रॉप आर्म को एलाइन करना

1. दोनों फ्रण्ट व्हील ब्रेक ड्रम को आगे की ओर सीधे तथा समान्तर करते हैं।
2. स्टीयरिंग व्हील को एक साइड लॉक की ओर घुमाते हैं।
3. स्टीयरिंग व्हील को दूसरी साइड लॉक की ओर घुमाते हैं तथा कुल चक्करों की संख्या को गिनते हैं।
4. प्राप्त चक्करों के आधे चक्कर को स्टीयरिंग व्हील पर घुमाते हैं।
5. ड्रॉप आर्म तथा स्टीयरिंग बॉक्स के रॉकर शाफ्ट के चिन्हों को एलाइन करके ड्रॉप आर्म को रॉकर शाफ्ट से जोड़ते हैं।
6. ड्रॉप आर्म के लॉक नट को टाइट करते हैं।
7. ड्रॉप आर्म तथा ड्रैग लिंक को जोड़ते हैं। सुनिश्चित करते हैं कि ड्रॉप आर्म व ड्रैग लिंक को जोड़ते समय स्टीयरिंग व्हील न घूमें।
8. स्टीयरिंग आर्म से जुड़े ड्रैग लिंक के अन्य सिरे को फिट करके नट को टाइट करते हैं। सुनिश्चित करते हैं कि ड्रैग लिंक तथा स्टीयरिंग आर्म को जोड़ते समय फ्रण्ट व्हील तथा स्टीयरिंग व्हील न घूमें।
9. टाई रॉड के सिरों को दोनों स्टीयरिंग आर्म के साथ जोड़ते हैं।
10. उपयुक्त ग्रीस द्वारा सभी भागों को स्नेहित (lubricate) करते हैं तथा उचित टॉर्क के साथ सभी बॉल पिन नटों को टाइट करके नई स्प्लिट पिन लगाते हैं।
11. व्हील को फिट करके व्हील नट को टाइट करते हैं।
12. स्टीयरिंग व्हील को घुमाकर व्हील की गति की जाँच करते हैं।
13. जैक लगाकर वाहन के नीचे से स्टील हॉर्स को निकालते हैं।
14. जैक को निकालकर व्हील नटों को टाइट करते हैं।

D. स्टीयरिंग व्हील को एलाइन करना

1. सर्वप्रथम वाहन को समतल भूमि पर खड़ा करके इसके सभी पहियों के आगे-पीछे लकड़ी के गुटके लगाते हैं।
2. अब वाहन के फ्रण्ट व्हील को जैक द्वारा ऊपर उठाते हैं तथा इन्हें सीधी अवस्था में स्थिर करते हैं।
3. स्टीयरिंग व्हील की दोनों ओर की चाल की जाँच करते हैं। यदि यह बराबर नहीं है, तो नट को निकालकर पिटमैन ड्रॉप आर्म को निकालते हैं।

4. स्टीयरिंग को बाएँ से दाएँ घुमाते हैं तथा पहिए द्वारा चली दूरी की जाँच करते हैं।

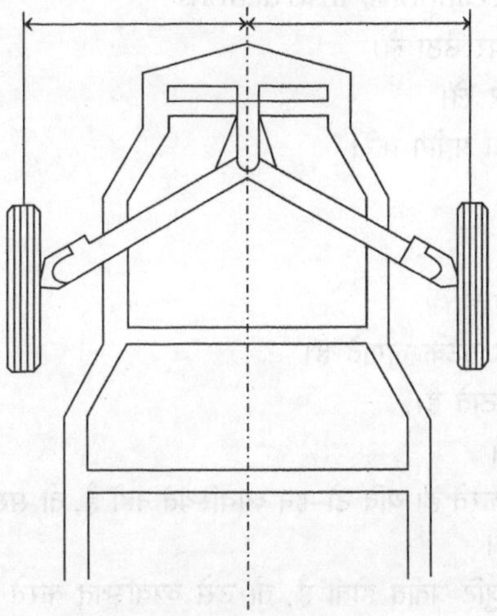

(iii) स्टीयरिंग व्यवस्था

5. पिटमैन ड्रॉप आर्म को स्पलाइन्स पर फिट करते हैं।
6. अब पुन: स्टीयरिंग व्हील को घुमाकर दोनों ओर की बराबर चाल सुनिश्चित करते हैं।
7. वाहन से जैक को हटा लेते हैं।

परिणाम (Result) ड्रॉप आर्म को निकालने तथा टर्निंग एंगल ड्रॉप आर्म का अलाइनमेन्ट एवं फ्रण्ट व्हील के साथ स्टीयरिंग व्हील को एडजस्ट करने एवं जाँच करने का अभ्यास सफलतापूर्वक किया गया।

99.2

टो-इन को जाँचना Checking of Toe-in

उद्‌देश्य Object

वाहन में टो-इन की जाँच करने एवं इसे सही करने का अभ्यास करना।

आवश्यक उपकरण/सामग्री Essential Apparatus/Materials

- एक वाहन
- एयर कम्प्रैशर
- व्हील ब्रेस
- स्क्रू ड्राइवर
- व्हील अलाइनमेन्ट गेज
- ग्रीस
- साफ कपड़ा
- जैक
- टायर प्रैशर गेज
- रिंग स्पैनर सैट
- प्लायर
- ग्रीस गन
- लकड़ी के गुटके (08 नं.)

सुरक्षा सावधानियाँ/निर्देश Safety Precautions/Instructions

1. जाँच करते समय फ्रण्ट व्हील को जैक द्वारा ऊपर उठा लें।
2. वाहन के फ्रण्ट व्हील में वायु-दाब की जाँच कर लें।
3. व्यवस्थितीकरण के लिए सही मोटाई के सिम का प्रयोग करें।

कार्यविधि Working Method

1. सर्वप्रथम वाहन को समतल भूमि पर खड़ा करते हैं।
2. वाहन के प्रत्येक पहिए के आगे-पीछे लकड़ी के गुटके लगाते हैं।
3. वाहन के फ्रण्ट व्हील को जैक लगाकर ऊपर उठाते हैं।
4. वाहन के पहियों में वायु-दाब की जाँच करते हैं।
5. व्हील अलाइनमेन्ट गेज के द्वारा टो-इन की जाँच करते हैं। यदि टो-इन व्यवस्थित नहीं है, तो सस्पेन्शन एवं स्टीयरिंग के समस्त टूटे, मुड़े व घिसे भागों की जाँच करते हैं, इन्हें कसते हैं एवं इन्हें बदलते हैं।
6. अब पुनः टो-इन की जाँच करते हैं। यदि कोई त्रुटि प्रतीत होती है, तो उसे व्यवस्थित करते हैं।

परिणाम (Result) वाहन में टो-इन की जाँच एवं इसे सही करने का अभ्यास सफलतापूर्वक किया गया।

प्रैक्टिकल संख्या 100

✎ स्टीयरिंग व्हील, स्टीयरिंग गियर बॉक्स निकालने का अभ्यास करना
Practice on Removing Steering Wheel, Steering Gear Box

उद्देश्य Object

स्टीयरिंग व्हील तथा स्टीयरिंग गियर बॉक्स को निकालने का अभ्यास करना।

आवश्यक उपकरण/सामग्री Essential Apparatus/Materials

- ट्रेनी टूल किट
- स्टीयरिंग पुलर
- बियरिंग पुलर
- बुश
- प्लास्टिक हैमर (मैलेट)
- टॉर्क रिंच
- वाहन
- गियर ऑयल
- केरोसीन
- ऑयल सील

सुरक्षा सावधानियाँ/निर्देश Safety Precautions/Instructions

1. स्टीयरिंग व्हील निकालने से पूर्व बैटरी के कनैक्शन हटा दें।
2. स्टीयरिंग व्हील निकालते समय हॉर्न एवं अन्य अवयवों को क्षति न पहुँचने दें।
3. वाहन से गियर बॉक्स निकालते समय स्टीयरिंग लिंकेज को क्षति न पहुँचने दें।

कार्यविधि Working Method

A. स्टीयरिंग व्हील को निकालना

1. सर्वप्रथम बैटरी को वियोजित करते हैं।
2. व्हील पर टेक लगाते हैं।
3. स्टीयरिंग असेम्बली के निचले कवर को हटाते हैं।
4. स्टीयरिंग असेम्बली के नीचे से हॉर्न बटन तथा हॉर्न वायर को वियोजित करते हैं।
5. हॉर्न बटन को निकालते हैं।
6. स्टीयरिंग व्हील नट के लॉक को हटाते हैं तथा व्हील नट को अलग करते हैं।
7. स्टीयरिंग व्हील पुलर का प्रयोग करके स्टीयरिंग व्हील को निकालते हैं। चित्र (i)

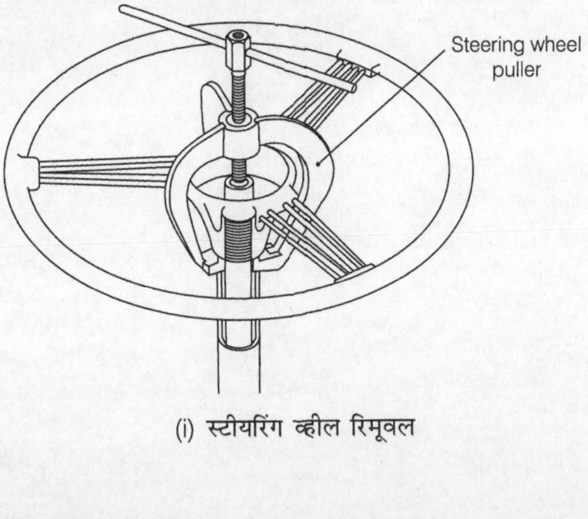

(i) स्टीयरिंग व्हील रिमूवल

B. स्टीयरिंग बॉक्स को निकालना

1. इंस्ट्रूमैन्ट पैनल ब्रैकेट को हटाते हैं।
2. एग्जॉस्ट पाइप को मैनीफोल्ड से अलग करते हैं।
3. फ्लोर बोर्ड पर स्टीयरिंग कॉलम की कवर प्लेट को हटाते हैं।
4. स्टीयरिंग गियर बॉक्स की स्थिति को नोट करके फ्रेम तथा स्टीयरिंग गियर बॉक्स को चिह्नित करते हैं।
5. स्टीयरिंग गियर बॉक्स के माउण्टिंग बोल्ट्स तथा ब्रैकेट को हटाते हैं।
6. स्टीयरिंग गियर बॉक्स को हटाकर बॉटम साइड से बाहर निकालते हैं।
7. स्टीयरिंग असेम्बली को वर्क बेंच पर रखते हैं।

परिणाम (Result) स्टीयरिंग व्हील तथा स्टीयरिंग गियर बॉक्स को निकालने का अभ्यास सफलतापूर्वक किया गया।

प्रैक्टिकल संख्या 101

✎ स्टीयरिंग गियर बॉक्स जाँचना व ओवरहॉल करना, स्टीयरिंग गियर बैकलैश समायोजित करना, टो-इन, टो-आउट, कैम्बर कोण, कैस्टर कोण, किंगपिन झुकाव व व्हील रन आउट को प्री-लोड व समायोजित करना
Inspect and Overhaul Steering Boxes, Adjusting Steering Gear Backlash, Pre-Load and Adjust toe-in, toe-out, Camber Angle, Castor Angle, Kingpin Inclination and Wheel Run Out

---

101.1

स्टीयरिंग गियर बॉक्स की ओवरहॉलिंग एवं बैकलैश व प्री-लोड एड्जस्टमेन्ट

Overhauling of Steering Gear Box and Backlash & Pre-load Adjustment

उद्देश्य Object

स्टीयरिंग गियर बॉक्स का निरीक्षण व ओवरहॉलिंग करना तथा स्टीयरिंग गियर बैकलैश व प्री-लोड को व्यवस्थित करने का अभ्यास करना।

आवश्यक उपकरण/सामग्री Essential Apparatus/Materials

- ट्रेनी टूल किट
- गियर ऑयल
- 'V' ब्लॉक
- डायल इण्डीकेटर
- बुश
- ऑयल सील
- केरोसीन
- सूती कपड़ा

सुरक्षा सावधानियाँ/निर्देश Safety Precautions/Instructions

1. स्टीयरिंग गियर को स्टीयरिंग लिंकेज के साथ जोड़ते समय इसे व्यवस्थित न करें।
2. गियर बॉक्स को पुन: असेम्बल करते समय बॉल गाइड में बॉल न डालें।

कार्यविधि Working Method

A. स्टीयरिंग गियर बॉक्स को खोलना

1. ड्रेन प्लग को खोलकर स्टीयरिंग गियर बॉक्स ऑयल को निकालते हैं।
2. ऑयल फिल्टर प्लग को निकालते हैं। चित्र (i)
3. एडजस्टिंग स्क्रू के लॉक नट की एक दो चूड़ी खोलकर इसे ढीला करते हैं।
4. साइड कवर को हटाते हैं।

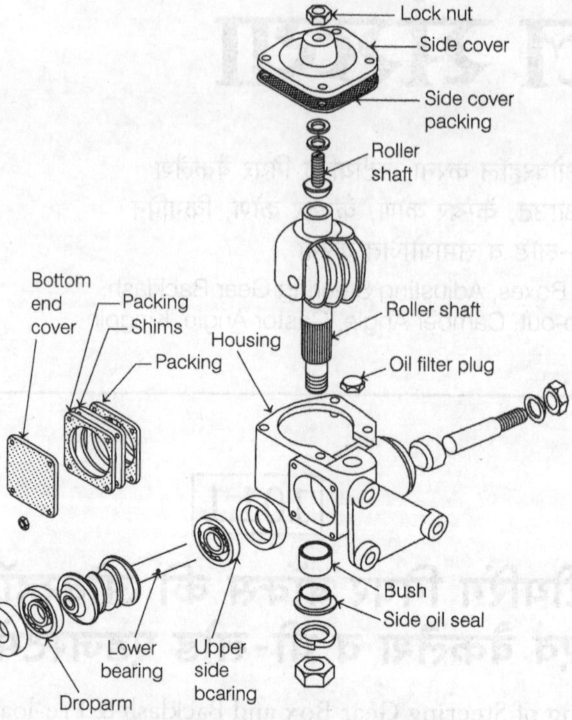

(i) डिस्मैन्टल स्टीयरिंग गियर बॉक्स

5. साइड कवर पैकिंग को हटाते हैं।
6. असेम्बली से रोलर शाफ्ट को अलग करते हैं।
7. बाह्य कॉलम के ऊपरी कवर को शिम्स (shims) के साथ हटाते हैं।
8. हाउसिंग से ऊपरी साइड बियरिंग को हटाते हैं।
9. निचले एण्ड कवर को शिम्स तथा पैकिंग के साथ हटाते हैं।
10. हाउसिंग से निचले बियरिंग को हटाते हैं।
11. हॉर्न वायर ट्यूब को हटाते हैं।
12. आन्तरिक कॉलम से वर्ग गियर शाफ्ट असेम्बली को अलग करते हैं।
13. साइड ऑयल सील को हटाते हैं।

B. साफ करके निरीक्षण करना

1. सभी भागों को कैरोसीन से साफ करते हैं।
2. निम्न भागों का दृश्यिक निरीक्षण करते हैं।
   - गड्ढों एवं ओवरहीटिंग हेतु बियरिंग
   - गड्ढों/घिसाव हेतु रॉकर शाफ्ट तथा आन्तरिक कॉलम
   - दरार एवं माउण्टिंग छिद्रों की वृद्धि हेतु स्टीयरिंग हाउसिंग
3. दोषपूर्ण भागों को परिवर्तित करते हैं।
4. 'v' ब्लॉक तथा डायल इण्डीकेटर की सहायता से आन्तरिक कॉलम के टेढ़ेपन की जाँच करते हैं। यदि आन्तरिक कॉलम में आवश्यक सीमा से अधिक टेढ़ापन होता है, तो इसे परिवर्तित कर देते हैं।

C. स्टीयरिंग गियर बॉक्स की असेम्बली करना

1. रोलर शाफ्ट पर बुश की मुक्त गति की जाँच करते हैं। चित्र (i)
2. स्टीयरिंग गियर बॉक्स के साइड कवर पर बुश को फिट करते हैं।
3. स्टीयरिंग गियर बॉक्स की बॉडी पर बुश को फिट करते हैं।

4. रॉकर शाफ्ट को हाथ से घुमाकर बुश में रॉकर शाफ्ट की मुक्त गति की जाँच करते हैं।
5. हाउसिंग के नीचे नए बॉल बियरिंग लगाते हैं।
6. हाउसिंग में वर्ग गियर शाफ्ट आन्तरिक कॉलम को पुनः फिट करते हैं।
7. हॉर्न वायर ट्यूब को फिट करते हैं।
8. हाउसिंग में ऊपरी बॉल बियरिंग को फिट करते हैं।
9. ऊपरी हाउसिंग कैप को शिम्स के साथ फिट करते हैं।

D. बैकलैश तथा प्री-लोड को व्यवस्थित करना

1. उचित टॉर्क पर ऊपरी हाउसिंग कैप के स्क्रुओं को टाइट करते हैं। आन्तरिक कॉलम के प्री-लोड की जाँच करते हैं। प्री-लोड को बढ़ाने के लिए शिम्स की मोटाई को कम करते हैं।
2. हाउसिंग में रॉकर शाफ्ट को इन्सर्ट करते हैं।
3. साइड कवर गैस्केट को लगाते हैं।
4. साइड कवर को लगाते हैं।
5. उचित टॉर्क पर साइड कवर के स्क्रुओं को टाइट करते हैं।
6. हाउसिंग के निचले बॉल बियरिंग को फिट करते हैं।
7. निचले कवर गैस्केट तथा शिम्स को लगाते हैं।
8. निचले कवर को लगाकर स्क्रुओं को टाइट करते हैं।
9. एडजस्टिंग स्क्रू को फिट करते हैं।
10. निर्माता की संस्तुति के अनुसार एडजस्टिंग स्क्रू ढीला या टाइट करके रोलर शाफ्ट के प्री-लोड को व्यवस्थित करते हैं। एडजस्टिंग स्क्रू को टाइट करने से प्री-लोड बढ़ता है। प्री-लोड को एडजस्ट करने के पश्चात् एडजस्टिंग स्क्रू को लॉक कर देते हैं।
11. स्टीयरिंग हाउसिंग पर बाह्य कॉलम को फिट करते हैं।
12. बैकलैश एडजस्टर से लॉक निकालकर बैकलैश एडजस्टर को दक्षिणावर्त दिशा में घुमाकर सैक्टर में सम्पूर्ण प्ले समाप्त करते हैं। बैकलैश एडजस्टर के एण्ड क्लीयरैन्स की जाँच करते हैं। यदि क्लीयरैन्स 0.05 मिमी से अधिक नहीं होनी चाहिए। यदि यह अधिक है, तो इसे कम करने के लिए शिम लगाते हैं।
13. बैकलैश को एडजस्ट करने के पश्चात् बैकलैश एडजस्ट को लॉक करते हैं।

परिणाम (Result) स्टीयरिंग गियर बॉक्स का निरीक्षण व ओवरहॉलिंग करके स्टीयरिंग गियर बैकलैश व प्री-लोड को सफलतापूर्वक व्यवस्थित किया गया।

101.2

स्टीयरिंग को व्यवस्थित करना Adjustment of Steering

उद्देश्य Object

टो-इन, टो-आउट, कैम्बर कोण, कैस्टर कोण, किंग-पिन झुकाव एवं व्हील रन-आउट को व्यवस्थित करने का अभ्यास करना।

आवश्यक उपकरण/सामग्री Essential Apparatus/Materials

- एक वाहन
- टायर प्रैशर गेज
- स्क्रू ड्राइवर
- ग्रीस गन
- साफ कपड़ा
- जैक
- व्हील ब्रेस
- प्लायर
- ग्रीस
- लकड़ी के गुटके (8 नं.)
- एयर कम्प्रैशर
- रिंग स्पैनर सैट
- व्हील अलाइनमेन्ट गेज
- मिट्टी का तेल

सुरक्षा सावधानियाँ/निर्देश Safety Precautions/Instructions

1. कैस्टर कोण की जाँच करने के उपरान्त सभी कोणों की पुनः जाँच लें।
2. व्यवस्थितीकरण करने के लिए उपयुक्त मोटाई की शिम माप लें।
3. वाहन के सभी पहियों में वायु-दाब पर्याप्त होना चाहिए।

कार्यविधि Working Method

1. सर्वप्रथम वाहन को समतल भूमि पर खड़ा करते हैं और इसके सभी पहियों के आगे-पीछे लकड़ी के गुटके लगाते हैं।
2. वाहन के सभी पहियों में टायर प्रैशर गेज द्वारा वायु-दाब की जाँच करते हैं।
3. अब सस्पेन्शन तथा स्टीयरिंग के टूटे, मुड़े व घिसे भागों की जाँच करते हैं। सभी ढीले भागों को कसते हैं व खराब भागों को बदलते हैं।
4. व्हील अलाइनमेन्ट गेज द्वारा किंग-पिन के झुकाव, कैम्बर कोण तथा कैस्टर कोण की जाँच करते हैं। यदि आवश्यक हो, तो इन्हें व्यवस्थित करते हैं।
5. टो-इन व टो-आउट की जाँच करते हैं और इन्हें व्यवस्थित करते हैं।
6. व्हील रन-आउट की जाँच करते हैं और इन्हें व्यवस्थित करते हैं।

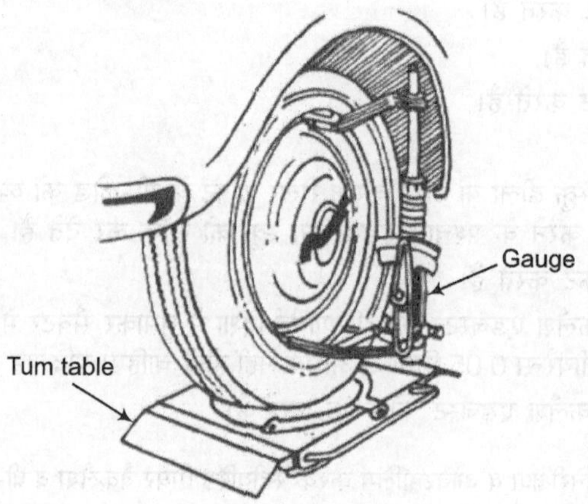

(i) व्हील रन आउट

परिणाम (Result) टो-इन, टो-आउट, कैम्बर कोण, कैस्टर, कोण, किंग-पिन झुकाव एवं व्हील रन-आउट को व्यवस्थित करने का सफलतापूर्वक अभ्यास किया गया।

प्रैक्टिकल संख्या 102

✎ पावर स्टीयरिंग फ्लूड जाँचना व ऊपर तक भरना
Check and Top Up Power Steering Fluid

उद्देश्य Object

पावर स्टीयरिंग फ्लूड की जाँच करना एवं उसे ऊपर तक भरने का अध्ययन करना।

आवश्यक उपकरण/सामग्री Essential Apparatus/Materials

- एक वाहन (पावर स्टीयरिंग युक्त)
- पावर स्टीयरिंग फ्लूड
- साफ कपड़ा
- प्लायर
- ट्रेनर टूल किट
- विशिष्ट औजार
- पेन
- ऑयल- आवश्यकतानुसार
- होज-2
- पम्प बैल्ट

सुरक्षा सावधानियाँ/निर्देश Safety Precautions/Instructions

1. पावर स्टीयरिंग फ्लूड इण्डीकेटर (लेवल निर्देशक) को अच्छी तरह साफ करें।
2. पावर स्टीयरिंग में फ्लूड की कमी होने पर इसमें फ्लूड की आपूर्ति तुरन्त करें।

कार्यविधि Working Method

A. स्टीयरिंग फ्लूड के लेवल की जाँच

1. पावर स्टीयरिंग रिजर्वायर के स्थान का पता लगाते हैं।
2. उसकी कैप को निकालते हैं तथा फ्लूड के लेवल का प्रेक्षण करते हैं।

नोट *अधिक पावर स्टीयरिंग रिजर्वायर साफ प्लास्टिक के बने होते हैं, जिससे कि फ्लूड लेवल का प्रेक्षण करते समय उनकी कैप निकालने की आवश्यकता नहीं होती है।*

3. कुछ फ्लूड को साफ सफेद कैप पर रखते हैं तथा निम्न स्थितियों की जाँच कराते हैं
   (i) डिसकलरेशन
   (ii) जला हुआ होना
4. पावर स्टीयरिंग फ्लूड की स्थिति का विवरण देते हैं तथा आवश्यकता होने पर उसे परिवर्तित कर देते हैं।
5. पावर स्टीयरिंग फ्लूड इण्डीकेटर में फ्लूड के तल की जाँच करते हैं। यदि फ्लूड एक निश्चित तल से कम है, तो इसमें फ्लूड की आपूर्ति करते हैं।

परिणाम (Result) सफलतापूर्वक पावर स्टीयरिंग फ्लूड की जाँच की गई एवं इसे ऊपर तक भरा गया।

प्रैक्टिकल संख्या 103

✎ पावर स्टीयरिंग प्रणाली का दाब जाँचना, पावर स्टीयरिंग प्रणाली की फ्लशिंग करना
Carryout Pressure Testing a Power Steering System, Flushing Power Steering System

103.1

पावर स्टीयरिंग प्रणाली के दाब की जाँच

Pressure Testing of Power Steering System

उद्देश्य Object

पावर स्टीयरिंग प्रणाली में दाब की जाँच करना।

आवश्यक उपकरण/सामग्री Essential Apparatus/Materials

- एक वाहन (पावर स्टीयरिंग युक्त)
- सुरक्षा सामग्री
- लकड़ी के गुटके (08. नं.)
- होज
- साफ कपड़ा
- ट्रेनर टूल किट
- दाब गेज
- जैक
- पम्प बैल्ट
- पेन
- ऑयल
- विशिष्ट औजार

सुरक्षा सावधानियाँ/निर्देश Safety Precautions/Instructions

1. इंजन चालन के अन्तर्गत चलती बैल्ट से सचेत रहें।
2. कार्यिकी के अन्तर्गत तरल, पावर, स्टीयरिंग में बहुत गर्म होता है। अत: लीकेज से निकले तरल को शरीर के किसी भी अंग द्वारा न छुएँ।
3. तरल को नीचे न गिरने दें।

कार्यविधि Working Method

1. पावर स्टीयरिंग फ्लूड के लीक होने की जाँच करते हैं।
2. पावर स्टीयरिंग पम्प ड्राइव बैल्ट की जाँच करते हैं तथा यदि आवश्यकता हो, तो उसे परिवर्तित अथवा व्यवस्थित करते हैं।
3. इंजन को स्टार्ट करके पावर स्टीयरिंग प्रणाली से उत्पन्न शोर को सुनते हैं।
4. पम्प पावर स्टीयरिंग गेज को अटैच करते हैं।
5. पावर स्टीयरिंग प्रणाली की ब्लीडिंग करके उसे भरते हैं।
6. इंजन को स्टार्ट करके दाब का प्रेक्षण करते हैं तथा पाठ्यांकों को नोट करते हैं।
7. इंजन को प्रचालित करके स्टीयरिंग को दाएँ व बाएँ घुमाते हैं तथा दाब के पाठ्यांकों का प्रेक्षण करते हैं।
8. इंजन की प्रचालित अवस्था में ही प्रैशर गेज वाल्व को समीप लाकर दाब के पाठ्यांकों का प्रेक्षण करते हैं।

परिणाम (Result) पावर स्टीयरिंग प्रणाली में दाब की जाँच करने का सफलतापूर्वक अभ्यास किया गया।

103.2

पावर स्टीयरिंग प्रणाली की फ्लशिंग Flushing a Power Steering System

उद्देश्य Object

पावर स्टीयरिंग प्रणाली की फ्लशिंग करने का अभ्यास करना।

आवश्यक उपकरण/सामग्री Essential Apparatus/Materials

- एक वाहन (पावर स्टीयरिंग युक्त)
- लकड़ी के गुटके (08 नं.)
- पम्प बैल्ट
- होज
- जैक
- मैटल ट्रे
- पेन
- ऑयल
- सुरक्षा सामग्री
- पावर स्टीयरिंग फ्लूड
- साफ कपड़ा

सुरक्षा सावधानियाँ/निर्देश Safety Precautions/Instructions

1. इंजन चालन के अन्तर्गत चलती बैल्ट से सचेत रहें।
2. कार्यिकी के अन्तर्गत फ्लूड, पावर स्टीयरिंग में बहुत गर्म होता है। अतः लीकेज से निकले फ्लूड को शरीर के किसी भी अंग द्वारा स्पर्श न करें।
3. फ्लूड को नीचे न गिरने दें।

कार्यविधि Working Method

1. पेन को पावर स्टीयरिंग रिजर्वायर के नीचे रखते हैं।
2. रिजर्वायर पर रिटर्न होज फिटिंग को निकालते हैं तथा फ्लूड को रिजर्वायर से रिटर्न होज में से पेन तक प्रवाहित कराते हैं।
3. रिटर्न पोर्ट एवं फ्लूड को रिजर्वायर तक प्लग करते हैं।
4. इंजन को स्टार्ट करते हैं तथा फ्लूड की रिटर्न होज को पेन में निकालते हैं। चित्र (i)
5. पुराना फ्लूड निकल जाने पर रिजर्वायर में साफ फ्लूड भर देते हैं।

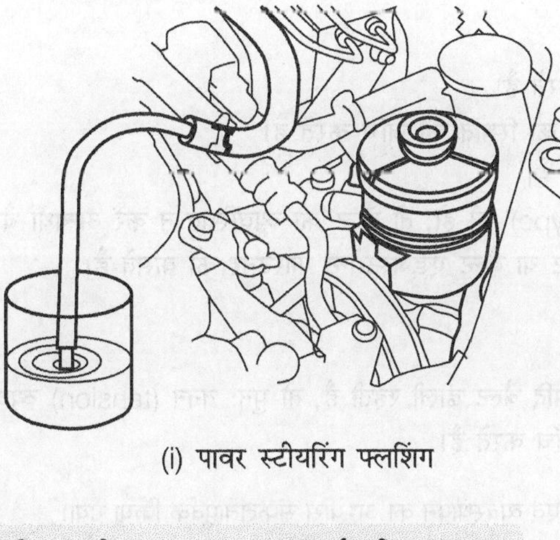

(i) पावर स्टीयरिंग फ्लशिंग

परिणाम (Result) पावर स्टीयरिंग प्रणाली की फ्लशिंग करने का अभ्यास सफलतापूर्वक किया गया।

प्रैक्टिकल संख्या 104

✎ एक इंजन ड्राइव बैल्ट का निरीक्षण व व्यवस्थापन करना
Carryout Inspecting and Adjusting an Engine Drive Belt

उद्देश्य Object

इंजन ड्राइव बैल्ट का निरीक्षण एवं व्यवस्थापन करने का अभ्यास करना

आवश्यक उपकरण/सामग्री Essential Apparatus/Materials

- इंजन सर्विस मैनुअल
- ट्रेनर टूल किट
- वाहन
- साफ कपड़ा
- विशिष्ट औजार
- स्पैनर एवं रिंच
- पम्प बैल्ट

सुरक्षा सावधानियाँ/निर्देश Safety Precautions/Instructions

1. बैल्ट को क्षति न पहुँचने दें।
2. सम्बन्धित नट एवं बोल्ट को ढीला करने के उपरान्त ही बैल्ट को फिट करें।
3. बैटरी से सभी कनेक्शन मुक्त कर दें।
4. इंजन की चलती अवस्था में बैल्ट को कभी न छुएँ।

कार्यविधि Working Method

1. सर्वप्रथम हब में बैल्ट की स्थिति की जाँच करते हैं।
2. बैल्ट को थोड़ा घुमाकर इसकी निचली सतह की स्थिति की जाँच करते हैं।
3. ड्राइव बैल्ट को पुन: स्थापित (install) करते हैं।
4. यदि बैल्ट सरपेन्टाइन प्रकार (serpentine type) की हो, तो बैल्ट को व्यवस्थित न करें अन्यथा बैल्ट का व्यवस्थापन करते हैं।
5. स्पैनर एवं रिंच द्वारा पम्प एवं तनन नट-बोल्ट या बैल्ट एड्जस्टमेन्ट फास्टनर को कसते हैं।
6. फ्लूड डालकर प्रणाली की ब्लीडिंग करते हैं।
7. वाहन का सड़क पर परीक्षण करते हैं।
8. पुन: बैल्ट की तनन की जाँच करते हैं और यदि बैल्ट ढीली रहती है, तो पुन: तनन (tension) व्यवस्थित करते हैं।
9. इंजन को चालू करके बैल्ट की स्थिति की जाँच करते हैं।

परिणाम (Result) इंजन ड्राइव बैल्ट का निरीक्षण एवं व्यवस्थापन का अभ्यास सफलतापूर्वक किया गया।

प्रैक्टिकल संख्या 105

✎ स्टीयरिंग प्रणाली की सर्विस करना
Carry out Servicing a Steering System

उद्देश्य Object

स्टीयरिंग प्रणाली की सर्विस करने का अभ्यास करना।

आवश्यक उपकरण/सामग्री Essential Apparatus/Materials

- एक वाहन (इलेक्ट्रॉनिक पावर स्टीयरिंग प्रणाली युक्त)
- वायु सम्पीडक
- प्लायर
- टायर प्रैशर गेज
- साफ कपड़ा
- वायरिंग परिपथ आरेख
- पावर स्टीयरिंग ऑयल
- स्क्रू ड्राइवर
- बॉल पीन हैमर
- ग्रीस गन
- जैक
- स्केल टूल
- ब्रास ड्रिफ्ट
- डी. ई. स्पैनर सैट
- ग्रीस
- लकड़ी के गुटके
- मल्टीमीटर

सुरक्षा सावधानियाँ/निर्देश Safety Precautions/Instructions

1. स्टीयरिंग लिंकेज के मुड़े हुए भाग को बदल देना चाहिए। इसे पुनः प्रयुक्त न करें।
2. व्हील को घुमाने में लगे बल को सुनिश्चित कर लें।
3. वर्म बियरिंग एडजस्टर को अच्छी तरह व्यवस्थित करें।

कार्यविधि Working Method

1. इलेक्ट्रॉनिक पावर स्टीयरिंग अवयवों की स्थिति का पता लगाते हैं।
2. वायरिंग आरेख को पढ़ते हैं।
3. पावर स्टीयरिंग के ऑयल लेवल की जाँच करते हैं। यदि आवश्यकता हो, तो उसे ऊपर तक भर देते हैं।
4. इग्नीशन स्विच को ऑन करते हैं।
5. लाइट को ऑन करके इलेक्ट्रॉनिक पावर स्टीयरिंग (EPS) की वायरिंग का दृश्यिक निरीक्षण करते हैं। यदि वायरिंग की लाइट ऑन न हो, तो वायरिंग लाइट परिपथ की सर्विस मैनुअल के अनुसार जाँच करते हैं।
6. इंजन को स्टार्ट करके वायरिंग की लाइट के ऑफ होने की जाँच करते हैं। यदि स्टार्ट करने के पश्चात् भी लाइट ऑन हो, तो वायरिंग लाइट परिपथ की सर्विस मैनुअल के अनुसार जाँच करते हैं।
7. स्टीयरिंग फंक्शन की जाँच करते हैं तथा हार्ड स्टीयरिंग, वाहन के एक-ओर भागने, खराब सैल्फ सेन्टरिंग, अतिरिक्त स्टीयरिंग प्ले, स्टीयरिंग गियर बॉक्स में असामान्य शोर आदि समस्याओं को नोट करते हैं।
8. इग्नीशन स्विच को ऑफ स्थिति की ओर घुमाते हैं।
9. डेटा लिंक कनैक्टर (DLC) से स्कैन टूल को संयोजित करते हैं।
10. इंजन को स्टार्ट करते हैं।

11. स्कैनर में डिस्प्ले हुए डायग्नोस्टिक ट्रबल कोड (DTC) को पढ़ते हैं।
12. इग्नीशन स्विच को ऑफ स्थिति की ओर घुमाते हैं।
13. डायग्नोस्टिक ट्रबल कोड को ECM में रिकॉर्ड करते हैं।
    (i) सेन्सर की जाँच करते हैं।
    (ii) स्विचों, वायरिंग हारनैस कण्ट्रोल मॉड्यूल व अन्य पोर्टों की जाँच करते हैं।
14. खराब भागों की सर्विस मैनुअल में बताई विधि के अनुसार रिपेयरिंग करते हैं तथा आवश्यकता होने पर उन्हें परिवर्तित करते हैं।
15. स्विच ऑन करके इंजन को स्टार्ट करते हैं तथा EPS (Electronic Power Steering) की सही कार्यप्रणाली हेतु पुन: जाँच करते हैं।
16. इग्नीशन स्विच को ऑफ स्थिति की ओर घुमाते हैं।
17. DLC से स्कैनर को संयोजित करते हैं।
18. इग्नीशन स्विच को ऑन स्थिति की ओर घुमाते हैं।
19. स्कैन टूल पर रिकॉर्डेड DTC को मिटाते हैं।
20. DTC को मिटाने के पश्चात् इग्नीशन स्विच को ऑफ स्थिति की ओर घुमाते हैं।
21. स्कैन टूल को हटाते हैं।
22. वाहन स्पीड सेन्सर, कनैक्टर को विसंयोजित करके स्वत: अपने प्रतिरोध की जाँच कर सकता है।

परिणाम (Result) स्टीयरिंग प्रणाली की सर्विस करने का अभ्यास सफलतापूर्वक किया गया।

प्रैक्टिकल संख्या 106

✎ व्हील बियरिंग सर्विस करने का अभ्यास करना
Practice Servicing Wheel Bearing

उद्देश्य Object

व्हील बियरिंग की सर्विस करने का अभ्यास करना।

आवश्यक उपकरण/सामग्री Essential Apparatus/Materials

- एक वाहन (प्रचालित होने योग्य)
- बैंच वाइस
- स्क्रू ड्राइवर
- नोज प्लायर
- लकड़ी के गुटके (8 नं.)
- ग्रीस
- मैटल ट्रे
- वाशर
- टेपर रोलर बियरिंग
- एयर कम्प्रैशर
- क्लैम्प
- बॉक्स स्पैनर सैट
- जैक
- स्प्लिट पिन
- साफ कपड़ा
- व्हील स्पैनर
- ट्रेनर टूल किट
- ऑयल
- वर्क बैंच
- स्लिप जॉ प्लायर
- व्हील ब्रेस
- ग्रीस गन
- मिट्टी का तेल
- शाफ्ट ब्रुश
- हैमर
- वुड ब्लैंक

सुरक्षा सावधानियाँ/निर्देश Safety Precautions/Instructions

1. मिट्टी के तेल से धोने के पश्चात् बियरिंग को घुमाएँ।
2. बियरिंग को साफ करने के लिए ब्रुश का प्रयोग करें।
3. बियरिंग के सूखने के पश्चात् इसमें ग्रीस लगा दें।

कार्यविधि Working Method

A. फ्रण्ट व्हील को निकालना

1. वाहन से व्हील को निकालते हैं।
2. डिस्क ब्रेक प्रणाली से ब्रेक कैलीपर को हटाते हैं।
3. यदि रोटर, हब के साथ अनिवार्य हो, तो उसे हटाते हैं।
4. स्पिण्डल नट से कॉटर-की को निकालते हैं।
5. स्पिण्डल नट एवं वाशर को निकालते हैं।
6. हब असेम्बली को निकालते हैं।
7. हब से बाहरी बियरिंग को निकालते हैं।
8. आन्तरिक हब से ऑयल सील को निकालते हैं तथा इसे डिस्कार्ड करते हैं।
9. हब से आन्तरिक बियरिंग को निकालते हैं।

B. व्हील बियरिंग का निरीक्षण एवं उसे साफ करना

1. बियरिंग को चारों ओर से साफ करते हैं।
2. बियरिंग के घिसने एवं खराब होने का निरीक्षण करते हैं।
3. बियरिंग रेस तथा हब को अन्दर से साफ करते हैं।
4. रेस के घिसने एवं खराब होने की जाँच करते हैं।
5. यदि रेस के अन्दर अथवा बाहर कोई खराबी हो, तो उसे परिवर्तित कर देते हैं।

C. व्हील बियरिंग प्लाई को असेम्बल करना एवं सैट करना

1. हब कैविटी में थोड़ी ग्रीस रख देते हैं।
2. बियरिंग पर हाथ से ग्रीस लगाते हैं।
3. हब में आन्तरिक बियरिंग रखते हैं एवं नई ऑयल सील स्थापित करते हैं।
4. स्पिण्डल को साफ करते हैं।
5. स्पिण्डल पर हब को पुनः स्थापित करते हैं।
6. बाहरी बियरिंग को स्थापित करते हैं।
7. वाशर एवं स्पिण्डल नट को स्थापित करते हैं।
8. विशिष्टियों के अनुसार बियरिंग/प्लाई को व्यवस्थित करते हैं।
9. नई कॉटर पिन को स्थापित करते हैं।
10. रोटर को पुनः स्थापित करते हैं।
11. कैलीपर को पुनः स्थापित करते हैं।
12. व्हील को पुनः स्थापित करते हैं।

परिणाम (Result) व्हील बियरिंग की सर्विस करने का अभ्यास सफलतापूर्वक किया गया।

प्रैक्टिकल संख्या 107

✎ दोषोपचार करना–टायर के असमान रूप से घिसने, व्हील वोबलिंग, खराब सेल्फ सेन्टरिंग–हार्ड स्टीयरिंग एवं वाहन एक दिशा में खिंचने के कारण व बचाव

Perform Troubleshooting-Causes and Remedy for Abnormal Wear of Tyre, Wheel Wobbling, Poor Self Centring, Hard Steering, and Vehicle Pulling to One Side

उद्देश्य Object

स्टीयरिंग प्रणाली सम्बन्धी दोषोपचार (टायर का असामान्य रूप से घिसना, व्हील वोबलिंग, खराब केन्द्रन, हार्ड स्टीयरिंग और वाहन का एक दिशा की ओर खिंचना) इत्यादि का प्रदर्शन करना।

आवश्यक उपकरण/सामग्री Essential Apparatus/Materials

- एक वाहन
- बैंच वाइस
- स्क्रू ड्राइवर
- नोज प्लायर
- लकड़ी के गुटके (8 न.)
- ग्रीस
- मैटल ट्रे
- एयर कम्प्रैशर
- क्लैम्प
- बॉक्स स्पैनर सैट
- जैक
- स्प्लिट पिन
- साफ कपड़ा
- वर्क बैंच
- स्लिप जॉ प्लायर
- व्हील ब्रेस
- ग्रीस गन
- मिट्टी का तेल
- शाफ्ट ब्रुश

सुरक्षा सावधानियाँ/निर्देश Safety Precautions/Instructions

1. मिट्टी के तेल से धोने के पश्चात् बियरिंग को न घुमाएँ।
2. बियरिंग को साफ करने के लिए ब्रुश का प्रयोग करें।
3. बियरिंग के सूखने के पश्चात् इसमें ग्रीस लगा दें।

कार्यविधि Working Method

वाहन के विभिन्न दोषोपचार के लिए निम्न चार्ट का अवलोकन करते हैं

	दोष	कारण	निवारण
1.	शोर	(i) निम्न ऑयल लेवल	ऑयल लेवल को ऊपर तक कर दें
		(ii) प्रणाली में हवा	प्रणाली की ब्लीडिंग करें
		(iii) दाब में कमी	अधिकृत सर्विस सेन्टर से सम्पर्क करें
2.	निम्न दाब	फ्लो कण्ट्रोल वाल्व की गलत सैटिंग	फ्लो कण्ट्रोल वाल्व को सैट करें अथवा परिवर्तित करें
3.	दोनों साइड का स्टीयरिंग हार्ड होना	(i) निम्न ऑयल लेवल	ऑयल लेवल को ऊपर तक कर दें
		(ii) प्रणाली में हवा	प्रणाली की ब्लीडिंग करें
		(iii) फिल्टर का चॉक होना	फिल्टर को परिवर्तित कर दें
		(iv) स्टीयरिंग कॉलम का हार्ड होना	स्टीयरिंग कॉलम को परिवर्तित कर दें
		(v) स्टीयरिंग बॉक्स का खराब होना	स्टीयरिंग बॉक्स को परिवर्तित कर दें
		पम्प का खराब होना	पम्प को परिवर्तित कर दें

दोष	कारण	निवारण
4. स्टीयरिंग के तेजी से घूमने में कठिनाई होना	(i) होज का लॉक होना	लिंकेज को सही करें
	(ii) होज का गलत आकार	होज को परिवर्तित करें
	(iii) स्टीयरिंग बॉक्स का खराब होना	स्टीयरिंग बॉक्स को परिवर्तित करें
5. गलत स्टीयरिंग	(i) निम्न ऑयल लेवल	ऑयल लेवल को ऊपर तक कर दें
	(ii) लिंकेज का ढीला होना	लिंकेज को कसें
	(iii) सस्पेन्शन का ढीला होना	सस्पेन्शन को कस दें
	(iv) यूनिवर्सल जोड़ों का ढीला होना	यूनिवर्सल जोड़ों को कस दें
	(v) लिंकेज जोड़ों का हार्ड होना	स्नेहन करें
	(vi) स्टीयरिंग माउण्टिंग का ढीला होना	स्टीयरिंग माउण्टिंग को कस दें
	(vii) पम्प में एयर सेक्शन	सीलिंग रिंग को परिवर्तित करें एवं प्रणाली की ब्लीडिंग करें
	(i) प्री-लोड का सही न होना	रोकर एवं पिस्टन के मध्य बैकलैश को व्यवस्थित करें
	(ii) स्टीयरिंग बॉक्स का खराब होना	स्टीयरिंग बॉक्स को परिवर्तित कर दें
6. स्टीयरिंग व्हील प्लाई	(i) ढीले लिंकेज, माउण्टिंग UJ एवं सस्पेन्शन	कस दें अथवा परिवर्तित कर दें
	(ii) प्री-लोड का सही न होना एवं स्टीयरिंग का खराब होना	परिवर्तित करें
7. तेल की क्षति	(i) रिजर्वायर कैप का ढीला होना	रिजर्वायर कैप को कस दें
	(ii) सीलिंग रिंग का घिस जाना	सीलिंग रिंग परिवर्तित कर दें
	(iii) होज का लीक होना	लीकेज को सही करें
	(iv) स्टीयरिंग बॉक्स का खराब होना	स्टीयरिंग बॉक्स को परिवर्तित कर दें।

परिणाम (Result) वाहन में स्टीयरिंग प्रणाली सम्बन्धी दोषोपचार सफलतापूर्वक किए गए।

प्रैक्टिकल संख्या 108

✎ क्रैक, बैण्ड व ट्विस्ट हेतु चेसिस फ्रेम का दृश्यिक निरीक्षण करने का अभ्यास करना
Practice on Visual Inspection of Chassis Frame for Crack, Bent and Twist

उद्देश्य Object

वाहन के चेसिस फ्रेम का क्रैक, बैण्ड व ट्विस्ट के लिए दृश्यिक निरीक्षण करना।

आवश्यक उपकरण/सामग्री Essential Apparatus/Materials

- एक वाहन
- चॉक
- प्लम्ब बॉब
- साफ कपड़ा
- ट्रेनर टूल किट
- वाहन होएस्ट

सुरक्षा सावधानियाँ/निर्देश Safety Precautions/Instructions

1. वाहन के चेसिस फ्रेम का निरीक्षण करने से पूर्व इसे पूर्णतया साफ कर लें।
2. चेसिस फ्रेम की सूक्ष्म दरारों को ध्यानपूर्वक देखें।

कार्यविधि Working Method

A. चेसिस फ्रेम का दृश्यिक निरीक्षण

1. सर्वप्रथम वाहन की चेसिस फ्रेम को साफ करते हैं।
2. वाहन को वाहन होएस्ट पर अपनी ऊँचाई तक उठाते हैं।
3. वाहन की सम्पूर्ण चेसिस फ्रेम दरारों एवं अन्य खराबियों को सूक्ष्मता से देखकर पहचान करते हैं।
4. यदि कोई बड़ी खराबी पाई जाए, तो चेसिस फ्रेम को रिपेयरिंग हेतु भेज देते हैं।

B. बैण्ड एवं ट्विस्ट हेतु चेसिस फ्रेम की जाँच

1. निर्माता की विशिष्टियों के अनुरूप फ्लोर पर आरेख की मार्किंग करते हैं।
2. आरेख के फ्लोर पर फ्रेम को निम्न चित्रानुसार रखते हैं।

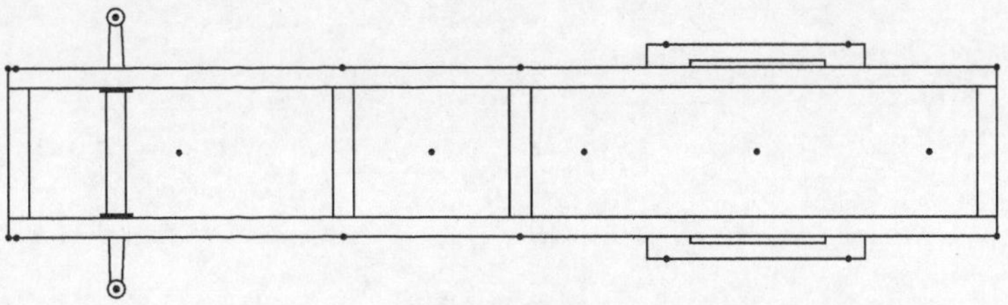

(i) चेसिस फ्रेम

3. फ्लोर पर फ्रेम के डायगोनल एवं इन-लाइन मापन की जाँच करते हैं।
4. यदि फ्रेम बैण्ड अथवा ट्विस्ट हो, तो साइड मैम्बर एवं क्रॉस मैम्बर प्वॉइण्ट, फ्लोर आरेख से संरेखित नहीं होंगे। यदि विचलन, निर्माता द्वारा विशिष्टिकृत सीमा से अधिक हो तो फ्रेम को रिपेयरिंग हेतु भेज देते हैं।
5. फ्रेम को होज सपोर्ट पर रखकर इसे फ्लोर आरेख में लगाते हैं।
6. जहाँ प्लम्ब बॉब भूमि को स्पर्श करता है, वहाँ प्लम्ब बॉब प्वॉइण्ट मार्क के नम्बर बनाते हैं।
7. जहाँ प्लम्ब बॉब स्पर्श करता है वहाँ, आरेख की मार्किंग करते हैं एवं आरेख बनाते हैं।
8. प्लम्ब बॉब आरेख की निर्माता के आरेख से तुलना करते हैं।
9. प्लम्ब बॉब का प्रयोग करके विभिन्न स्थानों पर फ्लोर से फ्रेम की ऊँचाई का मापन करते हैं।
10. यदि ऊँचाइयों में कोई अन्तर पाया जाए, तो फ्रेम झोलदार (sagging) होगा। अत: इसे रिपेयरिंग के लिए भेज देते हैं।
11. बॉल पीन हैमर से चोट मारकर फ्रेम के रिवेटों का निरीक्षण करते हैं। ढीले रिवेट्स खराब ध्वनि उत्पन्न करते हैं। अत: उन्हें परिवर्तित कर देते हैं अथवा फ्रेम को रिपेयरिंग के लिए भेज देते हैं।
12. हैंगर ब्रेकेट होल्स, रिवेट होल्स एवं क्रॉस मैम्बर माउण्टिंग प्वॉइण्ट्स से चेसिस के क्रैक होने की जाँच करते हैं।

परिणाम (Result) वाहन के चेसिस फ्रेम का क्रैक, बैण्ड व ट्विस्ट के लिए दृश्यिक निरीक्षण सफलतापूर्वक किया गया।

प्रैक्टिकल संख्या 109

शैकल, लीफ स्प्रिंग, फ्रण्ट व रियर सस्पेन्शन की ओवरहॉलिंग व निरीक्षण करना
Carryout Overhauling and Inspection of Shackle, Leaf Spring, Front and Rear Suspension

109.1

शैकल एवं लीफ स्प्रिंग की ओवरहॉलिंग व निरीक्षण
Overhauling and Inspection of Shackle and Leaf Spring

उद्देश्य Object
शैकल एवं लीफ स्प्रिंग की ओवरहॉलिंग व निरीक्षण करना।

आवश्यक उपकरण/सामग्री Essential Apparatus/Materials
- ट्रेनी टूल किट
- बुश
- कॉटन वेस्ट
- व्हील चॉक
- ग्रीस गन
- हैमर स्लज
- ग्रीस
- ग्रीस निप्पल
- जैक
- 'V' क्लैम्प
- ड्रिफ्ट
- केरोसीन
- शैकल पिन या आई पिन
- हॉर्स
- वाइस

सुरक्षा सावधानियाँ/निर्देश Safety Precautions/Instructions
1. लीफ स्प्रिंग को सीधा फैलाते समय वाहन के पीछे के भाग में कुछ भार अवश्य रखें।
2. U-बोल्ट को पूर्णतया कसें।
3. शैकल-पिन, नट-बोल्ट आदि को वाहन के जैक से नीचे उतारते समय जाँच लें।

कार्यविधि Working Method
A. **शैकल को हटाना, निरीक्षण करना एवं शैकल पिन बुशों को बदलना**
1. पहियों को लॉक करते हैं तथा स्क्रू जैक के साथ वाहन को उठाते हैं।
2. फ्रेम के अन्दर हॉर्स सपोर्ट को लगाते हैं, जिससे लीफ स्प्रिंग भार से मुक्त हो जाती है।
3. ड्रॉ बोल्ट (draw bolt) को हटाते हैं।
4. ग्रीस निप्पलों को हटाते हैं।
5. पुल के साथ शैकल को चलाते हैं।
6. शैकल को हटाते हैं।

7. यदि आवश्यक हो, तो बुश को हटाते हैं।

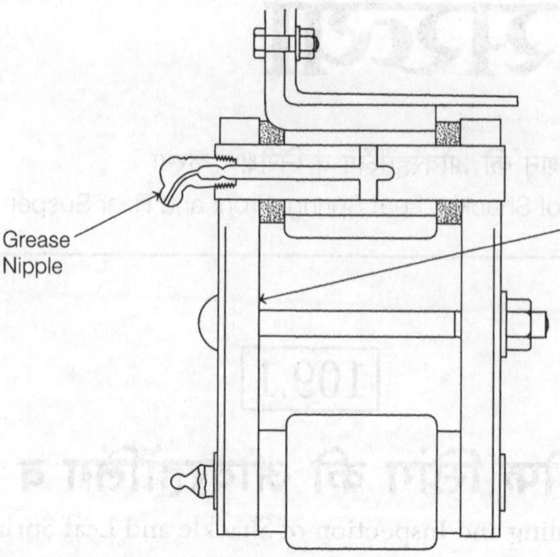

(i) बुश तथा शैकल रिमूवल

8. केरोसीन, उच्च दाब पानी एवं हवा के साथ सभी पुर्जों को साफ करते हैं।
9. यदि आवश्यक हो, तो गर्म हुए पुर्जों को बदलते हैं। स्प्रिंग बुश तथा शैकल ब्रेकेट के होल्स को रॉड के साथ एलाइन करते हैं।

B. शैकल को असेम्बल करना

1. शैकल पिन के साथ शैकल को स्प्रिंग आई में फिट करते हैं। यदि असेम्बली गर्म हो गई है, तो इसे बदलते हैं।
2. हैंगर लॉक (hanger lock) के साथ शैकल को फ्रेम पर फिट करते हैं।
3. ड्रॉ बोल्ट को कसते हैं।
4. ग्रीस निप्पल को फिट करते हैं तथा ग्रीस लगाते हैं।
5. वाहन को उठाते हैं तथा हॉर्स को हटाते हैं।
6. वाहन की बॉडी को दबाते हैं तथा शैकल की कार्यप्रणाली की जाँच करते हैं।

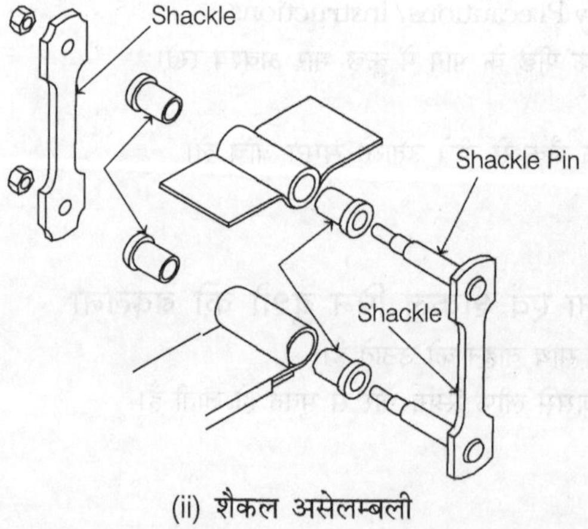

(ii) शैकल असेलम्बली

C. लीफ स्प्रिंग को हटाना

1. पहियों को लॉक करते हैं तथा स्क्रू जैक द्वारा वाहन को उठाते हैं।
2. फ्रेम को सपोर्ट देने के लिए हॉर्स को लगाते हैं तथा जैक को पकड़ते हैं।
3. यदि शॉक एब्जॉर्बर दिया हुआ है, तो उसे हटाते हैं।
4. शैकल से क्लैम्प बोल्ट को हटाते हैं।

5. स्प्रिंग फिक्सिंग बोल्ट्स, नट्स तथा पैड्स 5, 6 व 7 को हटाते हैं।
6. एक्सेल (axles) को सपोर्ट देने के लिए जैक को लगाते हैं।
7. ग्रीस निप्पलों को हटाते हैं।
8. विशेष औजार की सहायता से शैकल पिनों को हटाते हैं।

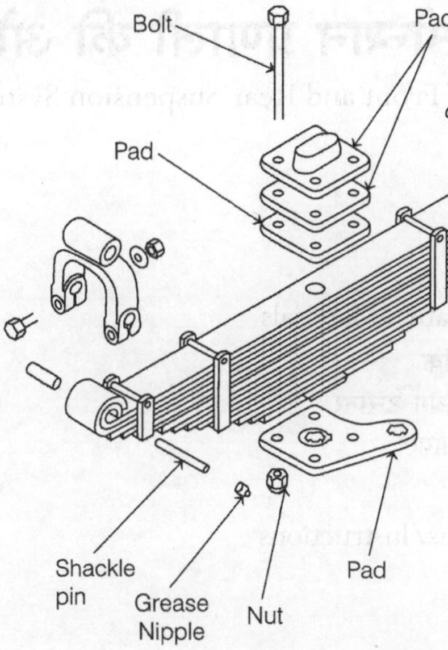

(iii) स्प्रिंग लीफ रिमूवल

D. लीफ स्प्रिंग का निरीक्षण एवं गर्म हुए पुर्जों को बदलना

1. प्रेस में स्प्रिंग को रखते हैं तथा प्री-चैम्बर का मापन करते हैं।
2. पूर्ण भार रखते हैं तथा चैम्बर का प्रेक्षण करते हैं कि यह ऋणात्मक चैम्बर होगा।
3. प्रेस पर स्प्रिंग आई को रखकर उच्च सतह पर सैट करते हैं।
4. स्प्रिंग सेन्टर तथा बेस प्लेट के बीच दूरी का मापन करते हैं।
5. विशिष्टियों के अनुसार डिफ्लेक्शन लोड लगाते हैं।
6. पुनः स्प्रिंग सेन्टर एवं बेस प्लेट के बीच दूरी का मापन करते हैं।
7. यदि संस्तुति के अनुसार डिफ्लेक्शन नहीं है, तो वाइस में स्प्रिंग को पकड़ते हैं तथा स्प्रिंग से नट व बोल्ट्स को हटाकर वाइस को हटाते हैं।
8. स्प्रिंग की लीव्स को अलग करते हैं।
9. दरारों एवं क्षति के लिए स्प्रिंग लीव्स का निरीक्षण करते हैं।
10. हल्के ऑयल से स्प्रिंग लीव्स को साफ करते हैं तथा ग्रेफाइट ऑयल लगाकर दरारों की जाँच करते हैं।
11. यदि लीफ में दोष हैं, तो उसे बदलते हैं।
12. प्रत्येक लीफ की ग्रेफाइट ऑयल से कोटिंग करते हैं।

E. लीफ स्प्रिंग को असेम्बल करना

1. स्प्रिंग को असेम्बल करते हैं।
2. फ्रण्ट स्प्रिंग आई में नए बुशों को लगाते हैं।
3. यदि क्लिप्स विकृत हैं, तो उन्हें सीधा करते हैं।
4. स्प्रिंग की समान्तरता की जाँच करते हैं।
5. अन्त में क्लिप्स को फिट करते हैं तथा नट की सहायता से कसते हैं।

परिणाम (Result) शैकल एवं लीफ स्प्रिंग की ओवरहॉलिंग एवं निरीक्षण सफलतापूर्वक किया गया।

109.2

फ्रण्ट एवं रियर सस्पेन्शन प्रणाली की ओवरहॉलिंग

Overhauling of Front and Rear Suspension System

उद्देश्य Object

फ्रण्ट एवं रियर सस्पेन्शन प्रणाली की ओवरहॉलिंग करना।

आवश्यक उपकरण/सामग्री Essential Apparatus/Materials

- ट्रेनी टूल किट
- हैमर स्लज
- ग्रीस
- जैक
- स्प्रिंग टेन्सनर
- ऑयल
- ड्रिफ्ट
- कॉटन वेस्ट
- बुश होल्डर

सुरक्षा सावधानियाँ/निर्देश Safety Precautions/Instructions

1. शॉक एब्जॉर्बर खराब है, तो इसे बदल दें।
2. टॉर्सन बार क्षतिग्रस्त है, तो इसे बदल दें।
3. उपयुक्त औजार का प्रयोग करें।

कार्यविधि Working Method

A. टॉर्सन बार सस्पेन्शन प्रणाली के अवयवों को खोलना

1. वाहन को समतल भूमि पर पार्क करते हैं।
2. रियर व्हील को लॉक करते हैं।
3. फ्रण्ट व्हील को जैक से उठाते हैं तथा फ्रेम के नीचे हॉर्स लगाते हैं।
4. व्हील्स को हटाते हैं।
5. लोअर सस्पेन्शन आर्म को सपोर्ट देते हैं।
6. लोअर आर्म से शॉक एब्जॉर्बर को विसंयोजित करते हैं।
7. फ्रेम तथा सस्पेन्शन आर्म से रबड़ बुशों के साथ आई बोल्ट एक्सटेन्शन आर्म के रियर सिरे को हटाते हैं।
8. आर्म से सपोर्ट को हटाते हैं।
9. लोअर आर्म के साथ टॉर्सन बार की स्थिति को चॉक या पेन्सिल द्वारा मार्क करते हैं।
10. रियर ब्रेकेट के साथ टॉर्सन बार की स्थिति को मार्क करते हैं।
11. रिटेनिंग प्लेट से सैट स्क्रू को बाहर निकालते हैं।
12. टॉर्सन बार के रियर सिरे से रिटेनिंग प्लेट को हटाते हैं।
13. फ्रेम से नट व बोल्ट को हटाते हैं।
14. विशेष टूल की सहायता से टॉर्सन बार को हटाते हैं।
15. दाएँ तथा बाएँ टॉर्सन बार को हटाते हैं।
16. यह सुनिश्चित करते हैं कि दाएँ तथा बाएँ ओर के टॉर्सन बार आपस में परिवर्तित तो नहीं हो गए हैं।
17. स्पलाइन किए गए सिरों पर दाँतों की दृश्यिक जाँच करते हैं।
18. यदि टॉर्सन बार दोषित पाई जाती है, तो इसे बदलते हैं।

19. लोअर सस्पेन्शन आर्म को सपोर्ट देते हैं।

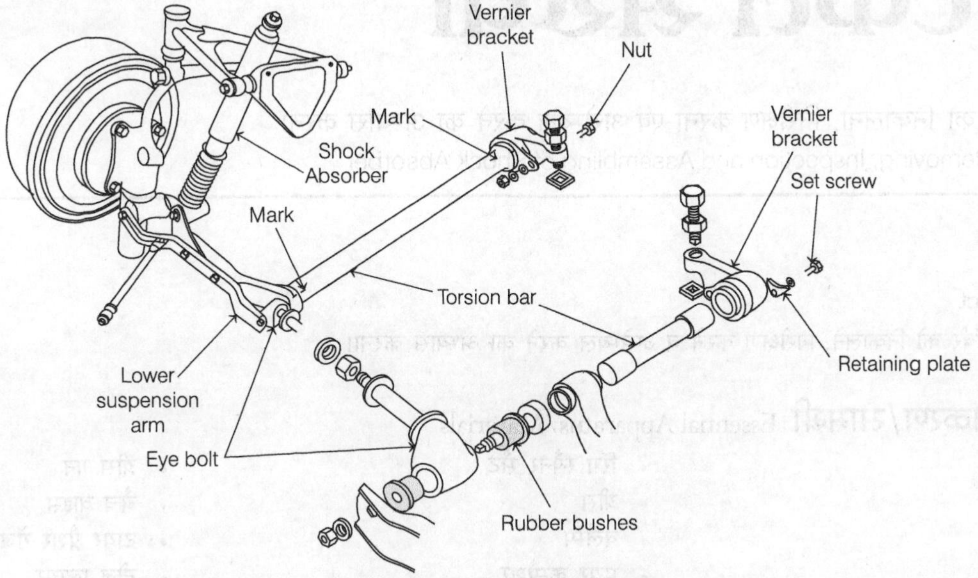

(i) टॉर्सन बार सस्पैंशन सिस्टम अवयव

B. टॉर्सन बार को असेम्बल करना

1. आवश्यक एड्जस्टमेन्ट के लिए लॉकिंग नट को ढीला रखते हुए टॉर्सन बार को असेम्बल करते हैं।
2. व्हील्स को फिट करते हैं, हॉर्स को हटाते हैं तथा जैक को नीचे करके बाहर निकालते हैं।
3. रियर सिरे पर वर्नियर बोल्ट को घुमाकर वर्नियर ब्रेकेट को एड्जस्ट करते हुए सस्पेन्शन हाइट को एड्जस्ट करते हैं।
4. निर्माता की संस्तुति के अनुसार वर्नियर ब्रेकेट को ऊपर-नीचे घुमाते हैं।
5. वर्नियर ब्रेकेट को ऊपर की ओर मोड़कर वाहन की ऊँचाई को कम करते हैं।
6. निर्माता की संस्तुति के अनुसार सस्पेन्शन हाइट की जाँच करते हैं।
7. अब ब्रेकेट बोल्ट्स को कसते हैं।

परिणाम (Result) फ्रण्ट एवं रियर सस्पेन्शन प्रणाली की ओवरहॉलिंग सफलतापूर्वक की गई।

प्रैक्टिकल संख्या 110

✎ शॉक एब्जॉर्बर को निकालना, निरीक्षण करना एवं असेम्बल करने का अभ्यास करना
Practice on Removing, Inspection and Assembling of Shock Absorber

उद्देश्य Object

वाहन से शॉक एब्जॉर्बर को निकालने, निरीक्षण करने व असेम्बल करने का अभ्यास करना।

आवश्यक उपकरण/सामग्री Essential Apparatus/Materials

- एक वाहन
- वर्क बैंच
- स्क्रू ड्राइवर
- साफ कपड़ा
- ट्रेनर टूल किट
- हैमर
- रिंग स्पैनर सैट
- ग्रीस
- क्लैम्प
- एयर कम्प्रैशर
- जैक
- बुश
- ग्रीस गन
- बैंच वाइस
- टायर प्रैशर गेज
- नोज प्लायर
- डिफ्ट
- ऑयल

सुरक्षा सावधानियाँ/निर्देश Safety Precautions/Instructions

1. प्रत्येक 10,000 किमी के पश्चात् शॉक एब्जॉर्बर का निरीक्षण करें।
2. शॉक एक्जॉर्बर खराब है, तो इसे परिवर्तित कर दें।
3. शॉक एब्जॉर्बर को अच्छी तरह दबाकर देखें कि उससे ऑयल लीक तो नहीं हो रहा है।

कार्यविधि Working Method

A. शॉक एब्जॉर्बर को निकालना

1. फ्रण्ट एवं रियर व्हील्स की जाँच करते हैं।
2. जैक को स्प्रिंग पैड के नीचे एक्सेल को सहारा प्रदान करने हेतु रखते हैं।
3. व्हील्स के भूमि से ऊपर उठने तक वाहन को जैक द्वारा ऊपर उठाते हैं।
4. शॉक एब्जॉर्बर को पकड़ते हैं एवं टॉप व बॉटम माउण्टिंग ब्रेकेट स्प्रिंग पैड से शॉक एब्जॉर्बर के माउण्टिंग बोल्ट्स को चित्रांनुसार निकालते हैं।

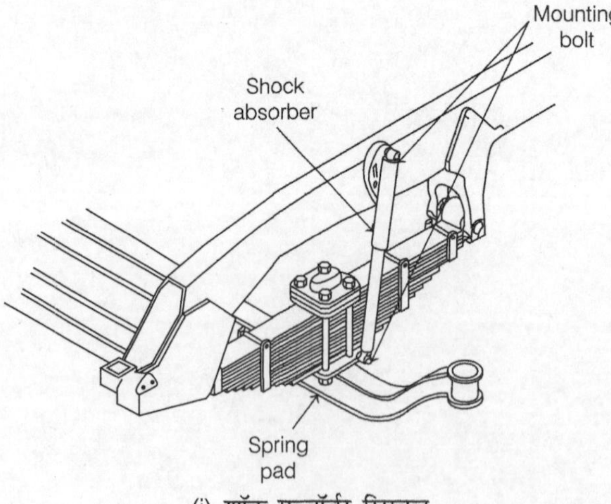

(i) शॉक एब्जॉर्बर रिमूवल

5. स्पेसर द्वारा टॉप पर माउण्टिंग ब्रेकेट से शॉक एब्जॉर्बर को हटाते हैं।

B. शॉक एब्जॉर्बर का निरीक्षण

1. शॉक एब्जॉर्बर का निरीक्षण करते हैं। यदि वह सर्विस करने योग्य न हो, तो उसे परिवर्तित करते हैं।
2. शॉक एब्जॉर्बर के रबर बुशों को परिवर्तित कर देते हैं।
3. शॉक एब्जॉर्बर के कम्प्रैस होने एवं ऑयल के लीकेज की जाँच करते हैं।
4. शॉक एब्जॉर्बर के माउण्टिंग बोल्ट्स के ढीले होने अथवा टूटने की जाँच करते हैं।

C. शॉक एब्जॉर्बर की असेम्बलिंग

1. स्पेसर द्वारा टॉप पर शॉक एब्जॉर्बर को पकड़ते हैं।
2. शॉक एब्जॉर्बर को पकड़कर ब्रेकेट पर माउण्टिंग बोल्ट्स को कसते हैं।
3. स्प्लिट पिन द्वारा नट को लॉक करते हैं।
4. वाहन से जैक को निकालते हैं।
5. वाहन की बॉडी को हाथ से दबाते हैं तथा शॉक एब्जॉर्बर के कार्य की जाँच करते हैं।

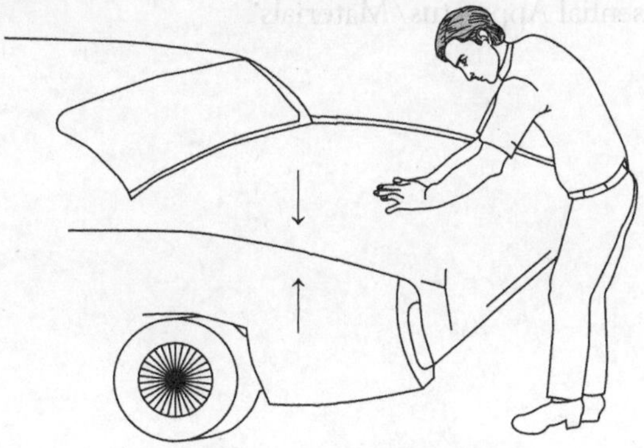

(ii) शॉक एब्जॉर्बर चैकिंग

परिणाम (Result) वाहन से शॉक एब्जॉर्बर को निकालने, निरीक्षण करने व असेम्बल करने का अभ्यास सफलतापूर्वक किया गया।

प्रैक्टिकल संख्या 111

✎ सस्पेन्शन प्रणाली स्नेहित करने का अभ्यास करना
Practice Lubricating a Suspension System

उद्देश्य Object

सस्पेन्शन प्रणाली या शॉक एब्जॉर्बर का स्नेहन करने का अभ्यास करना।

आवश्यक उपकरण/सामग्री Essential Apparatus/Materials

- एक शॉक एब्जॉर्बर
- एक वाहन
- रिंग स्पैनर सैट
- ग्रीस गन
- वर्क बैंच
- फनल
- ग्रीस
- बैंच वाइस
- स्क्रू ड्राइवर
- पानी
- क्लैम्प
- टायर प्रैशर गेज
- साफ कपड़ा
- एयर कम्प्रैशर
- नोज प्लायर
- ऑयल (शॉक एब्जॉर्बर ऑयल)

सुरक्षा सावधानियाँ/निर्देश Safety Precautions/Instructions

1. प्रत्येक 10,000 किमी के पश्चात् शॉक एब्जॉर्बर का निरीक्षण करें।
2. यदि शॉक एब्जॉर्बर खराब है, तो इसे परिवर्तित कर दें।
3. शॉक एब्जॉर्बर को अच्छी तरह दबाकर देखें कि उससे ऑयल लीक तो नहीं हो रहा है।
4. शॉक एब्जॉर्बर के रबर रिंग परिवर्तित कर दें।
5. ऑयल को शॉक एब्जॉर्बर के फिलर प्लग के सिरे से 20 मिमी नीचे तक भरें।

कार्यविधि Working Method

1. सर्वप्रथम शॉक एब्जॉर्बर को बैंच वाइस में बाँधते हैं।
2. फिलर प्लग खोलते हैं।
3. शॉक एब्जॉर्बर में फनल के द्वारा ऑयल भरते हैं। ऑयल भरते समय शॉक एब्जॉर्बर आर्म को बार-बार चलाते रहते हैं, जिससे कि इसमें वायु न जा पाए।
4. फनल प्लग को लगाते हैं और शॉक एब्जॉर्बर को अच्छी तरह साफ करके लीक की जाँच करते हैं।

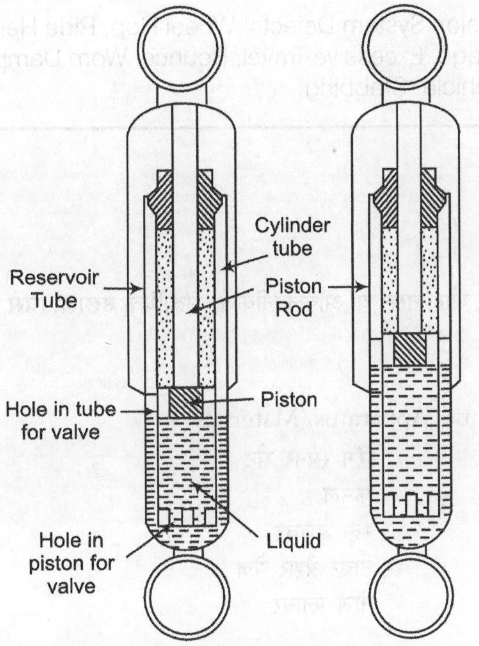

चित्र शॉक एब्जॉर्बर में ऑयल भरना

परिणाम (Result) सस्पेन्शन प्रणाली या शॉक एब्जॉर्बर का स्नेहन करने का अभ्यास सफलतापूर्वक किया गया।

प्रैक्टिकल संख्या 112

✎ सस्पेन्शन प्रणाली के दोषों: व्हील होप, राइड हाइट (असमान व कम), प्रचालन के अन्तर्गत शोर, फ्लूड लीकेज ट्रेवल, उछाल, घिसे डैम्पर, घिसे जोड़/खराब लिंकेज, व्हील क्रैबिंग के लिए दोषोपचार करना
Perform Troubleshooting for Suspension System Defects: Wheel Hop, Ride Height (Unequal and Low), Noises Under Operation, Fluid Leakage, Excessive Travel, Bounce, Worn Dampers, Worn Joints/Damaged Linkages, Vehicle "Crabbing"

उद्देश्य Object

सस्पेन्शन प्रणाली के दोषों (व्हील होप, राइड हाइट, शोर, तरल या ऑयल लीकेज, अत्यधिक उछाल, घिसे डैम्पर, घिसे या क्षतिग्रस्त लिंकेज एवं वाहन क्रैबिंग) का दोषोपचार करना।

आवश्यक उपकरण/सामग्री Essential Apparatus/Materials

- एक वाहन
- वर्क बैंच
- बैंच वाइस
- क्लैम्प
- एयर कम्प्रैशर
- रिंग स्पैनर सैट
- फनल
- स्क्रू ड्राइवर
- टायर प्रैशर गेज
- नोज प्लायर
- ग्रीस गन
- ग्रीस
- पानी
- साफ कपड़ा
- आवश्यक स्पेयर पार्ट्स

सुरक्षा सावधानियाँ/निर्देश Safety Precautions/Instructions

1. प्रत्येक 10,000 किमी के पश्चात् शॉक एब्जॉर्बर का निरीक्षण करें।
2. शॉक एब्जॉर्बर खराब है, तो इसे परिवर्तित कर दें।
3. शॉक एब्जॉर्बर को अच्छी तरह दबा कर देखें कि उससे ऑयल लीक तो नहीं हो रहा है।
4. शॉक एब्जॉर्बर के रबर रिंग परिवर्तित कर दें।
5. ऑयल को शॉक एब्जॉर्बर के फिलर प्लग के सिरे से 20 मिमी नीचे तक भरें।

कार्यविधि Working Method

1. व्हील होप को सही करने के लिए सस्पेन्शन की ऊँचाई को व्यवस्थित करते हैं और व्हील पर दाब बढ़ाते हैं।
2. वाहन के सन्तुलन एवं व्हील होप को ध्यान में रखते हुए राइड हाइट को व्यवस्थित करते हैं।
3. वाहन सस्पेन्शन के ढीले भागों को कसकर एवं स्नेहन करके इससे उत्पन्न शोर को कम करते हैं।
4. ऑयल लीकेज रोकने के लिए शॉक एब्जॉर्बर के रबर रिंग बदलते हैं।
5. सस्पेन्शन से अत्यधिक उछाल को समाप्त करने के लिए इस पर दाब बढ़ाते हैं और इसकी हाइट कम करते हैं।
6. डैम्पर के घिस जाने पर इसे परिवर्तित कर देते हैं।
7. लिंकेज के घिस जाने या क्षतिग्रस्त हो जाने पर इसे परिवर्तित कर देते हैं।
8. सस्पेन्शन आधारित पहियों को सन्तुलित करके (एकसमान राइड हाइट) वाहन की क्रैबिंग को समाप्त करते हैं।

परिणाम (Result) सस्पेन्शन प्रणाली का दोषोपचार सफलतापूर्वक किया गया।

प्रैक्टिकल संख्या 113

✎ हल्के व भारी वाहन से व्हील निकालने, टायर व ट्यूब अलग करने, पंक्चर जाँचने का अभ्यास करना
Practice on Removing Wheel from Light and Heavy Vehicle, Dismantling Tyres and Tubes Checking Puncture

113.1

हल्के व भारी वाहन से व्हील को निकालना
Removing Wheel from Light and Heavy Vehicle

उद्देश्य Object
हल्के एवं भारी वाहन से व्हील को निकालने का अभ्यास करना।

आवश्यक उपकरण/सामग्री Essential Apparatus/Materials
- एक वाहन
- स्क्रू ड्राइवर
- रैग
- ट्रेनर टूल किट
- लकड़ी काटने वाली रेती
- टॉर्क रिंच
- फ्लैट ब्लेड स्क्रू ड्राइवर
- साफ कपड़ा
- स्लज हैमर
- सॉकेट रिंच
- जैक
- लकड़ी के ब्लॉक
- कम्प्रैशर

सुरक्षा सावधानियाँ/निर्देश Safety Precautions/Instructions
1. जैक को वाहन के नीचे उचित प्रकार से व्यवस्थित करें।
2. व्हील लगे नट्स को क्रमवार न खोलें।
3. व्हील को एक हाथ से सहारते हुए दूसरे हाथ से खोलने का प्रयास करें।

कार्यविधि Working Method
1. सर्वप्रथम वाहन को समतल भूमि पर खड़ा करते हैं और इसके सभी पहियों के आगे-पीछे लकड़ी के गुटके लगाते हैं।
2. साबुन के पानी द्वारा वाल्व कोर के लीकेज की जाँच करते हैं। यदि लीकेज होगा, तो पानी में बुलबुले उत्पन्न होंगे। वाल्व रिमूवर की सहायता से वाल्व कोर को परिवर्तित करते हैं एवं पुन: लीकेज की जाँच करते हैं।
3. लकड़ी के ब्लॉक द्वारा व्हील के विपरीत की जाँच करते हैं।
4. व्हील स्पेनर द्वारा व्हील नटों को ढीला करते हैं।
5. हाइड्रॉलिक/मैकेनिकल जैक द्वारा व्हील को ऊपर उठाते हैं।
6. व्हील नटों को निकालते हैं।
7. वाहन से व्हील को निकालते हैं।

परिणाम (Result) वाहन से व्हील को निकालने का अभ्यास सफलतापूर्वक किया गया।

113.2

टायर व ट्यूब को डिस्मेन्टल करके पंक्चर की जाँच करना

Checking Puncture after Dismantling Tyres and Tubes

उद्देश्य Object

टायर व ट्यूब को अलग करना एवं पंक्चर की जाँच करने का अभ्यास करना।

आवश्यक उपकरण/सामग्री Essential Apparatus/Materials

- एक व्हील (टायर व ट्यूब सहित)
- पानी भरा टब
- वल्केनाइजिंग पेस्ट
- स्लज हैमर
- व्हील स्टैण्ड
- कम्प्रैशर
- वल्केनाइजिंग मशीन
- टायर लीवर सैट
- टायर प्रैशर गेज
- लकड़ी काटने वाली रेती

सुरक्षा सावधानियाँ/निर्देश Safety Precautions/Instructions

1. व्हील स्टैण्ड को समतल भूमि पर ही रखें।
2. व्हील को व्हील स्टैण्ड पर ठीक प्रकार से फिट करें।
3. पंक्चर लीवर से हाथ को बचाकर कार्य करें।
4. पंक्चर की जाँच करने के उपरान्त इस पर निशान बना दें।

कार्यविधि Working Method

A. टायर एवं ट्यूब को निकालना

1. स्लज हैमर द्वारा टायर पोर्शन के चारों ओर टैप (tap) करते हैं।

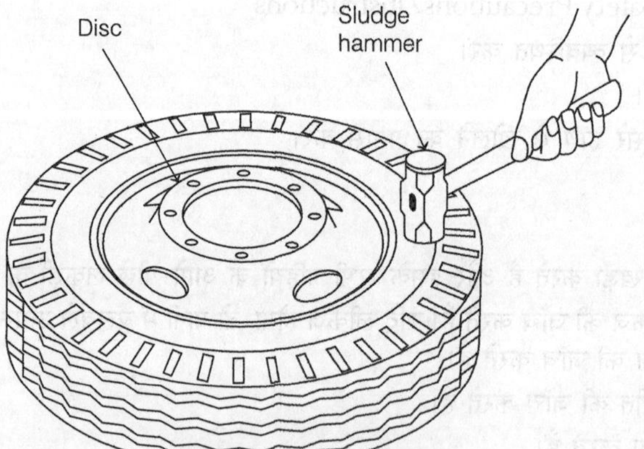

(i) टायर एवं ट्यूब को निकालना

2. स्लज हैमर द्वारा टायर पर रिम के समीप टैप करते हैं। इस दौरान डिस्क पर चोट नहीं लगनी चाहिए।
3. यदि डिस्क टायर से मुक्त न हुई हो, तो टायर की बीडिंग के चारों ओर थोड़ा साबुन का पानी डालते हैं।
4. डिस्क एवं बीडिंग के मध्य पानी को 15 मिनट तक पेनीट्रेट होने के लिए छोड़ देते हैं।

5. डिस्क एवं बीडिंग के मध्य टायर लीवर को प्रवेश कराते हैं तथा ट्यूब एवं टायर के बीडिंग क्षेत्र को बिना खराब किए डिस्क से टायर को बलपूर्वक बाहर निकालते हैं।

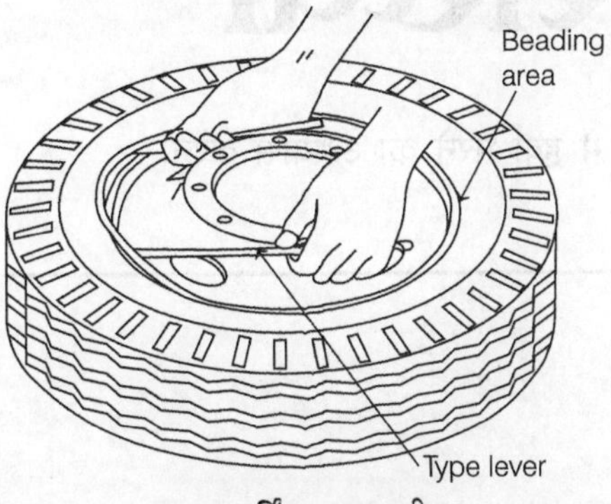

(ii) इन्सर्टिंग टायर लीवर

6. टायर बीडिंग को डिस्क से अलग करने हेतु टायर के एक साइड पर चरण 5 को दोहराते हैं।

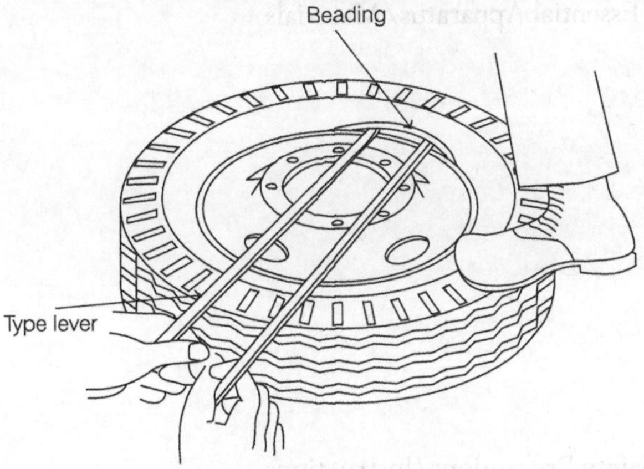

(iii) टायर बीडिंग एडजस्टिंग

7. ट्यूब को टायर से हटाते हैं।

(iv) ट्यूब रिमूविंग

B. ट्यूब में पंक्चर का पता लगाना

1. ट्यूब में वाल्व कोर को फिक्स करते हैं।
2. ट्यूब में 3-5 lbs/sq.in के दाब से हवा भरते हैं।
3. हवा भरी हुई ट्यूब को पानी के टब में डुबोते हैं। पंक्चर वाले स्थान पर बुलबुले निकलने लगते हैं।
4. मार्किंग सामग्री द्वारा पंक्चर वाले स्थान की मार्किंग करते हैं।

परिणाम (Result) टायर व ट्यूब को अलग करने एवं पंक्चर की जाँच करने का अभ्यास सफलतापूर्वक किया गया।

प्रैक्टिकल संख्या 114

✎ असेम्बल करने एवं उचित दाब तक टायर में हवा भरने का अभ्यास करना

Practic Assembling and Inflating Tyre

उद्देश्य Object

टायर व ट्यूब को असेम्बल करने एवं इसमें उचित दाब तक वायु भरने का अभ्यास करना।

आवश्यक उपकरण/सामग्री Essential Apparatus/Materials

- टायर
- ट्यूब
- व्हील
- व्हील स्टैण्ड
- टायर लीवर
- हथौड़ा
- एयर कम्प्रैशर
- टायर प्रैशर गेज

सुरक्षा सावधानियाँ/निर्देश Safety Precautions/Instructions

1. व्हील स्टैण्ड को समतल भूमि पर ही रखें।
2. व्हील को व्हील स्टैण्ड पर ठीक प्रकार से फिट करें।
3. पंक्चर लीवर से हाथ को बचाकर कार्य करें।

कार्यविधि Working Method

A. टायर एवं ट्यूब को असेम्बल करना

1. टायर के आन्तरिक भाग की नेल्स की जाँच करते हैं।
2. टायर के आन्तरिक भाग एवं ट्यूब के बाह्य भाग पर फ्रेंच चॉक पाउडर अप्लाई करते हैं।
3. यदि आवश्यकता हो, तो टायर के खराब भाग पर पेंच रखते हैं।
4. टायर में ट्यूब को प्रवेश कराते हैं।
5. ट्यूब में निम्न दाब लगभग 5-10 lbs/sq.in से हवा भरते हैं।
6. ट्यूब माउथ को रिम में प्रवेश कराते हैं।
7. वाल्व टूल से माउथ को लॉक करते हैं।

8. डिस्क तथा बीडिंग के मध्य में टायर लीवर को प्रवेश कराते हैं। रिम पर टायर को दबाकर नीचे करते हैं तथा यह सुनिश्चित करते हैं कि टायर लीवर टायर की बीडिंग एवं ट्यूब को खराब न करें एवं ट्यूब, बीड पर रिम के मध्य ट्रेप न हो।

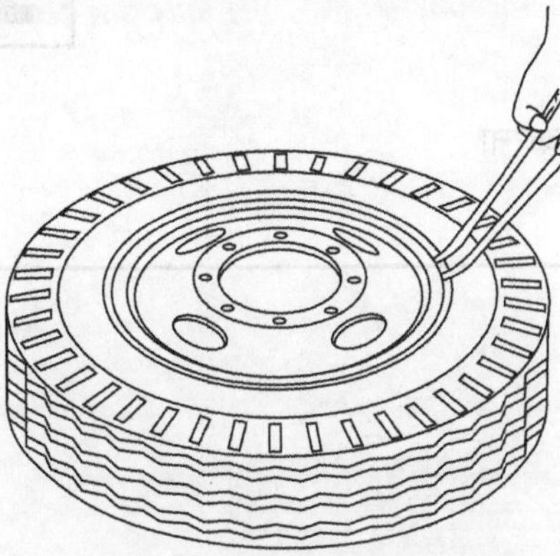

(i) इन्सर्टिंग टायर लीवर

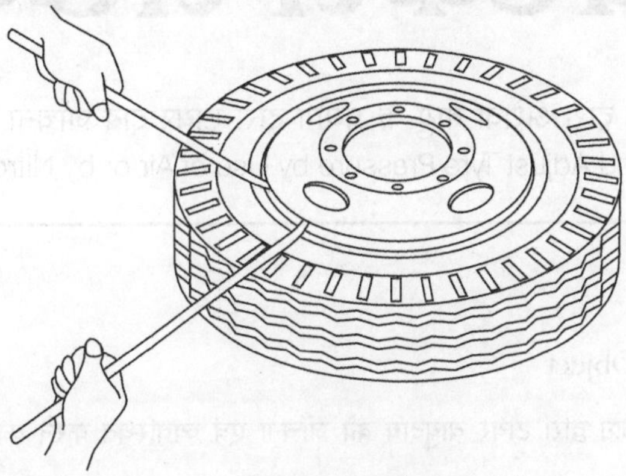

(ii) रिम एक्सट्रैक्टिंग

B. टायरों में उचित दाब तक वायु भरना

1. ट्यूब में तब तक हवा भरते हैं, जब तक कि बीड पूरी तरह से बैठ न जाए तथा हवा निर्माता की विशिष्टियों के अनुरूप भरते हैं।
2. साबुन के पानी द्वारा वाल्व कोर के लीकेज की जाँच करते हैं।
3. वाहन पर व्हील को लगाते हैं।
4. हाथ द्वारा व्हील नट को कसते हैं।
5. जैक को बिना किसी जर्क के हटाते हैं।
6. विशिष्टियों के अनुरूप व्हील नट को कसते हैं।
7. चॉक को हटाते हैं।

परिणाम (Result) टायर व ट्यूब को असेम्बल करने एवं इसमें उचित दाब तक वायु भरने का सफलतापूर्वक अभ्यास किया गया।

प्रैक्टिकल संख्या 115

✎ नाइट्रोजन द्वारा अथवा वायु के प्रयोग द्वारा टायर दाब जाँचना एवं व्यवस्थापन करना
Check and Adjust Tyre Pressure by Use of Air or by Nitrogen

उद्देश्य Object

वायु या नाइट्रोजन द्वारा टायर वायुदाब को जाँचना एवं व्यवस्थित करने का अभ्यास करना।

आवश्यक उपकरण/सामग्री Essential Apparatus/Materials

- एक वाहन
- वाहन मैनुअल
- एयर कम्प्रैशर
- टायर प्रैशर गेज

सुरक्षा सावधानियाँ/निर्देश Safety Precautions/Instructions

1. वाहन में टायर की संस्तुति के अनुसार वायु भरें।
2. टायर में अधिक वायु न भरें, इससे टायर के घिसने की सम्भावना रहती है।
3. टायर में वायु भरते समय बीच-बीच में टायर प्रैशर गेज से वायुदाब की जाँच करें।

कार्यविधि Working Method

1. सर्वप्रथम वाहन के टायर में टायर प्रैशर गेज लगाकर वायु-दाब की जाँच करते हैं।

(i) टायर में वायुदाब जाँचना

2. एयर कम्प्रैशर के वाल्व को खोलते हैं।
3. एयर कम्प्रैशर हौज पाइप को टायर से सम्बद्ध करते हैं और टायर में वायु भरना आरम्भ करते हैं।
4. टायर प्रैशर गेज द्वारा पुनः टायर में वायुदाब की जाँच करते हैं। यदि वायुदाब कम है, तो टायर में पुनः वायु भरते हैं।

परिणाम (Result) वायु या नाइट्रोजन द्वारा टायर वायुदाब को जाँचने एवं व्यवस्थित करने का सफलतापूर्वक अभ्यास किया गया।

प्रैक्टिकल संख्या 116

✎ वाहन में व्हील को घुमाना, व्हील व टायरों की अल्प मरम्मत, व्हील सन्तुलन व अलाइनमेन्ट करना
Rotate the Wheels in Vehicle, Minor Repairs to Wheels and Tyres, Wheel Balancing and Alignment

उद्देश्य Object

वाहन के व्हील को घुमाकर व्हील एवं टायर, व्हील सन्तुलन और अलाइनमेन्ट की अल्प मरम्मत (minor repair) करने का अभ्यास करना।

आवश्यक उपकरण/सामग्री Essential Apparatus/Materials

- एक वाहन
- एयर कम्प्रैशर
- व्हील ब्रश
- सॉकेट रिंच
- स्क्रू ड्राइवर
- व्हील अलाइनमेन्ट गेज
- ग्रीस
- लकड़ी के गुटके (8 नं.)
- व्हील स्पैनर
- जैक
- टायर प्रैशर गेज
- रिंग स्पैनर सैट
- टॉर्क रिंच
- प्लायर
- ग्रीस गन
- साफ कपड़ा
- ट्रेनर टूल किट

सुरक्षा सावधानियाँ/निर्देश Safety Precautions/Instructions

1. वाहन के सभी पहियों में वायुदाब उचित रखें।
2. व्यवस्थितीकरण हेतु उचित माप लें।
3. व्हील लगे नट्स अधिक न कसें।
4. केस्टर कोण को व्यवस्थित करने पर व्हील सम्बन्धी सभी कोणों की पुनः जाँच करें।

कार्यविधि Working Method

A. वाहन के व्हील को घुमाना

1. वाहन की जाँच करते हैं कि इसके 4 अथवा 5 टायर रोटेशन पैटर्न हैं।
2. जाँच करते हैं कि वाहन में फ्रण्ट व्हील ड्राइव है, रियर व्हील ड्राइव है अथवा चार व्हील ड्राइव है।
3. सारणी 1 से सही टायर रोटेशन पैटर्न का चयन करते हैं।

सारणी 1 सामान्य घिसाव या हील और टो घिसाव हेतु टायर रोटेशन पैटर्न/केवल टायर रोटेशन

चार टायर रोटेशन पैटर्न			पाँच टायर रोटेशन पैटर्न		
फ्रण्ट व्हील ड्राइव (FF)	रियर व्हील ड्राइव (FR)	फोर व्हील ड्राइव (4wd)	फ्रण्ट व्हील ड्राइड (FF)	रियर व्हील ड्राइव (FR)	फोर व्हील ड्राइव (4WD)

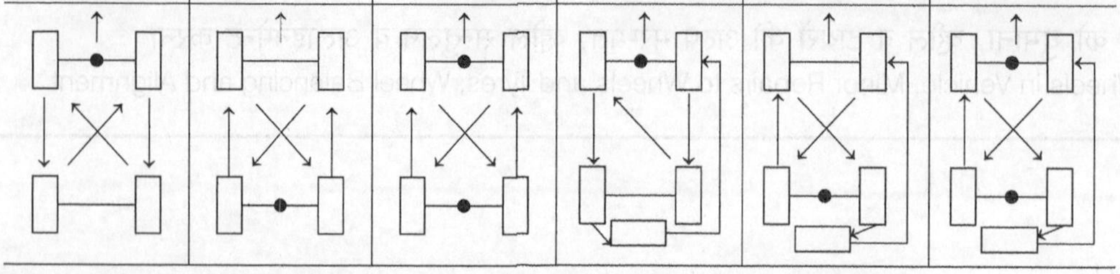

4. जाँच करते हैं कि वाहन के टायरों में सामान्य घिसावट है अथवा एक साइड घिसावट है। (सारणी 2 देखें)

सारणी 2 एक साइड घिसाव हेतु टायर पैटर्न (टायर साइड बदलने के पश्चात् टायर रोटेशन)

	चार टायर रोटेशन पैटर्न			पाँच टायर रोटेशन पैटर्न			प्रक्रिया
	फ्रण्ट व्हील ड्राइव (FF)	रियर व्हील ड्राइव (FR)	फोर व्हील ड्राइव (4wd)	फ्रण्ट व्हील ड्राइव (FF)	रियर व्हील ड्राइव (FR)	फोर व्हील ड्राइव (4wd)	यदि बाह्य या आन्तरिक सोल्डर पर एक साइड का शोल्डर घिसा हुआ पाया जाता है, तो रिम से टायर को निकालें और टायर की साइड को बदल दें। इसके पश्चात् टायर को रोटेशन करें।

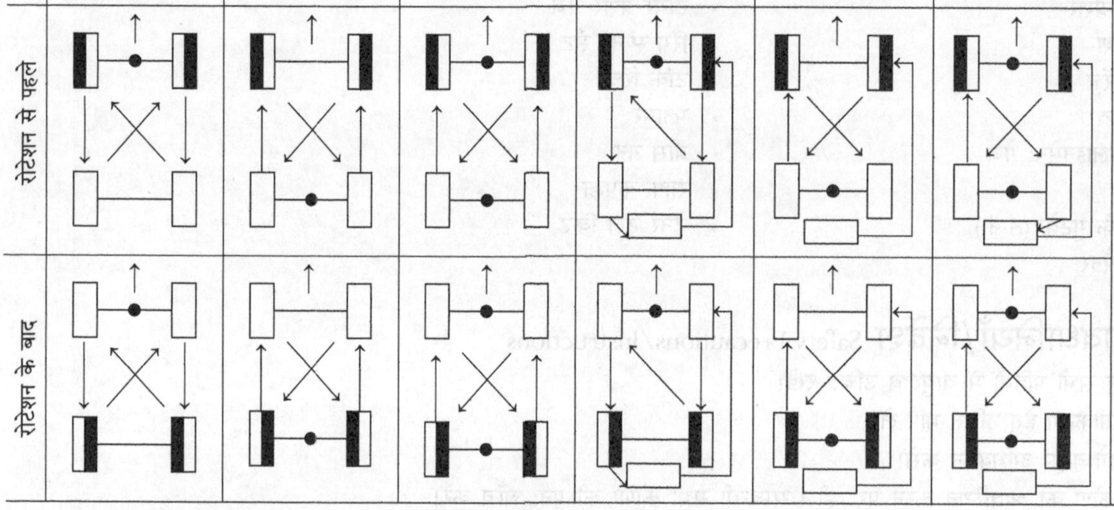

5. क्रेयॉन/चॉक का प्रयोग करके टायरों पर FRLH, FRRH, RRLH, RRRH मार्किंग करते हैं।
6. वाहन को सुरक्षित रूप से जैक द्वारा ऊपर उठाते हैं एवं टायरों को निकालते हैं।
7. जाँच करते हैं कि व्हील बैलेन्सिंग की आवश्यकता है अथवा नहीं तथा उसी के अनुसार टायरों को लगाते हैं।
8. रिम के मुड़ने एवं जंग लगने की भी जाँच करते हैं।
9. जैक को हटाने के पश्चात् सुनिश्चित करते हैं कि सभी व्हील नट्स आवश्यक टॉर्क से कसे हुए हैं।
10. सारणी 3 में प्रदर्शित टायर कार्ड में विवरण को नोट करके टायर कार्ड बनाते हैं।

सारणी 3

क्र.सं.	टायर नम्बर	निर्माता	आकार	विभिन्न स्थितियों में किमी रन				
				FL	FR	RL	RR	Total
1.	FX389725 TN	MRF	715 × 16.00 12 ply	5000	5400	4987	4500	19887
2.								
3.								
4.								
5.								

B. व्हील को अलाइनर (aligner) पर फिट करना

1. व्हील को बैलेन्सर पर उपयुक्त तरीके से इस प्रकार माउण्ट करते हैं कि व्हील का बैलेन्स बना रहे।
2. अनलॉकिंग पैडल को दबाते हैं।
3. उपयुक्त कोन को फिट करते हैं तथा क्रम में खाली स्लीव के साथ व्हील की लॉकिंग को पूर्ण करते हैं।
4. लॉकिंग पैडल को दबाते हैं।
5. हब के साथ बने निम्न अलॉय रिम हेतु नायलॉन वाशर द्वारा खाली स्लीव को परिवर्तित करते हैं।
6. बैलेन्स किए जाने वाले व्हील को शाफ्ट पर रखते हैं तथा उसे कसते हैं। सुनिश्चित करते हैं कि व्हील शाफ्ट के अक्ष के साथ सीधी रेखा में रहे।
7. टॉर्क रिंच का प्रयोग करके संस्तुत टॉर्क तक शाफ्ट को कसते हैं।

नीचे *दिए गए चित्रों में व्हील बैलेन्सिंग मशीन पर उपलब्ध विवरण एवं विभिन्न विकल्प दर्शाए गए हैं*

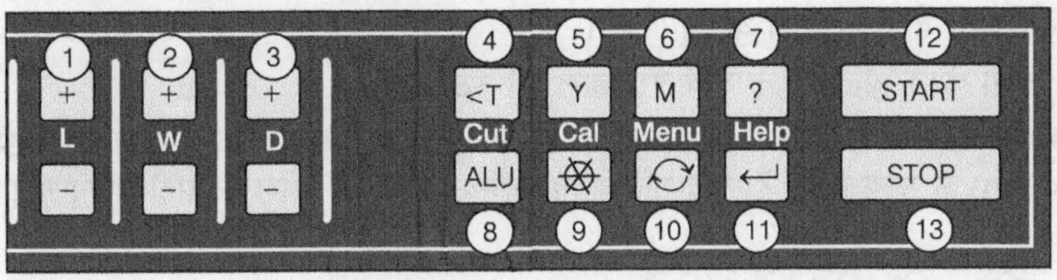

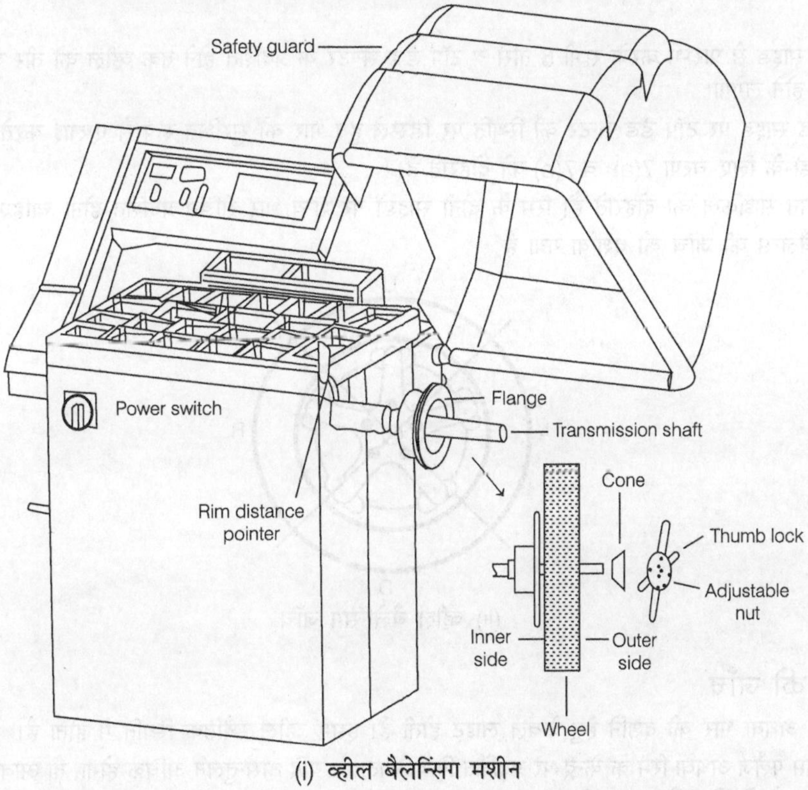

(i) व्हील बैलेन्सिंग मशीन

C. डायनैमिक बैलेन्सिंग की जाँच

1. व्हील को माउण्ट करते हैं। व्हील्स को स्टैण्डर्ड माउण्टिंग एडैप्टर के कॉम्बीनेशन का प्रयोग करके माउण्ट किया जाता है।
2. उपयुक्त भार की स्थितियों का चयन करते हैं। भार स्थिति इण्डीकेटर (weight location indicator) के चयनित स्थिति के डिस्प्ले होने तक मोड सिलेक्ट बटन को शीघ्रता से डि-प्रेस करते हैं।
3. रिम डायमीटर नॉब को टायर की साइड दीवारों पर प्रदर्शित डायमीटर पर सैट करते हैं।
4. रिम विड्थ नॉब को कैलीपर से मापे गए अनुसार सैट करते हैं।
5. रिम ऑफसैट नॉब को निम्नानुसार सैट करते हैं
   (a) रिम ऑफसैट स्केल की आर्म को बाहर धकेलते हैं तथा टिप की स्थिति को रिम फ्लैंज सतह के विपरीत रखते हैं।
   (b) प्वॉइण्टर पर स्केल आर्म पर रिम की दूरी के मान को पढ़ते हैं, जहाँ वह हाउसिंग में प्रवेश करता है।
   (c) ऑफसैट नॉब को रिम दूरी के मान (rim distance value) पर सैट करते हैं।
6. व्हील बैलेन्सर का स्विच ऑन करते हैं तथा व्हील को घुमाते हैं।
   (a) लिफ्ट क्रैंक हैण्डल का प्रयोग करके बैलेन्सर के शीर्ष पर व्हील को उठाते हैं।
   (b) बीप की ध्वनि सुनने तक स्पिण्डल क्रैंक हैण्डल को घुमाते हैं। ध्वनि सुनाई देने के पश्चात् हैण्डल को शीघ्रता से रिलीज कर देते हैं। सामान्यत: बैलेन्सर की गति 70-84 rpm के मध्य रखते हैं। यदि गति बहुत अधिक होगी, तो व्हील के सही मापन गति दर्शाने तक बज़र निरन्तर ध्वनि उत्पन्न करता रहेगा।
   (c) लिफ्ट क्रैंक हैण्डल का प्रयोग करके व्हील को रोकते हैं।
7. भार को अटैच करते हैं।
   (a) व्हील के किसी एक साइड से प्रारम्भ करके सभी 6 तीरों व टॉप डैड सेण्टर के प्रदर्शित होने तक व्हील को तीर की दिशा में घुमाते हैं। अब कोर बैलेन्स भार प्रदर्शित होने लगेगा।
   (b) व्हील की इण्डीकेटिड साइड पर टॉप डैड सेन्टर की स्थिति पर डिस्प्ले हुए भार को सुरक्षित रूप से एप्लाई करते हैं।
   (c) व्हील की अन्य साइडों के लिए चरण 7(a) व 7(b) को दोहराते हैं।
8. स्पिन को चैक करके स्पिन साइकिल को दोहराते हैं। रिम के दोनों साइडों पर शून्य भार रीडिंग प्रदर्शित होनी चाहिए।
   निम्न चित्र में व्हील के बैलेन्स की जाँच को दर्शाया गया है

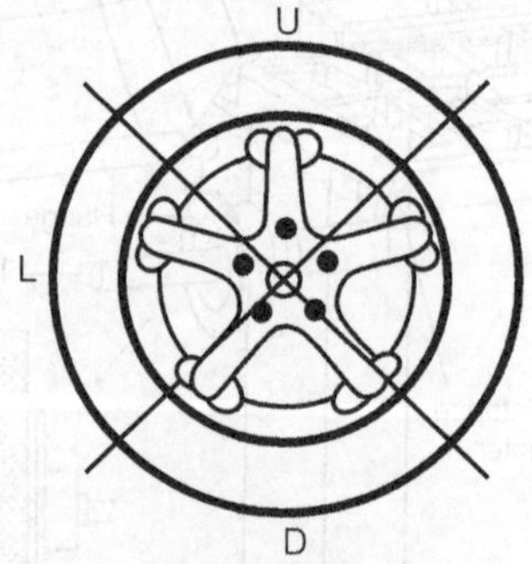

(ii) व्हील बैलेन्सिंग जाँच

D. स्थैतिक बैलेन्सिंग की जाँच

1. इस विधि में सिंगल चिप अथवा भार को दर्शाने हेतु केवल लाइट होती है। इसमें व्हील स्थैतिक स्थिति में होता है।
2. भार आन्तरिक या बाह्य रिम फ्लैंज अथवा रिम के केन्द्र पर प्रदर्शित किया जाता है। यदि असन्तुलन अधिक होगा, तो आवश्यक भार आन्तरिक व बाह्य रिम फ्लैंज के मध्य समान रूप से वितरित हो जाएगा।

3. स्थैतिक बैलेन्सिंग के लिए, बैलेन्सर में रिम की विड्थ एवं ऑफसैट विमाओं को लिखने की आवश्यकता नहीं होती, केवल व्हील का व्यास लिखा जाता है।
4. मापन साइकिल के पश्चात् आन्तरिक इण्डीकेटर आवश्यक भार एवं स्थिति को लाइट द्वारा दर्शाता है। साधारण एवं सटीक बैलेन्सिंग के लिए सभी बैलेन्सिंग मापन हेतु सामान्य मोड का प्रयोग किया जाता है।
5. बैलेन्सिंग साइकिल के पश्चात् मोड सिलेक्ट बटन को LED इण्डीकेटर के आवश्यक भार की स्थिति को दर्शाने तक दबाते हैं। बैलेन्सर प्रत्येक मोड के लिए आवश्यक भार की गणना स्वत: करता है।

E. टायर असेम्बली को वाहन पर फिट करना

1. टायर के छिद्रों को व्हील के बोल्टों के साथ एक रेखा में लाते हैं।
2. टायर को सही स्थिति में रखकर व्हील को नट द्वारा सुरक्षित करते हैं तथा अन्य नटों के कसने तक अपने पैरों को बॉटम के विपरीत रखते हैं।
3. यदि व्हील के चार नट हों, तो उन्हें विकर्ण के रूप में विपरीत जोड़ों में कसना चाहिए। यदि व्हील के पाँच नट हों, तो प्रत्येक सेकण्ड एक नट को कसना चाहिए, जब तक कि सभी नट न कस जाएँ।
4. वाहन को नीचे करके सभी नटों को पूरी तरह कसते हैं।

परिणाम (Result) वाहन में व्हील (पहिए) को घुमाकर व्हील एवं टायर, व्हील सन्तुलन और अलाइनमेन्ट की अल्प मरम्मत करने का अभ्यास सफलतापूर्वक किया गया।

प्रैक्टिकल संख्या 117

✎ टायर घिसाव पैटर्न के लिए जाँच करना
Check for Tyre Wear Patterns

उद्देश्य Object

टायर घिसाव पैटर्न के लिए जाँच करने का अभ्यास करना।

आवश्यक उपकरण/सामग्री Essential Apparatus/Materials

- वर्कशॉप मैनुअल के साथ FWD
- टायर प्रैशर गेज
- ट्रेनर टूल किट
- एयर कम्प्रैशर
- वाहन किट
- निरीक्षण लैम्प (गार्ड एवं वेन्डरिंग लोड के साथ)
- ब्रश (सॉफ्ट)
- टायर मैनुअल

सुरक्षा सावधानियाँ/निर्देश Safety Precautions/Instructions

1. टायर को साफ करते समय धूल-मिट्टी से बचने के लिए मास्क पहनें।
2. टायर पर नग्न हाथों को स्पर्श न करें।

कार्यविधि Working Method

1. टायर में हवा के दाब की जाँच करते हैं।
2. टायर के घिसने का निरीक्षण करते हैं। निम्न चित्र में वाहन में होने वाले विभिन्न प्रकार के टायर विरूपण को दर्शाया गया है

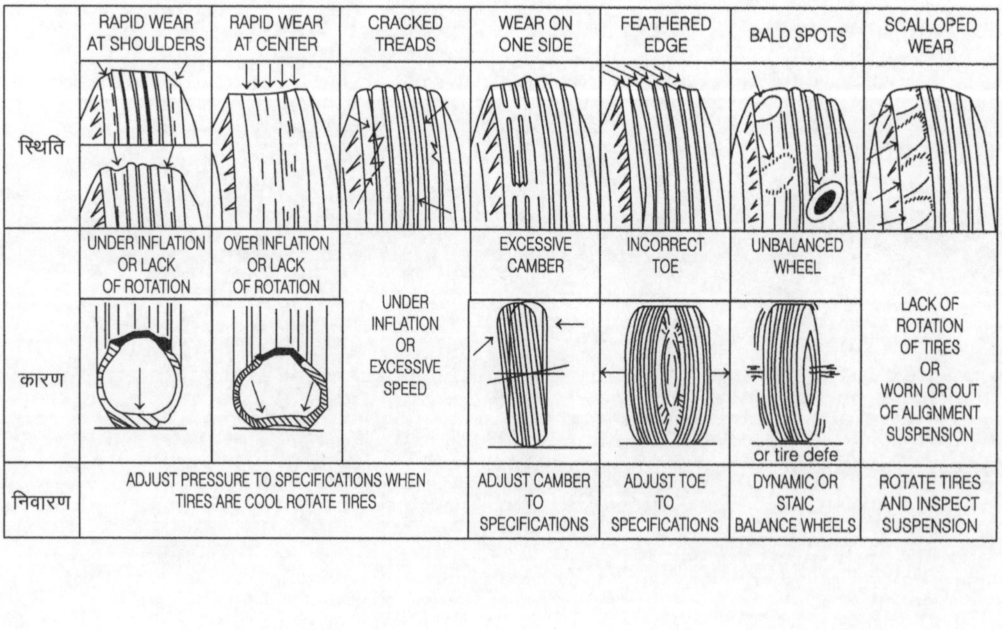

3. **टो (toe) का घिसना** दोनों फ्रण्ट टायरों पर फैदर घिसाव तथा कभी-कभी दोनों टायरों के आन्तरिक व बाहरी किनारों पर शोल्डर घिसावट, टो का घिसना कहलाता है।
4. **कैम्बर घिसाव** यह टायर की एक साइड पर असामान्य घिसावट होती है।
5. **क्यूप्ड घिसाव** इसमें टायर बुरी तरह घिस जाता है, जिससे रॉड पर झटके अथवा वाहन के व्हील व टायर का असन्तुलित होना आदि परिणाम हो सकते हैं।
6. असामान्य रूप से दाएँ व बाएँ टायर के घिसने से दोनों टायरों के आकार में भिन्नता हो जाती है।
7. टायर में हवा के निम्न दाब से टायर के दोनों बाह्य किनारे घिस जाते हैं तथा हवा के उच्च दाब से टायर केन्द्र से घिस जाते हैं।
8. यदि प्रत्येक टायर का आकार एवं बनावट भिन्न हो, तो वाहन का व्हील सही से संरेखित नहीं होगा तथा वाहन का व्हील एक दिशा में खिंचेगा। यदि टायर का आकार समान हो, परन्तु बैण्ड व ट्रेड डिजाइन भिन्न हो, तो प्रत्येक टायर को अलग-अलग मापना चाहिए।
9. जाँच के पश्चात् आवश्यकता होने पर टायर को परिवर्तित करते हैं।

परिणाम (Result) टायर पैटर्न की घिसावट के लिए जाँच करने का अभ्यास सफलतापूर्वक किया गया।

प्रैक्टिकल संख्या 118

✎ ब्रेक पैडल प्ले व्यवस्थित करने, टैण्डम मास्टर सिलेण्डर असेम्बली की ओवरहॉलिंग व निरीक्षण करने का अभ्यास करना
Practice on Adjusting Brake Pedal Play, Overhauling and Inspection of Tandem Master Cylinder Assembly

118.1

ब्रेक पैडल प्ले व्यवस्थित करना
Adjusting Brake Pedal Play

उद्‌देश्य Object

ब्रेक पैडल प्ले को व्यवस्थित करने का अभ्यास करना।

आवश्यक उपकरण/सामग्री Essential Apparatus/Materials

- एक वाहन
- हाइड्रॉलिक जैक
- स्क्रू ड्राइवर
- डी. ई. स्पैनर सैट
- राउण्ड नोज प्लायर
- साफ कपड़ा
- लकड़ी के गुटके (8 नं.)

सुरक्षा सावधानियाँ/निर्देश Safety Precautions/Instructions

1. ब्रेक पैडल फ्री प्ले कम या अधिक न रहे।
2. प्ले व्यवस्थित करते समय हाथों को नुकीले औजारों से बचाकर रखें।

कार्यविधि Working Method

1. सर्वप्रथम वाहन को समतल भूमि पर खड़ा करके इसके प्रत्येक पहिए के आगे व पीछे लकड़ी के गुटके लगाते हैं।
2. हैण्ड ब्रेक को रिलीज करते हैं।
3. वाहन के अगले भाग पर जैक लगाकर इसे ऊपर उठाते हैं।

4. ब्रेक पैडल प्ले की जाँच करते हैं। यह लगभग 15 मिमी होनी चाहिए। यदि यह कम या अधिक है, तो इसे व्यवस्थित करते हैं।

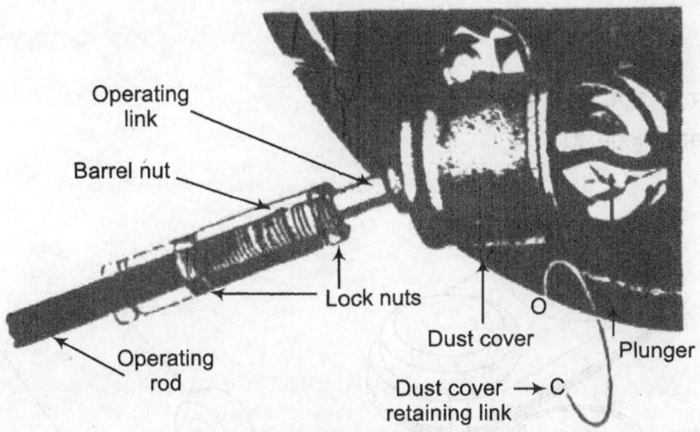

(i) ब्रेक पैडल

5. मास्टर सिलेण्डर पुश रॉड एण्ड से चक नट को ढीला करते हैं।
6. रॉड को निकालते हैं तथा पैडल प्ले के लिए पुश रॉड में लगे एलविस सम्बद्ध को निकाल कर पिन को कसते हैं।
7. स्प्लिट पिन को उचित प्रकार से फिट करते हैं तथा चक नट को कसते हैं।
8. ब्रेक पैडल प्ले की पुन: जाँच करते हैं और वाहन को नीचे करके जैक को निकाल लेते हैं।

परिणाम (Result) सफलतापूर्वक ब्रेक पैडल प्ले को व्यवस्थित करने का अभ्यास किया गया।

118.2

टैण्डम मास्टर सिलेण्डर असेम्बली की ओवरहॉलिंग एवं निरीक्षण

Overhauling and Inspection of Tandem Master Cylinder Assembly

उद्देश्य Object

टैण्डम मास्टर सिलेण्डर असेम्बली की ओवरहॉलिंग एवं निरीक्षण करना।

आवश्यक उपकरण/सामग्री Essential Apparatus/Materials

- एक वाहन
- बैंच वाइस (सॉफ्ट जॉ के साथ)
- एयर कम्प्रेशर
- डी. ई. स्पैनर सैट
- स्क्रू ड्राइवर
- ब्रेक फ्लूड
- साफ कपड़ा
- मैलेट
- मिट्टी का तेल
- वर्क बैंच
- कलैम्प
- प्लास्टिक ट्रे
- रिंग स्पैनर सैट
- मास्टर सिलेण्डर रिपेयर किट
- स्प्रिट
- ट्रेनर टूल किट
- सर्किलप प्लायर

सुरक्षा सावधानियाँ/निर्देश Safety Precautions/Instructions

1. मास्टर सिलेण्डर असेम्बली के भागों को धोने के लिए स्प्रिट या एल्कोहॉल का ही प्रयोग करें।
2. प्राथमिक कप के खराब हो जाने की दशा में इसे तुरन्त बदल दें।
3. कम्पन व्यवस्थापक पोर्ट को साफ करते रहना चाहिए अन्यथा ब्रेक जाम हो जाएँगे।

कार्यविधि Working Method

A. विसंयोजन

1. टैण्डम मास्टर सिलेण्डर को बाहर से साफ करते हैं।
2. डायफ्राम के साथ रिजर्वायर का कवर हटाते हैं।

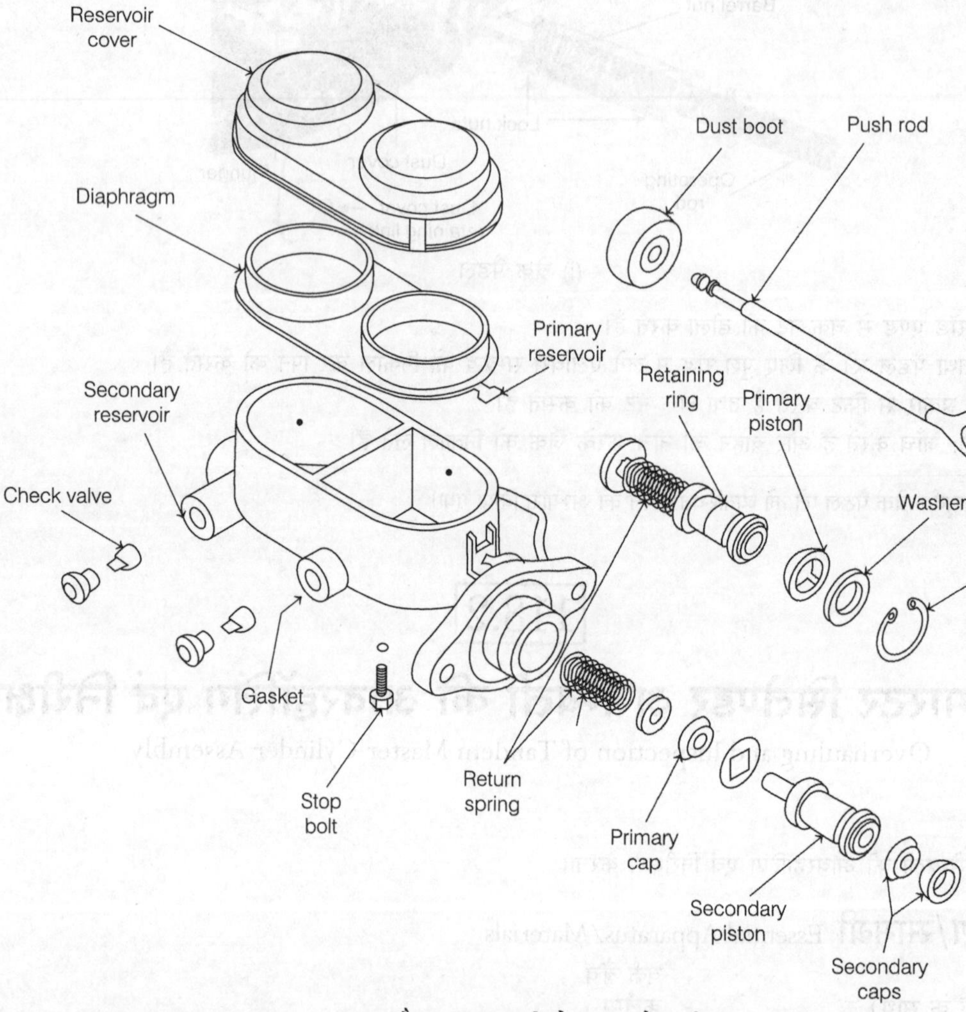

(i) टैण्डम मास्टर सिलेण्डर असेम्बली

3. प्राइमरी एवं सेकण्डरी रिजर्वायर से ब्रेक फ्लूड निकालते हैं।
4. मास्टर सिलेण्डर को वाइस में सॉफ्ट जॉ द्वारा पकड़ते हैं।
5. चोक वाल्व एवं स्प्रिग को निकालते हैं। पुश रॉड को दबाकर सिलेण्डर से ब्रेक फ्लूड को बाहर निकालते हैं।
6. पुश रॉड एवं डस्ट बूट को निकालते हैं।
7. प्राइमरी पिस्टन को धीरे से पुन: दबाकर नॉज प्लायर की सहायता से सरक्लिप को निकालते हैं।
8. रिटेनिंग रिंग एवं वाशर को निकालते हैं तथा प्राइमरी कप व सेकण्डरी कप के साथ प्राइमरी पिस्टन को निकालते हैं।
9. रिटर्न स्प्रिग को निकालते हैं।
10. रॉड द्वारा सेकेण्डरी पिस्टन को दबाते हैं तथा गैस्केट के साथ स्टॉप बोल्ट को निकालते हैं।

11. प्राइमरी कप व सेकण्डरी कप के साथ सेकण्डरी पिस्टन को निकालते हैं।
12. रिटर्न स्प्रिंग को निकालते हैं।
13. प्राइमरी व सेकण्डरी पिस्टन को खराब किए बिना सभी कप व शिम्स को निकालते हैं।

B. निरीक्षण व सफाई

1. सभी भागों को एल्कोहॉल से साफ करते हैं।
2. सुनिश्चित करते हैं कि वेन्ट होल व प्राइमरी तथा सेकण्डरी कम्पनसेटिंग पोर्ट पूर्ण रूप से साफ हैं।
3. मास्टर सिलेण्डर बोर की स्कोरिंग व पिटिंग के लिए जाँच करते हैं। यदि इसमें खराबी पाई जाए, तो मास्टर सिलेण्डर को परिवर्तित करते हैं।
4. किसी खराबी के लिए पिस्टन का पृष्ठीय निरीक्षण करते हैं तथा आवश्यकता होने पर उसे परिवर्तित करते हैं।
5. रिटर्न स्प्रिंग की जाँच करते हैं तथा आवश्यकता होने पर उसे परिवर्तित करते हैं।
6. सभी रबर भागों को परिवर्तित करते हैं।

C. असेम्बलिंग

1. मास्टर सिलेण्डर को वाइस में सॉफ्ट जॉ में पकड़ते हैं।
2. मास्टर सिलेण्डर को साफ करके उसमें ब्रेक फ्लूड अप्लाई करते हैं।
3. ब्रेक फ्लूड में सभी अवयवों को डुबोते हैं।
4. सेकण्डरी सिलेण्डर में प्राइमरी कप के साथ रिटर्न स्प्रिंग को फिक्स करते हैं।
5. सेकण्डरी पिस्टन पर सेकण्डरी कप को फिक्स करते हैं।
6. सेकण्डरी कप के साथ सेकण्डरी पिस्टन को फिक्स करते हैं।
7. रॉड द्वारा सेकण्डरी पिस्टन को दबाते हैं तथा वाशर के साथ स्टॉप बोल्ट को फिक्स करते हैं।
8. प्राइमरी सिलेण्डर में प्राइमरी कप के साथ रिटर्न स्प्रिंग को फिक्स करते हैं।
9. सेकण्डरी कप के साथ प्राइमरी पिस्टन को फिक्स करते हैं।
10. रिटेनिंग रिंग एवं वाशर को फिक्स करते हैं।
11. रॉड से प्राइमरी पिस्टन को दबाते हैं तथा सर्क्लिप को फिक्स करते हैं।
12. प्राइमरी व सेकण्डरी सिलेण्डर में स्प्रिंग के साथ चैक वाल्व को असेम्बल करते हैं।
13. रिजर्वायर को फ्लूड से भरकर डायफ्राम के साथ कवर को फिक्स करते हैं।
14. पिस्टन को चलाते हैं तथा जाँच करते हैं कि फ्लूड दोनों सिलेण्डर में चैक-वाल्व से बाहर आ रहा है अथवा नहीं।
15. प्राइमरी पिस्टन साइड में लीकेज की जाँच करते हैं।
16. डस्ट-बूट एवं पुश रॉड को फिक्स करते हैं।

परिणाम (Result) सफलतापूर्वक टैण्डम मास्टर सिलेण्डर की ओवरहॉलिंग एवं निरीक्षण करने का अभ्यास किया गया।

प्रैक्टिकल संख्या 119

फ्रण्ट एवं रियर ब्रेक असेम्बली की ओवरहॉलिंग एवं निरीक्षण करना, व्हील सिलेण्डर असेम्बली की ओवरहॉलिंग व निरीक्षण करना
Perform Overhauling and Inspection of Front and Rear Brake Assembly, Overhauling and Inspection of Wheel Cylinder Assembly

119.1

फ्रण्ट एवं रियर ब्रेक असेम्बली की ओवरहॉलिंग एवं निरीक्षण
Overhauling and Inspection of Front and Rear Brake Assembly

उद्देश्य Object
वाहन में फ्रण्ट एवं रियर ब्रेक असेम्बली की ओवरहॉलिंग एवं निरीक्षण करने का अभ्यास करना।

आवश्यक उपकरण/सामग्री Essential Apparatus/Materials
- एक वाहन
- ऑफसैट स्क्रू ड्राइवर
- इनसाइड माइक्रोमीटर
- वर्क बैंच
- साफ कपड़ा
- लकड़ी के गुटके (8 नं.)
- ड्रम पुलर
- ग्रीस
- एमरी पेपर
- व्हील चॉक
- जैक (4 नं.)
- डी. ई. स्पैनर सैट
- फीलर गेज
- वैल्डिंग रॉड
- ब्रश (सॉफ्ट)
- व्हील स्पैनर
- बियरिंग पुलर
- ऑयल सील
- मिट्टी का तेल
- डायल टेस्ट इण्डिकेटर
- हॉर्स स्टैण्ड
- प्लायर
- बेंच वाइस
- ब्रेक ड्रम लेथ
- ट्रेनर टूल किट
- हब स्पैनर
- ब्रेक फ्लूड
- कॉटर पिन
- प्लास्टिक ट्रे

सुरक्षा सावधानियाँ/निर्देश Safety Precautions/Instructions
1. ब्रेक ड्रम से आवश्यकतानुसार ही धातु को हटाएँ।
2. टर्निंग करते समय ड्रम की माप लेते रहें।
3. टर्निंग करते समय ड्रम की सतह को नग्न हाथों से न छुएँ।
4. व्यवस्थापक छिद्र पर डस्ट कवर को अच्छी तरह बन्द कर दें।
5. व्यवस्थापन के उपरान्त व्हील को घुमाकर ब्रेक की जाँच अवश्य करें।

कार्यविधि Working Method
A. फ्रण्ट ब्रेक असेम्बली की ओवरहॉलिंग एवं निरीक्षण
1. रियर व्हील को चॉक करते हैं।
2. फ्रण्ट व्हील नट को ढीला करते हैं।
3. ग्रीस कप को हटाते हैं।

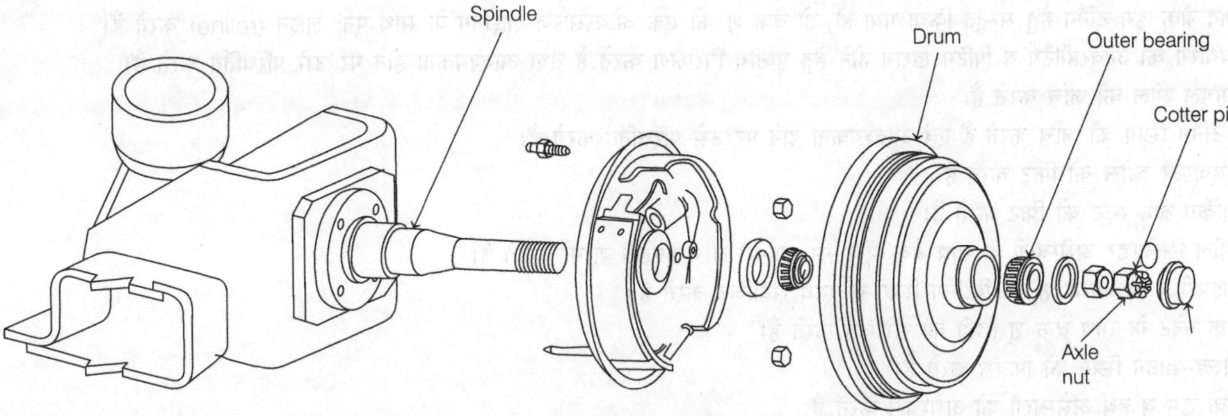

(i) फ्रण्ट ब्रेक असेम्बली

4. कॉटर पिन को निकालते हैं।
5. एक्सेल नट को ढीला करते हैं।
6. वाहन को जैक द्वारा ऊपर उठाते हैं।
7. फ्रण्ट एक्सेल के नीचे हॉर्स स्टैण्ड लगाते हैं।
8. व्हील नट व व्हील को निकालते हैं।
9. जैक को बाहर निकालते हैं।
10. ब्रेक शू को रिलीज करके ब्रेक ड्रम को मुक्त करते हैं।
11. एक्सेल नट एवं वाशर को निकालते हैं।
12. बाह्य बियरिंग को निकालते हैं।
13. स्पिण्डल अथवा एक्सेल से हब व ड्रम को निकालते हैं।
14. एक्सेल से ऑयल सील व आन्तरिक बियरिंग को बाहर निकालते हैं।
15. रिटेनिंग स्प्रिंग को विशिष्ट उपकरणों से निकालते हैं।
16. होल्ड-डाउन स्प्रिंग को निकालते हैं।
17. ब्रेक शू को निकालते हैं।
18. एड्जस्टर व्हील को निकालते हैं।
19. पार्किंग ब्रेक केबिल व स्ट्रट को निकालते हैं।

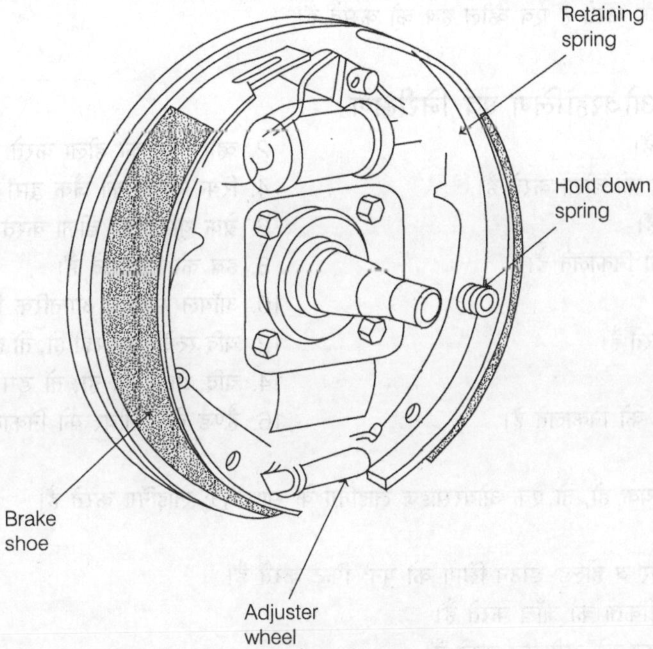

(ii) ड्रम असेम्बली

20. लाइनिंग की घिसने व दरारों हेतु जाँच करते हैं।
21. ब्रेक ड्रम की स्कोरिंग, पिटिंग व दरारों हेतु जाँच करते हैं।
22. ब्रेक ड्रम का टेपर, ओवेलिटी आदि हेतु मापन करते हैं एवं विशिष्टिकृत सीमा से अधिक टेपर व ओवेल होने पर टर्निंग की संस्तुति देते हैं।

23. यदि ब्रेक ड्रम टर्निंग हेतु संस्तुत किया गया हो, तो ब्रेक शू को एक ओवरसाइज लाइनिंग के साथ पुनः लाइन (reline) करते हैं।
24. बियरिंग का ओवरहीटिंग व पिटिंग खराब होने हेतु पृष्ठीय निरीक्षण करते हैं तथा आवश्यकता होने पर उसे परिवर्तित करते हैं।
25. ऑयल सील की जाँच करते हैं।
26. रिटेनिंग स्प्रिंग की जाँच करते हैं एवं आवश्यकता होने पर उसे परिवर्तित करते हैं।
27. एड्जस्टर व्हील को फिट करते हैं।
28. पार्किंग ब्रेक स्ट्रट को फिट करते हैं।
29. व्हील सिलेण्डर असेम्बली के साथ बैक प्लेट पर प्राइमरी व सेकण्डरी शू को रखते हैं।
30. प्राइमरी व सेकण्डरी शू को रिटेनिंग स्प्रिंग के साथ संयोजित करते हैं।
31. बैक प्लेट के साथ ब्रेक शू छिद्रों को संरेखित करते हैं।
32. होल्ड-डाउन स्प्रिंग को फिक्स करते हैं।
33. ब्रेक ड्रम व हब असेम्बली को असेम्बल करते हैं।
34. नई बियरिंग व ऑयल सील को हब में प्रवेश कराते हैं।
35. ब्रेक शू प्रक्रिया का निरीक्षण करते हैं।
36. पास वाले पिस्टन में ब्रेक शू को व्यवस्थित करते हैं।
37. बैक प्लेट, शू के रिटेनिंग स्प्रिंग, होल्ड-डाउन स्प्रिंग यूनिट, पार्किंग ब्रेक यूनिट व व्हील सिलेण्डर की सही स्थिति की जाँच करते हैं।
38. स्पिण्डल एक्सेल पर हब व ड्रम को फिक्स करते हैं।
39. आउटर बियरिंग वाशर को प्रवेश कराकर उसे आवश्यक टॉर्क तक कसते हैं।
40. डायल टेस्ट इण्डीकेटर द्वारा बियरिंग प्ले की जाँच करते हैं।
41. यदि प्ले अधिक हो, तो शिम अथवा वाशर निकालते हैं।
42. हब नट को विशिष्टिकृत टॉर्क तक कसते हैं एवं ब्रेक ड्रम व हब के मुक्त रूप से घूमने की जाँच करते हैं।
43. यदि प्ले हब पर कम हो, तो स्पिण्डल नट को थोड़ा ढीला करके इसकी जाँच करते हैं।
44. ड्रम अथवा हब पर व्हील को फिट करते हैं एवं व्हील हब को कसते हैं।
45. ब्रेक को व्यवस्थित करते हैं।

B. रियर ब्रेक असेम्बली की ओवरहॉलिंग एवं निरीक्षण

1. फ्रण्ट साइड पर चोक को रखते हैं।
2. व्हील नट को ढीला करते हैं।
3. एक्सेल पिन की गति कराकर नट को ढीला करते हैं।
4. रियर साइड को जैक द्वारा ऊपर उठाकर हॉर्स स्टैण्ड रखते हैं।
5. व्हील एवं एक्सेल को निकालते हैं।
6. ब्रेक यूनिट को ढीला करते हैं।
7. हब नट को ढीला करके लॉक को निकालते हैं।
8. हब को निकालते हैं।
9. बाहरी बियरिंग को निकालते हैं।
10. ऑयल सील व आन्तरिक बियरिंग को निकालते हैं।
11. हब पर बियरिंग स्लीव की जाँच करते हैं।
12. यदि स्लीव घूम रही हो, तो हब पर नई स्लीव को प्रवेश कराते हैं।
13. सभी भागों को साफ करते हैं।
14. यदि आवश्यक हो, तो ड्रम की टूईंग करते हैं।
15. विशिष्ट औजारों से रिटेनिंग स्प्रिंग को निकालते हैं।
16. हैण्ड ब्रेक लीवर को निकालते हैं।
17. शू को निकालते हैं।
18. यदि शू की लाइनिंग करनी आवश्यक हो, तो एक ओवरसाइज लाइनिंग के साथ पुनः लाइनिंग करते हैं।
19. सभी भागों को साफ करते हैं।
20. शू, रिटेनिंग स्प्रिंग, हैण्ड ब्रेक लेवर व होल्ड-डाउन स्प्रिंग को पुनः फिट करते हैं।
21. ब्रेक प्लेट पर असेम्बलिंग की सटीकता की जाँच करते हैं।
22. ग्रीस लगाकर नए भागों के साथ हब को असेम्बल करते हैं।
23. हब को प्रवेश कराकर नटों को कसते हैं।
24. प्ले की जाँच करते हैं तथा आवश्यकता होने पर उसे व्यवस्थित करके लॉक करते हैं।
25. व्हील को फिक्स करके नटों को कसते हैं।
26. एक्सेल को प्रवेश कराकर नटों को कसते हैं।

27. वाहन को जैक द्वारा ऊपर उठाते हैं।
28. ब्रेक को व्यवस्थित करते हैं।
29. हॉर्स स्टैण्ड व जैक को निकालते हैं।
30. हब के नटों को कसते हैं।
31. व्हील के नटों को आवश्यक टॉर्क से कसते हैं।
32. ब्रेक की ब्लीडिंग करते हैं।
33. यदि आवश्यक हो, तो ब्रेक को व्यवस्थित करते हैं।
34. सभी व्हील्स की जाँच करते हैं।
35. वाहन को सड़क पर चलाकर परीक्षण करते हैं।
36. यदि कोई व्यवस्थापन आवश्यक हो, तो उसे करते हैं।

परिणाम (Result) सफलतापूर्वक वाहन में फ्रण्ट तथा रियर ब्रेक असेम्बली की ओवरहॉलिंग एवं निरीक्षण करने का अभ्यास किया गया।

119.2

व्हील सिलेण्डर असेम्बली की ओवरहॉलिंग एवं निरीक्षण

Overhauling and Inspection of Wheel Cylinder Assembly

उद्देश्य Object

व्हील सिलेण्डर असेम्बली की ओवरहॉलिंग एवं निरीक्षण करने का अभ्यास करना।

आवश्यक उपकरण/सामग्री Essential Apparatus/Materials

- एक वाहन
- हाइड्रॉलिक जैक
- डी.ई. स्पैनर सैट
- ब्रेक स्प्रिंग रिमूवर
- व्हील सिलेण्डर रिपेयर किट
- मिट्टी का तेल
- ट्रेनर टूल किट
- हब स्पैनर
- व्हील सिलेण्डर किट
- वर्क बैंच
- एयर कम्प्रेशर
- नोज प्लायर
- मैटल ट्रे
- साफ कपड़ा
- ग्रीस
- ब्रेक शू रिटेनर
- ड्रम पुलर
- व्हील चॉक
- बैंच वाइस
- स्क्रू ड्राइवर
- फीलर गेज
- ब्रेक फ्लूड
- स्प्रिट
- एमरी पेपर
- व्हील स्पैनर
- हॉर्स स्टैण्ड

सुरक्षा सावधानियाँ/निर्देश Safety Precautions/Instructions

1. व्हील सिलेण्डर असेम्बली के भागों को साफ करने के लिए स्प्रिट या एल्कोहॉल का ही प्रयोग करें।
2. एक बार में केवल व्हील सिलेण्डर की ही मरम्मत करें।
3. ब्रेक फ्लूड को फर्श पर न गिराएँ।

कार्यविधि Working Method

1. सर्वप्रथम वाहन को समतल भूमि पर खड़ा करते हैं।
2. सभी पहियों पर जैक लगाकर वाहन को ऊपर उठाते हैं।
3. ड्रम व व्हील हब को निकाल लेते हैं।
4. ब्रेक पाइप लाइन को विसंयोजित करते हैं तथा ब्रेक व्हील सिलेण्डर के ब्रेक शू के टॉ (toe) पर रखकर ब्रेक शू पर पाइप लाइन को फिट करते हैं।
5. ब्रेक प्लेट से व्हील सिलेण्डर को पकड़ने वाले दो स्क्रुओं को निकालते हैं एवं व्हील सिलेण्डर को निकालते हैं।
6. सिलेण्डर के सिरे एवं ब्रेक शू एक्टिवेटिंग पिन से रबर, डस्ट कवर व बूट को निकालते हैं।

7. पिस्टन, पिस्टन कप एवं स्प्रिंग को निकालते हैं।
8. ब्लीडर वाल्व को निकालते हैं।
7. सभी भागों को एल्कोहॉल में धोते हैं।
8. ब्लीडर वाल्व की जाँच करके उसे साफ करते हैं।
9. सिलेण्डर बोर की खुरदरेपन हेतु जाँच करते हैं।
10. तत्पश्चात् 0.05 मिमी फीलर गेज का प्रयोग करके पिस्टन व सिलेण्डर बोर के मध्य क्लीयरैन्स की जाँच करते हैं।
11. असेम्बलिंग से पूर्व स्प्रिंग, पिस्टन व पिस्टन कप को ब्रेक फ्लूड में डुबोते हैं।
12. व्हील सिलेण्डर के केन्द्र में स्प्रिंग को संस्थापित करते हैं।
13. पिस्टन कप्स को कप्ड सतह के साथ स्प्रिंग की ओर संस्थापित करते हैं।
14. पिस्टन, डस्ट कवर व ब्लीडर वाल्व को संस्थापित करते हैं।
15. व्हील सिलेण्डर को बेकिंग प्लेट पर संस्थापित करते हैं।
16. ब्रेक शू एक्चुएटिंग पिन को शू के साथ संरेखित करके फिक्स करते हैं।
17. ब्रेक लाइन को संयोजित करके ब्रेक शू रिटर्न स्प्रिंग को संस्थापित करते हैं।
18. व्हील, हब व ड्रम को पुन: फिट करते हैं।

परिणाम (Result) सफलतापूर्वक व्हील सिलेण्डर असेम्बली की ओवरहॉलिंग एवं निरीक्षण करने का अभ्यास किया गया।

प्रैक्टिकल संख्या 120

✎ हाइड्रॉलिक ब्रेक एवं डिस्क ब्रेक ब्लीड करना
Bleed Hydraulic Brake and Disk Brakes

उद्देश्य Object

हाइड्रॉलिक ब्रेक एवं डिस्क ब्रेक की ब्लीडिंग का अभ्यास करना।

आवश्यक उपकरण/सामग्री Essential Apparatus/Materials

- ट्रेनी टूल किट बॉक्स
- ग्लास बॉटल
- ब्रेक फ्लूड
- व्हील कीलें
- फ्लैक्सिबल हौज
- कॉटन वेस्ट

सुरक्षा सावधानियाँ/निर्देश Safety Precautions/Instructions

1. मास्टर सिलेण्डर से दूर वाले पहिए की ब्लीडिंग पहले करें।
2. ब्रेक प्रणाली में पुराना ब्रेक ऑयल प्रयुक्त न करें।
3. मास्टर सिलेण्डर में ब्रेक ऑयल सदैव उचित लेवल तक बना रहे।
4. ब्रेक ऑयल से आँखों को बचाकर रखें।

कार्यविधि Working Method

1. सर्वप्रथम मास्टर सिलेण्डर फिलर कैप के आस-पास की धूल को साफ करते हैं।
2. चित्रानुसार फिलर कैप को हटाते हैं।
3. ब्रेक फ्लूड के साथ फिलर नैक के नीचे एज तक मास्टर सिलेण्डर को भरते हैं।
4. फिलर कैप को बन्द करते हैं।
5. व्हील सिलेण्डर के ब्लीडर संयोजन को साफ करते हैं।
6. व्हील ब्लीडर स्क्रू की लम्बी दूरी से ब्लीडर हौज को कनैक्ट करते हैं।
7. ट्यूब के अन्य सिरे को एक ग्लास जार में रखते हैं एवं ब्रेक फ्लूड में इसे डुबोते हैं।
8. ब्रेक पैडल को तब तक तीन या चार बार अप्लाई करते हैं जब तक कि दबाव कठोर (hard) न हो जाए।
9. ब्लीडर स्क्रू को टर्न के तिहाई का आधा खोलते हैं एवं जार का निरीक्षण करते हैं।
10. यदि ब्लीडर से फ्लूड बाहर आ जाए, तो इस प्रक्रिया को पुनः दोहराते हैं।
11. ब्लीडर स्क्रू को बन्द करते हैं।
12. मास्टर सिलेण्डर में ब्रेक फ्लूड को पुनः भरते हैं।
13. फिलर कैप को बन्द करते हैं।
14. सभी 4-व्हीलों के लिए उपरोक्त पदों को दोहराते हैं।
15. सभी चार व्हीलों से वायु हटाने के पश्चात् मास्टर सिलेण्डर रिजर्वायर में ब्रेक फ्लूड भरते हैं।

16. फिलर प्लग को भरते हैं एवं सभी चार व्हीलों में ब्लीडर स्क्रू को टाइट करते हैं।

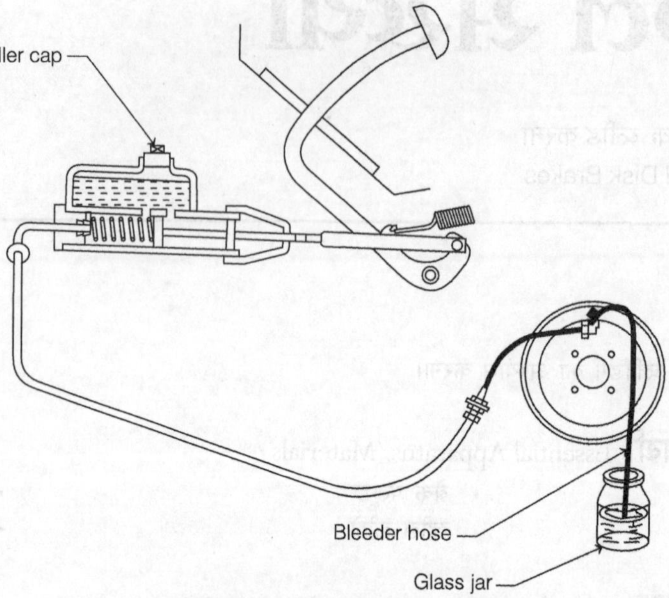

(i) हाइड्रॉलिक एवं ड्रिस्क ब्रेक ब्लीडिंग

परिणाम (Result) हाइड्रॉलिक ब्रेक की ब्लीडिंग का अभ्यास सफलतापूर्वक किया गया।

प्रैक्टिकल संख्या 121

✎ वैक्यूम असिस्टेड ब्रेक असेम्बली की ओवर हॉलिंग व निरीक्षण करना
Carryout Overhauling and Inspection of Vacuum Assisted Brake Assembly

नोट *इस प्रयोग को प्रशिक्षु अनुदेशक के निरीक्षण में स्वयं करने का प्रयास करें।*

प्रैक्टिकल संख्या 122

डिस्क ब्रेक की ओवरहॉलिंग एवं निरीक्षण करना
Perform Overhauling and Inspection of Disc Brake

उद्देश्य Object

डिस्क ब्रेक की ओवरहॉलिंग एवं निरीक्षण का प्रदर्शन करना।

आवश्यक उपकरण/सामग्री Essential Apparatus/Materials

- ट्रेनी टूल किट बॉक्स
- डिस्क पुलर
- डायल गेज
- बन्जो वाशर
- व्हील कीलें
- सफाई उद्देश्य के लिए कम्प्रैस्ड एयर
- स्लाइडिंग 'T' हैण्डिल के साथ सॉकिट स्पैनर
- टॉर्क रिंच
- कॉटन पिन
- ब्रेक फ्लूड
- एमरी पेपर
- व्हील स्पैनर
- माइक्रोमीटर या वर्नियर कैलीपर
- पिस्टन सील
- कॉटन वेस्ट
- जैक एवं हौज स्टैण्ड

सुरक्षा सावधानियाँ/निर्देश Safety Precautions/Instructions

1. ब्रेक ड्रम से आवश्यकतानुसार ही धातु को हटाएँ।
2. टर्निंग करते समय ड्रम की माप लेते रहें।
3. टर्निंग करते समय ड्रम की सतह को नग्न हाथों से न छुएँ।
4. व्यवस्थापक छिद्र पर डस्ट कवर को अच्छी तरह बन्द कर दें।
5. व्यवस्थापन के उपरान्त व्हील को घुमाकर ब्रेक की जाँच अवश्य करें।

कार्यविधि Working Method

A. डिस्क ब्रेक को खोलना

1. चित्र के अनुसार व्हील की कीलें खोलते हैं।
2. एक या दो टर्न देकर व्हील नटों को ढीला करते हैं।
3. व्हील को जैक-अप करते हैं।
4. व्हील को हटाते हैं।
5. कैलीपर कैरियर से कैलीपर पिन बोल्ट को हटाते हैं।
6. डस्ट बूट सपोर्ट को हटाते हैं।
7. स्लाइड बुश की दोनों साइडों से डस्ट बूट्स को हटाते हैं।
8. सिलेण्डर स्लाइड बुश को हटाते हैं।
9. कैलीपर होल्डर से कैरियर बोल्ट को हटाते हैं।
10. डिस्क ब्रेक कैलीपर एवं कैरियर को हटाते हैं।
11. डिस्क ब्रेक पैड्स को हटाते हैं।
12. ब्रेक कैलीपर को खोलते हैं।
13. ब्लीडर डस्ट कैप को हटाते हैं।
14. ब्लीडर स्क्रू को निकालते हैं।
15. ब्रेक पाइपलाइन को खोलते हैं।
16. सिलेण्डर बूट को निकालते हैं।
17. सरक्लिप को हटाते हैं।
18. पिस्टन सील के साथ पिस्टन हटाते हैं।
19. पिस्टन को साफ करते हैं एवं निरीक्षण करते हैं।
20. डिस्क ब्रेक रबर वाले भागों को छोड़कर अन्य सभी भागों को केरोसीन से साफ करते हैं।

21. लाइनिंग्स, स्लाइड बुश, पिस्टन सील, पैड्स एवं डिस्क आदि का निरीक्षण करते हैं।

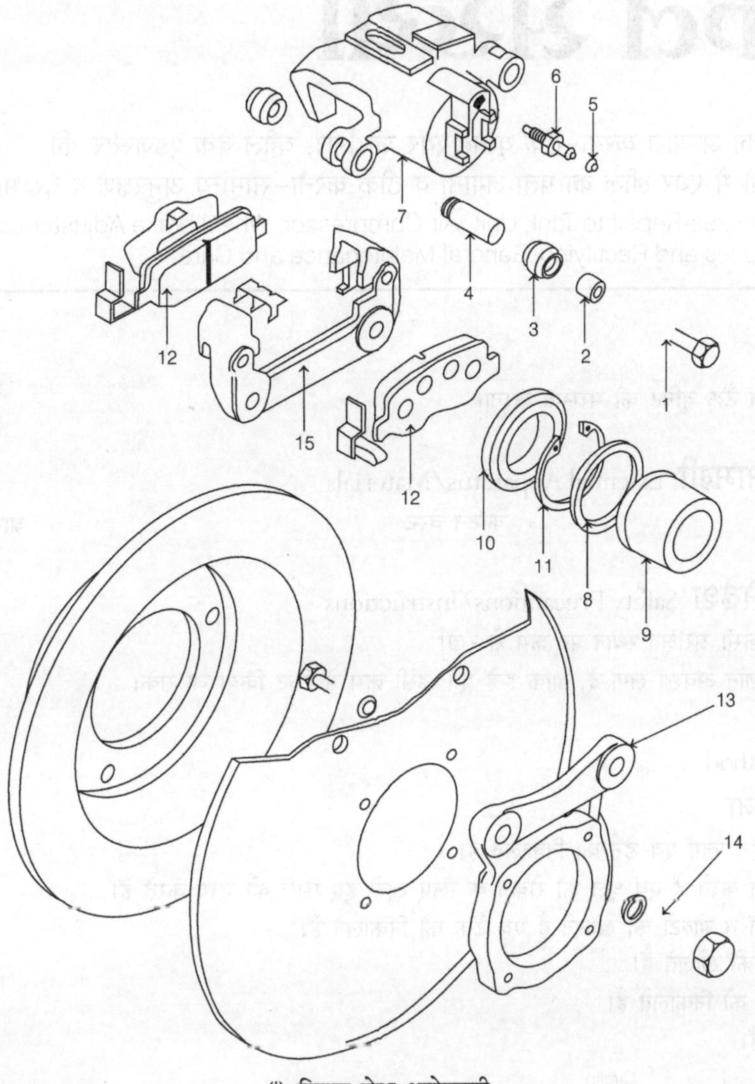

(i) डिस्क ब्रेक असेम्बली

B. डिस्क ब्रेक को असेम्बल करना

1. पिस्टन सील को फिक्स करते हैं एवं बोर में पिस्टन इन्सर्ट करते हैं।
2. सरक्लिप को फिक्स करते हैं।
3. सिलेण्डर बूट को फिक्स करते हैं।
4. ब्लीडर स्क्रू को फिक्स करते हैं।
5. ब्लीडर डस्ट कैप को फिक्स करते हैं।
6. ब्रेक पैड्स को इन्सर्ट करते हैं।
7. कैरियर पर डिस्क ब्रेक कैलीपर को फिक्स करते हैं एवं बुश होल व बोर का संरेखन करते हैं।
8. बोर में स्लाइड बुश को फिक्स करते हैं।
9. सपोर्ट के साथ स्लाइड बुश के दोनों ओर डस्ट बूट्स को फिक्स करते हैं।
10. कैलीपर एवं कैरियर से कैलीपर पिन बोल्ट को फिक्स करते हैं।
11. कैलीपर होल्डर के लिए कैलीपर के साथ कैरियर को फिक्स करते हैं।
12. कैरियर बोल्ट को फिक्स व टाइट करते हैं।
13. ब्रेक पाइपलाइन को कनैक्ट करते हैं।
14. सिस्टम को ब्लीड करते हैं एवं परीक्षण करते हैं।

परिणाम (Result) डिस्क ब्रेक की ओवरहॉलिंग एवं निरीक्षण का प्रदर्शन सफलतापूर्वक किया गया।

प्रैक्टिकल संख्या 123

✎ एयर ब्रेक एडजस्ट करने का अभ्यास करना–टैंक यूनिट एयर कम्प्रैसर, व्हील ब्रेक एडजस्टर की मरम्मत करना–ब्रेक लाइनों में एयर लीक का पता लगाना व ठीक करना–सामान्य अनुरक्षण व देखभाल
Practice Adjusting Air Brakes-Repair to Tank Unit, Air Compressor, Wheel brake Adjuster-Locating Air Leaks In the Brake Lines and Rectifying-General Maintenance and Care

उद्देश्य Object

एयर ब्रेक को एडजस्ट करना एवं टैंक यूनिट की मरम्मत करना।

आवश्यक उपकरण/सामग्री Essential Apparatus/Materials

- ट्रेनी टूल किट
- कॉटन वेस्ट
- ब्रास वाशर

सुरक्षा सावधानियाँ/निर्देश Safety Precautions/Instructions

1. खोले गए सभी भागों को किसी सुरक्षित स्थान पर क्रम से रखें।
2. वाल्व को खोलते समय निशान अवश्य लगा दें, ताकि इन्हें पुन: इसी क्रम में फिट किया जा सके।

कार्यविधि Working Method

A. एयर टैंक को निकालना

1. सर्वप्रथम एयर टैंक में से ड्रेन प्लग एवं ड्रेन को निकालते हैं।
2. एयर लाइन्स को विसंयोजित करते हैं एवं धूल को रोकने के लिए खुले हुए सिरों को प्लग करते हैं।
3. माउण्ट किए गए ब्रेकेट नटों व बोल्टों को खोलते हैं एवं टैंक को निकालते हैं।
4. टैंक से सेफ्टी वाल्व बॉडी को खोलते हैं।
5. सरक्लिप एवं रिटेनिंग प्लेट को निकालते हैं।
6. बॉल एवं स्प्रिंग को हटाते हैं।

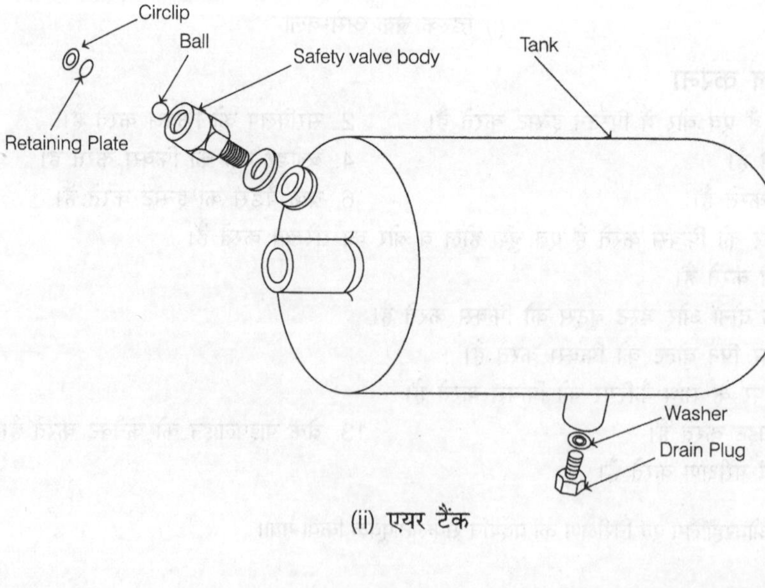

(ii) एयर टैंक

B. एयर टैंक यूनिट एवं सेफ्टी वाल्व का निरीक्षण

1. वैल्ड सिरों एवं क्रैक इत्यादि दोषों को ज्ञात करने के लिए एयर टैंक का दृश्यिक निरीक्षण करते हैं।
2. बॉल को दृश्यिक रूप से जाँचते हैं एवं किसी भी टूट-फूट के लिए वाल्व बॉडी एवं स्प्रिंग में सीलिंग करते हैं और यदि आवश्यक हो, तो बदलते हैं।

C. असेम्बली

1. वाल्व बॉडी में बॉल, स्प्रिंग एवं वाशर को रखते हैं एवं सरक्लिप से लॉक करते हैं।
2. टैंक पर सेफ्टी वाल्व असेम्बली को असेम्बल करते हैं।
3. वाशर के साथ टैंक पर ड्रेन प्लग को माउण्ट करते हैं।
4. वाहन पर टैंक को माउण्ट करते हैं।
5. एयर लाइन्स को संयोजित करते हैं।
6. इंजन को चालू करते हैं एवं एयर टैंक में एयर भरते हैं।
7. प्वॉइन्ट्स से एयर लीकेज की जाँच करते हैं एवं यदि कोई लीकेज प्राप्त होता है, तो उसे ठीक करते हैं।
8. अनलोडर वाल्व एडजस्टिंग स्क्रू के द्वारा एयर प्रैशर को एडजस्ट करते हैं।

परिणाम (Result) एयर ब्रेक एडजस्टिंग एवं टैंक यूनिट की मरम्मत सफलतापूर्वक की गई।

प्रैक्टिकल संख्या 124

✎ ब्रेक सर्विस प्रक्रियाएँ करना–ब्रेक ऑयल की जाँच व व्यवस्थित करना, ब्रेक ऑयल बदलना, ब्रेक पैड्स जाँचना, रोटर हटाना एवं बदलना, ब्रेक लाइनिंग बदलना, पार्किंग ब्रेक केबल व्यवस्थित करना

Perform Brakes Service Procedures-Checking & Adjusting Brake Fluid, Replacing Brake Fluid, Checking Brake Pads, Replacing Brake Pads, Removing & Replacing a Rotor, Replacing Brake Linings, Adjusting a Parking Brake Cable

उद्देश्य Object

वाहन में ब्रेक प्रणाली के अन्तर्गत ब्रेक ऑयल की जाँच करना और व्यवस्थित करना, ब्रेक ऑयल को बदलना, ब्रेक पैड की जाँच करना, ब्रेक पैड बदलना, रोटर को निकालना और बदलना, ब्रेक लाइनिंग बदलना तथा पार्क ब्रेक केबिल को व्यवस्थित करने का अभ्यास करना।

आवश्यक उपकरण/सामग्री Essential Apparatus/Materials

- एक वाहन
- साफ कपड़ा
- मिट्टी का तेल
- ब्रेक ऑयल
- स्क्रू ड्राइवर
- डी.ई. स्पैनर सैट
- आवश्यक स्पेयर वाइस
- एल्कोहॉल
- मैटल ट्रे
- जैक
- प्लायर
- लकड़ी के गुटके

सुरक्षा सावधानियाँ/निर्देश Safety Precautions/Instructions

1. ब्रेक ऑयल को मास्टर सिलेण्डर में उचित लेवल तक भरें।
2. ब्रेक के आन्तरिक भागों को सम्पीडित वायु द्वारा साफ करें।
3. उच्च गुणवत्ता के ब्रेक ऑयल का प्रयोग करें।
4. पार्क ब्रेक को केवल व्यवस्थित करने से पूर्व स्नेहन कर लें।
5. खराब भागों को बदल दें।

कार्यविधि Working Method

1. सर्वप्रथम वाहन को समतल भूमि पर खड़ा करते हैं।
2. वाहन का बोनट खोलते हैं।
3. वाहन के ब्रेक ऑयल कन्टेनर में ऑयल के तल की जाँच करते हैं। यदि ऑयल लेवल निम्न है, तो कन्टेनर का स्क्रू या ढक्कन खोलकर इसमें उचित लेवल तक ब्रेक ऑयल भरते हैं। यदि आवश्यक हो, तो प्रणाली की ब्लीडिंग करते हैं।
4. वाहन के सभी पहियों के आगे व पीछे लकड़ी के गुटके लगाते हैं और वाहन का बोनट बन्द कर देते हैं।
5. वाहन के एक पहिए के नीचे जैक लगाकर इसे ऊपर उठा देते हैं।
6. वाहन के पहिये से ब्रेक असेम्बली को खोलते हैं और सम्पीडित वायु द्वारा इसकी गन्दगी को साफ करते हैं।
7. ब्रेक पैड की जाँच करते हैं। यदि आवश्यक हो, तो इन्हें बदलते हैं।
8. ब्रेक रोटर की सतह की जाँच करते हैं। यदि आवश्यक हो, तो इन्हें बदलते हैं।
9. ब्रेक लाइनिंग की जाँच करते हैं। यदि आवश्यक हो, तो इन्हें बदलते हैं।
10. अब वाहन के पहिये पर ब्रेक असेम्बली को पुनः स्थापित कर देते हैं।
11. इसी प्रकार वाहन के प्रत्येक पहिये की ब्रेक असेम्बली को व्यवस्थित करते हैं।
12. वाहन में पार्क ब्रेक केबिल का स्नेहन करके इसे व्यवस्थित करते हैं। यदि आवश्यक हो तो इसे बदल देते हैं।
13. वाहन से जैक एवं लकड़ी के गुटके हटा लेते हैं।

परिणाम (Result) सफलतापूर्वक वाहन में ब्रेक प्रणाली के अन्तर्गत ब्रेक ऑयल की जाँच की गई और व्यवस्थित किया गया, ब्रेक ऑयल को बदला गया, ब्रेक पैड की जाँच की गई, ब्रेक पैड को बदला गया, रोटर को निकाला और बदला गया, ब्रेक लाइनिंग को बदला गया तथा पार्क केबिल को व्यवस्थित करने का अभ्यास किया गया।

प्रैक्टिकल संख्या 125

✎ भारी वाहन की ब्रेकिंग प्रणाली में दोषों का पता लगाना, ब्रेक व्यवस्थित करना एवं सभी चार व्हील ब्रेक सन्तुलित करना, ब्रेकों का परीक्षण करते समय ध्यान रखी जाने वाली सावधानियाँ, ब्रेक सर्टिफिकेट हेतु वाहन तैयार करते समय याद रखने योग्य बिन्दु

Carryout Trouble Tracing in Braking System of a Heavy Vehicle, Adjusting Brakes and Balancing All four Wheel Brakes, Precautions to be Observed While Testing Brakes, Points to be Remember While Preparing the Vehicle for Brake Certificate

---

उद्देश्य Object

भारी वाहन में ब्रेक प्रणाली के अन्तर्गत दोष पहचानना, ब्रेकों को व्यवस्थित करना और सभी चारों पहियों को सन्तुलित करना।

आवश्यक उपकरण/सामग्री Essential Apparatus/Materials

- एक वाहन
- डी.वी. स्पैनर सैट
- साफ कपड़ा
- प्लायर
- मिट्टी का तेल
- स्नेहक
- स्क्रू ड्राइवर

सुरक्षा सावधानियाँ/निर्देश Safety Precautions/Instructions

1. खुली सड़क पर ही ब्रेक परीक्षण करें।
2. वाहन की गति 50 किमी प्रति घण्टे से अधिक न करें।
3. वाहन के ब्रेक का सड़क के बीच में चलाकर परीक्षण करें।
4. वाहन पर ब्रेक परीक्षण की प्लेट अवश्य लगा लें।
5. वाहन के सभी पहिये सन्तुलित करें।

कार्यविधि Working Method

1. सर्वप्रथम वाहन के सभी पहियों में वायुदाब की जाँच करते हैं। यदि आवश्यक हो, तो वायु-दाब व्यवस्थित करते हैं।
2. वाहन को चालू करके सड़क के मध्य में चलना आरम्भ करते हैं।
3. वाहन में ब्रेक आरोपित करके ब्रेक परीक्षण करते हैं। यदि कोई ब्रेक कम या अधिक लग रहे हैं, तो उन्हें व्यवस्थित करते हैं।
4. वाहन को रोककर सभी पहियों पर ब्रेक को सन्तुलित करते हैं।
5. वाहन को पुन: चलाकर ब्रेकों का परीक्षण करते हैं।

परिणाम (Result) सफलतापूर्वक भारी वाहन में ब्रेक प्रणाली के अन्तर्गत दोषों की पहचान की गई, ब्रेकों को व्यवस्थित किया गया और सभी चारों पहियों को सन्तुलित किया गया।

प्रैक्टिकल संख्या 126

ABS प्रणाली के अनुरक्षण का अभ्यास करना
Practice of Maintaining of ABS System

उद्देश्य Object

ABS प्रणाली के अनुरक्षण का अभ्यास करना।

आवश्यक उपकरण/सामग्री Essential Apparatus/Materials

- ट्रेनी टूल किट
- फ्लैक्सिबल ट्यूब
- स्टील रूल
- बेनियन वेस्ट
- ब्रेक फ्लूड

सुरक्षा सावधानियाँ निर्देश Safety Precautions Instructions

1. वाहन में ABS प्रणाली की मरम्मत के समय वाहन का इग्नीशन स्विच ऑफ कर लें।
2. प्रत्येक 12,000 किमी के पश्चात् ब्रेक-शू व पैड्स बदल दें।
3. ब्रेक ड्रम एवं रोटर की ध्यानपूर्वक जाँच करें।
4. प्रत्येक 24,000 किमी के पश्चात् ब्रेक प्रणाली से ब्रेक ऑयल को फ्लश कर दें।

कार्यविधि Working Method

A. नियमित ब्रेक अनुरक्षण

1. मास्टर सिलेण्डर के दोनों सेक्शनों में ब्रेक फ्लूड स्तर की जाँच करते हैं।
2. निर्माता विशिष्टियों के साथ उचित स्तर तक ब्रेक फ्लूड को भरते हैं।
3. उपयुक्त फ्री प्ले (free play) के लिए ब्रेक पैडल की जाँच करते हैं।

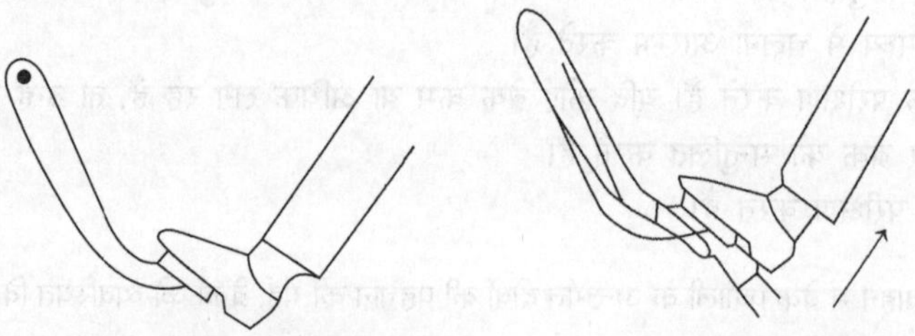

(a) उचित स्थिति (b) अनुचित स्थिति

4. निर्माता विशिष्ट स्तर के लिए ब्रेक पैडल फ्री प्ले को एडजस्ट करते हैं।
5. लीकेज के लिए सभी ब्रेक लाइन्स एवं फिटिंग्स को जाँचते हैं।

6. धूल, गन्दगी, जंग, टूट-फूट व लीकेज आदि के लिए सभी ब्रेक ट्यूबिंग का निरीक्षण करते हैं।
7. मुक्त घूर्णन के लिए प्रत्येक व्हील को जाँचते हैं। यदि पहिये आसानी से नहीं घूमते हैं, तो ब्रेक सही प्रकार से रिलीज नहीं हुए हैं।
8. प्रभावशाली ब्रेकिंग जाँचने के लिए सड़क परीक्षण करते हैं।
9. सुनिश्चित करते हैं कि ब्रेक अनुप्रयोग के समय ब्रेक पैडल सही प्रकार कार्य कर रहे हैं।
10. हैण्ड ब्रेक के हैण्ड लीवर की उपयुक्त स्प्रिंग क्रिया को सुनिश्चित करते हैं।

B. ABS अनुरक्षण

1. सर्वप्रथम टूट-फूट, घिसाव व खराब इन्सुलेशन के लिए सभी ABS वायरिंग सामग्री को जाँचते हैं।
2. लीकेज के लिए सभी लाइन व फिटिंग्स का निरीक्षण करते हैं।
3. इंजन को चालू करते हैं एवं ABS की लाइट का निरीक्षण करते हैं।
4. लगभग 5 सेकण्ड के लिए लाइट को ऑन रखते हैं एवं उसके पश्चात् बन्द करते हैं।
5. यदि चेतावनी लाइट निरन्तर स्विच ऑन है, तो उसका अर्थ है कि ABS में कोई दोष है।
6. स्कैन टूल के साथ दोष को पहचाना जा सकता है एवं संस्थान द्वारा दी गई सर्विस मैनुअल के अनुसार दोषों को दूर करते हैं।

परिणाम (Result) ABS प्रणाली के अनुरक्षण का अभ्यास सफलतापूर्वक किया गया।

प्रैक्टिकल संख्या 127

✎ इंजन स्टार्ट न होने के यान्त्रिक व वैद्युतिक कारणों, उच्च ईंधन खपत, इंजन अधिक गर्म होना, निम्न शक्ति उत्पादन, अत्यधिक तेल खपत, निम्न/उच्च इंजन तेल दाब, इंजन शोर के लिए भारी वाहन के साथ अभ्यास करके दोषोपचार करना

Perform Troubleshooting Practice with Heavy Vehicle for engine Not Starting Mechanical & Electrical Caused, High Fuel Consumption, Engine Overheang. Low Power Generation, Excessive Oil Consumption, Low/ High Engine Oil Pressure, Engine Noise

---

127.1

भारी वाहन के साथ दोषोपचार अभ्यास का प्रदर्शन

Perform Troubleshooting Practice with Heavy Vehicle

उद्देश्य Object

वाहन स्टार्ट न होने के यान्त्रिक एवं वैद्युतिक कारणों का दोषोपचार अभ्यास का प्रदर्शन करना।

आवश्यक उपकरण/सामग्री Essential Apparatus/Materials

- स्नेहक
- शीतलक
- एक डीजल इंजन वाहन
- आवश्यक स्पेयर पार्ट्स

सुरक्षा सावधानियाँ/निर्देश Safety Precautions/Instructions

1. ईंधन, स्नेहक एवं शीतलक का स्तर सुनिश्चित कर लें।
2. इंजन चालू करते समय गियर-शिफ्ट लीवर को न्यूट्रल स्थिति में रखें।
3. बैटरी पूर्णत: आवेशित (charged) हो।

कार्यविधि Working Method

1. सर्वप्रथम ईंधन टैंक में ईंधन के स्तर को चैक करते हैं और यदि आवश्यक हो, तो उसे पूरा करते हैं।
2. इंजन में स्नेहक को चैक करते हैं और यदि आवश्यक हो, तो पूरा करते हैं।
3. रेडिएटर में शीतलक को चैक करते हैं और यदि आवश्यक हो, तो भरते हैं।
4. गियर-शिफ्ट लीवर को न्यूट्रल स्थिति में सैट करते हैं।

5. इग्नीशन स्विच ऑन करके सेल्फ स्टार्टर को घुमाते हैं। यदि इंजन स्टार्ट नहीं होता है, तो चोक लीवर खींचते हैं तथा पुन: इंजन स्टार्ट करने का प्रयास करते हैं। जैसे ही इंजन स्टार्ट हो जाता है, तो चोक को पूरी तरह दबाते हैं तथा इंजन क्रैंकिंग रोकते हैं। यदि अब भी इंजन स्टार्ट नहीं होता है, तो ईंधन प्रणाली एवं स्टार्टर बैस्ट टैंशन का दोषोपचार करते हैं।

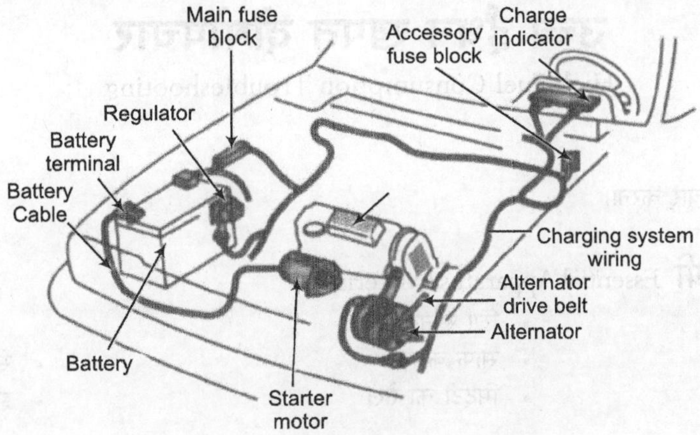

(i) वाहन के वैद्युतिक कारणों का दोषोपचार

6. इंजन को पुन: स्टार्ट करने का प्रयास करते हैं। यदि इंजन स्टार्ट नहीं होता है, तो सेल्फ स्टार्टर, मोटर एवं वैद्युतिक कारणों; जैसे—शॉर्ट-सर्किट, बैटरी आवेशन आदि का दोषोपचार करते हैं।

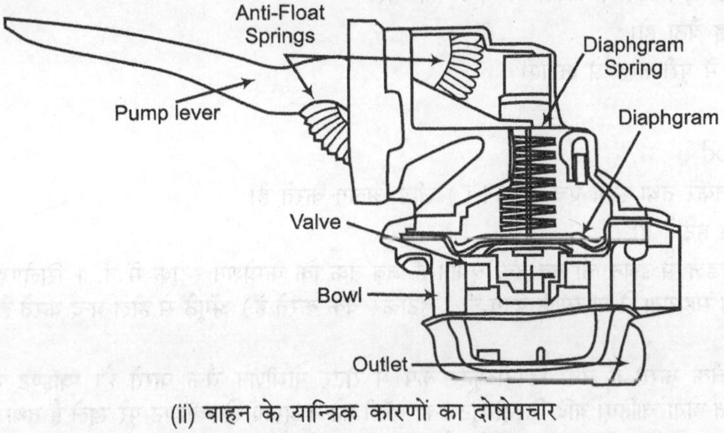

(ii) वाहन के यान्त्रिक कारणों का दोषोपचार

परिणाम (Result) वाहन स्टार्ट न होने के यान्त्रिक एवं वैद्युतिक कारणों का दोषोपचार सफलतापूर्वक किया गया।

127.2

उच्च ईंधन खपत दोषोपचार

High Fuel Consumption Troubleshooting

उद्देश्य Object

वाहन की उच्च ईंधन खपत का दोषोपचार करना।

आवश्यक उपकरण/सामग्री Essential Apparatus/Materials

- वाहन
- एडजस्टेबल स्पैनर
- फिलर गेज
- बैटरी
- रिंग स्पैनर
- साफ कपड़ा
- मिट्टी का तेल
- स्क्रू ड्राइवर
- इग्नीशन टाइमिंग लाइटर

सुरक्षा सावधानियाँ/निर्देश Safety Precautions/Instructions

1. कम्प्रेशन स्ट्रोक की समाप्ति पर नं. 1 पिस्टन टी.डी.सी. में हो। यह एग्जॉस्ट स्ट्रोक के अन्त पर नहीं हो।
2. उसके पश्चात् डिस्ट्रीब्यूटर कैप पर किसी भी स्थिति में चोट नहीं मारें।
3. रोटर इसकी स्थिति में पूरी तरह बैठा हो।
4. सभी लीड्स को उनके सॉकेट में पूरी तरह से लगाएँ।

कार्यविधि Working Method

1. सर्वप्रथम वाहन का बोनट खोलकर तथा सभी एच.टी. (H.T.) लीड अलग करते हैं।
2. उसके पश्चात् डिस्ट्रीब्यूटर कैप हटाते हैं।
3. इग्नीशन स्विच बन्द करके हैण्डिल से इंजन को तब तक घुमाते हैं जब तक कि कम्प्रेशन स्ट्रोक में नं. 1 सिलेण्डर का पिस्टन टी.डी.सी. पर न जाए (फ्लाईव्हील पर लगे निशान की सहायता से या स्पार्क प्लग नं. 1 हटाकर चैक करते हैं) अँगूठे से होल बन्द करते हैं तथा जहाँ अँगूठे पर उच्च दाब प्राप्त होता है, दबाव प्राप्त करते हैं।
4. कॉन्टैक्ट प्वॉइण्ट की स्थिति चैक करते हैं तथा डिस्ट्रीब्यूटर कैप में रोटर पोजीशन चैक करते हैं। प्वॉइण्ट खुला होने को तैयार रखते हैं तथा रोटर नं. 1 प्लग लीड के विपरीत होना चाहिए। यदि डिस्ट्रीब्यूटर की बॉडी को न घुमाएँ तो प्वॉइण्ट पूरे खुले हैं तथा कैम रविंग ब्लॉक पर ऊँची स्थिति में है, तो फिलर गेज से गैप चैक करते हैं। यदि आवश्यक हो, तो एडजस्ट करते हैं तथा उसे ब्लॉक करते हैं।
5. इग्नीशन के स्विच को खोलते हैं तथा धीरे-धीरे डिस्ट्रीब्यूटर बॉडी को तब तक घुमाते हैं जब तक प्वॉइण्ट बन्द न हो तथा दुबारा खुलना शुरू न कर दे। बॉडी को इसी स्थिति में तब तक पकड़ते हैं जब तक कि क्रैंकिंग स्पार्क प्वॉइण्ट के बीच में नहीं आता है।
6. डिस्ट्रीब्यूटर लॉकिंग क्लैम्प को कसते हैं तथा इग्नीशन स्विच बन्द कर देते हैं।
7. रोटर टिप को साफ करके निश्चित स्थान पर लगाते हैं।
8. टिप की स्थिति को नोट करते हैं एवं डिस्ट्रीब्यूटर कैप लगाकर लॉक करते हैं।
9. जो रोटर टिप के विपरीत में लगा है। उससे सॉकेट पर नं. 1 प्लग लीड को जोड़ते हैं।
10. फायरिंग ऑर्डर के अनुसार घूमने की दिशा में अन्य लीड जोड़ते हैं।
11. इसी क्रम में अलग प्लग की लीड भी जोड़ते हैं।

12. इंजन को चालू करके चैक करते हैं।

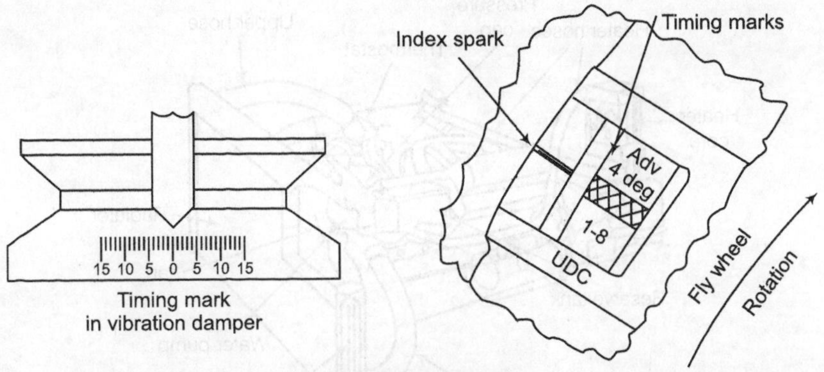

(i) इग्नीशन टाइमिंग सैटिंग

परिणाम (Result) वाहन की उच्च ईंधन खपत का दोषोपचार सफलतापूर्वक किया गया।

127.3

इंजन का अत्यधिक गर्म होना

Overheating of an Engine

उद्देश्य Object

इंजन के अत्यधिक गर्म होने का दोषोपचार करना।

आवश्यक उपकरण/सामग्री Essential Apparatus/Materials

- साफ कपड़ा
- रिंग स्पैनर सैट
- स्क्रू ड्राइवर
- डी.ई. स्पैनर सैट
- प्लायर

सुरक्षा सावधानियाँ/निर्देश Safety Precautions/Instructions

1. शीतलन प्रणाली में शीतलक का स्तर (level) सुनिश्चित कर लें।
2. पुराने या क्षतिग्रस्त हौज पाइपों को बदल दें।
3. वाटर जैकेट में गन्दगी एकत्रित न होने दें।

कार्यविधि Working Method

1. सर्वप्रथम इंजन की शीतलन प्रणाली का निरीक्षण करते हैं।
2. रेडिएटर की जाँच करते हैं, यदि रेडिएटर में गन्दगी एकत्रित है, तो इसकी रिवर्स फ्लशिंग करते हैं। यदि रेडिएटर से शीतलक का रिसाव हो रहा है, तो इसकी वैल्डिंग करते हैं।
3. हौज पाइपों की जाँच करते हैं। यदि आवश्यक हो, तो इन्हें बदल देते हैं।

4. इंजन की वाटर जैकेटों की रिवर्स फ्लशिंग करते हैं।

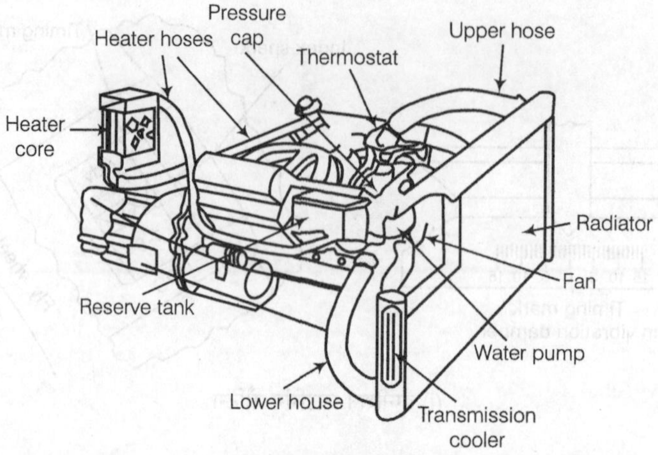

(i) शीतलन प्रणाली

5. इंजन की शीतलन प्रणाली में शीतलक को उपयुक्त स्तर (level) तक भरते हैं।
6. रेडिएटर फैन की जाँच करते हैं। यदि फैन बैल्ट खराब है, तो इसे बदल देते हैं और इसे व्यवस्थित करते हैं।
7. थर्मोस्टेट की जाँच करते हैं। यदि खराब है, तो इसे बदल देते हैं।

परिणाम (Result) इंजन के अत्यधिक गर्म होने का दोषोपचार सफलतापूर्वक किया गया।

127.4

निम्न शक्ति उत्पादन दोषोपचार

Low Power Generation Troubleshooting

उद्देश्य Object

इंजन द्वारा निम्न शक्ति उत्पादन का दोषोपचार करना।

आवश्यक उपकरण/सामग्री Essential Apparatus/Materials

- एक इंजन
- एडजस्टेबल स्पैनर
- ब्रश
- ऑयल स्प्रे गन
- स्पैनर
- साफ कपड़ा
- ग्रीस
- मिट्टी का तेल
- रिंग स्पैनर
- स्क्रू ड्राइवर
- हैण्ड एवं प्रैशर ग्रीस गन

सुरक्षा सावधानियाँ/निर्देश Safety Precautions/Instructions

1. सभी भागों का सावधानी से निरीक्षण करें।
2. फर्श पर तेल न गिरा हो।
3. वाल्व सैटिंग सावधानीपूर्वक करें।
4. स्पर्शी भागों पर स्नेहक का प्रयोग करें।
5. नट एवं बोल्टों को न तो अधिक टाइट एवं न ही अधिक ढीला रखें।
6. वाल्वों की सैटिंग करने से पूर्व कैम शाफ्ट को सैटिंग के अनुरूप व्यवस्थित कर लें।

कार्यविधि Working Method

1. फ्लाईव्हील घुमाकर इंजन के पिस्टन को टी.डी.सी. पर लाते हैं।
2. फ्लाईव्हील को बेल वेशन के सूचक चिह्न के अनुरूप लाते हैं।
3. कैम शाफ्ट एवं गियर को थोड़ा बाहर खींचकर कैम शाफ्ट को मुक्त घूर्णन कराते हैं।
4. कैम शाफ्ट को घुमाकर कैम शाफ्ट गियर पर अंकित टाइमिंग चिह्न को संरक्षित करते हैं।
5. अब गियर पर अंकित टाइमिंग चिह्न को कैम शाफ्ट गियर चिह्न से संरेख करते हैं।
6. अब कैम शाफ्ट फ्लैंज को क्रैंक शाफ्ट से मिलाते हैं व कस देते हैं।
7. जॉब का निरीक्षण करते हैं।

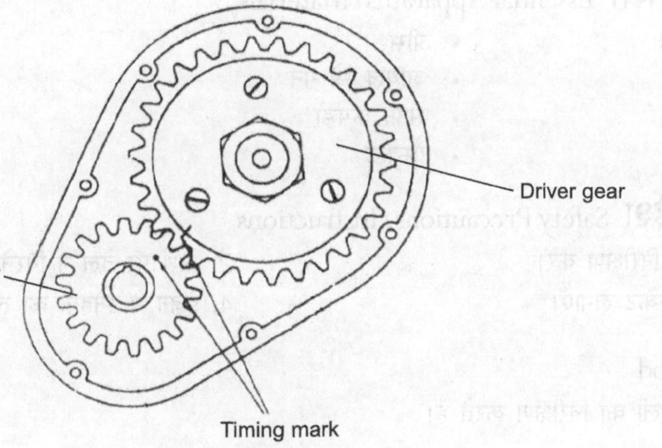

(i) वाल्व टाइमिंग व्यवस्थापन

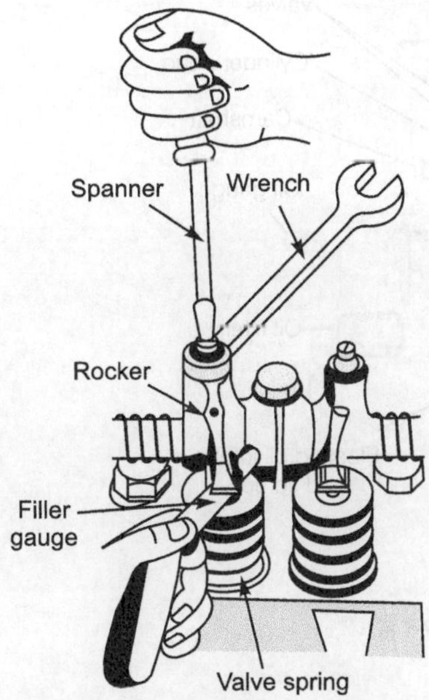

(ii) ओवरहैड वाल्व क्लीयरैन्स एडजस्टमैन्ट

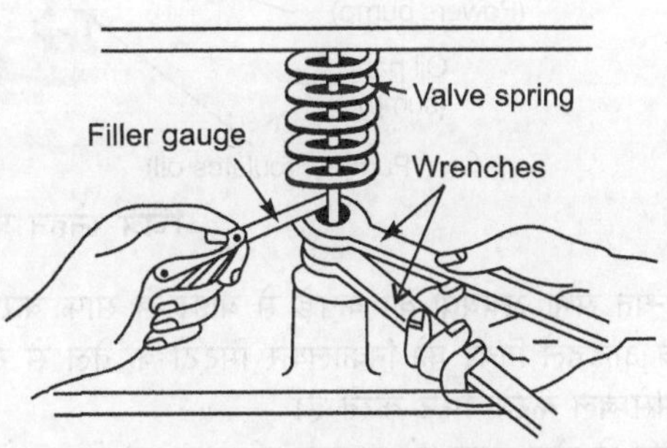

(iii) साइड वाल्व क्लीयरैन्स एडजस्टमैन्ट

परिणाम (Result) इंजन द्वारा निम्न शक्ति उत्पादन का दोषोपचार सफलतापूर्वक किया गया।

127.5

अत्यधिक तेल खपत दोषोपचार

Excessive Oil Consumption Troubleshooting

उद्‌देश्य Object

इंजन में अत्यधिक तेल खपत का दोषोपचार करना।

आवश्यक उपकरण/सामग्री Essential Apparatus/Materials

- एक डीजल ईंधन चलित वाहन
- हैण्ड ग्रीस गन
- स्क्रू ड्राइवर
- मिट्‌टी का तेल
- ग्रीस
- ऑयल स्प्रे गन
- साफ कपड़ा
- गैस्केट
- रिंग स्पैनर सैट
- हौज पाइप
- ब्रश

सुरक्षा सावधानियाँ/निर्देश Safety Precautions/Instructions

1. सभी भागों का सावधानीपूर्वक निरीक्षण करें।
2. फर्श पर तेल न गिरने दें।
3. पुरानी गैस्केट बदलकर नई गैस्केट लगाएँ।
4. इंजन में स्नेहक का तल पूर्ण हो।

कार्यविधि Working Method

1. सर्वप्रथम इंजन की स्नेहन प्रणाली का निरीक्षण करते हैं।

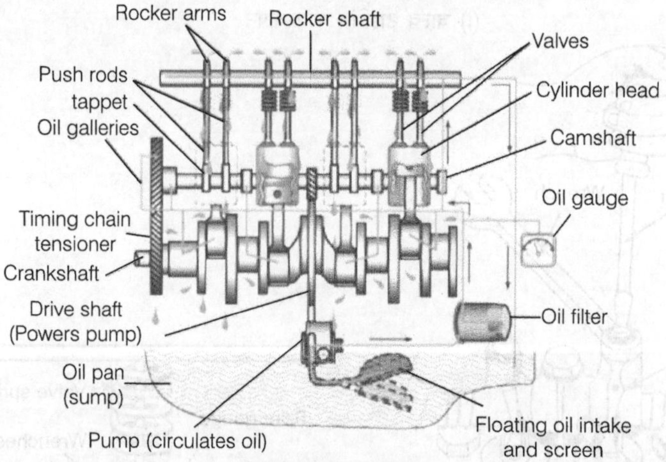

चित्र स्नेहन प्रणाली

2. स्नेहन प्रणाली से सम्बन्धित सभी अवयवों को कपड़े से बाहर से साफ करते हैं।
3. ऑयल पम्प के गियर व आइडल गियर को निकालकर मिट्‌टी के तेल से साफ करते हैं।
4. ऑयल पम्प को पुन: असेम्बल करके फिट करते हैं।
5. ऑयल शीतलक या कूलर से हौज पाइप को हटाकर शीतलक को निकालते हैं।
6. ऑयल कूलर की रिवर्स फ्लशिंग करते हैं।
7. सभी हौज पाइपों को साफ करते हैं।
8. प्रवेश एवं निकास वाल्वों का निरीक्षण करते हैं। यदि आवश्यक हो, तो इन्हें बदल देते हैं।
9. इंजन के रिंग व पिस्टन का निरीक्षण करते हैं। यदि आवश्यक हो, तो इन्हें बदल देते हैं।
10. पुनः इंजन की स्नेहन प्रणाली का निरीक्षण करते हैं। यदि कोई रिसाव प्रतीत होता है, तो उसे मरम्मत करके सही करते हैं।

परिणाम (Result) इंजन में अत्यधिक तेल खपत का दोषोपचार सफलतापूर्वक किया गया।

127.6

निम्न/उच्च इंजन तेल दाब Low/High Engine Oil Pressure

उद्देश्य Object

निम्न/उच्च इंजन तेल दाब का दोषोपचार करना।

आवश्यक उपकरण/सामग्री Essential Apparatus/Materials

- स्क्रू ड्राइवर
- साफ कपड़ा
- डी.ई. स्पैनर सैट
- डीजल
- फिलर गेज
- एयर कम्प्रैशर

सुरक्षा सावधानियाँ/निर्देश Safety Precautions/Instructions

1. प्रैशर रिलीफ वाल्व की टूटी स्प्रिंगों को बदल दें।
2. नई गैस्केट का प्रयोग करें।

कार्यविधि Working Method

1. सर्वप्रथम ऑयल पम्प की साइड प्लेट खोलते हैं।
2. प्रैशर रिलीफ वाल्व को बाहर निकालते हैं।

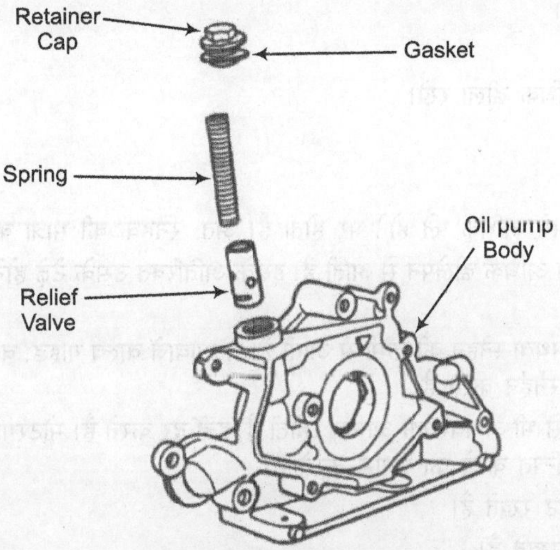

(i) प्रैशर रिलीफ वाल्व दोषोपचार

3. सभी भागों को डीजल से धोकर कम्प्रैस्ड हवा द्वारा सुखाते हैं।
4. प्रैशर रिलीफ वाल्व को पुन: ऑयल पम्प में फिट करते हैं।
5. ऑयल पम्प की साइड प्लेट को फिट करते हैं।
6. स्क्रू ड्राइवर से प्रैशर रिलीफ वाल्व की स्प्रिंग को व्यवस्थित करते हैं।
7. इंजन तेल का दाब चैक करते हैं।

परिणाम (Result) निम्न/उच्च इंजन तेल दाब का दोषोपचार सफलतापूर्वक किया गया।

127.7

इंजन का शोर कम करना

Reducing of Engine Noise

उद्देश्य Object

इंजन के शोर को कम करना।

आवश्यक उपकरण/सामग्री Essential Apparatus/Materials

- एक डीजल वाहन
- मिट्टी का तेल
- ऑयल स्प्रे गन
- गैस्केट
- रिंग स्पैनर सैट
- ग्रीस
- स्क्रू ड्राइवर
- ब्रश
- हौज पाइप
- हैण्ड ग्रीस गन
- कपड़ा
- स्नेहक

सुरक्षा सावधानियाँ/निर्देश Safety Precautions/Instructions

1. सभी भागों का सावधानी से निरीक्षण करें।
2. फर्श पर तेल न गिरने दें।
3. स्पर्श करने वाले भागों को घिसावट से बचाने के लिए स्नेहक लगाएँ।
4. घिसे हुए भागों को सावधानी से साफ करें।
5. पुरानी गैस्केट हटाकर नई गैस्केट लगाएँ।
6. नट को न तो अधिक टाइट और न ही अधिक ढीला रखें।

कार्यविधि Working Method

1. क्रैंकशाफ्ट के मेन बियरिंग की आवाज उसमें अधिक प्ले होने पर होती है। अत: स्नेहक की मात्रा को बढ़ाते हैं।
2. कनैक्टिंग रॉड से आवाज स्नेहक की कमी व अधिक ढीलेपन से आती है। इसके अतिरिक्त उसके टेढ़े होने से भी आवाज आती है, इसलिए इस दोष को दूर करते हैं।
3. वाल्वों से आवाज अधिक टैपेट क्लीयरैन्स अथवा स्नेहन की कमी से आती है। ये आवाजें वाल्व गाइड, वाल्व फेस, रॉकर आर्म, पुश रॉड तथा खराब वाल्व सीट के कारण भी आती हैं। अत: पर्याप्त स्नेहन करते हैं।
4. गाड़ी में रियर एक्सेल व रियर बॉक्स आदि से भी अनावश्यक आवाज होती है, इन्हें दूर करते हैं। मोटरगाड़ी के नीचे से आवाज नट-बोल्ट के ढीले होने से प्राय: आती है, सही स्नेहन से उसको नियन्त्रित करने का प्रयास करते हैं।
5. साइलेन्सर माउण्टिंग बोल्ट तथा ब्रैकेट टाइट रखते हैं।
6. इंजन तथा गियर बॉक्स फाउण्डेशन टाइट रखते हैं।
7. बोल्ट क्लैम्प, स्प्रिंग शैकल-पिन आदि टाइट रखते हैं।
8. ब्रेक केबिल, स्पीडोमीटर केबिल, गियर शिफ्ट लीवर, क्लच पैडल और ब्रैक पैडल एडजस्ट करते हैं तथा टाइट रखते हैं।
9. यूनिवर्सल ज्वॉइण्ट तथा प्रोपेलर शाफ्ट टाइट रखते हैं।
10. शॉक एब्जॉर्बर बुशिंग सही करते हैं।

परिणाम (Result) इंजन के शोर को सफलतापूर्वक कम किया गया।

प्रैक्टिकल संख्या 128

✎ इलेक्ट्रॉनिक नियन्त्रण इकाई की पहचान करना
Carryout Identification of Electronic Control Unit

उद्देश्य Object

इलेक्ट्रॉनिक नियन्त्रण इकाई की पहचान एवं परीक्षण करने का अभ्यास करना।

आवश्यक उपकरण/सामग्री Essential Apparatus/Materials

- एक वाहन
- स्क्रू ड्राइवर
- मल्टीमीटर केबिल
- नोज प्लायर
- मल्टीमीटर

सुरक्षा सावधानियाँ/निर्देश Safety Precautions/Instructions

1. जाँच करते समय विद्युतीय वायरिंग को क्षति न पहुँचने दें।
2. मल्टीमीटर को प्रयोग करने से पूर्व इसका स्विच ऑन कर लें।
3. मल्टीमीटर केबिल को मल्टीमीटर में व्यवस्थित कर लें।

कार्यविधि Working Method

1. सर्वप्रथम वाहन को चालू करके उसका बोनट खोलते हैं।
2. वाहन में इलेक्ट्रॉनिक नियन्त्रण इकाई से अवगत होते हैं।

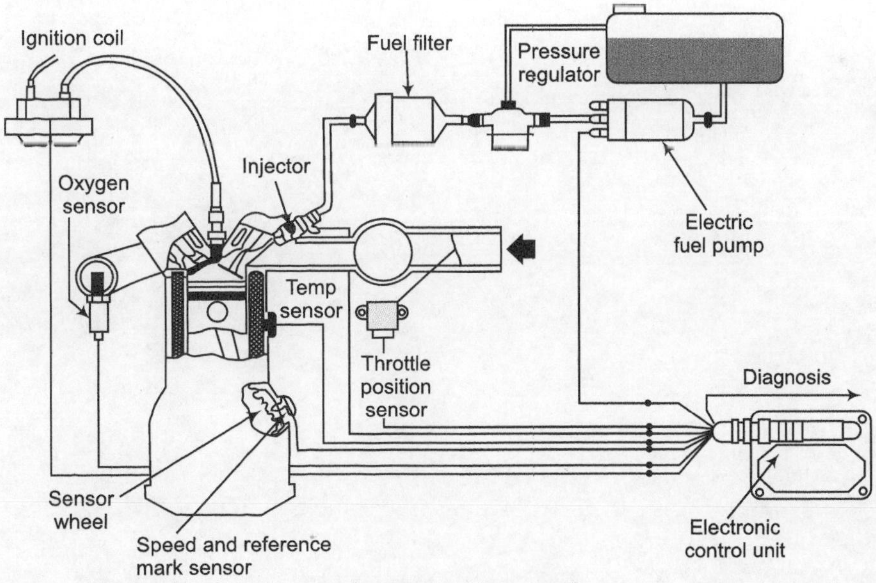

(i) इलेक्ट्रॉनिक नियन्त्रण इकाई

3. इलेक्ट्रॉनिक नियन्त्रण इकाई में प्रयुक्त विविध अवयवों (माइक्रोप्रोसेसर, लॉजिक गेट, डायोड, ट्रांजिस्टर, रिले आदि) से अवगत होते हैं।
4. मल्टीमीटर द्वारा इलेक्ट्रॉनिक सर्किट बोर्ड की जाँच करते हैं।

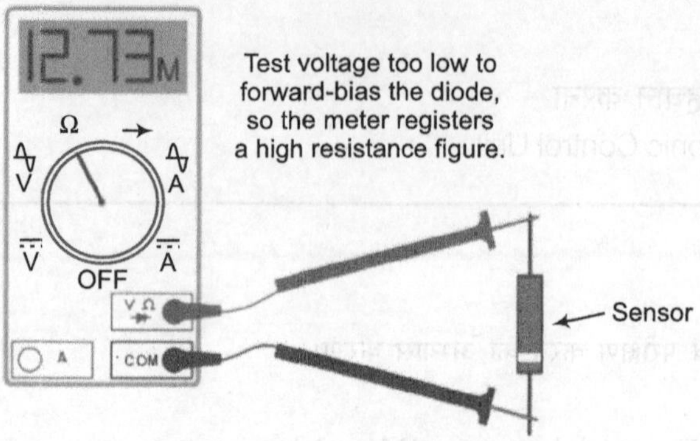

(ii) मल्टीमीटर द्वारा डायोड की पहचान

5. इलेक्ट्रॉनिक नियन्त्रण इकाई को व्यवस्थित करते हैं।
6. वाहन का बोनट बन्द कर देते हैं।

परिणाम (Result) इलेक्ट्रॉनिक नियन्त्रण इकाई की पहचान एवं परीक्षण करने का अभ्यास सफलतापूर्वक किया गया।

प्रैक्टिकल संख्या 129

✎ परीक्षण हेतु सैट अप करना, इलेक्ट्रॉनिक कण्ट्रोल परिपथ का परीक्षण
Perform Setup for Testing, Testing of Electronic Control Circuit

उद्देश्य Object

इलेक्ट्रॉनिक कण्ट्रोल परिपथ में दोष ज्ञात करने के लिए परीक्षण करना।

आवश्यक उपकरण/सामग्री Essential Apparatus/Materials

- इलेक्ट्रॉनिक सर्किट बोर्ड
- स्कैन टूल डाटा
- फ्लक्स
- टैस्टर
- मल्टीमीटर केबिल
- मल्टीमीटर
- इलेक्ट्रॉनिक आयरन

सुरक्षा सावधानियाँ/निर्देश Safety Precautions/Instructions

1. ध्यान रखें कि सर्किट बोर्ड को कोई क्षति न पहुँचे।
2. मल्टीमीटर का प्रयोग करने से पूर्व इसका स्विच ऑन कर लें।
3. मल्टीमीटर केबिल को मल्टीमीटर में व्यवस्थित कर लें।

कार्यविधि Working Method

1. सर्वप्रथम मल्टीमीटर का स्विच ऑन करते हैं।
2. मल्टीमीटर में मल्टीमीटर केबिल को व्यवस्थित करते हैं।

(i) सर्किट बोर्ड दोषोपचार

3. स्कैन टूल डाटा का अवलोकन करते हैं।
4. मल्टीमीटर केबिल द्वारा सर्किट बोर्ड की जाँच करना आरम्भ करते हैं। यदि कोई अवयव दोषयुक्त है, तो उसका दोषोपचार करते हैं।
5. सर्किट बोर्ड में ढीले अवयवों की सोल्डरिंग करते हैं।

परिणाम (Result) इलेक्ट्रॉनिक कण्ट्रोल परिपथ का स्कैन टूल डाटा द्वारा परीक्षण करके सफलतापूर्वक दोषोपचार किया गया।

प्रैक्टिकल संख्या 130

✎ इंजन में स्थापित विविध सेन्सर्स एवं उनकी माउण्टिंग की पहचान करना
Perform Identification of Various Sensors Installed in Engine and Its Mounting

उद्देश्य Object

इंजन में स्थापित विविध सेन्सर्स एवं इनकी माउण्टिंग की पहचान करना तथा उनका प्रदर्शन करना।

आवश्यक उपकरण/सामग्री Essential Apparatus/Materials

- एक वाहन
- वाहन निर्देशिका

सुरक्षा सावधानियाँ/निर्देश Safety Precautions/Instructions

1. वाहन के किसी भी भाग से अनावश्यक छेड़छाड़ न करें।
2. कार्यशाला में उपलब्ध वाहन निर्देशिका पुस्तक का अध्ययन करें।

कार्यविधि Working Method

1. सर्वप्रथम वाहन का बोनट खोलते हैं।
2. इंजन मैनीफोल्ड पर लगे मैनीफोल्ड वायु तापमान सेन्सर से अवगत होते हैं।

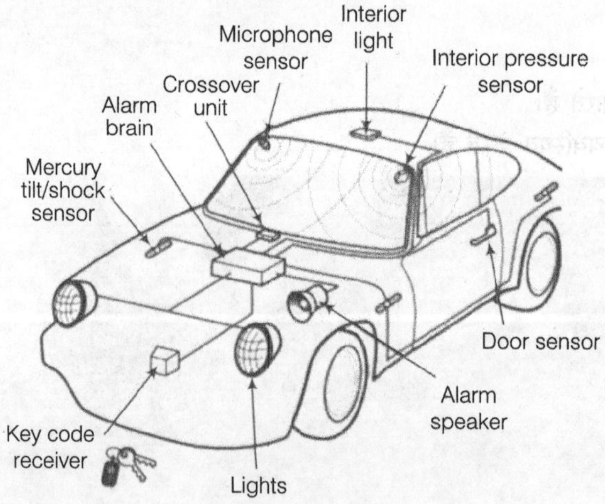

(i) वाहन में लगे विविध सेन्सर

3. इंजन पर लगे क्रैंक शाफ्ट एवं कैम शाफ्ट स्थिति सेन्सर से अवगत होते हैं।
4. सिलेण्डर ब्लॉक पर लगे नॉकिंग सेन्सर से अवगत होते हैं।
5. कार्बुरेटर पर लगे थ्रॉटल स्थिति सेन्सर से अवगत होते हैं।
6. वाहन के पहियों पर लगे वाहन गति सेन्सर से अवगत होते हैं।
7. इग्नीशन प्रणाली पर लगे विभवमापी एवं चुम्बकीय प्रेरण सेन्सर से अवगत होते हैं।

परिणाम (Result) इंजन में स्थापित विविध सेन्सरों एवं इनकी माउण्टिंग की पहचान सफलतापूर्वक की गई।

प्रैक्टिकल संख्या 131

✎ डैशबोर्ड में लगे उपकरणों एवं गेजों की जाँच करना और दोषित गेजों को बदलना
Check Instruments and Gauges on Dash Board and Replace Defective Gauges

उद्देश्य Object

वाहन डैशबोर्ड में लगे उपकरणों एवं गेजों की जाँच करना और दोषित गेजों को बदलने का अभ्यास करना।

आवश्यक उपकरण/सामग्री Essential Apparatus/Materials

- एक वाहन
- डी.ई. स्पैनर सैट
- फ्लक्स
- ट्रेनी टूल किट
- स्क्रू ड्राइवर
- इलेक्ट्रिक आयरन
- गेज
- नोज प्लायर
- सोल्डर
- वाहन निर्देशिका

सुरक्षा सावधानियाँ/निर्देश Safety Precautions/Instructions

1. डैशबोर्ड में लगे सभी उपकरणों एवं गेजों की चालकता सुनिश्चित कर लें।
2. यह सुनिश्चित करें कि वाहन की विद्युतीय वायरिंग को क्षति न पहुँचे।
3. बन्द या दोषित गेजों व उपकरणों के विद्युतीय संयोजन की जाँच प्रयोग करने से पूर्व अवश्य कर लें।
4. विद्युतीय तारों को जोड़ने के लिए सोल्डरिंग करें।

कार्यविधि Working Method

1. सर्वप्रथम वाहन को न्यूट्रल अवस्था में चालू करते हैं।
2. वाहन के डैशबोर्ड पर लगे उपकरणों एवं गेजों की जाँच करते हैं। यदि किसी उपकरण या गेज द्वारा पाठ्यांक (reading) प्रदर्शित नहीं होता है, तो तत्काल ही वाहन के डैशबोर्ड को स्क्रू ड्राइवर द्वारा खोलकर सम्बन्धित उपकरण या गेज के विद्युतीय संयोजन की जाँच करते हैं एवं ठीक करते हैं।
3. अब पुनः वाहन के डैशबोर्ड में लगे उपकरणों एवं गेजों की जाँच करते हैं। यदि अब भी कोई उपकरण या गेज पाठ्यांक प्रदर्शित नहीं करता है, तो इसे बदल देते हैं।
4. वाहन को चालू करके प्रथम गियर में ड्राइव करना आरम्भ करते हैं और डैशबोर्ड में लगे सभी उपकरणों एवं गेजों का विचलन सुनिश्चित करते हैं।
5. वाहन के डैशबोर्ड को व्यवस्थित करके फिट कर देते हैं।

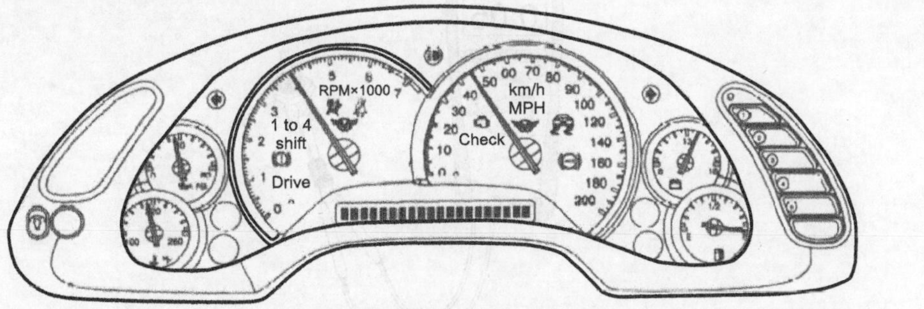

(i) वाहन डैशबोर्ड उपकरण एवं गेज

परिणाम (Result) वाहन डैशबोर्ड में लगे उपकरणों एवं गेजों की जाँच की गई और दोषित गेजों एवं उपकरणों को बदलने का अभ्यास सफलतापूर्वक किया गया।

प्रैक्टिकल संख्या 132

✎ टैम्प्रेचर सेन्सर, प्रैशर सेन्सर, पौटेन्शियोमीटर, मैग्नेटिक इण्डक्शन सेन्सर, कैमशाफ्ट, कैमशाफ्ट सेन्सर, क्रैंकशाफ्ट पोजीशन सेन्सर का परीक्षण करना
Test Temperature Sensor, Pressure Sensor, Potentiometer, Magnetic Induction Sensor, Camshaft Sensor, Crankshaft Position Sensor

उद्देश्य Object

टैम्प्रेचर सेन्सर, प्रैशर सेन्सर, पौटेन्शियोमीटर, मैग्नेटिक इण्डक्शन सेन्सर, कैमशॉफ्ट सेन्सर, क्रैंकशाफ्ट पोजीशन सेन्सर का परीक्षण करना।

आवश्यक उपकरण/सामग्री Essential Apparatus/materials

- ट्रेनी टूल किट
- ट्रे
- मल्टीमीटर
- बेनियन क्लॉथ
- इंजन/वाहन

सुरक्षा सावधानियाँ/निर्देश Safety Precautions/Instructions

1. मल्टीमीटर का प्रयोग करने से पूर्व इसका स्विच ऑन कर लें।
2. मल्टीमीटर में मल्टीमीटर केबिल को व्यवस्थित करें।
3. सेन्सरों की सावधानीपूर्वक जाँच करें।

कार्यविधि Working Method

A. टैम्प्रेचर सेन्सर

1. लॉक को खोलकर सर्वप्रथम बोनट को खोलते हैं।
2. टैम्प्रेचर सेन्सर को खोजते हैं, यह थर्मोस्टेट वाल्व क्षेत्र में स्थित होता है।
3. मल्टीमीटर को प्रतिरोध मापन मोड में सैट करते हैं।
4. काले टर्मिनल का ग्राउण्ड से, लाल टर्मिनल को टैम्प्रेचर सेन्सर से संयोजित करके प्रतिरोध मापते हैं। चित्र (i)

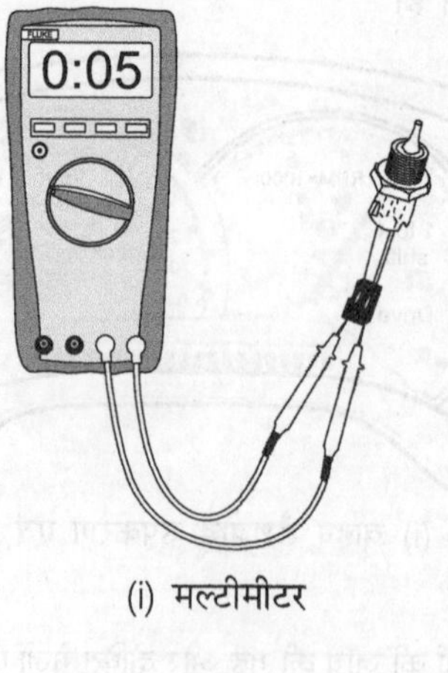

(i) मल्टीमीटर

5. इंजन को ऑन करते हैं एवं इंजन को गर्म करने के लिए दो या तीन मिनट के लिए चलाते हैं।
6. अब समान प्रक्रिया के साथ प्रतिरोध का मापन करते हैं।
7. यदि प्रतिरोध में 200 Ω से अधिक का अन्तर हो, तो सेन्सर उत्तम स्थिति में है।
8. यदि प्रतिरोध में 200 Ω से अधिक का अन्तर न हो, तो टैम्प्रेचर सेन्सर को बदलते हैं।

B. प्रैशर सेन्सर

1. सेन्सर की स्थिति ज्ञात करते हैं।
2. मल्टीमीटर को AC mv रेंज पर सैट करके प्रयोग करते हैं।
3. इंजन को चालू करके रनिंग स्थिति में रखते हैं।
4. काले टर्मिनल को ग्राउण्ड करते हैं।
5. लाल टर्मिनल को स्पर्श करते हैं।
6. यदि मल्टीमीटर 200 से 400 mv तक वोल्टेज दर्शाता है, तो सेन्सर सही प्रकार से कार्य कर रहा है।
7. यदि वोल्टेज में कोई परिवर्तन न हो, तो सेन्सर को बदलते हैं।

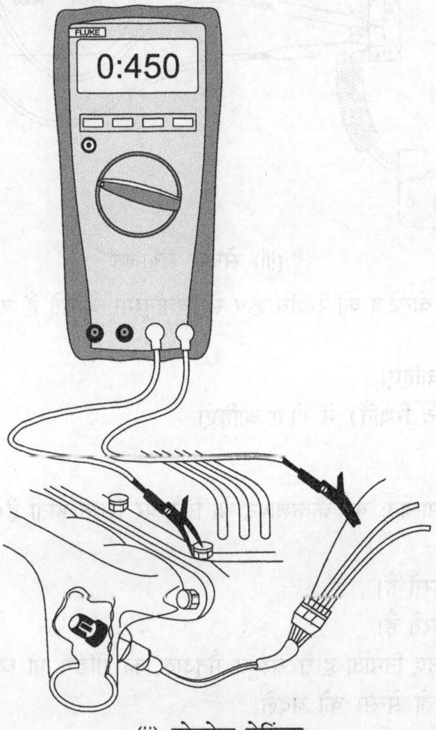

(ii) वोल्टेज टेस्टिंग

C. पौटेन्शियोमीटर सेन्सर

1. सर्वप्रथम एयर क्लीनर असेम्बली को हटाते हैं।
2. इग्नीशन स्विच को टर्न ऑफ करते हैं।
3. इलेक्ट्रिक थ्रॉटल बॉडी से कनेक्टर को विसंयोजित करते हैं।
4. मुख्य एवं सब-आउटपुट वोल्टेज के लिए निम्नवत् सेन्सर को जाँचते हैं।
5. 1.5 वोल्टेज वाली तीन बैटरियों को श्रेणीक्रम में व्यवस्थित करते हैं एवं जाँचते हैं कि वोल्टेज 4.5 से 5.0 वोल्टेज के मध्य है।

6. बैटरियों एवं वोल्टमीटर को सेन्सर से निम्न चित्र (iii) के अनुसार संयोजित करते हैं।

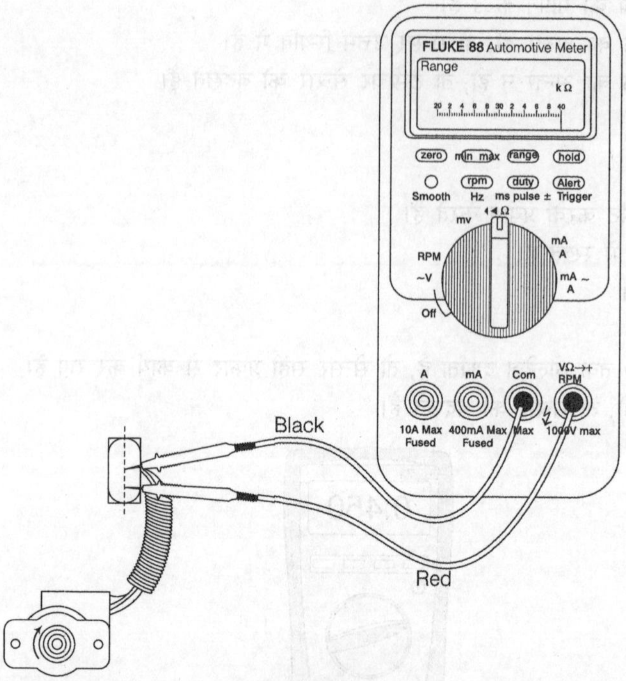

(iii) सेन्सर संयोजन

7. थ्रॉटल ओपनिंग एंगिल पर आधारित परिवर्तित वोल्टेज को रेखीय रूप से चित्रानुसार जाँचते हैं जबकि थ्रॉटल वाल्व खुला होता है एवं अँगुली द्वारा बन्द किया जाता है।
8. 5°C से अधिक परिवेशी तापमान नहीं होना चाहिए।
9. एक्सीलिरेटर पैडल आदर्श स्थिति (पूर्णत: बन्द स्थिति) में होना चाहिए।

D. क्रैंकशाफ्ट पोजीशन सेन्सर

1. सर्वप्रथम सेन्सर की स्थिति ज्ञात करते हैं। सामान्यत: यह क्रैंकशाफ्ट के सिरे पर स्थित होता है।
2. उसके पश्चात् इंजन को चलाते हैं।
3. मल्टीमीटर को AC मिलीवोल्ट रेंज में सैट करते हैं।
4. प्रोब्स का उपयोग करके वोल्टेज का मापन करते हैं।
5. सामान्य रेंज 200 mv होनी चाहिए। इसके लिए निर्माता द्वारा संस्तुत मैनुअल की रीडिंग भी ध्यान में रखते हैं।
6. यदि मल्टीमीटर कोई वोल्टेज नहीं दर्शाता है, तो सेन्सर को बदलें।

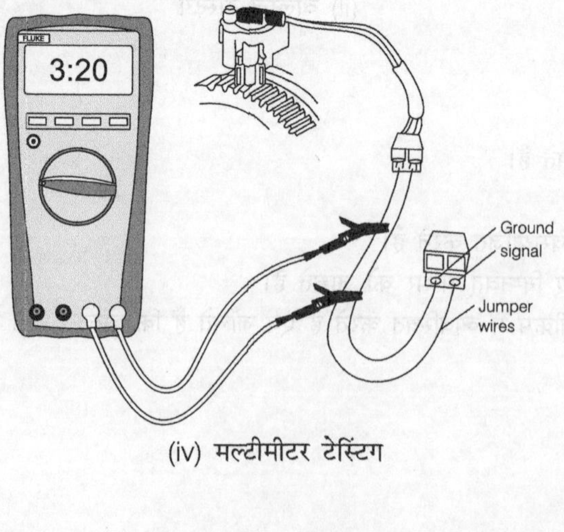

(iv) मल्टीमीटर टेस्टिंग

E. कैमशाफ्ट पोजीशन सेन्सर

1. सर्वप्रथम सेन्सर की स्थिति ज्ञात करते हैं। सामान्यत: यह हैड असेम्बली के सिरे पर स्थित होता है।
2. इंजन को चलाते हैं।
3. AC मिलीवोल्ट रेंज में मल्टीमीटर को सैट करते हैं।
4. प्रोब्स का उपयोग करके वोल्टेज का मापन करते हैं।
5. सामान्य रेंज प्राय: 200 mv होनी चाहिए।
6. यदि मल्टीमीटर कोई वोल्टेज नहीं दर्शाता है, तो सेन्सर को बदलते हैं।

परिणाम (Result) टैम्प्रेचर सेन्सर, प्रैशर सेन्सर, पौटेन्शियोमीटर मैग्नेटिक इण्डक्शन सेन्सर, कैमशॉफ्ट पोजीशन सेन्सर इत्यादि का परीक्षण सफलतापूर्वक किया गया।

प्रैक्टिकल संख्या 133

✎ दोषोपचार करना–इंजन क्रैंक करता है, परन्तु स्टार्ट नहीं होगा या कठिनाई से स्टार्ट होगा, खराब ईंधन प्रबन्ध या इंजन प्रदर्शन के लिए सम्भावित कारण व उपाय
Carryout Diagnosis Possible Causes and Remedy for Engine Cranks, but will not or Hard to Start, Poor Fuel Economy or Engine Performance

133.1

इंजन का चालू न होना

Engine will not Start

उद्देश्य Object

इंजन के क्रैंक करने के बावजूद इंजन के चालू न होने या कठिनता से चालू होने की दशा में दोषोपचार करना।

आवश्यक उपकरण/सामग्री Essential Apparatus/Materials

- एक वाहन
- डी.ई. स्पैनर सैट
- रिंग स्पैनर सैट
- स्क्रू ड्राइवर
- पेट्रोल
- मल्टीमीटर
- मल्टीमीटर केबिल
- वायु सम्पीडक
- साफ कपड़ा
- स्पार्क प्लग रिमूवर
- फ्यूल पम्प रिपेयर किट
- लोहे का तार
- नोज प्लायर

सुरक्षा सावधानियाँ/निर्देश Safety Precautions/Instructions

1. मल्टीमीटर का प्रयोग करने से पूर्व इसका स्विच ऑन कर लें।
2. मल्टीमीटर में केबिल व्यवस्थित कर लें।
3. फर्श पर ऑयल न गिरने दें।
4. ईंधन लाइन में उपयुक्त दाब की जाँच कर लें।
5. ईंधन टैंक में ईंधन की उपयुक्त मात्रा सुनिश्चित कर लें।

कार्यविधि Working Method

1. सर्वप्रथम वाहन का बोनट खोलते हैं।
2. वाहन के ईंधन पम्प की जाँच करते हैं। यदि आवश्यकता हो, तो इसकी मरम्मत करते हैं एवं खराब व घिसे भागों को बदल देते हैं।
3. इग्नीशन प्रणाली की वैद्युतिक वायरिंग की जाँच करते हैं। यदि इसमें कोई दोष प्रतीत होता है, तो इसका तत्काल ही निवारण करते हैं।
4. स्पार्क प्लग को खोलकर इसके इलेक्ट्रॉड की टिप पर उपस्थित कार्बन को साफ करते हैं।
5. इंजन की इग्नीशन टाइमिंग की जाँच करते हैं। यदि यह ठीक नहीं है, तो इसे व्यवस्थित करते हैं।
6. क्रैंक शाफ्ट संवेदक की जाँच करते हैं। यदि यह खराब है, तो इसे बदल देते हैं।
7. ईंधन लाइन में उपयुक्त दाब की जाँच करते हैं एवं इसे व्यवस्थित करते हैं।
8. इंजन को पुन: चालू करते हैं।

परिणाम (Result) इंजन के क्रैंक होने के बावजूद इंजन के चालू न होने या इंजन के कठिनता से चालू होने की दशा में सफलतापूर्वक दोषोपचार किया गया।

133.2

खराब ईंधन Poor Fuel

उद्देश्य Object

खराब ईंधन या खराब इंजन निष्पादन की दशा में दोषोपचार करना।

आवश्यक उपकरण/सामग्री Essential Apparatus/Materials

- एक वाहन
- लोहे का तार
- मल्टीमीटर
- स्पार्क प्लग रिमूवल किट
- नोज प्लायर
- सॉकेट स्पैनर
- स्क्रू ड्राइवर
- डी.ई. स्पैनर सैट
- मल्टीमीटर केबिल

सुरक्षा सावधानियाँ/निर्देश Safety Precautions/Instructions

1. मल्टीमीटर का प्रयोग करने से पूर्व इसका स्विच ऑन करते हैं।
2. मल्टीमीटर में केबिल को व्यवस्थित करते हैं।
3. वैद्युतिक वायरिंग को क्षति नहीं पहुँचनी चाहिए।
4. कार्बुरेटर में स्लो स्पीड अव्यवस्थित नहीं होनी चाहिए।

कार्यविधि Working Method

1. सर्वप्रथम वाहन का बोनट खोलते हैं।
2. इंजन कार्बुरेटर का वेन्चूरी एवं थ्रॉटल वाल्व व्यवस्थित करते हैं।
3. इंजन से स्पार्क प्लगों को खोलकर इनकी टिप पर लगी कार्बन को साफ करते हैं।
4. इंजन की इगनीशन टाइमिंग को व्यवस्थित करते हैं।
5. इंजन की इलेक्ट्रॉनिक नियन्त्रण इकाई की जाँच करते हैं। यदि इसमें कोई दोष है, तो उसका निवारण करते हैं।
6. इंजन की शीतलन प्रणाली की जाँच करते हैं एवं इसमें उपस्थित दोषों का निवारण करते हैं।
7. वाहन में इंजन को चालू करके देखते हैं।

परिणाम (Result) खराब ईंधन या खराब इंजन निष्पादन की दशा में सफलतापूर्वक दोषोपचार किया गया।

प्रैक्टिकल संख्या 134

✎ इग्नीशन टाइमिंग जाँचने, स्पार्क प्लग जाँचने व बदलेन, हॉल इफेक्ट सेन्सर, ऑप्टिकल सेन्सर पहचानने व परीक्षण करने का अभ्यास करना। सेन्सर परिपथ ट्रेस करना व परीक्षण करना
Practice Checking Ignition Timing Checking & Changing a Spark Plug, Identification and Testing of Hall Effect Sensor, Optical Sensor. Tracing and Testing of Sensor Circuits

134.1

इग्नीशन टाइमिंग की जाँच करना
Checking of Ignition Timing

उद्देश्य Object
वाहन में इग्नीशन टाइमिंग की जाँच करना एवं इसे व्यवस्थित करने का अभ्यास करना।

आवश्यक उपकरण/सामग्री Essential Apparatus/Materials
- एक वाहन
- फीलर गेज
- डी.ई. स्पैनर सैट
- साफ कपड़ा

सुरक्षा सावधानियाँ/निर्देश Safety Precautions/Instructions
- सम्पीडन (compression) स्ट्रोक की समाप्ति पर पिस्टन टी.डी.सी. पर रहना चाहिए।
- डिस्ट्रीब्यूटर कैप पर किसी भी दशा में चोट न मारें।
- रोटर को इसकी अवस्था में पूर्णत: बैठा दें।
- सभी लीड्स को उनके सॉकेट में पूर्णतया बैठा दें।

कार्यविधि Working Method
1. सर्वप्रथम वाहन का बोनट खोलते हैं।
2. सभी एच.टी. लीड्स अलग करते हैं और डिस्ट्रीब्यूटर कैप हटाते हैं।
3. इग्नीशन स्विच बन्द करके हैण्डल से इंजन को तब तक घुमाते हैं जब तक कि सम्पीडन स्ट्रोक में सिलेण्डर नं. 1 का पिस्टन टी.डी.सी. पर न आ जाए।

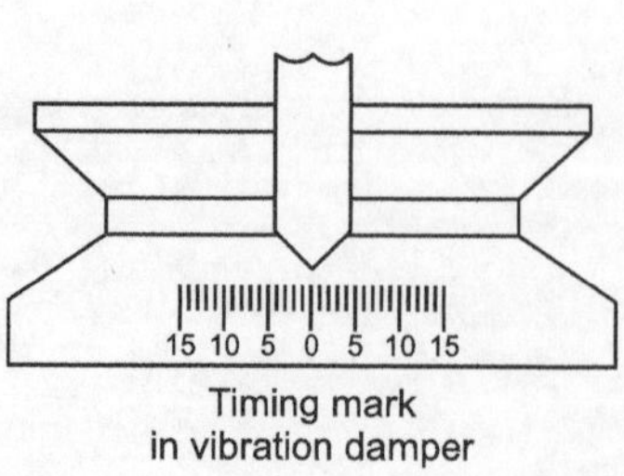

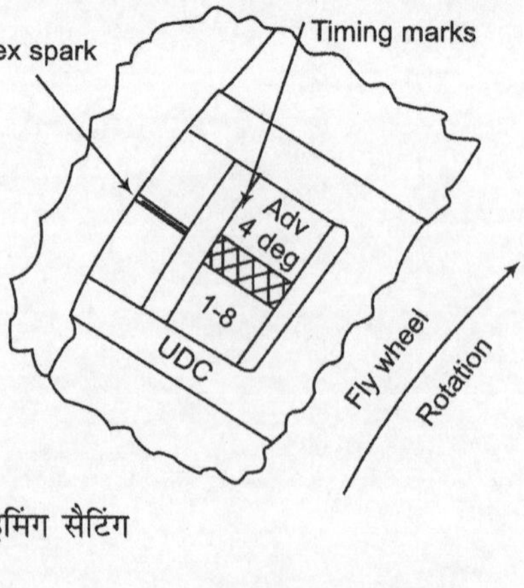

(i) इग्नीशन टाइमिंग सैटिंग

4. कन्टैक्ट प्वॉइण्ट की स्थिति की जाँच करते हैं एवं डिस्ट्रीब्यूटर कैप में रोटर की स्थिति की जाँच करते हैं। प्वॉइण्ट खुला होने को तैयार होना चाहिए तथा रोटर नं. 1 प्लग लीड के विपरीत होना चाहिए। यदि डिस्ट्रीब्यूटर की बॉडी को नहीं घुमाते हैं, तो प्वॉइण्ट पूर्णत: खुलत्ते हैं एवं कैम रविंग ब्लॉक पर ऊँची स्थिति में फिलर गेज द्वारा जाँच करते हैं। यदि आवश्यक हो, तो इसे व्यवस्थित करते हैं।
5. अब इग्नीशन स्विच ऑन करते हैं एवं डिस्ट्रीब्यूटर बॉडी को तब तक धीरे-धीरे घुमाते हैं जब तक कि प्वॉइण्ट बन्द न हो जाए।
6. डिस्ट्रीब्यूटर बॉडी को इसी स्थिति में तब तक पकड़ते हैं जब तक कि क्रैंकिंग स्पार्क प्वॉइण्ट बीच में नहीं आ जाता है।
7. डिस्ट्रीब्यूटर लॉकिंग क्लैम्प को कसते हैं और इग्नीशन स्विच को बन्द कर देते हैं।
8. रोटर टिप को साफ करते हैं तथा इसे इसके स्थान पर फिट करते हैं।
9. टिप की स्थिति को नोट करते हैं।
10. डिस्ट्रीब्यूटर कैप लगाते हैं और इसे लॉक करते हैं।
11. सॉकेट पर नं. 1 प्लग लीड को जोड़ते हैं।
12. फायरिंग ऑर्डर के अनुसार घूमने की दिशा में अन्य लीड्स भी लगाते हैं।
13. इंजन को चालू करते हैं।
14. वाहन का बोनट बन्द कर देते हैं।

परिणाम (Result) वाहन में इग्नीशन टाइमिंग की जाँच की गई एवं इसे व्यवस्थित करने का अभ्यास सफलतापूर्वक किया गया।

134.2

स्पार्क प्लग की जाँच करना

Checking of Spark Plug

उद्देश्य Object

स्पार्क प्लग की जाँच करना एवं इसे बदलने का अभ्यास करना।

आवश्यक उपकरण/सामग्री Essential Apparatus/Materials

- एक वाहन
- स्पार्क प्लग
- मैटल ट्रे
- पेट्रोल
- साफ कपड़ा
- स्पार्क प्लग स्पैनर
- वायु सम्पीडक
- स्पार्क प्लग क्लीनर
- स्पार्क प्लग टैस्टर
- टॉर्क रिंच
- फाइल
- फिलर गेज
- वायर ब्रुश

सुरक्षा सावधानियाँ/निर्देश Safety Precautions/Instructions

1. डिस्ट्रीब्यूटर कैप पर नं. 1 एच.टी. लीड को फायरिंग ऑर्डर एवं डिस्ट्रीब्यूटर शाफ्ट के घूमने की दिशा को नोट करना न भूलें।
2. स्पार्क प्लग को इंजन से निकालते समय प्लग के चारों ओर की जगह साफ करना न भूलें।
3. प्लग को साफ करने के लिए स्क्रैपर का प्रयोग न करें।
4. एयर ब्लास्टर को 5 सेकण्ड से अधिक प्रयोग न करें।
5. स्पार्क प्लग के सेण्ट्रल इलेक्ट्रॉड पर क्षति न पहुँचे।
6. स्पार्क प्लग को इंजन में फिट करते समय नई गैस्केट का प्रयोग करें।

कार्यविधि Working Method

1. सर्वप्रथम वाहन का बोनट खोलते हैं।
2. एच.टी. लीड नं. 1 की डिस्ट्रीब्यूटर कैप पर निशान लगाते हैं।
3. सभी स्पार्क प्लगों से लीड बाहर निकाल लेते हैं।
4. स्पार्क प्लगों को निकालते हैं।

5. वायर ब्रुश एवं पेट्रोल के द्वारा स्पार्क प्लग इलेक्ट्रॉड की टिप पर से कार्बन को साफ करते हैं। इसके पश्चात् प्रत्येक स्पार्क प्लग पर 5 सेकण्ड के लिए एयर ब्लास्ट करके सफाई करते हैं।

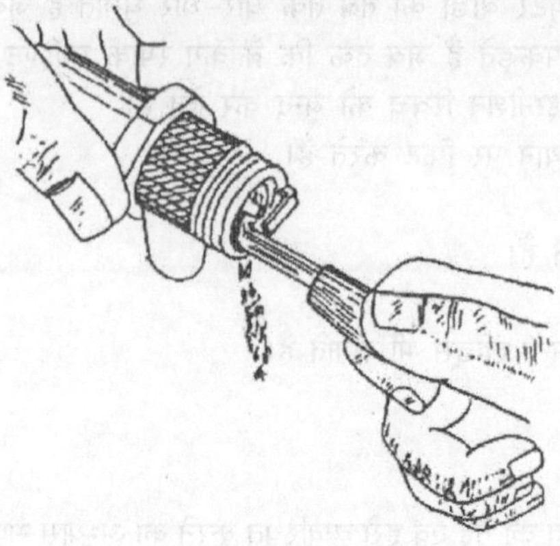

(ii) स्पार्क प्लग की सफाई

6. स्पार्क प्लग टैस्टर पर स्पार्क प्लग की जाँच करते हैं। यदि स्पार्क प्लग खराब है, तो इसे बदल देते हैं। यदि स्पार्क प्लग सही है, तो इसकी इलेक्ट्रॉड का गैप व्यवस्थित करते हैं।
7. अब स्पार्क प्लग के इलेक्ट्रॉड को फाइल द्वारा साफ करके गैप को फिलर गेज द्वारा मापते हैं।
8. साइड इलेक्ट्रॉड के झुकाव से गैप व्यवस्थित करते हैं।

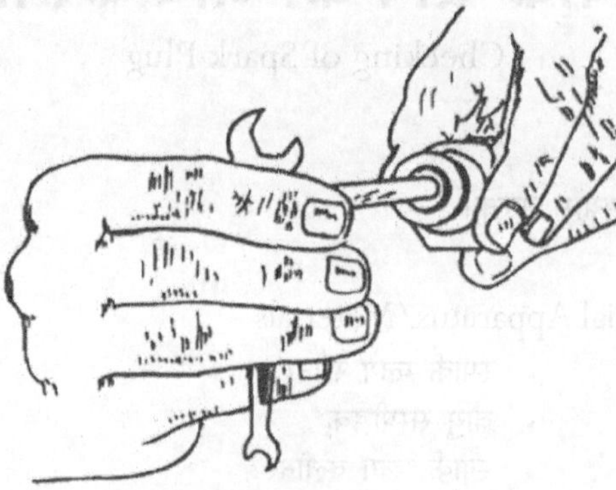

(iii) स्पार्क प्लग गैप सैट करना

9. स्पार्क प्लग परीक्षक द्वारा पुन: स्पार्क प्लग की जाँच करते हैं और स्पार्क प्लग को इंजन में फिट कर देते हैं।
10. डिस्ट्रीब्यूटर से पूर्व की भाँति H.T. केबिल को लगा देते हैं।
11. इंजन को चालू करते हैं।
12. वाहन का बोनट बन्द कर देते हैं।

परिणाम (Result) स्पार्क प्लग की जाँच की गई एवं इसे बदलने का अभ्यास सफलतापूर्वक किया गया।

प्रैक्टिकल संख्या 135

✎ निम्न आवेशन, नगण्य आवेशन एवं अत्यधिक आवेशन स्थितियों के कारणों हेतु आवेशन प्रणाली की जाँच करना

Checking of a Charging System

उद्देश्य Object

निम्न आवेशन, नगण्य आवेशन एवं अत्यधिक आवेशन स्थितियों के कारणों हेतु आवेशन प्रणाली की जाँच करना।

आवश्यक उपकरण/सामग्री Essential Apparatus/Materials

- वाहन
- डी.ई. स्पैनर सैट
- सॉकेट स्पैनर सैट
- बैल्ट टैन्शनर
- ट्रेनी टूल किट
- स्क्रू ड्राइवर
- प्रोब्स सहित मल्टीमीटर
- स्क्रैपर
- नोज प्लायर
- इंजन ऑयल
- साफ कपड़ा
- रिंग स्पैनर सैट
- हैमर

सुरक्षा सावधानियाँ/निर्देश Safety Precautions/Instructions

1. मल्टीमीटर का प्रयोग करने से पूर्व मल्टीमीटर का स्विच ऑन कर दें।
2. मल्टीमीटर में मल्टीमीटर प्रोब्स को सही प्रकार से व्यवस्थित कर लें।
3. बैटरी सही है या नहीं इसकी जाँच अवश्य कर लें।
4. बैटरी संयोजनों की जाँच कर लें।

कार्यविधि Working Method

1. सर्वप्रथम वाहन का बोनट खोलते हैं।
2. वाहन में बैटरी टर्मिनलों की जाँच करते हैं। यदि बैटरी टर्मिनलों पर कार्बन लगा है, तो इसे साफ करते हैं और यदि बैटरी टर्मिनल पर तार ढीले हैं, तो इन्हें व्यवस्थित करते हैं।
3. आल्टरनेटर की बैल्ट की जाँच करते हैं। यदि यह ढीली है, तो इसे टाइट करते हैं या इसे बदल देते हैं।
4. स्टेटर वाइण्डिंग का परिपथ खोलते हैं और मल्टीमीटर द्वारा इसकी जाँच करते हैं। कोई दोष होने की स्थिति में इसका निवारण करते हैं।
5. इसके पश्चात् आवेशन परिपथ को खोलते हैं और मल्टीमीटर द्वारा इसकी जाँच करते हैं।
6. आल्टरनेटर की जाँच करते हैं। यदि इसके बुश या स्लिप रिंग खराब हैं, तो इसे बदल देते हैं।
7. वोल्टेज रेगुलेटर की जाँच करते हैं। यदि यह खराब है, तो इसे बदल देते हैं।
8. शाफ्ट बियरिंग की जाँच करते हैं। यदि आवश्यक हो, तो इसका स्नेहन करते हैं।
9. अन्त में वाहन के इंजन को चालू करके आवेशन की जाँच करते हैं।
10. वाहन का इग्नीशन स्विच ऑफ कर देते हैं।

परिणाम (Result) निम्न आवेशन, नगण्य आवेशन एवं अत्यधिक आवेशन स्थितियों के कारणों हेतु आवेशन प्रणाली की जाँच सफलतापूर्वक की गई।

प्रैक्टिकल संख्या 136

✎ आल्टरनेटर हटाना व बदलना, ग्राउण्ड ओपन सर्किट हेतु रोटर, फील्ड क्वॉयल प्रतिरोध, स्लिप रिंग सर्फेस, फैन, बियरिंग का निरीक्षण करना। ग्राउण्ड, ओपन सर्किट हेतु स्टेटर का निरीक्षण करना, ड्राइव एण्ड बियरिंग रोटेशन, रेक्टिफायर सर्विस मैनुअल की तुलना में ब्रश लम्बाई, स्लिप रिंग सर्फेस का निरीक्षण करना

Perform Removing & Replacing an Alternator, Inspection of Rotor for Ground Open Circuit Field Coil Resistance Slip ring Surface, Fan, Bearing . Inspection of Stator For Ground, Open Circuit Inspection of Rotation , Rectifier, Brush Length Compare With Service Manual , Slip Ring Surface

---

उद्देश्य Object

आल्टरनेटर को निकालना व बदलना, ग्राउण्ड के लिए रोटर का निरीक्षण, फील्ड क्वॉयल प्रतिरोध, स्लिप रिंग सर्फेस, फैन, बियरिंग का ओपन सर्किट परीक्षण। ग्राउण्ड के लिए स्टेटर का निरीक्षण, ओपन सर्किट, ड्राइव एण्ड बियरिंग घूर्णन एवं रेक्टीफायर का निरीक्षण, सर्विस मैनुअल के साथ ब्रश लम्बाई की तुलना करना, स्लिप रिंग सर्फेस को जाँचना।

आवश्यक उपकरण/सामग्री Essential Apparatus/Materials

- डिजिटल मल्टीमीटर
- कन्टीन्यूटी मीटर
- ओममीटर
- DE स्पैनर सैट (6 से 32)
- इलेक्ट्रिकल टेस्टर
- AC आल्टरनेटर स्लिप रिंग पुलर
- ऑटो इलेक्ट्रिकल टूल किट
- इलेक्ट्रिकल टेस्ट बेंच
- बियरिंग एवं बुशों के लिए पुली सैट यूनिवर्सल
- ट्रेनी टूल किट

सुरक्षा सावधानियाँ/निर्देश Safety Precautions/instructions

1. आल्टरनेटर को खोलते समय विशेष सावधानी बरतें।
2. आल्टरनेटर के अवयवों की पहचान के लिए सर्विस मैनुअल का अध्ययन करें।
3. आल्टरनेटर के किसी भी भाग को क्षति न पहुचाएँ।

कार्यविधि Working Method

A. आल्टरनेटर को खोलना

1. सर्वप्रथम दोनों एण्ड शील्ड के एक्रॉस एक रेखा मार्क (mark) करते हैं।
2. स्टड एवं नटों को खोलकर कवर को हटाते हैं एवं कवर को उठाते हैं।
3. रेगुलेटर लीड्स धनात्मक एवं ऋणात्मक (3 एवं 5) को विसंयोजित करते हैं।
4. ब्रुश-बॉक्स से स्क्रू खोलकर रेगुलेटर (4) को निकालते हैं।
5. दोनों ब्रुशों को निकालते हैं। सीलिंग पैड की स्थिति को नोट करते हैं।
6. स्लिप रिंग एण्ड ब्रेकेट (9) के लिए ब्रुश-बॉक्स के स्क्रू खोलते हैं एवं ब्रुश-बॉक्स (8) को उठाते हैं।
7. रेक्टीफायर के टर्मिनल टैग्स (tags) पर गर्म सोल्डरिंग आयरन लगाकर रेक्टीफायर से स्टेटर वाइण्डिंग केबिल एण्ड्स रिलीज करते हैं। जब सोल्डर पिघल जाए तब केबिल को निकालते हैं।
8. स्लिप रिंग एण्ड ब्रेकेट से रेक्टीफायर असेम्बली (11) के स्क्रू खोलते हैं एवं रेक्टीफायर असेम्बली को निकालते हैं।

9. फिक्सिंग बोल्टों को हटाते हैं।

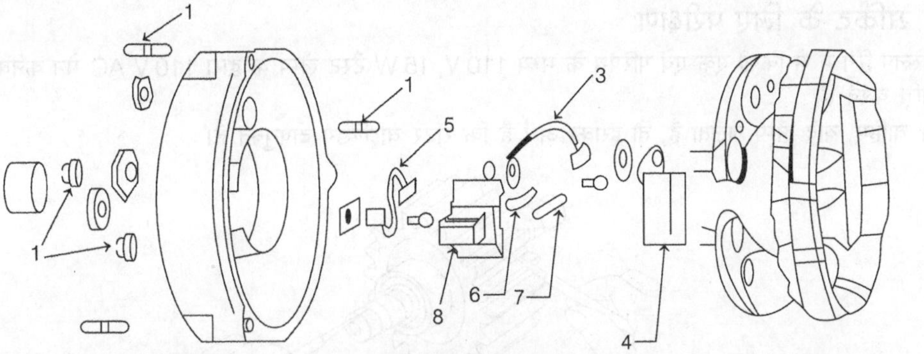

(i) आल्टरनेटर डिस्मेन्टलिंग

10. स्लिप रिंग एण्ड ब्रेकेट (9) को निकालते हैं।
11. ड्राइव एण्ड ब्रेकेट (14) से स्टेटर असेम्बली (13) को निकालते हैं।
12. शाफ्ट नट (15), वाशर (16), पुली (17), फैन, वुड-रफ की (20) एवं स्पैसर्स (18) को हटाते हैं।
13. ड्राइव एण्ड बियरिंग (22) एवं रोटर असेम्बली (21)को अलग करने के लिए अपने अँगूठे के द्वारा रोटर शाफ्ट (23) एण्ड पर पुश (push) करते हैं।
14. केरोसिन एवं नायलॉन ब्रुश से सभी भागों की सफाई करते हैं।
15. फाइन एमरी पेपर के द्वारा स्लिप रिंग (12) को साफ करते हैं।
16. पेट्रोल से ब्रुशों को साफ करते हैं।
17. किसी टूट-फूट के लिए दृश्यिक रूप से बियरिंग की जाँच करते हैं, कोई खराबी होने पर बियरिंग को बदलते हैं।
18. निर्माता विशिष्टियों के अनुसार सही विमा के लिए ब्रुशों की जाँच करते हैं यदि आवश्यक हो, तो बदलते हैं।
19. ड्राइव एण्ड ब्रेकेट एवं स्लिप एण्ड ब्रेकेट पर आन्तरिक क्रैक के लिए जाँच करते हैं।

B. ओपन सर्किट के लिए स्टेटर की जाँच

1. स्टेटर वाइण्डिंग्स की निरन्तरता को जाँचते हैं। सर्वप्रथम एक 36 W टैस्ट लैम्प के साथ श्रेणी में 12 V बैटरी से कोई दो स्टेटर वाइण्डिंग लीड्स कनेक्ट करते हैं। लैम्प जलना चाहिए, यदि पहला परीक्षण सही हो, तो एक टैस्ट लैम्प लीड को स्टेटर में तीसरी लीड में बदलते हैं।
2. इस स्थिति में टैस्ट लैम्प जलना चाहिए, यदि वाइण्डिंग में कोई दोष, ओवरहीटिंग आदि हो, तो स्टेटर असेम्बली को बदलते हैं।

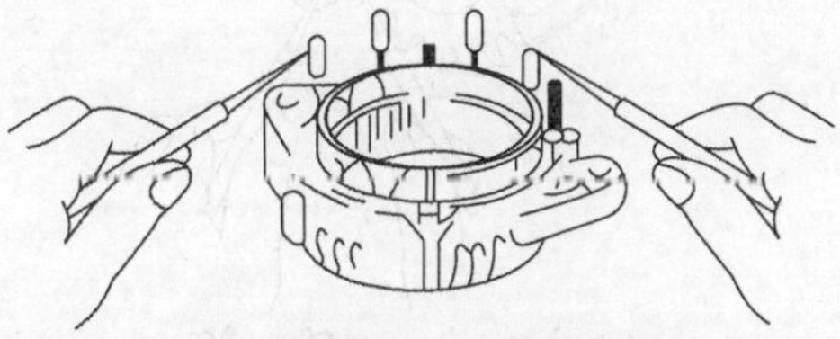

(ii) स्टेटर ओपन सर्किट चैकिंग

C. स्टेटर में शॉर्ट-सर्किट के लिए जाँच

1. स्टेटर लेमिनेशन एवं स्टेटर की तीन लीड्स में से किसी एक के मध्य 110 V, 15 W टैस्ट लैम्प के साथ 110 वोल्ट AC मेन को संयोजित करके स्टेटर वाइण्डिंग्स के इन्सुलेशन को जाँचते हैं। चित्र (iii)

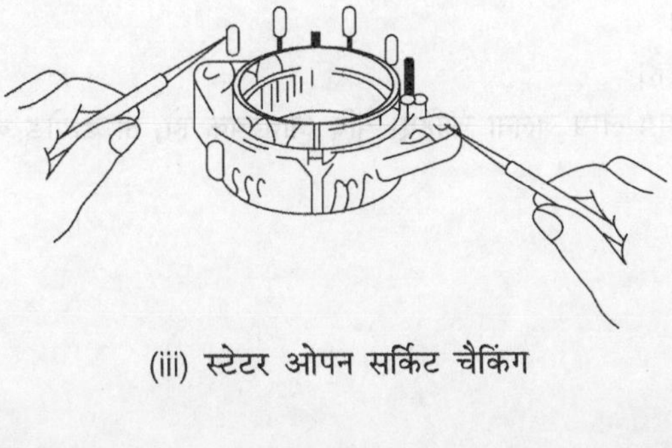

(iii) स्टेटर ओपन सर्किट चैकिंग

2. लैम्प नहीं जलना चाहिए, यदि टैस्ट लैम्प जलता है, तो इसका अर्थ है कि स्टेटर वाइण्डिंग दोषपूर्ण है, अत: इस स्थिति में स्टेटर वाइण्डिंग को बदलते हैं।

D. रोटर में शॉर्ट सर्किट के लिए परीक्षण

1. रोटर बॉडी एवं स्लिप रिंग में से किसी एक एवं परिपथ के मध्य 110 V, 15 W टैस्ट लैम्प के द्वारा 110 V AC मेन कनेक्ट करके रोटर वाइण्डिंग के इन्सुलेशन की जाँच करते हैं।
2. लैम्प नहीं जलना चाहिए, यदि लैम्प जलता है, तो इसका अर्थ है कि रोटर वाइण्डिंग दोषयुक्त है।

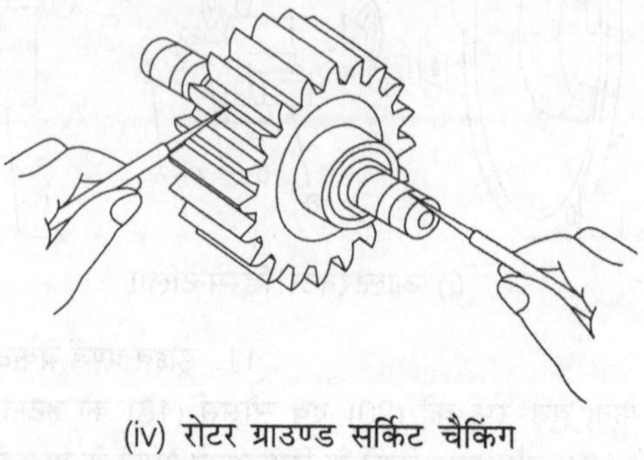

(iv) रोटर ग्राउण्ड सर्किट चैकिंग

E. रोटर वाइण्डिंग में ओपन सर्किट के लिए परीक्षण

1. एक 12 V/24 V बैटरी एवं स्लिप रिंग्स के मध्य मूविंग क्वॉयल अमीटर को संयोजित करके मोटर वाइण्डिंग निरन्तरता को जाँचते हैं।
2. 12 V बैटरी के लिए धारा लगभग 2 से 2.5 A तक होनी चाहिए, धारा का मान इससे कम रहने पर रोटर की पुन: वाइण्डिंग करते हैं।
3. ओममीटर के द्वारा रोटर वाइण्डिंग का प्रतिरोध जाँचते हैं।
4. 24 वोल्ट आल्टरनेटर के लिए प्रतिरोध 9.6 से ± 10 Ω तक एवं 12 वोल्ट आल्टरनेटर के लिए 3.2 से ± 0.5 Ω तक होना चाहिए। यदि रीडिंग इस सीमा के अन्दर नहीं है, तो रोटर असेम्बली की पुन: वाइण्डिंग करते हैं।

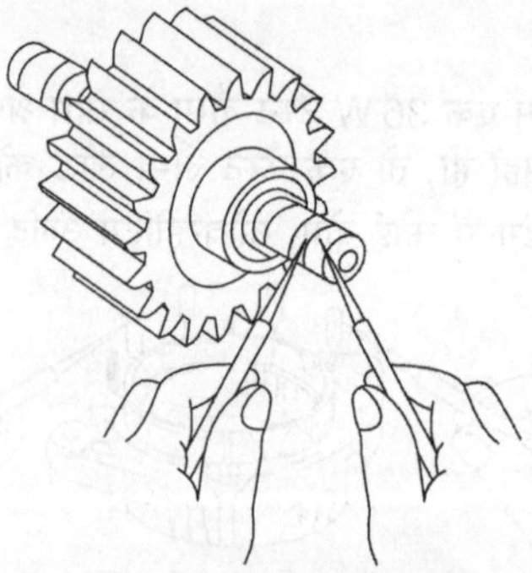

(v) रोटर ओपन सर्किट चैकिंग

F. डायोड का परीक्षण

1. डायोड के साथ श्रेणीक्रम में 15 W बल्ब, 12 V बैटरी संयोजित करके प्रत्येक डायोड का अलग-अलग परीक्षण करते हैं।
2. एक टैस्ट लीड को डायोड कनैक्टिंग पिन से एवं अन्य को हीट सिंक से संयोजित करते हैं।
3. अब देखते हैं कि लैम्प जलता है या नहीं।
4. अब टैस्ट लीड संयोजनों को रिवर्स करते हैं।
5. टैस्ट संयोजन की केवल एक दिशा के समय लैम्प जलना चाहिए। यदि आवश्यक हो, तो डायोड को बदलते हैं।

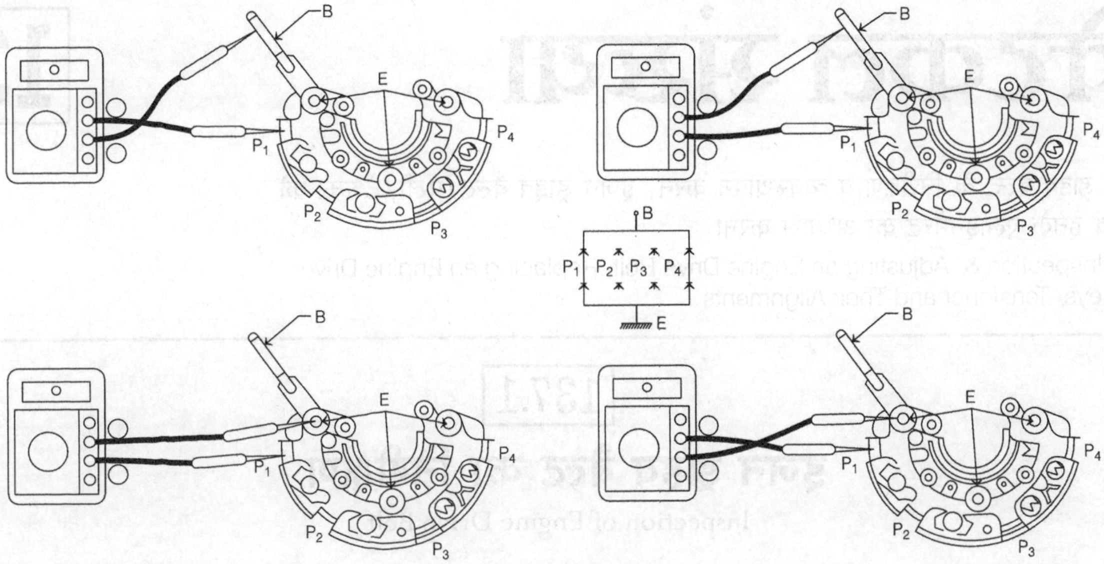

(vi) डायोड टेस्टिंग

G. स्लिप रिंग्स को जाँचना

1. लेथ में डायल टैस्ट इण्डीकेटर के साथ स्लिप रिंग्स की ट्रूनैस (trueness) जाँचते हैं।
2. गन्दगी या जले हुए के लिए स्लिप रिंग्स की सर्फेस को जाँचते हैं यदि आवश्यक हो, तो स्लिप रिंग्स को बदलते हैं।

H. आल्टरनेटर को असेम्बल करना एवं परीक्षण करना

1. असेम्बलिंग करते समय सुनिश्चित करते हैं कि सन्दर्भ रेखाएँ संरेखन में हों।
2. रोटर असेम्बली को ड्राइव एण्ड बियरिंग से ड्राइव एण्ड ब्रेकेट को असेम्बल करते हैं एवं स्क्रू के साथ बियरिंग रिटेनर को फिक्स करते हैं।
3. रोटर शाफ्ट पर स्पेसर वुडरफ की, फैन एवं पुली को असेम्बल करते हैं।
4. ड्राइव एण्ड ब्रेकेट से स्टेटर असेम्बली को जोड़ते हैं।
5. स्लिप रिंग एण्ड ब्रेकेट को रेक्टीफायर असेम्बली पर रखते हैं एवं स्क्रुओं से फिक्स करते हैं।
6. स्लिप रिंग एण्ड ब्रेकेट को रखते हैं एवं बोल्ट/स्टड को फिक्स करते हैं।
7. रेक्टीफायर से स्टेटर वाइण्डिंग केबिल एण्ड की सोल्डरिंग करते हैं।
8. स्लिप रिंग एण्ड ब्रेकेट पर ब्रुश बॉक्स को रखते हैं एवं स्क्रुओं को फिक्स करते हैं।
9. सीलिंग पैड को रखते हैं एवं दोनों ब्रुशों को रखते हैं।
10. पोजीशन में डिलीवरी ब्रुश माउण्टिंग प्लेट को रखकर स्क्रुओं से फिक्स करते हैं।
11. ब्रुश बॉक्स पर रेगुलेटर को रखते हैं एवं रेगुलेटर लीड्स को कनेक्ट करते हैं और स्क्रुओं से फिक्स करते हैं।
12. कवर को रखते हैं, वाशर एवं स्टडों के द्वारा कवर को फिक्स करते हैं एवं नटों को सही प्रकार से टाइट करते हैं।

I. रोटर परीक्षण Rotor Test

1. स्लिप रिंग्स के मध्य प्रतिरोध के मापन के लिए रोटर के ओपन सर्किट की जाँच करते हैं।
2. कुछ प्रतिरोध (5 Ω से कम) निरन्तरता प्रदर्शित करते हैं।
3. यदि कोई निरन्तरता (अनन्त प्रतिरोध) न हो, तो रोटर को बदलते हैं।
4. रोटर एवं स्लिप रिंग के मध्य प्रतिरोध मापन के लिए रोटर को ग्राउण्डेड सर्किट के लिए जाँचते हैं।
5. प्रतिरोध की कोई मात्रा ग्राउण्ड निरन्तरता प्रदर्शित करती है, तो प्रतिरोध अनन्त होना चाहिए।
6. यदि नहीं, तो रोटर को बदलते हैं।

परिणाम (Result) आल्टरनेटर को निकालने व बदलने, ग्राउण्ड के लिए रोटर के निरीक्षण, फील्ड क्वॉयल प्रतिरोध, स्लिप रिंग सर्फेस, फैन, बियरिंग के ओपन सर्किट परीक्षण, ग्राउण्ड के लिए स्टेटर के निरीक्षण, ओपन सर्किट, ड्राइव एण्ड बियरिंग घुर्णन एवं रेक्टीफायर के निरीक्षण, सर्विस मैनुअल के साथ ब्रश लम्बाई की तुलना करने, स्लिप रिंग सर्फेस को जाँचने का अभ्यास सफलतापूर्वक किया गया।

प्रैक्टिकल संख्या 137

✎ एक इंजन ड्राइव बैल्ट के निरीक्षण व व्यवस्थापन करने, इंजन ड्राइव बैल्ट/पुली/टेंशनर को बदलने एवं इनके एलाइनमेन्ट का अभ्यास करना

Practice Inspection & Adjusting an Engine Drive Belt, Replacing an Engine Drive Belt/ Pulleys/ Tensioner and Their Alignments

137.1

इंजन ड्राइव बैल्ट का निरीक्षण

Inspection of Engine Drive Belt

उद्देश्य Object

इंजन ड्राइव बैल्ट/पुली/टैन्शनर एवं उनके सरेंखन का निरीक्षण एवं व्यवस्थापन करना।

आवश्यक उपकरण/सामग्री Essential Apparatus/Materials

- इंजन सर्विस मैनुअल
- साफ कपड़ा
- स्पैनर एवं रिंच

सुरक्षा सावधानियाँ/निर्देश Safety Precautions/Instructions

1. बैल्ट को क्षति न पहुँचने पाए।
2. सम्बन्धित नट एवं बोल्ट को ढीला करने के उपरान्त ही बैल्ट को फिट करें।
3. बैटरी से सभी संयोजनों को मुक्त कर दें।
4. बैल्ट को कभी इंजन की चलती अवस्था में न स्पर्श करें।

कार्यविधि Working Method

1. सर्वप्रथम हब में बैल्ट की स्थिति की जाँच करते हैं।
2. बैल्ट को थोड़ा घुमाकर इसकी निचली सतह की स्थिति की जाँच करते हैं।
3. स्पैनर एवं रिंच द्वारा तनन नट-बोल्ट या बन्धक को व्यवस्थित करते हैं।
4. बैल्ट की तनन (tension) की जाँच करते हैं।

(i) बैल्ट की तनन (tension) मापना

5. पुनः बैल्ट की तनन की जाँच करते हैं और यदि बैल्ट ढीली रहती है, तो पुनः तनन व्यवस्थित करते हैं।
6. इंजन को चालू करके बैल्ट की स्थिति की जाँच करते हैं।

परिणाम (Result) इंजन ड्राइव बैल्ट का निरीक्षण एवं व्यवस्थापन सफलतापूर्वक किया गया।

137.2

इंजन ड्राइव बैल्ट बदलना

Replacing Engine Drive Belt

उद्देश्य Object

इंजन ड्राइव बैल्ट/पुली/टैन्शनर एवं उनके संरेखन को बदलने का अभ्यास करना।

आवश्यक उपकरण/सामग्री Essential Apparatus/Materials

- इंजन सर्विस मैनुअल
- साफ कपड़ा
- स्पैनर एवं रिंच
- इंजन ड्राइव बैल्ट

सुरक्षा सावधानियाँ/निर्देश Safety Precautions/Instructions

1. कैम बैल्ट को क्षति न पहुँचने पाए।
2. सम्बन्धित नट एवं बोल्ट को ढीला करने के उपरान्त ही बैल्ट को फिट करें।
3. बैटरी से सभी संयोजनों को मुक्त कर दें।
4. बैल्ट को कभी इंजन की चलती अवस्था में न स्पर्श करें।

कार्यविधि Working Method

1. सर्वप्रथम स्पैनर एवं रिंच इंजन में बैल्ट टैंशनर के बोल्ट ढीले करते हैं।
2. पुरानी ड्राइव बैल्ट को निकाल लेते हैं।
3. नई बैल्ट फिट करते हैं।
4. बैल्ट टैंशनर के सभी बोल्ट टाइट करते हैं।
5. बैल्ट की तनन (tension) की जाँच करते हैं।
6. पुनः बैल्ट की तनन की जाँच करते हैं और यदि बैल्ट ढीली रहती है, तो पुनः तनन व्यवस्थित करते हैं।
7. इंजन को चालू करके बैल्ट की स्थिति की जाँच करते हैं।

परिणाम (Result) इंजन ड्राइव बैल्ट/पुली/टैन्शनर एवं उनके संरेखन को बदलने का अभ्यास सफलतापूर्वक किया गया।

प्रैक्टिकल संख्या 138

✎ दोषोपचार करना, जब इग्नीशन स्विच ऑन किया जाता है, तो वार्निंग लैम्प नहीं जलता है, जब इग्नीशन स्विच ऑन किया जात है, तो वार्निंग लैम्प डिम जलता है, आल्टरनेटर के गति करते समय वार्निंग लैम्प ऑन रहता है, आल्टरनेटर के गति करते समय वार्निंग लैम्प डिम जलता है वार्निंग लैम्प पर्याप्त रूप से झिलमिलाता है इनके सम्भावित कारण व उपाय

Carryout Troubleshooting Possible Causes and Remedy for Warning lamp Does Not Glow When Ignition Switch is ON Warning Lamp Glows Dim When Ignition Switch is ON While the Alternator is Running, Warning Lamp Glows Dim, While the Alternator is Running , Warning Lamp Flickers Considerably

उद्देश्य Object

वाहन में आवेशन चेतावनी लैम्प सम्बन्धी दोषोपचार करना।

आवश्यक उपकरण/सामग्री Essential Apparatus/Materials

- एक वाहन
- डी.ई. स्पैनर सैट
- सॉकेट स्पैनर सैट
- बैल्ट टैन्शनर
- स्क्रू ड्राइवर
- प्रोब्स सहित मल्टीमीटर
- स्क्रैपर
- नोज प्लायर
- इंजन ऑयल
- साफ कपड़ा
- रिंग स्पैनर सैट
- हैमर

सुरक्षा सावधानियाँ/निर्देश Safety Precautions/Instructions

1. मल्टीमीटर का प्रयोग करने से पूर्व मल्टीमीटर का स्विच ऑन कर दें।
2. मल्टीमीटर में मल्टीमीटर केबिल को व्यवस्थित कर लें।
3. खराब भागों को बदल दें।
4. बैटरी सही है या नहीं, यह जाँच अवश्य कर लें।
5. बैटरी संयोजनों की जाँच कर लें।

कार्यविधि Working Method

1. सर्वप्रथम वाहन का इग्नीशन स्विच ऑन करके इंजन को चालू करते हैं।
2. वाहन के डैशबोर्ड का आकलन करते हैं।
3. आवेशन चेतावनी लैम्प से अवगत होते हैं। यदि आवेशन चेतावनी लैम्प वाहन इग्नीशन स्विच ऑन होने के पश्चात् भी नहीं जलता है, तो वाहन में आवेशन प्रणाली के अन्तर्गत आल्टरनेटर एवं आल्टरनेटर ड्राइव बैल्ट और आवेशन परिपथ की जाँच करते हैं और इन्हें व्यवस्थित करते हैं।
4. अब पुन: आवेशन चेतावनी लैम्प से अवगत होते हैं। यदि आवेशन चेतावनी लैम्प इग्नीशन स्विच ऑन होने के पश्चात् भी मन्द (dim) जलता है, तो इसका अर्थ है कि आवेशन प्रणाली में कोई दोष है। इसके दोषोपचार हेतु आवेशन परिपथ एवं आल्टरनेटर की कार्यिकी से अवगत होते हैं और इन्हें व्यवस्थित करते हैं।
5. वाहन में आल्टरनेटर के चलने के उपरान्त भी आवेशन चेतावनी लैम्प मन्द (dim) जलता है, तो वाहन के आवेशन परिपथ की जाँच करते हैं और इसे बदलते हैं। यदि आवश्यक हो, तो बैटरी टर्मिनल को साफ करते हैं, बैटरी टर्मिनल पर तारों को टाइट करते हैं तथा आवेशन चेतावनी लैम्प के तार की जाँच करते हैं। यदि आवेशन चेतावनी लैम्प बन्द है, तो इसे बदलते हैं।

परिणाम (Result) वाहन में आवेशन चेतावनी लैम्प सम्बन्धी दोषोपचार सफलतापूर्वक किया गया।

प्रैक्टिकल संख्या 139

✎ वाहन से स्टार्टर मोटर को निकालने और पुल-इन परीक्षण, होल्ड-इन परीक्षण, पिनियन (प्लंजर)रिटर्न परीक्षण, नो-लोड निष्पादन परीक्षण हेतु निष्पादन परीक्षण करना

Remove Starter Motor from Vehicle, and Carryout Performance Test for Pull-in Test, hold- in Test, Pinion (Plunger) Return Test, No- Load Performance Test

उद्देश्य Object

वाहन से स्टार्टर मोटर को निकालने और निष्पादन हेतु पुल-इन परीक्षण, होल्ड-इन परीक्षण, पिनियन (प्लंजर) रिटर्न परीक्षण, नो-लोड परीक्षण करना।

आवश्यक उपकरण/सामग्री Essential Apparatus/Materials

- एक वाहन
- प्लायर
- रिंग स्पैनर सैट
- सॉकेट स्पैनर सैट
- रेगमाल
- वायु सम्पीडक
- हैमर
- स्क्रू ड्राइवर
- पेट्रोल
- ग्रीस
- अटैचमेन्ट के साथ ग्राउलर
- वर्क बैंच
- टैस्टिंग स्टैण्ड
- बैटरी
- डी.ई. स्पैनर सैट
- साफ कपड़ा

सुरक्षा सावधानियाँ/निर्देश Safety Precautions/Instructions

1. स्टार्टर मोटर को वाहन से निकालते समय वैद्युतिक वायरिंग को क्षति न पहुँचने दें।
2. फर्श पर ऑयल न गिरने दें।
3. ओवर रनिंग क्लच को पेट्रोल से साफ न करें।
4. कम्यूटेटर को रेगमाल से साफ न करें।
5. बिना भार के मोटर को अधिक न चलाएँ।
6. सभी भागों का सावधानीपूर्वक निरीक्षण करें।

कार्यविधि Working Method

1. सर्वप्रथम वाहन का बोनट खोलते हैं।
2. वाहन से स्टार्टर मोटर के फाउण्डेशन बोल्ट खोलते हैं।
3. वाहन से स्टार्टर मोटर को निकालते हैं।
4. स्टार्टर मोटर को परीक्षण स्टैण्ड पर स्थापित करते हैं।
5. पिनियन रिटर्न परीक्षण चित्र (i) हेतु स्टार्टर मोटर को बैटरी से सम्बद्ध करके चलाते हैं और स्टार्टर मोटर की सोलेनॉयड बॉडी से ऋणात्मक (–ve) टर्मिनल तार क्लिप को हटा देते हैं। अब क्लच पिनियन गियर रिटर्न (अन्दर की ओर) की जाँच करते हैं। यदि यह संस्तुति के अनुसार नहीं हैं, तो इसे व्यवस्थित करते हैं।

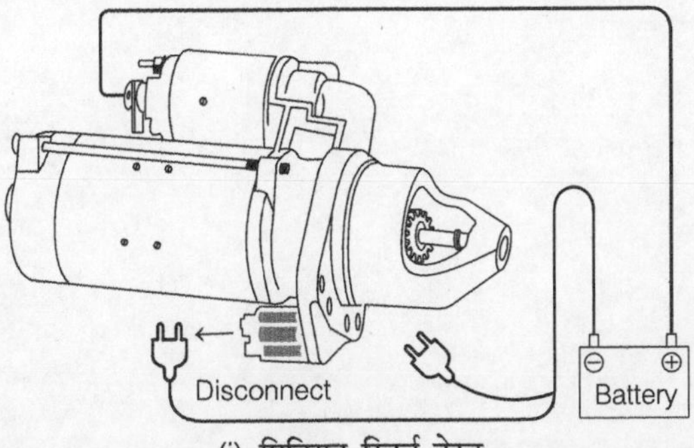

(i) पिनियन रिटर्न टेस्ट

6. नो-लोड परीक्षण हेतु स्टार्टर मोटर को बैटरी से सम्बद्ध करके चलाते हैं और बिना भार की स्थिति में इसकी जाँच करते हैं। यदि आवश्यक हो, तो स्टार्टर मोटर की मरम्मत करते हैं।
7. होल्ड-इन परीक्षण चित्र (ii) हेतु स्टार्टर मोटर को बैटरी से सम्बद्ध करके चलाते हैं और स्टार्टर मोटर के टर्मिनल-C से ऋणात्मक (-ve) टर्मिनल क्लिप को हटाते हैं। अब स्टार्टर मोटर की कार्यिकी की जाँच करते हैं। यदि यह संस्तुति के अनुसार नहीं है, तो इसे व्यवस्थित करते हैं।

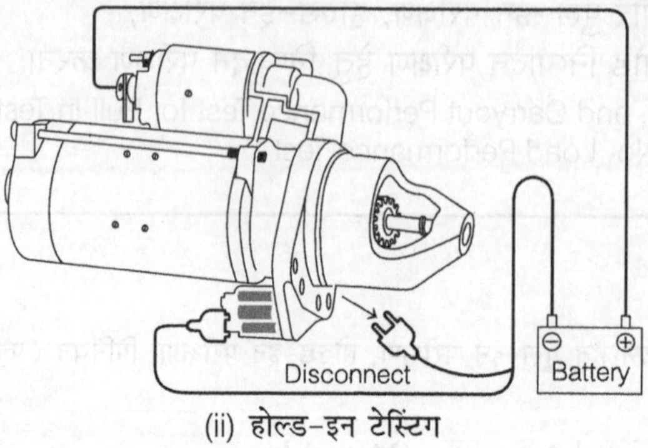

(ii) होल्ड-इन टेस्टिंग

8. पुल-इन परीक्षण चित्र (iii) हेतु स्टार्टर मोटर को बैटरी से सम्बद्ध करके चलाते हैं और क्लच पिनियन गियर की बाह्य (बाहर की ओर) गतिविधि की जाँच करते हैं। यदि आवश्यक हो, तो इसे व्यवस्थित करते हैं।

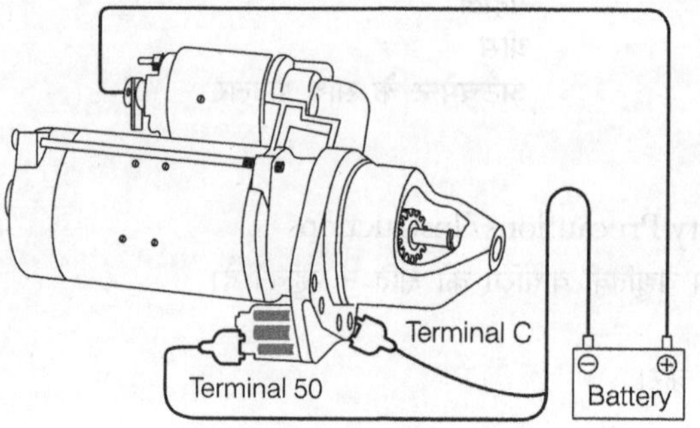

(iii) पुल-इन टेस्टिंग

परिणाम (Result) वाहन से स्टार्टर मोटर को निकालने और पुल-इन परीक्षण, होल्ड-इन परीक्षण, पिनियन (प्लंजर) रिटर्न परीक्षण, नो-लोड निष्पादन परीक्षण हेतु निष्पादन परीक्षण करने का अभ्यास सफलतापूर्वक किया गया।

प्रैक्टिकल संख्या 140

दोषोपचार करना, स्टार्टर मोटर चालू नही होने, स्टार्टिंग मोटर चालू होने परन्तु अधिक धीमा होने (निम्न टॉर्क), स्टार्टिंग मोटर चालू होने परन्तु इंजन क्रैंकिंग न होने, शोर, स्टार्टिंग मोटर चालू होकर नहीं रुकने के लिए सम्भावित कारण एवं उपाय/रोटर्स हेतु ग्राउलर परीक्षण करना
Perfrom Troubleshooting Possible Causes and Remedy for Starter Motor Not Running Starting Motor Running But Too Slow (Small Torque), Starting Motor running , But not Cranking Engine, Noise, Starting Motor Does not Stop Running. Growler Testing for Rotors.

140.1

स्टार्टर मोटर सम्बन्धी दोषोपचार
Troubleshooting Related to Starter Motor

उद्देश्य Object
स्टार्टर मोटर सम्बन्धी दोषोपचार करना।

आवश्यक उपकरण/सामग्री Essential Apparatus/Materials
- एक वाहन
- प्लायर
- रिंग स्पैनर सैट
- सॉकेट स्पैनर सैट
- रेगमाल
- वायु सम्पीडक
- हैमर
- स्क्रू ड्राइवर
- पेट्रोल
- ग्रीस
- अटैचमेन्ट के साथ ग्राउलर
- आवश्यक स्पेयर पार्ट्स
- वर्क बैंच
- परीक्षण स्टैण्ड
- बैटरी
- D.E. स्पैनर सैट
- साफ कपड़ा

सुरक्षा सावधानियाँ/निर्देश Safety Precautions/Instructions
1. स्टार्टर मोटर को वाहन से निकालते समय वैद्युतिक वायरिंग को क्षति न पहुँचने दें।
2. फर्श पर ऑयल न गिरने दें।
3. ओवर रनिंग क्लच को पेट्रोल से साफ न करें।
4. कम्यूटेटर को रेगमाल से साफ न करें।
5. बिना भार के मोटर को अधिक न चलाएँ।
6. सभी भागों का सावधानीपूर्वक निरीक्षण करें।

कार्यविधि Working Method
1. सर्वप्रथम वाहन का बोनट खोलते हैं।
2. इंजन के इग्नीशन स्विच को ऑन करते हैं। यदि इंजन क्रैंक नहीं करता है या स्टार्टर मोटर नहीं चलता है, तो बैटरी आवेशन की स्थिति की जाँच करते हैं, फ्यूजिबल लिंक बदलते हैं, इग्नीशन प्रणाली एवं बैटरी के कनेक्शन को टाइट करते हैं और बैटरी एवं स्टार्टर मोटर के संयोजनों को टाइट करते हैं।
3. यदि स्टार्टर मोटर बहुत धीमी गति से चलता है, तो बैटरी की आवेशन अवस्था एवं बैटरी संयोजनों को टाइट करते हैं और स्टार्टर मोटर बियरिंग का स्नेहन करते हैं।
4. यदि स्टार्टर मोटर चलता है, परन्तु इंजन क्रैंक नहीं हो पाता है, तो ओवर रनिंग क्लच के प्रचालन की जाँच करते हैं और क्लच गियरों की घिसावट की जाँच करते हैं। यदि आवश्यकता हो, तो इन्हें बदल देते हैं।

5. यदि स्टार्टर मोटर शोर करता है, तो स्टार्टर मोटर बियरिंग का स्नेहन करते हैं।
6. यदि स्टार्टर मोटर चलकर बन्द नहीं हो पाता है, तो सोलेनॉयड स्विच की जाँच करते हैं और यदि क्लच गियर घिस गए हैं, तो इन्हें बदल देते हैं।

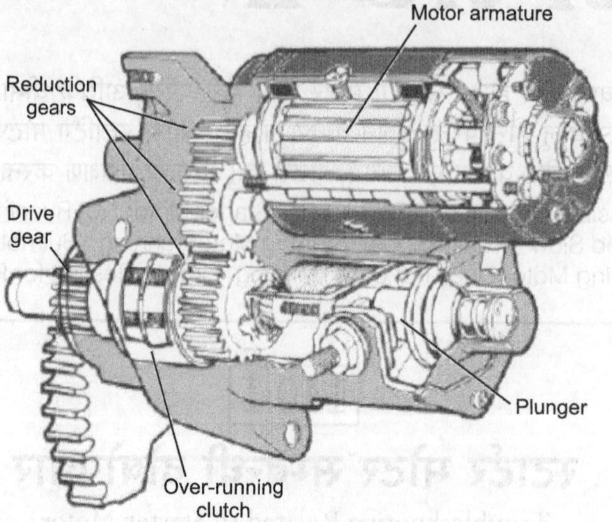

(i) इंजन असेम्बली

परिणाम (Result) स्टार्टर मोटर सम्बन्धी दोषोपचार सफलतापूर्वक किया गया।

140.2

रोटर के लिए ग्राउलर परीक्षण

Growler Testing for Rotor

उद्देश्य Object

रोटर के लिए ग्राउलर परीक्षण करना।

आवश्यक उपकरण/सामग्री Essential Apparatus/Materials

- एक वाहन
- प्लायर
- रिंग स्पैनर सैट
- सॉकेट स्पैनर सैट
- डी.ई. स्पैनर सैट
- साफ कपड़ा
- हैमर
- स्क्रू ड्राइवर
- पेट्रोल
- ग्रीस
- रेगमाल
- वायु सम्पीडक
- वर्क बैंच
- परीक्षण स्टैण्ड
- बैटरी
- हैक्सॉ ब्लेड
- अटैचमेन्ट के साथ ग्राउलर

सुरक्षा सावधानियाँ/निर्देश Safety Precautions/Instructions

1. स्टार्टर मोटर को वाहन से निकालते समय वैद्युतिक वायरिंग को क्षति न पहुँचने दें।
2. फर्श पर ऑयल न गिरने दें।
3. ओवर रनिंग क्लच को पेट्रोल से साफ न करें।

4. कम्यूटेटर को रेगमाल से साफ न करें।
5. बिना भार के मोटर को अधिक न चलाएँ।
6. सभी भागों का सावधानीपूर्वक निरीक्षण करें।

कार्यविधि Working Method

1. सर्वप्रथम वाहन का बोनट खोलते हैं।
2. वाहन से स्टार्टर मोटर के फाउण्डेशन बोल्ट खोलते हैं।
3. वाहन से स्टार्टर मोटर को निकालते हैं।
4. स्टार्टर मोटर से सोलेनॉयड खोलते हैं।
5. रियर हाउसिंग, ब्रश लीड तथा फील्ड क्वॉयल तथा कम्यूटेटर एण्ड फ्रेम असेम्बली खोलते हैं।
6. शिफ्ट लीवर तथा ड्राइव यन्त्रावली (drive mechanism) को हटाते हैं।
7. ओवर रनिंग क्लच के अतिरिक्त सभी भागों को पेट्रोल से धोकर कम्प्रैस्ड हवा द्वारा सुखाते हैं।
8. स्टार्टर मोटर के रोटर को परीक्षण स्टैण्ड (ग्राउलर) पर स्थापित करते हैं।
9. ग्राउलर में प्रत्यावर्ती धारा (AC) प्रवाहित करते हैं और रोटर की फील्ड क्वॉयल के शार्ट-सर्किट की जाँच हैक्सॉ ब्लेड द्वारा करते हैं।

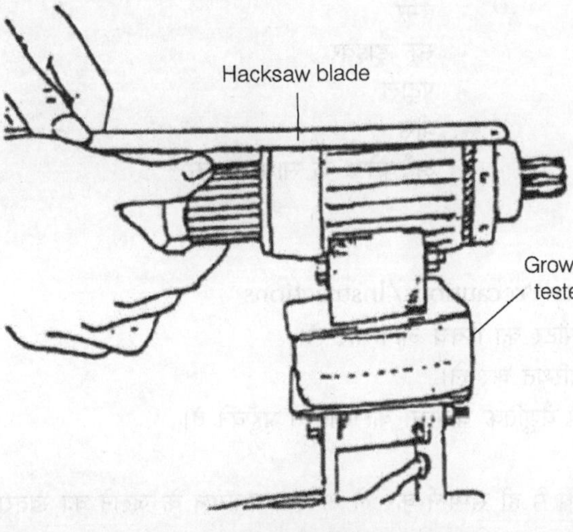

(i) ग्राउलर टेस्टिंग

परिणाम (Result) स्टार्टर मोटर के रोटर के लिए ग्राउलर परीक्षण सफलतापूर्वक किया गया।

प्रैक्टिकल संख्या 141

✎ स्टार्टिंग प्रणाली जाँचना, वाहन जम्प–स्टार्ट करना
Check a Starting System, Jump-Start a Vehicle

उद्देश्य Object

वाहन को स्टार्ट करने के लिए स्टार्टिंग प्रणाली की जाँच करना।

आवश्यक उपकरण/सामग्री Essential Apparatus/Materials

- मल्टीमीटर
- एक वाहन
- प्लायर
- रिंग स्पैनर सैट
- सॉकेट स्पैनर सैट
- रेगमाल
- एयर कम्प्रैशर
- मल्टीमीटर केबिल
- हैमर
- स्क्रू ड्राइवर
- पेट्रोल
- ग्रीस
- अटैचमेन्ट के साथ ग्राइलर
- डायल इण्डीकेटर
- वर्क बैंच
- परीक्षण स्टैण्ड
- बैटरी
- D.E स्पैनर सैट
- साफ कपड़ा

सुरक्षा सावधानियाँ/निर्देश Safety Precautions/Instructions

1. मल्टीमीटर का प्रयोग करने से पूर्व मल्टीमीटर का स्विच ऑन कर लें।
2. मल्टीमीटर में मल्टीमीटर केबिल को व्यवस्थित कर लें।
3. स्टार्टर मोटर को वाहन से निकालते समय वैद्युतिक वायरिंग को क्षति न पहुँचने दें।
4. फर्श पर ऑयल न गिरने दें।
5. सभी परीक्षण 5-10 सेकण्ड की समयावधि में ही सम्पन्न कर लें अन्यथा क्वॉयल के जलने का खतरा रहता है।

कार्यविधि Working Method

1. सर्वप्रथम वाहन का बोनट खोलते हैं।
2. मल्टीमीटर को वोल्टता पर सैट करके वाहन की स्टार्टिंग प्रणाली वोल्टता (voltage) की जाँच करते हैं। यदि इसमें कहीं वोल्टता की कमी है, तो इसे व्यवस्थित करते हैं।
3. बैटरी के आवेशन की स्थिति की जाँच करते हैं। यदि बैटरी अनावेशित है, तो आवेशन प्रणाली को व्यवस्थित करते हैं।
4. वाहन की इग्नीशन प्रणाली की जाँच करते हैं। यदि इसमें कोई समस्या प्रतीत होती है, तो इसे व्यवस्थित करते हैं।
5. स्टार्टिंग प्रणाली से सम्बन्धित सभी वैद्युतिक संयोजनों की जाँच करते हैं। यदि कोई संयोजन ढीला है, तो उसे टाइट कर देते हैं।

परिणाम (Result) वाहन को स्टार्ट करने के लिए स्टार्टिंग प्रणाली की जाँच सफलतापूर्वक की गई।

प्रैक्टिकल संख्या 142

✎ प्रकाश परिपथ समझना–बल्ब जाँचना, हैड लैम्प अलाइन करना, हैडलाइट लक्षित करना। हैडलाइट बल्ब बदलना, हैडलाइट की जाँच करना एवं खराब होने पर बदलना

Trace the Light Circuit Test Bulbs, Align Head Lamps, Aiming Headlights. Changing a Headlight Bulb, Checking of a Head Light Switch and to Replace if faulty

142.1

प्रकाश परिपथ को समझना

Trace the Light Circuit

उद्देश्य Object

वाहन में प्रकाश परिपथ को समझना।

आवश्यक उपकरण/सामग्री Essential Apparatus/Materials

- वाहन (कार/जीप)
- ट्रेनी टूल किट
- प्रोब्स सहित मल्टीमीटर
- सोल्डरिंग यूनिट
- ऑटो इलेक्ट्रिकल वायर
- सूती कपड़ा
- एमरी पेपर

सुरक्षा सावधानियाँ/निर्देश Safety Precautions/Instructions

1. वाहन में वैद्युतिक तारों से अनावश्यक छेड़छाड़ न करें।
2. बैटरी के एसिड से सावधान रहें।
3. कार्य करने से पूर्व अनुदेशक द्वारा दिये गये दिशा-निर्देश का पालन करें।

कार्यविधि Working Method

1. बैटरी से अमीटर तक बैटरी केबिल की पहचान करते हैं तथा उचित संयोजनों को चैक करते हैं।
2. अमीटर से फ्यूज यूनिट तक वायर की पहचान करते हैं तथा उचित संयोजनों को चैक करते हैं।
3. फ्यूज यूनिट से जंक्शन बॉक्स तक वायर की पहचान करते हैं तथा संयोजनों को चैक करते हैं।

4. चित्रानुसार जंक्शन बॉक्स से हैडलैम्प स्विच तक वायर की पहचान करते हैं तथा संयोजनों को चैक करते हैं।
5. हैडलैम्प स्विच से डिपर स्विच तक वायर की पहचान करते हैं तथा संयोजनों को चैक करते हैं।
6. डिपर स्विच से हैडलैम्प की उच्च बीम तथा निम्न बीम तक वायर की पहचान करते हैं तथा संयोजनों को चैक करते हैं।
7. उच्च बीम परिपथ से इन्स्ट्रूमेण्ट पैनल में लगे बीम इण्डीकेटर लैम्प तक वायर की पहचान करते हैं।

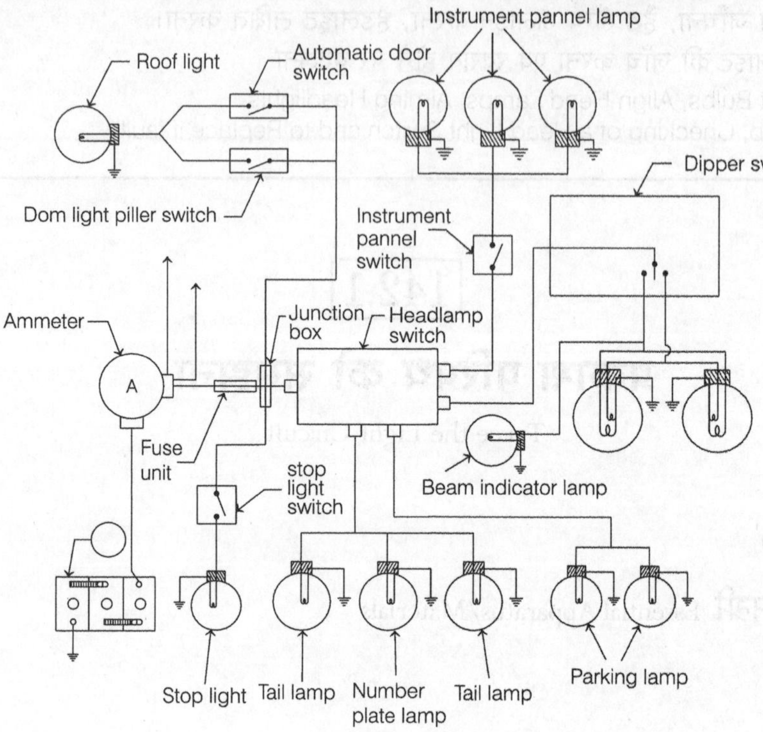

(i) प्रकाश परिपथ

8. हैडलैम्प स्विच से पार्किंग लैम्प तथा टेल लैम्प (tail lamp) तक वायर की पहचान करते हैं तथा संयोजनों को चैक करते हैं।
9. हैडलैम्प स्विच से नम्बर प्लेट लैम्प तक वायर की पहचान करते हैं तथा संयोजनों को चैक करते हैं।
10. हैडलैम्प स्विच से इन्स्ट्रूमेण्ट पैनल लैम्प तक वायर की पहचान करते हैं तथा संयोजनों को चैक करते हैं।
11. जंक्शन बॉक्स से डोम लाइट पिलर स्विच, ऑटोमैटिक डोर स्विच तथा छत की लाइट तक तार की पहचान करते हैं तथा संयोजनों को चैक करते हैं।
12. जंक्शन बॉक्स से स्टॉप लाइट (वार्निंग लाइट) स्विच तक तथा स्टॉप लाइट स्विच से स्टॉप लाइट तक वायर की पहचान करते हैं तथा संयोजनों को चैक करते हैं।
13. यदि विक्षेपण बल्ब फ्यूज है, तो इन्हें बदलते हैं।

परिणाम (Result) वाहन में प्रकाश परिपथ को सफलतापूर्वक समझा गया।

142.2

बल्बों का परीक्षण

Testing of Bulbs

उद्‌देश्य Object

वाहन में प्रयुक्त बल्बों का परीक्षण करना।

आवश्यक उपकरण/सामग्री Essential Apparatus/Materials

- ट्रेनी टूल किट
- इन्सुलेशन टेप
- पुल आउट औजार
- बल्ब
- ओह्म मीटर
- क्लीनिंग सॉल्वेन्ट
- ऑटो इलेक्ट्रिकल वायर
- एमरी पेपर
- वाहन
- परीक्षण लैम्प
- फ्यूज
- सूती कपड़ा

सुरक्षा सावधानियाँ/निर्देश Safety Precautions/Instructions

1. इलेक्ट्रिकल वायर को अनावश्यक न छेड़ें।
2. लाइट यूनिट को अलग करते समय ध्यान रखें कि एडजस्टिंग स्क्रू न हिलें।
3. स्क्रू को खोलने के लिए स्क्रू ड्राइवर का ही उपयोग करें।

कार्यविधि Working Method

A. हैडलैम्प को चैक करना

1. रिम में लगे स्क्रू को खोलते हैं।
2. रबर धूल एक्सक्लूडर के साथ रिम को बाहर निकालते हैं।
3. प्रकाशीय यूनिट को दबाते हैं तथा इसे वामावर्त दिशा में घुमाते हैं जिससे कि वह सरलतापूर्वक बाहर आ सके।
4. बल्ब होल्डर को वामावर्त्त दिशा में घुमाकर बाहर निकालते हैं।
5. इसके पश्चात् बल्ब को अलग करते हैं।

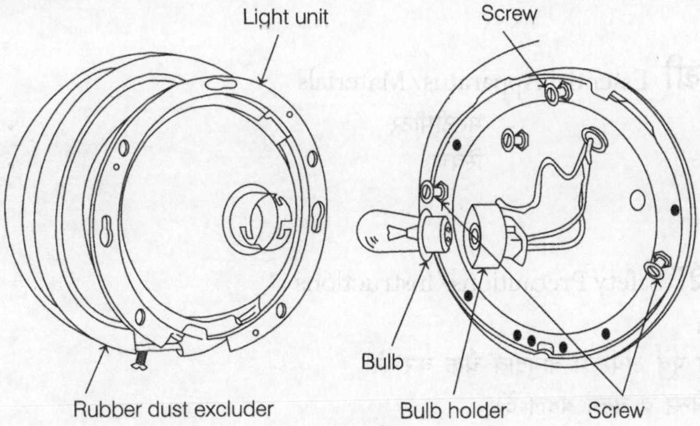

(i) हैड लैम्प

B. अन्य सभी बल्बों को चैक करना

1. सर्वप्रथम स्क्रू को खोलते हैं।
2. मॉडल के अनुसार लॉक-रिंग को अलग करते हैं।
3. प्रकाशीय लेन्सों को अलग करते हैं तथा बल्बों को बाहर निकालते हैं।
4. अब बल्बों को चैक करते हैं।
5. बल्बों को अलग करते समय ढीली फिटिंग (loose fitting) को चैक करते हैं।
6. बैटरी तथा बल्ब से चित्र (ii) के अनुसार वायर संयोजित करके बल्ब को चैक करते हैं।
7. यदि बल्ब फ्यूज है, तो इसे बदलते हैं।

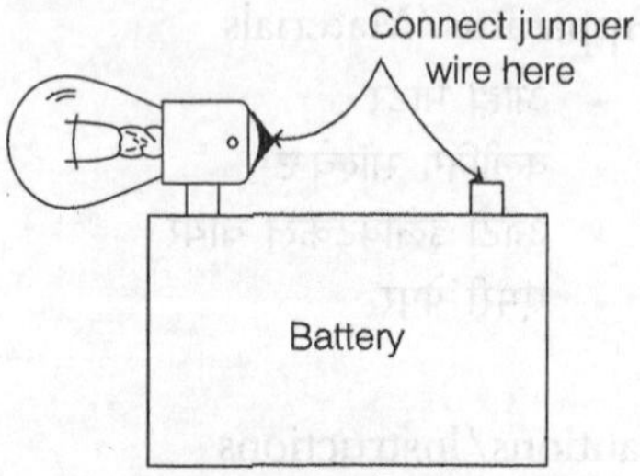

(ii) बैटरी कनैक्शन

परिणाम (Result) वाहन में लगे बल्बों का सफलतापूर्वक परीक्षण किया गया।

142.3

हैडलैम्पों को अलाइन करना

Aligning Headlamps

उद्देश्य Object

हैडलैम्पों को अलाइन करना।

आवश्यक उपकरण/सामग्री Essential Apparatus/Materials

- स्पैनर सैट
- ऑटो इलेक्ट्रिकल वायर
- सूती कपड़ा
- मल्टीमीटर
- स्विच
- वाहन (कार/जीप)
- बल्ब

सुरक्षा सावधानियाँ/निर्देश Safety Precautions/Instructions

1. हैडलैम्प को अनावश्यक न छेड़ें।
2. हैडलाइट को व्यवस्थित करने से पूर्व टायर में वायुदाब चैक कर लें।
3. प्रकाश कम होने की स्थिति में लेन्स व बल्ब बदल दें।

कार्यविधि Working Method

A. प्रारम्भिक जाँच

1. टायरों के वायुदाब (air pressure) को चैक करते हैं तथा टायरों में उचित दाब तक हवा भरते हैं।
2. चित्रानुसार हैडलैम्प की माउण्टिंग को चैक करते हैं।

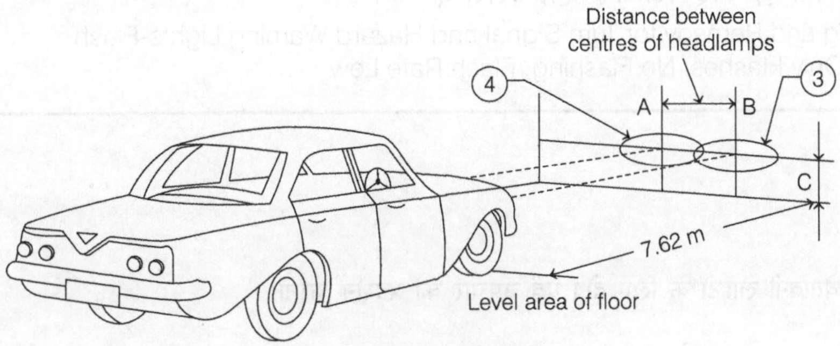

(i) हैडलेम्प अलाइनिंग

3. कार को सफेद स्क्रीन या समतल दीवार से कम-से-कम 7.62 मी दूर खड़ा करते हैं।
4. हैडलैम्पों के केन्द्रों (A व B) के बीच की दूरी को कार की अक्ष के सापेक्ष चिह्नित करते हैं।
5. सुनिश्चित करते हैं कि कार का फ्रण्ट (front) स्क्रीन पर वर्गाकार (square) है।
6. कार को लोड करते हैं जैसे कि यह अधिकतर ड्राइविंग के समय रहती है।
7. किसी एक हैडलैम्प को अलाइन करते समय दूसरी हैडलाइट को कागज या कपड़े से ढकते हैं।
8. हैडलैम्प की वास्तविक ऊँचाई से दो इंच नीचे स्क्रीन पर हैडलैम्प की ऊँचाई (C) को चिह्नित करते हैं।

B. बीम की सेटिंग तथा परीक्षण

1. हैडलैम्प की बीम को क्षैतिज एडजस्टिंग स्क्रू या ऊर्ध्वाधर एडजस्टिंग स्क्रू द्वारा एडजस्ट करते हैं।
2. सुनिश्चित करते हैं कि ऊपरी बीम (upper beam) को अलग से एडजस्ट किया गया है।
3. कार के पूर्णत: लोड होने पर हैडलैम्प की बीम का सीधे तथा सड़क के समान्तर अवलोकन करते हैं।
4. यदि आवश्यक हो, तो हैडलैम्प को एडजस्ट करते हैं।
5. डिप स्विच को पैर द्वारा चलाकर डाउनवर्ड बीम डिपिंग (downward beam dipping) चैक करते हैं।

परिणाम (Result) कार के हैडलैम्प को सफलतापूर्वक अलाइन किया गया।

प्रैक्टिकल संख्या 143

✎ टर्न सिग्नल एवं खतरा चेतावनी लाइटों के लिए दोषोपचार एवं उपाय करना–फ्लैश दर उच्च या केवल एक साइड फ्लैश करती है, कोई फ्लैशिंग नहीं, फ्लैश दर कम

Perform Troubleshooting and Remedy for Turn Signal and Hazard Warning Lights-Flash Rate High or one Side Only Flashes, No Flashing, Flash Rate Low

---

उद्देश्य Object

वाहन में टर्न सिग्नल एवं खतरा चेतावनी लाइटों के लिए दोष एवं उपचार का प्रदर्शन करना।

आवश्यक उपकरण/सामग्री Essential Apparatus/Materials

- एक वाहन
- आवश्यक स्पेयर पार्ट्स
- फ्लक्स
- प्लायर
- स्क्रू ड्राइवर
- सोल्डर
- इलेक्ट्रिक आयरन

सुरक्षा सावधानियाँ/निर्देश Safety Precautions/Instructions

1. वाहन में वैद्युतिक वायरिंग से अनावश्यक छेड़छाड़ न करें।
2. वैद्युतिक परिपथ की जाँच अवश्य करें।
3. वैद्युतिक परिपथ या तार जोड़ में त्रुटि होने की दशा में इसे सोल्डर कर दें।
4. यदि कोई भाग खराब है, तो इसे बदल दें।
5. प्रकाश कम होने की दशा में बल्ब को बदल दें।

कार्यविधि Working Method

1. सर्वप्रथम वाहन का इग्नीशन स्विच ऑन करते हैं।
2. अब वाहन में टर्न सिग्नलों एवं नुकसान चेतावनी लाइटों(hazard warning lights) या इण्डीकेटर्स को एक-एक करके जलाकर देखते हैं।
3. यदि टर्न सिग्नल जलता है, परन्तु कोई फ्लैश उत्पन्न नहीं होता है, तो इस दिशा में फ्लैशर को बदलते हैं।
4. यदि दोनों टर्न सिग्नल या केवल एक टर्न सिग्नल कार्य नहीं करता है, तो इस दशा में बल्ब की जाँच करते हैं। यदि यह खराब है, तो इसे बदल देते हैं। दोनों टर्न सिग्नल की हाउसिंग की ग्राउण्ड की जाँच करते हैं। यदि कोई समस्या प्रतीत होती है, तो इसे व्यवस्थित करते हैं।
5. यदि टर्न सिग्नलों में फ्लैश की दर कम या अधिक है, तो इस दशा में अधिक फ्लैश दर के लिए टर्न सिग्नल से सामान्य बल्ब को बदलकर हैवी-ड्यूटी बल्ब को फिट करते हैं, जबकि कम फ्लैश दर के लिए टर्न सिग्नल में हैवी-ड्यूटी बल्ब को बदलकर सामान्य बल्ब प्रयुक्त करते हैं। बल्ब सॉकेट में जंग एवं संयोजन की जाँच करते हैं। यदि आवश्यक हो, तो इन्हें बदल देते हैं।
6. उपरोक्त प्रक्रिया नुकसान चेतावनी लाइटों के लिए भी दोहराते हैं।

परिणाम (Result) वाहन में टर्न सिग्नल एवं खतरा चेतावनी लाइटों के लिए दोषोपचार सफलतापूर्वक किया गया।

प्रैक्टिकल संख्या 144

✎ क्लीयरैंस, टेल एवं लाइसेंस प्लेट लाइटों के लिए दोषोपचार एवं उपाय करना–सभी लाइन नहीं जलती हैं कुछ लाइट नहीं जलती हैं
Perform Troubleshooting and Remedy for Clearance, Tail and License Plate Lights-All Lights do not Light up, Some Lights do not Light up

उद्देश्य Object

वाहन में क्लीयरैंस, टेल एवं लाइसेंस प्लेट लाइटों के लिए दोष एवं उपचार का प्रदर्शन करना।

आवश्यक उपकरण/सामग्री Essential Apparatus/Materials

- एक वाहन
- आवश्यक स्पेयर पार्ट्स
- फ्लक्स
- ट्रेनी टूल किट
- स्क्रू ड्राइवर
- सोल्डर
- इलेक्ट्रिक आयरन

सुरक्षा सावधानियाँ/निर्देश Safety Precautions/Instructions

1. वाहन में वैद्युतिक वायरिंग से अनावश्यक रूप से छेड़छाड़ न करें।
2. वैद्युतिक परिपथ की जाँच अवश्य करें।
3. वैद्युतिक परिपथ या तार जोड़ में त्रुटि होने की दशा में इसे सोल्डर कर दें।
4. प्रकाश कम होने की दशा में बल्ब को बदल दें।

कार्यविधि Working Method

1. सर्वप्रथम वाहन का इग्नीशन स्विच ऑन करते हैं।
2. वाहन की सभी क्लीयरैंस, टेल एवं लाइसेंस प्लेट लाइटों को जला देते हैं।
3. सभी लाइटों के न जलने की दशा में इनके धनात्मक (+ve) कनैक्शन को खोलकर इसे अर्थ करते हैं तथा वैद्युतिक परिपथ की जाँच करते हैं। यदि अर्थ करने पर स्पार्क उत्पन्न होता है, तो लाइटों को खोलकर दोषों की जाँच करते हैं। यदि बल्ब या होल्डर खराब है, तो इन्हें बदलते हैं। यदि अर्थ करने पर स्पार्क उत्पन्न नहीं होता है, तो इसका अर्थ है कि विद्युत परिपथ में कोई त्रुटि है। इसके जोड़ों की जाँच करते हैं तथा आवश्यक हो, तो नए तार का प्रयोग करते हैं।
4. कुछ लाइटों के न जलने की दशा में इनके धनात्मक (+ ve) कनैक्शन को खोलकर इसे अर्थ करते हैं और वैद्युतिक परिपथ की जाँच करते हैं। यदि अर्थ करने पर स्पार्क उत्पन्न होता है, तो सम्बन्धित लाइटों को खोलकर दोषों की जाँच करते हैं। यदि बल्ब या होल्डर खराब है, तो इन्हें बदलते हैं। यदि अर्थ करने पर स्पार्क उत्पन्न नहीं होता है, तो इसका अर्थ है कि सम्बन्धित लाइटों के वैद्युतिक परिपथ में कोई त्रुटि अवश्य है। इन लाइटों के जोड़ों की जाँच करते हैं। यदि आवश्यक हो, तो नए तार का प्रयोग करते हैं।
5. वाहन का इग्नीशन स्विच बन्द कर देते हैं।

परिणाम (Result) वाहन में क्लीयरैंस, टेल एवं लाइसेंस प्लेट लाइटों के लिए दोष एवं उपचार का प्रदर्शन सफलतापूर्वक किया गया।

प्रैक्टिकल संख्या 145

✎ फ्यूल मीटर और फ्यूल गेज इकाई के लिए दोषोपचार एवं उपाय करना, फ्यूल मीटर कोई प्रचालन नहीं दर्शाता या गलत प्रचालन दर्शाना

Perform Troubleshooting and Remedy for Fuel Meter and Fuel Gauge Unit Fuel meter Shows no Operation or Incorrect Operation

उद्देश्य Object

फ्यूल मीटर के अप्रचालन या गलत प्रचालन दर्शाने की दिशा में वाहन में फ्यूल मीटर और फ्यूल गेज इकाई सम्बन्धी दोषोपचार करना।

आवश्यक उपकरण/सामग्री Essential Apparatus/Materials

- एक वाहन
- आवश्यक स्पेयर पार्ट्स
- फ्लक्स
- प्लायर
- स्क्रू ड्राइवर
- सोल्डर
- इलेक्ट्रिक आयरन

सुरक्षा सावधानियाँ/निर्देश Safety Precautions/Instructions

1. वाहन में वैद्युतिक वायरिंग से अनावश्यक छेड़छाड़ न करें।
2. वैद्युतिक परिपथ की जाँच अवश्य करें।
3. वैद्युतिक परिपथ या तार जोड़ में त्रुटि होने की दशा में इसे सोल्डर कर दें।
4. ईंधन लाइन को क्षति न पहुँचने दें।

कार्यविधि Working Method

1. सर्वप्रथम वाहन का इग्नीशन स्विच ऑन करते हैं।
2. अब वाहन डैशबोर्ड में लगे फ्यूल मीटर व फ्यूल गेज इकाई से अवगत होते हैं।
3. फ्यूल मीटर के अप्रचालन या अनुचित प्रचालन की दशा में इनके धनात्मक (+*ve*) कनैक्शन को खोलकर इसे अर्थ करके वैद्युतिक परिपथ की जाँच करते हैं। यदि स्पार्क उत्पन्न होता है, तो फ्यूल मीटर को डैशबोर्ड से खोलकर इसमें उपस्थित दोषों से अवगत होते हैं। यदि कोई कनेक्शन ढीला है, तो उस पर सोल्डरिंग करते हैं। यदि फ्यूल मीटर के धनात्मक (+*ve*) कनैक्शन को अर्थ कराने पर कोई स्पार्क उत्पन्न नहीं होता है, तो इसका अर्थ है कि फ्यूल मीटर के वैद्युतिक परिपथ में कोई त्रुटि है।
4. फ्यूल मीटर के वैद्युतिक परिपथ की जाँच करते हैं। यदि आवश्यक हो, तो नए तार का प्रयोग करते हैं।
5. वाहन के इग्नीशन स्विच को बन्द कर देते हैं।

परिणाम (Result) वाहन में फ्यूल मीटर और फ्यूल गेज इकाई के लिए दोष एवं उपचार का प्रदर्शन सफलतापूर्वक किया गया।

प्रैक्टिकल संख्या 146

✎ इंजन शीतलक तापक्रम (ECT) मीटर व ECT सेन्सर के लिए दोषोपचार एवं उपाय करना
इंजन शीतलक तापक्रम मीटर कोई प्रचालन नहीं दर्शाता या गलत प्रचालन दर्शाना
Perform Troubleshooting and Remedy for Engine Coolant Temp (ECT) Meter and ECT Sensor-Engine Coolant Temp Meter Shows no Operation or Incorrect Operation

उद्देश्य Object

वाहन में इंजन शीतलक तापक्रम (engine coolant temperature) या ECT मीटर और ECT सेन्सर के लिए दोष एवं उपचार का प्रदर्शन करना।

आवश्यक उपकरण/सामग्री Essential Apparatus/Materials

- एक वाहन
- प्लायर
- सोल्डर
- आवश्यक स्पेयर पार्ट्स
- स्क्रू ड्राइवर
- इलेक्ट्रिक आयरन
- फ्लक्स

सुरक्षा सावधानियाँ/निर्देश Safety Precautions/Instructions

1. वाहन में वैद्युतिक वायरिंग से अनावश्यक छेड़छाड़ न करें।
2. वैद्युतिक परिपथ की जाँच अवश्य करें।
3. वैद्युतिक परिपथ या तार जोड़ में त्रुटि होने की दशा में इसे सोल्डर कर दें।
4. शीतलन प्रणाली को किसी भी प्रकार की कोई क्षति न पहुँचे।

कार्यविधि Working Method

1. सर्वप्रथम वाहन का इग्नीशन स्विच ऑन करते हैं।
2. अब वाहन के चलने के कुछ समय पश्चात् डैशबोर्ड में लगे ECT मीटर का अवलोकन करते हैं।
3. ECT मीटर के प्रचालित न होने और अनुचित प्रचालन की दशा में वाहन की शीतलन प्रणाली में उपस्थित ECT सेन्सर की जाँच करते हैं। यदि आवश्यक हो, तो इसे बदलते हैं।
4. पुनः ECT मीटर की जाँच करते हैं। यदि यह अब भी प्रचालित नहीं होता है, तो इसके वैद्युतिक परिपथ की जाँच करते हैं। इसके ECT मीटर का धनात्मक (+ve) कनैक्शन खोलकर अर्थ करते हैं। यदि स्पार्क उत्पन्न होता है, तो परिपथ सही है। इस दशा में ECT मीटर को बदल देते हैं। यदि स्पार्क उत्पन्न नहीं होता है, तो परिपथ में कोई त्रुटि अवश्य है। ECT मीटर के वैद्युतिक परिपथ में त्रुटि को सही करते हैं। यदि आवश्यक हो, तो नये तार का प्रयोग करते हैं।
5. अन्त में वाहन का इग्नीशन स्विच बन्द कर देते हैं।

परिणाम (Result) वाहन में इंजन शीतलक तापक्रम (engine coolant temperature) या ECT मीटर और ECT सेन्सर के लिए दोष एवं उपचार का प्रदर्शन सफलतापूर्वक किया गया।

प्रैक्टिकल संख्या 147

✎ ऑयल दाब लाइट के लिए दोषोपचार एवं उपाय करना इंजन बन्द होने पर जब इग्नीशन स्विच ऑन होता है, तो ऑयल दाब वार्निंग लाइट नहीं जलती हैं
Perform Troubleshooting and Remedy for Oil Pressure Light-Oil Pressure Warning Light does not Light up when Ignition Switch is ON at Engine OFF

उद्देश्य Object

वाहन में ऑयल दाब लाइट के लिए दोष एवं उपचार का प्रदर्शन करना।

आवश्यक उपकरण/सामग्री Essential Apparatus/Materials

- एक वाहन
- प्लायर
- सोल्डर
- आवश्यक स्पेयर पार्ट्स
- स्क्रू ड्राइवर
- इलेक्ट्रिक आयरन
- फ्लक्स

सुरक्षा सावधानियाँ/निर्देश Safety Precautions/Instructions

1. वाहन में वैद्युतिक वायरिंग से अनावश्यक छेड़छाड़ न करें।
2. वैद्युतिक परिपथ की जाँच अवश्य करें।
3. वैद्युतिक परिपथ या वायर जोड़ में त्रुटि होने की दशा में इसे सोल्डर कर दें।
4. यदि कोई भाग खराब है, तो इसे बदल दें।
5. प्रकाश कम होने की दशा में बल्ब को बदल दें।

कार्यविधि Working Method

1. सर्वप्रथम वाहन का इग्नीशन स्विच ऑन करते हैं।
2. अब वाहन के डैशबोर्ड में लगी ऑयल दाब लाइट का अवलोकन करते हैं।
3. ऑयल दाब लाइट के न जलने की दशा में इसे डैशबोर्ड से खोलते हैं और इसके धनात्मक (+ *ve*) कनैक्शन को खोलकर इसे अर्थ करते हैं। यदि अर्थ करने पर स्पार्क उत्पन्न होता है, तो लाइट बल्ब या एल.ई.डी. को बदल देते हैं। यदि अर्थ करने पर स्पार्क उत्पन्न नहीं होता है, तो लाइट विद्युत परिपथ में अवश्य ही कोई दोष है।
4. लाइट के विद्युत परिपथ की जाँच करते हैं और इसे व्यवस्थित करते हैं। यदि आवश्यक हो, तो नए तार का प्रयोग करते हैं।
5. वाहन का इग्नीशन स्विच बन्द कर देते हैं।

परिणाम (Result) वाहन में ऑयल दाब लाइट के लिए दोष एवं उपचार का प्रदर्शन सफलतापूर्वक किया गया।

प्रैक्टिकल संख्या 148

✎ ब्रेक एवं पार्किंग ब्रेक चेतावनी लाइट के लिए दोषोपचार एवं उपाय करना–जब फ्लूड प्रवाह स्तर होता है, तो ब्रेक वार्निंग लाइट नहीं जलती है, जब पार्किंग ब्रेक खींचा जाता है, तो ब्रेक वार्निंग लाइट नहीं जलती है, ब्रेक वार्निंग लाइट चालू रहती है

Perform Troubleshooting and Remedy for Brake and Parking Brake Warning Light-Brake Warning Light does not Light up When Fluid Flow Lever, Brake Warning Light does not Light up When Parking Brake Pull up, Brake Warning Lights Stay ON

उद्देश्य Object

वाहन में ब्रेक एवं पार्किंग ब्रेक चेतावनी लाइट के लिए दोष एवं उपचार का प्रदर्शन करना।

आवश्यक उपकरण/सामग्री Essential Apparatus/Materials

- एक वाहन
- सोल्डर
- स्क्रू ड्राइवर
- फ्लक्स
- प्लायर
- आवश्यक स्पेयर पार्ट्स
- इलेक्ट्रिक आयरन

सुरक्षा सावधानियाँ/निर्देश Safety Precautions/Instructions

1. वाहन में वैद्युतिक वायरिंग से अनावश्यक रूप से छेड़छाड़ न करें।
2. वैद्युतिक परिपथ की जाँच अवश्य करें।
3. वैद्युतिक परिपथ या तार जोड़ में त्रुटि होने की दशा में इसे सोल्डर कर दें।
4. यदि कोई भाग खराब है, तो इसे बदल दें।
5. प्रकाश कम होने की दशा में बल्ब को बदल दें।

कार्यविधि Working Method

1. सर्वप्रथम वाहन का इग्नीशन स्विच ऑन करते हैं।
2. अब पार्क वाहन के डैशबोर्ड में लगी ब्रेक एवं पार्किंग ब्रेक चेतावनी लाइट का अवलोकन करते हैं।
3. पार्किंग ब्रेक लगे होने पर भी यह नहीं जलती है, तो इस दशा में इसे डैशबोर्ड से खोलते हैं और इसके धनात्मक (+ *ve*) कनैक्शन को खोलकर इसे अर्थ करते हैं। यदि अर्थ करने पर स्पार्क उत्पन्न होता है, तो इस अवस्था में लाइट के बल्ब या एल.ई.डी. को बदल देते हैं। यदि अर्थ करने पर कोई स्पार्क उत्पन्न नहीं होता है, तो अवश्य ही लाइट के वैद्युतिक परिपथ में कोई दोष है।
4. लाइट के वैद्युतिक परिपथ की जाँच करते हैं और इसे व्यवस्थित करते हैं। यदि आवश्यक हो, तो नए तार का प्रयोग करते हैं।
5. ब्रेक या पार्किंग ब्रेक न लगे होने पर भी यह निरन्तर जलती रहती है, तो इस दशा में ब्रेक लीवर के नीचे लगे ब्रेक स्विच स्क्रू को थोड़ा ढीला करते हैं और लाइट के वैद्युतिक परिपथ की जाँच करते हैं और इसे व्यवस्थित करते हैं।
6. वाहन का इग्नीशन स्विच बन्द कर देते हैं।

परिणाम (Result) वाहन में ब्रेक एवं पार्किंग ब्रेक चेतावनी लाइट के लिए दोष एवं उपचार का प्रदर्शन सफलतापूर्वक किया गया।

प्रैक्टिकल संख्या 149

आन्तरिक लाइट के लिए दोषोपचार एवं उपाय करना–आन्तरिक लाइट नहीं जलती है
Perform Troubleshooting and Remedy for Interior Light-Interior Light do not Light up

---

उद्देश्य Object

वाहन में आन्तरिक लाइट के लिए दोष एवं उपचार का प्रदर्शन करना।

आवश्यक उपकरण/सामग्री Essential Apparatus/Materials

- एक वाहन
- प्लायर
- सोल्डर
- आवश्यक स्पेयर पार्ट्स
- स्क्रू ड्राइवर
- इलेक्ट्रिक आयरन
- फ्लक्स

सुरक्षा सावधानियाँ/निर्देश Safety Precautions/Instructions

1. वाहन में वैद्युतिक वायरिंग से अनावश्यक छेड़छाड़ न करें।
2. वैद्युतिक परिपथ की जाँच अवश्य करें।
3. वैद्युतिक परिपथ या तार जोड़ में त्रुटि होने की दशा में इसे सोल्डर कर दें।
4. यदि कोई भाग खराब है, तो इसे बदल दें।
5. प्रकाश कम होने की दशा में बल्ब को बदल दें।

कार्यविधि Working Method

1. सर्वप्रथम वाहन का इग्नीशन स्विच ऑन करते हैं।
2. अब वाहन केबिन में लगी अन्त: लाइटों से अवगत होते हैं।
3. इन लाइटों के स्विच ऑन करते हैं।
4. लाइटों या लाइट के न जलने की दशा में लाइट को खोलते हैं और इसके धनात्मक (+ *ve*) कनैक्शन को हटाकर अर्थ करते हैं। यदि अर्थ करने पर स्पार्क उत्पन्न होता है, तो इस अवस्था में लाइट के बल्ब या होल्डर को बदलते हैं। यदि अर्थ करने पर स्पार्क उत्पन्न नहीं होता है, तो अवश्य ही लाइट के वैद्युतिक परिपथ में कोई दोष है। वैद्युतिक परिपथ की जाँच करते हैं और इसे व्यवस्थित करते हैं। यदि आवश्यक हो, तो नए तार का प्रयोग करते हैं।
5. अब लाइटों या लाइट के स्विच की जाँच करते हैं। यदि इसको कई बार दबाने पर लाइट जलती है या नहीं जलती है, तो इसका अर्थ है कि स्विच खराब है। इस दशा में स्विच को बदल देते हैं।
6. वाहन का इग्नीशन स्विच बन्द कर देते हैं।

परिणाम (Result) वाहन में आन्तरिक लाइट के लिए दोष एवं उपचार का प्रदर्शन सफलतापूर्वक किया गया।

प्रैक्टिकल संख्या 150

✎ ट्रैफिक सिग्नल फ्लैशर लाइट परिपथ का वायरिंग परिपथ समझना-फ्लैशर परिपथों में दोष खोजना, फ्यूज बल्ब बदलना

Perform Trace the Wiring Circuit of Traffic Signal Flasher Light Circuit-Tracing Defects in the Flasher Circuits , Replacing Fuse Bulb

उद्देश्य Object

वाहन में ट्रैफिक सिग्नल फ्लैशर लाइट परिपथ के वायरिंग परिपथ को समझना, फ्लैशर परिपथ में दोष खोजना और फ्यूज बल्बों को बदलना।

आवश्यक उपकरण/सामग्री Essential Apparatus/Materials

- एक वाहन
- प्लायर
- सोल्डर
- आवश्यक स्पेयर पार्ट्स
- स्क्रू ड्राइवर
- इलेक्ट्रिक आयरन
- फ्लक्स

सुरक्षा सावधानियाँ/निर्देश Safety Precautions/Instructions

1. वाहन में वैद्युतिक वायरिंग से अनावश्यक रूप से छेड़छाड़ न करें।
2. वैद्युतिक परिपथ की जाँच अवश्य करें।
3. वैद्युतिक परिपथ या तार जोड़ में त्रुटि होने की दशा में इसे सोल्डर कर दें।
4. यदि कोई भाग खराब है, तो इसे बदल दें।
5. प्रकाश कम होने की दशा में बल्ब को बदल दें।

कार्यविधि Working Method

1. सर्वप्रथम वाहन का इग्नीशन स्विच ऑन करते हैं।
2. अब वाहन में ट्रैफिक सिग्नल फ्लैशर लाइट परिपथ के वायरिंग परिपथ से अवगत होते हैं।
3. ट्रैफिक सिग्नल फ्लैशर लाइट को ऑन करते हैं। यदि कोई फ्लैश उत्पन्न नहीं होता है, तो इस दशा में फ्लैशर को बदलते हैं। यदि फ्लैशर की फ्लैश करने की दर कम है, तो बल्ब के फ्यूज होने की जाँच करते हैं और पुराने बल्ब को बदलकर नए बल्ब का प्रयोग करते हैं।
4. ट्रैफिक सिग्नल फ्लैशर लाइट के परिपथ में दोष होने की दशा में इसके धनात्मक (+ve) कनैक्शन को अर्थ करते हैं। यदि स्पार्क उत्पन्न होता है, तो परिपथ सही है अन्यथा खराब है। इस अवस्था में परिपथ के दोष से अवगत होते हैं और इसे व्यवस्थित करते हैं। यदि आवश्यक हो, तो नए तार का प्रयोग करते हैं।
5. वाहन का इग्नीशन स्विच बन्द कर देते हैं।

परिणाम (Result) वाहन में ट्रैफिक सिग्नल फ्लैशर लाइट परिपथ के वायरिंग परिपथ को खोजा गया, फ्लैशर लाइट परिपथ में दोष खोजा गया और फ्यूज बल्बों को सफलतापूर्वक बदला गया।

प्रैक्टिकल संख्या 151

हॉर्न हेतु दोषोपचार व उपाय करना–हॉर्न का कार्य नहीं करना, खराब साउण्ड क्वालिटी, हॉर्न लगातार बजते रहना एवं दोषित होने पर हॉर्न बदलना
Perform Troubleshooting and Remedy for Horn-No Horn Operation , Poor Sound Quality Horn Sounds Continuously and to Replace the Horn if Faulty

उद्‌देश्य Object

हॉर्न सम्बन्धी दोषों; जैसे-हॉर्न का न बजना, खराब साउण्ड क्वालिटी, हॉर्न के लगातार बजते रहने का उपचार करना तथा हॉर्न में दोष होने पर उसे बदलने का प्रदर्शन करना आदि।

आवश्यक उपकरण/सामग्री Essential Apparatus/Materials

- ट्रेनी टूल किट
- एमरी शीट
- कॉटन वेस्ट
- अमीटर
- फ्लक्स
- डायल गेज
- सोल्डरिंग आयरन
- लैड
- ओममीटर

सुरक्षा सावधानियाँ/निर्देश Safety Precautions/Instructions

1. वाहन की वैद्युतिक वायरिंग को क्षति न पहुँचने दें।
2. रीडिंग सावधानीपूर्वक लें।
3. उचित सोल्डरिंग आयरन का प्रयोग करें।

कार्यविधि Working Method

1. सर्वप्रथम वाहन से हॉर्न को बाहर निकालने के लिए बैटरी के संयोजनों को विसंयोजित करते हैं।
2. हॉर्न असेम्बली से तारों को विसंयोजित करते हैं तथा माउण्टिंग नटों को हटाकर हॉर्न यूनिट को बाहर निकालते हैं। चित्र (i)
3. वाहन से हॉर्न को बाहर निकालते हैं।

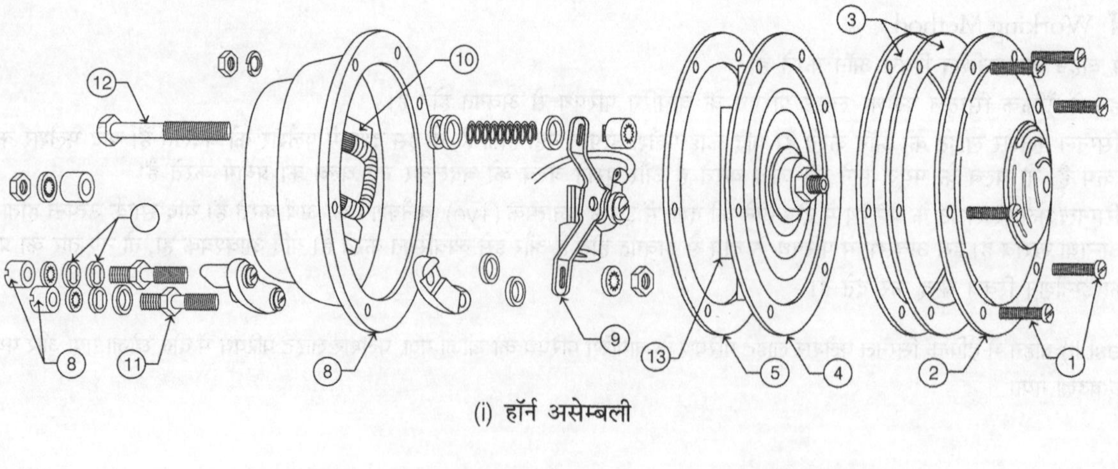

(i) हॉर्न असेम्बली

अंकित भागों के नाम निम्नवत् हैं

(i) फिक्सिंग स्क्रू (ii) कवर (iii) पैकिंग वाशर (iv) डायफ्राम असेम्बली (v) शिम (vi) नट (vii) वाशर (viii) हाउसिंग (ix) कॉन्टैक्ट ब्रेकर असेम्बली (x) क्वॉयल (xi) टर्मिनल (xii) एडजस्टमेन्ट स्क्रू (xiii) आर्मेचर

4. कवर फिक्सिंग स्क्रूओं को ढीला करते हैं।
5. कवर, पैकिंग वाशर, डायफ्राम असेम्बली तथा शिम को हटाते हैं।
6. टर्मिनल नटों एवं वाशर को हटाते हैं।
7. हाउसिंग से कॉन्टैक्ट ब्रेकर असेम्बली को हटाते हैं।
8. फाइन एमरी पेपर से कॉन्टैक्ट ब्रेकर प्वॉइण्ट्स को साफ करते हैं। यदि आवश्यक हो, तो प्वॉइण्ट्स को बदलते हैं।
9. निरन्तरता (continuity) के लिए क्वॉयल की जाँच करते हैं तथा 12 V व 0.75 – 0.85 Ω तथा 24 V व 3.25 – 3.5 Ω के लिए ओममीटर द्वारा प्रतिरोध का मापन करते हैं।
10. यदि क्वॉयल जली हुई या क्षतिग्रस्त पाई जाती है, तो उसे बदलते हैं।
11. डायफ्राम की दृष्टीय जाँच करते हैं। यदि डायफ्राम क्षतिग्रस्त पाया जाता है, तो इसे बदलते हैं।
12. सभी स्क्रू थ्रैड्स की दृष्टीय जाँच करते हैं तथा यदि आवश्यक हो, तो इसे बदलते हैं एवं सभी पुर्जों को साफ करते हैं।
13. सभी पुर्जों को असेम्बल करने के लिए ब्रेकर असेम्बली को उसके सही स्थान पर लगाते हैं।
14. टर्मिनल, वाशर तथा नटों को फिक्स करते हैं।
15. शिम, डायफ्राम, पैकिंग वाशर एवं कवर को फिट करते हैं।
16. एडजस्टमेन्ट स्क्रू को घुमाते हैं जिससे कि आर्मेचर के कोर से आकर्षित (attract) होने पर कॉन्टैक्ट्स बन्द रहें।
17. निम्न वोल्टेज सप्लाई द्वारा क्वॉयल वाइण्डिग को कुछ समय के लिए ऊर्जित (energise) करते हैं।
18. डायल गेज की सहायता से आर्मेचर एयर गैप का मापन करते हैं।
19. ब्लोईंग (blowing) द्वारा हॉर्न की टोनल क्वालिटी (tonal quality) की जाँच करते हैं।
20. यदि हॉर्न की टोनल क्वालिटी सही नहीं है, तो हॉर्न टर्मिनलों पर वोल्टेज की जाँच करते हैं।
21. एक साथ धारा की जाँच करते हैं।
22. उचित औजार की सहायता से एडजस्टमेन्ट स्क्रू को घुमाते हैं तथा इसकी कार्यप्रणाली की जाँच करते हैं।
23. एडजस्टमेन्ट को तब तक दोहराते हैं, जब तक कि सन्तोषजनक प्रदर्शन (satisfactory performance) प्राप्त न हो जाए।
24. ट्विन-हॉर्न (twin-horn) में एक हॉर्न को विसंयोजित करते हुए दूसरे हॉर्न के लिए ट्यूनिंग (tuning) प्रक्रिया करते हैं। इसी प्रकार दूसरे हॉर्न को विसंयोजित करके पहले हॉर्न के लिए ट्यूनिंग प्रक्रिया करते हैं।
25. हॉर्न को उसकी सही स्थिति पर लगाते हैं तथा माउण्टिंग बोल्टस व नटों को कसते हैं।
26. तारों को संयोजित करते हैं।
27. हॉर्न बटन के संयोजन की जाँच करते हैं।
28. हॉर्न की कार्यप्रणाली के लिए इसकी जाँच करते हैं।

परिणाम (Result) हॉर्न सम्बन्धी दोषोपचार का सफलतापूर्वक अभ्यास किया गया।

प्रैक्टिकल संख्या 152

✎ वाइपर मोटर्स व वाइपर स्विच हटाना एवं लगाना, वाइपर ब्लेड्स जाँचना व बदलना
Remove and Install Wiper Motors and Wiper Switches, Checking and Replacing Wiper Blades

उद्देश्य Object

वाइपर मोटर्स व वाइपर स्विचों को हटाना एवं लगाना तथा वाइपर ब्लेड्स की जाँच करना व बदलना।

आवश्यक उपकरण/सामग्री Essential Apparatus/Materials

- ट्रेनी टूल किट
- एमरी शीट
- प्रोब्स सहित मल्टीमीटर
- कॉटन वेस्ट
- वाइपर ब्लेड

सुरक्षा सावधानियाँ/निर्देश Safety Precautions/Instructions

1. वाहन की वैद्युतिक वायरिंग को क्षति न पहुँचने दें।
2. वाइपर मोटर को खोलते समय दोनों तार आपस में स्पर्श न करें।
3. डैशबोर्ड को सावधानीपूर्वक खोलें।
4. वाइपर मोटर को निकालते समय वाइपर ब्लेड को क्षति न पहुँचने दें।
5. वाइपर स्विच के खराब होने की दशा में इसे बदल दें।
6. वाइपर ब्लेड की जाँच सावधानीपूर्वक करें।
7. स्पिण्डल को हाथ द्वारा न घुमाएँ।

कार्यविधि Working Method

A. वाहन से वाइपर ब्लेड्स एवं वाइपर मोटर असेम्बली को हटाना

1. बोल्ट/स्क्रू को खोलकर वाइप ब्लेड को ढीला करते हैं।
2. मिलिंग से ब्लेड असेम्बली को बाहर खींचते हैं।
3. वाइपर मोटर से तारों को विसंयोजित करते हैं।
4. प्रचालन लीवर/केबिल को विसंयोजित करते हैं।
5. माउण्टिंग बोल्ट्स एवं नट्स को ढीला करते हैं।
6. एक्सटेण्डिंग आर्म के साथ मोटर को हटाते हैं।

B. वाइपर मोटर असेम्बली को खोलना, साफ करना तथा पुर्जों का निरीक्षण करना

1. स्क्रू से फिक्स किए गए गियर बॉक्स को हटाते हैं तथा कवर को उठाते हैं। सरक्लिप तथा फ्लैट वाशर को हटाते हैं।
2. गियर असेम्बली तथा कनैक्टिंग रॉड को हटाते हैं।
3. मोटर हाउसिंग से आर-पार बोल्ट्स को हटाते हैं।
4. सावधानीपूर्वक हाउसिंग को हटाते हैं तथा इसे ऊर्ध्वाधर रूप में लगाते हैं।
5. गियर बॉक्स हाउसिंग से आर्मेचर को हटाते हैं।

6. नायलॉन ब्रुश एवं कपड़े के उपयोग से सभी पुर्जों से धूल व मिट्टी को साफ करते हैं।
7. मोटर फील्ड वाइण्डिंग आर्मेचर ब्रुश तथा ब्रुश टेन्सन स्प्रिंग की जाँच करते हैं।
8. गियर व्हील टीथ की क्षति या घिसा होने की दृष्टीय जाँच करते हैं। यदि आवश्यक हो, तो इसे बदलते हैं। चित्र (i)

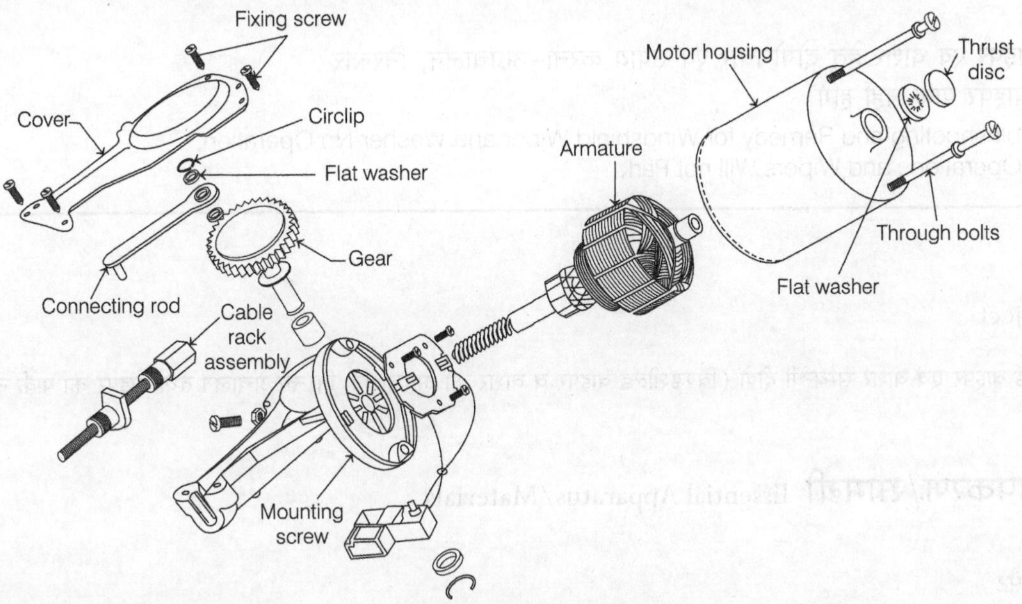

(i) वाइपर मोटर असेम्बली

C. वाहन पर वाइपर मोटर असेम्बली तथा ब्लेड्स को पुनः लगाना एवं प्रचालन की जाँच करना

1. मोटर को उसके सही स्थान पर लगाते हैं।
2. माउण्टिंग बोल्ट्स एवं नट्स को कसते हैं।
3. मोटर से तारों को संयोजित करते हैं।
4. स्विचिंग ऑन व स्विचिंग ऑफ द्वारा गियर बॉक्स स्पिण्डल्स की सही स्थिति को सुनिश्चित करते हैं।
5. गियर बॉक्स स्पिण्डल पर सही पार्किंग एंगल रखते हुए स्पलाइन्ड ड्राइविंग ड्रम्स (splined driving drums) के साथ आर्म एवं ब्लेड्स को फिट करते हैं।
6. हैडपीस को तब तक दबाते हैं, जब तक ड्रम के सिरे के ऊपर रिटेनिंग क्लिप के टूटने की आवाज न सुनाई देने लगे।
7. स्विच ऑन करते हैं तथा वाइप किए गए क्षेत्र को नोट करते हैं।

परिणाम (Result) वाइपर मोटर्स व वाइपर स्विचों को हटाने एवं लगाने तथा वाइपर ब्लेड्स की जाँच करने व बदलने का अभ्यास सफलतापूर्वक किया गया।

प्रैक्टिकल संख्या 153

✎ विण्डशील्ड वाइपर एवं वाशर हेतु दोषोपचार एवं उपाय करना–अप्रचालन, निरन्तर प्रचालन एवं वाइपर पार्क नहीं होंगे
PerformTroubleshooting and Remedy for Windshield Wiper and Washer-No Operation, Continuous Operation , and Wipers Will not Park

उद्देश्य Object

वाहन में विण्डशील्ड वाइपर एवं वाशर सम्बन्धी दोषों (विण्डशील्ड वाइपर व वाशर का अप्रचालन, निरन्तर प्रचालन तथा वाइपर का पार्क न होना) का उपचार करना।

आवश्यक उपकरण/सामग्री Essential Apparatus/Materials

- एक वाहन
- D.E. स्पैनर सैट
- पेट्रोल
- एक नुकीला तार
- स्क्रू ड्राइवर
- इंजन ऑयल
- साफ कपड़ा

सुरक्षा सावधानियाँ/निर्देश Safety Precautions/Instructions

1. वाहन की विण्डशील्ड को क्षति न पहुँचे।
2. वाइपर ब्लेड की जाँच सावधानीपूर्वक करें।
3. वाशर के अवरुद्ध होने की दशा में इसके फेस को नुकीले तार द्वारा साफ करें।

कार्यविधि Working Method

1. सर्वप्रथम वाहन का इग्नीशन स्विच ऑन करते हैं।
2. वाहन में वाइपर एवं वाशर को चलाते हैं।
3. वाइपर में अप्रचालन, अव्यवस्थित प्रचालन, निरन्तर प्रचालन और अपने स्थान पर व्यवस्थित न होने की दशा में वाइपर मोटर को बाहर से साफ करते हैं, तथा वाइपर सम्बन्धी गियर बॉक्स का स्नेहन करते हैं, वाइपर ब्लेड की जाँच करते हैं। यदि आवश्यक हो, तो इन्हें बदलते हैं।
4. वाशर में अप्रचालन, अव्यवस्थित प्रचालन एवं निरन्तर प्रचालन की दशा में वाशर पम्प व वाशर लाइन की जाँच करते हैं। यदि आवश्यक हो, तो इन्हें बदलते हैं।
5. वाहन का इग्नीशन स्विच बन्द करते हैं।

परिणाम (Result) वाहन में विण्डशील्ड वाइपर एवं वाशर के लिए दोष एवं उपचार का प्रदर्शन सफलतापूर्वक किया गया।

प्रैक्टिकल संख्या 154

विण्डशील्ड वाशर प्रणाली के अनुचित प्रचालन हेतु कारणों का निदान एवं दोषित होने पर पम्प को बदलना

Diagnose Causes for Improper Operation of the Windshield Washer System and to Replace the Pump if Faulty

उद्देश्य Object

विण्डशील्ड वाशर प्रणाली के अनुचित प्रचालन के कारणों का निदान करना और यदि पम्प खराब है, तो इसे बदलना।

आवश्यक उपकरण/सामग्री Essential Apparatus/Materials

- एक वाहन
- स्क्रू ड्राइवर
- D.E. स्पैनर सैट
- इंजन ऑयल
- पेट्रोल
- साफ कपड़ा
- एक नुकीला तार

सुरक्षा सावधानियाँ/निर्देश Safety Precautions/Instructions

1. वाहन की विण्डशील्ड को क्षति न पहुँचे।
2. खराब पम्प को बदल दें।
3. वाशर के अवरुद्ध होने की दिशा में इसके मुख्य को नुकीले तार द्वारा साफ करें।

कार्यविधि Working Method

1. सर्वप्रथम वाहन का इग्नीशन स्विच ऑन करके वाहन को चलाते हैं।
2. वाहन में वाशर को चलाते हैं।
3. वाहन का बोनट खोलते हैं।
4. वाशर में अप्रचालन, अव्यवस्थित प्रचालन एवं निरन्तर प्रचालन की दशा में विण्डशील्ड वाशर प्रणाली की जाँच करते हैं, और इनके कारणों से अवगत होते हैं। यदि वाशर लाइन अवरुद्ध है, तो इसकी रिवर्स फ्लशिंग करते हैं। यदि वाशर का फेस अवरुद्ध है, तो इसे नुकीले तार द्वारा साफ करते हैं। यदि कोई वाल्व या पम्प खराब है, तो इसे बदल देते हैं। चित्र (i)

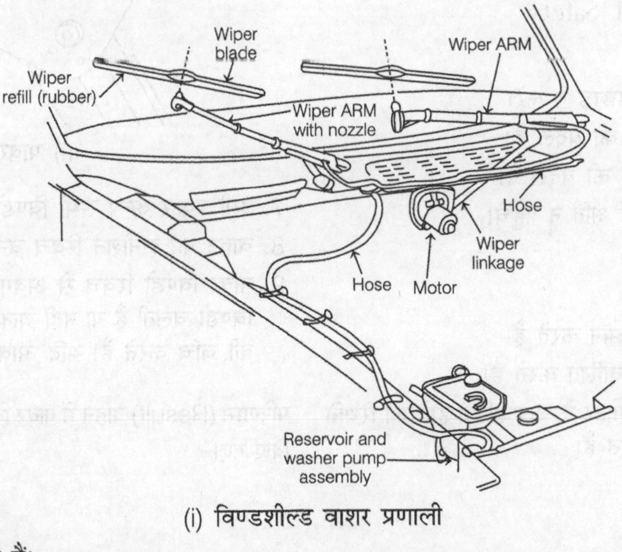

(i) विण्डशील्ड वाशर प्रणाली

5. वाहन का इग्नीशन स्विच बन्द करते हैं।

परिणाम (Result) विण्डशील्ड वाशर प्रणाली के अनुचित प्रचालन के कारणों का निदान और खराब पम्प को सफलतापूर्वक बदला गया।

प्रैक्टिकल संख्या 155

✎ सभी पावर विण्डो प्रचालित नहीं होती है, कुछ स्विच प्रचालित नहीं होते है, के लिए पावर विण्डो प्रणाली सम्बन्धी उपचार करना
Diagnose the Power Window System for All Power Window Motors do not Operate, Some Switches do not Operate

उद्देश्य Object

वाहन में पावर विण्डो प्रणाली सम्बन्धी दोषों; जैसे-सभी पावर विण्डो के मोटर्स तथा कुछ स्विचों का प्रचालित न होना, का उपचार करना।

आवश्यक उपकरण/सामग्री Essential Apparatus/Materials

- एक वाहन
- प्लायर
- इंजन ऑयल
- आवश्यक स्पेयर पाट्‌र्स
- स्क्रू ड्राइवर
- D.E. स्पैनर सैट
- पेट्रोल
- साफ कपड़ा

सुरक्षा सावधानियाँ/निर्देश Safety Precautions/Instructions

1. वैद्युतिक वायरिंग से अनावश्यक छेड़छाड़ न करें।
2. मोटर खराब होने की दशा में मोटर को बदल दें।
3. स्विच खराब होने की दशा में स्विच को बदल दें।
4. विण्डो को किसी भी प्रकार की कोई क्षति न पहुँचे।

कार्यविधि Working Method

1. सर्वप्रथम वाहन का इग्नीशन स्विच ऑन करते हैं।
2. वाहन में प्रत्येक पावर विण्डो को प्रचालित करते हैं।
3. सभी पावर विण्डो के अप्रचालित या मोटर के अप्रचालित होने की स्थिति में पावर विण्डो मोटरों की जाँच करते हैं।
4. जाँच करने के लिए विण्डो से स्क्रू ड्राइवर द्वारा कवर को हटाते हैं और पावर विण्डो मोटर के धनात्मक (+ve) कनैक्शन को खोलकर अर्थ करते हैं।
5. यदि स्पार्क उत्पन्न होता है, तो पावर विण्डो का वैद्युतिक परिपथ सही है और पावर विण्डो की मोटर खराब है, इसे बदल देते हैं।
6. यदि स्पार्क उत्पन्न नहीं होता है, तो पावर विण्डो का वैद्युतिक परिपथ खराब है। इसकी जाँच करते हैं और इसे व्यवस्थित करते हैं। यदि आवश्यक हो, तो नए तार का प्रयोग करते हैं। चित्र (i)

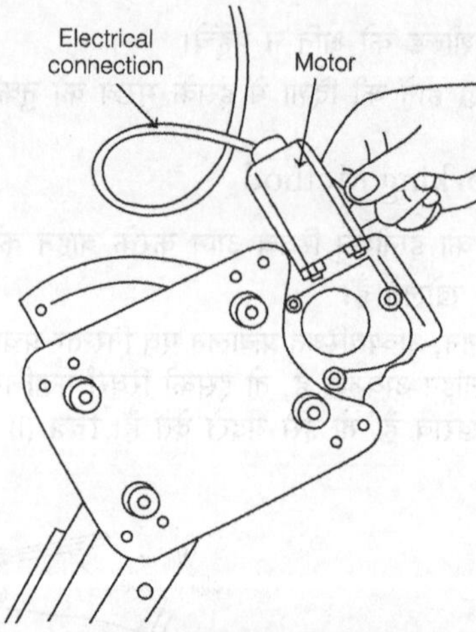

(i) पावर विण्डो प्रणाली

7. इसी प्रकार अन्य सभी विण्डो की जाँच करते हैं।
8. वाहन का इग्नीशन स्विच बन्द करते हैं।
9. पावर विण्डो स्विच से अवगत होते हैं। यदि इसके कई बार दबाने पर विण्डो चलती है या नहीं चलती है, तो इस स्थिति में पावर विण्डो स्विच की जाँच करते हैं। यदि आवश्यक हो, तो इसे बदल देते हैं।

परिणाम (Result) वाहन में पावर विण्डो प्रणाली सम्बन्धी उपचार सफलतापूर्वक किए गए।

प्रैक्टिकल संख्या 156

✎ सभी पावर डोर लॉक प्रचालित नहीं होने, केवल एक पावर डोर लॉक प्रचालित न होने के लिए पावर डोर लॉक कण्ट्रोल का निदान करना

Diagnose Power Door Lock Control for All Power Door Locks do not Operate, Only One Power Door Lock not Operate

उद्देश्य Object

सभी पावर डोर लॉक या किसी एक पावर डोर लॉक के प्रचालित न होने के लिए पावर डोर लॉक का निदान करना।

आवश्यक उपकरण/सामग्री Essential Apparatus/Materials

- ट्रेनी टूल किट
- प्रोब्स सहित मल्टीमीटर
- पावर डोर विण्डो के साथ वाहन

सुरक्षा सावधानियाँ/निर्देश Safety Precautions/Instructions

1. वैद्युतिक वायरिंग से अनावश्यक छेड़छाड़ न करें।
2. प्रवर्तक (actuator) के खराब होने की दशा में प्रवर्तक को बदल दें।
3. स्विच खराब होने की दशा में स्विच को बदल दें।
4. विण्डो को किसी भी प्रकार की कोई क्षति न पहुँचाएँ।

कार्यविधि Working Method

1. डोर लॉक कण्ट्रोल स्विच को हटाते हैं।
2. प्रोब्स को विसंयोजित करते हैं।
3. प्रोब्स पर पावर की जाँच करते हैं। यदि प्रोब्स पर पावर उपलब्ध नहीं है, तो परिपथ को तब तक ट्रेस करते हैं, जब तक समस्या का पता नहीं चल जाता है। चित्र(i)

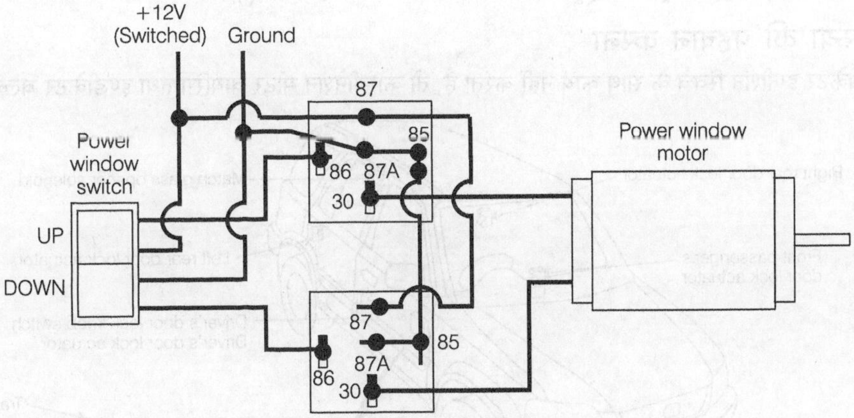

(i) डोर लॉक कण्ट्रोल

4. निरन्तरता के लिए स्विच की जाँच करते हैं। यदि कोई निरन्तरता नहीं है, तो स्विच खराब है। स्विच को बदलते हैं।
5. डोर पैनल को हटाते हैं। डोर लॉक सोलेनॉयड में निरन्तरता की जाँच करते हैं। यदि निरन्तरता नहीं है, तो स्विच तथा सोलेनॉयड के बीच वायरिंग की जाँच करते हैं।
6. लॉक यन्त्रावली (lock mechanism) तथा स्टिकिंग, मिसएलाइनमेन्ट या बेन्ट लिंकेज के लिए लीकेज की जाँच करते हैं।
7. सोलेनॉयड के उचित रूप से अर्थ होने की जाँच करते हैं।
8. सोलेनॉयड, लॉक्स तथा डोर पैनल को पुनः असेम्बल करते हैं।

परिणाम (Result) सभी पावर डोर लॉक्स या किसी एक पावर डोर लॉक के प्रचालित न होने के लिए पावर डोर का निदान सफलतापूर्वक किया गया।

प्रैक्टिकल संख्या 157

✎ रिमोट की-लैस एण्ट्री एवं इमोबीलाइजर सिस्टम हेतु निदान करना
Diagnose for Remote Keyless Entry and Immobilizer System

उद्देश्य Object

रिमोट की-लैस एण्ट्री एवं इमोबीलाइजर सिस्टम का निदान करना।

आवश्यक उपकरण/सामग्री Essential Apparatus/Materials

- ट्रेनी टूल किट
- की-लैस एण्ट्री व इमोबीलाइजर के साथ वाहन
- निर्देशिका पुस्तिका

सुरक्षा सावधानियाँ/निर्देश Safety Precautions/Instructions

1. वाहन में केवल उसकी ही 'की' या चाबी का प्रयोग करें।
2. वाहन में प्रवेश करने से पूर्व डोर लॉक को खोल लें।

कार्यविधि Working Method

A. रिमोट की-लैस एण्ट्री सिस्टम

1. डोर कण्ट्रोल्स से पावर डोर लॉक सिस्टम के उचित रूप से कार्य करने की जाँच करते हैं।
2. आस-पास की वैद्युतिक युक्तियों से रेडियो इण्टरफेरेन्स की तथा अन्य वाहनों, पेड़ों या बिल्डिगों से सिग्नल के ब्लॉक होने की जाँच करते हैं।
3. बैटरी को बदलते हैं तथा प्रचालन की पुन: जाँच करते हैं।
4. दोषों एवं ढीले संयोजनों के लिए बॉडी कण्ट्रोल मॉड्यूल वायरिंग की जाँच करते हैं। चित्र (i)

B. इमोबीलाइजर समस्या की पहचान करना

1. यदि इमोबीलाइजर इण्डीकेटर इग्नीशन स्विच के साथ कार्य नहीं करता है, तो कॉम्बीनेशन मीटर वायरिंग तथा इण्डीकेटर बल्ब की जाँच करते हैं। चित्र (ii)

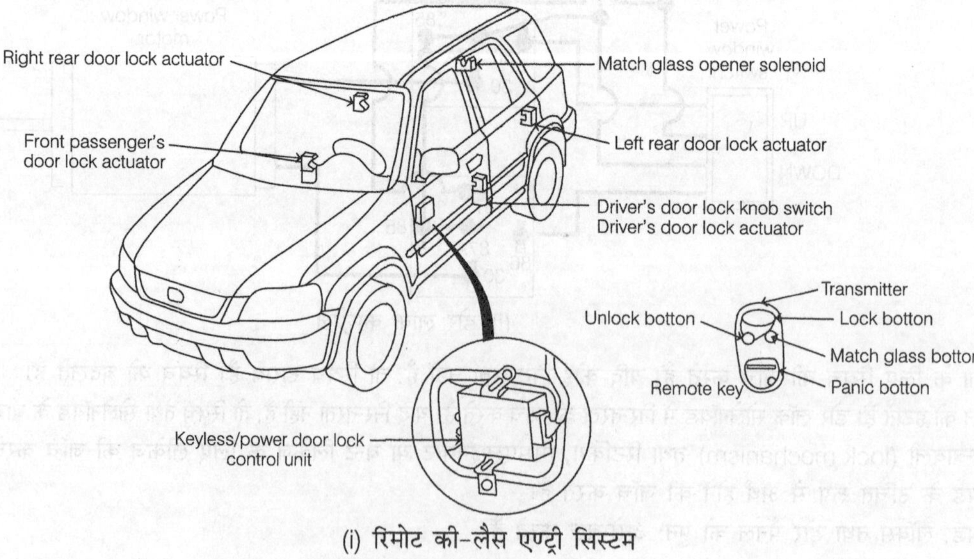

(i) रिमोट की-लैस एण्ट्री सिस्टम

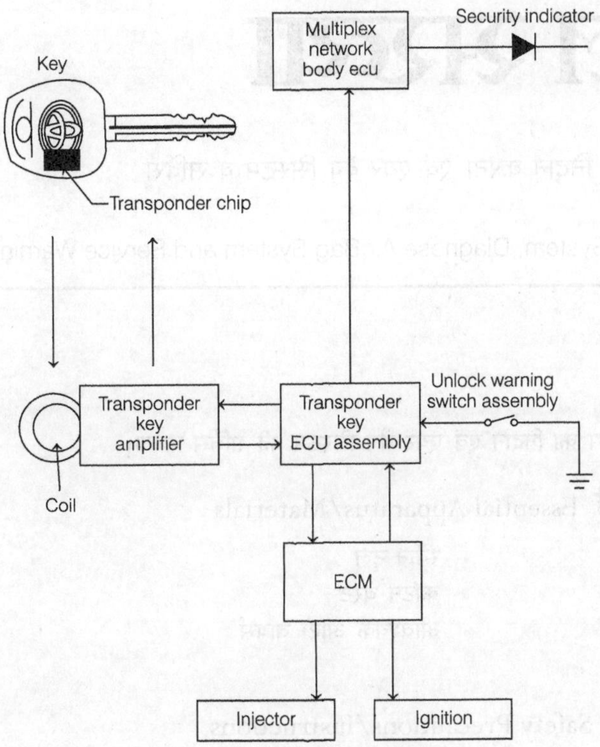

(ii) कॉम्बीनेशन मीटर वायरिंग

2. इमोबीलाइजर सिस्टम में त्रुटियाँ आने की निम्न सम्भावनाएँ होती हैं

क्र. सं.	समस्याएँ	सम्भावित कारण
1	ट्रांसपोण्डर त्रुटि दर्शाता है	(i) इग्नीशन 'की' अपंजीकृत है। (ii) 'की' में खराब ट्रांसपोण्डर (iii) ECM की समस्या (iv) इमोबीलाइजर कण्ट्रोल मॉड्यूल समस्या
2	इमोबीलाइजर कम्युनिकेशन लाइन एरर	(i) जला हुआ फ्यूज (ii) कनैक्टर पर खराब कनैक्शन (iii) पावर सप्लाई सर्किट समस्या (iv) ग्राउण्ड सर्किट समस्या
3	अपंजीकृत ट्रांसपोण्डर	(i) अपंजीकृत इग्नीशन 'की' का उपयोग
4	इमोबीलाइजर एन्टीना एरर	(i) इमोबीलाइजर कण्ट्रोल माड्यूल समस्या (ii) ECM समस्या

परिणाम (Result) रिमोट की-लैस एण्ट्री एवं इमोबीलाइजर सिस्टम का निदान सफलतापूर्वक किया गया।

प्रैक्टिकल संख्या 158

✎ ऑटोमैटिक सीट बेल्ट सिस्टम का निदान करना एवं एयर बैग सिस्टम व सर्विस वार्निंग्स का निदान करना

Diagnose Automatic Seat Belt System, Diagnose Air Bag System and Service Warnings

उद्देश्य Object

ऑटोमैटिक सीट बेल्ट एवं एयर बैग सिस्टम का निदान एवं एयर बैग सिस्टम की सर्विस करना।

आवश्यक उपकरण/सामग्री Essential Apparatus/Materials

- स्पैनर सैट
- LMV एयर बैग सिस्टम के साथ
- एयर बैग सर्किट के लिए फ्यूज
- सीट बकल्स
- स्कैन टूल
- कॉटन वैस्ट
- आवश्यक ऑटो वायर्स
- स्क्रू ड्राइवर
- पेट्रोल
- सीट बेल्ट्स

सुरक्षा सावधानियाँ/निर्देश Safety Precautions/Instructions

1. वाहन के किसी भी भाग को अनावश्यक न छुएँ।
2. सीट बेल्ट को साफ करने के लिए मृदु जल का ही उपयोग करें।
3. सीट बकल पर लुब्रीकेन्ट न लगाएँ।
4. सीट बैल्ट प्रणाली को क्षति न पहुँचे।
5. एयर बैग प्रणाली को क्षति न पहुँचे।
6. सीट बैल्ट एवं एयर बैग प्रणाली से अनावश्यक रूप से छेड़छाड़ न करें।

कार्यविधि Working Method

A. ऑटोमैटिक सीट बेल्ट सिस्टम का निदान करना

1. सीट बैल्ट के वैबिंग दोष (webbing damage) का निरीक्षण करते हैं।
2. प्रत्येक सीट बैल्ट को रिट्रेक्टर से पूर्ण रूप से खींचते हैं।
3. बैल्ट के किनारे पर वैबिंग में कट (cut), टूटे या खिंचे धागे, कटे लूप्स (cut loops) को चैक करते हैं तथा बैल्ट की झुकी स्थिति (bowed condition) को चैक करते हैं। चित्र (i)

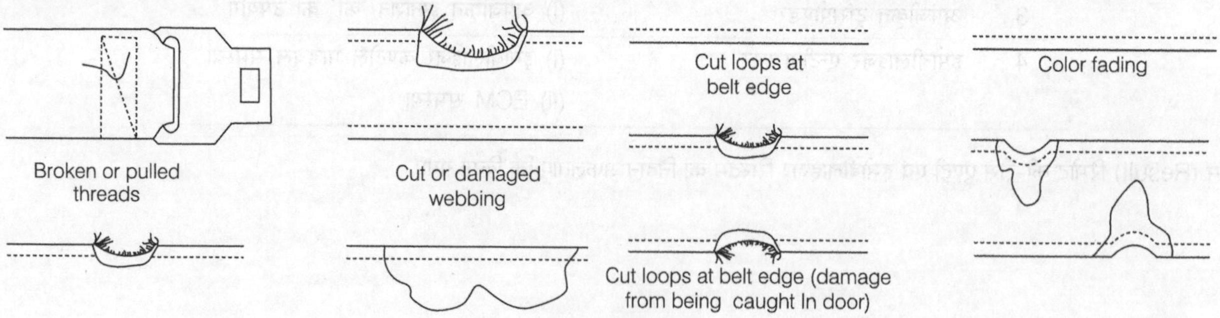

(i) बैल्ट ऐज वैबिंग

4. सुनिश्चित करते हैं कि सीट बैल्ट सम्पूर्ण यात्रा के दौरान दरवाजे के खुलने या बन्द होने पर बिना अटके गति करती है। चित्र (ii)

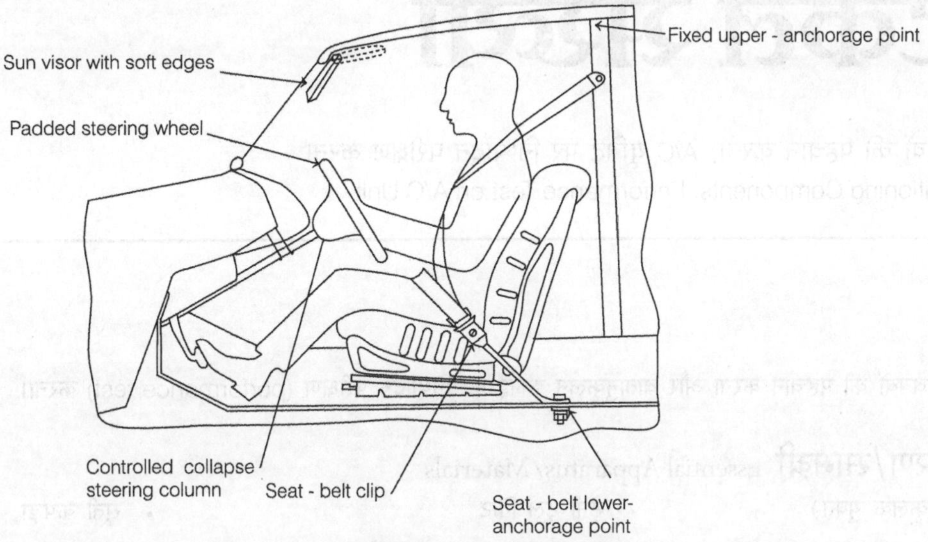

(ii) ऑटोमैटिक सीट बैल्ट सिस्टम

5. यदि सीट बैल्ट में उपरोक्त दोषों में से कोई भी दोष है, तो सीट बैल्ट को बदल देते हैं।
6. सीट बैल्ट बकल्स की क्षति तथा उपयुक्त लैचिंग (latching) एवं अनलैचिंग (unlatching) को चैक करते हैं।
7. सीट बैल्ट रिट्रेक्टर के उचित प्रचालन तथा वाहन के चेसिस की उचित धारण शक्ति (retention) को चैक करते हैं।
8. यदि वाहन में पैसिव सीट बैल्ट है, तो बैल्ट ट्रैक में बैल्ट के मुक्त गति (free movement) का निरीक्षण करते हैं।

B. एयर बैग सिस्टम का निदान

1. ड्राइवर की विण्डो को नीचे करते हैं।
2. इग्नीशन स्विच को ऑफ करते हैं तथा बैटरी के ऋणात्मक सिरे से केबिल को विसंयोजित करते हैं।
3. डैशबोर्ड के अन्दर DLC (Data Link Connector) से स्कैन टूल को संयोजित करते हैं।
4. ड्राइवर की विण्डो खोलकर स्कैन टूल को घुमाते हैं तथा वाहन से बाहर जाकर खड़े हो जाते हैं।
5. वाहन के अन्दर जाते हैं तथा इग्नीशन स्विच को ऑन करते हैं।
6. बैटरी के ऋणात्मक सिरे से केबिल को पुनः संयोजित करते हैं।
7. स्कैन टूल पर एयरबैग सिस्टम का चयन करते हैं तथा एयरबैग के DTC (Diagnostic Trouble Code) को नोट करते हैं।
8. ऋणात्मक बैटरी केबिल को विसंयोजित करते हैं।
9. इग्नीशन स्विच को ऑफ करते हैं तथा स्कैन टूल को विसंयोजित करते हैं।
10. ऋणात्मक बैटरी केबिल को विसंयोजित करते हैं।

C. एयर बैग सिस्टम की सर्विस

1. सर्वप्रथम एयर बैग सिस्टम बन्द करते हैं।
2. स्टीयरिंग व्हील यूनिट को तब तक घुमाते हैं, जब तक सामने का व्हील आगे की ओर सीधी स्थिति में नहीं आ जाता।
3. इग्नीशन स्विच को ऑफ करते हैं तथा स्विच से इग्नीशन 'की' को हटाते हैं।
4. फ्यूज ब्लॉक से एयरबैग फ्यूज को हटाते हैं।
5. सभी कनैक्टर्स को विसंयोजित करते हैं।
6. एयरबैग पर आवश्यक सर्विसिंग करते हैं।
7. सभी कनैक्टर्स को संयोजित करते हैं तथा प्रत्येक कनैक्टर्स में CPA पिन्स लगाते हैं।
8. एयरबैग सिस्टम फ्यूज को लगाते हैं।
9. इग्नीशन स्विच को ऑन करते हैं तथा उचित प्रचालन के लिए एयरबैग सिस्टम वॉर्निंग (warning) लाइट की जाँच करते हैं।

परिणाम (Result) ऑटोमैटिक सीट बैल्ट एवं एयरबैग सिस्टम का निदान तथा एयरबैग सिस्टम की सर्विस सफलतापूर्वक की गई।

प्रैक्टिकल संख्या 159

✎ वातानुकूलन अवयवों की पहचान करना, A/C यूनिट पर निष्पादन परीक्षण करना
Identity Air-conditioning Components, Performance Test on A/C Unit

उद्देश्य Object

वाहन में वातानुकूलन-अवयवों की पहचान करना और वातानुकूलन इकाई का निष्पादन परीक्षण (performance test) करना।

आवश्यक उपकरण/सामग्री Essential Apparatus/Materials

- एक वाहन (वातानुकूलक युक्त)
- ट्रेनी टूल किट
- सूती कपड़ा
- प्वॉइण्टर

सुरक्षा सावधानियाँ/निर्देश Safety Precautions/Instructions

1. वाहन के किसी भी भाग से अनावश्यक छेड़छाड़ न करें।
2. वाहन में चलते हुए भागों को स्पर्श न करें।
3. चलती ड्राइव बैल्ट से छेड़छाड़ न करें।
4. वातानुकूलन प्रणाली में एक्सपेन्शन वाल्व को न हिलाएँ।

कार्यविधि Working Method

1. सर्वप्रथम वाहन को आपातकालीन ब्रेक लगाकर न्यूट्रल स्थिति में खड़ा करते हैं तथा वाहन का बोनट खोलते हैं।
2. बैटरी के ऋणात्मक केबिल को हटाते हैं।
3. वाहन में वातानुकूलन इकाई से अवगत होते हैं।

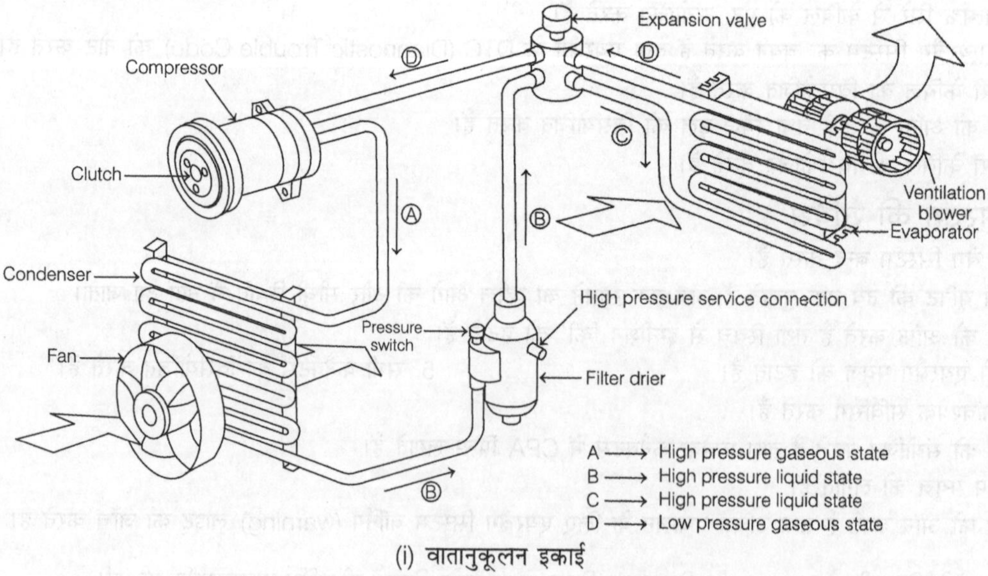

(i) वातानुकूलन इकाई

4. वातानुकूलन इकाई के अन्तर्गत कम्प्रैशर (compressor) से अवगत होते हैं।
5. वातानुकूलन इकाई के अन्तर्गत कण्डेन्सर (condenser) से अवगत होते हैं।
6. वातानुकूलन इकाई के अन्तर्गत एवैपोरेटर (evaporator) से अवगत होते हैं।
7. वातानुकूलन इकाई के अन्तर्गत रिसीवर (reciever) से अवगत होते हैं।
8. वातानुकूलन इकाई के अन्तर्गत ड्रायर (drier) से अवगत होते हैं।
9. वातानुकूलन इकाई के अन्तर्गत TX वाल्व (TX valve) से अवगत होते हैं।
10. वातानुकूलन इकाई के अन्तर्गत तापमान मॉनिटरिंग थर्मोस्टेट (temperature monitoring thermostat) से अवगत होते हैं।
11. वाहन में वातानुकूलन इकाई के अन्तर्गत रेफ्रीजेरेन्ट लाइन (refrigerant line) से अवगत होते हैं।
12. वातानुकूलन इकाई के अन्तर्गत रेफ्रीजेरेन्ट (refrigerant) से अवगत होते हैं।
13. अब निष्पादन परीक्षण के लिए वाहन का बोनट बन्द करके वाहन के अन्दर चालक सीट पर बैठकर सभी खिड़कियाँ एवं शीशों को लॉक कर देते हैं।
14. वाहन के डैशबोर्ड पर लगे वातानुकूलन स्विच को ऑन कर देते हैं।
15. एक निश्चित समयावधि के उपरान्त वाहन के वातानुकूलन की जाँच करते हैं। डैशबोर्ड में लगे तापमान सूचक में प्रदर्शित तापमान की तुलना संस्तुति पुस्तक से करते हैं।

परिणाम (Result) वाहन में वातानुकूलन-अवयवों की पहचान की गई और वातानुकूलन इकाई का निष्पादन परीक्षण भी सफलतापूर्वक किया गया।

प्रैक्टिकल संख्या 160

✎ रेफ्रिजरेन्ट की आवेशित अवस्था को जाँचना, इंजन ड्राइव बेल्ट का निरीक्षण व व्यवस्थापन करना, इंजन ड्राइव बेल्ट बदलना
Check Charged State of Refrigerant, Inspecting and Adjusting an Engine Drive Belt, Replacing an Engine Drive Belt

160.1

रेफ्रिजरेन्ट की आवेशित अवस्था की जाँच

Check Charged State of Refrigerant

उद्देश्य Object

वाहन में वातानुकूलन प्रणाली के अन्तर्गत रेफ्रिजरेन्ट की आवेशित अवस्था की जाँच करना।

आवश्यक उपकरण/सामग्री Essential Apparatus/Materials

- एक वाहन
- साफ कपड़ा
- निर्देश पुस्तिका

सुरक्षा सावधानियाँ/निर्देश Safety Precautions/Instructions

1. वाहन के किसी भाग को क्षति न पहुँचे।
2. रेफ्रिजरेन्ट कम रहने की दशा में तत्काल ही वाहन में रेफ्रिजरेन्ट की आपूर्ति करें।
3. रेफ्रिजरेन्ट की आपूर्ति एक निर्देशित लेवल तक ही करें।
4. रेफ्रिजेरेन्ट लेवल इण्डीकेटर का आकलन करने से पूर्व इसे साफ कर लें।

कार्यविधि Working Method

1. सर्वप्रथम वाहन का बोनट खोलते हैं।
2. वाहन में रेफ्रिजरेन्ट लेवल इण्डीकेटर या साईट ग्लास (sight glass) को साफ करते हैं।
3. अब रेफ्रिजेरेन्ट लेवल इण्डीकेटर में रेफ्रिजरेन्ट के तल की जाँच करते हैं। यदि इसमें रेफ्रीजरेन्ट का प्रवाह धारा रेखीय प्रतीत होता है, तो इसका अर्थ है कि रेफ्रीजरेन्ट का लेवल या तल उपयुक्त है। यदि इसमें रेफ्रिजरेन्ट का प्रवाह बुलबुलेदार प्रतीत होता है, तो इसका अर्थ है कि वाहन में रेफ्रिजरेन्ट की आपूर्ति की आवश्यकता है।
4. वाहन का बोनट बन्द कर देते हैं।

परिणाम (Result) वाहन में वातानुकूलन प्रणाली के अन्तर्गत रेफ्रिजरेन्ट की आवेशित अवस्था की जाँच सफलतापूर्वक की गई।

160.2

एक इंजन ड्राइव बैल्ट का निरीक्षण एवं व्यवस्थापन इंजन ड्राइव बैल्ट को बदलना

Inspecting and Adjusting an Engine Drive Belt, Replacing an Engine Drive Belt

नोट *इस प्रयोग के अध्ययन के लिए प्रशिक्षु प्रयोग 137.2 का अवलोकन करें।*

प्रैक्टिकल संख्या 161

✎ रेफ्रिजरेन्ट रिकवरी–निकासी करना-A/C प्रणाली आवेशित करना, कम्प्रैशर ऑयल लेवल को पुन: भरना, शीतलन न होने अथवा गर्म हवा, केवल रूक–रूककर ठण्डी हवा निकलती है, अपर्याप्त शीतलन के लिए दोष खोजना एवं उपाय करना

Perform Refrigerant Recovery -Evacuating Charging of A/C System, Replenishing Compressor Oil Level, Troubles Diagnose and Remedy for No Cooling or Warm Air, Cool Air Comes Out Only Intermittently, Insufficient Cooling

उद्देश्य Object

वाहन की वातानुकूलन (AC) प्रणाली में रेफ्रिजरेन्ट की निकासी, पुन: प्राप्ति, आवेशन तथा कम्प्रैशर में ऑयल लेवल की पुन: पूर्ति करना।

आवश्यक उपकरण/सामग्री Essential Apparatus/Materials

- ट्रेनी टूल किट
- रिकवरी वैक्यूम पम्प
- सूती कपड़ा
- वाहन निर्देशिका
- रिकवरी टैंक
- साबुन
- सॉकेट सैट
- मैनीफोल्ड गेज

सुरक्षा सावधानियाँ/निर्देश Safety Precautions/Instructions

1. आवेशन करते समय प्रणाली में आवश्यक रेफ्रिजरेन्ट की मात्रा ज्ञात रहे।
2. रेफ्रिजरेन्ट का रिसाव न हो।
3. रेफ्रिजरेन्ट आवेशित करने से पूर्व इसे प्रणाली से पूर्णत: खाली कर लें।
4. रेफ्रिजरेन्ट का आवेशन एक उपयुक्त दाब के अन्तर्गत ही करें।
5. कम्प्रैशर में ऑयल एक निश्चित मात्रा तक ही भरें।
6. ऑयल भरते समय कम्प्रैशर को क्लॉक वाइज (clock wise) घुमाते रहें।

कार्यविधि Working Method

A. AC प्रणाली से रेफ्रीजरेन्ट की निकासी

1. वाहन को आपातकालीन ब्रेक लगाकर न्यूट्रल स्थिति में खड़ा करते हैं।
2. वाहन का बोनट खोलते हैं।
3. वैक्यूम पम्प को AC प्रणाली से कनैक्ट करते हैं।
4. AC प्रणाली को खाली करने से पूर्व उसमें वांछित रेफ्रिजरेन्ट ऑयल (जैसे R-12 के लिए खनिज तेल) मिलाते हैं।
5. वैक्यूम पम्प का स्विच 'ऑन' (ON) करते हैं। वैक्यूम पम्प प्रणाली से वायु को बाहर निकालकर इसमें निर्वात् उत्पन्न कर देता है।
6. वैक्यूम पम्प को मैनीफोल्ड की उच्च दाब साइड फिटिंग से अटैच (attach) करते हैं।
7. रेफ्रीजेरेटर कन्टेनर से अटैच सेण्टर हौज फिटिंग को बन्द करते हैं।
8. अब वैक्यूम पम्प के स्विच को 'ऑन' करते हैं तथा सर्विस मैनुअल में दिए गए निर्देशों का अनुसरण करते हैं।
9. वैक्यूम पम्प को 10 मिनट के लिए प्रणाली से हटाते हैं तथा लीकेज चैक करते हैं।
10. दोनों मैनीफोल्ड वाल्वों को बन्द करते हैं तथा गेज द्वारा निर्वात् चैक करते हैं। यह 5 मिनट में 2 psi से अधिक नहीं गिरना चाहिए।
11. यदि प्रणाली में लीकेज नहीं मिलता है , तो वैक्यूम पम्प की क्रिया को तब तक चालू रखते हैं जब तक कि प्रणाली से सम्पूर्ण रेफ्रिजरेन्ट बाहर नहीं निकल जाता है।
12. प्रणाली में अधिकतम निर्वात् पहुँचने के पश्चात् प्रणाली को लगभग 20 मिनट के लिए खाली रखते हैं।
13. अब प्रणाली, रेफ्रिजरेन्ट के आवेशन हेतु तैयार हो जाती है। यूनिट टैंक में पर्याप्त मात्रा में R-134a रेफ्रिजरेन्ट होना चाहिए। टैंक में रेफ्रिजरेन्ट की मात्रा को चैक करते हैं। यदि रेफ्रिजरेन्ट की मात्रा 3.6 किग्रा से कम है, तो टैंक में नया रेफ्रिजरेन्ट मिलाते हैं। रेफ्रिजेरेन्ट मिलाने के लिए निर्माता के निर्देशों का अनुसरण (पालन) करते हैं।

14. सुनिश्चित करते हैं कि उच्च साइड तथा निम्न साइड हौजेज AC प्रणाली से कनैक्ट है। यूनिट कण्ट्रोल पैनल पर दोनों उच्च साइड तथा निम्न साइड वाल्वों को खोलते हैं।
15. गैस तथा द्रव वाल्वों को टैंक में खोलते हैं।
16. वैक्यूम पम्प को स्टार्ट करते हैं तथा निकास प्रक्रिया को प्रारम्भ करते हैं। रिसाइकलिंग प्रक्रम के दौरान असंघनित गैस (अधिकांश वायु) स्वत: ही बाहर निकल जाती है।
17. प्रणाली में लीकेज चैक करते हैं। आवेशन स्टेशन के प्रयोग के लिए निर्माता के अनुसार निर्देशों का अनुसरण करते हैं। चित्र (i)

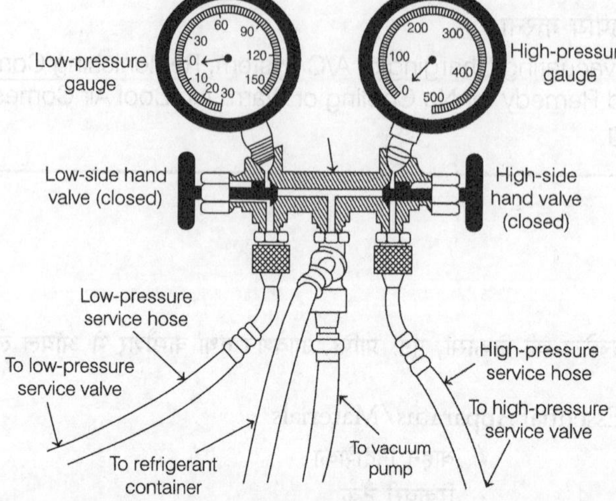

(i) लीकेज चैकिंग

B. रेफ्रिजरेन्ट के साथ प्रणाली को आवेशित करना

I. चार्जिंग स्टेशन द्वारा

1. चार्जिंग स्टेशन वैक्यूम पम्प को मैनीफोल्ड के मध्य सर्विस वाल्व से कनैक्ट करते हैं तथा पम्प के स्विच को ऑन करते हैं।
2. सिलेण्डर से रेफ्रिजेरेन्ट पम्प के माध्यम से प्रवाहित होता है तथा मैनीफोल्ड गेज में निम्न दाब सर्विस वाल्व के माध्यम से कम्प्रैशर सेक्शन में प्रवाहित होता है।
3. आवेशन से पूर्व सिलेण्डर को तोलते हैं तथा एक बार रेफ्रिजेरेन्ट की वांछित मात्रा चार्ज (charge) होने के पश्चात् चार्जिंग स्टेशन के स्विच को ऑफ कर देते हैं।
4. कुछ चार्जिंग स्टेशन ऑटोमैटिक होते हैं, जो चार्जिंग प्रक्रिया पूर्ण होने पर स्वत: ही ऑफ (बन्द) हो जाते हैं।

II. मैनीफोल्ड गेज द्वारा

1. मैनीफोल्ड गेज को चार्जिंग सिलेण्डर से चित्र (ii) के अनुसार कनैक्ट करते हैं।

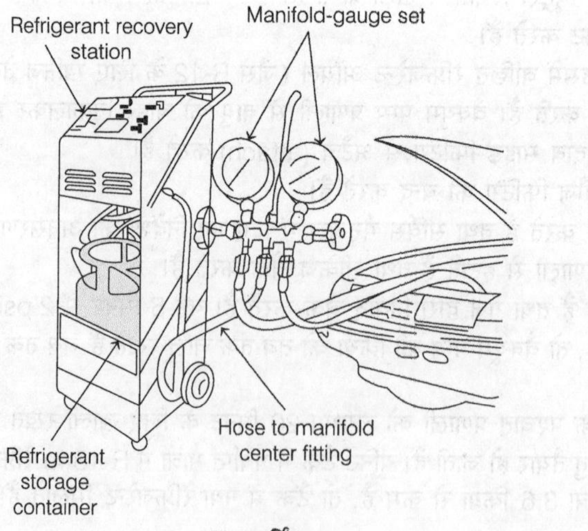

(ii) चार्जिंग

2. चार्जिंग सिलेण्डर के वाल्व को खोलते हैं तथा रेफ्रिजेरेन्ट को मैनीफोल्ड गेज की निम्न दाब साइज के माध्यम से प्रवाहित होने देते हैं।
3. जैसे ही रेफ्रिजेरेन्ट प्रणाली में प्रवाहित होने लगता है, प्रैशर गेज, दाब में वृद्धि को दर्शाने लगता है।
4. चार्जिंग से पूर्व तथा बाद में चार्जिंग सिलेण्डर को तौलते हैं, जिससे कि भार में कुल परिवर्तन, चार्ज किए जाने वाले रेफ्रिजेरेन्ट के बराबर हो।
5. चार्जिंग पूर्ण हो जाने पर सर्विस वाल्व को बन्द कर देते हैं तथा चार्जिंग सिलेण्डर को डिस्कनैक्ट कर देते हैं।
6. वाहन को स्टार्ट करते हैं तथा न्यूनतम ब्लोअर गति के साथ ए.सी. को 'ऑन' करते हैं।
7. 10 मिनट के पश्चात् तापमान को नोट करते हैं।
8. सुनिश्चित करते हैं कि वाहन के केबिन में पर्याप्त कूलिंग हो रही है तथा सभी कम्पोनेन्ट्स उचित प्रकार से कार्य कर रहे हैं।
9. यदि प्रणाली में कोई लीकेज है, तो उचित क्रियाविधि द्वारा इसे दूर करते हैं।
10. कम्प्रैशर तथा बैटरी वोल्टेज को चैक करते हैं तथा रिसीवर व ड्रायर के वॉच ग्लास (watch glass) को चैक करते हैं।

C. AC प्रणाली के कम्प्रैशर में ऑयल लेवल की पुनः पूर्ति

1. R-134a प्रणाली हेतु उचित ग्रेड के PAG ऑयल का चयन करते हैं।
2. चार्जिंग स्टेशन हेतु निर्माता के निर्देशों का अनुसरण करते हैं। प्रणाली में पॉली एल्कालाइन ग्लाइकोल (PAG, Poly alkaline glycol) की पर्याप्त मात्रा डालते हैं।
3. जब प्रणाली में ऑयल की वांछित मात्रा भर जाती है, तब वाल्व को बन्द कर देते हैं।

परिणाम (Result) वाहन की वातानुकूलन (AC) प्रणाली में रेफ्रिजेरेन्ट की निकासी, पुनः प्राप्ति, आवेशन तथा कम्प्रैशर में ऑयल लेवल की पुनः पूर्ति सफलतापूर्वक की गई।

प्रैक्टिकल संख्या 162

कम्प्रेशर, चुम्बकीय क्लच, कण्डेन्सर, एवैपोरेटर, ब्लोअर मोटर से असामान्य आवाज की जाँच करना
Check Abnormal Noise from Compressor, Magnetic Clutch, Condenser, Evaporator, Blower Motor

उद्देश्य Object

कम्प्रैसर, चुम्बकीय क्लच, कण्डेन्सर, एवैपोरेटर एवं ब्लोअर मोटर से असामान्य आवाज की जाँच करना।

आवश्यक उपकरण/सामग्री Essential Apparatus/Materials

- वाहन
- स्क्रैपर
- सूती कपड़ा
- रिंग स्पैनर सैट
- स्क्रू ड्राइवर
- वाहन मैनुअल
- सॉकेट स्पैनर
- प्लायर

सुरक्षा सावधानियाँ/निर्देश Safety Precautions/Instructions

1. वाहन के किसी भी भाग को अनावश्यक न छेड़ें।
2. रेफ्रिजेरेन्ट के रिसाव की जाँच कर लें।
3. रेफ्रिजेरेन्ट का आवेशन एक उपयुक्त दाब के अन्तर्गत ही करें।
4. गर्म कम्प्रैशर को नग्न हाथों से न छुएँ।

कार्यविधि Working Method

1. सर्वप्रथम वाहन का इंजन चालू करते हैं और वातानुकूलन स्विच ऑन करते हैं।
2. वाहन का बोनट खोलते हैं।
3. वाहन में वातानुकूलन प्रणाली से सम्बन्धित दोषों से अवगत होते हैं और इंजन का इग्नीशन स्विच ऑफ कर देते हैं।
4. अब वाहन केबिन में बैठकर वातानुकूलन की जाँच करते हैं। यदि वातानुकूलन नहीं होता है, तो कम्प्रैशर बैल्ट की जाँच करते हैं और इसे व्यवस्थित करते हैं। यदि आवश्यक हो, तो कम्प्रैशर, कण्डेन्सर, एवैपोरेटर एवं एक्सपेन्शन वाल्व को भी व्यवस्थित करते हैं।
5. वातानुकूलक से ठण्डी हवा कभी-कभी आती है या अपर्याप्त वातानुकूलन होता है, तो प्रणाली में रेफ्रिजेरेन्ट की अवस्था की जाँच करते हैं और इसमें रेफ्रिजेरेन्ट की आपूर्ति करते हैं। यदि आवश्यक हो, तो एवैपोरेटर, कण्डेन्सर कम्प्रैशर, ब्लोअर एवं एक्सपेन्शन वाल्व को भी व्यवस्थित करते हैं।
6. कम्प्रैशर की जाँच करते हैं। यदि यह शोर करता है, तो इसका स्नेहन (lubrication) करते हैं और इसके फाउण्डेशन बोल्ट टाइट करते हैं। यदि आवश्यक हो, तो इसकी सर्विस करते हैं।
7. चुम्बकीय क्लच की जाँच करते हैं। यदि यह शोर करता है, तो इसकी मरम्मत करते हैं। यदि आवश्यक हो,तो इसे बदल देते हैं।
8. कण्डेन्सर और एवैपोरेटर की जाँच करते हैं। यदि ये शोर करते हैं, तो इनके फाउण्डेशन बोल्ट टाइट करते हैं। यदि आवश्यक हो, तो इनकी मरम्मत करते हैं।
9. ब्लोअर मोटर की जाँच करते हैं। यदि यह शोर करता है, तो इसके बियरिंग का स्नेहन करते हैं और इसके फाउण्डेशन बोल्ट टाइट करते हैं।
10. वाहन का बोनट बन्द कर देते हैं।

परिणाम (Result) कम्प्रैशर, चुम्बकीय क्लच, कण्डेन्सर, एवैपोरेटर एवं ब्लोअर मोटर से असामान्य आवाज की जाँच सफलतापूर्वक की गई।

प्रैक्टिकल संख्या 163

उच्च व निम्न दाब हेतु उच्च दाब गेज, उच्च व निम्न दाब हेतु निम्न दाब गेज के लिए मूल्यांकन परीक्षण करना

Carryout Diagnosis Test for high Pressure Gauge for Pressure High and Low, Low Pressure Gauge for Pressure High and Low

उद्देश्य Object

उच्च दाब गेज और निम्न दाब गेज का मूल्यांकन परीक्षण करना।

आवश्यक उपकरण/सामग्री Essential Apparatus/Materials

- एक वाहन
- संस्तुति मैनुअल
- ट्रेनी टूल किट

सुरक्षा सावधानियाँ/निर्देश Safety Precautions/Instructions

1. व्यर्थ में ही उच्च एवं निम्न दाब गेज से छेड़छाड़ न करें।
2. इंजन के किसी भी भाग को अनावश्यक न छुएँ।
3. वातानुकूलन प्रणाली से सम्बन्धित किसी भी होजेज से छेड़छाड़ न करें।

कार्यविधि Working Method

1. सर्वप्रथम वाहन का बोनट खोलते हैं।
2. वाहन के इंजन को चालू करते हैं।
3. वाहन में वातानुकूलन प्रणाली के अन्तर्गत उच्च व निम्न दाब गेज से अवगत होते हैं।
4. उच्च दाब गेज की कार्यप्रणाली से अवगत होते हैं। यदि यह निम्न दाब प्रदर्शित करता है, तो इसका अर्थ है कि प्रणाली में रेफ्रिजरेन्ट को चार्ज करने की आवश्यकता है। यदि यह उच्च दाब प्रदर्शित करता है, तो इसका अर्थ है कि या तो प्रणाली में हवा है या फिर प्रणाली अधिक चार्ज है। यदि यह कुछ भी प्रदर्शित नहीं करता है, तो इसका अर्थ है कि गेज खराब है, तो इसे बदल देते हैं।

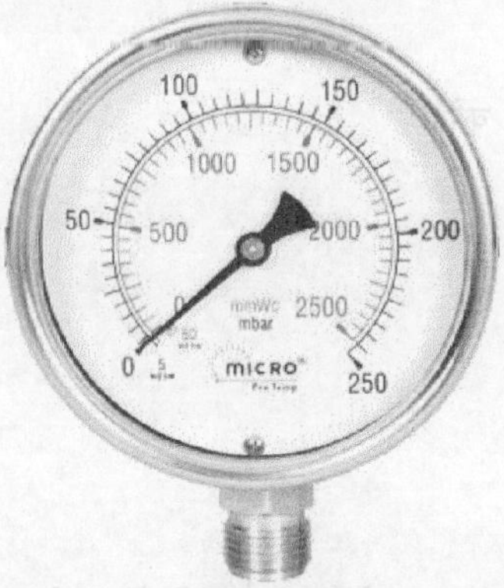

(i) उच्च दाब गेज

5. निम्न दाब गेज की कार्यप्रणाली से अवगत होते हैं। यदि यह निम्न दाब प्रदर्शित करता है, तो इसका अर्थ है कि प्रणाली व्यवस्थित है। यदि यह उच्च दाब प्रदर्शित करता है, तो इसका अर्थ है कि या तो प्रणाली में हवा है या फिर प्रणाली ओवर चार्ज्ड है। यदि यह कुछ भी प्रदर्शित नहीं करता है, तो इसका अर्थ है कि यह खराब है, तो इसे बदल देते हैं।

परिणाम (Result) उच्च दाब गेज और निम्न दाब गेज का मूल्यांकन परीक्षण सफलतापूर्वक किया गया।

प्रैक्टिकल संख्या 164

✎ चौड़ी सड़कों पर सीधी ड्राइविंग का अभ्यास करना
Practice in Straight Driving on Wide Roads

उद्देश्य Object

चौड़ी सड़क पर सीधी ड्राइविंग करने का अभ्यास करना।

आवश्यक उपकरण/सामग्री Essential Apparatus/Materials

- ट्रेनी टूल किट
- वाहन पंजीकरण प्रमाण-पत्र
- बीमा प्रमाण-पत्र
- फिटनेस प्रमाण-पत्र
- ड्राइविंग लाइसेंस
- 'L' बोर्ड
- जैक लीवर
- स्टेपनी के साथ वाहन
- क्लीनिंग क्लॉथ

सुरक्षा सावधानियाँ/निर्देश Safety Precautions/Instructions

1. गियर बदलते समय गियर लीवर न देखें।
2. सदैव सड़क एवं स्टीयरिंग नियन्त्रण पर ध्यान दें।
3. क्लच को धीरे-धीरे छोड़ें।
4. स्टार्ट करने के पश्चात् वाहन को धीरे-धीरे एक्सेलेरेट करें।
5. यातायात के नियमों का पालन करें।
6. कार निर्माता द्वारा निर्धारित गति पर ड्राइव करें।

कार्यविधि Working Method

1. इंजन को स्टार्ट करते हैं।
2. पार्किंग ब्रेक को रिलीज करते हैं।
3. क्लच पैडल को पूर्ण रूप से दबाते हैं।
4. पहले गियर में गियर शिफ्टिंग लीवर को मूव कराते हैं तथा अपने हाथ को स्टीयरिंग व्हील पर रखते हैं।
5. इंजन की थोड़ी-सी गति बढ़ाते हैं तथा इसी गति पर इंजन को बनाए रखते हैं।
6. पीछे से आने वाले वाहन के लिए रियर-व्यूमिरर को देखते हैं।
7. कार के आगे चलने की स्थिति में क्लच पैडल को धीरे से छोड़ते हैं।
8. क्लच पैडल को होल्ड करते हैं।
9. अपने दाएँ सोल्डर के आस-पास देखते हैं।

10. दोनों हाथों को स्टीयरिंग व्हील पर रखते हैं, आगे देखते हैं तथा बाएँ पैर को उठाकर क्लच पैडल को ऑफ करते हैं।
11. कुछ याड्र्स (yards) के लिए कार को आगे की ओर निरन्तर चलाते हैं।
12. डबल या सिंगल डिक्लचिंग द्वारा गियर को शिफ्ट करते हैं।
13. गियर लीवर नॉब पर पकड़ते हैं।
14. कार की गति को बढ़ाते हैं तथा एक्सेलेरेटर पैडल को छोड़ते हैं।
15. एक्सेलेरेटर पैडल के ऊपर आने पर डिक्लच करते हैं।
16. एक्सेलेरेटर पैडल को दबाकर कार की गति बढ़ाते हैं।
17. दूसरे गियर को तीसरे गियर में बदलने के लिए उपरोक्त प्रक्रिया को दोहराते हैं।
18. तीसरे गियर को दूसरे तथा दूसरे को पहले में बदलने के लिए उपरोक्त प्रक्रिया को दोहराते हैं।
19. ब्रेकिंग के लिए स्वयं को तैयार रखते हैं।
20. रियर व्यू-मिरर में देखते हैं तथा वाहन को रोकने के लिए सिग्नल देते हैं।
21. एक्सेलेरेटर पैडल को धीरे-धीरे रिलीज करते हैं तथा ब्रेक लगाते हैं।
22. वाहन को बन्द करते हैं तथा गियर शिफ्ट लीवर को उदासीन स्थिति पर रखते हैं। इग्नीशन का स्विच ऑफ करते हैं।
23. अन्त में हैण्ड ब्रेक एप्लाई करते हैं।

परिणाम (Result) चौड़ी सड़क पर सीधी ड्राइविंग का अभ्यास सफलतापूर्वक किया गया।

प्रैक्टिकल संख्या 165

✎ लेन एवं कर्व पर ड्राइविंग करना
Driving through Lanes and Curve

उद्‌देश्य Object

कर्व एवं नैरों लेनों पर ड्राइविंग का अभ्यास करना।

आवश्यक उपकरण/सामग्री Essential Apparatus/Materials

- ट्रेनी टूल किट
- फिटनेस प्रमाण-पत्र
- जैक लीवर
- वाहन पंजीकरण प्रमाण-पत्र
- ड्राइविंग लाइसेंस
- स्टेपनी के साथ वाहन
- बीमा प्रमाण-पत्र
- 'L' बोर्ड
- क्लीनिंग क्लॉथ

सुरक्षा सावधानियाँ/निर्देश Safety Precautions/Instructions

- गियर बदलते समय गियर लीवर न देखें।
- क्लच को धीरे-धीरे छोड़ें।
- यातायात के नियमों का पालन करें।
- सदैव सड़क एवं स्टीयरिंग नियन्त्रण पर ध्यान दें।
- स्टार्ट करने के पश्चात् वाहन को धीरे-धीरे एक्सेलेरेट करें।
- नैरो लेनों पर ड्राइविंग करते समय किसी भी वाहन को ओवरटेक न करें।

कार्यविधि Working Method

A. कर्व लेनों पर ड्राइविंग

I. रोड जंक्शनों पर लैफ्ट टर्न

1. पीछे से आने वाले किसी भी वाहन को रियर-व्यू मिरर में देखते हैं।
2. बाईं ओर सिग्नल (या तो ट्रैफिक इण्डीकेटर से या हाथ से) देते हैं।
3. लैफ्ट लेन पर वाहन को घुमाते हैं।
4. वाहन की गति धीमी करते हैं।
5. चित्र (i) में दर्शाए गए रूट 'A' की तरह वाहन को बाईं ओर मोड़ते हैं।

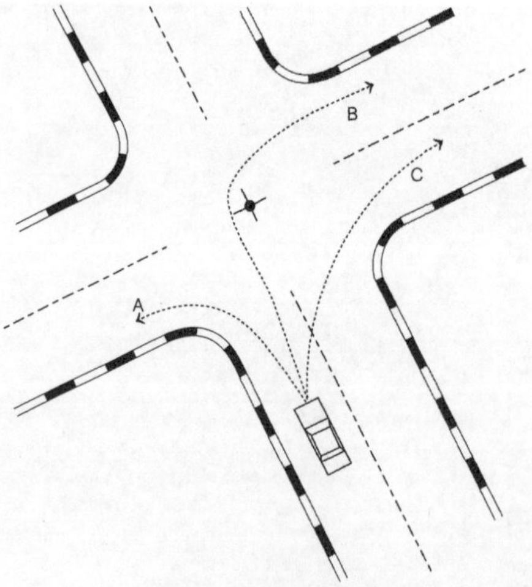

(i) रोड जंक्शन पर टर्न

II. रोड जंक्शनों पर राइट टर्न

1. पीछे से आने वाले किसी भी वाहन को रियर-व्यू मिरर में देखते हैं।
2. दाईं ओर मुड़ने के लिए सिग्नल देते हैं।
3. वाहन की गति कम करते हैं तथा वाहन को राइट लेन पर मोड़ते हैं।
4. चित्र में दर्शाए गए रूट 'B' की तरह वाहन को दाईं ओर मोड़ते हैं।
5. ड्राइवर को चित्र में दर्शाए गए रूट 'C' की तरह वाहन को मोड़ना नहीं चाहिए। रूट 'C' पर मोड़ना रोड नियमों का उल्लंघन करता है एवं यह एक खतरनाक रूट भी है।

III. मेन रोड पर राइट टर्न

1. वाहन को रोड के बाईं ओर आधे भाग में चलाते हैं।
2. साइड रोड में दाईं ओर मुड़ते हैं।

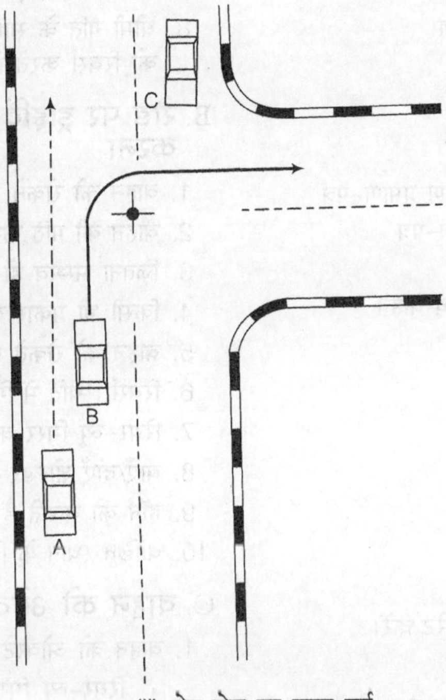

(ii) मेन रोड पर राइट टर्न

3. देखते हैं कि हमारे वाहन के सामने कोई वाहन तो नहीं आ रहा है।
4. दाईं ओर मुड़ने के लिए सिग्नल देते हैं।
5. सामने के ट्रैफिक के क्लीयर होने की प्रतीक्षा करते हैं।
6. वाहन को धीरे-धीरे चलाते हैं।

B. नैरो लेन पर ड्राइविंग

1. वाहन की गति धीमी करते हैं।
2. देखते हैं कि सामने से कोई वाहन तो नहीं आ रहा है।
3. यह सुनिश्चित करते हैं कि लेन क्लीयर है।
4. हैड लैम्प का स्विच ऑन करके सिग्नल देते हैं।
5. वाहन को धीरे-धीरे चलाते हैं।

परिणाम (Result) कर्व एवं नैरो लेनों पर ड्राइविंग का अभ्यास सफलतापूर्वक किया गया।

प्रैक्टिकल संख्या 166-167

✎ रिवर्स करने एवं अन्य वाहन को ओवरटेक करने का अभ्यास
Practice in Reversing and Overtaking Another Vehicle

उद्देश्य Object

वाहन को रिवर्स एवं ओवरटेक करने का अभ्यास करना।

आवश्यक उपकरण/सामग्री
Essential Apparatus/Materials

- ट्रेनी टूल किट
- बीमा प्रमाण-पत्र
- ड्राइविंग लाइसेंस
- जैक लीवर
- क्लीनिंग क्लॉथ
- वाहन पंजीकरण प्रमाण-पत्र
- फिटनेस प्रमाण-पत्र
- 'L' बोर्ड
- स्टेपनी के साथ वाहन

सुरक्षा सावधानियाँ/निर्देश
Safety Precautions/Instructions

1. गियर बदलते समय गियर लीवर न देखें।
2. सदैव सड़क एवं स्टीयरिंग नियन्त्रण पर ध्यान दें।
3. क्लच को धीरे-धीरे छोड़ें।
4. स्टार्ट करने के पश्चात् वाहन को धीरे-धीरे एक्सेलेरेट करें।
5. यातायात के नियमों का पालन करें।
6. वाहन को रिवर्स करने से पहले वाहन के दोनों ओर कम-से-कम 30 सेमी दूरी सुनिश्चित कर लें।

कार्यविधि Working Method

A. पार्किंग लोट से वाहन को रिवर्स करना

1. वाहन को रिवर्स करने से पहले सुनिश्चित करते हैं कि–
   - वाहन के पीछे कुछ नहीं है।
   - पैदल चलने वाले, साइकिल चलाने वाले या अन्य वाहन
   - सभी दिशाओं में पाथ क्लीयर है।
2. वाहन में बैठते हैं।
3. वाहन को स्टार्ट करते हैं।
4. रिवर्स दिशा की स्थिति में गियर को शिफ्ट करते हैं।
5. रियर-व्यू मिरर को देखते हैं।
6. हॉर्न को बजाते हैं।
7. अपने बाएँ/दाएँ शोल्डर के पीछे देखते हैं।
8. धीमी गति के साथ तथा क्लच को धीरे-धीरे प्रचालित करके वाहन को रिवर्स करते हैं।

B. रोड पर ड्राइविंग करते समय वाहन को रिवर्स करना

1. वाहन को रोकने के लिए सिग्नल देते हैं।
2. वाहन की गति कम करते हैं।
3. जितना सम्भव हो वाहन को रोड के बाईं ओर लगाते हैं।
4. किसी भी प्रकार की रुकावट के लिए देखते हैं।
5. वाहन को रोकते हैं।
6. रिवर्स स्थिति में गियर को शिफ्ट करते हैं।
7. रियर-व्यू मिरर को देखते हैं।
8. बाएँ/दाएँ शोल्डर के पीछे देखते हैं।
9. हॉर्न को बजाते हैं।
10. वांछित स्थान के लिए वाहन को रिवर्स करते हैं।

C. वाहन को ओवरटेक करना

1. वाहन को ओवरटेक करते समय
   - रियर-व्यू मिरर में देखते हैं तथा यह सुनिश्चित करते हैं कि आपके वाहन के पीछे कोई अन्य वाहन तो नहीं है।
   - जिस वाहन को आप ओवरटेक कर रहे हो उसे उचित सिग्नल देते हैं।
   - हॉर्न बजाते हैं।
   - रात्रि के समय प्रकाश को डिम व डिप करते हैं।
   - यह सुनिश्चित करते हैं कि रोड की लम्बाई पर्याप्त है।
2. सामने से आने वाले वाहन से दूरी बनाए रखते हैं।
3. गियर को डाउन करके बदलते हैं तथा गति को बढ़ाते हैं।
4. जब सामने से आने वाले वाहन द्वारा क्लीयर सिग्नल दिया जाए तभी वाहन को अधिकतम गति प्रदान करते हैं तथा वाहन को ओवरटेक करते हैं।
5. सदैव दाईं ओर ही वाहन को ओवरटेक करते हैं।

परिणाम (Result) वाहन को रिवर्स एवं ओवरटेक करने का अभ्यास सफलतापूर्वक किया गया।

प्रैक्टिकल संख्या 168

✎ रेत व गीली सतहों पर ड्राइविंग का अभ्यास करना एवं पार्किंग व विकर्ण पार्किंग का अभ्यास करना
Practice in Driving Through Sand and Wet Surfaces, Practice in Parking and Diagonal Parking

उद्देश्य Object
रेत व गीली सतहों पर ड्राइविंग एवं पार्किंग व विकर्ण पार्किंग का अभ्यास करना।

आवश्यक उपकरण/सामग्री Essential Apparatus/Materials
- ट्रेनी टूल किट
- बीमा प्रमाण-पत्र
- ड्राइविंग लाइसेंस
- जैक लीवर
- क्लीनिंग क्लॉथ
- वाहन पंजीकरण प्रमाण-पत्र
- फिटनेस प्रमाण-पत्र
- 'L' बोर्ड
- स्टेपनी के साथ वाहन

सुरक्षा सावधानियाँ/निर्देश Safety Precautions/Instructions
1. गियर बदलते समय गियर लीवर न देखें।
2. सदैव सड़क एवं स्टीयरिंग नियन्त्रण पर ध्यान दें।
3. क्लच को धीरे-धीरे छोड़ें।
4. स्टार्ट करने के पश्चात् वाहन को धीरे-धीरे एक्सेलेरेट करें।
5. यातायात के नियमों का पालन करें।

कार्यविधि Working Method
A. रेतीली सतह पर ड्राइविंग
1. वाहन को अधिक त्वरित नहीं करते अन्यथा पहिए घूमने लगते हैं।
2. पहले या दूसरे पहियों का उपयोग करते हैं तथा पर्याप्त गति प्रदान करते हैं।
3. यदि पहिए घूमने लगते हैं, तो इंजन को ऑफ करके अलग करते हैं तथा ठोस सड़क पर वाहन को लाने के लिए किसी भी तकनीक जैसे पहियों पर चेन आदि का प्रयोग करते हैं।

B. गीली सतह पर ड्राइविंग
1. ड्राइविंग बहुत ध्यानपूर्वक करते हैं।
2. पहियों एवं सतहों के बीच अधिक मड (mud) एवं स्नो (snow) पहियों का उपयोग करते हैं।
3. वाहन की गति 10 Km/h रखते हैं।
4. हैडलाइटों, रियर लाइटों तथा साइड लाइटों का स्विच ऑन करते हैं।
5. यदि आप किसी बाँध (causeway) को पार कर रहे हैं, तो यह सुनिश्चित करते हैं कि पानी का स्तर एग्जॉस्ट पाइप से नीचे हो।
6. यदि रियर पहिया घूमना शुरू कर देता है, तो फ्रण्ट व्हील ड्राइव को जोड़ते हैं तथा पहले या दूसरे गियर के द्वारा वाहन को गीली सतह से बाहर निकालते हैं।
7. फ्रण्ट व्हील ड्राइव को अलग करते हैं तथा वाहन को ठोस सतह पर लाते हैं।

C. समान्तर स्थिति में वाहन को पार्क करना

1. स्लो-डाउन सिग्नल देते हैं तथा हाथ द्वारा सिग्नल को रोकते हैं।
2. पीछे से आने वाले वाहन के लिए रियर-व्यू मिरर को देखते हैं।
3. यदि आप किसी वाहन को देखते हो और उसके जाने के बाद अपने वाहन को पार्क करना चाहते हो, तो वाहन को रोकते हैं एवं इंजन को बन्द करते हैं।
4. हैण्ड ब्रेक लगाते हैं।

D. वाहन की विकर्ण पार्किंग

1. वाहन को मोड़ते समय यह सुनिश्चित कर लें कि आपकी पार्किंग के रास्ते में कोई अन्य वाहन तो नहीं आ रहा है।
2. पार्किंग से पहले इण्डीकेटर सिग्नल या हैण्ड सिग्नल देते हैं।
3. उचित स्थान पर वाहन को चलाते हैं।
4. यदि आप वाहन को रिवर्स दिशा में चला रहे हैं, तो उचित रूप से पार्क करते हैं। वाहन को चलाने से पहले रिवर्स लाइट को ऑन करते हैं तथा सावधानीपूर्वक वाहन की विकर्णी पार्किंग करते हैं।
5. इंजन को बन्द करते हैं तथा हैण्ड ब्रेक लगाते हैं।

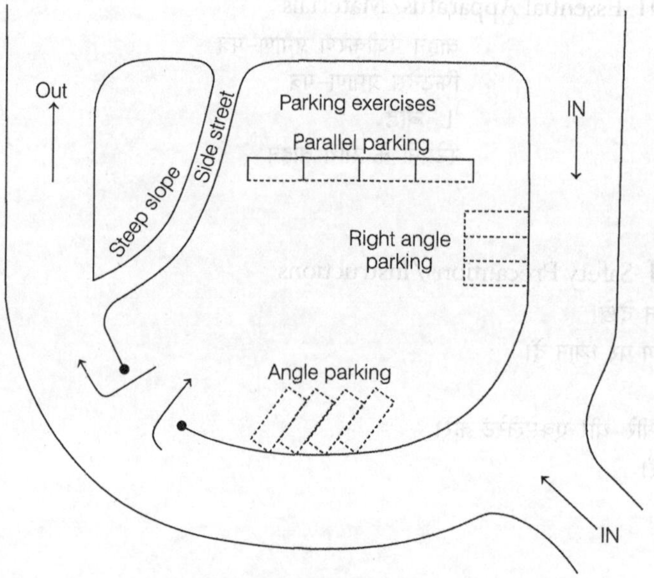

(i) ड्राइविंग रेंज

परिणाम (Result) रेत व गीली सतहों पर ड्राइविंग एवं समान्तर पार्किंग व विकर्णी पार्किंग का अभ्यास सफलतापूर्वक किया गया।

प्रैक्टिकल संख्या 169

✎ BEV, HEV, PHEV, FCEV प्रकार के वाहनों की वर्तमान स्वीकार्य स्तर की रिपोर्ट का अध्ययन
Study Report on Current Adoption Status of BEV, HEV, PHEV, FCEV Type Vehicles

उद्देश्य Object

BEV, HEV, PHEV, FCEV प्रकार के वाहनों की वर्तमान स्वीकार्य स्तर की रिपोर्ट का अध्ययन करना।

आवश्यक उपकरण/सामग्री Essential Apparatus/Materials

- वाहन मैनुअल
- वाहन उत्सर्जन स्तर रिपोर्ट
- वाहन क्षमता रिपोर्ट
- डाटा रिकोर्डर

सुरक्षा सावधानियाँ/निर्देश Safety Precautions/Instructions

1. वाहन मैनुअल का ध्यानपूर्वक अवलोकन करें।
2. वाहन उत्सर्जन तथा क्षमता रिपोर्ट का अवलोकन करें।
3. वाहनों के लिए आवश्यक तत्व; जैसे-चार्जिंग स्टेशन, केन्द्र या राज्य सरकार द्वारा संचालित नीतियों का अवलोकन करें।

कार्यविधि Working Method

***नोट** इस प्रैक्टिकल को प्रशिक्षु अनुदेशक महोदय की सहायता से स्वयं सम्पन्न करें।*

प्रैक्टिकल संख्या 170

✎ IC इंजन वाहनों की तुलना में इलेक्ट्रिक वाहनों की क्षमता की पहचान तथा अध्ययन
Identify and Study Performance of Electric Vehicles in Comparison to IC Engine Vehicles

उद्देश्य Object

IC इंजन वाहनों की तुलना में इलेक्ट्रिक वाहनों की क्षमता की पहचान तथा अध्ययन का अभ्यास करना।

आवश्यक उपकरण/सामग्री Essential Apparatus/Materials

- IC इंजन वाहन
- IC इंजन वाहन मैनुअल
- IC इंजन उत्सर्जन तथा क्षमता रिपोर्ट
- इलेक्ट्रिक वाहन
- गेज
- इलेक्ट्रिक वाहन मैनुअल
- इलेक्ट्रिक वाहन उत्सर्जन तथा क्षमता रिपोर्ट
- एनालॉग मीटर

सुरक्षा सावधानियाँ/निर्देश Safety Precautions/Instructions

1. वाहन मैनुअल का अवलोकन ध्यानपूर्वक करें।
2. एनालॉग मीटर द्वारा रीडिंग ध्यानपूर्वक लें।
3. उत्सर्जन तथा क्षमता रिपोर्ट को ध्यान से पढ़ें।
4. अनुदेशक महोदय से आवश्यक जानकारी प्राप्त करें।

कार्यविधि Working Method

1. सर्वप्रथम इलेक्ट्रिक वाहन का दृश्यिक निरीक्षण करते हैं।
2. आवश्यक मापदण्डों के अनुसार चैक लिस्ट तैयार करते हैं।
3. इलेक्ट्रिक वाहन के मुख्य भागों की पहचान करते हैं।

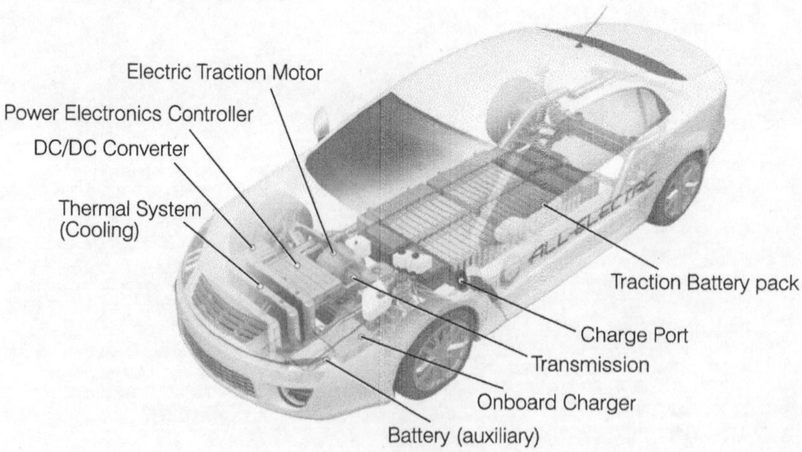

(i)

4. IC इंजन वाहन का दृश्यिक निरीक्षण करते हैं।
5. IC इंजन वाहन के मुख्य भागों की पहचान करते हैं। चित्र (ii)

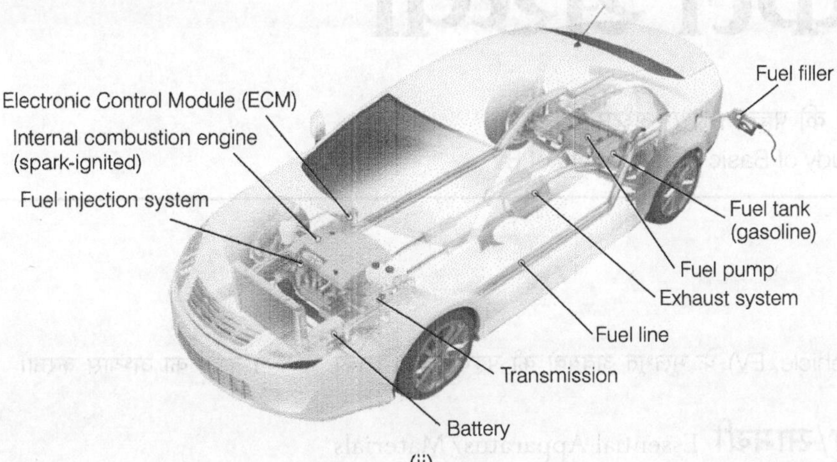

(ii)

6. तुलनात्मक अध्ययन करते हुए दोनों का डाटा निम्न सारणी में भरते हैं

सारणी

क्र.सं.	**तुलनात्मक बिन्दु**	**IC इंजन वाहन**	**इलेक्ट्रिक वाहन**
1.	शक्ति स्रोत		
2.	प्राइम मूवर		
3.	विशिष्ट ऊर्जा		
4.	शक्ति घनत्व		
5.	रीफिलिंग समय		
6.	ईंधन टैंक		
7.	क्षमता		
8.	शोर उत्पादन		
9.	ब्रेकिंग एनर्जी की रिकवरी		
10.	विद्युत पारेषण		

7. अपने कार्य की जाँच अनुदेशक महोदय से कराते हैं।

परिणाम (Result) IC इंजन वाहनों की तुलना में इलेक्ट्रिक वाहनों की क्षमता की पहचान तथा अध्ययन का अभ्यास सफलतापूर्वक किया गया।

प्रैक्टिकल संख्या 171

✎ EV के मूलभूत अवयवों की पहचान तथा अध्ययन
Identification and Study of Basic Components of EV

उद्देश्य Object

इलेक्ट्रिक वाहन (electric vehicle, EV) के मूलभूत अवयवों की पहचान तथा इनका अध्ययन करने का अभ्यास करना।

आवश्यक उपकरण/सामग्री Essential Apparatus/Materials

- वाहन मैनुअल
- गाइड बुक
- इलेक्ट्रिक वाहन
- नोटिंग पैड तथा पैन
- उपलब्ध चार्ट

सुरक्षा सावधानियाँ/निर्देश Safety Precautions/Instructions

1. वाहन मैनुअल का ध्यानपूर्वक अवलोकन करें।
2. वाहन सम्बन्धी चार्ट को अवश्य पढ़ें।
3. वाहन के अवयव की नोटिंग ध्यानपूर्वक करें।

कार्यविधि Working Method

1. सर्वप्रथम इलेक्ट्रिक वाहन का दृश्यिक निरीक्षण करते हैं।
2. इलेक्ट्रिक वाहन (EV) के मुख्य भागों की अदृश्य मार्किंग करते हैं।
3. मार्किंग के अनुसार (EV) के अवयवों की पहचान करते हैं। चित्र (i)

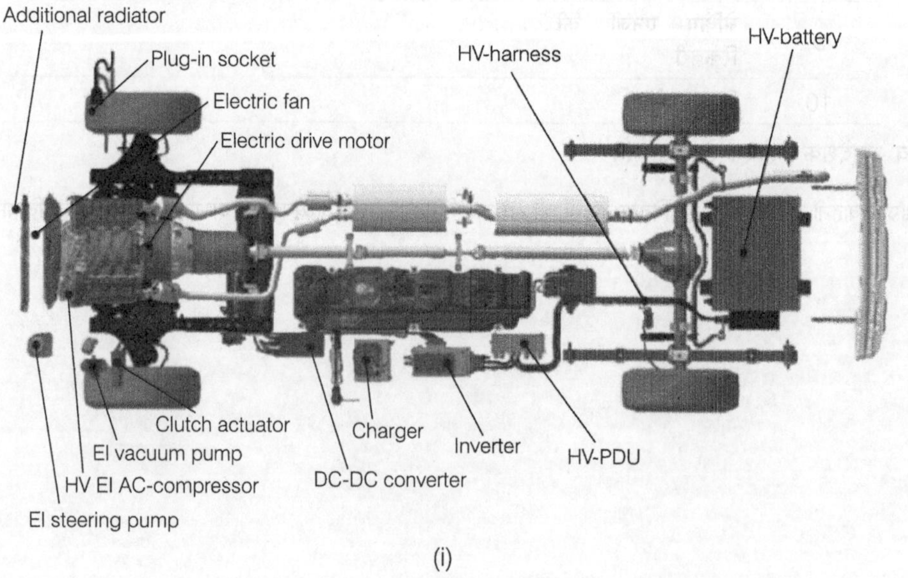

(i)

4. अवयवों की पहचान करके सारणी में सूचीबद्ध करते हैं।

सारणी

क्र.सं.	अवयवों का नाम	अवयवों की कार्यिकी
1.		
2.		
3.		
4.		
5.		
6.		
7.		
8.		
9.		

5. पहचान करने के बाद प्रत्येक अवयव की कार्यिकी का ध्यानपूर्वक अध्ययन करते हैं।
6. अपने कार्य की जाँच अनुदेशक महोदय से कराते हैं।

परिणाम (Result) इलेक्ट्रिक वाहन के मूलभूत अवयवों की पहचान तथा इनका अध्ययन सफलतापूर्वक किया गया।

प्रैक्टिकल संख्या 172

✎ इलेक्ट्रिक वाहन के डैशबोर्ड पर लगे विभिन्न गेजों/उपकरणों की पहचान तथा IC इंजन वाहनों के साथ इन्स्ट्रूमेण्ट पैनल में अन्तर पहचानना

Identify various Gauges/Instrument on Dashboard of an Electric Vehicle and Identify Difference in Instrumentation Panel with IC Engine Vehicles

उद्देश्य Object

इलेक्ट्रिक वाहन के डैशबोर्ड पर लगे विभिन्न गेजों/उपकरणें की पहचान करना तथा IC इंजन वाहन के साथ इन्स्ट्रूमेण्ट पैनल में विभेद करने का अभ्यास करना।

आवश्यक उपकरण/सामग्री Essential Apparatus/Materials

- इलेक्ट्रिक वाहन
- ट्रेनी टूल किट
- वाहन मैनुअल
- वाहन निर्देशिका
- IC इंजन
- स्क्रू ड्राइवर
- गेज

सुरक्षा सावधानियाँ/निर्देश Safety Precautions/Instructions

1. डैशबोर्ड में लगे सभी उपकरणों एवं गेजों की चालकता सुनिश्चित करें।
2. सुनिश्चित करें कि वाहन की विद्युतीय वायरिंग को क्षति न पहुँचे।
3. दोषपूर्ण गेजों व उपकरणों के विद्युतीय संयोजनों की जाँच प्रयोग करने से पूर्व अवश्य करें।

कार्यविधि Working Method

A. इलेक्ट्रिक वाहन के डैशबोर्ड अवयवों की पहचान

1. सर्वप्रथम इलेक्ट्रिक वाहन को न्यूट्रल अवस्था में चालू करते हैं।
2. इलेक्ट्रिक वाहन के डैशबोर्ड पर लगे उपकरणों एवं गेजों की जाँच करते हैं।
3. इलेक्ट्रिक वाहन के डैशबोर्ड पर लगे विभिन्न संकेतों का अवलोकन करते हैं।

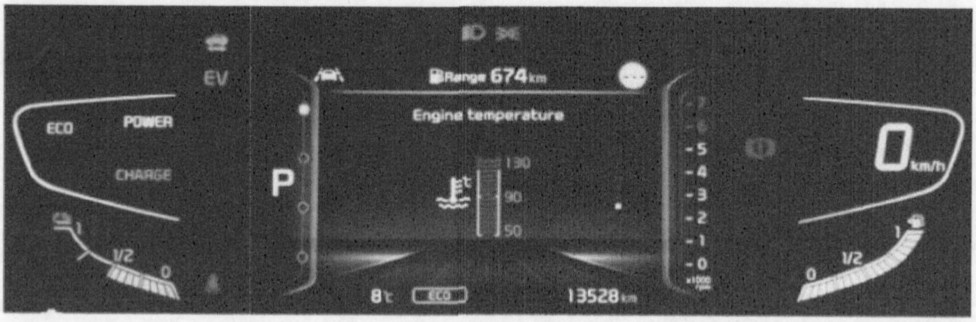

(i)

4. सभी संकेतों तथा गेजों को निम्न सारणी 1 में नोट करते हैं।

सारणी 1

क्र. सं.	डैशबोर्ड पर लगे उपकरण	अर्थ	कार्य
1.			
2.			
3.			
4.			
5.			

B. IC इंजन वाहन व IC इंजन के डैशबोर्ड अवयवों में अन्तर

1. उपरोक्त प्रक्रिया की भाँति अन्तर्दहन इंजन (IC engine) को न्यूट्रल अवस्था में चालू करते हैं।
2. वाहन डैशबोर्ड का अवलोकन करते हैं। चित्र (ii)

(ii)

3. इलेक्ट्रिक वाहन तथा अन्तर्दहन इंजन के वाहन के डैशबोर्ड तथा इन्स्ट्रूमेण्टल पैनल की तुलनात्मक रिपोर्ट सारणी 2 में नोट करते हैं।

सारणी 2

क्र.सं.	तुलनात्मक स्तर	इलेक्ट्रिक वाहन	अन्तर्दहन इंजन वाहन	टिप्पणी
1.	फ्यूल गेज			
2.	स्पीडोमीटर			
3.	ओडोमीटर			
4.	इण्डीकेटर			

4. अपने कार्य की जाँच अनुदेशक महोदय से कराते हैं।

परिणाम (Result) इलेक्ट्रिक वाहन के डैशबोर्ड पर लगे विभिन्न गेजों/उपकरणों की पहचान तथा IC इंजन वाहन के साथ इन्स्ट्रूमेण्ट पैनल में विभेद करने का अभ्यास सफलतापूर्वक किया गया।

प्रैक्टिकल संख्या 173

✎ मूलभूत मोटर पावर कैलकुलेशन
Basic Motor Power Calculation

उद्देश्य Object

इलेक्ट्रिक वाहनों में प्रयुक्त मोटर के लिए मूलभूत पावर कैलकुलेशन करने का अभ्यास करना।

आवश्यक उपकरण/सामग्री Essential Apparatus/Materials

- इलेक्ट्रिक वाहन
- वाहन मैनुअल
- पैन
- एनॉलाग मीटर
- मोटर
- मोटर निर्देशिका
- पेपर
- गेज

सुरक्षा सावधानियाँ/निर्देश Safety Precautions/Instructions

1. एनालॉग मीटर द्वारा रीडिंग ध्यानपूर्वक लें।
2. वाहन मैनुअल तथा मोटर निर्देशिका का अवलोकन ध्यानपूर्वक करें।
3. मीटर तथा गेज रीडिंग को कम-से-कम तीन बार लें।
4. रीडिंग को ध्यानपूर्वक नोट करें।

कार्यविधि Working Method

***नोट** इस प्रैक्टिकल को प्रशिक्षु अनुदेशक महोदय की सहायता से स्वयं सम्पन्न करें।*

प्रैक्टिकल संख्या 174

✎ विभिन्न प्रकार की बैटरी, डायोड तथा ट्रांजिस्टर की पहचान तथा जाँच
Identify and Test Different Types of Batteries, Diodes and Transistors

उद्देश्य Object

विभिन्न प्रकार की बैटरी, डायोड तथा ट्रांजिस्टर की पहचान तथा जाँच करने का अभ्यास करना।

आवश्यक उपकरण/सामग्री Essential Apparatus/Materials

- ट्रेनी टूल किट
- वाहन
- पैच कॉर्ड्स
- बैटरी स्टैण्ड
- डायोड
- वैसलीन
- स्लीव वायर
- डिस्टिल्ड वाटर
- डाटा बुक
- हाइड्रोमीटर
- मल्टीमीटर
- बैटरी
- ट्रांजिस्टर

सुरक्षा सावधानियाँ/निर्देश Safety Precautions/Instructions

1. हाइड्रोमीटर को सावधानी से पकड़ें।
2. हाइड्रोमीटर से कम-से-कम तीन बार रीडिंग अवश्य लें।
3. बैटरी के टर्मिनलों को मैटेलिक स्ट्रिप से साफ न करें।
4. डायोडों के परीक्षण की प्रक्रिया को विस्तार से जान लें।
5. डायोडों की पहचान कर उनके मुख्य बिन्दुओं से अवगत हो लें।

कार्यविधि Working Method

A. बैटरी की पहचान एवं जाँच

1. सर्वप्रथम बैटरी के धनात्मक तथा ऋणात्मक टर्मिनलों की पहचान करते हैं।
2. बैटरी के ऋणात्मक टर्मिनल को विच्छेदित करते हैं।
3. इसी प्रकार बैटरी के धनात्मक टर्मिनल को विच्छेदित करते हैं।
4. माउण्टिंग क्लैम्प नट को हटाते हैं।
5. वाहन से बैटरी को हटाकर बैटरी स्टैण्ड पर रखते हैं।
6. पानी व कॉटन रैग से बैटरी के ऊपरी भाग को साफ करते हैं।
7. नॉन-मैटेलिक वायर ब्रुश या एमरी पेपर से बैटरी टर्मिनलों को साफ करते हैं।
8. बैटरी के सभी वेन्ट प्लग को हटाते हैं।
9. इलेक्ट्रोलाइट के स्तर की जाँच करते हैं।

10. हाइड्रोमीटर की नॉज को सैल में ऊर्ध्वाधर रखते हुए नॉज़ (nose) की रीडिंग चैक करते हैं। चित्र (i)

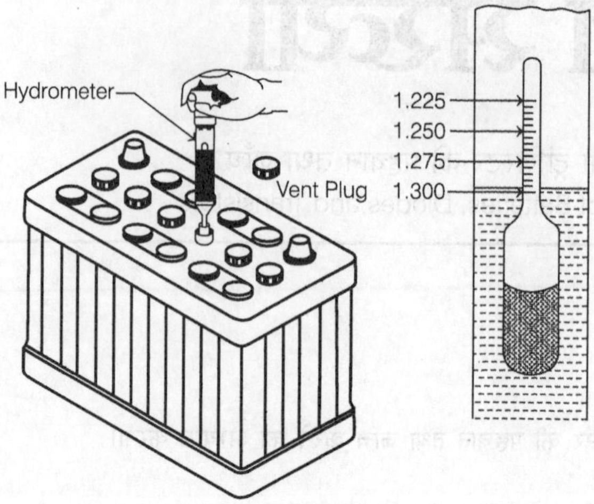

(i)

11. हाइड्रोमीटर के रबर बल्ब को दबाकर इलेक्ट्रोलाइट को हाइड्रोमीटर के बैरल से मैच करते हैं। चित्र (ii)

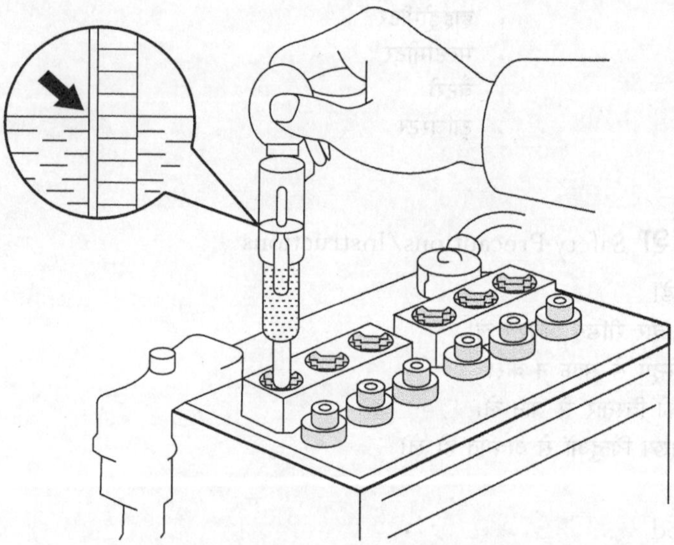

(ii)

12. इलेक्ट्रोलाइट में फ्लोटिंग लेवल को नोट करते है।
13. उपरोक्त प्रक्रिया को सभी सैल के लिए दोहराते हैं तथा रीडिंग को सारणी 1 में नोट करते हैं।

सारणी 1

सैल संख्या	रीडिंग	टिप्पणी
1.		
2.		
3.		
4.		
5.		
6.		

14. डीसी वोल्ट मीटर की लीड्स को बैटरी टर्मिनल से जोड़ते हैं। चित्र (iii)

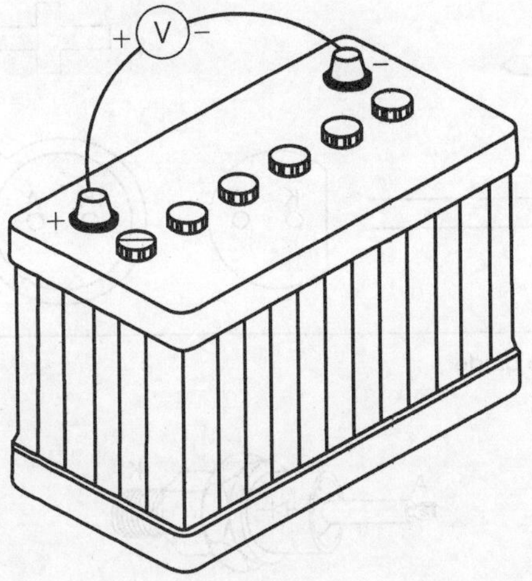

(iii)

15. बैटरी टर्मिनल एवं वैन्ट होल को साफ करके वैन्ट प्लग को कसते हैं।
16. वाहन में बैटरी को उपयुक्त स्थान पर लगाते हैं।

B. डायोड की पहचान व जाँच

1. दिए गए मिश्रित वर्ग (mixed lot) से कोई भी एक डायोड लेते हैं। डायोड पर प्रिन्टेड कोड नम्बर को डायरी में नोट करते हैं।
2. चयनित डायोड को चार्ट-1 से पहचान करते हैं।
3. चयनित डायोड के लिए चार्ट-1 के अनुसार डायोड के एनोड टर्मिनल पर लाल रंग की एक छोटी स्लीव लगाते हैं।
4. चरण 1 से 3 कम-से-कम 5 विभिन्न डायोडों के लिए दोहराते हैं।
5. अब ओममीटर/मल्टीमीटर को 100 ओम सैट करते हैं।
6. अमीटर को प्रोब्स (probes) को डायोड के टर्मिनल (चित्र iv) के अनुसार जोड़ते हैं। अमीटर द्वारा प्रदर्शित रीडिंग को सारणी 2 में नोट करते हैं।
7. अब अमीटर के प्रोब्स को डायोड से चित्र (v) के अनुसार जोड़ते हैं।

चार्ट पैकेजिंग एवं डायोड के प्रकार

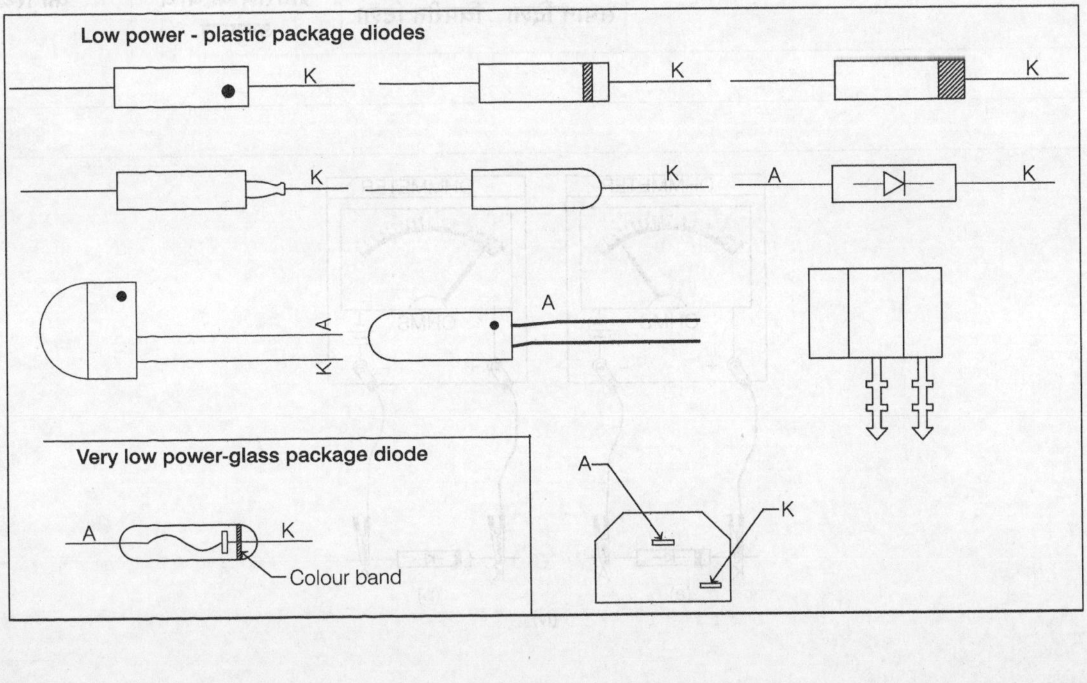

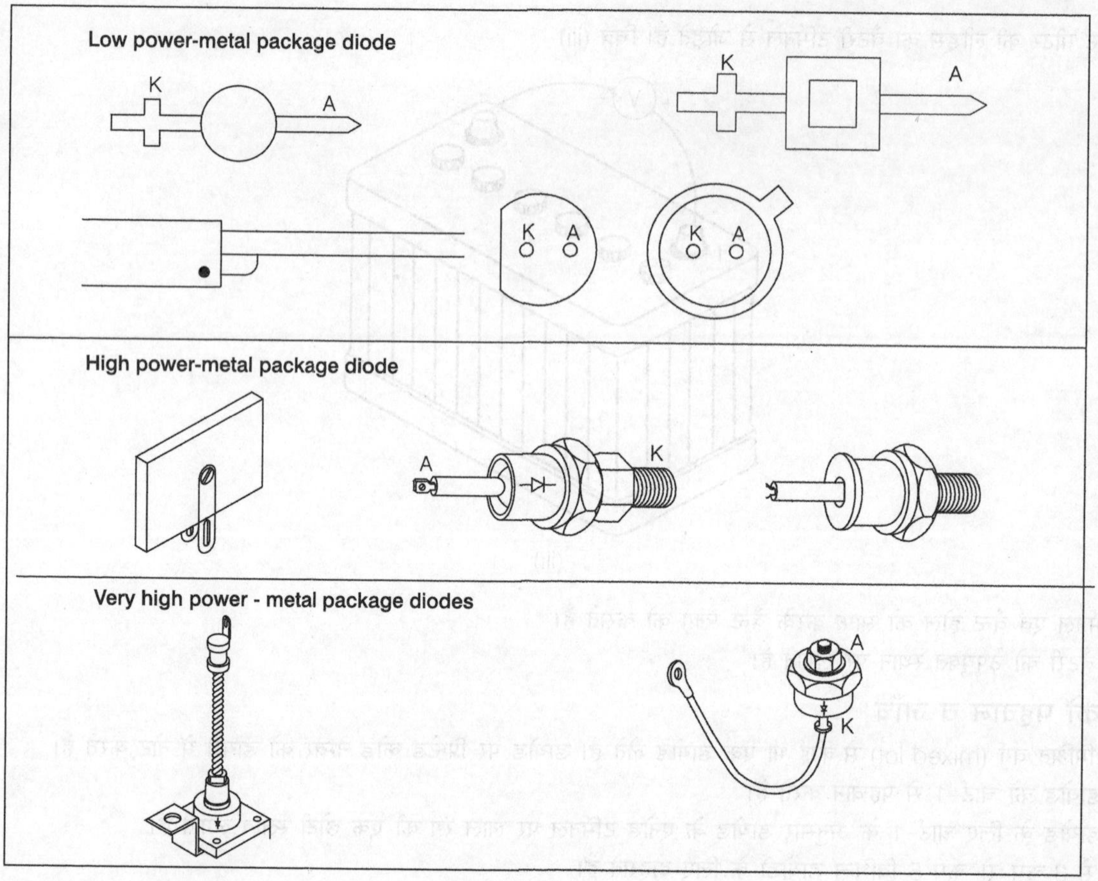

8. चरण 6 व 7 में नोट किए गए पाठ्यांक से, अग्र तथा व्युत्क्रम प्रतिरोध के अनुपात की गणना करके उनका मान सारणी 2 नोट करते हैं। चित्र (iv)

सारणी 2

लेबल संख्या	डायोड संख्या कोड	पैकेज का प्रकार	प्रतिरोध मान		फ्रण्ट और रिवर्स प्रतिरोध के बीच अनुपात	डायोड FIT/UNFIT की स्थिति
			समान दिशा	विपरीत दिशा		

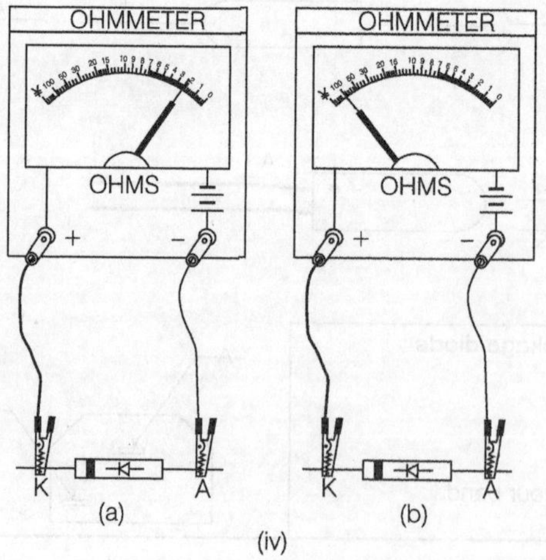

(iv)